ISBN 978-0-483-16513-7
PIBN 10503120

FB &c Ltd, Dalton House, 60 Windsor Avenue, London, SW19 2RR.
Company number 08720141. Registered in England and Wales.

Neuer Nekrolog der Deutschen.

Stat sua cuique dies: breve et irreparabile tempus
Omnibus est vitae: sed famam extendere factis,
Hoc virtutis opus: —

Fünfter Jahrgang, 1827.

Zweiter Theil.

Nebst einem Portrait.

Ilmenau 1829.
Druck und Verlag von Bernh. Fr. Voigt.

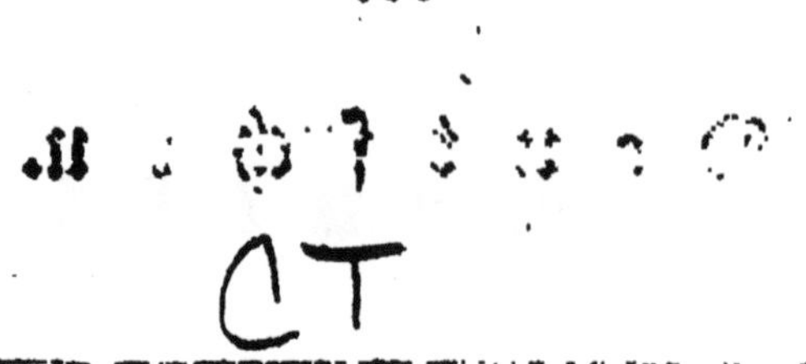

190. Christian Ehrenfried Krause,

Pfarrer zu Oberoppurg bei Neustadt a. d. Orla;

geb. d. 7. Aug. 1744, gest. d. 29. Mai 1837.

Er ward zu Schönau in der Inspection Zwickau geboren. Verdient es je ein Mann, daß sein Andenken nicht bloß im engern Kreise seiner Freunde erhalten, sondern seine Verdienste auch in der Entfernung gepriesen werden, so ist es der oben Genannte. Sein Vater, ein verdienter Prediger an genanntem Orte, reichte ihm selbst die erste Geistesnahrung und sorgte für seine weitere Fortbildung, daß er ihn der Landschule Pforta anvertraute. Sechs Jahre lang genoß er den Unterricht dieser herrlichen Anstalt und Leipzig, wo er 4 Jahre verweilte, vollendete seine Bildung zu einem Landprediger. Dresden, das ihm bald Gelegenheit gab, durch Unterricht der Jugend sich seinen Unterhalt zu sichern, hat ihn eine lange Reihe von Jahren in seiner Mitte gehabt; denn erst in seinem 40. Jahre trat er das Pfarramt Oberoppurg in der Inspection Neustadt an d. Orla an. Seine Bescheidenheit hielt ihn zurück, sich um eine baldige Versorgung zu bewerben. Ein nicht ganz unsicherer Beweis von seinen Kenntnissen war der Umstand, daß der berühmte Schleußner einst einer seiner Zöglinge war. Mit ausgezeichneter Treue und Liebe verwaltete er sein Amt und eine lange Reihe von Jahren war er bei Allen, die seines nähern Umganges sich zu erfreuen hatten, unter dem Namen des guten Oberoppurger Vaters bekannt. Bis in sein hohes Alter stand er seinem beschwerlichen Posten mit steter Munterkeit u. ununterbrochener Gesundheit vor und nur erst die letzten 9 Jahre stand ihm ein Amtsgehülfe und den größten Theil dieser Zeit sein ihm ähnlicher Sohn zur Seite. Wie allgemein die Theilnahme an dem Todesfall dieses Ehrenwerthen war, konnte wohl durch nichts sprechender an den Tag gelegt werden, als daß 14 seiner Amtsbrüder seinem Sarge folgten, wovon einer durch eine seinen Verdiensten angemessene Predigt sein Andenken gebührend würdigte, und ein anderer dem Verewigten in einem lateinischen Gedicht ein Ehrendenkmal zu setzen sich verpflichtet fühlte. Viel des Guten ist durch ihn gestiftet worden; höchst wohlthätig hat sein musterhaftes Beispiel auf die Denk- und Handlungsart seiner Gemeinde gewirkt und mit Recht legte der würdige Redner seiner Gedächtnißpredigt die Texteswörte zum Grunde: Gedenket an eure Lehrer, die euch das Wort Gottes gesagt haben, welcher Ende schauet an und folget ihrem Glauben!

* 191. Sebastian Carl Reinhardt,

Landschaftsmaler u. Mitgl. d. Akad. d. schönen Künste in Berlin; geb. d. 13. Decbr. 1738, gest. d. 30. Mai 1827. *)

Ich bin geboren zu Ortenburg. Mein Vater war daselbst Prediger und ist in der Folge nach Regensburg berufen worden, wo ich auf dem dasigen Gymnasium mir die nöthigen Schulkenntnisse erworben habe. Da jedoch in Regensburg keine Gelegenheit zur Ausbildung für die Kunst vorhanden war, so begab ich mich auf Empfehlung des Braunschweigschen Gesandten Herrn von Kniestedt **), nach Braunschweig auf das Kollegium Carolinum, woselbst ich unter Aufsicht des dasigen damaligen Professors Eding mich der Kunst widmete und hauptsächlich die Gallerie in Salzthalen zu meinem Studium benutzte, auch in der Folge solche daselbst gegen 2 Jahr unter Direction des damaligen Gallerie-Directors Pusch fortsetzte; seine Krankheit veranlaßte mich jedoch über Hamburg nach Amsterdam zu reisen, um daselbst in meinen Kunststudien fortzufahren, Krankheit und ökonomische Verhältnesse nöthigten mich aber nach Hamburg zurück zu gehen. Da ich in Hamburg wenig Connexionen hatte, so ließ ich meine landschaftlichen Arbeiten in der Auktion verkaufen und der Beifall, den meine Gemälde erhielten, veranlaßte mich, nach den Harzgegenden zu gehen, um da malerische Gegenden nach der Natur zu studiren. Bei dieser Gelegenheit machte ich die Bekanntschaft des Hofmalers Lafontain, welcher die Freundschaft für mich hatte, mir Anleitung zum Miniaturmalen zu geben. Da meine Versuche glückten, so habe ich mich in diesem Genre nicht ohne ökonomischen Nutzen für mich an mehreren Orten, als Hamburg, Frankfurt a. M., Braunschweig, Leipzig, Dresden ꝛc. damit beschäftigt und habe hauptsächlich auch die Gallerie am letzten Orte zu meinem fernern Studium für die Kunst benutzt. Mehreren Aufforderungen und Empfehlungen zufolge, wollte ich nun eine Reise nach Rußland machen, dieser Plan kam aber wegen mehrerer in Berlin gemachten Bekanntschaften und erhaltenen Beschäftigungen für die Kunst nicht zur Ausführung; ich erhielt nun für die damalige Kunsthandlung des Herrn Pasaal den Auf-

---

*) Wir liefern diesen Lebenslauf so, wie ihn Reinhardt selbst der Akademie der Künste in Berlin eingesendet hat.

**) Siehe Nekrolog. III. p. 1064.

trag die Potsdamer Gegenden zu malen, welche vom Herrn Professor Zingk in Kupfer gestochen wurden. Der Beifall dieser Arbeiten veranlaßte den Herrn Minister v. Heinitz mich als Mitglied der Akademie aufzunehmen. In der Folge wurde ich sowohl von Sr. Excellenz dem Hrn. Minister von Heinitz, als auch von mehreren Mitgliedern der Akademie aufgefordert, eine Reise ins schlesische Gebirge zu machen, um da die interessantesten Partien nach Art der frühern Potsdamer Gemälde aufzunehmen. — Um das in mich gesetzte Vertrauen zu rechtfertigen, suchte ich nun die schönen schlesischen Gegenden mit Eifer und Treue auszuarbeiten, lieferte jährlich 2 Stück für die königl. Akademie, wovon in der Folge 14 Stück durch Herrn Berger*) in Kupfer gestochen wurden, von denen ich wohl gewünscht hätte, daß sie mitunter glücklicher illuminirt worden wären. — Auch für den Herrn Grafen von Hochberg habe ich eine ansehnliche Suite von Landschaften angefertigt, womit auf seinem Schlosse zu Fürstenstein ein ganzes Zimmer dekorirt ist. In wiefern ich nun den ehrenvollen Auftrag der Akademie sowohl, als auch die von mehrern Partikuliers übertragenen Arbeiten zur Zufriedenheit seit etlichen 30. Jahren ausgeführt habe, muß ich der billigen Beurtheilung der Kunstkenner überlassen, es gereicht mir indeß zur angenehmen Beruhigung, die Versicherung von mehreren derselben erhalten zu haben, daß meine Arbeiten nicht ohne Beifall aufgenommen worden sind.

Schmerzlich ist aber nun in meinem hohen Alter, im 89. Jahre, daß ich seit dem schlagartigen Anfall vor drei Jahren gänzlich unthätig für die Kunst sein muß. Mein einziger Trost ist jedoch die Hoffnung, daß mich ein höheres Wesen nun wohl bald in eine Landschaft versetzen wird, wo mein Geist, befreit von den mich jetzt drückenden körperlichen Leiden noch herrlichere Ansichten u. Aussichten finden wird. Bis dahin will ich der Hoffnung leben, daß meine Freunde mich mit meinen Altersschwächen mit Geduld tragen und sich meiner annehmen werden.

Hirschberg d. 18. Jan. 1827.

Seit 1810, wo er seine Gattin durch den Tod verloren hatte, lebte er in dem Hause des Herrn Kaufmanns und Zuckerraffinerie Directors Joh. Dan. Hoß in Hirschberg, wo er in seinem hohen Alter bis zu seinem Tod mit Liebe gepflegt worden ist.

---

*) Dessen Biographie steht im 2. Jahrg. P. 1214.

* 192. Friedrich August von Erdmannsdorf,

Chef-Präsident der kön. preuß. Regierung zu Liegnitz, Ritter des rothen Adlerordens 2r Klasse und des eisernen Kreuzes; geb. d. 16. Mai 1771, gest. d. 30. Mai 1827.

Zu Strauch bei Meißen geboren, verlebte v. E. die ersten Jahre seiner Jugend auf den Gütern seines Vaters, der in sächsischen Diensten als Oberforstmeister gestanden, den vorzüglichsten Grund zu wissenschaftlicher und sittlicher Bildung verdankte er jedoch dem Pädagogium zu Halle, auf welchem er den höhern Schulunterricht mehrere Jahre hindurch genoß. Mit vorzüglichen Zeugnissen versehen bezog er darauf die Universität Wittenberg und studirte daselbst drittehalb Jahre die Rechte. Nach bestandenem Examen in der dortigen Juristenfakultät begab er sich aus Neigung zu den Kameralwissenschaften auf die Universität Jena, welche zu jener Zeit, in den mehrsten Fächern dieser Art, sehr gut besetzt war. Mit Freuden ergriff er nach beendigten Studien die Gelegenheit, welche der Minister Freiherr von Heinitz ihm darbot, in den preuß. Kameraldienst einzutreten. Er wurde zu Anfange des J. 1795 als Assessor bei der Kammer des Prinzen Heinrich angestellt und 2 Jahre darauf in derselben Eigenschaft zur westphälischen Kammer nach Hamm versetzt. Nachdem er hier einige Jahre gearbeitet, ernannte ihn des Königs Maj. zum Kriegs- und Domänenrath, in welcher Stellung er die Interimsverwaltung der Länder Essen, Werden und Elten, so wie das Abfindungsgeschäft derselben leitete und sich dadurch die vorzügliche Gewogenheit der Aebtissin Fürstin Kunigunde in so hohem Grade erwarb, daß dieselbe den Verewigten sogar ihrem Neffen, dem hochsel. König von Sachsen Friedrich August empfahl, welche Empfehlung ihm, in Betreff seiner Familienangelegenheiten, manchen Nutzen gewährte. Obgleich der nachherige Besitzer des Großherzogthums Berg, der französische Marschall Berthier, den Verstorbenen gern als einen der Landesverfassung kundigen Geschäftsmann in seinen Diensten behalten hätte, so konnte eine solche Anstellung dem deutschen Manne doch nicht behagen. Es kostete indeß manche Mühe, um einen sechsmonatlichen Urlaub in Familienangelegeiten nach Sachsen zu erhalten, wobei v. E. sich der stillen Hoffnung hingab, eine seinen Wünschen entsprechende Anstellung im preuß. Dienst zu erhalten. So ging er im Frühjahr 1808 zu seiner noch jetzt im hohen Alter in Dresden lebenden Mutter, die in zweiter Ehe an den Grafen von Bünau vermählt gewesen war und zu seinen ihm so werthen Geschwistern. Seine Reise hatte für ihn den erwünschtesten Erfolg. Schon zu Anfang des folgenden Jahres 1809 ernannte des Königs von Preußen Majestät v. E. zum Präsidenten der Regierung, deren Sitz damals in Glogau war, jedoch noch in dem genannten Jahre, wegen der franz. Besetzung dieser Festung, nach Liegnitz verlegt ward. Mit wie vieler Thätigkeit und Umsicht der Hingeschiedene den ihm anvertrauten Geschäften, vorzüglich in den Kriegsjahren vorstand, davon gibt die huldreiche Verleihung des Ordens des eisernen Kreuzes, womit ihn der König begnadigte, einen erfreulichen Beweis. Nicht erwünscht war ihm in seiner bisherigen Stellung die Versetzung nach Kleve als Chef-Präsident der Regierung im J. 1815. Aber dort wie in Liegnitz, bezeichnete den thätigen Geschäftsmann, den ächten Vaterlandsfreund, der Inbegriff seiner Handlungen, die bei dem durch Ueberschwemmungen herbeigeführten großen Unglück 1818 in dem schönsten Licht hervortraten und die Anerkennung seines das Verdienst stets belohnenden Monarchen, durch Verleihung des rothen Adlerordens erhielten. Leider wurde ihm aber schon nach wenigen Jahren, als 1822 die Regierung zu Kleve aufgehoben wurde, sein neuer Wirkungskreis entzogen. Ein Jahr verging ehe er wieder angestellt wurde und während dieser Zeit hielt er sich abwechselnd in Dresden, wohin er seine Familie gebracht, so wie in Berlin auf. In einer glücklichen Ehe, deren silberne Feier er acht Monate vor seinem Ableben beging, hatte er das Glück, daß seine Gemahlin Louise, eine Tochter des würdigen Oberlandesgerichts-Präsidenten Hrn. von Rappard zu Hamm, ihn mit drei Töchtern und einem Sohne beschenkte. Nicht lange ließ der Staat den geprüften und bewährten Diener in Unthätigkeit. Im Februar 1823 ernannte ihn der König zum zweitenmale zum Chef-Präsidenten der Regierung zu Liegnitz und gern eilte er an einen Ort, der ihm schon früher lieb gewesen und in dessen Regierungsbezirk jeder mit Liebe an die Zeit seiner frühern Verwaltung gedachte. Doch nur vier Jahre und einige Monate war es ihm beschieden, sein treues Wirken in seinen neuen Verhältnissen neu zu bewähren. Eine schmerzhafte Krankheit warf ihn auf das Lager, von welchem er der zärtlichsten Pflege ungeachtet nicht wieder erstand, tief und innig betrauert von den Seinen und vielen Freunden.

* 193. Ewald v. Trosky,

kön. preuß. Landrath des Lübbener und Beeskower Kreises in der Niederlausitz u. Ritter des rothen Adlerordens zu Cabel bei Calau; geb. d. 7. August 1786, gest. d. 31. Mai 1827 *)

Der Hingeschiedene, zu Großjehser bei Calau in der Niederlausitz, einem seinem Vater, dem durch seine Verdienste um die Niederlausitz unvergeßlichen königl. sächs. wirkl. Geheimerath und Oberamtsregierungspräsidenten v. T. zugehörigen Rittergute geboren, ward im elterlichen Hause gebildet und besuchte sodann das Gymnasium zu Gotha und das Pädagogium zu Halle, von wo er sich nach Leipzig begab, um die Rechtswissenschaft zu studiren. Ausgestattet mit einer leichten Auffassungsgabe, einem hellen Verstande und jenem glücklichen Witze, der, ohne zu verwunden, die Reize des geselligen Umgangs so ungemein erhöht, gewann er eben so sehr daselbst die Liebe und Freundschaft aller, die ihn kannten, als seine wissenschaftliche Bildung und die Gediegenheit seiner schriftlichen Arbeiten ihm die Achtung und das Zutrauen der Landesbehörden erwarben. Daher ward ihm, nach der Rückkehr von der Universität und einem längern Aufenthalte im väterlichen Hause, anfangs die Stelle eines Landesdeputirten und darauf die eines Landesältesten im Lubbener Kreise von den Ständen des Markgrafthums Niederlausitz übertragen; eine Stellung, in welcher er bis zu der i. J. 1815 eintretenden Landesveränderung blieb, wo er preuß. Landrath in demselben Kreise ward. Wie er in diesen Verhältnissen gelebt und gewirkt, das beweist nicht allein die Huld seines Königs, der ihm im J. 1824 zum Zeichen der Allerhöchsten Zufriedenheit den rothen Adlerorden 3. Klasse verlieh, so wie die unverändert achtungsvolle Theilnahme der königl. Provinzialbehörden u. der Stände, sondern davon können noch heute die Insassen der ihm anvertrauten Kreise und die Bewohner Lübbens insbesondere ein unverwerfliches Zeugniß ablegen. Kaum ist unter den Letztern einer, der nicht ein Zeichen seiner Theilnahme und seines Wohlwollens empfangen hätte und manche Sorge hat er bei seiner genauen Bekanntschaft mit den Verhältnissen der Gemeinden und Familien gelindert. Hinderte später Kränklichkeit und damit häufige Unterbrechung seiner Thätigkeit die Ausführung manches Guten und die Abstellung manches Gebrechens, so hat es

*) Lausitz. Magaz. 1827, Nr. 485.

doch am edlen Willen nie gefehlt. Als Freund des Rechts und der Wahrheit, voll feinen und zarten Gefühls, trat seine Begeisterung für das Gute, Wahre und Schöne überall hervor. Und wie ein solches Gemüth das Göttliche und Heilige mit inniger Ehrfurcht und Wärme umfaßt: so war sein Glaube ungefärbt und lauter; so stärkte er sich bei der Versagung heißgewünschter Nachkommen und in den letzten schweren Kämpfen mit dem Trost des göttlichen Worts. Seine letzten Leidenstage, verursacht durch innerliche Körperanlage, begannen im J. 1825; Brustbeschwerden, gegen die keine ärztliche Hülfe etwas vermochte, und heftige Gichtanfälle, die den einst ungewöhnlich starken Mann in ein fast nicht mehr kenntliches Jammerbild verwandelten, führten ihn unaufhaltsam in dem schönsten Mannesalter dem Grabe zu. Sein Andenken ehren viel dankbare Herzen.

* 194. Johann Friedrich Kleuker,

Doctor und Professor d. Theologie an der Universität zu Kiel; geb. i. J. 1749, gest. d. 1. Juni 1827.

Nur mit Bedauern können wir bemerken, daß es uns nicht möglich ist, eine ausführliche Biographie dieses berühmten Gottesgelehrten und Sprachforschers, dem die Wissenschaft, außer seinen scharfsinnigen Untersuchungen über die christlichen Glaubensurkunden, besonders viele Aufklärungen über die Religion und Geschichte der Perser verdankt, in diesem Jahrgange des Nekrologs zu liefern. Derjenige Hr. Mitarbeiter, der uns diese Biographie früher bestimmt zugesagt und bei dem wir sie in den besten Händen glaubten, hat leider sein Wort nicht gehalten. Um aber den Verewigten wenigstens hinsichtlich seines vieljährigen literarischen Wirkens kennen zu lernen, mögen hier neben einigen kürzern Lebensnotizen seine zahlreichen Schriften in chronologischer Folge eine Stelle finden.

K. wurde zu Osterode am Harz geboren, bekleidete in frühern Jahren die Stelle eines Prorectors am Gymnasium zu Lemgo, seit 1791 aber die eines Rectors an der Gelehrtenschule zu Osnabrück, worauf er im J. 1798 die Stelle als ordentl. Professor der Theologie an der Universität zu Kiel annahm und während eines Zeitraums von fast 30 Jahren mit nicht ermüdendem Eifer für seinen Beruf und für die Bereicherung der Literatur thätig war. — Seine Schriften sind: Pr. Genius e script. antiquit. monum. hauriendus. 1775. — Zend-Avesta, Zoroasters lebendiges Wort. 1776. n. Aufl. 1786. 3 Th. —

Anh. z. dies. Werke. 2 Bde. 1781. — Salomo's Schriften 1. Th. (Prediger) 1777. 2. Th. (Hohelied) 1780. Salomo'sche Denkwürdigkeiten. 1786. — Paskals Gedanken. 1777. — Belehr. üb. Toleranz, Vernunft, Offenb., Theol., Wander. d. Israel. dchs. rothe Meer u. Auferstehg. Christi rc. 1778. — Holwells merkw. hist. Nachr. v. Hindostan u. Bengalen. A. d. Engl. mit e. Abhdlg. üb. d. Philos. der Indier. 1778. — Werke des Plato. 5 Bde. 1778—92. — Briefe üb. d. Wunderkräfte. 1781. — Johannes, Petrus u. Paulus als Christologen betr. 1785. — Ueb. d. Natur u. d. Ursprung d. Emanationslehre b. d. Kabalisten. Gekrönte Preisschr. 1786. — Chrestomathia ital. 2 Th. 1787. — Wörterb. dazu. 1787. — Neue Prüf. u. Erkl. d. vorzügl. Beweise f. d. Wahrh. d. Christenth., wie d. Offenb. überh. 3 Th. 1787—94. — Pr. de libertate morali ex ratione Cantiana. 1789. — Zend-Avesta im Kleinen. 1789. — Commentatio de nexu qualis inter utrumque div. constitut. foedus prophetico ad Petri loc. 1 Ep. I. 2, 10—12. 1792. — Ausführl. Untersuch. d. Gründe f. d. Aechth. u. Glaubwürdigk. d. schriftl. Urkunden d. Christenth. 3 Bde. 1795. — Vorrede zu Witzenmanns nachgelass. Werk: Die Gesch. Jesu nach d. Matthäus (1789). — Lieferte Annmerk. u. Zusätze z. J. G. Ficks Uebers. v. William Jonas Abhandlg. üb. d. Gesch. u. Alterth., Künste, Wiss. rc. Asiens. 1795. 2. u. 3. Bd. 1796. ganz von ihm. Tertullians Vertheidig. d. christl. Sache geg. d. Heiden, übers. 1797; u. früher in Ewalds Urania, Bd. 2. St. 2 u. 4. (1794). — Das Brahamanische Religionssystem. 1797. — Ueb. d. Apokryphen d. N. T. 1798. — Ueb. d. Urspr. u. Zweck d. apostol. Briefe nach d. eig. Angabe ihrer Verfasser. 1799. — Ueb. d. Urspr. d. Offenb. Johannis. 1800. — Grundr. e. Encyklop. d. Theol. 1800. 2. Bd. 1801. — Briefe an eine christl. Freundin üb. d. Herdersche Schrift: Von Gottes Sohn rc. 1802. — Die Republ. d. Platon, übers. rc. 1805. — Diss. de Jesu Christi servatoris hominum, ecclesia et ecclesiis. 1817. — Ueb. d. neue Altonaer Bibelausgabe rc. 1819. — Ueb. d. Ja u. Nein d. biblisch-christl. u. d. Vernunfttheologie. 1819. — Gedanken üb. d. evangel. kirchl. Gemeinwesen u. über Volksbibeln. — Beantwortungsversuch e. im deutsch. Merkur aufgeworf. Frage; im deutschen Museum (1777, März). — Mösers 50jährig. Amtsjubelfeier; in d. Berl. Monatsschr. St. 3. S. 300 — 310. (1792). — Noch etwas üb. Mösers Tod; ebd. St. 5. S. 486 — 491 (1794). — Gedanken üb. d. evangel. kirchl. Gemeinwesen u. üb. Volksbibeln mit bes.

Rücks. auf d. v. Hrn. ... Funk ... herausgegeb.; in d. Kieler Bl. einige Stücke hindurch (1816.) — Ein genaues Verzeichniß seiner Schr. steht in d. neuen Kielschen gel. Ztg. 1798. S. 282 — 286.

195. Christoph Friedrich Benedict Schröder,

Magister und Pastor zu Mörtitz bei Eilenburg;

geb. i. J. 1766, gest. d. 2. Juni 1827 *).

Leuben bei Meißen, wo sein Vater Pfarrer war, ist sein Geburtsort. Seine Vorbereitung zu den wissenschaftlichen Studien erhielt er auf dem Gymnasium zu Freiberg, studirte dann zu Leipzig, wurde in Dresden als Kandidat examinirt, hielt sich hierauf als Lehrer in Eilenburg auf und erhielt 1791 das Pfarramt zu Gruna mit dem Filial Laußig (Ephorie Eilenburg) von wo er 1793 nach Mörtitz versetzt wurde. — Hat die Geschichte seines äußern Lebens wenig Merkwürdiges, so ist die seines innern desto anziehender. Mit ihm schied ein wahrhaft würdiger Mann, welchem dieses Prädikat des geistlichen Standes mit Verdienst und im vollen Sinne beizulegen war, denn Kopf und Herz war bei ihm an der rechten Stelle, gleich tüchtig gebildet, gleich *achtungswerth*. Seine *theologischen Kenntnisse beruhten auf einem festen Grunde*, das bewies sein nie erkaltender Eifer, sie zu vervollkommnen, was in seinen Jahren und bei manchen ihn drückenden Sorgen wohl ehrenwerth heißen kann. Er las viel und mit eignem Urtheile, mit Interesse, mit dem ernsten Willen, sich anzueignen und zu besitzen, was ihn ansprach. Daher hielt er auch mit ungemein treuem Gedächtnisse fest, was er vor Jahren gehört und gelesen hatte und war im Stande, mit voller Klarheit und mit Nachdruck fremde Ideen wieder darzustellen. Sie waren sein völliges Eigenthum geworden, welches er auch gern in Zusammenkünften mit seinen Amtsbrüdern einer weitern wissenschaftlichen Betrachtung unterwarf, wobei sichtbar seine ganze Seele war. Wie bei allen Männern dieser Art und wie die Tendenz der Zeit es erleichtert, war sein Blick umfassend, ihn interessirte das ganze Reich der Literatur, besonders stand ihm eine Menge historischer Kenntnisse zu Gebote, mit denen er viel zu erläutern und seine Unterhaltung lehrreich und angenehm zu machen verstand. Unter diesen Umständen ward es ihm leicht, daß er, begabt mit Lehrfähigkeit

*) Nach d. allgem. Kirchenztg. 1827. Nr. 187.

und Freudigkeit, seinen jüngern Sohn bis zur Universität selbst vorbereitete. Doch seine schönste Seite war sein sittlicher Charakter, welcher, um sein Wesen anzugeben, nicht mit dem Namen der Güte, sondern besser mit dem des Edelmuths zu bezeichnen wäre u. in welchem wohl auch mehr, als in seinen Vorträgen, die wahre Kraft seiner amtlichen Wirksamkeit zu suchen war. Denn in allen Verhältnissen, wobei sein Herz thätig war, trat eine Frische, selbst ein jugendliches Leben und ein Feuer des Gemüths, eine Reinheit und Wärme der Gefühle hervor, welche sich bis in seine letzten Tage ungeschwächt zeigte und für alle seine Umgebungen wohlthuend war. Daraus erklärt sich in seinem ehelichen Leben die Wärme seiner Liebe, sein milder väterlicher Sinn gegen seine Kinder und die Freundschaft, deren Genuß er für unentbehrlich zu dem Glück des Lebens hielt. Ein herrlicher Zug seines Charakters war es, daß fast nie ein hartes, liebloses Wort über Andere von ihm gehört wurde, nur mit Wehmuth, wenn es nicht mehr zu entschuldigen war, gab er das Unrecht und die Flecken Anderer zu. Es war interessant, zu hören, wie er an jedem seiner Pfarrkinder, so wie an jedem Menschen etwas Lobenswerthes herauszufinden und zu rühmen wußte. Daher war es wohl nicht unbillig und zu viel verlangt, daß er für sich nur einige Anerkennung seines Werthes wünschte und seine Ehre ihm am Herzen lag, was vielleicht Mancher vornehm belächelte u. nicht bedachte, daß diese Schwachheit, wenn man sie so nennen darf, seine einzige war und von seinen andern unschätzbaren Seiten vielfach überwogen wurde. Er trug alle ihm Anvertraute in seinem Herzen, war mit dem Niedrigsten der Gemeinde eben so freundlich, als mit dem Höchsten. Mit unermüdetem Eifer, welcher oft bis zur Aengstlichkeit ging, verwaltete er das geistliche Amt, welches durch ihn nie ein Makel in den Augen der Welt erlitten hat. In seinem Leben war ihm nie ein einziger unrechtlicher Schritt nachzuweisen, die Verstellung und Klugheit der Welt war nicht seine Sache. Mit der Dankbarkeit eines erst entlassenen Jünglings hing er noch an seinem ehemaligen Lehrer und mit tiefem Schmerze trauerte er um seine entschlafenen Freunde und setzte ihnen gern nach ihrem Tode ein Ehrendenkmal, wie er es selbst verdient. Wie in ihm ein tiefes Gefühl für alles Große und Edle war, so war in ihm ein gleiches Gefühl für seine Würde und Standesehre und dies war es, was ihn in dem streng sittlichen Wandel erhielt, welcher sein Leben zu einem Vorbilde für seine Umgebungen machte, auf welches Alle um so lieber hinblickten, weil es mit Liebe gegeben und aus Liebe über seine Erhaltung gewacht wurde. Sicher hinterläßt der Hingeschiedene keinen Feind. — Darum war die Trauer um seinen plötzlichen Tod so laut und allgemein und darum bleibt sein Name ein Ehrenname unter den Würdigsten des geistlichen Standes.

* 196. Johann v. Kczewski,

königl. preuß. Major im 31. L. I. Regiment, Ritter des eisernen Kreuzes 1. u. 2. Kl., des kaiserl. russischen St. Wladimir-Ordens 4. Klasse, Inhaber des Dienstauszeichnungskreuzes u. der Denkmünze von $18\frac{13}{14}$ zu Erfurt;

geb. d. 8. Jan. . . ., gest. am 2. Juni 1827.

Der Geburtsort des Hingeschiedenen ist Ostumen bei Pietzig in Westpreußen, wo sein Vater Gutsbesitzer war. Seinen ersten Jugendunterricht erhielt derselbe in Danzig, nachher, um sich zu seiner künftigen Bestimmung, dem Militärdienste auszubilden und geschickter zu machen, in den Kadettenkasernen zu Culm und Berlin. Nachdem er letzteres verlassen, trat er im J. 1794 als Junker in das Inf. Regim. Prinz Heinrich, in welchem er im J. 1797 zum Fähndrich und 1798 zum Sekondlieutenant befördert wurde. Vom J. 1806 — 1810 kam er in Inactivität, wurde aber im letzten Jahre beim ostpreußischen Jägerbataillon wieder angestellt. Im J. 1811 wurde v. K. in das 2. westpreuß. Inf. Reg. als Premierlieutenant, 1812 in die Gens'darmerie und 1813 in das 3. Reservebataillon des 2. westpreuß. Inf. Regim. versetzt. Im letztgenannten Jahre kam er als wirklicher Kapitän in die Adjutantur, von wo derselbe in dieser Eigenschaft als Kompagniechef in das 10. Inf. Reg. einrückte und im J. 1819 als etatsmäßiger Major in das 31. Inf. Reg. versetzt wurde. In den Jahren 1794, 1806, 13, 14 u. 15 wohnte er den Feldzügen gegen Frankreich bei. In der Schlacht an der Katzbach erhielt er das eiserne Kreuz 2. Kl., so wie in der bei Paris das der 1. Klasse und den kaiserl. russischen St. Wladimir-Orden 4. Klasse.

Vermählt war v. K. mit Babet Freiin von Zedlitz einer geschiedenen v. Vitzthum. — Bei einer guten Schulbildung war der Verewigte mit der Zeit fortgegangen, er fand Geschmack an einer guten und nützlichen Lektüre u. war liebenswürdig im geselligen Leben. — Von wohlwollenden Gesinnungen durchdrungen war er Freund seiner

Freunde und wo er wußte und konnte, unterstützte er die nothleidende Menschheit auf jede Art und Weise. — Sein Leben endete für seine tieferschütterte Gattin und 2 Töchter viel zu früh und zwar auf eine sehr traurige Weise zu Berlin in Geisteszerrüttung, als Folge einer Gehirnkrankheit. Er hatte seinem Könige 33 J. 6 Mon. mit musterhafter Treue und Anhänglichkeit gedient.

Erfurt. Major v. Lindeman.

* 197. August v. Schultz,

Königl. preuß. geheimer Legationsrath u. Ritter des eisernen Kreuzes in Magdeburg;

geb. d. 25. Aug. 1764, gest. d. 6. Juni 1827.

Er war zu Berlin geboren und zeichnete sich durch seltene Fähigkeiten, wie durch lebendigen Eifer für die Wissenschaften schon in früher Jugend in dem Grade aus, daß er schon im 17. Lebensjahre, unter großem Lobe seiner Lehrer mit dem Zeugniß der Reife die Realschule verließ und die Universität (Halle) bezog. Er vollendete seine Studien in Jena u. Göttingen. Nach seiner Rückkehr in die Vaterstadt arbeitete er mehrere Jahre beim königl. Kammergericht. Seine schöne äußere Bildung, verbunden mit eben so vielseitigen Kenntnissen, als feinem anspruchslosen Wesen, die Frucht seiner guten Erziehung, zogen die Aufmerksamkeit des Prinzen Heinrich von Preußen (Bruders Friedrichs II.) auf sich, welcher ihn aufforderte, statt die juristische Carriere zu verfolgen, die diplomatische zu ergreifen. Diese Aufforderung reifte bei ihm den schon längst im Stillen mit Vorliebe für dies Fach genährten Wunsch zum Entschluß und unter der Leitung der Minister Grafen von Herzberg und von Finkenstein begann er im J. 1787 seine diplomatische Laufbahn. Er erwarb sich bald das Vertrauen und den Beifall seiner Vorgesetzten, so daß er im J. 1788 schon zu einer Mission nach Schweden und Dänemark gebraucht wurde. Im Juli 1789 als Chargé d'affaires nach München gesandt, arbeitete er anfänglich unter dem damaligen preußischen Gesandten, Grafen von Brühl; nach dessen Zurückberufung im J. 1791 aber versah er selbst als Legationssekretär diesen gesandtschaftlichen Posten. Nicht allein, daß er die von Preußen eben so gewünschte als für Baiern wünschenswerthe politische Verbindung zwischen beiden Höfen erhielt, er wurde auch in Gemeinschaft mit dem damaligen Freiherrn von Hardenberg zu Anspach, durch die Verpflegung des preußischen Heeres in der Pfalz 1793 seinem Hofe sehr nützlich; schlichtete die Streitigkeiten, welche durch irrthümlich geschehene Territorialverletzungen des Würtembergischen bei der Besitznahme von Anspach u. Baireuth durch preußische Truppen veranlaßt worden waren und leistete durch Besonnenheit und diplomatische Gewandtheit in jener durch die französische Revolution so aufgeregten Zeit seinem König so wichtige Dienste, daß dieser, um seinen Eifer zu belohnen und seinen Talenten einen größeren Wirkungskreis anzuweisen, ihn im Octbr. 1796 zum bevollmächtigten Gesandten am niedersächsischen Kreise bei der freien Stadt Hamburg mit dem Charakter eines Geheimenrathes ernannte. Hier wirkte er unter andern im Novbr. 1798 als Bevollmächtigter des preußischen Hofes in der Angelegenheit der käuflichen Erwerbung von Schwedisch-Pommern; leitete während der Abwesenheit des Hrn. von Dohm von Hildesheim 1799 die Geschäfte des Staatenverbandes zur Neutralität des Nordens von Deutschland; ward 1800 zum Civilkommissär für die Besitznahme des Amtes Ritzebüttel ernannt; schloß im Mai 1801 mit dem dänischen Feldmarschall Prinzen Karl von Hessen eine Convention, vermöge welcher der Elbstrom sich wieder für alle Flaggen öffnete; arbeitete 1803 mit den Bevollmächtigten des russischen Hofes an der Regulirung der Abtretungen, welche die Städte Lübeck und Bremen nach dem Reichsdeputationsreceß an den Fürstbischof von Eutin und den Herzog von Oldenburg zu machen hatten und ward 1799 von Sr. Majestät Friedrich Wilhelm II. aus eigenem Antriebe in Betreff seiner bei den ihm anvertrauten Missionen und jetzigem Gesandtschaftsposten mit ausgezeichneter Geschicklichkeit, Eifer und Rechtschaffenheit geleisteten treuen und ersprießlichen Dienste *) in den Adelstand erhoben. Zufrieden mit einer in allen Beziehungen ihm zusagenden Stellung, machte es ihm doch an einem Orte wie Hamburg und noch nicht im Besitz seines väterlichen Vermögens oft Sorge, den zur Repräsentation gehörigen Aufwand nicht mit seinem Gehalte bestreiten zu können. Unterhandlungen mit dem Ministerium über Erhöhung desselben blieben wegen Mangel an Fonds ohne Erfolg; dagegen ging letzteres den Vorschlag des ehemaligen kurkölnischen Gesandten, Freih. v. Grote in Hamburg, ein, welcher sich anheischig machte, den preußischen Gesandtschaftsposten nicht allein ohne Gehaltserhöhung zu übernehmen, sondern noch einen Theil desselben dem

*) Siehe Spenersche Zeitung 1799. Nr. 60.

Wartegelde beizufügen, welches der Staat dem Geheimerath v. S., bis zu einer seinen Wünschen angemessenen Anstellung geben würde. Freiwillig nur aus ökonomischen Rücksichten und unter den schmeichelhaftesten Zusicherungen des Ministeriums, bald wieder in Thätigkeit gesetzt zu werden, verließ v. S. am 1. Mai 1804 den Ort, wo er sich so manches Denkmal gestiftet hatte und von welchem ein höchst rühmlicher Nachruf dem Edlen folgte *) und ließ sich in Potsdam nieder, wo er in philosophischer Muße den Wissenschaften und der Befestigung seiner immer schwankenden Gesundheit lebte. Versagte es ihm die im J. 1806 veränderte politische Lage des Staates, dem er von ganzer Seele angehörte, demselben in seinem Fache nützlich zu werden, so fühlte er sich doppelt verpflichtet, sich als Patriot und als Kosmopolit verdient zu machen. Segnend nennen seinen Namen die 1807 abgebrannten Liebstädter in Preußen, für die er, wie schon früher, 1801, für die abgebrante Stadt Zehdenick, durch seine beredte Aufforderung und sein noch beredteres Beispiel Tausende sammelte, um Tausende von Thränen zu trocknen. Segnend preisen mehrere, in Folge des Krieges aus Polen vertriebene Familien ihn als ihren Retter, indem er Hab' und Gut mit ihnen theilte. Eine von seinem Vater, dem zu Berlin verstorbenen dortigen Kriegsrath u. Dechanten des Stiftes Petri zu Magdeburg, auf ihn vererbte vortreffliche Sammlung von mehr als dreißig tausend alten und neuen, zum Theil äußerst seltenen Land- u. Seecharten, Prospecten, Grundrissen, militärischen Plänen, die noch mehrere ansehnliche Kupferwerke enthielt (von welcher in Nicolovius Beschreibung von Berlin u. Potsdam Bd. 2. S. 613 und in Zöllners Reise nach Pommern und die Insel Rügen, Berlin 1797, S. 456 nähere Nachrichten zu finden), legte er aus Verehrung gegen den König und aus Liebe zum Vaterlande, dem Anerbieten von acht tausend Thalern von Seiten einer der neuern russischen Universitäten kein Gehör gebend, Sr. Majestät ehrfurchtsvoll zu Füßen. Der König nahm diese patriotische Gabe, in einem eigenhändigen in den gnädigsten Ausdrücken abgefaßten Kabinetsschreiben huldreichst an und nach getroffener Uebereinkunft des damaligen Oberschuldepartements mit dem Geschenkgeber ward diese bedeutende Sammlung im Frühjahr 1806 der Universitätsbibliothek zu Halle einverleibt. **) Sein patriotischer Eifer sollte sich jedoch in

*) Siehe Hamburger-Korrespondent 1804, Nr. 70.

**) Siehe Intelligenzbl. d. allgm. Literaturzeitung 1806. Nr. 74.

den folgenden für Preußen so wichtigen Jahren noch mehr bewähren. In Berlin ansässig, suchte er sich 1812 als Revierkommissär bei der Vermögenseinkommensteuer nützlich zu machen. Durch Kränklichkeit verhindert 1813 den Kampf für die Freiheit persönlich mit zu kämpfen, rüstete er mehrere unbemittelte junge Männer auf eigene Kosten aus. Er war der Erste, welcher für die Verwundeten u. Kranken des im Felde stehenden preußischen Armeekorps eine Summe auf dem Altare des Vaterlandes niederlegte*) u. durch dies erste Opfer den Patriotismus seiner Mitbürger noch mehr entflammte. Im Mai 1814 übergab er dem Berliner Magistrat aus eigenen Mitteln 1000 Thaler als Fonds zu einer Stiftung für einen im Jahre 1813 oder 14 dienstunfähig gewordenen hülfsbedürftigen Streiter der Berliner Landwehr, künftig aber zu einer Unterstützung wohlverdienter Armenschullehrer zu Berlin. Acht Jahre hindurch sandte er dem Chef der Gardeinfanterie, dem damaligen Oberst von Alvensleben, einhundert Thaler mit dem Ersuchen, an jedem 18. Octbr. und 30. März einen verwundeten Gardisten aus dem Befreiungskriege mit 50 Thlrn. zu erfreuen. Es waren keineswegs glänzende Vermögensumstände, welche ihm die Genugthuung gewährten, seinen Mitbrüdern thätliche Beweise seiner Menschenfreundlichkeit zu geben; nur durch weise Eintheilung seines Einkommens und durch eigenes Entbehren ward es ihm möglich, die ihm angebornen Triebe des Wohlthuns und der Vaterlandsliebe zu befriedigen. Gewiß die Mehrzahl seiner Lebenstage sind durch ein gutes Werk oder eine wohlthätige Handlung, die er ganz unbemerkt und aus reinem Edelmuthe übte, bezeichnet. Beglückend mußte es seinem dem Herrscherhause so innig ergebenen Herzen seyn, als ihm, als ein Beweis der Allerhöchsten Anerkenntniß seiner vielfachen Verdienste um das Vaterland, vom Könige das eiserne Kreuz verliehen ward **). Im J. 1813 wurde ihm die Censur aller in Berlin erscheinenden politischen Zeitungen und Flugschriften übertragen. Die durch die Ereignisse aufgeregten Gemüther der Einsender, im Gegensatz mit der Vorsicht, welche Preußens Lage erforderte, machten dies zu einem der schwierigsten Geschäfte. Mannichfaltiger dadurch herbeigeführter Verdruß wirkte bei seiner höchst milden Denkungsart doppelt nachtheilig auf seine Gesundheit; weshalb er sich genöthigt sah, dies Amt bald wieder niederzulegen. Sein sehr reiz-

*) Siehe Haude- u. Spenersche Berlin. Zeitung 1812, Nr. 124.
**) Siehe Vossische Berlin. Zeitung 1814, Nr. 84.

bares Nervensystem hatte durch die rege Theilnahme und Spannung in jener wichtigen Zeit so gelitten, daß er 3 Jahre hindurch mehrentheils bettlägrig zubrachte und erst durch den Gebrauch böhmischer Heilquellen einigermaßen seine Gesundheit wieder erlangte. So schmerzlich es ihm war, immer nur indirekt für das Wohl des Staates wirken zu können und seine wiederholten Gesuche um Wiederanstellung unberücksichtigt zu sehen, so konnte er es sich doch nicht verhehlen, was der ihm persönlich so geneigte Fürst Hardenberg wohl wußte, daß er durch immerwährende Nervenleiden, für eine anhaltende Geschäftsführung untauglich geworden war. Es ward daher gewissermaßen ruhiger in ihm, als er diese Hoffnung nicht mehr nähren konnte und er im Decbr. 1820 in den Ruhestand versetzt ward. Seine über alle Alltäglichkeit hoch erhabene Sinnesart fand man in seinen höchst edlen Zügen ausgedrückt. Er war ein schöner Mann. Durch seinen offenen Blick sah der Kenner in sein offenes Herz. „Liebe die Guten, bedaure die Schwachen, fliehe die Bösen: aber hasse Niemand," war der Wahlspruch seines Lebens; so wie das Terenzische „ich bin ein Mensch u. halte dafür, nichts was Menschen betrifft, dürfe mir fremd sein," der Wahlspruch seines Studiums war. Sehr viel und mit Nutzen gereist, bekannt mit den meisten merkwürdigen Männern wie mit den merkwürdigsten Gegenständen und mit dem geheimsten Zusammenhange der großen Begebenheiten seines Zeitalters, war er bei einem außerordentlichen Gedächtnisse eine lebendige Encyklopädie u. ein sehr angenehmer Gesellschafter. Eine stete Heiterkeit der Seele konnte nur zuweilen durch zu großen physischen Schmerz unterdrückt werden. Mit kindlich frohem Sinn genoß er jeden Spatziergang in der freien Natur und hauchte seine Empfindungen darüber in vielen schönen Lobgesängen aus. Geschichte war sein Lieblingsstudium. Im Anschauen der großen Weltbegebenheiten und in der Bewunderung der edlen Werkzeuge, die sie leiteten, fand sein Geist Nahrung, wogegen er Romanlektüre schon in seinen Jünglingsjahren haßte. Als ein sehr frommer gemüthlicher Mann mußte der mehrjährige freundschaftliche Umgang mit Klopstock und dem genialen Claudius in Hamburg von hoher Befriedigung für ihn seyn. Bei der musikalischen Säkularfeier zu Ehren des heiligen Sängers des Messias, welche am 2. Juli 1824 in dessen Vaterstadt Quedlinburg statt fand, hatte er das Glück, auch ein Scherflein auf dem Altare der Erinnerung niederlegen zu können. Ein mit eigenhändigen Correkturen versehenes Manuscript des Unsterblichen: Zwei Johanniswürmchen (1801) überschrieben, das Letzte, dessen seine Stieftochter Meta von Winthem sich erfreute, hatte dieselbe vertrauungsvoll v. S., durch den Domherrn Mayer zu Hamburg aufgefordert, mit edler Resignation zu diesem Zweck überlassen. Mit einem Exemplare von Doktor Mayers trefflicher Schrift: Klopstocks Gedächtnißfeier (Hamburg 1803), übergab v. S. dasselbe, nebst dem Bildnisse des Gefeierten in einem passenden reichen Einbande der Rathhausbibliothek zu Quedlinburg, damit seine Verehrer auch eine interessante Probe seiner kalligraphisch schönen Schriftzüge dort finden möchten. — Schon in seinem 26. Jahre verband er sich mit einer ihm an Jahren zwar vorangeeilten Frau, die aber durch die seltensten Eigenschaften des Geistes wie des Herzens ihn an sich zu fesseln wußte, welches seinerseits in einer 28jährigen Ehe immer dankbar anerkannt wurde. Sie habe viel zu seiner Veredlung beigetragen, war der gerechte Nachruf, welcher ihr von ihm ward. Kaum sechs Monate Wittwer fühlte er, daß er nur durch echte Frauenliebe beglückt mit Zufriedenheit seine irdische Laufbahn vollenden würde. Er wählte daher (1820) zur zweiten Gefährtin die älteste Tochter eines von ihm sehr verehrten Bruders, von welchem er schon einen Sohn adoptirt hatte und ließ sich, durch Familienbande angezogen, 1821 in Magdeburg häuslich nieder. In dieser Ehe wurden ihm die in der ersten entbehrten Vaterfreuden. Die Geburt einer Tochter verjüngte ihn fast, so wie ihn der Tod derselben in einem Alter von 2 Jahren besonders um seiner jüngern Gattin willen betrübte; denn er fühlte wohl, daß er mit dem geliebten Kinde bald in den Wohnungen des Friedens vereinigt seyn würde. Unterleibsbeschwerden, heftige Schmerzen im Rücken und im Hinterkopf peinigten ihn in seinen letzten Lebensjahren so sehr, daß er oft mit dem großen König ausrief: „quand finiront donc mes tourments?“ Mit der Ruhe, vielmehr mit der Sehnsucht eines gläubigen Christen sah er, nachdem er seine irdischen Angelegenheiten mit der größten Fassung geordnet, seiner Auflösung entgegen und verschied nach einem sechswöchentlichen höchst schmerzvollen Krankenlager tief betrauert von Allen, die den seltenen Mann kannten, vor allen aber von seiner durch ihn hoch beglückten dankbaren Gattin. E. v. S.

zeichneten ihn in der Blüthe der Jahre als einen der schönsten Männer seiner Zeit: in seinen großen dunkeln Augen lag ein edler männlicher Ernst, kurz, seine Gestalt hatte viel Zutrauen Erweckendes. — Er hegte ritterlichen Sinn und war in diesen Uebungen sehr geschickt, war ein tüchtiger und gewandter Reiter und ein Schütze von seltener Geschicklichkeit. Er war sehr belesen in alten und neuen Schriften und hatte sich in den verschiedenen Lagen und Verhältnissen des Lebens vielfältige Erfahrungen gesammelt. Durch den Umgang mit gebildeten Personen hatte er seinen Geist ausgebildet und in der Schule des Unglücks sein Urtheil geläutert. — Er war ein denkender und erfahrner Offizier, der mit Tapferkeit Einsicht und praktische Kenntnisse vereinigte. Ungeachtet seiner Strenge im Dienste war er nicht kränkend. Er war ein treuer biederer Freund. Für alles Schöne und Erhabene war er empfänglich, an den Vorschreiten der Menschen mit ihren Rechten nahm er den innigsten Antheil. Der nothleidenden Menschheit war er Helfer und spendete seinen Kräften angemessen. Mit vortrefflichen Eigenschaften des Herzens und Charakters im geselligen Leben, verband er angenehme Formen, einen feinen Takt und ein würdevolles Benehmen. Im nähern Kreise mit seinen Freunden war er lebhaft, dabei aber liebenswürdig und selbst heiter. Voll hoher Achtung erkannte er die Würde der Frauen und pries das Glück des ehelichen Verbandes, das ihm nicht werden sollte, wenn er auch das ihm verwandte Wesen gefunden hatte. — In seinen letztern Lebensjahren litt er körperlich viel und suchte gegen heftige Brustkrämpfe in den meisten Hülfsquellen vergebens Linderung. — Von der Unheilbarkeit seines Uebels überzeugt, hegte er, wenn gleich ergeben und sanft, mit Besorgniß den Gedanken, sein Leben auf einem langen schmerzhaften Krankenlager enden zu müssen und wünschte sich dann oft ein schnelles Ende. — Der Himmel erhörte seine Bitte; denn kaum hatte er sein Pferd, um zum Exerziren zu reiten, bestiegen, als sich dasselbe mit ihm bäumte, sich überschlug und er todt zu Boden sank. — Er hatte dem Hause Preußen 23 J. 6 M. gedient und außerdem 5 J. in westphälischen Diensten gestanden.

Erfurt. Major v. Lindeman.

199. Johann Christoph v. Zabuesnig,

Priester zu Augsburg;

geb. d. 9. Nov. 1747, gest. d. 7. Juni 1827 *).

Das Geschlecht der von Zabuesnig kam von Greifenburg aus Kärnthen nach Augsburg und beschäftigte sich mit der Handlung. Der Vater des Verewigten war Christoph Balthasar Z., welcher den allgemeinen Ruf eines rechtlichen und gebildeten Mannes mit sich ins Grab nahm und seine Mutter, Maria Elis. Brentano-Mezzegra, eine fromme, geistreiche Frau. Z. war der dritte Sohn aus dieser glücklichen Ehe. Die Charakterzeichnung, welche Letzterer in einer von ihm selbst geschriebenen, aber leider nicht vollendeten Selbstbiographie zurückließ, kann von Niemand ohne die innigste Rührung gelesen werden u. sie macht den Eltern eben so viel Ehre, als dem dankbaren Sohne. Schon als Kind zeichnete er sich durch eine diesem Alter nicht gewöhnliche Ruhe und Lernbegierde aus. Folgsam jedem Winke seiner Eltern, war er auch immer ihr Liebling und um so mehr, da seine Wißbegierde gleichen Schritt mit seinen liebenswürdigen Eigenschaften hielt. Er kam sehr frühzeitig ins Gymnasium der Jesuiten und war stets vorzugsweise der Erste unter allen seinen Mitschülern. Seine Fassungskraft erleichterte ihm jede Aufgabe und seine Lernbegierde kannte bald keine Grenzen. Er geizte mit der Zeit und verwendete jeden Augenblick, um in der literarischen Bildung weitere Fortschritte zu machen. Lesen war seine Lieblingsunterhaltung und er legte niemals ein Buch bei Seite, ohne dasselbe vom Anfang bis ans Ende durchgelesen zu haben, wenn auch der Inhalt noch so trocken war.

Im J. 1764 verließ er das Gymnasium, worin er sich große Fertigkeit im Lateinischen und Griechischen verschafft hatte. Mehr dem Wunsche seines Vaters als seiner Mutter entsprechend, begab er sich zur Handlung, wo ihm sein Latein und eine durch Uebung erworbene Fertigkeit, sich in Aufsätzen deutlich auszudrücken, sehr gut zu statten kam. Als er das erste Lehrjahr unter der Leitung seines Vaters überstanden hatte, wurde er von ihm nach Paris geschickt, um die französische Sprache zu erlernen und sich in den merkantilischen Geschäften besser auszubilden. Er kam zu einem Kaufmann als Pensionär in Kost und Woh-

*) Aus der Athenasia. II, 3. Heft.

nung und erhielt zugleich einen englischen Sprachlehrer. Sein sittliches Betragen und sein Fleiß erwarben ihm hier bald die volle Achtung seines Prinzipals, sowie die Zufriedenheit seiner Lehrer. Die Gefahren der großen Hauptstadt lernte er nur durch die Schilderung seines Prinzipals, niemals aber durch eigene Erfahrung kennen. Er verließ Paris nach einem Aufenthalte von einem Jahre, eben so unbefangen, als er es betreten hatte. — „Meiner Leselust, schrieb er, habe ich es zu verdanken, daß ich viele meiner freien Stunden mit einer Beschäftigung ausfüllte, die mich von allen Ausschweifungen abhielt."

Noch nicht ganz 20 J. alt, wurde er von seinem Vater nach Triest geschickt, wo er sich schon in der dritten Woche seines Aufenthalts das Zutrauen seines Prinzipals so sehr erwarb, daß ihm die Correspondenz in 3 Sprachen anvertraut wurde und deßhalb mit einer angemessenen Besoldung honorirt wurde, obschon er nur als Pensionär in das Handlungshaus eingetreten war. Aber eben dieser Zuschuß zu seinem Taschengelde und eine dem jugendlichen Alter nichts weniger als zuträgliche Freiheit boten dem jungen Manne große Gefahren dar; doch verließ er Triest nach 2jährigem Aufenthalt ohne Nachtheil für seinen moralischen Werth. „Dank sey es den Grundsätzen meiner religiösen Erziehung, welche die Wagschale gegen den Hang zum Bösen im glücklichen Gleichgewicht hielt." (Sind seine eigenen Worte.)

Sich mit literarischen Arbeiten zu beschäftigen, war ihm Bedürfniß geworden u. er wußte sich daher auch immer Zeit für dieselben abzugewinnen. Er fühlte jetzt den Mangel an seiner Muttersprache und studirte mit Eifer Gottscheds größere Sprachlehre; er suchte sich Bücher der besten Schriftsteller, um seinen Styl nach guten Mustern zu bilden. Auch im Lateinischen versuchte er sich in metrischen Aufsätzen. Bald gefiel es ihm, Fabeln in deutschen Versen zu dichten, die seine Freunde — freilich erbärmliche Kenner, wie er sich in seinen biographischen Skizzen selbst ausdrückt — ganz vortrefflich fanden. Er ließ sie auf seine Kosten (1767) drucken und überraschte seine Eltern mit dem Geschenke der Erstlinge seiner Autorschaft. Später (1770) übernahm es Samuel Haag in Basel, sie umzudrucken; da aber v. Z. selbst das Mangelhafte dieses ersten Versuches einsah, nahm er unaufgefordert von dem Verleger den ganzen Vorrath zurück und — vernichtete ihn.

Nach der Zurückkunft von Triest wurde er treuer Gehülfe in der Handlung seines Vaters, welcher ihm bald

199. Johann Christoph v. Zabuesnig,

Priester zu Augsburg;

geb. d. 9. Nov. 1747, gest. d. 7. Juni 1827 *).

Das Geschlecht der von Zabuesnig kam von Greifenburg aus Kärnthen nach Augsburg und beschäftigte sich mit der Handlung. Der Vater des Verewigten war Christoph Balthasar Z., welcher den allgemeinen Ruf eines rechtlichen und gebildeten Mannes mit sich ins Grab nahm und seine Mutter, Maria Elis. Brentano-Mezzegra, eine fromme, geistreiche Frau. Z. war der dritte Sohn aus dieser glücklichen Ehe. Die Charakterzeichnung, welche Letzterer in einer von ihm selbst geschriebenen, aber leider nicht vollendeten Selbstbiographie zurückließ, kann von Niemand ohne die innigste Rührung gelesen werden u. sie macht den Eltern eben so viel Ehre, als dem dankbaren Sohne. Schon als Kind zeichnete er sich durch eine diesem Alter nicht gewöhnliche Ruhe und Lernbegierde aus. Folgsam jedem Winke seiner Eltern, war er auch immer ihr Liebling und um so mehr, da seine Wißbegierde gleichen Schritt mit seinen liebenswürdigen Eigenschaften hielt. Er kam sehr frühzeitig ins Gymnasium der Jesuiten und war stets vorzugsweise der Erste unter allen seinen Mitschülern. Seine Fassungskraft erleichterte ihm jede Aufgabe und seine Lernbegierde kannte bald keine Grenzen. Er geizte mit der Zeit und verwendete jeden Augenblick, um in der literarischen Bildung weitere Fortschritte zu machen. Lesen war seine Lieblingsunterhaltung und er legte niemals ein Buch bei Seite, ohne dasselbe vom Anfang bis ans Ende durchgelesen zu haben, wenn auch der Inhalt noch so trocken war.

Im J. 1764 verließ er das Gymnasium, worin er sich große Fertigkeit im Lateinischen und Griechischen verschafft hatte. Mehr dem Wunsche seines Vaters als seiner Mutter entsprechend, begab er sich zur Handlung, wo ihm sein Latein und eine durch Uebung erworbene Fertigkeit, sich in Aufsätzen deutlich auszudrücken, sehr gut zu statten kam. Als er das erste Lehrjahr unter der Leitung seines Vaters überstanden hatte, wurde er von ihm nach Paris geschickt, um die französische Sprache zu erlernen und sich in den merkantilischen Geschäften besser auszubilden. Er kam zu einem Kaufmann als Pensionär in Kost und Woh-

*) Aus der Athenasia. II, 3. Heft.

die Lage der bedrängten Stadt und seiner gedrückten Einwohner besser, als hundert Andere; er half, wo er helfen konnte, schonte, wo es möglich war und bestimmte die größern Summenleistungen für diejenigen, welche sie auf den Altar des Vaterlandes legen konnten, ohne deshalb ruinirt zu werden. Er kannte bei diesen Bestimmungen keine Verhältnisse der Verwandtschaft: nur die Pflichten der Billigkeit, welche in ähnlichen Anläßen so selten rücksichtslos beherzigt werden. Auch bei der Revision der Quartierlasten und der Verbesserung des tief gesunkenen Armenwesens gebührt ihm das nämliche Lob.

Kaum hatte die alte Reichsstadt durch den Preßburger Frieden ihre Selbstständigkeit verloren und dem Könige von Baiern gehuldigt, so ward von der Organisationskommission und dem damaligen königl. Polizeidirektor B. v. Andrian darauf angetragen, mit Hrn. v. Besserer bei Errichtung des Munizipalrathes v. Z. zum zweiten Bürgermeister zu ernennen. Er weigerte sich lange und ernstlich, diese Ehrenstelle in dem kritischen Augenblicke zu übernehmen: aber seine Weigerung, obgleich durch die wichtigsten Gründe motivirt, fand keinen Eingang. Die königl. Regierung hatte so großes Zutrauen in seine Kenntnisse und Rechtlichkeit, wie seine Mitbürger; auch entsprach er in der Folge vollkommen den Erwartungen.

Bisher hatte v. Z. nur im häuslichen Zirkel seiner Familie und in Bearbeitung literarischer Aufsätze seine Erholung gesucht und gefunden: aber die sich immer mehr andrängenden Geschäfte, manchmal verdrießlicher Art, nahmen ihn zu sehr in Anspruch, als daß er sich diesen Lieblingsarbeiten mehr hingeben konnte. Er brauchte seine Zeit nun mehr zur Vertheidigung seiner Mitbürger, obgleich ihm gar oft sich Hindernisse entgegen thürmten, zu deren Ueberwindung mehr als eines Mannes Kräfte erforderlich waren. — In dem letzten Decennium des verflossenen Jahrhunderts hatte er sich in dem sehr schönen fürstbischöfl. Dorfe Göggingen, eine halbe Stunde von Augsburg, ein kleines, aber sehr niedliches Landhaus gemiethet. Dies war eigentlich sein Tusculum, wo er neben dem Genuß der reinen Landluft, den Musen seine Huldigungen darbrachte und von den anstrengenden Tagesgeschäften im Zirkel der Seinigen ausruhte. Als aber am Anfang dieses Jahrhunderts eine große Strecke wild verwachsenen Bodens, östlich von Augsburg, hart am Lechflusse, zur Kultivirung von der kön. b. Regierung ausgeboten wurde, zog er es vor, ein Eigenthum zu besitzen, statt in der Miethe zu seyn. Er rottete die magern Wildstämme aus, kultivirte den undankbaren Boden, baute sich ein zwar einfaches, aber bequemes und sehr niedliches Landhaus vom Grunde auf; stellte die bequemsten Oekonomiegebäude um dasselbe herum und machte in möglichst kurzer Zeit aus der öden, verwilderten Gegend einen der lachendsten und fruchttragendsten Landsitze, den er dann später seinem Sohne Joseph zum Besitzthume überließ.

Die verheerende Säkularisation hatte auch das Reichs- und Prämonstratenserstift Ursberg im Mindelthale verschlungen, welches im Besitze von einem seit langer Zeit in hohem Rufe stehenden, aber äußerst vernachlässigten Bade, dem Krumbacher Bade, war. Es lag wohl in der Absicht des Stifts selbst, daß dieses an sich sehr heilsame Bad von seinem Rufe verlor: es lag dem Kloster zu nahe, dessen innere Ruhe durch den Andrang der vielen Badegäste zu oft gestört und des Abtes Gastfreundschaft zu sehr in Anspruch genommen wurde; Motive, welche in der bewegten und kriegerischen Epoche einer ernstlichen Beherzigung gewiß nicht unwürdig waren. v. Z. kaufte vom königl. Aerar im J. 1812 das Krumbad, brach die verfallenen Gebäude ab, richtete Alles zur Bequemlichkeit der Badegäste mit bewundernswürdiger Schnelligkeit her, und schon im J. 1813 stand die Anstalt erneuert, glänzend und einladend da. Er bewies hier einen eben so unternehmenden, als erfinderischen Geist. Auch war Krumbad immer sein Lieblingsaufenthalt, wo er sich in seiner Schöpfung selbst gefiel.

Im J. 1816 hatte er seine treue Lebensgefährtin verloren, — ein Schlag, der ihn empfindlich traf und noch zweimal durch den Tod zweier Söhne erneuert wurde. Dieser dreifache, höchst empfindliche Verlust hatte sehr auf den schon bejahrten Mann eingewirkt, ohne jedoch seinen Geist zu beugen. — Wenige Monate nach dem Tode seiner Gattin verbreitete sich das Gerücht, v. Z. werde sich dem geistl. Stande widmen, was auch 1827 aus keiner andern Absicht, als um seine letzten Lebenstage höhern Zwekken zu weihen, von ihm geschah. Von dieser Zeit an entzog er sich allen zeitlichen Geschäften und opferte sich ganz seinem neugewählten Stande. Während seines Aufenthalts in Krumbad, wo er immer die Sommermonate zubrachte, predigte er in der kleinen daselbst befindlichen Kirche alle Sonntage mit Salbung. Sein Vortrag war lebhaft, die Ausarbeitung lehrreich, faßlich und beredt, nur das Organ etwas schwach; indessen wohnten seinen Predigten alle anwesenden Protestanten mit der nämlichen Theilnahme bei, wie seine katholischen Glaubensgenossen. — In seinem Greisenalter, als privatisirender Priester, wagte er sich an eine Arbeit, welche den kühnsten Dichter zurückschrecken könnte, an die metrische Uebersetzung der katholischen Kirchenhymnen, welche er auf eigene Kosten in 3 Bänden mit beigedrucktem Urtexte in eleganter Auflage (1822) ans Licht treten ließ. Diese Hymnen, sein Schwanengesang, sind in mehrern gelehrten Zeitschriften sehr vortheilhaft recensirt worden.

Noch im hohen Alter genoß er eine körperliche und geistige Lebhaftigkeit bis ihn im Februar 1826 in Krumbad der Schlag traf und seine ganze rechte Seite lähmte. Von diesem unglücklichen Ereignisse an verschwand seine Heiterkeit. Die Erholung ging zwar langsam vor sich, doch so, daß er wieder seine priesterlichen Verrichtungen ohne Anstrengung verwalten und sich in der wärmern Jahreszeit an seinen Lieblingsaufenthalt zu seiner geliebten Tochter nach Krumbad begeben konnte. Bei dieser glücklichen Wendung kehrte bei ihm die alte Heiterkeit zurück, welche ihn auch bis an sein Lebensende nicht mehr verließ. Auch von einer Lungenentzündung im J. 1827 erholte er sich wieder; doch schwanden seine Kräfte, als einige Monate später ihn von neuem eine Krankheit befiel und der Edle entschlief sanft, nachdem er die Seinen gesegnet.

Von ihm erschienen folgende Schriften: Billots Predigten, 1773. 2. Aufl. 1775. — Philosoph. Lexik. d. Religion, worin alle von den Ungläubigen angefochtenen Religionspunkte festgesetzt u. alle Einwürfe derselben beantwortet werden. A. d. Französ. des Hrn. Abts Nonnotte. 1775. — Zwei Briefe v. d. Erzbisch. zu Paris u. Arles, üb. das Breve Sr. Heiligkeit, Clemens XIV., französ. u. deutsch. 1776. — Leichenrede, zum Lobe Lorenz Ricci, des letzten Generals der Gesellschaft Jesu, italien. u. deutsch. 1776. — Petr. Chompré selecta latini sermonis exempla, mit Vorberichten zu d. klass. Schriftstellern u. Anmerk. A. d. Franz. 2. — 6. Th. 1776. — Hist. u. krit. Nachr. v. d. Leben u. d. Schriften d. Hrn. v. Voltaire u. and. Neu-Philosophen uns. Zeit. 1777. — Des Hrn. v. Condillac Gesch. d. ält. u. neuern Zeiten. A. d. Französ. 14 Bde. 1778 – 1790. (Nur die ersten 6 Bde. sind von v. Z. übers.) — Joseph Pius Johns Abhandl. üb. d. Coelibat der Geistlichen. A. d. Latein. übers. 1782. — Katholische Kirchengesänge, in d. Deutsche übertragen mit d. Latein.

zur Seite. 1822. — Der Papagei, eine Klostergeschichte nach Grasset. 1779. — Die Philosophen nach der Mode. Lustsp. 1779. — Abels Tod. Duodrama. 1779. — Elsbeth, oder der Frauenraub. Ritterl. National-Trauersp. 1789. — Lucy Hopeleß, oder der Quäker aus Amerika. Trauersp. 1783. — Philemon u. Baucis. Operette. 1785. — Empfindungen bei dem Kreuze Jesu. Oratorium. 1786. — Vortrag des Ausschusses des großen Raths in Augsburg u. s. w. 1796. — Die vier Tagszeiten. 1812. (Der berühmte Ritter von Winter hat sie in Musik gesetzt u. sie wurden sowohl in München, als in Augsburg immer mit gesteigertem Beifall und vor dem zahlreichsten Auditorium gegeben.) — Zabuesnig war vorzüglich Mitarbeiter des reichsstädt. Kaufbeuerschen Wochenblatts, von 1787 bis 1789, so wie er viele Aufsätze und Uebersetzungen in die vorzüglicheren Zeitschriften religiösen Inhalts in den letztern Tagen einrücken ließ. Die Zahl der kleinern Gelegenheitsgedichte, wovon viele äußerst niedlich und voll Witzes sind, kann nicht bestimmt angegeben werden.

* 200. Gerhard Tjaard Süringar,

Doctor beider Rechte, ordentl. Prof. d. griech. u. lat. Sprache u. d. Alterthümer bei d. Universität Lingen, auch Rektor der lateinischen Schule daselbst u. korrespondirendes Mitglied des kön. niederländ. Instituts für Künste u. Wissenschaften z. Amsterdam; geb. d. 18. Okt. 1761, gest. d. 7. Juni 1827.

Leeuwarden, die Hauptstadt der niederländischen Provinz Friesland, ist sein Geburtsort. Sein Vater war Bürgermeister dieser Stadt und blieb auch ein Mitglied der Provinzialstaaten bis zum J. 1795. Schon in frühern Jahren zeigte S. Neigung und Fähigkeiten zu höhern Studien und zu einer wissenschaftlichen Beschäftigung. Das Gymnasium seiner Vaterstadt, welches er mehrere Jahre besuchte, bot ihm die Mittel dar sich, seiner Neigung folgend, den Weg zu dem Studium der Wissenschaften zu bahnen, und da legte er auch den Grund zu seiner gelehrten Bildung. Der Eifer und anhaltende Fleiß mit dem er arbeitete, setzten ihn in den Stand schon im J. 1775, also erst 14 J. alt, sein akademisches Leben zu beginnen. Er wählte dazu die von seiner Vaterstadt nicht sehr entfernte Universität Franeker, wo er sich auf das Studium der alten klassischen Literatur, der Mathematik und der Rechtswissenschaften mit Lust und Liebe legte. Nachdem er während eines Zeitraums von beinahe sechs

Jahren diese verschiedenen wissenschaftlichen Felder mit dem besten und glücklichsten Erfolge bebaut hatte, erhielt er nach öffentlicher Vertheidigung seiner Inaugural-Dissertation, „über einige auserlesene Gesetze des Solon" am 21. Junius 1781 die Würde eines Doctors beider Rechte. — Der gute Ruf, den er sich während seiner akademischen Jahre erworben hatte, bewirkte, daß er, als er kaum die Universität verlassen hatte, zum Lehrer an dem Gymnasium zu Harlem erwählt wurde. Nach Verlauf von zwei Jahren thätigen Wirkens in diesem Amte erhielt er den Ruf als Conrector bei dem Gymnasium zu Leenwarden seiner Vaterstadt. In diesem Posten, so wie auch in einem andern, den er einige Jahre später als Lehrer an der gelehrten Anstalt zu Gröningen annahm, wirkte er kräftig und wohlthätig für die Wissenschaften und erwarb sich um die Jugendbildung ein großes und wahres Verdienst. Jetzt kam der Zeitpunkt, wo er auf deutschen Boden und für Deutschlands Jugend und Wissenschaft so nützlich wirken sollte. Im J. 1802 nahm er den an ihn von Lingen aus ergangenen Ruf, als ordentlicher Professor der griechischen und lateinischen Sprache und Alterthümer bei der dortigen Universität an, womit er zugleich auch das Rectorat der lateinischen Schule daselbst übernahm. Dieses ehrenvolle doppelte Amt trat er mit einer noch ungedruckten Rede: De pace cum societatis civilis conservatrice, tum humanitatis et bonarum artium altrice, an. Neben diesen Aemtern, deren Pflichten er mit Gewissenhaftigkeit und wirksamen Eifer erfüllte, führte er auch anfangs das oft schwierige akademische Prorectorat. Doch nöthigte ihn bald (1805) seine schwächliche Gesundheit, indem schon die beiden ersten Aemter seine ganze Kraft in Anspruch nahmen, dieses Prorectorat niederzulegen, bei welcher Gelegenheit er eine andere noch ungedruckte Rede: De Prudentia civili, firmissimo regnorum fulcro, hielt. Als akademischer Lehrer wurde sein Vortrag sehr gerühmt. Er drückte sich, sowohl mündlich als schriftlich in einem sehr reinen, deutlichen und fließenden Latein aus, welches er recht gut verstand nach Erforderniß elegant und ausdrucksvoll zu stellen. Dies war besonders der Fall in seinen akademischen und Schulreden, deren Styl eben so rein und kräftig als blühend und anziehend war. Auch verfehlte er nie das jährliche Schulexamen, so wie auch die Promotionen, welche er durch Prolusiones ankündigte, mit dem Halten einer Rede in lateinischer Sprache zu eröffnen. Er hatte sich diese

Sprache sowie deren schöne Wendungen und Feinheiten des Ausdrucks und allen ihren Reichthum so zu eigen zu machen gewußt, daß er auch überdieß ein sehr fertiger lateinischer Dichter war, dem der Umgang mit der Muse Latiums nur als Erholung von seinen vielen Amtsgeschäften galt. Seine Haupt- und Lieblingsbeschäftigung war und blieb aber immer die Philologie, an der er mit ganzer Seele hing. Seine mannichfaltigen Verdienste in dieser und anderer Hinsicht wurden auch durch das kön. niederländ. Institut für Künste und Wissenschaften zu Amsterdam würdig anerkannt, indem es ihn 1810 zum korrespondirenden Mitgliede ernannte. Nicht weniger ehrenvoll war für ihn der Ruf, welchen er im J. 1814 nach Duisburg erhielt, so wie ein anderer nach Gröningen als Rector der dortigen Gymnasien, der an ihn im J. 1816 erging, welche beide er aber aus Vorliebe für die Universität und die Schule, wo er schon so lange mit gutem Erfolg gewirkt hatte, ablehnte. — Als im J. 1820 die Universität Lingen aufgehoben wurde und S. an dem an der Stelle errichteten Gymnasium als Director desselben angestellt werden sollte, lehnte er diesen Posten wegen Kränklichkeit ab und bat um seine Entlassung. Er erhielt dieselbe auf eine ehrenvolle Weise und zum Lohn seiner um die Anstalten während 18jähriger Thätigkeit erworbenen Verdienste, wurde ihm die Zusicherung eines lebenslänglichen Genusses seines bis dahin bezogenen jährlichen Gehalts zu Theil.

Die Ursache seiner schwächlichen Gesundheit hatte ihren Grund in einer asthmatischen Brustkrankheit, woran er seit seiner frühsten Jugend sehr und heftig gelitten hatte und welche ihm oft bei seinen Geschäften hinderlich gewesen war. — Er war ziemlich groß gewachsen, aber dabei von schwacher Körperbeschaffenheit. In seinem 58. J. zog er sich in die Provinz Friesland nach Beetslerwaag zurück, wo er sich bis zum Ende seines Lebens aufhielt und wo ihm, in dem Hause seines jüngsten Bruders, durch die liebevollste Pflege die Ruhe seiner letzten Jahre so wohlthätig und angenehm gemacht wurde. Hier fand er, was er, da er nie verheirathet war und keine eigene Familie hatte, sonst hätte entbehren müssen, im brüderlichen Familienkreise die zärtlichste Liebe und die herzlichste Theilnahme. Sein älterer Bruder lebt als Professor der Theologie an der Universität zu Leyden. — Mit einem eben so biedern als achtungswerthen Charakter war bei ihm eine gewisse ihm eigene Reizbarkeit vereinigt, welche unstreitig von seiner Kränklichkeit herrührte und wogegen ihm Zerstreuung gut und einigermaßen Bedürfniß war. Er liebte daher die Geselligkeit sehr und brachte gern den Abend im Kreise von Freunden und Bekannten oder auch in öffentlichen Gesellschaften zu. Die Zerstreuung, welche er hier fand, verschaffte ihm Linderung seiner Leiden, er wurde heiter und unterhaltend, da er sonst mehr in sich gekehrt und still war. Ohne eigentlich einen originellen Charakter zu haben, fehlte es seinem Geiste doch nicht an Scharfsinn. Dies beweisen sowohl mehrere seiner Conjecturen über alte griechische und römische Schriftsteller, die er auslegte, als auch mehrere seiner Abhandlungen, worin er sich als gründlicher und tiefer Forscher zeigte.

Die wenigen von ihm herausgegebenen Schriften sind folgende: Observationes ad selectas quasdam Solonis leges. 1781. — Prolusiones seu Observationes in veterum scriptorum graecorum et latinorum loca. 1803 ad 1814. — Lateinische Gedichte bei verschiedenen Gelegenheiten herausgegeben, darunter besonders bemerkenswerth das Carmen Saeculare in Natalem ducentesimum Academiae Frisiacae Franeker. 1785. — Das Epicedion Herois fortissimi, Guilielmi Georgii Frederici, Principis Auriaci summi Caesarianorum Exercituum Ducis in Italia. 1799. — Das Carmen festum, Deo Optimo Maximo liberatori Europae. 1814.

Osnabrück. Jos. v. Lücenay.

201. Ludwig Anton Mayer,

Kanonikus zu Würzburg;

geb. im J. 1769, gest. d. 9. Juni 1827. *)

An ihm verlor die Stadt und Diöces Würzburg einen der gelehrtesten, rechtschaffensten und tüchtigsten Männer, als Priester und Gelehrter gleich ausgezeichnet. In den letzten Jahren hat er sich durch die Uebersetzung von Bossuet's Vorträgen über die Universalgeschichte und dessen Geschichte der Veränderungen der protestantischen Kirche u. s. w., bleibende Verdienste um die Literatur erworben. — Bei allen Vorzügen des Geistes und Herzens und bei aller Freimüthigkeit und Selbstständigkeit war M. im Umgange sehr bescheiden und anspruchslos; fast bis an seine letzten Lebenstage ohne Geräusch thätig für Kirche und Vaterland; fromm ohne Andächtelei, im Stillen wohlthätig und dienstgefällig; im Leiden froh und heiter; ma-

*) Kirchenztg. 1827. 14. Jun.

 los in Sitten und Wandel. Seinen wohlthätigen Sinn bekundete er zuletzt noch in seinem Testamente, indem er seine Büchersammlung dem dortigen Klerikalseminar und bei weitem über 1000 Gulden der Kirche seines Stifts u. den Armen seiner Vaterstadt vermachte.

* 202. Joachim August Christian Zarnack,

pädagogischer Director des großen Militärwaisenhauses zu Potsdam; geb. d. 21. Septbr. 1777, gest. d. 11. Juni 1827.

„Diesem Verdienstvollen hat ein unverdientes, zu lange erduldetes Unglück die Schultern gebeugt, die Brust zusammengedrückt und den Arm gelähmt; er kann nicht aufrecht stehen und sich wieder erholen. Ein Blitzstrahl vom Himmel hat bis zur Wurzel hinab die Eiche getroffen u. sie ihrer Lebenskraft beraubt.“ — Diese Worte Herders in Aston und Aurora *) lassen sich in voller Wahrheit auf den Verewigten anwenden, den die Ueberschrift nennt. In den schönsten Jahren männlicher Wirksamkeit, voll Begeisterung für seinen großen Beruf, der neuen Schöpfung sich freuend, die sein reger Geist und seine rastlose Thätigkeit hervorgerufen, traf ihn ein harter Schlag des Schicksals, der ihn zu Boden warf und des Lebenskraft zerbrach. Wenigen Duldern ward so bitterer Wermuth in dem Kelch des Lebens dargereicht.

Er war zu Mehmke in der Altmark bei Salzwedel geboren, wo sein Vater Prediger war. Dieser würdige Geistliche, der sehr geläuterte Religionsbegriffe besaß und bis zu seinem Lebensende fortstudirte, suchte das Denkvermögen seines hoffnungsvollen Sohnes früh zu entwickeln u. zu üben und lehrte ihn mit Aufmerksamkeit beobachten u. mit Nachdenken urtheilen. Die Mutter, fromm, liebevoll und verständig, erwärmte das Herz des Knaben für Recht und Tugend und führte ihn oft zur Anbetung Gottes in den Tempel, der nicht mit Menschenhänden gemacht ist. Die ehrwürdige Frau, an der Z. mit der innigsten Zärtlichkeit hing und von der er stets mit der größten Hochachtung sprach, lebt noch in stiller, ländlicher Einsamkeit bei ihrer einzigen Tochter, die an den Prediger Pohlmann zu Grieben in der Altmark verheirathet ist. Von 9 Kindern, welche diese treue Mutter mit Sorgfalt und Liebe aufgezogen, war der Verewigte der fünfte Sohn. — Der Vater hatte ein mühseliges Amt, das fast alle seine Thä-

*) Zerstreute Blätter, 4. Thl. (1792). In den sämmtl. Werken zur Philosophie und Geschichte, 8. Thl. (1827) S. 4.

tigkeit in Anspruch nahm. Er sah sich deshalb genöthigt, zum Unterricht seiner Kinder einen Hauslehrer anzunehmen. Dies war der jetzige Prediger Dilschmann, ein geschickter, gewissenhafter und wohldenkender Mann, dem der Verstorbene sehr viel zu verdanken hätte. Des Knaben gute Anlagen entwickelten sich rasch und sein reiches Gemüth verhieß für die Zukunft viel Treffliches. Sein treuherziges, offenes Wesen erwarb ihm im elterlichen Hause wie späterhin auf der Schule den Beinamen des Ehrlichen und Gutmüthigen. Bei seinem heitern Sinn liebte und suchte er doch oft die Einsamkeit und fühlte sich unbeschreiblich glücklich, wenn er in der schönen Umgebung von Mehmke allein umherwandern, oder in dem schattigen Birkenhain ein anziehendes Buch lesen konnte. Oft kam er auch mit einem Gedichte zum Vorschein, in welches er seine Gefühle ergossen hatte. — In seinem vierzehnten Jahre hatte er bereits so gute Fortschritte gemacht, daß er das Gymnasium zu Salzwedel als Sekundaner beziehen konnte. Hier kannte sein Fleiß keine Grenzen. Jeder Gegenstand ergriff ihn lebhaft und sein denkender Geist verlangte überall Gründlichkeit und Wahrheit. Doch behielt seine Phantasie viel Einfluß auf seine Studien und sein Dichtertalent trat immer bemerkbarer hervor. Er konnte leicht für eine Sache begeistert werden und sein Herz schlug warm für Freiheit und Recht, für Religion und Tugend. Eben dieser reine Sinn für Sittlichkeit und Anstand erwarb ihm die allgemeine Achtung seiner Mitschüler und die Liebe seiner Lehrer. Dies bestätigen seine noch lebenden Mitschüler, besonders sein Freund u. damaliger Stubengenosse, der jetzige Rector u. Prof. am Kloster U. L. F. zu Magdeburg, Dr. Solbrig, und die Schulzeugnisse hoben seinen sittlichen Werth immer ganz besonders hervor. — Im J. 1795 bezog er mit den ehrenvollsten Zeugnissen seiner Lehrer die Universität Halle, um Theologie zu studiren. Hier würdigte vorzüglich Niemeyer ihn seines besonderen Wohlwollens u. erwies ihm sehr viel Gutes. Da er an ihm ein schönes pädagogisches Talent und ein für die Bildung der Jugend erwärmtes Herz wahrnahm, so zog er ihn nicht nur in sein pädagogisches Seminar, sondern übertrug ihm auch einige Lehrstunden am Pädagogium. Der fromme, ächt christliche Sinn des ehrwürdigen Knapp verbunden mit so gründlicher Gelehrsamkeit und großer Klarheit, zog ihn besonders zu diesem ausgezeichneten Theologen.*) — Er entzog sich nun ganz den rauschende Vergnügen der größern

*) Dessen Biograph. 3. Jahrg. S. 995.

Studentenwelt und lebte den Wissenschaften, der Natur und einem kleinen Kreise treuer Freunde. Oft saß er zwischen den Giebichensteiner Felsen, am Ufer der Saale und im Schatten der Kräheninsel mit seinem Horaz, Homer, Jean Paul, Schiller 2c. und brachte in seiner Schreibtafel Lieder, Epigramme, Oden u. Idyllen mit nach Hause; denn die Muse war auf seinen Spaziergängen immer seine treue Gefährtin. Seine Freunde, wie er durch Fleiß und Sittenreinheit ausgezeichnet, waren ihm stets mit treuen Herzen zugethan. Unter diesen werde hier nur einer genannt, der Land- und Stadtgerichtsdirector und Kriegs- und Domänenrath Klee zu Stendal, der dem Entschlafenen unterm 30. Aug. 1823 ein schönes Zeugniß seines hohen Werthes gab. — Nach beendeten Universitätsstudien kam er in das Haus der verwittweten Regierungsräthin Freier nach Frankfurt a. d. Oder als Lehrer u. Erzieher ihrer drei Söhne. Hier fand er bald unter den geachtetsten Männern der Stadt Freundschaft und Achtung. Die Professoren Krug und Höllmann, die Prediger Ahlemann und Krüger, die Gymnasiallehrer Vorpahl und Neumann zogen ihn in ihren nähern Umgang und freuten sich seines regen Geistes, seines muntern Witzes, seines edlen Charakters und *seiner innigen Liebe für die Wissenschaften*. Mit dem Letzteren, der am 2. Decbr. 1818 als Schul- und Regierungsrath zu Cöslin starb, kam er in einen vertrautern Umgang und schloß mit ihm einen Freundschaftsbund, den nur den Tod zu trennen vermochte. Diesem seinen vorangegangenen Freunde hat er ein Denkmal seiner Liebe in einer Biographie gesetzt, die in dem dritten Bande des neuesten Archivs für die Pastoralwissenschaft (Berlin 1826) S. 60 bis 100 abgedruckt ist. Der Prediger Ahlemann, der eine Lehranstalt für die Töchter aus den höhern Ständen in Frankfurt gestiftet hatte, übertrug ihm an dieser Schule wöchentlich acht Lehrstunden und wie er das in ihn gesetzte Vertrauen gerechtfertigt hat, dafür spricht die Trauer bei seinem Abgange von Frankfurt und das ihm vom 30. Decbr. 1825 von der verwittweten Frau Prediger Ahlemann, welche jetzt Vorsteherin der ersten Töchterschule ist, ausgestellte rühmliche Zeugniß. — Im J. 1801 folgte Z. der Familie Freier nach Berlin. Seine treueste Sorge und seine ungetheilte Liebe gehörte hier den Kindern, die seiner Erziehung anvertraut waren. Er ging in die Eigenthümlichkeit seiner Zöglinge ein, suchte diese den Gesetzen der Sittlichkeit gemäß auszubilden, Kräfte zu wecken, Keime zu entwickeln, für das Gute und Edle zu erwärmen und durch Religion Gesinnung und Leben zu heiligen. — Sieben Jahre lang lebte und wirkte er mit gesegnetem Erfolge in diesem Hause, das ihm mit herzlichem Wohlwollen zugethan war, in dem er sich eine allgemeine Achtung erworben und das immer noch mit Liebe und Verehrung von ihm spricht. — Im J. 1806 erhielt er den Ruf als zweiter Prediger an der Stadtkirche zu Beeskow. Ehe er aber dorthin abging, brachte er drei Monate im elterlichen Hause zu, um seinen kränkelnden Vater in der rauhen Jahrszeit bei seinem beschwerlichen Amte zu unterstützen. Auf dieser Reise nach Rehmke zog er sich durch eine starke Erkältung einen Rheumatismus zu, der ihn in der Folge nie wieder verließ und den Grund zu einer fortwährenden Kränklichkeit legte. Am 3. April trat er sein Predigtamt in Beeskow an und am 14. verheirathete er sich mit der zweiten Tochter des verstorbenen geistlichen Inspectors Richter zu Berlin. Diese Verbindung ward durch die gegenseitige reine Liebe für ihn die Quelle der reinsten Freuden u. einer ungetrübten häuslichen Glückseligkeit. — Es währte auch nicht lange, so besaß J. das ungetheilte Vertrauen seiner Gemeinde. Die Liebe, mit der er das Amt eines Seelsorgers verwaltete, die Theilnahme, die er den Kranken, die Fürsorge die er den Armen, die Obhut, die er den Kindern bezeugte und der gewissenhafte Fleiß, den er auf seine Predigten wandte, erwarben ihm die Herzen Aller. Seine Kirche war immer gefüllt mit andächtigen Zuhörern und die Zahl der Abendmahlsgenossen stieg mit jedem Jahre. Seine Predigten waren geistreich, herzlich, einfach u. klar, Verstand und Herz gleichmäßig erweckend und erwärmend. Da er meistentheils über die Episteln zu predigen hatte, so behandelte er dieselben am liebsten homilienartig, des frommen Speners Rath befolgend. — Daß er aber auch Redner war, mit Begeisterung zu sprechen wußte und die Sprache ganz in seiner Gewalt hatte, bewies er durch seine Kriegs- und Siegespredigten, die er 1814 drucken ließ. *) Sie zeugen von einem Herzen, das erwärmt war von heiliger Liebe für Freiheit und Recht, für König und Vaterland, wissen die Geschichten und Lehren der heil. Schrift für die große Sache, die damals verfochten wurde, sehr geschickt zu benutzen und weisen unablässig auf den Ewigen, der die Schicksale der Völker mit Macht u. Weisheit leitet und denen hilft, die sich selbst nicht aufgeben. Wie die Erbauung seiner Gemeinde ihm sehr am

*) Preußens Erinnerung an 1813 u. 1814. Berlin 1814.

Herzen lag, so suchte er auch für die Verbesserung des kirchlichen Gesanges durch eine kleine Sammlung geistlicher Lieder, die er als Anhang zum Porstischen Gesangbuch drucken ließ, zu wirken. Die Auswahl zeigt von Geschmack u. christlichem Sinn; sie wurde zuerst den Schulkindern in die Hände gegeben und für einen Groschen verkauft, den Armen aber unentgeldlich gegeben. Er suchte sich dadurch den Weg zu einem neuen Gesangbuche zu bahnen. Die Grundsätze, die er dabei befolgte, hat er in einer besonderen Abhandlung aufgestellt.*) — Der städtischen Schule nahm er sich mit lebhaftem Eifer an und weckte durch seinen Geist unter Lehrern und Schülern ein neues Leben. Er besaß ein ausgezeichnetes Talent, den Geist zu wecken, die Aufmerksamkeit zu fesseln, leicht und schnell in das Wesen der Sache zu führen, dafür zu erwärmen und auch den Trägsten in den Gang zu bringen. Es wurde durch seine Darstellung alles so anschaulich, lebendig und fesselnd; auch die mechanischen Uebungen des Lesens und Schreibens erhielten ein eigenthümliches Wesen. Dabei wurden die Zöglinge angeleitet, selbst zu finden und zu erfinden, Zweifel zu lösen und Schwierigkeiten zu überwinden. Immer war er unter den Kindern heiter u. lebhaft, selbst wenn körperliche Leiden ihn drückten. Diese schöne Gabe *zu unterrichten entwickelte* er besonders in der Lehranstalt für Töchter aus den gebildeten Ständen, die er bald nach seiner Ankunft in Beeskow auf dringende Bitten der Eltern gründete. Die Kinder, die er hier für das Leben vorbereitete und in den Grundsätzen der Tugend u. ächten Frömmigkeit befestigte, segnen sein Andenken mit dankbaren Herzen. — Das doppelte Amt strengte aber seine Kräfte sehr an und seine Gesundheit ward immer wankender. Doch sein reger Geist achtete darauf wenig und blieb immer frisch und heiter. Nie hörte man von ihm eine Klage, wie sehr auch bei einem ärmlichen Einkommen und bei seiner sich erweiternden Familie die Sorgen wuchsen. Seine Erholung suchte und fand er in den Wissenschaften, in seiner Familie, im Umgange mit der Natur und mit einigen benachbarten Freunden. Dabei ergoß sich seine heitere Laune oft in den feinsten Witz u. in der anmuthigsten Unterhaltung. Sein Humor war u. blieb der Erguß einer wohlgestimmten Seele, eines heitern

*) Ueber die beste Art, neue geistliche Lieder in Kirchen u. Gemeinden einzuführen. mit besonderer Rücksicht auf das Porstische Gesangbuch. In Hansteins homilet. Blättern 19. Band, (Berlin 1808) S. 365 u. f.

sittlichen Gemüths und einer lebhaften Phantasie. — Zehn Jahre lang hatte Z. in diesen Verhältnissen glücklich und beglückend gelebt, als er zu einem höhern Wirkungskreise abgerufen wurde. Man hatte im Jahre 1810 angefangen, eine bessere Einrichtung des großen Militärwaisenhauses in Potsdam einzuleiten und fand für gut neben dem bisherigen administrirenden Directorium der Anstalt einen besondern pädagogischen Director zu geben. Der Oberkonsistorial- und Schulrath Natorp, der beauftragt wurde einen diesem Amte gewachsenen Mann in Vorschlag zu bringen, berichtet selbst darüber Folgendes: „Bei meiner durch die lange und sehr bedächtige Visitation der Anstalt erlangten genauen Kenntniß derselben und bei der Ueberzeugung von der großen Wichtigkeit einer Erziehungsanstalt von einem so großen Umfange, mußte mir alles daran liegen, daß in der Wahl des pädagogischen Directors kein Mißgriff geschähe. Mit aller mir möglichen Aufmerksamkeit und Ruhe durchmusterte ich die ganze Reihe der mir näher bekannt gewordenen Geistlichen und Schulmänner, um einen Mann ausfindig zu machen, der nach Charakter, Talent und Gemüthsstimmung geeignet u. in seinen Verhältnissen geneigt sein würde, das vielfordernde und sehr schwierige Amt eines pädagogischen Vorstehers zu übernehmen. Ich glaubte ihn in der Person des Herrn Z., damaligen Predigers zu Beeskow, gefunden zu haben und brachte nach vorheriger Berathung mit meinen Kollegen ihn mit voller Zuversicht in Vorschlag. Ich war zuerst zufällig von dem damaligen Superintendent Neumann auf ihn, als einen vorzüglichen Pfarrer und Jugendlehrer aufmerksam geworden und hatte demnächst die Gelegenheit einer Reise nach Frankfurt benutzt, ihn in Beeskow selbst und in seiner Amtsführung kennen zu lernen. Ich hatte an ihm einen geistreichen Mann gefunden, der einen feinen Sinn, ein reiches Gemüth, ein gefühlvolles Herz, schöne Talente, ein reifes Urtheil u. eine stille Lebendigkeit mit einer zarten Religiösität, einer hochherzigen Denkungsart, einer frommen Begeisterung für alles Gute u. einer ausgezeichneten Thätigkeit in sich vereinigte. Insbesondere waren mir auch diese Charakterzüge durch die Art und Weise seines Katechumenen-Unterrichts bemerklich geworden, welcher sichtbarlich und unverkennbar von Herzen zu Herzen ging und mir seitdem, weil ich nie einen bessern gefunden, stets in lebhaftem Andenken geblieben ist."

Als Z. den Ruf als pädagogischer Director des Potsdamer Waisenhauses erhielt, entstand in seiner Gemeinde eine große Betrübniß. Man bot alles auf, ihn festzuhalten. Der Magistrat und die Stadtverordneten bewilligten ihm eine Gehaltszulage von hundert Thalern und mehrere Klaftern Holz, was für die arme Gemeinde nach den Drangsalen eines verwüstenden Krieges sehr bedeutend war. Für die Zukunft wurde ihm die Verbesserung seiner Lage zugesichert, mit der Bitte, eine Gemeinde, die ihn so herzlich liebe und über die er schon so viel Segen gebracht, nicht zu verlassen. Er kämpfte lange und schwer; er glaubte es endlich seiner Familie, dem Vertrauen seiner Vorgesetzten und der Verpflichtung, in einem weitern Wirkungskreise nützlich zu werden, schuldig zu seyn, den an ihn ergangenen Ruf anzunehmen. — Mit dem Anfange des Novbr. 1815 trat er sein neues Amt an mit freudigem Eifer und festen Vertrauen auf Gott. Er fand überhaupt 581 Kinder vor und war mit allem Ernste darauf bedacht, den angeordneten neuen Schul- und Erziehungsplan ins Werk zu richten, die bisherige Ordnung darnach umzugestalten u. rüstigen Schrittes dem ihn vorgesteckten Ziele zuzueilen. Das konnte nicht ohne Anstoß und Verletzungen geschehen und oft mußte er daher mit Nachdruck und Strenge gegen Misbrauch u. Schlendrian auftreten. Es war keine geringe Aufgabe in den meisten Dingen dieser Erziehungsanstalt von so großen Umfange eine ganz neue Ordnung eintreten zu lassen.

Doch gelang es dem für seinen Beruf begeisterten Manne in kurzer Zeit, trotz vielen Zweifeln von außen und bedenklichem Kopfschütteln, einen neuen Geist und ein neues Leben in die ihm anvertraute Kinderwelt zu bringen. Zur Handhabung der Reinlichkeit und Ordnung, zur Förderung eines gesunden und angenehmen Aufenthalts, zur Erhöhung körperlicher Kraft und Wohlseyns erfreute er sich bereits in den beiden ersten Jahren seiner Wirksamkeit der kräftigsten Unterstützung durch Aufwendung einer bedeutenden Summe von Seiten der Schuldirektion. — Um Munterkeit, Leben, Kraft und Frohsinn in die Jugend zu bringen, wurde das Turnen eingeführt, weil Leibesbewegungen bei Erziehungsanstalten von der Art und Größe wie das Potsdamer Waisenhaus dem Hingeschiedenen ein durchaus nothwendiges Bedürfniß und unerläßliches Erforderniß, ja rege Thätigkeit ihm die Seele eines fröhlichen und tugendsamen Lebens zu seyn schienen. Darum führte Z. dieselben ein und verband das Turnen mit dem Schwimmen. Frisch und fröhlich eilte die Jugend zu ihrem Turnplatze und mit der Gesundheit wuchsen Heiterkeit und Frohsinn. Dazu gesunde Kost, Reinlichkeit in der Kleidung, Licht und Luft in den Zimmern, Sälen und Schlafstätten. So konnte Z. im J. 1821 schreiben: „Die Kinder haben sich in dem verflossenen Jahre einer so blühenden Gesundheit erfreut, daß von 675 nur ein einziges gestorben ist." — Zur Vorbereitung für die künftige handwerksmäßige Laufbahn der Zöglinge, zur Förderung eines betriebsamen Lebens und zur Bildung des Geschmacks und der Fertigkeit in Hand und Auge wurden sogenannte Handwerksschulen angelegt, wobei man mehr darauf sah, zur Beschäftigung das den Zögling Bildende, als das der Anstalt Gewinnbringende einzuführen. — Im J. 1817 wurde auch ein musikalisches Institut, das mit dem Waisenhause schon früher verbunden, seit 1808 aber eingegangen war, nämlich die Hautboistenschule, nach einer den Verhältnissen des Waisenhauses angemessenen Gestaltung wieder neu eingerichtet. — Eine besondere Aufmerksamkeit widmete der Direktor dem Gesangunterricht, als einem wesentlichen Theile der Volksbildung. Die Kinder sollten dadurch heiter und froh und für edlere und feinere Gefühle empfänglich gemacht werden. Durch die seit 1818 im Speisesaale erbaute schöne Orgel konnte besonders der Choral- und Kirchengesang gründlicher eingeübt und den Festen der Anstalt mehr Feierlichkeit und Würde gegeben werden. Aus den Knaben und Mädchen bildete sich ein Sängerchor, welches in drei- und vierstimmigen Chören alles leistete, was billigerweise von jugendlichen Stimmen unter den bestehenden Verhältnissen gefordert werden kann.

So förderte denn Z. gewiß auch hierdurch viel Gutes und wer den Gesang aus dem Munde der fröhlichen Jugend bei den Hausfesten, auf Spaziergängen, auf dem Turnplatz, beim Baden u. s. w. hörte, wurde ergriffen von dem lauten und reinen Ausdruck des frohbewegten jugendlichen Gemüths. Um überhaupt die ihm anvertraute Jugend in einem heiteren kindlichen Sinn zu erhalten, um das Herz zu bilden, edlere Gefühle zu wecken und zu nähren und den Geist der Eintracht, der Liebe u. des gegenseitigen Wohlwollens einheimisch zu machen, suchte Z. die Bildungsmittel, die vorzugsweise das elterliche Haus darbietet, so viel als möglich bei sich aufzunehmen oder wo dies nicht anging, sie auf eine schickliche Weise durch andere ähnliche Mittel zu ersetzen. Zu dem Ende führte er die Kinderfeste ein, über deren Einrichtung und Beschaffenheit er in drei Programmen (in den

Jahren 1820 bis 1822) nähere Auskunft gegeben hat. Heilige Begeisterung für das Glück und Wohlseyn der Jugend, Liebe für König und Vaterland, Eifer für Sittlichkeit und Tugend, ein einfacher, frommer und schlichter Sinn athmen in diesen Programmen. So sah man nach etlichen Jahren treuer Wirksamkeit mehr als ein halbes Tausend verwaister Kinder gesund, frisch, heiter, wohlverpflegt, Unterricht, Erziehung, Bekleidung, Speisung, Krankenpflege aufs Beste eingerichtet, auf guten pädagogischen Grundsätzen gebaut, alles zusammengreifend zu einem wohlgeordneten Ganzen; die Seele des Ganzen der treue, sorgsame Vorsteher mit Vatersinn und Vaterherzen. Wer die Anstalt früher gekannt, konnte die neue Schöpfung in dem kurzen Zeitraume von etlichen Jahren kaum begreifen. Wie reiflich und gründlich der Vorsteher über das Wesen öffentlicher Waisenhäuser nachgedacht, sieht man aus seiner Schrift: „daß zweckmäßig eingerichtete Waisenhäuser die vollkommensten und nützlichsten Erziehungsanstalten in dem Staat und für den Staat werden können. (Berlin 1819)."

Allerdings fand Z. für seine Entwürfe und Vorschläge bei der vorgesetzten Behörde ein allezeit geneigtes Gehör, weil man sich von seiner Einsicht und Sachkenntniß, von seinem Eifer und beharrlichem Fleiße genügende Ueberzeugung verschafft hatte. Aber der Geist, den das Ganze belebte, die rege Kraft, der rasche Gang, das fröhliche Leben, das glückliche Gedeihen ging doch von ihm aus. Das erkannten auch seine Vorgesetzten und ließen es nie an Aufmunterung, Belobung und Belohnung fehlen. Das Direktorium des Waisenhauses bewilligte ihm bereits unterm 6. Februar 1817 mit Allerhöchster Genehmigung eine Zulage von drei Haufen Brennholz mit dem Bemerken: „Es ist uns angenehm gewesen, Ihnen dadurch einen Beweis unserer Zufriedenheit mit Ihrer mühe- und umsichtsvollen Dienstverwaltung zu geben." Unterm 21. Mai 1818 geruhete des Königs Majestät auf den Antrag des Direktoriums dem treuen und diensteifrigen Manne eine Remuneration von 200 Thalern zu bewilligen. Das hohe Ministerium der Geistlichen, Unterrichts- und Medicinalangelegenheiten schrieb ihm unterm 19. April 1819: „Das unterzeichnete Ministerium dankt Ihnen hierdurch verbindlich für die Einreichung der von Ihnen herausgegebenen Volkslieder und Ihres diesjährigen Schulprogramms, indem es Ihnen zugleich seine besondere Zufriedenheit mit Ihrer Amtsführung und Ihrem lobenswerthen

Eifer für die Bildung der Ihnen anvertrauten Jugend zu erkennen gibt." Aehnliche Anerkenntnisse seiner verdienstlichen Wirksamkeit erhielt er fortwährend von den ihm vorgesetzten Behörden. — Der Oberkonsistorialrath Natorp sagt von ihm: „Er rechtfertigte auf alle Weise und in allen Stücken die Erwartungen und Hoffnungen, unter welchen ich ihn als pädagogischen Direktor in Vorschlag gebracht hatte. Sein ausgezeichnetes Lehr- und Erziehungstalent, seine Direktorialgeschicklichkeit, seine rastlose, eher des Zügels als des Sporns bedürfende Thätigkeit, seine Milde, verbunden mit einer strengen Consequenz, seine Lebhaftigkeit im Arbeiten, verbunden mit einer ausdauernden Geduld und dabei die Lauterkeit seines Eifers, seine stille Anspruchslosigkeit und seine Gleichmütigkeit bei manchen widerwärtigen Begegnissen und Kollisionen, erwarben ihm meine hohe Achtung und Zuneigung und ich habe keine von den Anstalten, für die ich während meiner Dienstführung in der Kurmark gearbeitet, mit so viel zuversichtlichen Vertrauen auf ihren guten Fortgang verlassen, als das Militärwaisenhaus zu Potsdam unter seiner Leitung." Dasselbe wurde von mehrern Andern auf gleiche Weise bestätigt. — Bei der gewissenhaften Sorge für das Waisenhaus war Z. ein vortrefflicher Familienvater. Seine Erholung und Erheiterung suchte er am liebsten im traulichen Kreise der Seinen. Eine gebildete, liebreiche und freundliche Gattin wußte ihm den häuslichen Kreis herrlich zu schmücken und die Sorge des Lebens zu erleichtern. Sie hatte ihm acht Kinder geboren, von welchen viere in früher Jugend starben. Die lebenden erzog er in einfacher Weise, fromm u. sittsam. Er leitete ihre wissenschaftliche Bildung selbst und drang auf Ernst und Gründlichkeit im Lernen. Ein Gärtchen, das er in der Nähe der Stadt besaß, fand ihn an schönen Sommerabenden im Kreise seiner Familie und etlicher vertrauten Freunde. Die Unterhaltung betraf in der Regel wissenschaftliche Gegenstände und Z. wußte das Gespräch durch geistreiche Bemerkungen und heitern Witz lebhaft, lehrreich und anziehend zu machen. Bisweilen wurde auch vorgelesen und seine Freunde sprechen noch mit Vergnügen von diesen Abendunterhaltungen. Unter allen diesen vielfachen Beschäftigungen wußte er doch noch Zeit zu schriftstellerischen Arbeiten zu gewinnen. Die Programme, die er vom J. 1817 an als Einladungen zu den öffentlichen Prüfungen schrieb, sind sehr lehrreich und entwickeln die Schätze eines reichbegabten pädagogischen Geifes einfach, klar und einleuchtend. Besonders anziehend sind die drei Programme von den Jahren 1820 bis 1822: „Ueber Kinderfeste in öffentlichen Erziehungsanstalten“ und das von 1819: „Daß zweckmäßig eingerichtete Waisenhäuser, die vollkommensten und nützlichsten Erziehungs-Anstalten in dem Staat und für den Staat werden können.“ — Im J. 1817 erschien von ihm, jedoch nicht unter seinem Namen, ein pädagogischer Roman: „Der Schulinspektor Heister, oder die Elementarmethode zu Süderhausen,“ den er schon in Beeskow ausgearbeitet hatte. Es hatten sich dem genialen Pestalozzi*) eine Menge Nachbeter angeschlossen, die unfähig, in den Geist seiner Methode einzudringen, sich an dem Wiederkäuen des Buchstabens abmüheten und mit demselben einen gräulichen Götzendienst trieben. Sie quälten sich und die arme Jugend mit dem A B C der Anschauung, mit den Formengrößen u. der Zahlenlehre u. thaten dabei so wichtig und vornehm, als könnten sie mit diesen Zauberformeln eine völlige Regeneration der Menschheit in staunenswerther Schnelligkeit herbeiführen. Wer die methodische Zwangsjacke nicht anzog, nicht auf das Orakel pädagogischer Untrüglichkeit gläubig hörte, nicht räusperte und spuckte, wie der große Meister, der war in *alten Formen festgerannt*, der *wandelte den Schlendrian alter Philisterei*, der verpfuschte durch *angelernte Quacksalberei* das aufblühende Geschlecht. Thoren dieser Art gebührte Spott und Satyre und der geistreiche Mann verdiente Dank und Beifall, daß er die Züchtigung derselben in so heiterer Laune und mit so gutem Humor übernommen hatte. Obgleich die harmlose Absicht einleuchtete, sich mit den Freunden des Erziehungswesens auf eine heitere Weise über eine pädagogische Thorheit der Zeit zu unterhalten und Schulmännern nach beschwerlicher Arbeit eine kleine Ergötzung zu verschaffen, so schrieen doch die Jüngerlein des Schweizer Orakels Zeter und Wehe. Wer sich getroffen fühlte, legte dem Verf. eine boshafte Absicht unter und seine Feinde haben manchen Pfeil gegen ihn aus diesem reichen Köcher des Witzes genommen. Wie sehr Z. das Vortreffliche der Pestalozzischen Lehrweise kannte und schätzte, sieht man aus seinem Bekenntniß in seinen pädagogischen Nachrichten (Berlin 1817) S. 18: „Fragt nun Jemand, nach welcher Methode wir erziehen und unterrichten? so antworte ich, daß wir uns bemühen, vernünftig und naturgemäß, ohne Verach-

*) Man s. dessen Biogr. unter Nr. 67 d. J.

rung des Alten noch Ueberf
für unsre Erziehungsanstalt
chen und uns dabei weder Ke
Paulisch nennen. Da indeß
für die Erziehung anerkann
so lassen wir sie das leitende
seyn, ohne auf seine Werke
seiner Idee so oder so ausge
zu halten."

In den Jahren 1819 un
die deutschen Volkslieder mit
len in zwei Theilen. Er hat
Volksliedern diejenigen mit
die in sittlicher Beziehung
hat er mit richtigem Gefühl
zarter Schonung des Eigent
die Jugendwelt angepaßt.
chenden Volksweisen hat er
untergelegt und nicht blos ne
der, die sich noch im Munde
kommen und dazu die Samm
Arnim, Brentano, Büsching
Da er als ein vortrefflicher
deutschen Kern= und Sprie
1820 heraus: „Deutsche
gen," für die Schulen
auf welchen Wegen ein
wörter unter die Volks
worin zugleich eine ausser
1100 der passendsten Kern
halten ist. Bereits im
Religionslehre für Kinder
barung herausgegeben;
mit Liederversen und eine
Ausgabe. Zu gleicher
die Reiche der Natur, der
schichte und der Dichtung
gend; mit zwei Kupfern. —
Theilungen über die neue
hatte der Direktor eine
denn es fehlte dieser
Beschreibung ihres Entstehen
die Mühe eines tieferen Ein
der einzelnen Perioden nicht,
len mühsamen Nachforschung

elterung seiner Kenntnisse Genüge zu
ßere Liebe fand er an dem Studium
aften und sein Eifer wuchs mit seinen
hörte Vorlesungen daselbst und machte
Lieblingsstudium. Von Halle kehrte
zurück und lebte bis 1791 als Gehülfe
nes Vetters daselbst. Während dieser
tete er sich neben den Studien der Na-
der Mathematik und in der französi-
machte vor dem Provinzialkollegium zu
ien und brachte darauf im genannten
e seines Vetters käuflich an sich. Mit
r Gewissenhaftigkeit, wie sie nur selten
waltete er als Muster eines vollendeten
n Geschäft und konnte mit unerbittli-
gegen diejenigen seiner Gehülfen erfüllt
, detaillirtesten Ordnungen als Kleinig-
it unwissendem Dünkel belächelten und
ngswertheste Gefühl für Berufstreue für
Wichtigkeit von ihm so tief gefühlt wurde,
ir Pedantismus zu sehen glaubten. Da-
auch mehrere junge Männer, die seinen
u. ausführten, zu tüchtigen Pharmaceuten
n mit Rath u. That zur Seite, wenn er
Bildung bemerkte. Er erfreute sich des
ßen Zustandes seiner Offizin und erwarb
usgezeichneten Kenntnisse allgemeine Ach-
auen der Aerzte wie des Publikums und
der höhern Behörden. Er wurde auch
dem damals in Bielefeld constituirten
ätskollegium zum Assessor ernannt und
sellschaft zu Regensburg nahm ihn schon
mitgliede auf. An der Gründung des
nahm er großen Antheil und trat als
o demselben bei. Dies die Hauptmomente
einen Charakter bezeichnete Ernst in sei-
n: immer mit seinem Beruf und den
aches beschäftigt, war sein häusliches der
Zufriedenheit, des Frohsinns, seine Er-
die wichtigsten Schriften seines Faches
r Zeit fort; seine Bibliothek war reich.
Mit chemischen Versuchen beschäftigte
hatte aber keine Neigung, dieselben be-
In der Botanik zog ihn besonders das
togamen und die genaue Erforschung

tung des Alten noch Ueberschätzung des Neuen den uns für unsre Erziehungsanstalt aufgestellten Zweck zu erreichen und uns dabei weder Kephisch, noch Apollisch, noch Paulisch nennen. Da indeß die Grundsätze Pestalozzi's für die Erziehung anerkannt die naturgemäßesten sind, so lassen wir sie das leitende Prinzip in unserer Anstalt seyn, ohne auf seine Werke zu schwören oder eine nach seiner Idee so oder so ausgeprägte Form für den Geist zu halten."

In den Jahren 1819 und 1820 erschienen von ihm die deutschen Volkslieder mit Volksweisen für Volksschulen in zwei Theilen. Er hat hier aus den vorhandenen Volksliedern diejenigen mit ihren Melodien ausgewählt, die in sittlicher Beziehung keinen Anstoß geben; andere hat er mit richtigem Gefühl für den Volksgesang und mit zarter Schonung des Eigenthümlichen abgeändert und für die Jugendwelt angepaßt. Schönen, das Herz ansprechenden Volksweisen hat er einen andern passenden Text untergelegt und nicht blos neuere, sondern auch ältere Lieder, die sich noch im Munde des Volks bewegen, aufgenommen und dazu die Sammlungen von Herder, Elwert, Arnim, Brentano, Büsching und von der Hagen benutzt.— Da er als ein vortreffliches Bildungsmittel des Volkes die deutschen Kern- und Sittensprüche betrachtete, so gab er 1820 heraus: „Deutsche Sprüchwörter zu Verstandesübungen," für die Schulen bearbeitet, nebst einer Anweisung, auf welchen Wegen ein Schatz der lehrreichsten Sprüchwörter unter die Volksjugend gebracht werden könne, worin zugleich eine auserwählte Sammlung von mehr als 1100 der passendsten Kernsprüche deutscher Weisheit enthalten ist. Bereits im J. 1816 hatte er eine christliche Religionslehre für Kinder, im Gange der göttlichen Offenbarung herausgegeben; im J. 1821 besorgte er eine 2te mit Liederversen und einer Karte von Palästina versehene Ausgabe. Zu gleicher Zeit erschienen die „Lustgänge in die Reiche der Natur, des menschlichen Lebens, der Geschichte und der Dichtung." Ein Geschenk für die Jugend; mit zwei Kupfern. — Bereits in den ersten Mittheilungen über die neue Einrichtung des Waisenhauses hatte der Direktor eine Geschichte desselben versprochen; denn es fehlte dieser umfassenden Anstalt noch an einer Beschreibung ihres Entstehens und Fortgangs. Z. schenete die Mühe eines tieferen Eindringens in die Verhältnisse der einzelnen Perioden nicht, und es gelang ihm nach vielen mühsamen Nachforschungen zu dem hundertjährigen

Stiftungsfeste des großen Militärwaisenhauses (d. 1. Nov. 1824) eine Geschichte dieser, durch königliche Milde so reich ausgestatteten Anstalt zu Stande zu bringen.

So viele und so anhaltende Anstrengungen hätten auch die rüstigste Kraft bald aufzehren müssen. Z. hatte einen schwächlichen Körper und eine wandelbare Gesundheit. Oeftere Krankheiten und Erschöpfungen konnten deshalb nicht ausbleiben. Ein heftiges Nervenfieber erfüllte die Seinen mit banger Besorgniß. Doch genaß er wieder und ein neues Leben drang durch seinen Körper. Man sah ihn wieder so thätig und fröhlich, wie in der schönsten Zeit seines Lebens. Auch hätte er wohl noch lange in Segen wirken und das rühmlich Begonnene herrlich hinausführen und viel Treffliches vollenden können, wenn nicht ein schweres, unverschuldetes Unglück seine Seele umdüstert und seine Kraft verzehrt hätte. Zu Anfange des J. 1822 erhob sich eine furchtbare Anklage gegen ihn. Es wurden ihm Verbrechen angeschuldigt, vor denen seine reine Seele zurückbebte. Als er davon hörte, ließ er das ein Jahr vorher entlassene Waisenmädchen, das die Urheberin des bösen Gerüchtes war, zu sich kommen und stellte sie zur Rede. Sie bat ihm unter Thränen ihre Beschuldigungen ab, ohne jedoch gestehen zu wollen, was sie eigentlich dazu vermocht. Als sie aber ihr böses Gerede bald erneuerte, verklagte der Tiefgekränkte die Verleumderin bei dem Stadtgericht zu Potsdam und trug auf ihre Bestrafung an. Der Prozeß, der sich hieraus entspann, erfüllte das Herz des armen Mannes mit tiefem Kummer und vergiftete sein Leben. An Körper u. Geist niedergedrückt, zog er sich von der Anstalt zurück und sah mit Betrübniß, in welche unendliche Verwickelung die Sache geführt wurde und welche schwarze Fäden das seltsame Gewebe von Lüge und Verleumdung durchzogen. Im Laufe des Prozesses kam die Anklägerin von neuem zerknirscht und reuevoll zu dem gekränkten Manne, gestand in Gegenwart mehrerer Zeugen ihre Verleumdung ein und bat um Vergebung ihrer schweren Schuld. Vor dem Gericht wiederholte sie förmlich ihr Geständniß und widerrief alles, obgleich ihr die schlimmen Folgen ihres Widerrufs gehörig ins Licht gesetzt wurden. Aber das alles nahm sie in der Folge wieder zurück und beharrte bei der frühern Anklage, die sie durch einen Eid bekräftigte. Z. wurde vom Amte suspendirt und auf die Hälfte seines Einkommens zurückgesetzt.

Er erfuhr daß sich ein angesehener, hochgeachteter

Mann in Potsdam seiner theilnehmend angenommen und seine Unschuld nachdrücklich vertreten habe. Diesem schrieb er unterm 4. April 1825 einen Brief, aus welchem wir folgenden Auszug aufnehmen: „Es thut wohl in der Welt, deren großer Haufe verdammt, eine edlere Seele anzutreffen, die sich selber rein fühlend auch im Stande ist, Andern selbst da noch Unschuld und Reinheit zuzutrauen, wo der Schein das Schuldig! ausgesprochen hat. Gott segne Sie dafür, edler Mann! Ihr Vertrauen ist mir und meiner trostlosen Gattin ein Sonnenblick zwischen den Regenwolken unserer Thränen gewesen. O wie gern brächt' ich Ihnen persönlich meinen Dank! Aber ich habe die Kraft nicht dazu. Schon vor dem Eingange des mich verurtheilenden Erkenntnisses lag ich krank, daß mich eine solche Nachricht vollends zu Boden werfen mußte, liegt am Tage und eben das vermehrt so sehr mein Unglück. Denn betäubt an Körper und Seele und ohne Zuspruch berathender und tröstender Freunde bin ich unfähig einen Plan zu fassen, oder einen Schritt zu thun, um meiner Lage vielleicht eine bessere Richtung zu geben. Ich vertraue Gott, daß er noch alles zum Besten lenken und einem billigern Richter Herz und Augen öffnen wird, um ein unschuldiges Opfer zu retten. Aber daß Gottes Gerichte unbegreiflich und seine Wege unerforschlich sind, erfahre ich ja so hart, daß ich dennoch zweiflend frage: wird mir sein Licht noch auf Erden scheinen? — Ich enthalte mich ein Mehreres zu sagen. Der Schuldige würde vielleicht eben so sprechen und das ist ja eben das Unglück des Unschuldigen, daß die ihm allein gebührende Sprache der Schuldlosigkeit und der Rechtfertigung durch die Schuldigen, die sich ihrer gleichfalls bedienen, verdächtig gemacht ist. Also lieber Herz gegen Herz! Ein Mann, der Gott fürchtet und von ihm einzig noch seinen Schutz und seine Rettung im Leben hofft oder wenn sie ihm diese Erde versagen sollte, von ihm dafür die Entschädigung im Himmel erwartet, legt hier vor Ew. ... auf Leben und Tod (denn Gott weiß, ob oder wie lange ich meine Kränkung überleben werde) ein Zeugniß über sich selber ab, das ich mir selbst, der Achtung einzelner guter Mitmenschen und den Meinigen schuldig bin, damit sie einst nicht mit der Anklage und dem Verdachte der Schuld, sondern mit den Thränen des Mitleids bei meiner Asche vorübergehen! Ich wiederhole darin die Worte, wie ich sie vor einigen Tagen, nachdem mich das Gebet, wie jetzt gekräftigt hatte auf eine halbe Stunde das Lager zu verlassen, einem Freunde schrieb: „Bei dem heiligen und gerechten Gott, von dem ich meine Seligkeit oder meine Verdammung einst zu erwarten habe und bei seinem Sohne Jesus Christus, so wahr er lebt und für mich gestorben ist, schwöre ich es hier vor seinem Angesichte, daß von allen Beschuldigungen der G. gegen mich auch kein Titelchen, kein Buchstabe, keine Aeußerung wahr, sondern Alles vom Anfange bis zu Ende rein ersonnen und erlogen ist. Was die Beschuldigungen der Uebrigen betrifft, so sind sie zum Theil gleichfalls gänzlich erlogen, theils Verdrehungen und Verdächtigmachungen im Laufe des Erziehungswesens unvermeidlich vorkommender Verhältnisse. Aber ich will mich über die G., als der Hauptverleumderin noch reiner und unverfänglicher aussprechen: Wenn ich mit ihr jemals anders umgegangen bin oder mir andere Handlungen erlaubt habe, als Jesus der Heiland, da er unter den Kindern stand und sie segnete: so entsag ich auf ewig meiner Seligkeit und jeglichem Trost in meiner Todesstunde. Ich schreibe diese Worte mit vollem Bewußtseyn und den Blick auf Gott gerichtet und will, daß sie in keinem andern, als dem klarsten buchstäblichen Sinn genommen werden sollen, den sie aussprechen und wenn ich darin Gott, den *Allwissenden und Ew. ... belüge, so sollen mir dieselben mein* Verdammungsbrief zur Hölle werden." Wenn dieß Ew. ... ein Mann versichert, der von frommen Eltern erzogen wurde und der von jeher nur die Edelsten und Besten zu seinem Umgange wählte, ein Mann, der das Evangelium der Wahrheit 9 Jahre lang nicht ohne gesegnete Früchte predigte und welcher solche Zeugnisse aus seinem frühern Leben vorlegen kann, wie ich die Ehre habe, sie Ew. ... hierbei zu übersenden: so werden Sie daraus wohl die moralische Ueberzeugung hernehmen, daß Sie, wenn Sie für meine Unschuld sprachen, sich keines Unwürdigen, sondern eines unschuldigen Unglücklichen angenommen haben."

Gewiß erfüllt jedes Guten Seele inniges Mitleid bei dem Leiden dieses Edlen, der bei seinem Schmerz vergebens Hülfe sucht. — Zwar fand Z. einen großen Trost in dem Bewußtseyn der Unschuld, in dem Vertrauen auf Gott, in der treuen Liebe seiner Gattin in der Anhänglichkeit seiner alten Freunde, die den Glauben auf ihn nicht aufgegeben hatten und in dem Umgange mit den Musen; aber doch mag man dem zartfühlenden, reinsittlichen Manne, der Kraft und Beruf in sich fühlte zu einer gesegneten Wirksamkeit, der stets gestrebt hatte, seinen Namen unbefleckt zu erhalten, der seine Lust hatte an dem Werke, das unter seinem Einfluß so herrlich gedieh und nun vor seinen Augen immermehr verfiel — wohl mag man einem solchen Manne die bittere Klage des Kummers verzeihen. — Einem vertrauten Freunde schrieb er in dieser Zeit: „Die Freude ist ein Fremdling in unserer sonst so glücklichen Wohnung geworden. O wird denn Gott nicht endlich unsere Prüfung enden?“ ꝛc. und am Schlusse: „Die Muse indeß bleibt mir getreu, lächelt mir selbst in meinen Schmerzen zu und hat mich ein Gegenstand ergriffen, so kann ich darüber Vieles, ja in manchen Augenblicken Alles vergessen.“

Früchte dieser einzelnen Stunden dichterischer Begeisterung sind zwei größere Trauerspiele, Agis, König in Sparta und der Tod Sigfrieds, nach den Nibelungen. Des Dichters trübe Stimmung und der Schmerz über den Untergang des Großen und Edeln durch Bosheit und Frevel läßt sich darin nicht verkennen. Aber es fehlt nicht an Stellen, die ein reiches Gemüth, ächten Dichtergeist und Gewandtheit in der Technik verrathen. Er ließ beide Werke drucken, um Mittel zu gewinnen, den ältesten Sohn auf der Universität und die beiden jüngeren auf dem Gymnasium zu erhalten. Alle drei waren der Eltern Stolz und Freude; denn sie zeichneten sich alle durch Fleiß, strenge Sittlichkeit und gute Fähigkeiten aus. Der älteste war mit Nr. 1 und einem so ausgezeichneten Zeugnisse von Schulpforte abgegangen, daß es idealisirt kaum anders lauten könnte. Durch des Königs Gnade waren ihm jährlich hundert Thaler bewilligt und der bewährte Freund des Verstorbenen, der ihm dies am heiligen Abend vor Weihnachten anzeigte, schrieb ihm: „Ich freue mich, dies Hoffnungskerzchen an den Christbaum Ihres Wilhelms hängen zu können.“ — Außer jenen größern Gedichten hat Z. in dieser Zeit noch viele von kleinerm Umfange ausgearbeitet, so wie eine Biographie seines seligen Freundes, des Regierungsrath Neumann zu Cöslin, die im neuesten Archiv für die Pastoral-Wissenschaft (Berlin 1827) 3r Band, S. 60 bis 99 abgedruckt ist.

Wer den Unglücklichen vor der traurigen Katastrophe seines Lebens gekannt hatte, konnte ihn jetzt nicht wieder erkennen. Der Gram hatte tiefe Furchen über das sonst so klare und heitere Angesicht gezogen. Das ehedem so feurige u. strahlende Auge war finster u. umflort. Statt des offenen zutraulichen Wesens bemerkte man eine vorsichtige Zurückgezogenheit. Ein Besuch von alten fernen

Freunden war für ihn ein Festtag und wenn die Wehmuth sein Herz erweicht und die Theilnahme seinen Kummer gemildert hatte, schwanden auch die Wolken der Schwermuth und einzelne Sterne der Hoffnung gingen freundlich auf am Himmel seines Lebens. Dieser klärte sich endlich nach 6 trüben und stürmischen Jahren freundlich und heiter auf. Am 5. Febr. 1827 erschien von dem Oberappellationssenat des königl. Kammergerichts folgendes Erkenntniß: „In weitern Vertheidigungssachen des Erziehungsdirektors am kön. großen Waisenhause zu Potsdam, J. A. Chr. Zarnack

Erkennet der Oberappellationssenat des königl. Kammergerichts den Akten gemäß für Recht:

daß das Erkenntniß des Kriminalsenats de publ. den 19. März 1825 dahin abzuändern:

daß Deducent J. A. Chr. Z. nicht, wie geschehen, wegen dringenden Verdachts der Schändung und unzüchtigen Behandlung mehrerer seiner Aufsicht, Erziehung und seinem Unterricht anvertraut gewesenen Waisenmädchen, seines Amts als Erziehungsdirektor im kön. großen Militärwaisenhause zu Potsdam zu entsetzen, des Rechts, die preußische Nationalkokarde zu tragen, für verlustig zu erklären u. mit einjährigem Festungsarrest außerordentlich zu bestrafen, vielmehr von diesem Verdachte völlig freizusprechen, jedoch die Kosten der Untersuchung, von denen im Unvermögensfalle die baren Auslagen dem Malefizfond zur Last fallen, zu tragen verbunden."

Von Rechts Wegen.

Urkundlich ist vorstehende Urthelsformel unter des kön. Kammergerichts größerem Siegel und gewöhnlicher Unterschrift ausgefertigt worden.

Berlin den 5. Februar 1827.

v. Trützschler.

Daß dieses Erkenntniß große Freude in ein Haus brachte, in dem so lange der Kummer gewohnt hatte, braucht wohl nicht erwähnt zu werden. Das Herzeleid, was erduldet war, konnte freilich nicht zurückgenommen werden, aber doch hob sich das gebeugte Haupt und das gedrückte Herz athmete freier. „Mich kann freilich — schrieb der Edle einem seiner Freunde — der Spruch eines weltlichen Gerichts eben so wenig schuldig, als unschuldig machen und mein eigenes Gewissen, so wie das Herz meiner Freunde und anderer Edlen, die selbst rein, auch Andern Reines zuzutrauen vermögen, ist u. bleibt ewig meine beste Rechtfertigung. Aber für die, die da draußen sind, ist es etwas anderes und meine bürgerliche Existenz verlangt gleichfalls diese öffentliche Anerkennung. Sehr reich an Erfahrung ist übrigens diese Prüfung in mehr als einer Rücksicht für mich gewesen."

Der Freigesprochene wurde in Absicht seines Einkommens ganz in integrum restituirt, erhielt die inne behaltene Hälfte seines Gehalts zurückgezahlt und die Zusicherung einer andern, seinen Verhältnissen angemessenen Anstellung. Das hohe Ministerium der geistlichen Angelegenheiten ertheilte den Regierungen zu Potsdam und Magdeburg den Auftrag zu einer solchen Anstellung, da Z. in seiner frühern Stellung nicht bleiben konnte.

An die Veredlung des Menschengeschlechts durch Lehre und Erziehung hatte Z. die Kraft und Freude seines Lebens gesetzt. Er trug das Ideal eines an Leib und Seele gesunden Menschen mit sich herum u. war begeistert durch die Vorstellung, viele solcher kernhaften Menschen an das Vaterland abzuliefern. Als er dies schöne Bild vor seinen Augen zertrümmert sah und sein Glaube an die Menschheit erschüttert wurde, da brach auch sein Herz. Der verschlossene Kummer war das zehrende Gift seines Lebens geworden. „Ich suche mir ein stilles, ruhiges Plätzchen" — schrieb er seiner ehrwürdigen Mutter. Und er fand dasselbe bald, wo er für immer geborgen ist gegen die Angriffe der Bosheit und gegen die rauhen Stürme des Lebens. Er schloß, bedeutungsvoll auch für sich, die Biographie seines Freundes Neumann mit den Worten: „Seelen edlerer Art, die das Ideal einer höhern Glückseligkeit in sich tragen, als diese Erde zu geben vermag, werden überall von einer geheimnißvollen Sehnsucht begleitet, welche nichts weiter ist, als die Ahnung und das Verlangen nach jenem ewigen Frieden, der erst nach dem Tode die geläuterten Seelen umfängt.

Denn sonst an keinem Orte
Wohnt die ersehnte Ruh;
Nur durch die Grabespforte
Geht man der Heimath zu.

Am 13. März 1827 überfiel ihn ein heftiger rheumatischer Schmerz. Er mußte sich zu Bette legen und hat dasselbe auch nicht wieder verlassen. Die Schwäche nahm täglich zu, doch trug er die körperlichen Leiden mit großer Geduld. In schlaflosen Nächten und in schmerzensfreien Stunden dichtete er, zum Theil scherzhafte Epigramme. Erst da hörte man von ihm leise Klagen, als er die Abnahme seiner Geisteskräfte bemerkte und es mit dem Denken und Dichten nicht mehr gehen wollte. Am 11. Juni schloß er sein müdes Auge für das irdische Licht. Seine edle Gattin schreibt davon: „Sein kummerschweres Haupt auf meinen Arm gelegt, die Augen fest auf die meinigen gerichtet, erkannte ich an dem Erstarren dieser lieben Augen, daß er ausgelitten hatte.“ — Ein kleines Vermögen von 200 Thlrn., das der Entschlafene von einer Landräthin v. Maltitz, deren Beichtvater er in Beeskow gewesen war, geerbt hatte und 500 Thlr. zum Studiren der Söhne schwer erspartes Kapital gingen durch die Schuld eines nahen Verwandten verloren. Leider erfuhr dies der arme Mann noch auf seinem Sterbebette und klagte, daß nun den Seinen der Nothpfennig verloren gehe. Doch der fromme und gerechte König, der ein Beschützer der Unschuld u. ein wahrhafter Vater des Landes ist, nahm die Sorge von dem Herzen der Tiefgebeugten. Auf den Antrag Sr. Excellenz des Ministers Grafen von Lottum, der den Glauben an den Verewigten nie aufgegeben und Herz und Leib in den Tagen der Trübsal durch tröstende Theilnahme und stärkende Speisen oft erquickt hatte und Se. Excellenz des Ministers Freiherrn v. Altenstein, der sich stets gegen ihn wohlwollend und hülfreich erwiesen, bewilligten Se. Maj. der Wittwe eine so ansehnliche Pension, daß auch hier der Ausspruch der Schrift erfüllt worden ist: „Ich habe noch nie gesehen des Gerechten Samen nach Brot gehen.“

Frankfurt a/O. Dr. C. W. Spieker.

* 203. Johann Friedrich Daniel Beltz,

Doctor der Medizin und Pensionärarzt bei dem kön. Friedrich-Wilhelms-Institut zu Berlin;

geb. d. 4. Dec. 1797, gest. d. 12. Jun. 1827.

Er wurde zu Greiffenberg in Pommern geboren und erhielt seine Schulbildung auf dem Gymnasium seiner Vaterstadt. Seiner Neigung folgend, trat er im J. 1813 in das kön. medizin.-chirurg. Friedrich-Wilhelms-Institut zu Berlin, um Medizin und Chirurgie zu studiren. Nach vollendetem theoretischen Studium in dieser Anstalt und einjähriger praktischer Ausbildung in der Charite daselbst wurde er als Compagniechirurgus in der Armee angestellt und diente in diesem Verhältnisse mehrere Jahre lang, theils zu Trier, theils zu Potsdam und Berlin bei den Garde du Korps. In letzterer Stellung erlangte er im

J. 1822 die medizinische Doctorwürde auf der Universität zu Berlin, nachdem er seine selbst geschriebene Dissertation de hepatis dignitate, welche sich einer sehr günstigen Beurtheilung in Hufelands Bibliothek zu erfreuen gehabt hat, vertheidigt hatte. Im J. 1824 wurde er als Pensionärarzt in das Friedrich-Wilhelms-Institut zurückberufen, um hier wiederum als Erzieher und Lehrer der Anstalt das zu vergelten, was er von ihr als Schüler empfangen. Auf diesem Posten vollendete er auch seine medizinisch-chirurgischen Staatsprüfungen mit dem größten Beifall und wurde darauf kommandirt, die Behandlung der Kranken des Berliner Invalidenhauses zu übernehmen. Hier wurde er von einem Lungenblutflusse befallen, der bei seiner schon geschwächten Brust unaufhaltsam in Schwindsucht überging, welche sehr schnell seinen Tod herbeiführte.

Ausgezeichnete Geistesanlagen, Fleiß, Diensttreue und ein sehr hoher Grad humaner Bildung zeichneten den Verewigten vorzugsweise aus und werden ihm unter allen denen, mit denen er in näherer Berührung stand, stets ein wohlwollendes Andenken sichern. Vorzügliches Verdienst erwarb er sich aber um das kön. medizin.-chirurg. Friedrich-Wilhelms-Institut, in welchem er mit wissenschaftlichem Eifer als Repetitor segensreich auch noch für die Nachwelt gewirkt hat.

204. Ludwig Philipp Aschoff,

Apotheker u. Medizinalassessor zu Bielefeld;

geb. d. 25. Nov. 1758, gest. d. 18. Juni 1827 *).

Dieser in seinem Fache ausgezeichnete Mann, der zu der wissenschaftlichen Gestaltung der Pharmazie in Westphalen mit den Grund legte und bis an sein Lebensende dafür wirkte, wurde zu Weeze im Cleveschen geboren, wo sein Vater als reformirter Prediger lebte und seinen Jugendunterricht leitete. Vom J. 1775 bis 1780 stand A. bei dem Bruder seines Vaters, dem Apotheker Aschoff zu Bielefeld, in der pharmazeutischen Lehre und benutzte daselbst eifrigst alle Mußestunden, um sich in Sprachkenntnissen noch mehr zu vervollkommnen; 1782 besorgte er die Geschäfte der Offizin in der Hofapotheke zu Jever und begab sich von da nach Halle, wo er bis 1785 dem Laboratorium der Waisenhausapotheke vorstand. Hier hatte A. einen Platz gefunden, wo ihm Gelegenheit ward, seinem

*) Pharmazeutische Zeitung im nördl. Deutschl. 1827. Nr. 8.

Streben nach Erweiterung seiner Kenntnisse Genüge zu leisten. Immer größere Liebe fand er an dem Studium der Naturwissenschaften und sein Eifer wuchs mit seinen Fortschritten. Er hörte Vorlesungen daselbst und machte Botanik zu seinem Lieblingsstudium. Von Halle kehrte er nach Bielefeld zurück und lebte bis 1791 als Gehülfe in der Offizin seines Vetters daselbst. Während dieser Zeit vervollkommnete er sich neben den Studien der Botanik im Zeichnen, der Mathematik und in der französischen Sprache, machte vor dem Provinzialkollegium zu Minden sein Examen und brachte darauf im genannten Jahre die Apotheke seines Vetters käuflich an sich. Mit einer Sorgfalt und Gewissenhaftigkeit, wie sie nur selten anzutreffen ist, verwaltete er als Muster eines vollendeten Pharmazeuten sein Geschäft und konnte mit unerbittlichem Widerwillen gegen diejenigen seiner Gehülfen erfüllt werden, welche die detaillirtesten Ordnungen als Kleinigkeitskrämereien mit unwissendem Dünkel belächelten und da, wo das achtungswertheste Gefühl für Berufstreue für ein Fach, dessen Wichtigkeit von ihm so tief gefühlt wurde, sich aussprach, nur Pedantismus zu sehen glaubten. Dagegen bildete er auch mehrere junge Männer, die seinen Willen verstanden u. ausführten, zu tüchtigen Pharmazeuten u. stand ihnen mit Rath u. That zur Seite, wenn er Neigung zur Fortbildung bemerkte. Er erfreute sich dabei des blühendsten Zustandes seiner Offizin und erwarb sich durch seine ausgezeichneten Kenntnisse allgemeine Achtung, das Zutrauen der Aerzte wie des Publikums und das Wohlwollen der höhern Behörden. Er wurde auch im J. 1811 bei dem damals in Bielefeld constituirten Medizinal-Sanitätskollegium zum Assessor ernannt und die botanische Gesellschaft zu Regensburg nahm ihn schon 1793 zum Ehrenmitgliede auf. An der Gründung des Apothekervereins nahm er großen Antheil und trat als wirkliches Mitglied demselben bei. Dies die Hauptmomente seines Lebens. Seinen Charakter bezeichnete Ernst in seinem ganzen Wesen: immer mit seinem Beruf und den Studien seines Faches beschäftigt, war sein häusliches Leben ein Kreis der Zufriedenheit, des Frohsinns, seine Erholung. Er las die wichtigsten Schriften seines Faches und schritt mit der Zeit fort; seine Bibliothek war reich und ausgewählt. Mit chemischen Versuchen beschäftigte er sich vielfach, hatte aber keine Neigung, dieselben bekannt zu machen. In der Botanik zog ihn besonders das Studium der Kryptogamen und die genaue Erforschung

noch jetzt besteht und fortgesetzt wird. — Auch die Bahn als Schriftsteller ließ er, schon von seinen frühern Jahren an, nicht unbetreten und benutzte die Stunden seiner Muße besonders im Fache der Romantik und Poesie, manche Versuche zu machen, die auch zum Theil (unter andern Namen) in den Buchhandel gekommen sind; in seinem Nachlasse fanden sich noch mehrere Manuscripte und Ideen zur Ausarbeitung vor.

B.   L. D.

* 206. Johannes Gottfried Gurlitt,

Doctor der Theol. u. Phil., Director und erster Professor des Johanneums zu Hamburg, wie auch Prof. der oriental. Sprachen am akademischen Gymnasium daselbst;

geb. d. 13. März 1754, gest. d. 14. Juni 1827.

In ihm ist abermals ein Freund der Wahrheit hingeschieden. Er war der jüngste Sohn eines Schneidermeisters zu Leipzig, der durch angestrengten Fleiß bei weiser Sparsamkeit und Häuslichkeit sich und seine Familie anständig nährte. Schon sehr früh erwachte bei dem fähigen Knaben eine große Begierde nach nützlichen Kenntnissen, welcher der redliche Vater die beste Nahrung zu geben glaubte, wenn er den Sohn auf die dortige Thomasschule schickte; eine Ansicht, die der Erfolg vollkommen rechtfertigte. — G., der diese Anstalt von seinem siebenten oder achten Jahre an besuchte, machte schnelle u. glückliche Fortschritte. Von den Lehrern der untern Klassen wirkte auf die Erweckung seiner Liebe zum Alterthum vorzüglich der wackere Kriegel (der Herausgeber des Aesop), ein Mann, welcher bei seinen gründlichen philologischen Kenntnissen und seinem Lehreifer einen höhern Posten würdig ausgefüllt haben würde; in der vierten Klasse, der er vorstand, kam G. schon so weit, daß er fast grammatisch fehlerfrei Latein schrieb und in derselben Sprache gelungene poetische Versuche machte. Das größte Verdienst um seine gelehrte Vorbildung für die Universität erwarb sich aber der Prof. Joh. Friedr. Fischer, der seit dem J. 1767 das Rectorat der Schule verwaltete und den Hauptunterricht in Prima ertheilte; er ward für den Jüngling das Vorbild, dem derselbe nacheiferte. Die trefflichen gelehrten Vorträge dieses Mannes über die klassischen Autoren zeigten ihm den Weg, den er bei Lesung der Alten einzuschlagen habe; von ihm lernte er aber auch, daß keine wahre theologische Gelehrsamkeit ohne die gründlichsten Kenntnisse in der klassischen und heiligen Philologie bestehen könne; sein Beispiel war es, das bei G. den schon früh gefaßten Entschluß, sich dem gelehrten Schulstande zu widmen, zur Reife brachte, das aber auch seinen Studien die Richtung auf die engste Verbindung der Philologie und gelehrten Theologie gab, die er später stets festhielt; das von ihm gegebene Beispiel des rastlosen Fleißes, der strengsten Wahrheitsliebe, Redlichkeit und Uneigennützigkeit endlich hatten den mächtigsten Einfluß auf die Charakterbildung des scharf beobachtenden und folgsamen jungen Mannes. Mit vorzüglichem Eifer betrieb G. schon jetzt das Studium des Hebräischen und erwarb sich sogar, meist ohne fremde Anleitung, nicht geringe Kenntnisse in den übrigen orientalischen Sprachen. Fischer, der den trefflichen Schüler liebte u. Jenes zu seiner großen Freude erfahren hatte, ermunterte ihn daher, bei seinem Abgange von der Schule (Ostern 1773) durch eine gedruckte Probeschrift seinen Gönnern und Freunden einen Beweis der erworbenen Kenntnisse zu geben. Diesen Wunsch erfüllte G. durch die Herausgabe einer Erklärung des 43. Psalm, welche er mit Erläuterungen aus dem Chaldäischen, Syrischen, Arabischen, Koptischen so ausschmückte, daß Alles über den neunzehnjährigen Jüngling und Schüler staunte, Professoren und Studenten dem neuen akademischen Bürger mit der größten Achtung entgegenkamen und man sich in ihm einen *Schultens, Reiske* und *Michaelis* versprach. Aber dieser erlangte Beifall, der manchen Jüngling zu Anmaßung und Eitelkeit verleitet haben würde, machte G. nur desto bescheidener und demüthiger. Er wußte, wie leicht selbst Gelehrte durch den Glanz so mancherlei orientalischer Worte geblendet werden können; er sah ein, daß er bei seinem Verlangen nach einer streng philologischen Bildung, bei seinem Streben nach vielseitigen Kenntnissen die hohe Erwartung, die man von ihm in Hinsicht auf oriental. Sprachen hegte, nicht würde erfüllen können. Daher setzte er zwar die letztern nicht bei Seite, trieb sie jedoch nur in so weit, als sie ihm zum Studium der gelehrten Theologie nützlich und unentbehrlich waren.

Durch die Güte seines Vaters, der mit Bereitwilligkeit das sauer Erworbene für den hoffnungsvollen Sohn aufwendete, ward ihm das minder Begüterte nicht oft treffende glückliche Loos zu Theil, daß er, selbst ohne genöthigt zu seyn, des Erwerbes halber bedeutende Zeit auf den Unterricht Jüngerer zu verwenden, fünf ganze Jahre hindurch auf der Universität seiner Vaterstadt dem Studium der Philologie, Philosophie und Theologie obliegen konnte. In der letztern fand damals ein später nur zu oft erneuerter Meinungskampf statt; Mysticismus u. Fanatismus erhoben auch damals ihr Haupt. Crusius, ein sonst tiefdenkender und scharfsinniger Mann, war der thätigste Beförderer der Schwärmerei, fand aber an J. A. Ernesti einen kräftigen Gegner, der auch durch diesen ruhmvoll geführten Streit sein Verdienst erhöh't hat. Früh die Wahrheit des Ausspruches des Malebranche erkennend, daß Zweifeln der erste Schritt zur Weisheit sei und nicht gewohnt, irgend einer Meinung ohne eigene Prüfung zu huldigen, hörte G. beide Parteien, indem er sowohl die schwärmerischen Vorlesungen des Crusius, als die völlig entgegengesetzten Ernestis besuchte. „Aber freilich, nicht mit Glauben hörte ich," sagte er selbst. Er war stark genug, dem Strome, der so manchen Unbedachtsamen, oder nicht durch gründliche Kenntnisse Verwahrten mit sich fortriß, zu widerstehen und zog aus dem Kampfe widerstreitender Meinungen den großen Gewinn, daß seine Ansichten geläutert, seine freie Ueberzeugung fester begründet wurde. Dazu trugen außer Ernesti und vielleicht noch mehr als dieser, Platner u. Morus bei. Der Erstere war nach Garve's Abgange (im J. 1772) so eben als Lehrer in der philosophischen Fakultät aufgetreten; der anziehende Vortrag des scharfen und gründlichen Denkers bezauberte Alles. Platner ward bald der Lieblingsphilosoph in Leipzig und zog, wie tausend Andere, so auch G. unwiderstehlich an, um so mehr, da er jede Gelegenheit benutzte, Schwärmerei und Aberglauben zu bekämpfen. Er sowohl als Morus, der mit gediegener philologischer und theologischer Gelehrsamkeit die edelste und liebenswürdigste Humanität des Charakters verband, wurden für G. mehr als Lehrer, sie wurden seine Freunde und gestatteten ihm gern den Zutritt zu sich, um in traulicher Unterredung den weiter Forschenden noch weiter zu führen, als es in den Vorlesungen geschehen konnte. — Ist es zu verwundern, wenn wir den Mann, der durch solche Lehrer gebildet war, der ihre Grundsätze nach gewissenhafter Prüfung theils annahm, theils auf dieselben weiter fortbau'te, später als einen der freisinnigsten Theologen erblicken? Wurden doch diese liberalen Ansichten, die er sich früh zu eigen gemacht hatte und denen er unverbrüchlich treu blieb, durch alle seine spätern Lebensverhältnisse, ja selbst durch das Land, in welches er nun zog, begünstigt. — Es zeigten sich nämlich für G. nach Beendigung seiner akademischen Studien, mehrere Aussichten zu einer Beförderung. Zwar wünschten seine Freunde, daß er in Leipzig bleiben und, nach erlangten Magisterium, sich als Lehrer bei der Universität habilitiren möchten; aber seine Neigung für das Schulfach war überwiegend. Mörus, der diese kannte, trug ihm eine Stelle am Basedow'schen Philanthropin zu Dessau an; Zollikofer, der ebenfalls zu seinen Gönnern gehörte, ein Schulamt in Detmold. Um dieselbe Zeit war der in der pädagogischen Welt berühmte Resewitz, Abt des Klosters Bergen bei Magdeburg, nach Leipzig gekommen, um einen tüchtigen Lehrer für die Schule dieses Klosters zu gewinnen. Platner empfahl G. dazu und G. zog diese Stelle allen andern vor; denn es hatte für ihn einen eigenen Reiz, in einem Lande, das von Friedrich II. beherrscht ward und unter dem Minister Zedliz, dem preiswürdigen Beschützer der Wissenschaften und ihrer Lehrer, zu dienen. Von diesem Umstande schrieb er noch kurz vor seinem Tode: „Ich danke Gott, daß ich 1778 aus Sachsen nach dem aufgeklärten Preußen ging."

Im Frühling d. J. 1778 trat G. sein Amt als Oberlehrer am Pädagogium zu Kloster Bergen an. Er fand die Anstalt in einem nicht lobenswerthen Zustande; denn Resewitz, ein heller und aufgeklärter Kopf, war ein besserer Theoretiker als Praktiker in der Pädagogik und der Rector derselben, Jonä, ein altersschwacher Mann, war wenig geeignet, die Disciplin mit Kraft zu handhaben, was in solchen Anstalten, wo die Jünglinge nicht bloß unterrichtet werden, sondern zugleich wohnen, ja immer eine höchst schwierige Aufgabe bleibt. Es war daher besonders unter den ältern Schülern ein wilder und roher Ton eingerissen, der den Lehrern ihr mühvolles Tagewerk nicht wenig erschwerte. Zum Glück trat Jonä bald von seinem Amte ab u. der Abt übergab das Rectorat i. J. 1779 den beiden Oberlehrern, Gurlitt und Lorenz (dem bekannten Mathematiker), um es gemeinschaftlich zu führen. Es konnte gewagt scheinen, einem jungen Manne, der kaum anderthalb Jahre gedient hatte, diese Stelle zu übertragen. Aber Resewitz war ein geübter Menschenkenner und hatte auch in dieser kurzen Zeit den Feuereifer wohl bemerkt, der G. beseelte. Der Erfolg rechtfertigte sein Vertrauen, ja dieser Erfolg wäre gewiß noch glänzender gewesen, wenn der Abt die den beiden Männern anvertraute Gewalt nicht zu sehr eingeschränkt und sich von den Rechten und Pflichten eines Rectors nicht zu viel selbst vorbehalten hätte, so daß diese nicht immer nach ihre geprüften Einsichten und Erfahrungen handeln konnten. Aber auch so wirkte G. des Guten viel. Wäre der junge Mann, der an Alter von mehrern Scholaren nicht gar weit unterschieden seyn mochte, hier gleich anfangs mit pedantisch gebietender Strenge aufgetreten, so würde er wenig ausgerichtet haben. Er verfuhr daher vielmehr mit weiser Behutsamkeit. Ihm war vorzüglich der Unterricht in den alten Sprachen für die obern Klassen übergeben, der bisher mit wenig Gründlichkeit ertheilt worden war; hier machte er nun, jedoch mit liebevoller Schonung, zuerst seine Schüler auf die Lücken in ihrem Wissen aufmerksam, bewies ihnen durch den treuesten Fleiß, daß es jetzt an Gelegenheit, sie auszufüllen, nicht fehle, suchte sie für das, was er lehrte, lebhaft zu interessiren, sie zum eignen Studiren und Denken anzuspornen; dann gestattete er ihnen mit Freundlichkeit den Zutritt zu sich; hier wußte er durch zutrauliche Unterredungen die bessern für die gute Sache einer geordnetern Disciplin zu gewinnen und durch diese dann auch auf die andern zu wirken, so daß in kurzer Zeit der Geist der Anstalt verbessert, ihm selbst aber die wärmste Liebe und Hochachtung von Allen zu Theil ward. Gehoben durch den guten Erfolg seiner Bestrebungen, arbeitete er unermüdlich. Den eigenen Studien, die aber immer im Zusammenhange mit seinen Amtsarbeiten standen, verdankte die gelehrte Welt damals gründliche Bemerkungen über einzelne Stellen griechischer und römischer Schriftsteller, den Anfang seiner Bearbeitung des Pindaros, die Uebersetzung des Epithalamiums des Catullus, die Geschichte der Philosophie u. mehreres Andere, größtentheils in damals geschätzten Zeitschriften mitgetheilt. Gewährte ihm aber sein Amt auf der einen Seite in den stillen klösterlichen Mauern eine genußvolle Ruhe zur beständigen Fortbildung seines Geistes, so führte es ihn auch auf der andern Seite in mannichfache verwickelte Lagen, in denen sich der edle Charakter des Mannes in seiner wahren Größe zeigte. Rein und ungetrübt blieb das freundliche Verhältniß zu seinem geliebten nächsten Kollegen Lorenz während der ganzen achtzehn Jahre, wo sie gemeinschaftlich die Leitung der Anstalt hatten; ungestört wäre auch das gute Verhältniß zum Abt und dessen Familie geblieben, wenn nicht die amtliche Stellung G's, welche die Vertheidigung wohl begründeter Rechte erheischte, es eine Zeitlang unterbrochen hätte. — Resewitz hatte sich bei Verwaltung des Klosters und der Güter desselben zu eigenmächtig benommen, hatte ferner die Rechte des Convents, dessen Mitglied G. seit 1786 war, auf mannichfache Weise gekränkt. Die Regierung zu Mag=

deburg veranlaßte daher eine strenge Untersuchung der ökonomischen Angelegenheiten des Klosters im J. 1789, unter des durch seine Schwärmerei berüchtigten Wöllners geistlicher Ministerschaft und es ergab sich leider Vieles zum Nachtheil des Abts. Falsch ist es aber, wenn man als Urheber der Klage den Convent darstellt, obwohl nicht zu leugnen ist, daß dieser die durch die stattfindende Recherche dargebotene Gelegenheit ergriff, um die ihm entrissenen Rechte wieder zu erlangen; zu leugnen ist ferner nicht, das G. dabei einer der thätigsten Conventualen war. Als aber jene Rechte wieder gewonnen und die Gewalt des Abts auf ihre Gränzen zurückgeführt war, da war G. nicht nur völlig befriedigt, sondern ward nun auch einer der eifrigsten Beschützer derselben. Denn schon seit längerer Zeit hatte man an Resewitz's Sturze gearbeitet, um den schnell zum Consistorialrath beförderten Magdeburgschen Domprediger Christian Friedr. Schewe, einen Günstling des Herzogs Ferdinand von Braunschweig, an seine Stelle zu setzen. Bereits i. J. 1790 war diesem die Anwartschaft darauf, nach Resewitz's einstigem Abgange, gegeben. Mancherlei unwahre Gerüchte, vermehrt durch wiederholte Untersuchungen des Klosters, minderten damals den Flor der Schule. Bei der i. J. 1794 statt findenden Untersuchung aller Schulen des preuß. Staats in Hinsicht auf theologische Lehre durch Hermes und Hilmer nahm man es im Kloster Bergen nicht wenig strenge; indeß erfolgte doch, obgleich die dort herrschende freie Lehrart jenen Eiferern wenig zusagen mochte, kein tadelndes Rescript. Gleichen Erfolg hatte eine unmittelbar darauf von Hermes veranlaßte Recherche des dortigen Schulwesens. Obschon beide Kommissionen nichts Bedeutendes fanden, was man dem Abte hätte zur Last legen können, so hielt das Oberschulkollegium es dennoch für nöthig, im J. 1796 dem Abt Resewitz die Direktion der Schule zu nehmen und sie dem nunmehr zum adjungirten Abt ernannten Schewe zu übertragen. Dadurch ward auch G's Stellung verändert. Denn da Schewe wegen seines Predigtamts in Magdeburg nicht im Kloster gegenwärtig seyn konnte, so wurde G. auf den Rath Hecker's, der zu der letzten Untersuchungskommission gehörte u. bei dieser Gelegenheit G's Werth erkannt hatte, zum königl. Professor und zweiten, d. h. hier eigentlichen Director der Anstalt ernannt. Ungern sah er diese Beförderung, besonders aus Rücksichten der Freundschaft gegen seinen geliebten Lorenz; aber die Sorge für das Beste des Instituts und des edlen Freundes eigenes Zureden bewogen ihn, nach langem Weigern, zur Annahme desselben (im J. 1797). Die ihm von der Oberbehörde zugestandenen ausgedehnten Rechte erlaubten ihm nun, seinen auf Erfahrung gegründeten richtigen Einsichten ungehindert zu folgen, welchen der die eigene Schwäche wohl fühlende Schewe nicht entgegen zu wirken wagte. So blühte das Klosterbergische Pädagogium von Neuem erfreulich auf; in Kurzem vermehrte sich die Schülerzahl um das Vierfache und so wie die Anstalt zu den geachtetsten des preuß. Landes gehörte, so ward G. unter den vorzüglichsten Schulmännern und Gelehrten Deutschlands um so ehrenvoller genannt, je mehr er fortfuhr, auch als Schriftsteller sich auszuzeichnen. Neben den philologischen und theologischen Studien, deren Ergebnisse in gediegenen Abhandlungen über einzelne Stellen des A. u. N. T. u. verschiedener klassischen Autoren niederlegt wurden, widmete er sich nunmehr auch dem Studium der schönen Kunst des Alterthums, wovon mehrere noch jetzt sehr geachtete Schriften die erfreulichsten Beweise lieferten. — Da G's Gelehrsamkeit u. Thätigkeit anerkannt waren (Heine schrieb z. B. 1779 an ihn: „ich rechne Sie zu den ersten Philologen Deutschlands"), so konnte es nicht fehlen, daß auch das Ausland auf ihn aufmerksam und ihm öfters andere Aemter angeboten wurden. Aber von den mancherlei Anerbietungen, auch akademischen Aemtern, konnte keine ihn bewegen, sein geliebtes Kloster zu verlassen, bis im J. 1802 der Hamburgsche Senat einen höchst ehrenvollen Ruf an ihn ergehen ließ. Freilich konnte er damals die nachherigen traurigen Schicksale Magdeburgs so wenig als die Aufhebung des Klosters (im J. 1810) voraussehen; aber der Blick in die Zukunft wo Schewe einst, nach R's Tode, die Abtei mit allen Rechten übernehmen und im Kloster wohnen sollte, schien kein ungehindertes erfolgreiches Wirken mehr zu verheißen; daher verließ G., obwohl unter herben Schmerzgefühl, den Ort seiner jugendlich kräftigen Thätigkeit, seiner reinsten Freuden. Amtsgenossen und Schüler klagten um seinen Verlust wie um den eines geliebten Vaters.

In Hamburg übernahm er ein doppeltes Amt; die Professur der oriental. Sprachen am akademischen Gymnasium und das Directorat des Johanneums. Wir sprechen von dem letztern zuerst. — Es schien G's Loos zu seyn, ungeordnete Anstalten in geordnete verwandeln zu sollen. Hamburg war in seinen Schuleinrichtungen um mehrere Decennien zurückgeblieben, während das Ausland rüstig vorgeschritten war. Das Johanneum befand sich daher in einem höchst beklagenswerthen Zustande u. war, den meisten Klassen nach, fast verödet. Das alte Klassensystem herrschte in so mißbräuchlicher Uebertreibung, daß man die Schule kaum noch ein Ganzes nennen, sondern die sieben Abtheilungen derselben für eben so viele einzelne Schulen halten konnte. Einhelliges Zusammenwirken zu einem gemeinsamen Zwecke fehlte gänzlich; auch war die Kraft der Lehrer, für deren Bedürfnisse die an sich geringen Besoldungen in der reichen Handelsstadt um so weniger hinreichen konnten und die sich meist dem drückendsten Mangel preis gegeben sahen, völlig erschlafft. Eine äußere Besserung des Instituts durch zweckmäßig erhöhte Besoldungen der Lehrer war bereits von der obern Behörde kurz vor G's Ankunft beschlossen, der innere Neubau ward ihm überlassen. Und auch in dieses Chaos wußte er bald Ordnung zu bringen. An die Stelle des Klassensystems trat das Lectionen- oder Parallel-System; die fünf ersten Klassen, welche nunmehr die gelehrte Schule bildeten, wurden so eingerichtet, daß in ihnen eine vollständige Ausbildung für die Universität oder auch für das akademische Gymnasium erreicht werden konnte; die beiden, später drei untern Klassen erhielten den Namen Bürgerschule und dienten meist zur Vorbereitung für die gelehrte Schule oder für eine kaufmännische Klasse, deren Schüler den Unterricht in den Wissenschaften u. neuern Sprachen mit den für die Studien bestimmten Schülern der untern Ordnungen der gelehrten Schule zusammen genossen, während der Lectionen in den alten Sprachen aber allein Anleitung zum kaufmännischen Rechnen und zur Handelskorrespondenz erhielten. — Groß waren die Schwierigkeiten, mit denen er bei dieser neuen Organisation der Anstalt zu kämpfen hatte; hier waren Vorurtheile zu beseitigen, dort Mißbräuche zu heben; hier unverständige Anforderungen, dort unbegründete Widersprüche zurückzuweisen. Aber er besiegte alle Hindernisse; denn mit besonnenem sichern Schritte, auf Gott und seine gute Sache vertrauend, Angriffe des Neides und der Bosheit nicht achtend, wandelte er seinem Ziele zu; u. nicht lange währte es, so war der Ruhm der Anstalt gegründet; sie bildete für's bürgerliche Leben taugliche Mitglieder, sie sandte den vaterländischen Akademien Jünglinge, die wegen ihrer Kenntnisse u. ihres wissenschaftlichen Sinnes und Strebens geachtet, zu Aemtern begehrt, von denen mehrere selbst Lehrer dieser Akademien wurden. Bewunderung erregt es, welchen Reichthum von Ideen er seinen Schülern beibrachte, wie er durch Klarheit u. Deutlichkeit, Wärme u. Enthusiasmus, wo es die Sache verlangte ihre Aufmerksamkeit zu fesseln wußte. G. aber fand reichen Lohn für seine Anstrengungen in der nie wankenden Liebe seiner Schüler, der Achtung seiner Amtsgenossen und dem unbeschränkten Vertrauen seiner Vorgesetzten. Hamburg wird ihn stets, sollten sich auch in seinem Werke Mängel nachweisen lassen — er hat es selbst nie für fehlerfrei gehalten — als den Wiederhersteller und Verbesserer seines Johanneums dankbar ehren.

Durch sein zweites Amt, die Professur am akademischen Gymnasium, welche er am 11. Jan. 1803 mit der durch ihren Inhalt eben so sehr, als durch den trefflichen lateinischen Styl gleich ausgezeichnete Rede: de usu librorum sacrorum antrat, lag ihm die Pflicht ob, die orientalischen Sprachen zu lehren, sehr weise aber machte er daraus ein Lehramt der biblischen Literatur und las vorzüglich über das A. und N. T., zuweilen auch über schwerere griechische Klassiker, da der damalige Prof. der Geschichte, dem dies Geschäft mit übertragen war, es ihm freiwillig abgetreten hatte. In den erst genannten Vorlesungen fand er nun erwünschte Gelegenheit, die Theologie studirenden Jünglinge durch eine gründliche philologisch-gelehrte Exegese auf die akademischen Studien vorzubereiten; hier hielt er es aber auch für seine Pflicht, als Doctor der heiligen Schrift, wozu ihn die Helmstädter theol. Fakultät schon im J. 1806 aus eignem Antriebe honoris causa promovirt hatte, die Jünglinge vor dem in den jüngsten Zeiten wieder erwachten Mysticismus, vor dem durch Claus Harms Thesen zuerst verbreiteten Vernunfthasse und der sich mit beispielloser Keckheit geltend machenden Hyperorthodoxie zu verwahren. Er fand es für Pflicht, dagegen aufzutreten und als freiester Rationalist vertheidigte er die Rechte der Vernunft, weshalb er rieth, gegen keine Meinung, die von der gemeingültigen und hergebrachten abwiche, sey sie auch die kühnste, sich leidenschaftlich zu entrüsten, da nach genauerer Erwägung es sich finden möchte, daß gerade die verworfene und angefeindete das Ergebniß gelehrten und gründlichen Forschens sey. Oft warnte er vor blindem Glauben an Auctoritäten und stellte diejenigen in ihrem Irrthume dar, welche die symbolischen Bücher gern zum Pabste der evangelischen Kirche machen wollen. Hrn. Prof. Krug schätzte er über Alles. Auf diese Ansichten bezogen sich nun auch mehr oder weniger die in den letzten Jahren

vorgeschritten war. Das Johanneum befand sich daher in einem höchst beklagenswerthen Zustande u. war, den meisten Klassen nach, fast verödet. Das alte Klassensystem herrschte in so mißbräuchlicher Uebertreibung, daß man die Schule kaum noch ein Ganzes nennen, sondern die sieben Abtheilungen derselben für eben so viele einzelne Schulen halten konnte. Einhelliges Zusammenwirken zu einem gemeinsamen Zwecke fehlte gänzlich; auch war die Kraft der Lehrer, für deren Bedürfnisse die an sich geringen Besoldungen in der reichen Handelsstadt um so weniger hinreichen konnten und die sich meist dem drückendsten Mangel preis gegeben sahen, völlig erschlafft. Eine äußere Besserung des Instituts durch zweckmäßig erhöhte Besoldungen der Lehrer war bereits von der obern Behörde kurz vor G's Ankunft beschlossen, der innere Neubau ward ihm überlassen. Und auch in dieses Chaos wußte er bald Ordnung zu bringen. An die Stelle des Klassensystems trat das Lectionen= oder Parallel=System; die fünf ersten Klassen, welche nunmehr die gelehrte Schule bildeten, wurden so eingerichtet, daß in ihnen eine vollständige Ausbildung für die Universität oder auch für das akademische Gymnasium erreicht werden konnte; die beiden, später drei untern Klassen erhielten den Namen Bürgerschule und dienten meist zur Vorbereitung für die gelehrte Schule oder für eine kaufmännische Klasse, deren Schüler den Unterricht in den Wissenschaften u. neuern Sprachen mit den für die Studien bestimmten Schülern der untern Ordnungen der gelehrten Schule zusammen genossen, während der Lectionen in den alten Sprachen aber allein Anleitung zum kaufmännischen Rechnen und zur Handelskorrespondenz erhielten. — Groß waren die Schwierigkeiten, mit denen er bei dieser neuen Organisation der Anstalt zu kämpfen hatte; hier waren Vorurtheile zu beseitigen, dort Mißbräuche zu heben; hier unverständige Anforderungen, dort unbegründete Widersprüche zurückzuweisen. Aber er besiegte alle Hindernisse; denn mit besonnenem sichern Schritte, auf Gott und seine gute Sache vertrauend, Angriffe des Neides und der Bosheit nicht achtend, wandelte er seinem Ziele zu; u. nicht lange währte es, so war der Ruhm der Anstalt gegründet; sie bildete für's bürgerliche Leben taugliche Mitglieder, sie sandte den vaterländischen Akademien Jünglinge, die wegen ihrer Kenntnisse u. ihres wissenschaftlichen Sinnes und Strebens geachtet, zu Aemtern begehrt, von denen mehrere selbst Lehrer dieser Akademien wurden. Bewunderung erregt es, welchen Reich-

ten Körper noch aufrecht. Aber endlich vermochte dieser den mit immer kürzerer Unterbrechung sich wiederholenden Anfällen nicht mehr Widerstand zu leisten; der gänzliche Verlust des einen Auges, eine Folge überhand nehmender Nervenschwäche, schien den besorgten Freunden ein Vorbote des nahenden Todes. Und so war es. Bald nach Ostern 1827 bestieg G. zum letztenmal den Katheder und entließ mit einer trefflichen Rede die Abiturienten, begann auch noch im neuen Schuljahre seine Arbeiten, doch nur für einige Tage; denn bald ward er auf ein schmerzliches Krankenlager geworfen, von dem er nicht wieder erstand. Er starb am Abend des 14. Junius. Am 19. Jun. wurden seine sterblichen Ueberreste auf die feierlichste Weise zur Erde bestattet. Seit dem 29. Nov. ziert sein sprechend ähnliches Bildniß den ersten Hörsaal der Anstalt, durch deren Leitung er einer der größten Wohlthäter des glücklichen Hamburgschen Freistaats ward.

Seine Schriften sind: Explanatio hymni 43. Davidici. Hal. Sax. 1773. — Epistola gratulat. ad. J. A. Ernestium, in qua quaestio examinatur: an ratio humana et Script. S. gentiles probos damnent ad supplicia aeterna. Lips. 1775. — Dissertat. I et II de locis Prophetarum minorum in N. T. laudatis. Lips. 1778. — Zwei Brautgesänge des Catull und zwei Oden des Horaz, metr. übers. von Rosenfeld (†. 1782), mit Einleit., Anmerk. ꝛc. von G. Leipz. 1781. — Uebersetzg. aller Nemeischen u. Isthmischen Oden Pindars; im deutsch. Merkur 1785, im deutsch. Museum 1786, in Widebergs humanist. Magaz. 1787, 88 u. in den Dessauschen Berichten 1784. — De utilitate ex Poëtarum, imprimis veterum, justa lectione capienda. Mgdeb. 1786. — Abriß d. Gesch. d. Philosophie. Leipz. 1786. — Catulls epischer Gesang v. d. Vermählung des Peleus u. der Thetis, metr. übers. m. Anm. Leipz. 1787. — Metr. Uebers. des 4. Buchs d. Elegien des Tibull; im deutsch. Mus. 1786. Febr. — Abriß d. Philosophie. Magdeb. 1788. — Anekdote, ein Gespräch d. Kurfürsten Friedr. Wilhelm mit dem neu erwählten Abt des Klosters Bergen, Wolffhardt, betreffend; in Fischers deutsch. Monatsschr. Julius 1791. — Biogr. u. liter. Notiz v. Stephan Bergler. — Varianten im Sulpitius Severus, aus einem Quedlinb. Codex. — Konjekturen u. Anmrk. z. Philosoph. Seneca, welche Joh. Alb. Fabricius seinem Exemplare beigeschrieben, nebst einig. Anmerk.; in Wiedeburgs philolog. pädag. Magaz. Bd. 2. (1793) u. Bd. 2. H. 4. (1794). — Notae ad Stephani Byzantii libros de urbibus, adscr. a Fabricio exemplo suo, Gurlitti notis auctae in Fabric. Bibl. Gr. ed. Harless. Tom. 4. — Epistola ad clariss. Ruperti, in qua explicatur locus aliquis e Cic. orat. pro Murena. — Ruperti's Magaz. f. Schul. B. 1. H. 2. (1793). — Lectt. variae ex perantiqua edit. Horatii odarum excerptae; in Ruperti's Magaz. f. Schul. B. 3. B. 2. (1795). — Notae Reiskii manu scriptae ad Aristot. Polit., Gurlitti notis auctae; in Wiedeburgs humanist. Magaz. — Sechs Maurerreden, zwei erschienen Magdeb. 1785, eine ebd. 1788, eine ebd. 1789, zwei andere befinden sich in Magdeb. gemeinnüz. Blätt. 1. Jahrg. 1790. St. 28. u. 2. Jahrg. 1791. St. 2 u. 3. — Animadversiones ad Nov. Test. VI. Specc. Magdeb. 1797. Hamb. 1817. — Biogr. u. literar. Notiz v. Joh. Winckelmann. Magdeb. 1797. — Ueb. d. Gemmenkunde. Ebd. 1798. — Ueb. Mosaik. Ebd. 1798. — Allgem. Einleit. in d. Stud. d. schönen Kunst des Alterth. Ebd. 1799. — Lieder, fürs Klavier komponirt v. Rosenfeld, mit e. Vorrede v. G. Ebd. 1799. — Versuch über d. Büstenkunde. Ebd. 1800. — Animadversiones ad auctores vett. X. Specc. Magdeb. 1800. Hamb. 1819. — Schulschr. 1. B. Magdeb. 1801. (Enthält auch d. früher einzeln erschien. Schr.: Lectionenpl. f. d. Schule d. Kloft. Bergen (1797) u. d. Rede v. d. Pflichten, Freuden u. Leiden des Schulmannes (1797). — Fragment e. archäol. Abhandl. üb. Herkules. Magdeb. 1801. — Ueb. Ossian. 1. Abschn. Hamb. 1802. 2. Abschn. Magdeb. 1802. — *Drei Schulreden*). Hamb. 1803. — Oratio de usu librorum sacrorum. Hamb. 1803 — Zwei Proben v. Uebersetz. aus Ossian (v. Birkenstädt u. Neumann), nebst Nachträg. z. Ossianschen Literat., v. G. Hamb. 1803. — *Rede üb. einige Vorz. d. verwichenen Jahrh. Ebd. 1804. — Der Rhein. Fragment aus e. Gedicht: die Ströme v. Bodenburg. Ebd. 1804. — Ossians Fingal, 2. u. 3. Ges. (von Neumann) nebst Nachtrag — Ossiansche Literat. von G. Ebd. 1804. 4. u. 5. Ges. (v. demselben). Ebd. 1805. — Leben des Aonius Palvarius. Ebd. 1805. (Steht auch in Riemeyers Biographen). — Zwei latein. Reden (v. Carl Sieveking u. David Mendel), mit e. Anh. üb. d. Bürgerrecht d. Juden, v. G. Ebd. 1805. — Narratio de vita Christ. Brodhagenii. Hamb. 1806. — Zwei Schulreden,

*) Alle mit * bezeichneten Schriften befinden sich in dem so eben von mir mit Anmerkungen herausgegebenen zweiten Bande von Gurlitts Schulschriften. Magdeb. 1828. — Nächstens erscheinen: Gurlitti Opuscula theol. et philol. 2 Vol., gleichfalls mit Anmerkungen und Zusätzen von mir. C. M.

eine v. Prof. Hepp u. *eine v. G. — Pindars*) Olympische Siegsgesänge übers. m. Anmerk. In 7 Programmen. Hamb. 1806—9. — Desselb. Pyth. Siegsgesänge. In 11 Progr. Hamb. 1810—16. — Probe e. metr. Psalmenübers. v. Stuhlmann, mit Einleit. u. Anm. v. G. Ebd. 1807. — Zwei Proben deutscher, im Johann. v. studir. Jüngl. gehalt. Reden (v. Middeldorpf u. C. Sieveking). — Vorrede zu Middeldorpfs Nahum. Ebd. 1808. — Die Donau (v. Bodenburg). nebst *e. Rede v. G. Ebd. 1809. — G. A. Sievekings Abgangsrede, nebst *e. Rede v. G. Ebd. 1814. — David. Ruhnkenii Annotation. in Terentium emendat. edendae Specim. Ibid. 1817. — Pindars 8. Isthmisch. Siegsgesang. Ebd. 1818. — Einiges gegen Harms, in latein. Spr., im Lectionsverz. d. Gymnas. von Ostern 1818. — Sulpiciae Satira. Cum Commentario Christ. Gottl. Schwarzli, Prof. olim Altorfini. Edid. G. Ibid. 1819. 2 Programme. — Die Reden bei d. Säkularfeier d. Reformat. gehalten in 4 Programmen, gab G. in 4 Progr. v. 1818—1820 heraus, *eine darunter ist von ihm selbst. — Pindars 5r Nemeischer Siegsges. bearb. v. Hepp, herausgeg. v. G. 1820. — Nachtr. zur Biogr. u. liter. Notiz üb. Winkelmann. Hamb. 1820. 2r Nachtr. das. 1821. — *Einige Reden zur Entlass. studir. Jünglinge. Ebendas. 1821. — (Spittler's) Geschichte der Jesuiten, m. Anmerk. herausgeg. v. G. Hamb. 1822. 2 Progr. (Dess.) Gesch. d. Bettelmönchsorden. Ebend. 1822. (Dess.) Gesch. d. Benediktinerordens. Ebend. 1823. (Dess.) Gesch. d. Tempelherrnordens. Ebend. 1823. (Dess.) Gesch. d. Pabstthums. 5 Progr. Ebd. 1824—26. Erster Anhang**) dazu. (Dess.) ausführlichere Gesch. d. Pabstthums i. 18. Jahrh. 2 Progr. 1826, 27. — *Rede zur Empfehlung des Vernunftgebrauchs beim Stud. d. Theologie. Hamb. 1822. 2. Ausg. 1823. 4. — Vita Friderici a Graffen, Consul. Hamburgens. Hamb. 1824. — Narratio de vita Hermanni Doormanni, Syndici Hamburgens. 1826. — Außerdem lieferte er früher für die Allg. Deutsche Bibliothek, später für den Hamburg. Korrespondenten zahlreiche Recensionen, zuweilen auch einige Beiträge zu Seebode's krit. Bibliothek u. desselb. Archiv für Philologie und Pädagik. Uebrigens bewies G. noch vor seinem Tode, daß Reimarus Verfas-

*) Der Gurlittsche Pindar wird ebenfalls in einer neuen Bearbeitung durch mich erscheinen. C. M.

**) Den 2. Anhang. Spittler's Gesch. d. Kreuzzüge, so wie den 3. dessen Gesch. d. Hierarchie habe ich 1827 u. 28 geliefert. C. M.

ser der Wolfenbüttelschen Fragmente gewesen ist. S. Lpzg. Lit. Ztg. Intell. Bl. Nr. 55. 1827. Sein Bildniß ist von Hardorf d. J. treffend ähnlich lithographirt erschienen. Eine Gypsbüste von ihm mit großer Aehnlichkeit hat der Italiener B. Gioni in Hamburg geliefert.

Hamburg. Cornelius Müller.

207. Franz Freiherr Bedekovich von Komor,

k. k. Staats- und Conferenzrath zu Wien, wirkl. Kämmerer und Obergespan des Kreutzer-Comitats, Commandeur des kön. ungar. St. Stephanord. S. C. E. K., Ritter v. goldn. Sporn u. Inhaber des silbernen Civil-Ehrenkreuzes;

geb. d. 6. Febr. 1755, gest. d. 16. Jun. 1827. *)

In ihm verlor der östreichische Staat einen seiner hochgeachteten Bürger, der Monarch einen der treuesten Diener. Zu Warasdin geboren, stammte er aus einer edlen Familie Croatiens her, welcher die Landeschronik schon im 13. Jahrhunderte ehrenvoll erwähnt. Sein Vater Nikolaus, königl. Rath und Beisitzer bei der Banaltafel, weihte sich ganz der Erziehung seiner Kinder und erntete den Lohn seiner väterlichen Bemühungen durch die glückliche Entwickelung der Geistesanlagen seines Sohnes Franz, die auf der Hochschule zu Wien, sorgfältig ausgebildet wurden. Kaum aus den Hörsälen getreten, begann der hoffnungsvolle Jüngling, erst 20 Jahr alt, seine bürgerliche Laufbahn als Oberfiskal in der Warasdiner Gespanschaft (2. August 1775), ein durch die Vertretung der Steuerpflichtigen an sich schon sehr wichtiges Amt, das aber damals durch die Einführung des Urbariums noch ungleich bedeutender wurde und bei den besondern und schwierigen Pflichten einen Mann erheischte, der mit der genauen Kenntniß der Landesgesetze auch ein scharfes Urtheil und einen festen Willen verband. Nachdem er auf diesem Posten seinen Ruf auf eine ehrenvolle Weise begründet, wurde er zum Notar in der Agramer Gespanschaft und den 12. Jun. 1782 zum Hofkoncipisten bei der vereinigten ungarisch-siebenbürgischen Hofkanzlei ernannt. Hier geschah es, daß er durch einen gründlichen und lichtvollen Vortrag die Aufmerksamkeit Kaiser Josephs II., der gerade dieser Sitzung beiwohnte, auf sich zog, was seine Beförderung zum königl. Rath und Hofsekretär (5. Dec. 1783) und 2 Jahre darauf (9. Dec. 1785) zum kön.

*) Wiener Zeitg. 1827. Nr. 166.

ungar. Statthaltereirath zur Folge hatte. Ungeachtet dieses königl. Amtes von den Ständen Croatiens und Slavoniens zum Abgeordneten auf den Landtag vom Jahre 1790 gewählt, schloß er sich den einsichtsvollen Männern an, die sich bemühten, durch die Vertheidigung der kön. Rechte das wahre Wohl des Vaterlandes zu befördern. Mit Beharrlichkeit verfolgte er diesen edlen Zweck und besänftigte nicht allein durch tief durchdachte Reden, die er voll Mäßigung in der Versammlung der Stände hielt, manches aufgereizte Gemüth, sondern wirkte auch im engern Kreise vertrauter Freunde mit großem Erfolge, indem er sie von den wahren Vortheilen des Vaterlandes überzeugte. Zum Mitglied eines der Ausschüsse ernannt, welche zur Bearbeitung wichtiger Vorträge für den künftigen Landtag gewählt worden, lieferte er einige höchst gründliche Arbeiten, deren künftige Benutzung der Gesetzgebung vorbehalten bleibt.

Den 30. Junius 1794 zum Hofrath bei der ungar. Hofkanzlei befördert, erwarb er sich schnell die Liebe seiner Amtsgenossen durch sein sanftes Benehmen; die Achtung seiner Vorgesetzten hingegen durch seine gehaltvollen Vorträge. Durch diese erprobte er seine tiefen Kenntnisse in der vaterländischen Geschichte und Gesetzgebung und seine genaue Kunde des Landes in so kurzer Zeit, daß man im vollen Vertrauen auf so rühmliche Eigenschaften ihn mit dem Auftrage beehrte, zur Regulirung der Freisassen in Croatien (Banderien) einen erschöpfenden Bericht zu verfassen. Er bereiste daher als königl. Kommissär die drei Komitate und erhob an Ort und Stelle die ihm noch nöthigen Auskünfte und Belege. Die Vollendung einer so umfassenden Aufgabe schien jedoch mehrere Jahre zu erfordern; allein er kürzte diese Zeit, freilich mit Anstrengung aller seiner geistigen und physischen Kräfte, auf wenige Monate ab, so daß er bereits beim Anfange des Landtages im J. 1802 seinen Bericht lieferte, der wegen seiner Gediegenheit den ungetheilten Beifall der ersten Staatsbeamten erhielt.

Seine Ernennung zum Armeekommissär im J. 1805 und seine Berufung ins Hoflager nach Hollitsch entschieden über seine fernere Laufbahn; durch mehrere mündliche Vorträge und Rathschläge dem Monarchen nun genauer bekannt, wurde er den 27. Junius 1806 im Staatsrathe angestellt und bereits den 6. Januar 1807 zum wirklichen Staats- und Konferenzrathe ernannt. In dieser Eigenschaft begleitete er seitdem den Landesfürsten auf mehreren seiner größern Reisen, als auf die Landtage von 1807 und 1811; während der Feldzüge in den Jahren 1809, 1813 und 1814; auf der Reise nach Siebenbürgen im J. 1817 und in das Uebungslager bei Pesth im J. 1820. — Wie vielfältig und wohlthätig er auf diesem einflußreichen Posten gewirkt, beweisen viele Staatsschriften, die ihrer hohen Bestimmung gemäß mit Sorgfalt im Staatsarchive aufbewahrt werden. Und wenn einst der Geschichtschreiber des erhabenen Monarchen den denkwürdigen Zeitraum der öſtreichschen Bürgertreue würdevoll darstellen wird, wird auch dieser treue Diener nicht vergessen werden, dessen ganzes Leben dem Vaterlande gewidmet war. — Ein rastloser Eifer für das Beste des Staats und die stets gleiche Anhänglichkeit an die Person des Monarchen blieben bei dessen Gerechtigkeit auch nicht unbelohnt. Den 6. August 1808 sah der Verewigte seine Brust mit dem Ritterkreuze des königl. ungar. St. Stephanordens, zu Paris aber im J. 1814 mit dem Kommandeurkreuze eben dieses Ordens, später auch mit dem silbernen Civilehrenkreuze geschmückt und den 22. Nov. 1822 wurde er in den Freiherrnstand erhoben. Zum Administrator des Kreutzer-Komitates ernannt, erhielt er, bevor er noch diese Stelle angetreten, den 13. Febr. 1809 die Obergespanswürde des *Bekeser Komitats*; allein auf seine Bitte verlieh ihm der gütige Monarch dieselbe Würde in der Kreutzer-Gespanschaft (d. 19. März 1825) und gab ihm seinen Sohn Ludwig als Administrator bei. Drei und fünfzig Jahre dem Vaterlande und unter diesen ein und zwanzig im Staatsrathe mit unermüdetem Fleiße dienend, hatte die Gnade des Monarchen dem ehrwürdigen Greise bereits einen höhern Wirkungskreis zugedacht, als er, von einem Rothlauf am Kopfe befallen, schon am 7. Tage der Heftigkeit des Fiebers erlag. Sanft wie im Leben blieb er sich auch in der ernsten Abschiedsstunde gleich u. voll Ergebung in den Willen der Allmacht sank sein müdes Haupt zur ewigen Ruhe.

* 208. Friedrich Wilhelm Ludwig Hirt,

Doctor der Medizin und prakt. Arzt in Zittau;
geb. d. 30. Jul. 1761, gest. d. 15. Jun. 1827.

Er war ein Sohn des zu Wittenberg verstorbenen u. als Orientalist bekannten Superintendenten Dr. Joh. Friedr. H. und zu Jena geboren. Nach dessen Wunsche sollte der Sohn in gleichem Fache sich auszeichnen; daher:

er ihn mit Strenge zum Studium der morgenländischen Sprachen antrieb. Doch eben dies verleidete ihm das theologische Studium. Dagegen wendete er sich mit Vorliebe zur Medizin und zwar mit dem glücklichsten Erfolge. Er ward ein guter Schüler von Loder, Starke und Batsch zu Jena, welche Männer er lebenslang dankbar ehrte. Seine weitere Ausbildung empfing er zu Berlin, wo er sich unter Riebkes Anleitung zum Geburtshelfer vorbereitete. Die Universität Wittenberg ertheilte ihm im J. 1782 die philosophische und Jena 1784 die medizinische Doctorwürde. Eben wollte er nach Rußland sich wenden, als eine Empfehlung des Berliner Leibarztes Möhsen nach Zittau, wo der Magistrat die Stelle eines Stadtakkoucheurs begründete, seinem Schicksal eine andere Wendung gab und der hoffnungsvolle Jüngling dem Vaterlande erhalten wurde. 1784 zog er nach Zittau, wo er freilich erst mit vielen Vorurtheilen zu kämpfen hatte. Aber sein Werth blieb nicht lange unerkannt und auch sein geschicktes und gefälliges Benehmen am Gebär- und Krankenbette erwarb ihm das größte Vertrauen der weiblichen Welt. Diesem eben so schweren, als nützlichen Berufe lebte er mit unermüdeter Thätigkeit und wurde weit und breit gesucht. Aber die vielen Reisen, die sich oft in schlimmster Witterung und selbst zur Nachtzeit nöthig machten, brachen endlich seine Gesundheit. Als ihm sein zweiter Sohn Fr. Adolph H. adjungirt war, gewann er zwar Zeit Bäder zu besuchen, jedoch ohne Erfolg. Zu Salzbrunn traf ihn ein apoplektischer Anfall, welcher zu Hause am 29. Dec. 1825 wiederkehrte, worauf die zweckmäßigsten Mittel nebst der liebevollsten Pflege seiner Tochter ihm nicht mehr Hülfe, sondern nur Erleichterung verschaffen konnten. Ein wiederholter Schlag raubte ihm das Leben. Die allgemeine Hochachtung und Dankbarkeit der Stadt gegen ihn sprach sich durch die zahlreichste Begleitung bei seiner Beerdigung aus. — Ganz ausgezeichnete Verdienste erwarb sich der Verewigte um die Einführung der Schutzblatternimpfung in der Gegend von Zittau seit 1801. Selbst die Regierung ehrte seine Verdienste desfalls durch die große Civilverdienstmedaille, mit der Inschrift Bene merentibus. Zur Empfehlung der Impfung ließ er selbst eine Medaille prägen, welche er an die Impflinge zu vertheilen pflegte. Sie hat die Größe eines Viergroschenstücks und stellt auf der einen Seite ein geimpftes Kind dar, mit der Umschrift: DIESS ERHAELT MIR LEBEN, GESUNDHEIT UND WOHLGESTALT. Die

Rückseite hat folgende Umschrift: ZUM ANDENKEN AN DIE SCHUTZBLATTERN. VON DR. HIRT IN ZITTAU.

Er war zweimal verheirathet und hinterließ aus erster Ehe eine Tochter und 3 Söhne, deren mittelster, Dr. Heinrich Adolph H., sein Amtsnachfolger ist. — Schriften von ihm: D. inaug. observat. aliquas obstetricias rariores sistens. 1784. — Gesch. e. Zurückbeugung der Gebärmutter; in Stark's Archiv f. d. Geburtshülfe. B. 1, St. 1, S. 48 — 56. (1787). Ueb. e. vermeinte Lungensucht von Skirrhis in der Gebärmutter; ebd. B. 4, St. 2. — Zittausche erneuerte und vermehrte Hebammenordnung; ebd. Bd. 4, St. 1. (1793).

* 209. Theodor Konrad Hartleben,

großherzogl. badischer geheimer Regierungsrath zu Mannheim; geb. d. 24. Jun. 1770, gest. d. 15. Juni 1827.

Er ward zu Mainz geboren, war seit 1793 fürstl. Speyerscher Hofrath und Amtmann der Stadt Deidesheim im Hochstift Speyer, ward dann (1795) Lehrer des Staatsrechts deutscher Reichslande, der Reichspraxis und der juristischen an der Universität Salzburg und 1803 kurpfalz-baierscher Landesdirektionsrath und ordentl. Prof. des Staatsrechts und der Polizeiwissenschaft zu Würzburg. Nach der Abtretung Würzburgs an den bisherigen Kurfürsten von Salzburg ging H. als Landesregierungsrath in sächs.-koburgsche Dienste nach Koburg und machte sich in den J. 1806 und ferner während der französ. Verwaltung um Stadt und Land sehr verdient. Seit dem Aug. 1807 war er daselbst Direktor der herzogl. Landesregierung als Revisionsgerichts, ward aber im Sommer 1808 der sächs.-koburg. Dienste entlassen, worauf er Koburg verließ und noch in demselben Jahre als ordentlicher Prof. der praktischen Rechtswissenschaft an der Universität zu Freiburg in Baden, wie auch als Regierungsrath bei der dortigen Regierung angestellt wurde. Er kam darauf als Regierungs- und Kreisrath nach Durlach, 1818 als ordentlicher Bevollmächtigter der Centralkommission für Schifffahrtsangelegenheiten nach Mainz und 1819 als geheimer Regierungsrath mit dem Rang als geh. Legationsrath nach Karlsruhe. In allen diesen Posten arbeitete er mit unermüdeter Thätigkeit bis er vor einigen Jahren in den Ruhestand trat. So wie er überall den Ruf eines umsichtigen und thätigen Beamten hinterlassen hat, so hat er sich auch im Felde der Literatur durch seine „allgemeine deutsche Justiz- und Polizeifama" vielfache Verdienste erworben. — Seine Schriften: Abhdlg. üb. d. Ursachen des Fortgangs u. Verfalls d. Wiss. unt. d. Griechen u. Römern. 1785. — Erste Linien e. Gesch. d. Weltweisheit. 1786. — Positiones ex universo jure selectae. 1790. — Auszug aus der Verfassung u. d. Statuten des koresp. literar. Zirkels zu Mainz. 1790. — Erläut. d. Rechtsmaterie v. Requisitionen nebst Vorschlägen. 1791. — Briefe üb. d. böhm. Königskrönung. 1792. — Untersuchung d. Rechte u. Pflichten e. Churfürsten in Mainz während d. Interregnums. 1792. — Flüchtige Betr. üb. d. franz. Revolut. u. d. durch dieselbe veranlaßte neueste kaiserl. Hofdekret. 1792. — Ueb. d. Sicherheitsmittel d. Kammergerichts in Kriegszeiten. 1793. — Von Einquartierung überhaupt, insbes. v. d. Einquartierungsfreih. reichsständ. Residenzen. 1793. — Ist d. Verf. der unt. J. H. G. v. Selperts Namen erschienen: Kurzen hist.-publicist. Bemerk. üb. d. Verbot d. Kommerzes in deutschen Reichskriegen. 1793. — Orat. inaug. de orig. incrementis et fontib. juris publ. territor. Imper. Rom.-Germanici communis. 1796. — Ueb. d. Wahl deutscher Reichsdeputirten zu Friedensverhandlungen. 1797. — Methodologie d. deutsch. Staatsrechts. 1800. — Einige Berichtigung. über d. sogenannte Inquisition des J. Th. Zauner a. Salzburg, in d. Allgem. liter. Anz. 1800. Nr. 203, S. 2013 — 15. — Deutsche Justiz und Polizeifama 1802 u. ff. Seit 1808 fortgesetzt unter d. Titel: Allgem. Polizeiblätter. — Die deutsche Staatsverfassung nach vollbrachtem Entschädigungssysteme. 1803. — Ueber d. Recht d. Pabstes, die deutschen Synodalrichter d. 3. Instanz für jede geistliche Streitsache zu bevollmächtigen. 1805. — Gab mit (Just.) Gruner heraus: Allgem. Archiv für Sicherheits- und Armenpflege. 1r — 3r H. 1805 — 6. — Einige Ideen üb. d. Methode d. jurist. Disputationen, vorzüglich auf kathol. hohen Schulen, in d. Allgem. liter. Anzeiger 1801, Nr. 19, S. 169 — 172. — Statist. Gemählde d. Residenzstadt Karlsruhe und ihrer Umgebungen. 1815. — Rezensionen in d. oberdeutschen Literaturzeitung, in der Erlang. Literaturzeitung, in d. Mainz. gel. Anzeigen 2c. — Anonym. Aufsätze in d. Waffenträger der Gesetze.

wo der Verewigte bald als ausgezezeichneter Redner, bald als umsichtiger Seelsorger, bald im Kreise der höhern Thätigkeit wirkte, verdient D. das Interesse eines größern Publikums; noch mehr aber durch seinen Kampf des Lichts gegen die Nachteulen der Kirche in seinen philologischen Arbeiten und besonders durch das auf die ungebildete Volksmenge den wohlthätigsten Einfluß äußernde Brevier.

Er ward zu Fahr, einem Dorfe am Main im Würzburgschen, unweit dem Landstädtchen Volkach, geboren, vollendete seine Gymnasial- und philosophischen Studien zu Würzburg; die theologischen aber zu Heidelberg, nachdem er vorher dem dasigen sogenannten Reuererkloster einverleibt und als Ordensmann Profeß gethan hatte. Am 11. März 1780 ward er in Mainz zum Priester ordinirt, lehrte hierauf Philosophie und Theologie zu Heidelberg, dann an der neu errichteten Universität Bonn 1783 die orientalischen Sprachen und Exegese. Am 20. Nov. 1786 wurde er dort zum Dr. der Theologie promovirt. 1791 ward er als Prof. an die Universität Straßburg berufen, womit die Stelle eines Regens im Seminar verbunden war. 1793, als die französische Revolution wüthete, wurde er als sogenannter fanatischer Priester, der dem Priesterthume nicht abschwören wollte, zur *Deportation*, nachher aber zur *Guillotine bestimmt und eingekerkert*. Zehn Monate schmachtete er im Kerker, unter steter Lebensgefahr. Als das Unthier Robespierre und mit ihm die jakobinischen Greuelmänner gestürzt waren, unterlag er, befreit vom Gefängnisse, mehrere Monate einer tödtlichen Krankheit. Im Jan. 1796 betrat er den deutschen Boden wieder, lebte zu Mannheim in stiller Zurückgezogenheit, bis er 1797 zu Heidelberg wieder als Prof. der oriental. Sprachen auftrat. Seit 1799 las er dort auch über Homiletik, Katechetik und Pastoral. Sein Ruhm wuchs jetzt von Tag zu Tag. 1801 erhielt er vom Fürstbischofe von Gurk den Ruf als Professor nach Klagenfurt; den 11. Januar 1803 einen Ruf nach Königsberg in Preußen; den 25. Febr. dess. J. nach Gießen. Der damalige Markgraf v. Baden versagte ihm jedoch die Entlassung und erhöhte seine Besoldung. Von 2 andern Einladungen machte er keinen Gebrauch. Das J. 1805 schmückte ihn mit dem Charakter eines geistl. Rathes. 1806 ward ihm an Klüpfels Stelle die Professur der Dogmatik in Freiburg zugetheilt, wo er auch seit Ostern 1807 die oriental. Sprachen und Exegese lehrte. Im J. 1810 übernahm er die kathol. Stadtpfarrei zu Karlsruhe und mehr als eine neue löbliche Einrichtung im Kirchen- und Schulwesen in der erst kürzlich organisirten Pfarrgemeinde war hier des rastlosen Mannes Werk. Ein Antrag auf 2 verschiedene Schulzimmer für Kinder der Honoratioren und der Soldaten und Tagelöhner verwarf er als eine empörende und die Menschenwürde verletzende Ansicht. Oefterer Schulbesuch des ausgezeichneten Pfarrers, die persönliche Leitung des Gesangunterrichts, eigene literarische Arbeiten im Felde der niedern Pädagogik und viele von ihm selbst vorgetragene Katechisationen erhöhten seine Verdienste um die Karlsruher Stadtgemeinde. Eine eben so löbliche Freimüthigkeit in Bekämpfung der Intoleranz zeigte der Edle durch seine kräftige Verordnung bei der Landesregierung in Bezug auf die kirchl. Verhältnisse der katholischen Filialorte Durlach, Gottesau und Mühlburg. D. verwaltete diese Stelle mit allgemeiner Zufriedenheit bis den 1. Juli 1811. An diesem Tage hielt er unter dem Traueramte für den verewigten Großherzog Carl Friedrich eine kurze und ehrenhafte Rede, die von den Hofleuten so arg mißverstanden wurde, daß er bald darauf von Karlsruhe vertrieben, vorher aber auf höhern Befehl ein Verhör mit ihm angestellt wurde, und meisterhaft und lesenswerth sind die Antworten auf die an ihn gestellten 13 Fragen. Auf das Anstößige, was man an seiner Rede gefunden, erwiedert er nach einer klaren, ruhigen und freimüthigen Widerlegung aller gegen ihn vorgebrachten Anschuldigungen die merkwürdigen Worte: „Pharisäer, Sadducäer und Herodianer fanden selbst in den Reden Jesu anstößige Stellen; auf solche Leute nimmt der rechtschaffene Lehrer so wenig Rücksicht, als Jesus Christus Rücksicht darauf nahm.“ — Eine Stelle als Lehrer der alten Sprachen in Konstanz nahm er nicht an, sondern machte eine Reise in die Schweiz und übernahm den 11. Oct. 1811 eine Professur der Theologie und die Regentenstelle des Klerikalseminars zu Luzern. Hier zog sich aber nach und nach ein groses Gewitter über seinem Haupte zusammen, das sich jedoch 1813 wieder zu entfernen schien und er blieb; auch schlug er den Ruf an mehrere berühmte Lehranstalten aus, an die er von zwei Fürstbischöfen verlangt ward. D. versah in Luzern als Regens des klerikalischen Seminariums und als Professor der Theologie am Lyceum sein Amt mit solchem Eifer und Beifall, daß ihm die Regierung des Kantons ein feierliches Belobungsdecret darüber ausstellte und ihn zum Mitglied der Studiendirektion ernannte. Als ein Fremder, welcher mit einer größern Besoldung angestellt worden war, konnte er aber dem Neide und der Verfolgung einheimischer Priester, die mit geringerer Besoldung am Lyceum lehrten, um so weniger entgehen, als der Nationalstolz dabei ins Spiel kam und die schweizerische Geistlichkeit sichs zur Schande rechnete, daß ein Ausländer ihren jungen Klerus bilden sollte. Ein Seminarium, worin Zöglinge aus 10 Kantonen Grundsätze einsogen und eine Bildung erhielten, die man für zu frei und gefährlich ansah, mußte auch der päbstlichen Nuntiatur zu Luzern mit Recht ein Dorn im Auge seyn. Seitdem ihr bekannt geworden war, daß D. unter dem Namen Thaddäus einst an der Universität Bonn gelehrt, das deutsche Brevier verfaßt und zur Zeit des Emser Kongresses für deutsche Kirchenfreiheit geschrieben hatte, gaben der Auditor und Sekretär des Nuntius sich alle Mühe, von seinem wichtigen Posten ihn zu verdrängen. Da Einer der Alumnen, welcher zu Wolfsau bei emigrirten französischen Priestern Theologie studirt hatte, ihr die Nachricht gab, daß D. ihnen verbiete, in ihren Probepredigten die Protestanten Ketzer zu schelten und daß er bei einer homiletischen Erklärung des Evangeliums Matth. XIII, 24—30 unter dem Unkraute nicht die Lutheraner und Kalviner, sondern die lasterhaften Menschen aller Konfessionen verstehe, ließ sie den bischöflichen Generalkommissär zu sich bitten und verlangte auf das dringendste, daß D., welcher den Indifferentismus seinen Zöglingen predige, von dem Bischofe seines Amts entsetzt werde, wobei der italienische Auditor versicherte, D. habe den bischöflichen Kommissär hominem ignorantissimum genannt. Der bischöfl. Generalkommissär eilte aus der Nuntiatur in das Seminarium und vernahm einzeln die sämmtlichen Alumnen, welche einmüthig versicherten, ihr Regens habe sie zwar in der Erklärung des erwähnten Evangeliums vor der Verdammungssucht gewarnt und christliche Verträglichkeit ihnen eingeschärft, aber kein Wort von Indifferentismus gesprochen. Jetzt wollte man in D's exegetischen Vorlesungen am Lyceum Ketzereien gehört haben. Was man aber als verdächtig aufzeichnete und der Nuntiatur in einer Klagschrift überbrachte, war bloßes Mißverständniß. Das bischöfl. Generalvikariat von Konstanz, an welches die Klagschrift von der Kantonsregierung überwiesen ward, hat nach erhaltenen Zeugnissen der fähigern Zuhörer und nach Einsicht der eigenen Hefte D's seine Rechtgläubigkeit und die Zweckmäßigkeit seiner exegetischen Vorlesungen anerkannt und der Regierung überlassen, die unbefugten Kläger zu stra-

richtung im Kirchen- und Schulwesen in der erst kürzlich organisirten Pfarrgemeinde war hier des rastlosen Mannes Werk. Ein Antrag auf 2 verschiedene Schulzimmer für Kinder der Honoratioren und der Soldaten und Tagelöhner verwarf er als eine empörende und die Menschenwürde verletzende Ansicht. Oefterer Schulbesuch des ausgezeichneten Pfarrers, die persönliche Leitung des Gesangunterrichts, eigene literarische Arbeiten im Felde der niedern Pädagogik und viele von ihm selbst vorgetragene Katechisationen erhöhten seine Verdienste um die Karlsruher Stadtgemeinde. Eine eben so löbliche Freimüthigkeit in Bekämpfung der Intoleranz zeigte der Edle durch seine kräftige Verordnung bei der Landesregierung in Bezug auf die kirchl. Verhältnisse der katholischen Filialorte Durlach, Gottesau und Mühlburg. D. verwaltete diese Stelle mit allgemeiner Zufriedenheit bis den 1. Juli 1811. An diesem Tage hielt er unter dem Traueramte für den verewigten Großherzog Carl Friedrich eine kurze und ehrenhafte Rede, die von den Hofleuten so arg mißverstanden wurde, daß er bald darauf von Karlsruhe vertrieben, vorher aber auf höhern Befehl ein Verhör mit ihm angestellt wurde, und meisterhaft und lesenswerth sind die Antworten auf die an ihn gestellten 13 Fragen. Auf das Anstößige, was man an seiner Rede gefunden, erwiedert er nach einer klaren, ruhigen und freimüthigen Widerlegung aller gegen ihn vorgebrachten Anschuldigungen die merkwürdigen Worte: „Pharisäer, Sadducäer und Herodianer fanden selbst in den Reden Jesu anstößige Stellen; auf solche Leute nimmt der rechtschaffene Lehrer so wenig Rücksicht, als Jesus Christus Rücksicht darauf nahm.“ — Eine Stelle als Lehrer der alten Sprachen in Konstanz nahm er nicht an, sondern machte eine Reise in die Schweiz und übernahm den 11. Oct. 1811 eine Professur der Theologie und die Regentenstelle des Klerikalseminars zu Luzern. Hier zog sich aber nach und nach ein großes Gewitter über seinem Haupte zusammen, das sich jedoch 1813 wieder zu entfernen schien und er blieb; auch schlug er den Ruf an mehrere berühmte Lehranstalten aus, an die er von zwei Fürstbischöfen verlangt ward. D. versah in Luzern als Regens des klerikalischen Seminariums und als Professor der Theologie am Lyceum sein Amt mit solchem Eifer und Beifall, daß ihm die Regierung des Kantons ein feierliches Belobungsdecret darüber ausstellte und ihn zum Mitglied der Studiendirektion ernannte. Als ein Fremder, welcher mit einer größern Besoldung angestellt worden war, konnte er aber dem Neide und der Verfolgung einheimischer Priester, die mit geringerer Besoldung am Lyceum lehrten, um so weniger entgehen, als der Nationalstolz dabei ins Spiel kam und die schweizerische Geistlichkeit sichs zur Schande rechnete, daß ein Ausländer ihren jungen Klerus bilden sollte. Ein Seminarium, worin Zöglinge aus 10 Kantonen Grundsätze einsogen und eine Bildung erhielten, die man für zu frei und gefährlich ansah, mußte auch der päbstlichen Nuntiatur zu Luzern mit Recht ein Dorn im Auge seyn. Seitdem ihr bekannt geworden war, daß D. unter dem Namen Thaddäus einst an der Universität Bonn gelehrt, das deutsche Brevier verfaßt und zur Zeit des Emser Kongresses für deutsche Kirchenfreiheit geschrieben hatte, gaben der Auditor und Sekretär des Nuntius sich alle Mühe, von seinem wichtigen Posten ihn zu verdrängen. Da Einer der Alumnen, welcher zu Wolfsau bei emigrirten französischen Priestern Theologie studirt hatte, ihr die Nachricht gab, daß D. ihnen verbiete, in ihren Probepredigten die Protestanten Ketzer zu schelten und daß er bei einer homiletischen Erklärung des Evangeliums Matth. XIII, 24—30 unter dem Unkraute nicht die Lutheraner und Kalviner, sondern die lasterhaften Menschen aller Konfessionen verstehe, ließ sie den bischöflichen Generalkommissär zu sich bitten und verlangte auf das dringendste, daß D., welcher den Indifferentismus seinen Zöglingen predige, von dem Bischofe seines Amts entsetzt werde, wobei der italienische Auditor versicherte, D. habe den bischöflichen Kommissär hominem ignorantissimum genannt. Der bischöfl. Generalkommissär eilte aus der Nuntiatur in das Seminarium und vernahm einzeln die sämmtlichen Alumnen, welche einmüthig versicherten, ihr Regens habe sie zwar in der Erklärung des erwähnten Evangeliums vor der Verdammungssucht gewarnt und christliche Verträglichkeit ihnen eingeschärft, aber kein Wort von Indifferentismus gesprochen. Jetzt wollte man in D's exegetischen Vorlesungen am Lyceum Ketzereien gehört haben. Was man aber als verdächtig aufzeichnete und der Nuntiatur in einer Klagschrift überbrachte, war bloßes Mißverständniß. Das bischöfl. Generalvikariat von Konstanz, an welches die Klagschrift von der Kantonsregierung überwiesen ward, hat nach erhaltenen Zeugnissen der fähigern Zuhörer und nach Einsicht der eigenen Hefte D's seine Rechtgläubigkeit und die Zweckmäßigkeit seiner exegetischen Vorlesungen anerkannt und der Regierung überlassen, die unbefugten Kläger zu strasen. Weil aber dessen Gegner fortfuhren, seine Lehren zu verschreien und auf ein päbstliches Breve, welches vor mehr als 20 Jahren wider die Universität Bonn ergangen seyn sollte, sich beriefen, ja das Studium der orientalischen Sprachen selbst, welche D. zu lehren hatte, für gefährlich erklärten, wandte sich die Kantonsregierung unmittelbar an den Erzbischof und Fürsten Primas und bat zugleich um Entscheidung der Frage, ob die Erlernung des Griechischen u. Hebräischen den katholischen Studiosis Theologiae zu rathen sey? Der Erzbischof ließ von gelehrten Männern die Aktenstücke von Neuem untersuchen, erklärte ebenfalls den Regens und Professor D. für schuldlos und bemerkte, daß jenes päbstliche Breve durch falsche Gerüchte veranlaßt worden sey und der verstorbene Erzbischof und Kurfürst von Köln, nach unpartheiischer Untersuchung die darin beschuldigten Professoren unschuldig gefunden habe. Die Regierung ließ den Klägern vor versammeltem Lyceum das Urtheil publiciren, wodurch die gegen ihn eingenommenen Studenten so erboßt wurden, daß sie in der folgenden Nacht auf die Fenster des Zimmers, worin D. schlief, Steine schleuderten und mit Feuergewehren schossen. Die Alumnen gratulirten ihrem Regens durch ein schönes gedrucktes Gedicht unter dem Titel: Empfindungen bei dem Siege der Wissenschaft und Tugend, ihrem geliebten Lehrer und Regens Thadd. Ant. Dereser, Dr. der Philosophie und Theologie, geistl. Rath und Professor, mit ungeheuchelter Ehrfurcht geweiht von einer Alumnen-Gesellschaft im bischöfl. Seminarium zu Luzern. 1813. Der Fürst Primas sandte im nämlichen Jahre ihm einen Ruf an seine Landesuniversität und der gelehrte Erzbischof von Besançon, Graf Lecoz, lud ihn für sein Seminarium zu sich ein. D. behauptete, obgleich unter Verleumdungen jeder Art und bei steter Lebensgefahr seinen Posten, geschützt von der Kantonsregierung und geliebt von dem bessern Theile seiner Alumnen. Allein beim Einrücken fremder Truppen in die Schweiz brach im Febr. 1814 zu Luzern eine Revolution aus, welche eine Veränderung in der Kantonsregierung zur Folge hatte und bei welcher D. in Gefahr kam, sein Leben zu verlieren. Die neue Patrizierregierung erließ an ihn folgenden Beschluß: Luzern den 1. März 1814. Der Staatsrath der Stadt und Republik Luzern an Hrn. Thaddäus Dereser. „Hochwürdiger Herr! Der löbliche kleine Rath hat Sie am 26. jüngstverflossenen Monats, von der, in Folge Ihrer Anstellung vom 11. Weinmonat 1811, bisher bekleideten Stelle eines Regens am hiesigen Priesterhaus und eines Professors der biblischen Sprachen am hiesigen Lyceum abberufen. Der Staatsrath, mit der Ausführungdieser hohen Regierungsschlußnahme beauftragt, stehet nicht an, Ihnen hiervon, zu Ihrem eigenenVerhalt, unverweilt Mittheilung zu thun. Der Amtschultheiß Präsident Vincenz Rüttimann, Namens des Staatsraths; für den Staatsschreiber der Staatsunterschreiber Joseph Hartmann."

D. verlangte von dem Patrizier-Altschultheis Keller, den Urheber dieses Beschlusses, den Beweggrund seiner Entlassung. „Eine souveräne Regierung läßt sich mit Fremden und Partikularen in keine Diskussion ein," war die Antwort. An die Ungerechtigkeiten der Menschen gewöhnt, behielt D. die Entschädigung für die ihm genommenen Stellen sich vor, verließ die Schweiz und begab sich nach Heidelberg, wo er während des Kriegssturms privatisirte und theils in der Stadt, theils auf dem Lande durch Predigten und andere geistliche Verrichtungen seinen Glaubensgenossen nützlich war. Bereits im April 1814 hatte das königl. preußische Ministerium ihn nach Breslau zum Domherrn und Professor der Theologie berufen. Allein der königliche Ruf, welcher nach Luzern addressirt und am officiellen Siegel leicht erkennbar war, wurde ihm nicht nachgesandt: Die päbstliche Nuntiatur von Luzern hat vielmehr den Fürstbischof von Breslau vor D. gewarnt. Das preußische Ministerium erfuhr anders woher den Aufenthalt D's, wiederholte nach 9 Monaten denselben Ruf und seit dem Dec. 1815 lehrte D. als Domherr u. königl. Professor in Breslau Bibelexegese und Dogmatik.

Auch in Breslau lebte der Verewigte nicht ohne Kampf; dort lebte er vielfältig gekränkt und sein Wunsch, nach Bonn oder nach Baiern versetzt zu werden, ging nicht in Erfüllung. In mehrern Briefen äußerte er Sehnsucht nach seinem geliebten Vaterlande. Im Herbst 1826 kam er nach Würzburg, als ahnete er, daß er diese ihm theure Stadt vor seinem Tode noch einmal sehen sollte; er traf verschiedene Anstalten zur Sicherung seines Vermögens und reiste erheitert und gestärkt nach Breslau zurück, fing im Dec. 1826 an zu kränkeln und starb, geprüft und geläutert nach langem Leiden — ohne seinen Wunsch gewährt zu sehen, seine letzten Lebenstage in seinem Vaterlande, dem schönen und gesegneten Frankonien, wo er eine seinen Geisteskräften angemessene Stelle an dem neuorganisirten erzbischöfl. Domkapitel in Freyburg zu erhalten hoffte, zuzubringen. Er sollte in Norddeutschland an den Ufern der

Oder seine Grabstätte finden! — An D. hat die gelehrte Welt Viel verloren. Seine gründliche Gelehrsamkeit hat er durch mehrere Schriften über das A. T. und eine hebr. Grammatik bewährt; auch für die Verbesserung katholischer Schulen hat er thätig gearbeitet. — Nachrichten über sein Leben und seine Verfolgungen findet man in den Annalen der deutschen Akademie. Stuttgart 1790. I. St. S. 94—144. Im Waffenträger der Gesetze. Weimar 1801. Nr. 2, S. 240—254. In den artistisch-literarischen Blättern von und für Franken. Würzburg 1808; und in der fränkschen Chronik von Andres. — D's wohlgetroffenes Bildniß steht vor dem ersten Bande der n. allgem. Bibliothek. Berlin 1802.

Seine Schriften sind: Necessitas linguarum oriental. ad sacram scripturam intelligendam etc. Köln 1783. — Notiones generales Hermeneuticae sacrae. V. T. 1784. — Scriptursätze, od. üb. d. Untergang v. Sodoma u. d. Verwandlung der Frau Loths in e. Salzsäule. 1784. — De vita Joannis Baptistae. 1785. — Die Sendungsgesch. d. Prophet. Jonas, aus d. Hebr. übers. u. krit. untersucht. 1786. — Entstehungs- u. Einweihungsgesch. d. kurköln. Univers. Bonn. 1786. — Rechte u. Pflichten d. Pabstes. 1787. — Das Lehrgedicht d. Moyses an d. Israel., 5. Mos. 32, metr. übers. u. erklärt. 1788. Eben so d. 68. Psalm. — Die Versuchungsgesch. Jesu erklärt u. v. Widerspr. gerettet. 1789. — Commentatio biblica in effatum Christi: Tu es Petrus etc. Matth. 16, 18, 19. 1789. — Ueb. d. Gotth. Christi. Pred. 1789. — Der jüd. u. christl. Pharisäismus, als Haupthinderniß d. Relig. Jesu dargestellt. Pred. 1791. — Deutsch. Brevier für Stiftsdamen Klosterfrauen u. jed. gut. Christen. 4 Bde. 1792. 6. Aufl. 1809. — Ueb. relig. u. polit. Toleranz. Pred. 1792. — Kann e. vernünft. Mensch, der Gott u. Jesum kennt, s. Mitmenschen um d. Religion willen hassen? 1792. — Ueb. d. Pflichten d. christl. Mildthätigkeit. 1792. 1795. — Von d. Zweck d. äuß. Gottesverehrung. Pred. 1792. — Einladung z. Wiedervereinigung an d. kathol. Bürger v. Straßburg. 1793. — Uebersetzte aus d. Hebräischen u. Griech. u. erklärte vom J. 1800—1810 alle Bücher d. A. T. — Das Büchlein Ruth, ein Gemälde häuslicher Tugenden, f. Landpred. homiletisch bearbeitet. 1806. — Kathol. Gebetbuch. 1808. 3. Aufl. 1811. — Wagners n. Handb. d. Jugend f. kathol. Bürgerschulen umgearb. 1810. — Fibel, od. ABC-Buch z. Gebrauch kathol. Schul. 1810. — Grammatica hebr. 1813.

* 212. Johann Heuser,

königl. preuß. Major von der Artillerie, Mitglied der Artillerie-Prüfungskommission zu Berlin;

geb. d. 31. Mai 1754, gest. d. 19. Juni 1827.

Auf dem Schlosse Eisenbach bei Lauterbach im Großherzogthum Hessen ward H. geboren. Sein Vater, den er sehr früh verlor, war vormals Lieutenant im Hessen-Darmstädtischen Dienste gewesen. Als 5jährige Waise nahm ihn einer seiner Verwandten zu sich. In einer kleinen Stadtschule, in welcher er an dem Unterricht Theil nahm, fand er wenig Gelegenheit seinen Geist hinlänglich auszubilden. Als er daher das 16. Jahr erreicht, ging er ohne sich weiter einen Plan gemacht zu haben und blos angetrieben durch seinen regen Sinn für das Erlernen einiger Wissenschaften — namentlich der Mathematik — nach Berlin. In damaliger Zeit schien ihm (ganz ohne Mittel wie er war) die preußische Artillerie die beste Gelegenheit darzubieten, sich seiner Lieblingswissenschaft der Mathematik widmen zu können. Am 10. März 1770 trat er daher als gemeiner Kanonier in das Artilleriekorps. Sein Geist bahnte sich sehr bald den Weg u. unter wohlwollender Unterstützung seiner Vorgesetzten, welche sein Vorwärtsstreben erkannten, durchlief er alle untern Grade sehr bald und stieg am 15. Febr. 1778 zum Offizier und Feuerwerkslieutenant empor. Seine Stellung in diesem Verhältnisse gab ihm hinlänglich Gelegenheit, seinen bisher auf das Studium der Mathematik verwandten Fleiß Früchte tragen zu lassen. — Die Generallieutenants von Tempelhoff und Meerkatz schätzten den Verstorbenen ganz besonders und nahmen durch Uebertragung u. Zutheilung der schwierigsten Arbeiten dessen Fähigkeiten in Anspruch. Sein Fleiß entsprach aber nicht nur diesen Anforderungen auf das vollständigste, sein Geist übertraf auch solche noch zum öftersten. Im Jahr 1790 ging er zur Mobilmachung nach Preußen und im Jahre 1793 wurde er durch einen besondern Kabinetsbefehl Sr. Maj. des Königs Friedrich Wilhelm II. beauftragt, zur Belagerung von Mainz abzugehen. An dieser nahm der Verstorbene den thätigsten Antheil. Seine nicht unwichtige Stellung als Verweser des überaus kostspieligen und bedeutenden Vorraths von Artilleriematerialien gab ihm so wie die Mitgliedschaft der Separationskommission, die schönste Gelegenheit durch Ordnungsliebe u. Uneigennützigkeit, dem Staate bedeutende Summen zu ersparen, wofür ihm später noch schriftlich von Allerhöchster Hand ein rühmliches Anerkenntniß zu Theil geworden ist. — Nach dem Frieden von 1795 ging H. wieder nach Preußen zurück, wo er sich mit Wilhelmine v. Beegen vermählte. Im J. 1797 avanzirte er zum Staabskapitän und Feuerwerksmeister.

Die J. 1805 und 6 waren Zeitpunkte, wo der verewigte Scharnhorst, die eminenten Talente des Verewigten erkennend, demselben Freund und Verehrer wurde; ja dieser große Geist nahm ihn mit Rath u. That in Anspruch, wo es galt der Artilleriewissenschaft Nutzen zu schaffen. — Im J. 1802 gelangte der Vollendete zum Premierkapitän und Kompagniechef. In dem Feldzuge 1806 kommandirte er eine Batterie, mit welcher er der Schlacht bei Auerstädt beiwohnte. Später wurde er in die Kapitulation des Blücherschen Korps mit eingeschlossen u. auf sein Ehrenwort entlassen. — Im J. 1808 wurde die preußische Artillerie neu organisirt u. bei derselben Se. königl. Hoheit der Prinz August von Preußen zum Chef ernannt. Unter dessen Leitung wurde eine Artillerie-Prüfungskommission ernannt und dieser, so wie der Examinationskommission für Premierlieutenants zu Kapitäns wurde H. als Mitglied beigegeben. Sein hoher Chef würdigte ihn des Vertrauens, daß er sich ihn zum Lehrer in der Artilleriewissenschaft erwählte. Seine Leistungen in beiden Funktionen waren ausgezeichnet gut. Im J. 1813 wurde er zum Major ernannt und 1815 änderte sich sein Wirkungskreis dadurch, daß er von dem Prinzen die Aufforderung erhielt, an den Belagerungen der französischen Nordfestungen Theil zu nehmen. — Wenn gleich schon hoch bejahrt so leistete er doch sofort dem Befehle Folge und entsprach durch Thätigkeit und Sachkenntniß dem Vertrauen desselben. Nach Beendigung dieses Feldzugs nahm H. seine frühere Stellung ein. Für seine Wissenschaften, langjährigen Erfahrungen und regen Eifer gab es von nun an ein weites Feld, denn die preuß. Artillerie erhielt nicht nur eine neue Organisation, sondern auch eine bedeutende Vermehrung. Es wurde für nöthig gehalten dem technischen und mechanischen Theil dieser Waffe vortheilhaftere und zweckmäßigere Einrichtungen zu geben und bei diesem letztern war es vorzüglich wo höhere mathematische Kalküle ihn Jahre lang angestrengt beschäftigten u. ihm Gelegenheit gaben sich mit wahrer Ueberzeugung und ohne Eigendünkel selbst sagen zu können: nächst dem Prinzen August zur Verbesserung und möglichsten Vervollkommnung der Artillerie, ein Bedeutendes beigetragen zu haben.

Seine Konstruktion der aufs Neue in der preußischen Artillerie eingeführten 7pfündigen Mortiere, deren Vollkommenheit fast nichts zu wünschen übrig läßt, gab Veranlassung, daß mit Bewilligung Sr. Maj. des Königs diese Mortiere den Namen Heusersche erhielt. — Bis zum 19. Juni 1827, wo ein Schlagfluß des Greises Leben im 73. Lebens- und im 57. Dienstjahre endete, widmete er fleißig und mit unerschütterlicher Redlichkeit seine Dienste seinem Monarchen und dem Staate. — Ein Biedermann im vollsten Sinne des Wortes, ein zärtlicher Gatte u. Vater, schied er für die Hinterbliebenen noch zu früh von dieser Erde.

Erfurt. Major v. Lindeman.

* 213. Carl Philipp Conz,

Doctor der Philosophie, ordentlicher Prof. der klassischen Literatur u. der Beredtsamkeit auf der würtembergischen Universität Tübingen, auch ordentl. Mitglied der philosophischen Fakultät daselbst; geb. d. 28. Octbr. 1762, gest. d. 20. Juni 1827.

Die alterthümliche Gestalt des Klosters Lorch (ein ehemalig Hohenstaufensches Familienkloster u. Erbbegräbniß im jetzigen Jaxtkreis des Königreichs Würtemberg), wo Conz geboren wurde, hinterließ in seiner Seele einen unauslöschlichen Eindruck, wie er es selbst vor kaum 12 J. noch in einem kindlich natürlichen Gesang *) aussprach. Schon im zarten Alter verlor er seinen Vater, Joh. Philipp C., Amtsschreiber in Lorch. Seine Mutter, eine geb. Blifers, verheirathete sich wieder an den Nachfolger seines Vaters, den Amtsschreiber Hopf, welchem der Verstorbene bis an sein Ende für die vielen Opfer dankbar war, welche dieser seiner Erziehung und seinen Studien bereitwillig darbrachte. In der lateinischen Schule zu Schorndorf legte er den ersten Grund seiner Bildung. Hierauf betrat er die niederen theologischen Seminarien zu Blaubeuren und Babenhausen und nach 4 Jahren das höhere Seminarium auf der Universität Tübingen, wo er 5 Jahre verweilte. Während dieser Studienlaufbahn hatte er vermöge seiner Talente und Kenntnisse stets den ersten Platz in seiner Abtheilung inne und wurde von allen Gliedern derselben wegen der Biederkeit u. Redlichkeit seines Charakters geliebt u. geschätzt. Nach 5jährigem Aufenthalt daselbst, wo er 1783 die Würde eines Doctors der Philosophie durch eine von ihm selbst verfaßte Dissertation sich erwor-

*) Gedichte von C. Ph. Conz. Tüb. 1818. Band 1. S. 8. Selbstgespräche No. 8.

ben hatte, versah er eine Zeit lang Vikariatsdienste zu Adelberg, Welzheim und Havelstein, bis er 1789 zur Uebernahme der Stelle eines Repetenten in das theologische Seminar zu Tübingen zurückkehrte. In diese Periode seines Lebens fällt auch eine kürzere Reise in die Schweiz und eine länger dauernde durch Deutschland, auf welcher er die angesehensten Städte besuchte und mit vielen ausgezeichneten Männern des deutschen Vaterlandes in eine sehr erfreuliche u. für ihn ehrenvolle Bekanntschaft trat. Nach seiner Heimkehr und als Vikar in Stuttgart versah er auf höchsten Befehl die Geschäfte eines Predigers an der damaligen herzoglichen Carls-Akademie, mit deren meisten Lehrern er einen dauernden Freundschaftsbund schloß. Im J. 1793 wurde er zum Diakonus in Vaihingen und im J. 1798 zu der gleichen Stelle in Ludwigsburg ernannt. Im J. 1804 folgte er dem Rufe zur ordentlichen öffentlichen Professur der klassischen Literatur auf der Universität Tübingen, übernahm 8 Jahre später noch die Obliegenheiten eines Professors der Beredtsamkeit und trat nach einiger Zeit als ordentliches Mitglied in die philosophische Fakultät ein, deren Dekanat er mehrmals zu verwalten hatte. — Im J. 1794 hatte er den Bund ehlicher Liebe u. innigster Freundschaft mit Christ. Dorothee, einer Tochter des verewigten Prälaten Volp zu Kloster Babenhausen, geschlossen. Diese Ehe war mit 5 Kindern gesegnet. Allein, wie sich das Vaterherz über die Geburt eines jeden erfreute, eben so tief wurde es verwundet so oft wieder eines demselben entrissen wurde. Nur 2 Söhne blieben den Eltern. — Seit mehreren J. hatte C. auf Anrathen seines Arztes das Wildbad besucht, von welchem er auf immer munterer am Geist und gestärkter am Körper zurückkehrte. Nur im J. 1826 schien ihn die Heilquelle nicht mit demselben glücklichen Erfolg entlassen zu haben, was seine Freunde unter sich mit Besorgniß bemerkten. Wirklich begannen auch seine Umstände im Anfang des J. 1827 bedenklicher zu werden und auf eine allgemeine Erschlaffung des Gefäßsystems hinzudeuten. Dennoch setzte er seine Arbeiten ununterbrochen fort, bis 10 Wochen vor seinem Tode eine allgemeine Wassersucht den Rest der Lebenskräfte erschöpfte und ein unerwartet schneller und leichter Tod seinen Geist von den Banden des Körpers befreite. Groß war die Theilnahme seiner Freunde und Schüler bei seiner Bestattung u. schöne Gesänge am Grabe und in der Stiftskirche der Stadt erhöheten das Rührende der Feierlichkeit des Begräbnisses. Aber in die Trauer der Seinigen u. seiner Freunde mischte sich das wohlthätige, wehmüthig süße Gefühl, daß nun überstanden sei „die Nachtreise des Wanderers," von welcher C. einst ahnend sang:

„Tragt mich fort ihr matten Füße,
An dem Wanderstabe fort,
Bis ich froh begrüßet grüße
Meiner Heimath süßen Ort,
Wo die Lieben mich umfangen
Und an meinen Küssen hangen." *)

Soviel über die äußern Verhältnisse des Verewigten. — Betrachten wir ihn nun weiter vorerst als Mensch u. in seinen menschlichen Verhältnissen, so erscheint er uns in einem sehr liebenswürdigen Lichte. Sein Gemüth war stets der Freundschaft, Liebe und Geselligkeit offen. Mit denjenigen seiner Zeitgenossen, mit welchen er den Bund der Freundschaft geschlossen hatte oder deren Beschäftigungen und Bestrebungen mit den seinigen zusammentrafen, blieb er stets eng und treu verbunden. Welche ihm voraus den Weg des Todes gewandelt, denen rief er gewöhnlich noch Worte warmer Bruderliebe u. Freundschaft nach. Welche er noch im Leben wußte, mit denen ging er im Geist bis zum eigenen Scheiden vertraulich um. Er liebte sie Alle innig und ungeheuchelt, ein jedes Zeichen ihres Andenkens, geschah es durch Briefe oder Grüße, erfreute ihn herzlich. Ueberhaupt bewegte ihn ein stets lebendiger Trieb nach Mittheilung, weswegen er, solang es nur immer möglich war, die Kreise seiner Bekannten aufsuchte und sich darin erheiterte. In einer Welt, wo es der Mißverständnisse so viele gibt, war sein Herz, fühlte er sich auch von augenblicklicher Empfindlichkeit gereizt, eben so schnell zum Vergessen u. sogar zum Mitscherzen bereit u. geneigt. Wir dürfen annehmen, daß er mit dem Bewußtsein, Niemanden lange gegrollt zu haben, aber auch mit der gegründeten Hoffnung entschlafen sei, keinen Feind unter den Lebenden zurück zu lassen. Er war ein Freund des Rechten und der Wahrheit, sein edles Gemüth verabscheute jeden Trug oder Schlechtigkeit u. Unrecht. Offen u. kindlich, heiter u. gleichmüthig wandelte er seinen Lebensweg. — Die Seinigen verloren an ihm einen treuen, liebevollen Gatten u. zärtlich besorgten Vater. In einer Reihe der rührendsten Klaglieder entlud sich sein Vaterherz der namenlosen Schmerzen, welche ihm einst das frühe

*) Gedichte. Band 1. S. 56. Wanderers Nachtreise.

Verwelken seines 6jährigen Erstgebornen verursachte. Aber mit gleich innigem Gemüthe genoß u. verdankte er der göttlichen Vorsehung die hohe Freude, daß er seinen ältesten Sohn in eine glückliche Verbindung eingetreten sehen und aus ihr noch den ersten Enkel auf seinen großväterlichen Armen wiegen durfte. Manche Stunde seines harten Krankenlagers versüßte er sich nach seinem eigenen Bekenntniß mit der nahen Aussicht, des lieblichen Kindes u. seiner Eltern auf einige Wochen sich erfreuen zu dürfen.

Einen großen Werth legte er auf die Urkunden der christlichen Religion. Er las immer noch Bücher des alten Testaments, zuletzt und bis an sein Ende das Evangelium des Johannes (zum Theil mit seinem Arzt und Freund), und erklärte diese Lektüre am vorletzten Abend seines Lebens für die Quelle seines Trostes. In mehreren seiner Gedichte spricht sich eine heiße Sehnsucht nach Vereinigung mit dem Göttlichen aus, unerschüttert stand in seiner Seele der Glaube an die Unsterblichkeit und die Erhaltung unserer Persönlichkeit in dem jenseitigen Leben. Auf seinem Sterbelager bekannte er noch freudig Jesum, welchen er einst mit Ueberzeugung gepredigt hatte. — Deutschland hat an ihm einen seiner geistreichsten Dichter und Schriftsteller verloren. — In ihm hatten sich seltene Talente vereinigt. Alles, was er auf dem Gebiet der Wissenschaften angriff, faßte und bearbeitete er mit großer Leichtigkeit und Kraft, wobei ihm ein ungemein fähiges und treues Gedächtniß sehr zu statten kam. Er war ein feiner und geschmackvoller Kenner der alten Literatur Roms u. Griechenlands, bewandert in den Sprachen Palästinas, Arabiens u. Persiens, nicht unbekannt mit mehreren Idiomen neuerer Völker. Sein Geist drang in die Schulen älterer und neuerer Philosophie ein; schätzbar sind die Ergebnisse seiner Forschungen, welche er in dieser Hinsicht mittheilte. Ebenso beleuchtete er mehrere Theile aus der Geschichte der Welt, einzelner hervorragender Männer u. der Literatur überhaupt. — Mit vorzüglicher Liebe fühlte er sich zur Dichtkunst hingezogen, deren Grundsätze er nicht nur fester zu stellen suchte, sondern die er auch mit vielen gelungenen Gesängen in jeder ihrer Gattungen wirklich bereicherte. Die Poesie war bei ihm mit der Reflexion verschwistert u. ging größtentheils aus dieser hervor, daher seine philosophischen Studien Hand in Hand mit seinen poetischen Produktionen gingen. „Conz gehört — sagt eine öffentliche Stimme über ihn — als Dichter der philosophischen Klasse vorzüglich an;

Schärfe des Gedankens, Kraft und Tiefe des Gemüths, Feinheit und Zartheit der Empfindungen stechen um so eigenthümlicher hervor, als die Schwerfälligkeit nicht zu verkennen ist, mit welcher er sich in den dichterischen Formen bewegt. Hier und da bemerken wir auch eine Redseligkeit, die den Dichter verführt, dem Ausmahlen einzelner Theile die Abrundung des Ganzen aufzuopfern. Uebrigens gemüthlich, ansprechend und anmuthig ist er in seinen kleinen anakreontischen Gedichten und wir zählen ihn in dieser Gattung den Ersten unserer Dichter bei. Wie hoch die Dichtkunst in seiner Schätzung stand, gibt er selbst in folgenden Zeilen*) zu erkennen:

Wem ich der dichtenden Kunst Erscheinung vergleiche? — Der Leiter,
  Die im Traum vordem sah der prophetische Mann.
Hoch von der Erde zum Himmel empor die göttliche reichen
  Sah er und Engel des Lichts steigen hinauf und herab.

Aber in der That war auch seine Muse eine reine, heilige Tochter des Himmels, welche das Höchste, das Schöne und Sittliche bezweckte, welche selbst in den Ergüssen einer frohen Laune — Zucht, Sitte u. Tugend nimmer beleidigte. — Als Lehrer an der Universität war er unermüdet thätig für seinen Beruf, den er aus Liebe ergriffen hatte. Er hielt Vorlesungen über griechische und römische Prosaiker und Dichter nebst damit verbundenen größeren oder kleineren literarischen Einleitungen, namentlich über platonische Schriften, über mehrere Komödien des Aristophanes, einzelne Tragödien des Aeschylus, Sophokles und Euripides, sodann in Hinsicht auf die römischen Klassiker, über Tacitus, Seneca, Horaz, Persius, Juvenal, Lukrez u. s. w. Zuweilen hielt er auch Vorlesungen über die Grundlagen und einzelne Theile der Aesthetik, über Geschichte der deutschen schönen Literatur u. über Stylthеorie mit praktischen Uebungen.

Die Klassiker Roms und Griechenlands zu erklären, war ihm sein liebstes Geschäft. Er verfuhr dabei sehr zweckmäßig, so daß er zuerst die Sprache verständlich, hernach den Inhalt deutlich, endlich mit der Anlage und Bedeutung des ganzen Werkes und mit dem tieferen Sinne des Schriftstellers bekannt zu machen suchte. Mit sehr glücklichem Erfolg führte er alle diejenigen, welche von ihm lernen wollten, in den Geist der alten Klassiker ein

*) Gedichte. Band 1. S. 290. „Die Dichtkunst.“

und suchte überhaupt, sowohl in seinen öffentlichen Vorlesungen, als durch liebreichen Umgang mit den Studirenden, welchen er sich mit offner Herzlichkeit und vieler Wärme hingab, Begeisterung für alles Gute, Wahre u. Schöne zu erwecken. — Die schriftstellerische Laufbahn betrat er schon in seinem 20. J. mit dem Trauerspiel „Konradin von Schwaben," welches zweimal (zu Tübingen 1782 und zu Anspach im folgenden Jahr) aufgelegt wurde und, wie es damals die Aufmerksamkeit auf ihn zog, ihm selbst wohl als Erstling seiner Dichterkraft stets werth geblieben ist. Seine weitern zahlreichen Schriften der Zeitfolge nach sind folgende: Kriegslieder des Tyrtäus, aus dem Griechischen ins Deutsche übersetzt; mit den (von Reinhard) übersetzten Elegien des Tibull, nebst einigen Elegien des Properz. 1783. — De charactere poetico Joëlis. 1783. — Schilderungen aus Griechenland. 1785. — Beiträge zur Philosophie, Geschmack und Literatur, 1s Heft. 1786. (War nur Herausgeber und Mitverfasser.) — Ueber den Geist und die Geschichte des Ritterwesens älterer Zeit, vorzüglich in Rücksicht auf Deutschland. 1786. — Moses Mendelssohn, der Weise und der Mensch; lyr.-didakt. Gedicht in 4 Gesängen. 1787. — Seneca von der Ruhe des Geistes, der Unerschütterlichkeit des Weisen und der Vorsehung; mit einer eigenen Abhandlung über die Zufriedenheit. 1790. — Andenken Gottfr. Ploucquet's, Prof. d. Logik u. Metaphysik in Tübingen. 1790. — Schicksale d. Seelenwanderungs-Hypothese unter verschiedenen Völkern und in verschiedenen Zeiten. 1791. — Seneca üb. d. glückliche Leben, von der Kürze des Lebens u. v. d. Muse d. Weisen, verdeutscht und mit Anmerk. 1791. — Nikodem Frischlin, der unglückliche würtembergische Gelehrte und Dichter. 1791. — Gedichte. Tübing. 1792. (Später in Zürich 1806, zu Tüb. in 2 Theilen 1818 u. 1819. Die 1792 von Conz herausgegebene Sammlung seiner Gedichte war die erste, nachdem er schon 1784 als glücklicher lyrischer Dichter in dem Musenalmanach seines Freundes u. Landsmannes Stäudlin aufgetreten war und sonst in mehreren Almanachen und Zeitschriften, namentlich aber in Wielands deutschem Merkur, sich als Lyriker vortheilhaft empfohlen hatte. Seneca an Helvia und Martia, übers. und mit einer eigenen Abhandlung üb. Seneca's Leben u. sittlichen Charakter begleitet. 1792. — Analekten od. Blumen, Phantasien und Gemälde aus Griechenland. 1793. — Abhandl. f. d. Gesch. u. d. Eigenthümliche d. spätern stoischen Philosophie, nebst e. Versuch üb. christl. Kantische u. stoische Moral. 1794. — Museum f. d. griech. u. röm. Lit. 1. — 3. St. 1794 — 95. — Timoleons Rückkehr nach Korinth, e. dramat. Gedicht. 1801. — Rhapsodien, moral. u. relig. Inhalts, mit e. Anh. v. Briefen üb. d. Religion als Beitr. z. Würdigung d. Geistes uns. Zeit. 1801. — Morgenländ. Apologen oder Lehrweisheit Jesu in Parabeln u. Sentenzen. Angehängt sind Beiträge zu einer morgenländischen Anthologie. 1803. — Nachrichten von dem Leben und den Schriften Rudolph Weckherlin's. 1803 (Die einzig vollständige Notiz über diesen trefflichen Dichter, den Vorläufer von Opitz.) — Die Stufen des Menschen. Ein Gemälde aus dem Lukrez. 5. B. V. 923 — 1456. 1805. — Benedikts von Spinoza theolog. polit. Abhandl. übers. 1805. — Uebersetzte metrisch des Aristophanes Plutos 1807; die Frösche 1808. — Aeschylos, die Choephoren, metrisch verdeutscht. 1811. (S. att. Museum 3. Bd. 3. H.) — Gab heraus F. Drüks kleinere Schriften. 1811. 3 Bde. — Observationes phil. ad Sophoclis aliquot loca, praesertim ex Ajace illius Lorario. 1813. — D. quaestiones in Homerum atque Hesiodum illustr. atque inter se compar. 1814. — Tragoediae graecae primordia et progressus. 1814. — Uebers. metr. des Aeschylos Tranersp. Agamemnon. 1815; dess. Eumeniden 1816; d. Perser u. die Sieben vor Thebä. 1817. — Biblische Gemälde und Gedichte. 1818. — Laudatio Wielandi, Oratio; accessit sermo de Niceta et Cinnamo. 1818. — Worte der Weihe an Luthers Fest. 1818. — Gedächtnißrede auf den Tod der Königin Katharina von Würtemberg. Angehängt ist ein Gedicht: Den Manen Katharina's. 1819. — Aeschylos: der gefesselte Prometheus. 1819. — Psyche, Stunden der Weihe für das höhere Leben. 1819. — Aeschylos: die Schutzflehenden. 1820. — Kleine prosaische Schriften vermischter Inhalts. 2 Bde. 1821 u. 1823. — Aristophanis Vespae. 1824. — Gedichte. Neue Sammlung. 1824. — Zuletzt erschienen von ihm Cicero's Reden für den S. Roscius Ameria., für die Manilische Bill, für den Dichter Archias und nach Rückkehr an die Quiriten. — Außerdem lieferte er viele größere oder kleinere Aufsätze in Prosa und Gedichte für: Stäudlins schwäbischen Musenalmanach, Armbrusters schwäbisches Museum, Posselts Archiv für ältere und neuere Geschichte, Wielands neuen deutschen Merkur, Paulus Memorabilien, Mauchart's allgemeines Repertorium für empirische Psychologie, Schillers Thalia, Hauffs *) Philologie, Henkes Museum für Religionswissenschaften, Bengels Archiv, Stäudlins Beiträge zur Philo-

*) Dessen Biogr. unterm 18. Nov. d. J.

sophie und Geschichte der Religion, desselben Magazin für Religion, Moral und Kirchengeschichte, die europäischen Annalen, Jason, den rheinischen Almanach, Seybolds Magazin für Frauenzimmer, Benekens Jahrbücher für die Menschheit, Schillers Musenalmanach, die Horen, Karl Reinhards Musenalmanach, die Flora, den schwäbischen, Hamburger, Göttinger, Jakobischen, Tübinger u. a. Musenalmanache, das Morgenblatt, die Zeitung für die elegante Welt und andere Zeitblätter, welche namentlich anzuführen der Raum verbietet. Viele Rezensionen finden sich von ihm in den Tübinger gelehrten Anzeigen, in Bengels Archiv und in andern kritischen Blättern; namentlich verdankt ihm die Hallesche Literaturzeitung als Beurtheiler im Fache der schönen Literatur mehrere Jahrzehnte hindurch bis an sein Lebensende gründliche u. interessante Beiträge. Blumen auf das Grab des Dichters streuten neben Anderen sein Sohn, Eduard, Diakonus in Göppingen, sein alter und treuer Freund Friedrich Haug und August Gebauer. Aus der Elegie des Letztern heben wir zum Schlusse einige Strophen aus, weil sie das Streben und die Verdienste des Verewigten sehr bezeichnend und wahr schildern.

Der Musen Schaar weint mit dem Vaterlande,
Es weint, wer Sinn und Geist für's Schöne hat.
Und wie die Klage hier am Nekarstrande,
So findet sie durch Deutschlands Gauen statt:
Denn weit und breit erschollen deine Lieder,
Es hallt der Rhein, die Ostsee hallt sie wieder.

Ein Andrer singt von Wein- und Liebesfreuden
Und was die Erde Buntes trägt und preist;
Du wolltest dein Geschenk nicht so vergeuden,
Ein höhres Ziel wählt sich der höhre Geist:
So lebt und regt in allen deinen Tönen,
Was wahr und gut ist, sich, der Hauch des Schönen.

Und wer als Künstler Edles nur gestaltet,
Der zeigt als Mensch sich edel auch und rein.
So hast du stets ein liebend Herz entfaltet;
Verachtend Schmeichelei und leeren Schein,
Sprachst du der Wahrheit kühn das Wort, dem Rechten,
Kühn widerstreitend, wo du's trafst, dem Schlechten.

Drum blieb dir bis zum letzten Lebensschlage
Die Poesie, die innere Jugend treu;

Das Leben war dir werth trotz mancher Plage,
Doch kanntest du vor'm Tode keine Scheu.
„Will mir der Herr, sprachst du, ein Jahr noch leihen,
Will ich's der Kunst, für die ich lebte, weihen!“

Er lieh es nicht! — Zu seinem Sängerorden
Rief er dich von der Erde bunten Au'n,
Damit du lauschest höheren Akkorden,
Um einen Mai, der nie verblüht, zu schau'n.
Wohl dir! Unsterblichkeit mit vollen Kränzen
Läßt dich im Himmel, dich auf Erden glänzen.

214. Friedrich Wilhelm Compe,

königl. dän. Statsrath zu Schwarzenbeck im Herzogthum Lauenburg; geb. d. 28. August 1751, gest. d. 21. Juni 1827 *).

Er war zu Hardegsen im Fürstenthum Göttingen geboren, wo sein Vater Licenteinnehmer war. Nach dem frühen Tod seiner Eltern ward er durch die Unterstützung eines Oheims in den Stand gesetzt, zwei Jahre auf dem Gymnasium in Hildesheim und drei und ein halbes Jahr die Rechte in Göttingen zu studiren. Es läßt sich annehmen, daß die Anlagen des jungen C. schon damals Aufmerksamkeit erregten; denn unmittelbar nach Beendigung seiner Studien ward ihm vom königl. Ministerium der Auftrag, die Stadtregistratur zu Hardegsen in Ordnung zu bringen und 1775, im 24. Jahr, sehen wir ihn bei dem Hannöverschen Amt Coldingen angestellt. Der Dienst bemächtigte sich so früh schon des jungen Praktikers, daß er erst im J. 1777 sein Examen nehmen konnte. Er erhielt darin das Prädikat: optime und den Vorzug vor allen mit ihm zugleich Angestellten.

Von hier an ging er nun im vorgezeichneten Gleise, doch unter günstigen Umständen, durch die treffliche Beamtenschule, die Hannover an dem Institut seiner Amtsauditoren besitzt. Er blieb als Auditor bei dem Amte Coldingen bis zum J. 1779 und ward von da mit besondern Aufträgen zu dem damals an Hannover verpfändeten Lippe-Detmoldschen Amte Sternberg versetzt. — Im J. 1780 ward er schon als Supernumerarbeamter cum voto beim Amt Neustadt am Rübenberge angestellt, wo er bis 1786 blieb. In diesem Jahre ward ihm die Administration des

*) Auszüglich aus den zu Schleswig 1828 erschienenen Nachrichten von dem Leben des Statsraths Compe.

Amts Nienover in Solling anvertraut, dem er bis 1788 auf eine ausgezeichnete Weise vorstand. Nach Vollendung dieses Geschäfts erhielt er in letztgedachtem Jahre seine Ernennung als zweiter Beamter bei dem Lauenburgschen Amte Ratzeburg, wo er 3 Jahre lang, außer der nach Hannöverschen Einrichtungen dem zweiten Beamten vorzugsweise zufallenden Justizverwaltung, die Geschäfte des ersten Beamten mit übernehmen mußte. Hier fand er während eines 5jährigen Aufenthalts Gelegenheit, die gründlichste Einsicht in alle administrativen, ja in die persönlichen Interessen des Lauenburgschen Landes zu erwerben. Schon damals bezeichneten häufige ehrenvolle Aufträge in Landesangelegenheiten, außer dem Kreise seines Amtes, das Vertrauen, dessen er von Seiten seiner Regierung genoß und das mit dem seiner Mitbürger gleichen Schritt hielt. — In Ratzeburg verlebte C., in der freundlichen Dienstwohnung am Ufer des Sees, mitten unter gehäuften Arbeiten, die glücklichsten Jahre, nur durch wiederkehrende Kränklichkeit getrübt; denn ob er schon äußerlich von athletischem Körperbau war, so war er doch von schwächlicher Gesundheit und schien durch Neigung und Fähigkeit für die Feder und eine sitzende Lebensart bestimmt, jede heftige, körperliche Anstrengung scheuend; daher er auch in seinen jüngern Jahren an längerer Lebensdauer zweifelte. Von einfacher schlichter Sinnesart, wie er war, zog ihn die Lust der Jugend wenig an; der Aktentisch ward bald sein liebster Sitz und die Gerichtsstube vorzugsweise sein Aufenthalt, eine bequeme Geselligkeit am Abend, nicht auf Kartenspiel, vielmehr auf gemüthlichen Austausch des Erlebten und belehrende Mittheilung gegründet, seine liebste Erholung. Seine durch angestrengte Arbeit vermehrte Kränklichkeit im besten Mannesalter kann es allein erklären, daß er, mit dem häuslichsten Sinn, mit allen Eigenschaften, die den glücklichen Familienvater bilden, ehelos war und bis an sein Ende blieb. — Zum Theil war es wohl auch sein Gesundheitszustand, der ihn bewog, im J. 1792 die ehrenvolle Berufung der königl. Kammer zur Gerichtsschulzenstelle in Göttingen abzulehnen, die durch Versetzung seines ältern Bruders nach Nienburg vacant geworden war, theils aber auch das lebhafte Interesse für seinen damaligen Wirkungskreis und namentlich für das Verkoppelungsgeschäft, mit dem er hier bekannt geworden war und dem er sich seit der Zeit mit unermüdetem Eifer widmete. — Im J. 1793 wurde er, ohne sich darum beworben zu haben, zu der ersten Beamtenstelle nach Schwarzenbeck berufen, wo er nach 34 J. sein Leben beschliessen sollte.

C. verdankte vielleicht einen grossen Theil des unbedingten Vertrauens, das er täglich mehr bei seiner Behörde erwarb, nicht weniger der Gewissenhaftigkeit, mit der er gewohnt war, das Interesse seiner Administrirten zu vertreten, als dem Scharfsinn und der geduldigen Treue, die er bei Bearbeitung schwieriger und verwickelter Geschäfte zu vereinigen wußte. Dieses angeborne administrative Talent benutzte die Regierung zu häufigen außerordentlichen Aufträgen. C. hat in unzähligen Kommissionen zur Regulirung von öffentlichen und Privatgeschäften als Bevollmächtigter gearbeitet; es möchten wenige wichtige Arbeiten dieser Art im Lauenburgschen Lande ohne seine Mitwirkung zu Stande gebracht worden seyn: ja, sein Rath und seine Thätigkeit ward auch für die eigentlichen Hannöverschen Lande nicht selten in Anspruch genommen. Und er arbeitete stets mit Erfolg. Sein sicherer Blick entdeckte bald den Hauptpunkt in jeder Angelegenheit; ein angeborner Widerwille gegen das bloße Formenwesen, ließ ihn immer, ohne allzu ängstliche Furcht vor Verantwortlichkeit, auf dem geradesten Wege zum Ziel gehen. Seine große Anspruchslosigkeit, sein milder, billiger Sinn entwaffnete den übeln Willen und Eigensinn der Mitarbeiter, wie der Betheiligten. Er war ein Feind aller Prozesse; für Advokaten gab es selten in seinem Amte zu thun und fast niemals gedieh ein Rechtsstreit unter seinen Händen in den langsamen Gang der schriftlichen Verhandlung. Im Vergleichen streitender Partheien besaß er eine unübertreffliche Geschicklichkeit, daher ihm auch von den obern Behörden die verwickeltsten Rechtsstreitigkeiten aus allen Theilen des Herzogthums zum Zweck einer gütlichen Vereinbarung übertragen wurden, den er fast nie verfehlte.

Unter die wichtigsten und gemeinnützigsten Geschäfte, deren der Verewigte sich damals mit dem größten Eifer widmete und um die er sich die größten Verdienste erwarb, gehört die allgemeine Ausführung der Verkoppelungen im Herzogthum Lauenburg, an deren erstem Gedeihen er, wie oben gesagt, bereits in Ratzeburg Theil nahm und deren Vollendung er, mit Ausnahme weniger Dörfer seines Amts, erlebt hat. — Ueber das Resultat derselben äußerte er sich im J. 1812 am Schlusse eines an eine französische Behörde erstatteten Berichts, der, wegen seiner edlen Freimüthigkeit und klaren Fassung, ihm zur höchsten Ehre gereicht, folgendermaßen:

„Eine Regierung, die ihr Glück darin sucht, wohlhabende Unterthanen zu haben, wie bei der hiesigen der Fall war, kann kein Geld besser verwenden, als wenn sie es anlegt die Verkoppelungen zu befördern, das Herzogthum Lauenburg gibt hiervon den besten Beweis; vor 50 Jahren war der größte Theil des Landes noch eine Wüstenei, die Bauern waren arm und das Land erzeugte nicht so viel Korn, als es brauchte. Durch die Verkoppelungen sind die Heiden und Moore verschwunden, es wird Korn ausgeführt, der Viehstapel ist verbessert und vermehrt und der Bauer ist so wohlhabend geworden, daß er die 10 schweren Kriegsjahre hat aushalten können und sich auch noch halten würde, wenn die jetzigen Abgaben nicht so hart wären und wenn er die Handelssperre nicht so tief fühlte."

Unter diesen ruhigen Friedensarbeiten verging ein Jahr wie das andere. Obschon aber C. nicht verheirathet war, so war darum sein ansehnlicher Amtshof nicht weniger auf viele Meilen weit ein Mittelpunkt der Gastfreiheit und Geselligkeit, wo seine Bekannten zusammenkamen und wo bei guter Bewirthung im Hause einfache Ordnung und Stille herrschte.

C. beschäftigte sich gern, wenn gleich nicht in kleinlichem Detail, mit der Landwirthschaft, eben weil er nicht ängstlich zu rechnen brauchte. Aber eine so glückliche Lage sollte durch schwere Prüfungen gestört werden. Die französische, russische und preußische Occupation der Hannöverschen Lande in den J. 1803, 5 u. 6 waren nur das Vorspiel der Drangsale, die das Land in den folgenden Jahren trafen. — C. nahm die Sache wie ein Mann: er half und nützte, wo er konnte durch seine Verbindungen mit den einflußreichen Männern der neuen Ordnung der Dinge, ward häufig zu Rathe gezogen, diente, selbst mit Gefahr, Flüchtlingen, Abwesenden, Nothleidenden.

Mehr als je ward er in Anspruch genommen in dem prüfenden Frühjahr 1813, wo auf Hamburgs Noth das Verderben der Umgegend folgte, das Lauenburgsche Land Kriegsschauplatz ward, in seinem Hause Hauptquartiere tafelten, Verbannte und heimliche Boten auf den Pfaden des Sachsenwaldes kamen und gingen. Da führte den eifrigen Vaterlandsfreund sein Eifer oft weiter, als kluge Fürsorge für seine persönliche Sicherheit gestatteten.

Als während des Waffenstillstands vom 4. Juni bis 17. August 1813 Schwarzenbeck des kurzen Glücks genoß, in der Neutralitätslinie begriffen zu seyn, mußte C. im französischen Hauptquartier in den Verdacht gerathen seyn, durch mitgetheilte Nachrichten die alliirten Truppen, welche in Mecklenburg standen, begünstigt zu haben. Durch ein anonymes Schreiben ward ein großherzogl. hoher Staatsbeamter in Schwerin ersucht, C. warnen zu lassen, indem man ihn französischerseits zu arretiren beabsichtige. Dies gab Veranlassung zu einer Mittheilung an den General Tettenborn, welcher ihm darauf einen gemessenen Befehl zugehen ließ, sich sofort von Schwarzenbeck nach Lauenburg zu verfügen und daselbst die über seine weitere Bestimmung zu treffende Verfügung abzuwarten. Dem zufolge mußte nun C. seine Heimath zum erstenmal verlassen; er begab sich zuerst unter russischen Schutz nach dem gräfl. Kielmannseggeschen Gute Gültzow und als die französischen Truppen nach Ablauf des Waffenstillstandes weiter vorrückten, ins Mecklenburgsche. Aber hier blieb er nicht lange müßiger Zuschauer der Begebenheiten.

Nachdem der Marschall Prinz von Eckmühl seine Macht in Hamburg concentrirt und das Lauenburgsche, sowie den größten Theil des Lüneburgschen besetzt hatte, berief die in Lüneburg angeordnete provisorische Regierungskommission den Amtmann C. dahin, um ihn als Kriegskommissär mit der Verpflegung der Truppen aus Magazinen zu beauftragen. Er folgte dem Ruf und stand diesem mit vielen Mühseligkeiten und Gefahren verknüpften Geschäft mit Kraft und Erfolg vor, indem er besonders durch Freimüthigkeit und unerschrockene Beharrlichkeit sein Vaterland vor großem Elend bewahrte und so zu den vielen Verdiensten um dasselbe ein neues hinzufügte.

Endlich verließ das Davoustsche Armeekorps Hamburg. Die erleichterte Nachbarschaft athmete wieder auf. Aber für C. war der Augenblick noch nicht gekommen, wo er sich in seinem Amte diesen Sorgen und seinen häuslichen Angelegenheiten hätte widmen, von so vieler Unruhe rasten können. Noch hatte er seine Angehörigen u. Freunde nicht sehen und begrüßen können, als ihm im Juni 1814 der höchste Auftrag ward, nach Abzug der russischen Truppen vom linken Elbufer, sich sofort nach Hamburg zu begeben, um daselbst das Liquidationsgeschäft mit der russisch-polnischen Armee und den übrigen russischen Armeecorps zu betreiben. C. hatte dort mit unzähligen Schwierigkeiten zu kämpfen und trotz seines unermüdlichen Eifers hatte er bis zum Dec. 1814, wo endlich seine Gegenwart in Schwarzenbeck nöthig wurde, nicht zu einem erwünschten Resultat gelangen können. Er setzte daher diese Arbeiten von S. aus fort und war endlich im Juli 1815 so glücklich, dem königl. Ministerium anzeigen zu können, daß die kais. russische Liquidationskommission ihre Arbeiten beendigt und 2,001,291 Bco. Mk. an Vergütigung für Kriegsleistungen als Liquide angenommen habe, worauf ihm höchsten Orts die vollkommenste Zufriedenheit mit Ausrichtung seines Auftrags bezeigt ward. Ein ähnlicher schwieriger Auftrag wurde ihm im J. 1815 zur Ausgleichung der Anforderungen des Fürstenthums Hildesheim an den königl. Fiskus, „weil — wie das desfalls an ihn erlassene Rescript sich ausdrückt — Wir denselben nur solchen Personen ertheilen können, welche sowohl in Ansehung ihrer ökonomischen Kenntnisse und Einsichten, als in Hinsicht aller uns bekannten Gesinnungen des Diensteifers und der Theilnahme am Wohl des Landes und Interesse der Landesherrschaft, unser vollkommenstes und uneingeschränktes Vertrauen haben." Nach 7monatlichem Aufenthalt in Hildesheim hatte er sich dieser weitläuftigen und intrikaten Geschäfte für das Interesse des Fiskus mit Umsicht u. Gründlichkeit entledigt, die auf die ehrenvollste Weise in an ihn erlassenen Rescripten anerkannt wurden.

Schon im Juni 1815 war Lauenburg der Krone Dänemark abgetreten und nun stand die förmliche Uebergabe an die neue Landesherrschaft unmittelbar bevor. Es galt bei diesem Wechsel das eigene Schicksal unwiderruflich zu bestimmen. — Auch wenn C., mit gewohnter Offenherzigkeit, es nicht gestanden hätte, daß die Wahl zwischen dem Uebertritt in die Dienste der neuen Herrschaft und der Anhänglichkeit an die alte, ihn einen schweren Kampf gekostet, so würde jeder, der ihn gekannt, es geahnet haben. Einen treuern Hannoveraner, mit allen angebornen und anerzogenen Eigenthümlichkeiten der Provinz gab es nicht. Zuletzt entschied bei dem alternden Manne die Anhänglichkeit an Lauenburg, an seinen ihm lieb gewordenen gemüthlichen Wirkungskreis und seine Gewohnheiten. Er ging mit seinem Amte unter Dänemarks Scepter über. Ein solches Vertrauen fand gerechte Anerkennung.

Im J. 1817 ward er von der Gnade des Königs mit dem Ritterkreuz des Danebrogordens (den Guelphenorden trug er schon seit 1816) und 1826 mit dem Ehrenzeichen der Danebrogsmänner beehrt. Schon im J. 1823 war er zum königl. dänischen wirkl. Etatsrath ernannt worden. — Auch fehlte es im neuen Dienst, auf dem alten Platz, nicht an mannichfaltiger Wirksamkeit, selbst im weitern Kreise.

Unter den Specialaufträgen, die ihm ertheilt wurden, beschäftigte ihn die im J. 1818 zwischen den Kronen Dän=

nemark und Hannover zur Auseinandersetzung über den abgetretenen Theil des Herzogthums Lauenburg in Hamburg zugelegte Liquidation, an der er als einer der kön. dänischen Kommissarien Theil nahm, am längsten, so wie sie ihm Gelegenheit gab, durch seine gründliche Kenntniß der Verfassung des Landes und seiner Verhältnisse, wesentlich zu nützen, ohne ihn doch zu verlängerter Abwesenheit aus seinem Wohnort zu nöthigen. — Aber die Unterzeichnung des Rezesses über diese Verhandlung im Juni 1826 fand ihn schon an Kräften wesentlich geschwächt. Seit der Zeit kränkelte er auch bei der sorgsamsten Pflege fast unausgesetzt und vom Frühjahr des J. 1827 an näherte sich das fromme und thätige Leben des Greises schneller seinem Ziele. Seine Kräfte sanken allmählig und seine Freunde fürchteten das Schlimmste als er im Juni d. J. voll Hoffnung von seinem Bette aus noch Verfügungen traf, den angekündigten Besuch seines hochverehrten Königs zu empfangen, der schon auf einer früheren Reise mit Vergnügen und Huld unter seinem Dache verweilt hatte. Sanft verschied er noch in demselben Monate im 76. Lebensjahre. Keine Reue konnte den Rückblick auf ein langes, wohlangewendetes Leben trüben. Er war ohne Falsch, wie ohne Bitterkeit, durch eine lange thätige Bahn und die Verwickelung unzähliger Geschäfte gegangen, und darf sich jemand der Hoffnung hingeben, keinen Feind zu haben, so war er es. — Er hat keine Nachkommen hinterlassen. Aber die Liebe zweier von ihm adoptirten Kinder seines früher verstorbenen Bruders ließ die Entbehrung nicht fühlen; eine glücklich verheirathete Tochter u. ein Sohn, der im königl. Hannöverschen Dienst der Bahn seines Oheims unter den günstigsten Vorbedeutungen folgt, haben ihm die letzten Pflichten geleistet.

J. R.

215. Ernst Lebrecht Reußner,

großherzogl. Mecklenburg.-Schwerin. Kirchenrath u. Prediger zu Grüssow bei Malchow in der Präpositur Plau;
geb. d. 12. Dec. 1741, gest. d. 23. Jun. 1827.*)

Sein Vater war Kaufmann zu Halle, wo er geboren wurde und auch den Schul- und akademischen Studien oblag. Seine praktische Laufbahn begann er als Hauslehrer in Mecklenburg und wurde schon 1767 als

*) Schwerin. Abendbl. 1827. Nr. 471. Beil.

Prediger an obengenanntem Orte introduzirt. Im J. 1816 wurde ihm der Charakter eines Mecklenb.-Schwerin. Kirchenraths beigelegt und ein Jahre darauf hatte er das Glück sein 50jähriges Amtsjubiläum sowie seine Jubelhochzeit mit seiner noch lebenden Gattin zu feiern. Bei seiner guten Körperkonstitution und großen Gemüthsruhe genoß er fortwährend eine ununterbrochene Gesundheit, zog sich aber bei zu nahrhafter Kost und Unterlassung aller Bewegung in freier Luft, wenn ihn nicht Amts- oder Besuchsreisen dazu nöthigten, in den Jahren 1812 und 1813 öftere Anfälle von Schwindel zu, von welchen ihn einer im J. 1813 gerade auf der Kanzel traf und zu Boden stürzte, so daß er von dieser Zeit an nie wieder dieselbe bestieg, sondern immer am Altare predigte. Da er aber hiervon bald wieder hergestellt wurde, so verwaltete er sein Amt mit unermüdeter Treue bis anderthalb Jahr vor seinem Ende, wo ihn seine merklich zunehmende körperliche und geistige Schwäche endlich nöthigte, einen Adjunkt sich zu erbitten. — Als Schriftsteller hat der Verewigte außer einer theologischen Abhandlung mehrere anonyme Aufsätze in dem ältern Journal für Prediger drucken lassen, auch viele Beiträge zur dritten Ausgabe des gelehrten Deutschlands (1776 und 1778) geliefert. Schade, daß er seine Topographia sacra megapolitana, wie er sie nannte, wozu er über 50 Jahre Materialien gesammelt, nicht herausgegeben, ja nicht einmal letztere redigirt hat. Denn dies Werk ist nun auf immer für Mecklenburg verloren, indem keiner seine feine, abbrevirte und in- und durcheinander geschriebene Handschrift lesen kann. Auch einen ungeheuren Schatz von biographischen und genealogischen Notizen, gelehrte und adelige Familien betreffend, hat er gesammelt und da er selbige zugleich im Kopfe hatte, so erregte er damit in Gesellschaften oft nicht geringes Aufsehn und große Verwunderung. Außer dem verstorbenen Cleemann zu Parchim hatte er hierin wohl nicht seines Gleichen im ganzen Lande. Doch war dies bei ihm mehr ein Produkt seiner Liebhaberei, als daß er irgend einen reellen Nutzen dabei bezweckt hätte. Als Text bei seiner Leichenpredigt würde sehr passend die Stelle Apokalypse Kap. 2, 3 gewesen seyn, weil diese sein Leben u. Wirken treffend charakterisirt.

Stuer. M. Leue, Pastor.

* 216. Johann Gottfried Eichhorn,

Doctor der Philosophie, Prof. d. bibl. u. morgenländ. Literatur, königl. grossbrit.-hannöv. geheimer Justizrath u. ordentl. Prof. d. Philosophie zu Göttingen, Ritter des Guelphenordens u. Mitglied mehrerer gelehrten Gesellschaften u. Akademien ꝛc. ꝛc.

geb. d. 16. Octbr. 1752, gest. d. 25. Juni 1827.

Unter den akademischen Lehrern, welche Göttingens Hochschule in den neuesten Zeiten verlor, nimmt der verstorbene berühmte Orientalist E. ohne Zweifel den ersten Platz ein. Obwohl bis zu einem Alter von 75 Jahren gelangt, hat ihn nicht blos seiner Familie, sondern seinem ganzen Berufskreise, indem der Treffliche bis am Ende seines höchst wirksamen und nützlichen Lebens mit seltener Thätigkeit glänzte, der Tod dennoch zu früh entrissen. — Wer in seinem Hörsale zu seinen Füßen gesessen, aus seinem Munde Lehren der Weisheit vernommen, im freundschaftlichen Verkehr und Umgange mit ihm sein edles Herz erkannt hat, — dem wird die Dankbarkeit im eigenen Herzen ein Denkmal errichtet haben, das nur mit ihm selbst brechen kann. Wie sein stillfreundliches, heiteres u. sanftes Wesen, sein an Liebe zu dem ganzen Menschengeschlecht reiches Gemüth jeden, der sein Wirken sah u. in seiner Nähe sich befand, anzog; so erwarben ihm seine tiefe Gelehrsamkeit und gediegenen Kenntnisse in den Wissenschaften, denen er sein Leben gewidmet hatte, seine Lehrvorträge und seine zahlreichen Schriften einen Namen, für den selbst die Grenzen eines Welttheils zu enge waren. — In den vereinigten Staaten des freien Nordamerika wurde von Geistesverwandten sein Name mit höchster Verehrung genannt. —

Er ward zu Dörenzimmern im Fürstenthume Hohenlohe-Oehringen geboren. Sein Vater, der daselbst Prediger war, fand in seiner wenige Jahre nach des Sohnes Geburt erfolgenden Versetzung ein Hülfsmittel mehr, demselben eine treffliche Erziehung zu geben. In Weikersheim, einem freundlichen mit einem schönen Schlosse versehenen an der Tauber belegenen Städtchen, wohin E's Vater als Superintendent versetzt wurde, erhielt der talentvolle, höchst lernbegierige Knabe auf der dasigen Stadtschule den ersten Unterricht; doch konnte dieser dem nach höherer wissenschaftlicher Bildung strebenden Jünglinge nicht lange genügen. — Der Vater, dies recht wohl einsehend, brachte dem Sohne gern die Opfer, welche seine Kräfte ihm erlaubten und sandte ihn nach Heilbronn, um auf dem dortigen berühmten Gymnasium seine gelehrte Bildung fortzusetzen u. für die Universität reif zu machen. Einer seiner vorzüglichsten Lehrer daselbst war der auch als Schriftsteller rühmlichst bekannt gewordene Rector Schlegel. Nur bis zum Jahre 1770 blieb E. zu Heilbronn, da ihn sein ausgezeichneter Fleiß schon als achtzehnjährigen Jüngling fähig machte, mit großen Hoffnungen der Seinigen zur Universität abzugehen. Göttingen überstrahlte schon damals alle andere Universitäten Deutschlands. Männer, die zu den gelehrtesten ihres Zeitalters gehörten, hatten dort ihre Lehrstühle errichtet und lockten aus den entferntesten Gegenden nicht blos Deutschlands, sondern auch anderer Länder Europa's herbei; wie hätte E., den ein glühender Heißdurst nach Allem, was menschliches Wissen in sich begriff, trieb, die Quelle verschmähen sollen, die schon so manchen Lechzenden befriedigt hatte? — Die Namen eines Michaelis, Walch, Schlözer und Heyne waren zu anziehend, als daß sie ihn in der Wahl der zu besuchenden Universität nicht ohne Bedenken für Göttingen hätten bestimmen sollen. So kam er Ostern 1770 dahin, studirte bis Michaelis 1774, hauptsächlich Philologie, war auch Mitglied des philologischen Seminars im Laufe dieser Jahre und verließ Göttingen, um, von Heyne empfohlen, eine Rectorstelle am Gymnasium zu Ohrdruff im Gothaschen anzunehmen. — Hier blieb E. indessen nur kurze Zeit, da er schon zu Ostern des Jahrs 1775 einem Rufe nach Jena folgte, wo er kurz zuvor promovirt hatte und dann als ordentlicher Professor der orientalischen Sprachen angestellt wurde. — Nicht lange vermochte er es, sich dieses ihm früh zu Theil gewordenen Glückes allein zu freuen; theilen wollte er es mit einer geliebten Gefährtin, die den Weg seines Lebens in treuer Vereinigung mit ihm gehen sollte. Schon zu Johanni desselben Jahres, in welchem er seine Anstellung in Jena erhalten hatte, eilte er in sein Vaterland zurück und verband sich dort mit der Tochter des Geheimenraths von Müller aus Künzelsau, im Fürstenthume Hohenlohe, um 52. Jahre hindurch in einer der glücklichsten Ehen mit ihr zu leben.

E's gründliche Gelehrsamkeit erwarb ihm bald einen berühmten Namen und in Folge dessen Auszeichnungen, die eben so ehrenvoll als verdient waren. In Jena machte ihn die lateinische Gesellschaft schon früh zu ihrem Mitgliede und bald genug sah er auch von andern gelehrten Gesellschaften u. Akademien, namentlich denen in Erfurt, München, Paris, Amsterdam u. Göttingen sich in der Zahl ihrer Mitglieder aufgenommen. Von Sachsen-Weimar ward er im Jahr 1783 zum Hofrath ernannt und fünf Jahre später (1788) erhielt er als ordentlicher Professor der Philosophie, mit dem Titel eines königlich großbritannischen u. kurfürstlich Hannöverschen Hofraths, einen Ruf nach Göttingen, den er um so weniger ablehnte, je werther ihm ein Ort war, wo er selbst aus dem Born der Weisheit geschöpft und dadurch zum Glücke seines Lebens den eigentlichen Grundstein gelegt hatte. Hier war es auch, wo er fernerhin dasselbe immer fester gründete und hauptsächlich den Ruhm erwarb, der ihm zu Theil worden ist. Unter den dasigen Gelehrten war er einer der Ersten, welche mit dem königlich Hannöverschen Guelphenorden gleich nach dessen Stiftung (12. Aug. 1815) von des Königs von Großbritannien u. Hannover Majestät gnädigst beliehen wurden. Einige Jahre später (1819) wurde sein Rang noch durch den Titel eines großbritannisch-hannöverschen geheimen Justizraths erhöht. — Das Leben eines Göttingenschen Professors bietet wenig Mannichfaltigkeit dar. — Sein Arbeitszimmer u. sein Hörsaal sind der Schauplatz seines Wirkens u. seines Treibens. Wenige nur, und auch diese höchst selten, lassen sich im Freien, auf öffentlichen Spaziergängen oder an Vergnügungsörtern sehen und es geschieht daher oft, daß Männer, deren Namen weltbekannt sind, für mehr als neun Zehntel der Bewohner Göttingens selbst, wenigstens der Person nach, zu den gänzlich Unbekannten gehören. — Auch mit E. war es so! — Außer seinen Zuhörern und Freunden war er persönlich nur von Wenigen gekannt, da ihn sein eiserner Fleiß stets in seinem Studirzimmer fest hielt, wo man denn auch fast zu jeder Stunde des Tages, die ihn nicht an den Katheder fesselte, den freundlichsten Zutritt u. die bereitwilligste Nachweisung, deren man etwa bedürftig war, fand. Wer E. näher gekannt hat, wird auch mehr als einmal Gelegenheit gehabt haben, sich seiner herzlichen liebevollen Gemüthlichkeit zu erfreuen u. an dem Anblicke seines geräuschlosen heitern Familienlebens zu erquicken. Groß war seine Rührung und innig sein Gefühl, als ihn im Frühlinge des Jahres 1825 seine Freunde u. Verehrer mit ihren herzlichen Glückwünschen wegen des erlebten fünfzigjährigen Jubeltages seiner Doctorpromotion überraschten; aber auch hier begnügte sich sein still zufriedener Sinn blos mit den Freuden, die ihm sein Familienkreis darbot. An der akademischen Feier des funfzigjährigen Dienstjubelfestes, welche ihm, dem Obermedizinalrath Blumenbach u. dem Hofrath Stromeyer am 26. Februar des Jahres 1826 zu Ehren angestellt wurde, nahm er keinen Theil, weil er die Anstrengung, welche solche Tage den Gefeierten gewöhnlich zu bringen pflegen, seinen schon bedenklichen Gesundheitsumständen nicht anpassend halten mochte. — Bis 1825 hatte er nie eine bedeutende Krankheit gehabt; im Monat Februar gedachten Jahres aber bekam er einen Anfall von Lungenentzündung, von der er sich zwar bald wieder erholte, indeß die Stärke und Gesundheit nicht wieder erlangte, deren er sich früher stets erfreut hatte. — Seine ungemeine Thätigkeit u. sein rastloser Fleiß waren übrigens durch diese vorübergehende Krankheit um nichts gemindert; sie blieben ihm bis ans Ende seiner Tage. Selbst dann noch, als dieses ihm schon mit starken Schritten nahte, als Schlaflosigkeit bei Nacht und Ermattung bei Tage ihn wohl dazu berechtigt hätten, konnte u. mochte er nicht von den gewohnten Berufsgeschäften ablassen. Er bestieg fortdauernd den Katheder, wie ermattet er sich auch oft fühlte, bis ihn endlich am Morgen des 14. Juni 1827 ein Fieber nöthigte, sich wieder auf sein Ruhelager zu begeben, um nicht mehr von demselben zu erstehen. Seine Kräfte nahmen sichtlich ab und am 25. desselben Monats fühlte er selbst, daß ihm der Tod nahe sey. Mit derjenigen Ruhe u. Fassung, die seinem klaren u. heitern Geiste sein ganzes Leben hindurch eigen gewesen war und in der Regel nur des Schuldlosen glückliches Erbtheil ist, sprach er mit den Seinigen über sein bevorstehendes Hinscheiden und nahm mit vollem Bewußtseyn den rührendsten Abschied von ihnen. In der letzten Stunde seines Lebens theilte er seinen Freunden, den Professoren Langenbeck u. Blumenbach, als physiologisch merkwürdigen Umstand mit, daß er deutlich bemerke, wie die Lebensthätigkeit in den verschiedenen Theilen seines Körpers sich verlöre und eine Viertelstunde vor seinem Tod sagte er ausdrücklich, jetzt sei das Leben im Rückgrat erloschen. Sanft, wie sein Gemüth, war sein Entschlafen. Ohne einiges Aeußern von Schmerz oder Todeskrampf an ihm wahrzunehmen, flog Abends der Todesengel mit seinen beschattenden Schwingen über ihn hin, u. — der Treffliche war nicht mehr. Mit den Seinigen betrauerten ihn tief u. innig diejenigen, welchen er Freund gewesen, als die Trauerbotschaft von seinem Tode kund ward.

E's Wirkungskreis als Gelehrter war vielumfassend. — Seine akademischen Vorlesungen betrafen hauptsächlich die morgenländischen Sprachen u. die exegetischen

Erklärungen des alten u. neuen Testaments. Scharfsinn und natürlicher Witz waren mit einer angenehmen Lebhaftigkeit des Vortrags gepaart, ohne jene gemeine Frivolität in ihrer Begleitung zu haben, mit welcher nur zu oft akademische Lehrer nach dem Beifall ihrer Zuhörer geizen. Gleich weit vom Aberglauben wie vom Unglauben entfernt, wußte er durch seine gesunde Kritik seine Zuhörer auf einen Standpunkt zu versetzen, wie er einem vernünftigen Religionslehrer geziemt und wohl nie ist durch ihn ein jugendliches Gemüth in dem von Hause mitgebrachten Glauben an das Heilige, selbst in den biblischen Wundern, verletzt worden; *) daher blieben seine Kollegien auch immer gleich stark besucht u. es wollte, was doch sonst häufig vorkommt, keinem der jüngern Professoren gelingen, ihm einigen Abbruch zu thun. E. hat sich nicht überlebt, wie man das bei so Vielen findet. Neben seinen exegetischen Vorlesungen hatte er seine Lehrvorträge auch der Geschichte gewidmet und wußte sich, der Konkurrenz mit seinen Freunden Spittler, Schlözer u. Gatterer ungeachtet, bei denselben stets ein gefülltes Auditorium zu erhalten. Erst in den beiden letzten Jahrzehenden seiner akademischen Laufbahn gab er diese Vorlesungen, welche übrigens alle Zweige der Geschichte, sowohl der politischen als der Literärgeschichte, umfaßten, auf und legte seine zeit- u. zweckgemäß umgearbeiteten Hefte dadurch, daß er dieselben im Druck erschienen ließ, einem größern Publikum zur Beurtheilung dar. — Von seinen größern historischen Werken gab er schon im Jahre 1797 eine Geschichte der französischen Revolution in zwei Bänden heraus, nachdem er dieselbe noch kurz zuvor in öffentlichen Vorlesungen unter großem Zulauf und mit vielem Beifall vorgetragen hatte. Das erste Werk aber, durch welches er die Augen der gelehrten Welt auf sich zog, war die 1775 erschienene Geschichte des ostindischen Handels vor Mahomed. Seit 1796 gab er auch in Verbindung mit mehrern Gelehrten eine „Geschichte der Künste u. Wissenschaften seit der Wiederherstellung derselben bis an das Ende des 16. Jahr-

*) Das Foreign Review, Nr. 1. London 1828 äußert über seine exegetischen Ansichten Folgendes: „Als ausgezeichneter Orientalist unterwarf er zu derselben Zeit, wie Michaelis die Bibel einer strengern Prüfung u. das kritische Studium des Grundtextes bewog ihn, eine neue sinnreiche Hypothese über den Ursprung der Evangelien aufzustellen. Nach seiner Versicherung ist ein Originaldokument in der aramäischen Sprache vorhanden, aus welchem die Apostel die drei ersten Evangelien gezogen haben.

Der Herausgeber.

hunderts" heraus, trat aber, nachdem er das Werk in Gang gebracht hatte und einige Bände erfolgt waren, schon im Jahre 1800 von diesem Unternehmen es seinen Mitarbeitern allein überlassend, ab. Statt dessen erfolgte von ihm allein bearbeitet die „Literärgeschichte," 1. Theil, Göttingen 1799, wovon eben daselbst 1812 eine zweite Auflage u. 1814 ein zweiter Theil erschien. Von seiner Weltgeschichte 1ster Theil, Göttingen 1799 erschien kurz nachher (1800), auch unter dem besondern Titel: „Geschichte der alten Welt" ein 2ter Theil und zugleich die neuere Geschichte. Im Jahre 1804 erfolgte von diesem Werke schon eine 2te Ausgabe in 3 Bänden und im Jahre 1817 eine dritte, nachdem 1814 noch die erste Ausgabe von einem 4. u. 5. Bande hinzugekommen war. — E's Geschichte der drei letzten Jahrhunderte in 6 Bänden, Gött. 1803 u. 1804, obwohl nicht frei von manchen Fehlern u. Irrthümern, doch dabei und zwar hauptsächlich wegen der reichhaltigen Literatur, die dem 6. Bande in einem weitläuftigen Register angehängt ist, sehr brauchbar, hat gleichfalls mehrere Auflagen erlebt. Die 2. ist von 1806, die 3. erschien in Hannover 1817 u. 1818. 6 Bde. — Seine Urgeschichte des erlauchten Hauses der Welfen beschäftigt sich hauptsächlich mit Forschungen u. Untersuchungen über den Namen und Ursprung der Welfen und scheint auf höhere Veranlassung entstanden zu seyn. — Zu E's größern u. vorzüglichern historischen Werken gehört auch noch seine „Geschichte der Literatur von ihrem Anfange bis auf die neuesten Zeiten," Gött. 1806; Bd. 2, erste Hälfte 1805, zweite Hälfte 1807; Bd. 3, Abtheil. I. 1810. Abtheil. II. 1812. Vom 4. Bande unter dem besondern Titel: „Geschichte der schönen Redekünste seit der Wiederherstellung der Literatur bis auf die neuesten Zeiten," waren schon früher 3 Abtheilungen, die 1. 1807, die 2. 1808 u. die 3. 1810 erschienen; eine 4. Abtheilung erfolgte erst im Jahre 1820. — Eben so war auch schon im J. 1807 eine Abtheilung des 5. Bandes, die neuere Sprachkunde in sich begreifend, erschienen. Eine zweite, gewiß möglichst vervollständige Ausgabe dieses in jeder Hinsicht vorzüglichen Werks ist nach seinem Tode im Jahre 1828 veranstaltet und bereits der 1. Band davon erschienen. — Von E's Werken theologischen oder genauer genommen exegetischen Inhalts sind folgende die größern u. wichtigern: — Einleitung in das alte Testament in 3 Bänden, wovon 1823 bereits eine 4. stark umgearbeitete Ausgabe erfolgt ist. Eben diese Ausgabe vom 4. u. 5. Bde. erschien 1824. —

Repertorium für biblische und morgenländische Literatur durch ihn herausgegeben vom 1. bis 18. Bande, Leipzig 1777—1786. — Allgem. Bibliothek der biblischen Literatur, Bd. 1 bis 10. Leipz. 1787 —1801. — Hiob, metrisch übersetzt; aus der allg. Bibliothek d. bibl. Literatur besonders abgedruckt. Leipz. 1800. Eine neue Ausgabe ist 1824 erschienen. — Einleitung in das neue Testament 3 Th., Leipz. 1812. Im Jahre 1820 wurde von diesen 3 Bänden eine neue Auflage veranstaltet u. 1827 erschien noch ein 4. u. 5. Band. — Die hebräischen Propheten in 3 Bänden. Gött. 1816. 1819. — Außer allen den hier genannten größern Werken sind noch eine Menge kleinerer Schriften u. Abhandlungen von dem Verewigten vorhanden, die sich größtentheils in größern periodischen Werken befinden, zum Theil aber auch besonders abgedruckt sind. — Nähere Nachweisungen darüber findet man in dem von Saalfeld fortgesetzten dritten Theile von Pütters Vers. einer akadem. Gelehrtengeschichte der Georg-Augustus-Universität zu Göttingen (von 1788 bis 1820). Hannov. 1820, sowie in Meusels gel. Deutschland.

Wenn man bedenkt, daß E. bei allen diesen zu Tage geförderten Geistesprodukten noch ein fleißiger Mitarbeiter an der Gothaschen gelehrten Zeitung, an der allgemeinen deutschen Bibliothek, sowohl der ältern als der neuern, an der Jenaschen Literaturzeitg. u. den Göttingenschen gelehrten Anzeigen gewesen, daß er seit Heyne's Tode, etwa von der Mitte des Jahrs 1812 an, die Direction u. Redaction über letztere geführt; — wenn man erwägt, daß seinen Vorlesungen mindestens drei Stunden täglich gewidmet waren und manche Stunde durch die Besuche älterer u. jüngerer Gelehrten, welche seinen Rath in Anspruch nahmen, ihm verloren ging, dann muß man seinen ungeheuern Fleiß, seine außerordentliche rastlose Arbeitsamkeit und unermüdete Thätigkeit bewundern, die, wie schon oben bemerkt wurde, bis ans Ende seiner Tage anhielt, ohne sich selbst in seinem hohen Alter mehr Erholung dabei zu gönnen, als zur Ergänzung der erschöpften Kräfte unumgänglich nothwendig war u. von der Natur erheischt wurde.

Göttingen. Dr. Albert Hüne.

---

* 217. Georg Ludwig Kreß,

zweiter Stadtpfarrer und großherzogl. hess. Konsistorialassessor zu Büdingen;

geb. d. 13. Sept. 1768, gest. d. 25. Juni 1827.

Schlüchtern im Kurfürstenthume Hessen ist sein Geburtsort. Sein Vater, Joh. Georg K., Lehrer an der dasigen Schule, erzog seine Kinder (er hatte zwei Söhne und zwei Töchter) in strenger Gottesfurcht und gewöhnte sie früh an Entbehrungen jeder Art, da seine Einkünfte die Einschränkung auf das strengste geboten. Seinen ältesten Sohn, Georg Ludwig, ließ er das Gymnasium zu Schlüchtern besuchen. Hier erwarb sich dieser gründliche philologische Kenntnisse und bezog im J. 1789, als sein Vater gestorben war, die Akademie zu Hanau, um Theologie zu studiren. Sein festes Vertrauen auf Gott, edle Menschen und eigne Kraft täuschte ihn nicht; es gelang ihm hier zwei Jahre lang durch Privatunterricht sich seinen Unterhalt zu erwerben. Da er aber daneben seine Studien durchaus nicht vernachlässigte, so erquickte ihn selten der Schlummer länger als drei Stunden in jeder Nacht und seine Natur gewöhnte sich so daran, daß er auch in spätern Jahren nie länger ruhen konnte. Dieser Fleiß, diese rastlose Anstrengung zeichnete ihn bald vor seinen Kommilitonen aus und mehrere würdige Professoren schenkten ihm ihre innige, noch lange fortdauernde Theilnahme. Am besten geht dies alles aus den Zeugnissen hervor, mit welchen er Hanau verließ. Der damalige Rektor, Prof. Dr. Zimmermann (jetzt Prof. der Theologie in Marburg) schrieb ihm folgendes Testimonium: „Wer empfiehlt nicht gern einen jungen Mann, den sein Verstand sowohl, als sein Herz achtungs- und liebenswürdig machen? Dieß ist der Fall bei Herrn G. L. Kreß aus Schlüchtern. Zwei und ein halbes Jahr hörte er theils theol., theils philos. Kollegia mit ungemeinem Eifer und verband hiermit einen unbescholtenen Wandel. Sein guter Kopf setzte ihn in den Stand, jene Kollegia mit vielem Nutzen zu hören und seine treffenden Antworten in den über verschiedene Kollegia angestellten Prüfungen lieferten dafür den angenehmsten Beweis ꝛc." Diesem Zeugnisse stimmten daselbst mehrere Prof. pflichtmäßig und vollkommen bei. — Die Auflösung der Akademie zu Hanau war der Grund, daß K. im J. 1792 die Universität zu Marburg bezog, um seine Studien daselbst zu vollenden. Im J. 1793 trat er als

Lehrer in das Haus des Kaufmannes und Bürgermeister Kießelbach in dem Städtchen Kirchhayn bei Marburg und erwarb sich durch seinen uneigennützigen Eifer die Achtung Aller, welche mit ihm in nähere Berührung kamen. Bald darauf gelangte ein ehrenvoller Ruf des regierenden Grafen zu Ysenburg, Ernst Kasimir II. zu Büdingen an ihn, vermöge dessen er zur Uebernahme der Pfarrei Haingründau und Rinderbügen bei Büdingen eingeladen wurde. Diesem folgte er im J. 1799, ward 1800 zweiter Stadtpfarrer und verband mit dieser Stelle 1806 noch die Pfarrei Herrnhaag. Allein obschon die großen Beschwerden dieses Doppeldienstes seinen Körper heftig angriffen, so hielt er sich doch rüstig, ertheilte noch den Schülern der damaligen Provinzialschule zu Büdingen Unterricht im Hebräischen, Lateinischen, Französischen und übernahm, nachdem die Grafschaft Ysenburg-Büdingen 1816 unter großh. hess. Souveränetät gekommen war, am 26. Juni 1818 den Posten eines Assessors cum voto an dem dasigen Gesammtkonsistorium. Ueberdies widmete er manche Stunde den Musen, ließ einige Predigten drucken und trat vor dem größeren Publikum in einigen Zeitschriften, besonders in Zimmermann's Monatsschrift für Predigerwissenschaften, als Schriftsteller auf. — Die letzten Jahre seines Lebens hatte er mit beständigen Leiden zu kämpfen und predigte im vollen Gefühle der nahen Auflösung zum letztenmale zu seiner Gemeinde über den Text: „Ich sterbe täglich!" Treu und uneigennützig gegen seine Freunde, stets bereit Allen zu helfen, Arme und Dürftige zu unterstützen, Nothleidenden aufzuhelfen, Trauernde zu trösten, das war sein Beruf und der schönste Zug seines Herzens.

* 218. Christian August Vulpius,

Doctor der Philosoph., großherzogl. Sachs.-Weimar. Rath, erster Bibliothekar u. Aufseher des Münzkabinets zu Weimar; geb. d. 23. Jan. 1762, gest. d. 26. Jun. 1827.

Gewiß ist es für den Beobachter der menschlichen Schicksale ein reicher Genuß, ein vielbewegtes und thatenreiches Leben an seiner Seele vorübergehen zu lassen, um daraus zu erkennen, wie es dem Manne von reger Kraft doch endlich gelingt, die Sphäre seines Schaffens u. Wirkens zu finden, in der er sich glücklich fühlt; — u. eine solche Betrachtung bietet das Leben des Verewigten dar. Er wurde zu Weimar geboren, wo sein Vater Amtsarchivar war. Da dieser aber bei zahlreicher Familie keine besondere Rücksicht auf die Erziehung dieses Sohnes wenden konnte, so blieb er mehr sich selbst überlassen; und während man sonst bei der Erziehung darauf bedacht ist, daß in die Knaben recht Vieles von außen hineingebracht wird, blieb diesem Sohne Muße genug recht Vieles aus sich heraus zu schaffen. Dies war für die in ihm liegende ungewöhnliche Geisteskraft gewiß von Vortheil, weil der weniger mit dem damals gewöhnlichen Schulpedantismus belastete Knabe Raum behielt zu beobachten und Reflexionen zu machen, wie sie sonst dem kindlichen Alter nicht eigen sind. Dafür zeugen die mancherlei Gedichte, Beschreibungen und poetischen Erzählungen, die er schon als kleiner Knabe für Verwandte und für die Freunde seiner Eltern bei festlichen Gelegenheiten machte und die, wie die Folgezeit bewies, das außerordentliche Talent gerade für diese Gattung der Poesie belebten und pflegten. — Sein rechtschaffener Vater verkannte dies Talent in ihm nicht und ohne es zu überbieten oder vorzugsweise zu pflegen, sorgte er vielmehr für eine tüchtige Schulbildung, wozu ihm das Weimarsche Gymnasium und der als Romantiker bekannte Professor Musäus hülfreiche Hand bot und gewiß ist es, daß er mit schätzenswerthen Kenntnissen, wie die ertheilten Zeugnisse lehren, vom Gymnasium entlassen wurde und zuerst die Universität zu Jena, später aber die zu Erlangen besuchte, um sich der Rechtswissenschaft zu befleißigen. Dabei begegnete ihm aber, was so oft gerade den besten Köpfen zu begegnen pflegt: die Fakultätswissenschaften wollten ihm nicht zusagen. Da bei ihnen immer mehr der Verstand als das Gefühl und die Phantasie beschäftigt zu werden pflegt, so mußte dies besonders bei dem Studium der Rechte für ihn fühlbar werden, da hier dem produktiven Geist beim Einprägen der Unzahl von Begriffen, Definitionen und Distinktionen nur wenig Spielraum übrig bleibt. Wie nun nur allzuleicht in einem solchen Widerstreit Eines auf Kosten des Andern unterliegt, so unterlag bei ihm der Verstand der Phantasie und lieber als mit dem corpus juris beschäftigte sich der Vollendete mit Dingen, die Geschmack und Phantasie lebhafter in Anspruch nahmen. Dazu kam bei ihm noch der äußere Grund, daß sein Vater ihm bei der Sorgfalt für die übrigen Geschwister eine nicht ganz unabhängige Lage auf der Universität verschaffen konnte und daß es dem so würdigen Talente so gänzlich an Gönnern und Mäcenaten fehlte, daß er auf den Gedanken kam, schon während der Universitätsjahre und neben seinem Rechtsstudium zu schriftstellern, um dadurch sich eine bessere u. weniger beengte Existenz zu verschaffen. Dem phantasiereichem Kopfe bot sich in der Romantik ein reiches Feld dar; die Menschen zu studiren hatte er schon früh gelernt, daher entwickeln selbst seine früheßten Romane bei allen unverkennbaren Mängeln eine Menschenkenntniß, die bei einem noch so jungen Schriftsteller gewiß überraschen muß. Erst 21 Jahre alt schrieb er Oberon und Titania, oder Jubelfeier der Versöhnung; ein Vorspiel bei der Geburt des Durchlauchtigsten Erbprinzen nun Großherzogs von S. W. E. 1783. Obgleich nun jedes der folgenden Jahre mehrere Geistesproducte von ihm erscheinen ließ, so mußte er doch nur allzu gut fühlen, daß er ohne die nöthigen Hülfskenntnisse ein gemeiner Romanscribler werden müsse und darum studirte er von jetzt an neben den Rechten mit größtem Eifer Heraldik, Diplomatik, Numismatik und Geschichte und mit besonderer Vorliebe beschäftigte ihn die sächsische und thüringsche Geschichte, deren Denkmäler ihm zu nahe standen, als daß sie seine Wißbegierde nicht hätten reizen sollen. Und hierdurch vorzüglich wurde er fähig in den spätern Jahren einen seines Geistes würdigen Beruf als Bibliothekar und Aufseher des Münzkabinets zu bekleiden.

Dieses Studium der Geschichte in ihren speziellern Verzweigungen und mit allen ihren Hülfswissenschaften gab seinem Geiste einen solchen Reichthum der Ideen, daß er in den ersten 5 Jahren nach seinem Auftritte als Schriftsteller 22 Schriften verschiedenen Umfangs und Inhalts, zum Theil auch schon in dramatischer Form, verfaßte. Eine festere Grundlage indeß gewann sein bisher ganz schwankendes und ungewisses Leben seit dem J. 1788, wo er zu dem Freiherrn v. Soden in Nürnberg und später zu dem Grafen v. Egloffstein auf Egloffstein als Geschäftsführer und Privatsekretär, wohl mehr aber als geistreicher Unterhalter und Gesellschafter, sich gesellte. So wohl es ihm indeß hier auch ging, so bestimmte ihn doch sein reges Gefühl ein unabhängiges Leben zu gewinnen. Der Rechtskunde sich entschlagend wählte er die ungezwungene Lebensweise des Privatisirens und hielt sich, als Schriftsteller lebend, anfangs in Erlangen, später in Leipzig auf und bis zum J. 1797, wo er eine Anstellung in Weimar seiner Vaterstadt erhielt, erschienen von ihm bei verschiedenen Verlegern 41 Schriften, die meistens mehrere Fortsetzungen und zuweilen mehrere Auflagen erlebten. Und dies ist wohl die sicherste Bürgschaft theils für seine reiche Phantasie, theils für seine stets beliebte Manier im Erzählen. Natürlich mußte indeß die Zeit auf ihn selbst und auf die Wahl seiner zu bearbeitenden Stoffe einen bedeutenden Einfluß üben, daher sehen wir ihn z. B. in dieser Zeit, sein Augenmerk auf die französische Revolution wendend, seinen Landsleuten die dortigen Erscheinungen verdeutlichen in seinem Werkchen: „Aechte und deutliche Beschreibung der Bastille." 1789, welche in demselben Jahre zum zweitenmal aufgelegt werden mußte. Desgleichen in: „Scenen in Paris, während und nach der Belagerung der Bastille", welche, obgleich äußerst momentanen Werthes, doch zu 5 Sammlungen vermehrt werden konnten; und selbst den noch in den „neuen Scenen in Paris und Versailles, 3 Thle.," eine Fortsetzung erhielten. Neben der Zeitgeschichte aber und den reinen Spielen seiner Phantasie, die er in seinen Romanen dem Publikum mittheilte, gewann das damals sich verjüngende Theaterwesen seine gewandte Feder für sich und eine große Zahl zu ihrer Zeit gern gesehener Lustspiele, Operetten und Trauerspiele waren die Früchte seiner gelungenen Bestrebungen. Sein bedeutendstes Produkt im romantischen Fache, das ihm einen vielgenannten Namen verschaffte und ihn über die Zahl der gewöhnlichen Romanenschreiber vortheilhaft erhob, bleibt indeß der bekannte: „Rinaldo Rinaldini, der Räuberhauptmann," welcher Roman bis 1824, zu 6 Bänden angewachsen, auch unter dem Titel Fernando fortgesetzt, 5 Auflagen erlebt hat. Es fand dieser so ausgezeichnete Roman nicht nur in Deutschland die verdiente Aufnahme, sondern er wurde auch, was besonders in der frühern Zeit bei einem deutschen Werke höchst selten der Fall war, in alle europäische Sprachen übersetzt und rief zu seiner Zeit ein ganzes Heer von Nachahmungen hervor, die nun mit ihm bereits wieder in Vergessenheit gesunken sind.

Dadurch, aber auch durch seine übrigen Werke, zog er die Aufmerksamkeit seiner Vaterstadt auf sich und so geschah es, daß er im J. 1797 nach Weimar als Registrator an die dasige Bibliothek berufen und angestellt wurde. Da diese Anstellung ihm eine willkommene Muße gewährte, so verwendete er sie auf seine Geistesprodukte und nicht zu verkennen ist es, daß seine Werke seitdem das Gepräge eines tiefern Forschens und einer gründlichern Bildung an sich tragen. Man gewann an ihm besonders sein Talent für dramatische Dichtungen lieb und obgleich namentlich in jener Zeit das Weimarsche Theater an eminenten Talenten reich war, so mißkannte man doch das seinige so wenig, daß man ihn zum Theaterdichter erhob und ihm somit auf die Bildung der dramatischen Künstler, die später auch im Auslande Weimar einen Namen verschafften, einen nicht unbedeutenden Einfluß verstattete. Die vertrautere Bekanntschaft mit der Weimarschen Bibliothek, wozu ihn seine Anstellung verpflichtete und sein immer reger Eifer ermunterte, gab seinem Geiste einen neuen Schwung und von 1797 bis 1800 erschienen von ihm 17 Werkchen vermischten Inhalts in verschiedener Form. Bis dahin hatte er nur allein den Wissenschaften gelebt, jedoch jetzt zum Bibliotheksekretär erhoben, dachte er nun auch daran, sein häusliches Glück zu gründen und er fand es in der Verbindung mit der jüngsten Tochter des herzogl. Meining. Raths Deahna, Helene, mit der er sich 1801 vermählte und die ihn mit 2 Söhnen beschenkte. In diesem Zeitraume fand sein schon längst bewährtes Talent auch die äußere Anerkennung, indem er 1803 von Jena aus zum Dr. philos. ernannt und 1805 zum Bibliothekar erhoben wurde. In dieser Stellung mußte er, wäre es nicht schon früher geschehen, mit Göthe, der die oberste Inspektion über die Bibliothek hat, noch genauer bekannt werden und es gewann dieser nicht nur ihn selbst, sondern auch dessen Familie so lieb, daß er sich 1806 mit einer seiner Schwestern, Christine, vermählte. Seit dieser Zeit gingen seine Studien immer gründlicher auf die selbst speziellste Kunde der Vorzeit ein, wovon besonders seine 10 Bände der phys., literar., artist., histor. Vor- u. Mitwelt, von 1811 bis 1826, der Curiositäten, die sprechendsten Belege geben; und sein Forschungseifer und seine Mittheilungslust erkalteten darum nie, weil sie immer die ermunterndste Anerkennung fanden. So erschienen denn von ihm vom J. 1800 bis 1826 noch 34 besonders gedruckte Werke, die freilich öfter nur vorübergehenden Werth hatten, deren mehrere aber, z. B. die obengenannten Curiositäten, die Vorzeit (1817) und sein Handwörterbuch der Mythologie der nordischen Völker (1826) immer ihren Platz, auch in den gewähltern Bücherreihen der Gelehrten behalten werden. Daneben war er Mitarbeiter an der Bibliothek der Romane, der Olla potrida, am Theaterkalender, Leipziger Musenalmanach, Weimarschen Magazin, den Ephemeriden d. Liter. u. des Theaters, den Annalen des Theaters, an den Schriften: Wahrh. und wahrscheinl. Dichtung und an Engels Magazin der Philos. und schönen Wissensch. ꝛc. und einzelne kleine Aufsätze und Recensionen von ihm befinden sich in der Erfurter gelehrten Zeitung, Salzburger Zeitung, Jenaschen allgem. Literaturztg., in der Zeitung f. d. eleg.

Welt, Abendztg., Gesellschafter, Hebe, im allgem. Anzeiger d. Deutschen u. a. m.

Rechnet man zu dieser außerordentlichen Thätigkeit, die sich in 114 größern oder kleinern Werkchen in fast 200 Bändchen kund gibt, noch seinen so umfassenden und viele Geisteskraft erfordernden Geschäftsberuf als Bibliothekar; so muß man bekennen, daß mit seinem Tode ein Leben, thatenreich, wie wenige, untergegangen ist; aber eben dieser nie ermüdende Fleiß des Hingeschiedenen war es auch, der von seinem Fürsten und auswärtigen gelehrten Gesellschaften seine verdiente Anerkennung fand. Seine vielfachen Leistungen anerkennend machte ihn die mineralogische Societät zu Jena zum ordentl. Mitglied und Assessor, die Gesellschaft Lyra in Leipzig erhob ihn zu ihrem Ehrenmitgliede und der thüring. sächs. Verein zu Halle, seine Verdienste fürs thüringsche Alterthum schätzend, zu seinem ordentl. Mitgliede. Sein Fürst aber erhob ihn 1816 zum charakterisirten Rath, übergab ihm das ungeordnete Münzkabinet und nachdem er den größern und wichtigsten Theil desselben geordnet hatte, empfing er von Sr. königl. Hoheit dem nunmehr auch vollendeten Großherzog die silberne Verdienstmedaille. Eine solche Anerkennung feuerte seinen Muth noch mehr an und gewiß würde er das Münzkabinet völlig geordnet haben, hätte ihn nicht im Frühjahr 1824 das Unglück betroffen, von einem Schlagflusse gerührt zu werden. Er wurde zwar durch geschickte ärztliche Behandlung u. den Gebrauch des Bades Wiesbaden einigermaßen wieder hergestellt, setzte auch, obgleich er nicht ausgehen konnte, zu Hause seine Amtsgeschäfte fort und schrieb namentlich in dieser Zeit seine „nordische Mythologie;" allein sein gelähmter Fuß und Arm waren doch nicht völlig wieder hergestellt und alle unternommenen Heilversuche blieben ohne Erfolg. Wohlthätig mußte es daher für ihn seyn, nach ehrenvoller Dienstentlassung mit reichlich bewilligter Pension die Ruhe zu finden, die seine nie rastende Thätigkeit verdient hatte. Von nun an schwanden aber seine körperlichen und geistigen Kräfte von Tag zu Tag und nachdem im Februar 1827 der Schlagfluß sich wiederholt, konnte nur durch die größte Sorgfalt und durch die ausdauerndste Liebe seiner Familie und Freunde sein Daseyn noch wenige Monate gefristet werden.

Außer den schon genannten Schriften erschienen von V. noch folgende im Druck: Gesch. eines Rosenkranzes. 1784. — Eduard Rosenthal, e. abentheuerl. Gesch. 2 Thle. 1784. — Abentheuer des Ritters Palmendos. 1784. —

Historia des Bombardements des weltbekannten u. schreckl. gefürchteten Raubnestes Algier i. J. 1784, von Don Barcelo ausgef. 1784. — Mein Himmel u. meine Hölle. 2 Gedichte. 1785. — Abentheuer des Prinzen Kalloandro. 2 Thle. 1785. — Betrug über Betrug. Lustsp. 1785. — Gabrino. Roman. 1785. — Don Petro. Roman. 1785. — Die Seelenwanderung. Posse. 1786. — Die Feier im Reiche der Feen. 1786. — Adolph v. Schönthal. 1787. — Gesch. Blondchens. 1787. — Liebe u. Freundschaft. Schausp. 1787. — Meine Wanderungen. Roman. 1787. — Ital. Anekdot. aus d. Reisejourn. e. deutsch. Gelehrten v. vorig. Jahrh. 1787. — Die Männer d. Republik. Lustsp. 1788. — Sie kanns nicht übers Herz bringen! Lustsp. 1788. — Sommertagsnachts- od. abentheuerl. Romane. 1788. 2. Thl. 1789. — Glossarium für d. 18. Jahrh. 1788. — Theatral. Reisen. 2 Bde. 1789—90. — Beichten rc. 1789. 2. Samml. 1791. — Der glückl. Tag. Vorsp. 1789. — Skizzen aus d. Leben galanter Damen. 1789. 2. Samml. 1791. — Der Liebe Lohn. Schausp. 1789. — Leidensch. u. Liebe. Trauersp. 1790. — Operetten. 1790. — Serafine. Trauersp. 1790. — Liebesproben. Lustsp. 1790. — Ehestandsproben. Lustsp. 1791. — Glücksproben. Lustsp. 1791. — Zauberromane. 1790. 2. Samml. 1791. — Redoutenlieder. 1791; auch unt. d. Titel: Mysterien neuer Bacchanalien. — Romant. Gesch. d. Vorzeit. 10 Thle. 1791—98. 2. Aufl. 1794. — Die Rose. Erzählg. 1791. — Fernando u. Kalliste; span. Roman. 1792. — Das rothe Käppchen. Operette. 1792. — Hieron. Knicker. Operette. 1792. — Luftschlösser. Lustsp. 1792. — Graf Benjowsky. Trauersp. 1792. — Auswahl romant. Gemälde. 1793—94. — Der Portugiese in Indien; histor. Gemälde. 2 Thle. 1793. — Joh. v. Leyden. 1793. — Der Schatz war gehoben. Posse. 1793. — Rikko. Posse. 1794. — Opern aus verschied. Spr. übers. 1794. (Enthält die Hochzeit des Figaro; den betrogenen Geizigen u. Hokus Pokus). — Zufall u. Laune. Lustsp. 1794. — Die Zauberflöte. Oper. 1794. — Aurora; romant. Gemälde d. Vorz. 1794. 2. Aufl. 1798. — Anekdot. aus d. Vorzeit. 1797—98. — Telemach, Prinz v. Ithaka. Oper. 1797. — Lenardo u. Aurelia. Schausp. 1798. — Romant. Blätter. 1797. — Harlekins Abenth. u. Reisen. 1798. — Abenth. u. Fahrten des Bürgers u. Barbiers Seb. Schnapps. Roman. 1798. — Hist. Blätter u. Anekdot. 1800. — Karl XII. bei Bender. Schausp. 1800. — Das Geheimniß. Schausp. 1800. — Suwarow u. d. Kosaken in Italien. 1800. — Fürstinnen, unglücklich durch Liebe. 1800. — Theodor, König d. Korsen. 3 Thle. 1801. — Sebastiano, der Verkannte. 1801. — Aurelia. 1801. — Orlando Orlandini, d. wunderb. Abenth. 1802. — Die Zigeuner. Roman. 1802. — Der Zwerg. Roman. 1803. — Die Sicilianer. Roman. 1803. — Leontino; romant. Gesch. 1804. — Armidoro; Wundergesch. 1804. — Thalheim; romant. Gesch. 1806. — Glorioso, d. große Teufel. 1800 u. 1806. — Die Russen u. Engländer in Neapel. 1800. — Der Malteser. 1804. — Hulda, od. d. schöne Wasserfräulein. 1804. (Auch unt. d. Tit. Hulda d. Nymphe d. Donau und: die Saalnixe). — Beschreib. d. Feierlichk. b. d. Einzuge d. Hrn. Erbgroßherzogs Karl Friedr. v. S. W. u. d. Großfürstin Maria Paulowna s. Gemahlin. 1804. — Bibl. d. Romant. u. Wunderb. 1805. — Frau Holda Waldina. Roman. 1805. — Geheimnisse aus d. Fürsten- u. Klosterwelt. 1809. — Lucindora, die Zauberin. 1810. — Die Schreckenshöhle. Erzählg. 1810. — Kurze Uebers. d. Gesch. d. Schenken v. Tautenburg. 1820. — Die Regenbogenschüsselchen. 1818. — Lionardo Monte-Bello, od. d. Carbonaribund. 1821. — Histor. liter. Unterhaltung u. Ergötzlichk. 1821. — Bublina, d. Heldin Griechenlands uns. Zeit. 1822. — Truthina, d. Wunderfräulein d. Berge. 1822. — Thermitonia, das Buch d. Geisterseherin. 1825. — Scenen zu Rom während d. Jubelfeier im J. 1825. — Er war auch Verfasser des Mazarino u. des Alpenwanderers. Gab heraus: Janus; Ztschr. auf Ereignisse u. Thatsachen gegründet. 1800. — Die Vorzeit; Journ. f. Gesch., Dichtung, Kunst u. Literat. d. Vor- u. Mittelalters. 1817. — Dialogen Herzog Bernhards d. Gr. z. Weimar; in d. Olla Potrida. 1783. St. 2. — Leben des Dichters Guarini. Ebd. 1785. St. 4. — Der Nebel im Brautbette. Erzählg. in d. Miliusssischen Samml. kl. Romane. Bd. 5. (1785). — Der Schleier; orig. Ritteroperette. — Verschied. Gelegenheitsgedichte v. d. J. 1782—84. — Außerdem Gedichte u. prosaische Aufsätze in vielen Zeitschriften.

B. Dr. A. W. M.

219. Jakob Heinrich,

k. k. wirkl. Hofrath des obersten Gerichtshofes zu Prag und Ritter des königl. ungarischen St. Stephanordens;
geb. i. J. 1753, gest. d. 27. Juni 1827 *).

Zu Prag geboren und zum geistlichen Stande bestimmt vollendete H. die philosophischen Studien im Jesuitenkol-

*) Wiener Ztg. 1827. Nr. 179.

legium zu Olmütz: nach Aufhebung dieses Ordens betrat er zu Prag die juridisch-akademische Laufbahn und ward im J. 1776 Auditeur im Infanterieregimente des Feldmarschalls Grafen Joseph von Colloredo. Schon in diesem ersten Staatsdienste zeichnete er sich durch besondere Leistungen aus und gab künftigen Richtern des Kriegerstandes ein ermunterndes Beispiel, indem er zuerst einem lang gefühlten Bedürfnisse abhelfend, im J. 1785 eine Sammlung der Militär-Justizgesetze unter mancherlei Schwierigkeiten öffentlich erscheinen ließ. Seit dem J. 1789 wurden seine Talente und Kenntnisse, sein unermüdlicher Fleiß, seine wohlwollende Rechtlichkeit für die Rechtspflege des Civilstandes gewonnen, in welchem er als Adjunkt bei dem königl. böhmischen Fiskalamte, als Rath des königl. böhmischen Landrechts, des böhmischen Appellationsgerichts und endlich seit dem J. 1805 als Hofrath des obersten Gerichtshofes mit stets gleicher rühmlicher Unverdrossenheit, seiner Pflicht getreu, wirkte. Auf diesem letzten Standpunkte, dem selbst gesetzten Ziele seines Strebens, hatte der Hingeschiedene bis an seinen Tod durch 22 J. ein weites schönes Gebiet für seinen Diensteifer gefunden und mit heiterer Zufriedenheit und Ruhe, unberührt von kleinlichen Einflüssen und Wünschen der Selbstsucht, sorgsam gepflegt. Hier hatte er Gelegenheit, wichtige Angelegenheiten des Staates und seiner Mitbürger, die ihm, ohne Rücksicht auf Stand, Macht und Reichthum, alle gleich heilig waren, mit gründlicher Einsicht und Freimüthigkeit zu berathen und mußte er das Strafamt üben, so hatte sein mildes Gemüth das Gesetz mit dem Menschen zu versöhnen gesucht. Häufig berief das wohlverdiente Vertrauen seines Kaisers den bewährten Diener zu Arbeiten, die außerhalb seines Richteramtes lagen und das bescheidene Verdienst einer 48jährigen Anstrengung ward im J. 1824 mit dem Ritterkreuze des königl. ungar. St. Stephanordens ausgezeichnet, so wie früher durch eine außerordentliche Gehaltsvermehrung belohnt.

* 220. Christian August Friedrich Köhler,

Kön. preuß. Major a. D., Oberlandesgerichtsrath zu Halberstadt und Inhaber des allgemeinen Ehrenzeichens 1. Klasse; geb. d. 10. Mai 1779, gest. d. 29. Juni 1827.

Sein Vater war Max Heinr. K., zweiter Lehrer an der Stadtschule der Neustadt Magdeburg, die Mutter Henr. Kath., geb. Hahn. Seine Schulbildung erhielt er auf dem Kloster U. L. F. zu Magdeburg und lag dem Studium der Rechte auf der Universität Halle ob. Vom J. 1799 Auskultator und Referendar zu Magdeburg, trat er 1802 als Expedient zur Organisationskommission in Paderborn und demnächst zur Regierung daselbst als Referendar über, ward am 17. Sept. 1804 Justizbürgermeister zu Beverungen und Justizamtmann zu Herstelle; am 1. März 1808 westphälischer Civiltribunalrichter zu Neuhaldensleben; am 1. Jan. 1815 erster Assessor des neugestalteten Land- und Stadtgerichts und am 3. April 1816 Oberlandesgerichtsrath zu Halberstadt mit der Anciennetät vom 1. März 1808. — In die Periode von K's juristischer Thätigkeit zu Neuhaldensleben fällt der Freiheitskrieg, worin Preußen ein Schauspiel gewährte, wie noch kein Volk neuerer Zeit es darbot. — Die vom Mutterlande früher abgerissenen Elbprovinzen waren mit Ausnahme einiger Festungen vom Feinde geräumt. Neuhaldensleben sah zur Zeit der Leipziger Schlacht wieder Preußen — ihre Streifkorps nahmen ihm seine Verwaltungsbehörden, indeß das allgemeine Vertrauen ersetzte sie bald durch K's Person. Welch schöne Wahl! Er wollte nicht blos Bürgermeister seyn, er wurde auch Soldat, vielleicht der erste, der im Geiste der von seinem angestammten königl. Herrn ergangenen Proklamationen auf diesseitigen Grund und Boden die Waffen ergriff. Aus den Händen legt er die Wagschaale der Gerechtigkeit und ergreift voll patriotischen Muths den Degen. — An der Spitze der von ihm organisirten Bürgergarde zu Pferde und unterstützt von Bürgersoldaten zu Fuß, deckt er durch mit Umsicht geleitete Patrouillen die Stadt gegen die zum Plündern öfters aus Magdeburg ausfallenden französischen Kolonnen, läßt sich bald in Gefechte ein, bald legt er ihnen Verstecke, zeigt sich, als wenn Massen zum Nachrücken vorhanden wären, zwingt sie durch List zur Vorsicht, zum Abzuge, rettet die Stadt und kehrt mit Gefangenen zurück. — Muth und Gewandtheit leiten seine Schritte, Liebe und Dankbarkeit zollen ihm seine Landsleute, die er gegen harte Bedrückungen geschützt hat. Wo er sich zeigt, wird dem muthigen einsichtsvollen Manne die gebührende Achtung und Ehrfurcht gezollt, die öffentlichen Behörden erkennen durch Belobungen seinen Eifer, seine rastlose Thätigkeit, gepaart mit einem dem Zeitgeiste entsprechenden kräftigen Muthe — und späten Nachkommen erzählt Haldenslebens Chronik die von einem wackern patriotischen Schriftsteller mit farbigen Umrissen gezeichneten Thaten. Was wäre aus ihm und seiner Familie geworden, wenn der Würfel anders fiel! — Nachdem die Festung Magdeburg durch reguläre Truppen blokirt und sein bisheriger Wirkungskreis, zum Schutz der Nachbarschaft den kleinen Krieg zu führen, beengt war, schloß er sich als aktiver Soldat und zwar als Kapitän im 4. Elb- und 4. westphälischen Landwehr-Infanterieregimente der im offenen Felde stehenden grossen Armee an, wohnte mehreren Kriegsbegebenheiten in den Feldzügen 181¾ bey, wurde mit besonderer Auszeichnung zu diplomatischen Sendungen gebraucht, als Kommandant in französischen Plätzen angestellt und trat nach dem Frieden wieder in sein früheres Verhältniß als Diener der Themis zurück. — Der König ehrte ihn 1821 mit dem allgemeinen Ehrenzeichen 1. Kl., nachdem er während des Krieges zum eisernen Kreuze vorgeschlagen worden war. — K. war nicht mehr militärpflichtig, sondern verabschiedet; um aber zu bethätigen, wie gern er in allen Verhältnissen dem Könige und Vaterlande nützlich zu werden wünsche, übernahm er freiwillig bei Reorganisation der Landwehr die Führung einer Kompagnie im 27. Landwehrregimente, aus welchem Verhältnisse er 1822 mit dem Charakter als Major Kränklichkeit halber austrat. — Vorgesetzte und Kameraden bewahren dem biedern, würdigen deutschen Manne das Anerkenntniß seiner mannichfachen militärischen Verdienste. — Was K. als Rechtsgelehrter gewesen, wie er als Richter gewirkt habe, darüber ist unter denen, welche ihn von dieser Seite gekannt und begriffen haben, nur Eine Stimme. — Entfernt von der Einseitigkeit irgend einer juristischen Schule, hatte er seine Berufswissenschaft nach allen ihren Richtungen durchdrungen. Durch die Frage nach der Natur eines positiven Rechts überhaupt, dem organischen Zusammenhang seiner einzelnen Theile, der Totalität der Momente, wodurch der jedesmalige Charakter eines solchen bestimmt wird: war sein Geist in die weite Region vergleichender Rechtswissenschaft und auf jenen höhern Standpunkt geführt worden, wo das Wesen des vaterländischen Rechts in hellern durch den Kontrast hervorgetriebenen Umrissen dem Auge sich aufthut und jener befangene Sinn sich verliert, welcher so gern an Rechte und Sitten der Heimath die Idee ausschließlicher Vernunftmäßigkeit knüpft.

Wie aber eine jede Wissenschaft in Begriffen und Sätzen sich endigt, für welche höhere Begründung in dem Gebiet der Philosophie gesucht werden soll und wie der Forschungstrieb eines solchen Mannes keine andere Grenze kannte, als die unserer Erkenntnißkraft überhaupt, so hatte auch K. auf diesem Felde und in den verschiedenen Systemen, worin es angebaut ist, für seine Wissenschaft nach einem obersten Grundsatz gerungen, nach einem unwandelbaren Maßstabe zur Beurtheilung der Güte desjenigen, was in den verschiedenen Völkern als positives Recht sich offenbart. — Durch solche Bestrebungen aber befriedigte er nur die Bedürfnisse seiner nach Umfang und Tiefe der Einsicht ringenden Vernunft; — bei dem Richter traten jene spekulativen Gesichtspunkte völlig in den Hintergrund. Ihn hatte sein praktischer Sinn, seine eingreifende Wirksamkeit unter verschiedenen Legislationen und seine scharfe Beobachtungsgabe gelehrt, daß zu sicherer Anwendung eines konkreten Rechts nichts unentbehrlicher sey, als eine genaue Kenntniß der mannichfaltigen Wechselwirkung im Leben der Menschen, ihres Verkehrs, seiner Objekte, Elemente und Verwickelungen, so wie die Fähigkeit jenes Leben in unserm eigenen Volke nach seinen verschiedenen Bildungsstufen so zu durchdringen, daß jede vorangehende zur Erklärung der nachfolgenden bis auf den Moment der Gegenwart mit Sicherheit könne benutzt werden. Und in jener Kenntniß, so wie in dieser Fähigkeit lag die eigenthümliche Größe des Verewigten als praktischer Jurist. — Von Kindheit an begabt mit einem trefflichen Lebensblick, mit dem Sinne zu wirken im Leben und das Leben zu genießen; getrieben von dem nie versiegenden Durste nach der speciellsten Erkenntniß aller ihm vorkommenden Erscheinungen der geistigen und natürlichen Welt; durch die in seinem Antlitz leuchtende Biederkeit, glücklichen Humor, seltene Gewandtheit des Geistes und äußere Anmuth mit Menschen aus allen Klassen und Ständen leicht vertraut; mit dem Takt, die rechten Geister zu wählen; in der Fülle körperlicher und geistiger Kraft und durch mannichfaltige Lebensverhältnisse in einer vielbewegten Zeit geführt und zu ungewöhnlicher Anstrengung darin aufgefordert, hatte K. überall aus dem Leben als der unmittelbarsten Erkenntnißquelle geschöpft und einen Schatz von Erfahrung und praktische Kenntniß aus den verschiedensten Gebieten menschlichen Treibens gesammelt, wie er bei einem einzelnen Manne wohl selten sich concentrirt.

Wie aber dieser systematische Kopf unaufhörlich dahin strebte, das mannichfaltige der Erscheinungen zu einem geordneten Ganzen zu verbinden und nach seiner Gesetzmäßigkeit zu ergründen, so hatte auch hier von der Erfahrung die Wissensaft sich niemals getrennt. — Wie ein großer Theil seines empirischen Wissens durch das Studium der Körperwelt, ihrer Formen und Gesetze, auf welchen das Leben der Gewerbe beruht, zu höherm Bewußtseyn in ihm gestaltet war; so verdankte er, durch umfassende und specielle statistische Kenntniß vorbereitet, eine tiefere Einsicht in das menschliche Treiben derjenigen Wissenschaft, welche die Natur in ihrem Schaffen und neben ihr den Menschen in seiner Regsamkeit belauscht u. darstellt, welche die feinsten Linien des Verkehrs zeichnet und, indem sie blos den Reichthum als Ziel sich gesteckt hat, dadurch zugleich alle Nüancen des thätigen Beisammenseyns kennen lehrt. — Die Lehre, nach welchen unwandelbaren Gesetzen der Wohlstand der Völker sich vermehrt und vermindert, nach welchen er auf die einzelnen ausströmt oder von ihnen weicht — sie, welche bestimmt ist ein Leitstern des Staatsmannes, eine Lehrerin der Völker und eine Dollmetscherin der Weltgeschichte zu seyn — mußte unwiderstehlich das Interesse eines Mannes gefesselt haben, dessen Geist jedes auf das Leben Beziehung habende Wissen feurig erfaßte und dessen edler großartiger Seele das Wohl der Menschheit, wie irgend einer, theuer war. — Mit diesen Uebersichten und einer solchen Fülle empirisch-praktischer Kenntniß und Fertigkeit, seine eigene Wissenschaft fest im Auge, als den Brennpunkt, wo die Verbindungsfäden zu allem verwandten Wissen auslaufen, wo dieses zu rein praktischen Zwecken sich verschmelzen müsse, war es dem universalen Geiste gelungen, das Wesen aller Lebens- und Verkehrsverhältnisse, welche seine Thätigkeit als Richter in Anspruch nahmen, so innig zu durchdringen, daß er die ihnen entsprechenden Rechtsbestimmungen aus sich selbst zu erzeugen und daher um so mehr die vorhandenen nach ihrer Zweckmäßigkeit oder Unangemessenheit zu würdigen im Stande war. — Das Räthsel solcher Unangemessenheit aber löste sich eher als einem Andern dem Manne, der die ursprüngliche Vernünftigkeit und Angemessenheit absolut gewordener Bestimmungen und Institute durch wahrhaft pragmatisches und quellenmäßiges Studium der vaterländischen Geschichte aus dem Daseyn vorangegangener Kulturstufen seines Volkes vortrefflich nachzuweisen verstand und zu dessen Grundüberzeugungen wesentlich gehörte, daß der concrete Rechtszustand der Gegenwart nur in seinem Zusammenhange mit den vergangenen Zuständen vollständig aufgefaßt und richtig gedeutet werden könne. — Von der hier skizzirten Vortrefflichkeit des Verewigten als Jurist trug jede seiner praktischen Arbeiten den unverkennbaren Stempel. — „In seinen klassischen Vorträgen ging er aus von der lebendigsten Anschauung des besondern Rechtsfalles; wir sahen vor unsern Augen das ganze Verhältniß in seiner schärfsten Individualität Schritt vor Schritt entstehen und sich verändern. — Es war nun als ob dieser Fall der Anfangspunkt der ganzen Wissenschaft wäre, welche von hieraus erfunden werden sollte. So war ihm Theorie und Praxis eigentlich gar nicht verschieden; seine Theorie war bis zur unmittelbarsten Anwendung durchgebildet und seine Praxis stets durch wissenschaftliche Behandlung geadelt."

„In jedem Grundsatz sah er zugleich einen Fall der Anwendung, in jedem Rechtsfalle zugleich die Regel, wodurch er bestimmt wird und in der Leichtigkeit, womit er so vom Allgemeinen zum Besondern und vom Besondern zum Allgemeinen überging, war seine Meisterschaft unverkennbar." (Savigny vom Beruf unserer Zeit ꝛc. S. 30, 31.) — Was schwer zu glauben ist — daß ein und derselbe Mann mit gleichem Interesse und gleichem Talent das verwickelste Gutsübergabegeschäft dirigire und über die stehen gebliebenen Trümmer von Rechtsverhältnissen, die sich überlebt haben, durch tiefe historische und glückliche Gelehrsamkeit, zum Zweck praktischer Beurtheilung ein helles Licht verbreite, daß er die verwickeltste Rechnungssache, so wie einen durch Contradiktion von Beweis und Gegenbeweis intrikat gewordenen oder wegen psychologischen Beziehungen schwierigen Kriminalfall zu gleichklarer Auffassung bringe; mit gleich scharfer Sachkenntniß einen Mühlenprozeß, eine Bausache oder ein kommercielles Verhältniß auseinanderlege, bei Streitigkeiten, welche durch Grundsätze des öffentlichen Rechts beleuchtet seyn wollen, mit gleicher Sicherheit das Urtheil finde, wie bei Kontestation und über das bloße „Mein und Dein," daß in der Bearbeitung des wichtigsten Rechtshandels wie des geringfügigsten dieselbe genaue Sorgfalt sich abspiegle — es war in diesem seltenen Manne wirklich geworden. Die Kraft und Gediegenheit seiner Rede, gehoben durch ein klangvolles Organ; die eigenthümliche Anmuth und Gewichtigkeit seiner Schreibart, welche in jeder Zeile den originalen Geist zurückstrahlt; die glückliche Wahl der Einkleidung für jeden noch so verschiedenartigen Stoff, hätten ihres Zaubers auch auf den nicht verfehlt, welcher bei so gesundem, vollendeten Inhalt die Frage nach der Form noch für erlaubt hält.

* * *

* 221. Johann Georg Eberhard Pavenstedt,

Erbherr zu Mechelstorff, Hohen-Niendorff und Neu-Gartz unweit Rostock im Großherzogthum Mecklenburg;

geb. d. 24. Febr. 1793, gest. d. 30. Juni 1827.

Er war zu Bremen geboren u. der Sohn des Aeltermann Joh. Eberh. P. Von Kindheit an genoß er eine sehr sorgfältige Erziehung. Auf der Schule des Gymnasiums zu Bremen, zu Ilefeld und während den J. 1811 bis 1814 auf der Universität Göttingen, bildete er sich vielseitig, namentlich in Rücksicht auf den von ihm gewählten Stand eines Landwirths aus. Nach der Rückkehr Napoleons von der Insel Elba trat er in das Korps der freiwilligen Jäger zu Pferde, welches in Bremen zu dem Zwecke sich bildete, um unter preußischen Fahnen an das durch den Oberst von Lützow kommandirte Uhlanenregiment sich anzuschließen. Unter diesem Korps machte er den Feldzug von 1815 und die Schlachten von Charleroi u. Ligny mit, in welcher letztern das erwähnte Uhlanenregiment, nachdem es lange Zeit dem heftigsten Kanonenfeuer ausgesetzt war, vorzüglich zu dem großen Kavallerieangriffe verwendet wurde, durch welchen, unter seiner persönlichen Anführung, der Feldmarschall Blücher am Ende des blutigen Tages der Schlacht eine günstigere Wendung zu geben suchte. Nach dem Siege von Belle-Alliance war P. unter den ersten Verfolgern des geschlagenen französischen Heeres und unter denjenigen Truppen, welche gleich nach der Kapitulation in Paris einrückten. Nach beendigtem Feldzuge kehrte er mit seinem Korps, das von Seiten Sr. Majestät des Königs von Preußen durch Ertheilung mehrerer Orden des eisernen Kreuzes eine belohnende Auszeichnung erhielt, nach Deutschland u. in seine Vaterstadt zurück, wo er auf das ehrenvollste entlassen wurde.

Indem er darauf die Bewirthschaftung der damals seinem Vater, seit mehreren Jahren aber ihm als Erbherrn zugehörigen Güter übernahm, entwickelte er die durch sorgfältige theoretische und praktische Studien, so wie auf manchen Reisen gesammelten landwirthschaftlichen Kenntnisse und brachte, obgleich unter ungünstigen Zeitumständen, jene Güter in den schönsten Flor. — Leider hatten sich aber unterdessen, wahrscheinlich in Folge des Feldzuges, bei ihm die Spuren einer Drüsenkrankheit gezeigt, die ungeachtet des Gebrauchs der Bäder zu Sülz, so wie zu Salzbrunn in Schlesien immermehr überhand nahm.

42 *

Schon sehr schwach und mit einer Neigung zur Wassersucht kam er im Herbste 1826 in seine Vaterstadt zurück und auch hier vermochte nicht die sorgfältigste ärztliche Pflege seiner Krankheit eine glücklichere Wendung zu geben. Er starb in der Blüthe seiner Jahre. — Wenn gleich eine gewisse Zurückhaltung für den Hingeschiedenen den nachtheiligen Einfluß hatte, daß sein Werth sehr oft nicht genug erkannt wurde, so hat doch die Trefflichkeit seines Charakters ihm in jeder Lage seines Lebens eine große Anzahl inniger Freunde erworben. Die strengste Rechtlichkeit im Denken und Handeln, unerschütterliche Treue, fester Wille, Muth u. Unerschrockenheit waren mit der größten Sittenreinheit, Gutmüthigkeit und einem klaren Verstande in ihm verbunden. In der schweren Zeit seines Krankenlagers und im Angesichte des Todes, der in seine liebsten Lebensplane so störend eingriff, erprobte er die Gediegenheit seines Charakters durch ausdauernde Duldung und Ergebenheit. — Die alten Waffenbrüder des Verstorbenen trugen seine Leiche zur Gruft und in Verbindung mit den übrigen Angehörigen u. Freunden weiheten sie dem Abgeschiedenen eine aufrichtige und gerechte Trauer.

222. Heinrich Escher,

Forstadjunct, Mitglied des großen Raths u. Major der Reserve-Scharfschützen zu Zürich;

geb. d. 18. Septbr. 1791, gest. im Juni 1827. *)

Er war der jüngere Sohn Heinr. E's, gew. Amtmanns des Stiftes Einsiedeln. In seiner Jugend besuchte er die Schulanstalten zu Zürich bis in die dritte Klasse der Gelehrtenschule. Als nun gerade damals (1808) die hohe Regierung den Beschluß faßte, einen jungen Mann für das Forstwesen auszuwählen, der nach erlangter gehöriger Bildung in diesem Fache dem Forstinspectorate an die Hand gehen sollte; so war E. der einzige, der auf Anrathen des seiner Familie befreundeten Forstinspectors Hirzel sich dazu meldete u. auch nach vorläufiger Prüfung zum Zögling des Forstinspectorates angenommen wurde. Bis im Septbr. 1809 setzte er nun noch seine vorbereitenden Studien fort und ging dann auf die Universität Heidelberg, wo er unter Sponeck Vorlesungen über die gesammte Forstwissenschaft hörte und auch die staatswirthschaftlichen dahin einschlagenden Kollegien besuchte. Hier-

*) Schweiz. Monatschron. 1827 Nr. 8. S. 178.

auf kam er im J. 1810 zu einem Oberförster nach Pforzheim, um sein Fach praktisch zu erlernen, machte von hier aus eine Reise durch Thüringen nach Wien u. kehrte im Spätjahr 1811, theoretisch u. praktisch vortrefflich ausgebildet, in seine Vaterstadt zurück. Unterm 18. April 1812 wurde er zum wirklichen Adjuncten des Forstinspectorates, mit bestimmter Anwartschaft auf die Forstinspectorstelle, ernannt. Von nun an nahm er eifrigen und unermüdeten Antheil an der gesammten Verwaltung des Forstwesens, wobei sich allmählig immer mehr ein besonderer Wirkungskreis für ihn bildete, in welchem er sich um die neue Organisation dieses wichtigen Zweiges der Staatsverwaltung ein ausgezeichnetes Verdienst erwarb. Er bildete mehrere ihm untergebene Forstmänner oder leitete ihren Unterricht und veranstaltete in der Folge einen forstwissenschaftlichen Lesezirkel, um sie beständig mit den Fortschritten ihres Faches in Bekanntschaft zu erhalten. Bei der Vermessung und Beschreibung der sehr bedeutenden Gemeinds- u. Korporationswaldungen nach bestimmten forstwissenschaftlichen Regeln, womit nun der Anfang gemacht wurde, war es besonders, wo E's Eifer, Kenntnisse und praktische Tüchtigkeit sich in einem hellen Lichte zeigten, da er dabei noch mannichfache Schwierigkeiten, welche Vorurtheile und Verhältnisse dem neuen Werke in den Weg legten, zu überwinden hatte. Bis zu seinem Tode waren bereits über 9000 Juchart solcher Waldungen vermessen, beschrieben u. zur Benutzung eingetheilt. Aus Anerkennung seiner Verdienste wurde er deshalb im J. 1821 schon von der Regierung zum Actuar und wirklichem Mitgliede der Forstkommission ernannt, welches seine Wirksamkeit und seinen Einfluß auf das gesammte Forstwesen erleichterte und erhöhte. — Nicht unbedeutende Dienste leistete E. ferner als Scharfschützenoffizier; denn er wußte nicht nur im Dienste durch weise Verbindung von Ernst u. Strenge mit freundlicher Sorge für das Wohl seiner Untergebenen diese trefflich zu leiten und in Ordnung zu halten, sondern kannte das Fach auch theoretisch sehr gut. Deswegen erhielt er seiner Zeit den Auftrag, ein Reglement für den Dienst der eidsgenossischen Scharfschützen zu entwerfen, wofür ihm nachher ein ehrenvolles Belobungsschreiben von Seite der eidgenossischen Militäraufsichtsbehörde zugestellt wurde.

E. war als Mensch höchst achtungswürdig. Wenn sich sein ganzes Wesen zu einem gewissen strengen Ernste hinneigte, das ihm vor allen die Achtung derjenigen zusicherte, mit denen er in Verhältnisse trat, so war er nichts desto weniger für Freundschaft empfänglich u. für gesellige Freude, an welcher er jedoch meistens nur stillern Antheil nahm. Er liebte in Allem mehr das Wesen als den Schein und trug darum auch sein Wissen und seine Leistungen nicht zur Schau.

* 223. Wilhelm Friedrich von Berg,

königl. preuß. Oberst a. D., Director der Administration des Militärwaisenhauses zu Potsdam u. Ritter d. roth. Adlerord. 3. Kl.; geb. d. 27. Octbr. 1747, gest. d. 1. Juli 1827.

Er wurde zu Stowe bei Rostock auf dem Gute seiner Eltern geboren, verlor diese aber früh durch den Tod. Sein Vormund brachte ihn daher nach Rostock, wo er bis 1774 blieb und den Wissenschaften sich widmete. Auf Zureden seines Onkels mütterlicher Seite, von Vittinghoff, Flügeladjutant Sr. Majestät Friedrichs des II., trat er in preuß. Dienste und wurde den 8. Octbr. 1774 als Lieutenant bei dem in Treuenbrietzen stehenden Grenadierbataillon von Rohr angestellt. Im J. 1787 wurde das Bataillon in ein Füsilierbataillon umgeschaffen u. kam nach Halle in Garnison. 1789 zum Primierlieutenant ernannt marschirte er mit in die Rheinkampagne. Zweimal verwundet und in Folge einer Erkältung so heiser, daß er kein lautes Wort sprechen konnte, sah er sich genöthigt 1793 um seine Entlassung nachzusuchen, die er als Kapitän mit Pension erhielt. Aber noch im nämlichen J. wurde er als Staabskapitän beim Kadetteninstitut zu Berlin angestellt. 1798 zum wirklichen Kapitän u. Director des Kadetteninstituts zu Kalisch ernannt, wurde er d. 28. Juli desselben J. Major und blieb in diesem Verhältnisse bis nach dem Tilsiter Frieden. Die polnische Regierung wünschte, daß er auch fernerhin in seinem Posten verbleiben möchte, er zog es aber vor, 1808 nach Berlin zurückzukehren, um welche Zeit ihm endlich ein Nachfolger bestimmt worden war. Im J. 1809 wurde er zum Director der Administration des Militärwaisenhauses zu Potsdam ernannt u. d. 27. Aug. 1824 ihm der Rang eines Oberstlieutenants ertheilt. Am Tage seiner 50jährigen Dienstzeit erhielt er den rothen Adlerorden 3. Klasse und wurde den 12. Septbr. 1825 als Oberst mit Beibehaltung seines Diensteinkommens in den Ruhestand versetzt. Gänzliche Entkräftung machte seinem Leben, nachdem er bis in sein hohes Alter eine vollkommne Gesundheit genossen u. keine Abnahme seiner Geisteskräfte erfahren hatte, sanft ein Ende. Durch seinen gebildeten, richtigen Verstand, seine strenge Rechtlichkeit, seine Herzensgüte, hatte er sich viele Freunde erworben und wird von den Seinen und allen denen, die ihn näher kannten, tief und innig betrauert.

Im J. 1793 verband er sich ehelich mit einem Fräulein von Wangenheim, welche treue Lebensgefährtin ihm am 24. Decbr. 1824 in ein anderes Leben voranging. In Potsdam lebte er in einem kleinen Kreise von Bekannten, vorzüglich nach dem Tode seiner guten Frau, sehr zurückgezogen. Er las bis zu seinem Ende viel, beschäftigte sich bis zuletzt mit ernster Lektüre und ging mit der Zeit fort. Ein liebenswürdiger Greis, genoß er viel Achtung u. Liebe von Allen.

* 224. Christian Friedrich Spener,

königl. Kriegsrath und Mitglied des ehemaligen Manufaktur- und Kommerzkollegiums u. Vorsteher des Haupt-Münz-Verifikationskomptoirs in Berlin;

geb. d. 7. Mai 1760, gest. d. 1. Juli 1827.

Er war der älteste Sohn des verstorbenen markgräflich Anspachschen Hof- und Justizraths und Besitzer des Haude- u. Spenerschen Zeitungs-Privilegiums, Chr. Gottl. S. Nachdem er die Schulstudien auf dem Joachimsthalschen Gymnasium beendet hatte, wohnte er drei und ein halbes Jahr den akademischen Vorlesungen in Halle u. Göttingen bei, widmete sich Anfangs den Rechtswissenschaften und später dem Kameralfach; durchreiste hierauf den größten Theil von Deutschland, Holland, Elsaß und die Schweiz, wobei er die Besichtigung der Manufakturen u. Fabriken hauptsächlich im Auge hatte. — Nach erfolgter Rückkehr in die Vaterstadt wurde er 1784 bei der damaligen kurmärkschen Kriegs- u. Domänenkammer Referendar und in dieser Stellung vorzugsweise mit Manufaktur- u. Handelsgegenständen, als seinen Lieblingsneigungen, beschäftigt. Dies war denn auch Veranlassung, daß er später als Assessor bei dem Manufaktur- u. Kommerzkollegium eine Anstellung bekam und dabei auch im Jahre 1794 zum Kriegsrathe ernannt wurde. In diesem Kollegium arbeitete er bis zu Auflösung desselben, wo er mit vielen andern noch brauchbaren Offizianten wegen der damals allgemeinen eingeführten Einschränkung des Personals das Schicksal theilte, im J. 1809 auf Wartegeld gesetzt zu werden. — S. wurde auch im J. 1788 Expedient bei der damaligen Kommitte der Aktionäre der Emdenschen Häringsfischerei-Kompagnie in Berlin und 1797 nahm ihn die königl. märkische ökonomische Gesellschaft zu Potsdam zu ihrem ordentlichen Mitgliede auf. Bei Einführung der neuen Städteordnung wählten ihn die Stadtverordneten in Berlin 1809 zum unbesoldeten Stadtrath u. Mitglied des Magistratskollegiums, welchen Posten er bis Decbr. 1811 verwaltete und dann bei der königl. Hauptmünze als Vorsteher des Verifikationskomptoirs u. Rendant desselben angestellt wurde. Hierbei arbeitete er bis zu seinem Tode, der nach vorangegangenem langen u. schmerzhaften Krankenlager erfolgte.

Er genoß die Liebe u. Achtung seiner Vorgesetzten u. Kollegen bei allen den Fächern, in denen er gearbeitet, in hohem Grade und war in aller Hinsicht ein treuer u. gewissenhafter Staatsdiener u. wahrer Freund seiner Freunde, bei denen er im besten Andenken fortlebt. — Geschrieben hat er: Nachricht von den Salzwerken zu Reichenhall u. Traunstein in Oberbaiern, in Beckmanns Beiträg. zur Oekonomie, Technologie, Polizei u. Kameralwissensch. 8. Thl. — Taschenb. f. Stadtverordnete, Magistratsbeamte ꝛc. 1810. — Ein kleines Werk über Freiheit u. Beschränkung des Handels. 1817.

225. Conrad August Albrecht Roscher,

Doktor der Rechte und königl. hannöv. Oberjustizrath zu Hannover;

geb. d. 5. Mai 1774. gest. d. 1. Juli 1827 *).

Er war zu Lüneburg geboren, wo sein Vater Stadtsyndikus war, studirte zu Göttingen, praktizirte anfangs als Advokat, trat darauf 1799 in kurfürstl. hannöversche Dienste als Depeschenregistrator und erhielt 1803 den Titel eines Legations- und 1806 den eines geheimen Canzleisekretärs. Nach der neuen Organisation des Königreichs im J. 1816 wurde er als Oberjustizrath bei dem neu errichteten Oberjustizdepartement des königl. Kabinetsministeriums angestellt. — R. war ein Mann von vielseitigen gründlichen Kenntnissen, hoher Dexterität, eisernem Fleiße und großem logischen Scharfblick, der bei Entwerfung vieler Verordnungen im Justizfache ausnehmend thätig sich bewiesen.

Seine Schriften sind: De vi et efficacia investiturae eventualis et expectativae, quibus accessit vasalli principa-

*) Neues vaterl. Archiv d. K. Hannover. 1827. 4. H.

lis consensus. 1798. (Erhielt das Accessit bei dieser Preisausgabe.) — Wem wird das Vermögen des Lüneburgschen Salzcomtoirs bei der bevorstehenden Auflösung desselben zu Theil? 1799. — Auch soll die Uebersetzung der bekannten Lettres Peruviennes de Madame de Graffigny von ihm seyn.

* 226. Karl Adolph Friedrich, Graf von Seckendorf,

kön. preuß. Regierungsrath und Vorsteher der kön. Militär- und Baukommission in Berlin;

geb. d. 24. Aug. 1798, gest. d. 8. Juli 1827.

Auf dem Rittergute zu Kölzen bei Lützen trat der Hingeschiedene ins Leben und war der älteste Sohn des am 9. Nov. 1818 zu Merseburg verstorb. geh. Raths und Direktors der Stift-Merseburgschen Stände, Adolph Franz Karl, Gr. v. S., mit Amalie Sophie Elisabeth, geb. Gräfin v. Hardenberg. Bis zu seinem 14. Lebensjahre (1812) wurde er unter Aufsicht seiner Eltern, welche damals abwechselnd auf Kölzen und in Weißenfels lebten, von einem Hauslehrer erzogen, nachher aber bis Michaelis 1816 auf der Schule zu Kloster-Rosleben gebildet, während welcher Zeit sein Vater, nach der im J. 1815 erfolgten Abtretung der jetzigen Provinz Sachsen an Preußen, in den Grafenstand erhoben wurde. — Von Michaelis 1816 an studirte er die Rechte und Kameralwissenschaften zu Halle, erfüllte daselbst in den J. 1818 u. 19 seine Militärpflicht als einjähriger Freiwilliger im Füsilierbat. des 26. Reg. und bezog endlich Michaelis 1819 noch auf ein halbes Jahr die Universität zu Berlin, worauf er nach gemachtem ersten Examen als Auscultator bei dem Stadtgerichte daselbst arbeitete, sodann nach bestandenem zweiten Examen im J. 1821 als Referendarius bei der Regierung zu Potsdam angestellt und endlich im März 1824 nach dem dritten oder Assessorexamen von dem Minister Grafen v. Bülow*) als Hülfsarbeiter in das damalige Handelsministerium gezogen wurde. Im April 1824 trat er mit Fräul. Julie v. Adelebsen, einer nahen Verwandten von mütterlicher Seite, in eheliche Verbindung, welche im folgenden Jahre durch eine Tochter gesegnet wurde. Im Sommer desselben Jahres hatte er die Freude, mit dem Minister Grafen v. Bülow ins Bad nach Landeck in Schlesien zu

*) Man s. dess. Biographie 3. Jahrg. S. 871.

reisen und erhielt von ihm die Zusicherung, daß er ihm bald nachher als Rath beim dortigen Oberpräsidium nach Breslau folgen solle; der im Bade zu Landeck erfolgte plötzliche Tod des Grafen v. Bülow veranlaßte den Grafen v. G. jedoch, sich um eine andere Anstellung in Berlin zu bewerben, welche ihm denn auch bald von dem Minister v. Motz im Finanzministerium ertheilt wurde. Auf Verwenden des Ministers v. Schuckmann wurde er darauf zu Anfang des J. 1826 mit dem Titel Regierungsrath als Vorsteher der Bau- und Militärkommission im Ministerium des Innern angestellt, neben welchem Amte er jedoch immer noch mehrere Geschäfte unter der Leitung des Ministers v. Motz verwaltete. — Kurz vor seinem Tode hatte er mit seiner Gemahlin und Tochter noch eine Erholungsreise nach Dresden u. Merseburg gemacht u. kaum von dieser nach Berlin zurückgekehrt, wurde er, wahrscheinlich in Folge einer auf derselben sich zugezogenen Erkältung, von einer Krankheit befallen, die der ärztlichen Kunst nicht wich und schon nach wenigen Tagen sein Leben endete. Vorgefundene innere organische Fehler, vielleicht die Folge früher allzu großer Anstrengung, mochten seinen so frühen Tod herbeigeführt haben.

Durch Liebe und Eifer für Wissen und seinen Beruf beseelt zeichnete er sich schon in seiner Jugend vor Andern aus und sah daher seine Thätigkeit durch eben so schnelle als ehrenvolle Beförderung im Staatsdienste belohnt.

227. Carl Caspar Maria Clemens Joseph Anton Ignatz Apollinaris, Freiherr v. Gruben,

Bischof von Paros, Weihbischof und apostolischer Administrator des Bisthums Osnabrück, apostolischer Vicar zur Verwaltung des Bisthums Hildesheim, des größern Archidiakonalstifts zu Bonn und des Ritterstifts zu Fritzlar Kapitular, von Sr. päbstlichen Heiligkeit Leo XII. bestellter Executor der Bulle: Impensa R. R. P. P. etc.;

geb. d. 23. Nov. 1764, gest. d. 4. Juli 1827.

Ein edles Geschlecht, die Familie von Gruben, lebte vor der Reformation in seinem Stammlande Pommern in großem Ansehn. In Folge der stürmischen Begebenheiten aber, welche die Reformation nach sich zog, wanderte diese Familie aus Pommern, wo sie ansehnliche Güter zurücklassen mußte und kam in die schönen Rheingegenden, wo sie sich in dem Erzstift Köln niederließ. Nachdem dieses Geschlecht, während ungefähr dritthalb Jahrhunderten, eine Reihe von verdienstvollen und mit ausgezeichneten Talenten begabten Sprößlingen hervorgebracht hatte, wurde es in den Reichsfreiherrenstand erhoben und zwar in der Person des kurkölnschen wirkl. geh. Hof- und Regierungsraths, Staatsreferendars rc., Konstantin v. G., Herrn der Herrschaften Gels- und Ippelndorf, des Rittersitzes Selinghoven rc. Dieser hinterließ aus einer zweiten Ehe mit der Reichsfreiin Maria Anna v. Vogelius*) vier Söhne und vier Töchter**). Der drittgeborne dieser Geschwister, der verewigte Carl Clemens, genoß früh unter der Leitung vortrefflicher Eltern und Hofmeister eine sorgfältige Erziehung. Früh wußte man in ihm, nächst der Liebe für allerlei nützliche Kenntnisse, einen religiösen Sinn zu wecken, welcher sich bald schön entwickelte, so daß er bereits in dem Alter von 10 J. und 4 Monat. an Kenntnissen und frommen Sinn so weit vorgerückt war, daß man ihn, nach dem noch vorhandenen Zeugnisse des damaligen Gymnasialpräfecten, für fähig und würdig fand, ihn die Feier seiner ersten heil. Kommunion begehen zu lassen. Mit grosser Lernbegierde durchlief er nun die Klassen des Gymnasiums zu Bonn, studirte sodann an dortiger Akademie besonders Philosophie und die Rechtswissenschaften und widmete sich außerdem, theils unter Privatlehrern, theils in den öffentlichen Vorlesungen, den verschiedenen Zweigen der Theologie. Durch Neigung und Beruf schien er sich schon früh zum geistlichen Stande bestimmt zu fühlen, obgleich die Verhältnisse, worin die von Grubensche Familie von väterlicher und mütterlicher Seite zu dem kurfürstlichen Hofe Maximilians Franz v. Oestreich stand, ihm in jeder andern gewählten Laufbahn sehr günstige Aussichten eröffneten und obgleich es unter den Umgebungen in einer Residenzstadt an Versuchungen nicht fehlen konnte, ihn über seinen wahren Beruf zu täuschen. Ein vorhandenes Zeugniß sagt von ihm, daß, obgleich seine vorzüglichen Geistesgaben und die erworbenen Kennt-

*) Eine Tochter des kurkölnschen geh. Raths und Kanzlers, nachherigem Reichshofraths rc. Reichsfreiherrn v. Vogelius.

**) Diese Kinder sind: 1) Ignatz Friedrich, kurköln. geh. Rath, nachher Reichskammergerichtsassessor und endlich königl. baierscher wirkl. Staatsrath, der am 30. Aug. 1823 zu München starb; 2) Carl Clemens, der Weihbischof, welchem gegenwärtige biogr. Notizen gewidmet sind; 3) Peter Joseph, großherz. hessischer wirkl. geheim. Rath, außerordentl. Gesandter und bevollmächtigter Minister am hohen deutschen Bundestage und am kön. baierschen Hofe; 4) Franz Heinrich, kön. preuß. Kammerherr und vormal. Landrath. Von den vier Töchtern sind nur noch zwei: die Frau Hofräthin v. Pein zu Paderborn und Fräulein Mariane zu Gelsdorf am Leben.

nisse, die er bei öffentlichen Prüfungen an den Tag legte, ihm häufige Beifallsbezeugungen von seinen Lehrern, von dem Publikum und selbst von dem Landesherrn erwarben, Carl Clemens nichts destoweniger eine sich immer gleiche Bescheidenheit und Frömmigkeit beurkundet und dabei schon früh durch große Menschenfreundlichkeit und namentlich durch große Liebe gegen die Dürftigen sich bemerkbar und schätzbar gemacht habe.

Um sich seinen Beruf desto mehr zu sichern und zu der einstigen Erfüllung desselben sich zu befähigen, begab er sich in das erzbischöfl. geistliche Seminarium zu Köln, wo er 2 Jahre zubrachte und mit seinen dortigen Kollegen in genauer Beobachtung aller Regeln des Hauses und Aneignung eines wahren Klerikalgeistes wetteiferte. Späterhin erwähnte er gern dieser Zeit als einer der glücklichsten seines Lebens und als er im J. 1796, auf Ersuchen des Metropoliten Maxim. Franz zu Köln, die heiligen Weihen und Firmung austheilte, nahm er seine Wohnung in dem ihm so werthen Seminarium.

Auf solche Weise für seine gewählte Laufbahn vorbereitet, empfing er gegen das Ende des J. 1787 die Weihe als Priester von dem Erzstift-Kölnschen Domdechanten und Weihbischofe Grafen von Königseck-Rotenfels zu Köln. Im J. 1784 verlor er seine Mutter, 1788 seinen Vater, der noch die Freude und den Trost erlebte, seinen Sohn als Priester und bei seinem letzten Krankenlager wiederholt das heilige Opfer verrichten zu sehen. Nach dem Hinscheiden seines Vaters vertrat er Vaterstelle über die minderjährigen Geschwister, wobei er sich der gemeinschaftlichen Vermögensverwaltung und besonders der noch nicht vollendeten Erziehung der jüngern Brüder mit musterhafter Treue und Gewissenhaftigkeit annahm.

Der Kurfürst und Erzbischof Maximilian Franz begann jetzt den sich immer mehr entwickelnden Talenten C. Clem. einen weitern und öffentlichern Wirkungskreis zu eröffnen. Außer einer Kanonikalpräbende in dem Ritterstifte zu Fritzlar, die er bereits inne hatte, verlieh ihm der Kurfürst eine Priesterpräbende in dem Archidiakonal-Münsterstifte zu Bonn; auch gab er ihm mehrere besondere Aufträge für die geistlichen Verwaltungsgeschäfte, bis er ihn im J. 1793 seinem Großoheim Carl v. Vogelius, Generalvicar zu Osnabrück, adjungirte, an dessen Seite er einige Jahre hindurch sich mit den Verhältnissen einer Diöces näher bekannt machte, die ihm dann, als er nach dem 1795 erfolgten Tode seines Großoheims den Posten als wirkl. Generalvicar antrat, so theuer wurde und welcher er den Rest seiner Tage und öffentlichen Thätigkeit widmen sollte.

Am 6. Sept. 1795 empfing er zu Münster von dem Erzbischof von Köln die bischöfliche Weihe. Hierauf nahm bald derselbe Erzbischof seine Thätigkeit in bedeutenden Anspruch, indem er ihn im folgenden Frühjahre nach Köln und Bonn berief, wo er bis Mitte Novembers im Auftrage desselben gegen 800 junge Geistliche aus der Kölnschen, sowie auch aus den benachbarten Diöcesen ordinirte und viele Tausende vom beiderseitigen Rheinufer konfirmirte, was in den von französischem Militär besetzten Gegenden nicht ohne Gefahr geschehen konnte, so daß die heiligen Handlungen meist nur bei verschlossenen Thüren vorgenommen werden konnten, wobei ihn der damalige General Kleber in Schutz nahm.

Als im J. 1801 den 27. Juli der letzte Kurfürst von Köln und Erzbischof Maximilian Franz gestorben war, verwaltete C. Clem. die Osnabrücksche Diöces viele Jahre als Vicarius Capitularis. Auch erhielt er in den letztern Jahren als Administrator Apostolicus noch ausgedehntere Vollmachten, wozu noch kam, daß er nach dem Ableben des letzten Fürstbischofs von Hildesheim, Franz Egon, Freiherrn von Fürstenberg*), von Sr. päbstlichen Heiligkeit Leo XII. auch zum Vicarius Apostolicus für das Bisthum Hildesheim und zum Executor der Bulle Impensa R. R. P. P., wodurch die kirchlichen Angelegenheiten in den beiden Bisthümern Osnabrück und Hildesheim schließlich geordnet werden sollten, bestellt wurde. Leider erlebte er die so sehnlich gewünschte Vollendung des letztern Auftrags nicht mehr.

Die Osnabrücksche Diöcesanverwaltung leitete er vom Monat Julius 1795 bis zu den ersten Tagen desselben Monats 1827, in einem Zeitraume, der so reich an ungewöhnlichen Verhängnissen war, daß nicht leicht in der Geschichte eine gleiche Periode aufzufinden seyn möchte, wo so verschiedenartiger Regierungswechsel, eben so verschiedenartige Ansichten, Grundsätze und Anmaßungen in kirchlichen und geistlichen Angelegenheiten und damit Widersprüche und Reibungen zur Folge gehabt hätten, mit welchen Hindernissen der Verewigte oft und lange zu kämpfen hatte.

Rastloses Arbeiten war ihm nicht nur Freude, sondern auch bis zu seinem Ende wahres Bedürfniß. Gründlich unterrichtet und dabei mit einem vortrefflichen Gedächtnisse und mit nicht geringer Urtheilskraft begabt, wußte

*) Dessen Biographie s. 3. Jahrg. P. 890.

er eine verworrene Sache leicht zu entwickeln und nach einem aufmerksamen Ueberblick bald den wahren Punkt zu fassen, auf den es ankam. Seine Mitarbeiter fanden stets eine grosse Beruhigung darin, daß er jede ihrer Arbeiten genau durchsah. Sein Grundsatz war: „Worüber ich am Ende zur Rechenschaft stehen muß, davon muß ich mir auch der bestimmtesten Kenntnißnahme und Ueberzeugung bewußt seyn.“ Hiervon wich er selbst in den letzten Zeiten nicht ab, wenn die Geschäfte sich nicht selten so häuften, daß er der nöthigen Erholung entbehrend, noch bei spätem Abend am Arbeitstische sitzen mußte. Alles dieses mußte nothwendig seine sonst gute Körperkonstitution und Gesundheit untergraben. In den letzten Tagen des Junius fühlte er wohl, daß eine bedeutende Krankheit im Anzuge sey und machte sogleich Vorbereitungen für jeden Fall; jedoch ahnete er nicht, daß das Ende seines Tagewerkes so nahe sey; denn nur wenige Tage darauf rief Gott den treuen Hirten zu sich.

Von mittler Körpergröße, hatte er edle, milde und zugleich ernste, aber auch freundliche Gesichtszüge, ein lebhaftes und scharfes Auge; sein Körper war etwas stark geworden, ohne jedoch unbeholfen zu seyn. Viel Würde war über seine ganze Person verbreitet; auch trug sein ganzes Wesen etwas Feierliches an sich, welches selbst in vertrauten Unterhaltungen sein Recht behauptete und auf die Würde seines Amtes und Charakters zurückwies. Eben dieses ihm zur Natur gewordene Feierliche, verbunden mit der Gabe einer so bestimmten, als väterlichen Darstellung gab seinen Ermahnungen eine so eindringende Kraft, daß sie fast nie ihren Zweck verfehlten.

Der Haupt- und Grundzug in seinem Charakter war Gottesfurcht. Von früher Jugend bis zu seinen letzten Tagen war sie seine eigentliche Lebensführerin; seine Rede, sein Arbeiten und ganzes Wesen trug ihr Gepräge. Daraus entsprang auch die größte Pünktlichkeit in der Ausübung und Erfüllung aller seiner Pflichten, zur Erbauung Aller, die ihn sahen. Als Oberhirt ging er mit dem besten Beispiel voran; dagegen forderte er aber auch, da er sich selbst stets an die strengste Ordnung band, dieselbe von seinen Untergebenen und sie diente, wo er sie fand, allemal zu einer besondern Empfehlung bei ihm. Dabei von Natur lebhaften Geistes, empfand er auch sehr zart und tief und einzelne Ungebührnisse konnten ihn ungemein kränken. Sehr empfänglich für die Wahrnehmung und den Genuß alles Schönen und Guten, wo es sich nur fand, konnte ihn in dieser Hinsicht, auch was Manchem eine Kleinigkeit schien, herzlich ergötzen. Hieraus läßt sich auch von selbst schließen, daß er sehr theilnehmend an den Leiden und Freuden der Menschen war. Gutes zu thun war für ihn eine innige Freude. Vielen in der Nähe und Ferne ist mit seinem Tode die Quelle versiegt, aus welcher ihnen Trost und thätige Hülfe floß.

Noch ein Zug, welcher recht charakteristisch die innigste Herzensgüte des Hingeschiedenen und zugleich seine Anhänglichkeit an die Seinigen oder solche, die ihm oder seinem Umgange in etwas angehörten, treffend darthut, indem er ihm und ihnen Ehre macht, stehe noch am Schlusse seines Lebensbildes. Die Menschen lieben war so sehr ein Bedürfniß seines Herzens, daß er sich ihres Andenkens selbst nach ihren Tode noch freute, es treulich aufbewahrte und sich dazu ein eigenhändiges Verzeichniß hielt, dessen Anblick ihm jedesmal die schätzenswerthen Personen, mit welchen er in irgend einer Verbindung gestanden, wieder ins Gedächtniß rief. Da ist es rührend, wenn man in der Reihe vieler theuern und angesehenen Verwandten, auf Stellen kommt wie diese: „Am 24. März 1804 entschlief mein guter Gärtner Hehemann in seinem 30. Lebensjahre; am 14. Sept. desselben Jahres meine brave Haushälterin Kathar. Nonns, in dem Alter von 68 Jahren u. d. m.“ Wohl ein Zug, der tiefer in das Innerste des Menschen schauen läßt, als manche scheinende Großthat, die eben dasjenige, was über den eigentlichen Werth entscheiden soll: Veranlassung und Beweggründe, oft sehr in Zweifel läßt.

Osnabrück. Jos. von Lucenay.

* 228. Johann Daniel Hartmann,

kön. preuß. Superintendent und Pastor zu Ziegenrück; geb. d. 30. Jul. 1780, gest. d. 7. Jul. 1827.

Fast das ganze Leben dieses Entschlafenen war ein rühmlicher Kampf gegen äußere Hindernisse, die seinem edlen Streben entgegen traten. — Zu Berga, in dem jetzt Weimarschen Neustädter Kreise, von unbemittelten Eltern geboren, faßte er schon in früher Jugend den Vorsatz, sich dem theologischen Studium zu widmen und besonders ließ die — späterhin noch oft von ihm gerühmte — liebreiche Theilnahme und Aufmunterung, welche ihm von dem damaligen zweiten Prediger seines Geburtsorts, dem Diakonus Hertel zu Theil ward, diesen Entschluß zur

Reise kommen. Nachdem er bis zur Konfirmation die Ortsschule besucht hatte, ward er im J. 1795 in das Lyceum zu Greiz aufgenommen, welches er drei Jahre hindurch besuchte. Hier mußte er sich durch Unterrichtgeben und Singen im Chore einen Theil seines Unterhalts zu erwerben suchen und vermuthlich wurde das Letztere schon hier die Ursache jener Brustkrankheit, die späterhin immer merklicher hervortrat und sein frühes Ende herbeiführte. Im J. 1798 bezog er das Lyceum zu Ronneburg; aber auch hier schon hemmten wiederholte Krankheitsanfälle den schnelleren Fortgang seiner Studien. Als er demnächst im Begriff war, die Akademie zu beziehen, starb sein redlicher Vater, der Zimmermann Joh. Dan. H. zu Berga, der ihn bisher nach Kräften unterstützt hatte.

Mit trüben Aussichten in die Zukunft und mit dem ganzen auf ihn gekommenen, kaum für das nächste Halbjahr hinreichenden Theile der geringen väterlichen Habe ging er nun Ostern 1801 auf die Universität Jena. Hier wurden in dem von ihm erwählten Hauptstudium Griesbach, Gabler,*) Paulus und Schmid seine Lehrer. Vorzüglich gewann er die väterliche Zuneigung des Ersteren, erfreute sich dessen belehrenden Umgangs, konnte die reiche Bibliothek desselben, die er zuvor hatte ordnen helfen, stets benutzen und erhielt durch seine Vermittelung manche Unterstützung. Nur zwei Jahre aber konnte er, bei seinen drückenden Vermögensumständen, aller der Einschränkungen ungeachtet, die er sich auflegte, auf dieser Hochschule verweilen. Ostern 1803 sah er sich genöthigt, seine akademischen Studien zu unterbrechen und eine Hauslehrerstelle zu suchen. Er fand sie in dem Hause des Herrn Kammerherrn von Metsch auf Kulmitsch, wo er 2 Jahre verlebte. Während dieser Zeit suchte er sich zugleich im Predigen zu üben und erwarb sich unter den Geistlichen dortiger Gegend manchen treuen Freund. — Im Frühjahre 1805 ward es ihm endlich möglich, den unterbrochenen Kursus fortzusetzen. Er wendete sich nun nach Leipzig u. vollendete hier binnen 2 Jahren sein Studium vorzüglich in praktischer Hinsicht. Zugleich gab er hier in der Bürgerschule und in einigen Privatinstituten Unterricht. — Im J. 1807 wurde er in Dresden pro candidatura examinirt, worauf er wieder eine Hauslehrerstelle bei dem Hrn. Baron Pfister daselbst annahm. In diesem Hause — namentlich des Winters in Dresden und im Sommer auf dem Rittergute Börln bei Wurzen — verweilte er 7½ Jahr lang und genoß daselbst die angenehmste Zeit seines Lebens.

*) Dessen Biogr. 4. Jahrg. S. 80.

Doch sehnte er sich nun immer mehr nach umfassender Wirksamkeit, die er denn auch im J. 1814 durch den Ruf zum Diakonate in Ziegenrück erhielt; und so wenig auch diese Stelle seinen Hoffnungen entsprach, so trat er sie doch in der Ueberzeugung an, daß der Wille des Höchsten ihm dieselbe angewiesen habe. — Schon im nächsten Jahre nach seiner Anstellung traf ihn das Schicksal, von den in Dresden angeknüpften mannichfachen Konnexionen, die vielleicht späterhin ersprießlichen Einfluß auf seine Dienstverhältnisse gehabt haben könnten, dadurch gewissermaßen abgeschnitten zu werden, daß der Neustädter Kreis an die Krone Preußen fiel. — Im J. 1815 kam das eine der zu seiner Stelle gehörigen drei Filiale, das Dorf Keila, mit dem größten Theile des gedachten Kreises, unter großherz. S. Weimarsche Landeshoheit. Im November eben dieses Jahres verheirathete er sich mit der einzigen Tochter seines Kollegen, des damaligen Superintendenten M. Gerischer in Ziegenrück, zu dessen Ephoraladjunkt er später auch ernannt wurde. Unter freundlichen Verhältnissen verwaltete er sein beschwerliches Amt mit treuem Eifer bis zum J. 1820, belohnt durch das Bewußtseyn, manches Gute, besonders für die Schulen in seinen Gemeinden, gewirkt, und zur Zeit der Theurung 1816 u. 17, wo er eines der thätigsten Mitglieder des Armenversorgungsvereins für seinen Wohnort und die Umgegend war, manchen Armen vom Hungertode gerettet zu haben. — Nach dem Tode seines Schwiegervaters im J. 1820 erhielt er das Pastorat in Ziegenrück, bestand im Jun. 1821 das Ephoralkolloquium in Magdeburg und ward den 5. Nov. desselben Jahres als Superintendent des Ziegenrücker Kreises introducirt. Die Liebe und Anhänglichkeit der Geistlichen und Schullehrer seiner Diöces, welche er sich während seiner beinahe zweijährigen Vikariatverwaltung erworben hatte, blieb ihm, mit wenigen Ausnahmen, auch in seinem nunmehrigen Dienstverhältnisse und gewährte ihm Beruhigung und Lohn, wenn seine redlichen Absichten hie und da verkannt und ihre Ausführung behindert wurde. Es ward ihm doch die Freude durch seine Anregungen und Veranstaltungen manches Gute in Kirchen und Schulen hervorgehen zu sehen. Durch mehrfache Bemühungen gelang es ihm, eine Predigerwitwenkasse, nach desfallsiger Abscheidung von der Diöces Neustadt a/O., für seinen Bezirk zu gründen; einige neue Kirchen, eine Pfarrwohnung und neue Schulhäuser wurden unter ihm in seiner Diöces gebaut; Schulvorstände wurden theils eingerichtet, theils traten sie in Wirksamkeit; mehrere Schullehrer erhielten auf seine Verwendung Unterstützungen, auch wurden Bibeln u. zweckmäßige Unterrichtsschriften u. Apparate verbreitet. — Diese wohlthätige Wirksamkeit nahm, neben seinen Pastoralarbeiten, seine Zeit so in Anspruch, daß er nicht daran denken konnte, Schriftsteller zu werden; doch war er Willens, einige bei feierlichen Gelegenheiten gehaltene Reden, die ihm immer vorzüglich gelangen, späterhin herauszugeben. — Wie er aber während seiner ganzen Amtsführung mit einem siechen Körper zu kämpfen und fast unausgesetzt ärztliche Hülfe nöthig hatte, so verschlimmerte sich dieser Krankheitszustand besonders zu Ende des J. 1824, wo er an einer lebensgefährlichen Halsentzündung darnieder lag. Er genaß seitdem nie völlig wieder, sah oft sich außer Stand, sein Predigtamt zu versehen u. würde sich von dieser Zeit an einen Hülfsprediger haben halten müssen, wenn ihn nicht seine Diöcesanen mit freundlicher, dankbar von ihm anerkannter Bereitwilligkeit unterstützt hätten. Auch eine Reise in's Bad Steben in Baiern, welche er im folgenden J. unternahm, hatte nicht den gehofften Erfolg. Dennoch vollzog er fortwährend seine Ephoralgeschäfte mit reger Thätigkeit und Vorliebe und hatte noch kurz vor seinem Tode die Freude, von dem königl. Konsistorium zu Magdeburg deshalb eine Belobung zu erhalten. — Am Sonntage Kantate 1827 predigte er mit höchster Anstrengung zum letztenmale u. verließ seit diesem Tage das Krankenlager nicht wieder; dabei sah er mit ruhiger Ergebung unter liebevoller Sorge für das künftige Schicksal der Seinen dem nahen Ende seiner Leiden entgegen und nannte ausdrücklich den letzten Tag seines Lebens den schönsten.

* 229. Johann Maximilian V. Franz Xaver, Graf von Preysing-Hohenaschau,

königl. baier. erblicher Reichsrath, Großkreuz der franz. Ehrenlegion, des Civilverdienstordens der baier. Krone, des St. Georgs- u. Hubertusordens rc. zu München;

geb. d. 21. Febr. 1736, gest. d. 8. Juli 1827. *)

Der Vollendete, ein Sprößling des uralten reichsgräflichen Hauses Preysing und einer der edelsten Männer sei-

*) Größtentheils nach der von Koch-Sternfeld'schen Biographie des Hingeschiedenen.

nes Vaterlandes durch Bildung des Geistes und die Eigenschaften seines Herzens, war der zweite Sohn des kurfürstl. Generalfeldzeugmeisters und Statthalters zu Ingolstadt, Joh. Karl Josephs, Grafen von Preysing. Mit trefflichen Anlagen des Geistes u. Herzens ausgestattet, erhielt er im elterlichen Hause nach damaliger Sitte eine strenge Erziehung, aber ganz erfüllt von jenem frommen, gottesfürchtigen Sinne, welcher, dem weichen Herzen der Jugend einmal tief eingeprägt, dasselbe in den Stürmen des Lebens nie ganz verläßt. Ingolstadt hatte damals ein Gymnasium u. die berühmte Landesuniversität, in welchen Lehranstalten Max seine Bildung begann. Die ausgezeichneten Talente des studirenden adeligen Jünglings u. sein vorzüglich sittliches Betragen zögen die Aufmerksamkeit seiner Lehrer, der Jesuiten, auf sich. Er sollte, was auch die Eltern wünschten, für ihren Orden gewonnen werden, welcher damals in Baiern zur Erreichung seiner tief durchdachten Absichten nicht nur den Beichtstuhl bei Mitgliedern der höheren Stände, sondern auch alle, besonders theologische Lehrkanzeln in Besitz hatte, auch zu Ingolstadt ein stattliches Kollegium besaß, und, indem er mehr durch Liebe als durch Strenge Lust zum Lernen erweckte und bleibende Anhänglichkeit an sich erwarb, die vorzüglichsten Talente aus den Pallästen, wie aus den Hütten an sich zu ziehen wußte. Indessen starb der ältere Bruder, Joh. Ferdinand und die Eltern gaben sogleich ihrem Sohne Max eine andere Richtung und die Bestimmung, Familienvater und das Haupt der Hohenaschauer Linie zu werden. Er besuchte nun nach damaliger Sitte, vermöge welcher der deutsche Adel nur in Frankreich die vollendete Bildung erhielt, die Universität Straßburg u. hier vorbereitet, durchreiste er Frankreich, die Niederlande und Holland, um durch unmittelbare Anschauung sich die Bildung eines Mannes zu verschaffen, von dem Horaz singt: qui mores hominum multorum vidit et urbes. Nach seiner Rückkehr ernannte ihn der Kurfürst Maximilian III. zum Kämmerer, dann (1758) zum Hofrath u. Ritter des Georgsordens; Karl Theodor aber 1778 zum geheimen Rathe u. Hofraths-Vicepräsidenten, auf welche letztere Stelle er aber 1792 resignirte, weil er wegen der Kultur des berufenen Donaumooses*) in eine unangenehme, sein Ehrgefühl

*) Einer der vielen sumpfigen Striche in Oberbaiern, welcher von Neuburg sich gegen Süden in einem Umkreise von 10 Meilen verbreitet.

beleidigende Kollision kam, trat aber in demselben J. als Mitverordneter u. Rittersteurer des Rentamts München in den landschaftlichen Ausschuß. — Im Mai d. J. 1762 hatte er sich mit M. Theresia, Gräfin von Seinsheim, einer Tochter des damaligen Obersthofmeisters, dann Ministers des Kurfürsten, vermählt, durch deren Tod im J. 1776 ein tief u. lang empfundener Verlust ihn traf: sie hatte ihm sieben Söhne und eine Tochter geboren und starb in ihrem 33. Lebensjahre. Im J. 1797 ward Gr. v. P. von Karl Theodor zur Reichsfriedens-Deputation nach Rastatt am Rhein gesandt, bald aber seinem Wunsche gemäß wieder zurückgerufen. Doch war seine Thätigkeit bei diesem Geschäfte nicht ohne wohlthätigen Erfolg für sein Vaterland. — Bei der neuen Gestaltung, die das Land bei dem Regierungsantritte Max Josephs IV. (1799) erhielt, war dem Gr. P. eine Stelle im Ministerium zugedacht; allein er nahm nur das Kreuz vom St. Hubertusorden an. In den Kriegsepochen 1800, $180\frac{1}{2}$ u. $180\frac{5}{6}$ fanden die siegreichen französischen Soldaten in den Preysing'schen Schlössern und Bräuhäusern zur Erleichterung der Unterthanen volle Verpflegung, so wie ein großer Theil der Generalität im Preys. Pallaste zu München täglich zu Tische war. Nach Beendigung der ersten kriegerischen Bedrängnisse trat der Gr. P. in einer freimüthigen Erklärung vom 16. Sept. 1801 aus der Reihe der landschaftlichen Verordneten. Da er wegen dieses Schrittes in einer anonymen Schrift angegriffen worden war, so richtete er auch ein Wort an das Publikum, jedoch unter eigenem Namen, wobei er als warmer Patriot seine Gesinnungen auf eine seinen Kopf u. sein Herz gleich ehrende Weise aussprach. — Vom Regenten in vielen Dingen um seine Meinung aufgerufen, hielt der Graf mit den gereiften u. vielerprobten Erfahrungen zu des Fürsten und des Volkes Besten nichts zurück. Ohne Selbstsucht sprach er unter andern auch für die Aufhebung des Bierzwangs; für gleichere Besteuerung des Adels; für Entfernung offenbarer Mißbräuche im Dominikal- u. Lehenwesen; vor allem für die Restauration der dem baierschen Boden u. Volke angestammten Landschaft. Nicht einverstanden war er mit der Zerstörung der geistlichen Körperschaften, mit dem Verfahren gegen die Stiftungen aller Art; mit dem Terrorismus der Kulturmandate auf dem Donaumoose, wodurch er wahre, absolute Eigenthumsrechte der gewährleistenden Stände vielfältig gekränkt sah. Aber seine u. einiger Anderer Warnungen konnten damals bei dem raschen Umschwung der Motive, der Systeme u. Ereignisse wenig Erfolg haben, obgleich des Herrschers Vertrauen am redlichen Sinn P's. nie irre ward, vielmehr unerschütterlich hielt. — Nie verlor der Gr. P. für ein Glied seines Hauses, für einen nahen Verwandten ein Vorwort; für fremde Anliegen war er unermüdlich und so manchem Staatsdiener hatte er empor geholfen, ohne dafür Dank zu ernten. Verdiente Anerkennung seines Handelns aber fand er wiederholt in der auszeichnenden Huld seines Fürsten. Als im April 1805 der französische Kaiser den Kurfürsten Max Joseph über einige Großadler der Ehrenlegion zu verfügen ersuchte, setzte er den alten P. zuvörderst auf die Liste und eröffnete ihm das sogleich durch ein vertrauliches Handbillet. Am 19. Mai 1808, dem Stiftungstage des Ordens der baierschen Krone war Gr. P. wieder einer der Ersten, die das Großkreuz empfingen. Zum Großkreuz des St. Georgenordens rückte er im J. 1809 auf. Bei der damaligen Umgestaltung 1808 u. 9, der obersten Verwaltung des Königreichs, wurde Gr. P. in den neuorganisirten Staatsrath und zwar in die Sektion der Justiz gezogen. Diese Berufung, welche nun jährlich durch unmittelbare Ausschreiben des Königs erneuert wurde, glaubte er nicht ablehnen zu dürfen; und er nahm sogar an den Arbeiten jener gleichzeitig niedergesetzten und aus den ersten Staatsbeamten gebildeten Gesetzkommission noch thätigen Antheil. Erst im J. 1817, in das ein u. achtzigste Lebensjahr vorgerückt, nach neun u. fünfzig dem Staate gewidmeten Dienstjahren, bat er — von einer Pension nach der bestehenden Dienstpragmatik war um so weniger die Rede, als er die ihm normalmäßig angewiesenen Gehalte jederzeit wieder zur Förderung des Dienstes und seines Personals verwendet, oder auch wohl gar nicht bezogen hatte — um Enthebung von allen Staatsgeschäften. Sie ward ihm mit Vorbehalt aller seiner Titel u. Würden gewährt. So hatte er, was freilich nur größeren Landsassen möglich ist, dem Ehrendienste genügt und dem Staate die allenfalls genossenen Privilegien redlich vergolten. Seine Söhne u. Enkel überreichten ihm damals ehrfurchtsvoll u. dankbar eine goldene, eigen für diesen Lebensabschnitt geprägte Denkmünze. Auf der Vorderseite derselben steht das Bildniß des Grafen mit der Umschrift: Maximiliano Comit. de Preysing ab Hohenaschau; auf der Kehrseite ein Kranz von Eichenlaub mit der Inschrift: **Octogenario patri et avo dilectissimo grati filii et nepotes MDCCCXV.** Die Beamten und Gemeinden erhielten diese

Medaille von Silber u. Erz. — Der Verewigte war fern von Ahnenstolz u. Amtsdünkel, frei von den Anmaßungen des Reichthums; — die Raschheit seines Temperaments selbst konnte bei seiner überwiegenden Herzensgüte nirgends üble Folgen haben. So ward er auch schon von dem ihm wohlgeneigten Kurfürsten Max Joseph III. beurtheilt. Der geistvolle u. in vielen Anlässen ein treffliches Gemüth bewährende Karl Theodor wußte Würdigen mit Würde zu begegnen; so auch dem Gr. P. Dieser hatte seine zwei ältesten Söhne auf eine protestantische Universität, nach Leipzig, gesendet; ein sehr anstößiges Beispiel zu jener Zeit in Baiern, wo Pater Frank und der Nuntius Zoglio an der Spitze der Zionswächter standen. „Es gilt ja nur sein Geld" erwiederte deßfalls der Kurfürst den vorlauten Höflingen. Gr. P. hatte für seine jüngern Söhne den von der Universität zu Ingolstadt als Heterodox entfernten Prof. der Theologie, Reiner, in sein Haus aufgenommen; seine zahlreiche Tischgenossenschaft war dem Kurfürsten als der Verein der Opposition und des Illuminatismus bezeichnet worden; er hatte es, obwohl für sich kein Mitglied dieser Gesellschaft, sogar gewagt, einem der bezeichneten Illuminaten, zu dessen Festnehmung die Sbirren schon den Pallast umstellt hatten, die Mittel zu verschaffen, sich von der Tafel weg auf fremdes Gebiet zu retten 2c. Karl Theodor, von solchen Vorgängen mit den grellsten Farben berichtet, jedoch von dem Gr. P. selbst über die Thatsachen und die wahren Verhältnisse aufgeklärt, hatte ihm darob nie seine Gnade entzogen. Aber auch gegen keinen seiner Regenten hatte sich Gr. P. je eine Schmeichelei erlaubt, die dem Lande oder Jemandem einen Seufzer gekostet hätte.

Sein Haus stand für Einheimische jeden Rangs und für fremde aller Nationen, weß Standes u. Würden, für alle Gesandtschaften, für reisende Gelehrte von einiger Reputation gastlich offen. In der Repräsentation des baier. Adels schloß er sich überhaupt mit Würde den ersten Häusern an. Geflissentlich zog er oft Männer von ganz entgegengesetzten Ansichten gleichzeitig an seinen Tisch. Er aber nahm Einladungen nur sehr selten u. nur mit Auswahl an. — Jedesmal am Frohnleichnamstage, da sich die festliche Prozession und die paradirenden Truppen rings um seinen Pallast bewegten, genoß er die ausgezeichnete Ehre, ihre königl. Majestäten und die ganze durchlauchtigste Familie bei sich zu sehen. — Sogleich nach Antritt des Majorats hatte der Gr. P. angefangen, sich eine an vorzüglichen deutschen u. französischen Werken reichhaltige Bibliothek, meistens vom historisch-geographischen u. ökonomischen Fache anzuschaffen u. hierin, wiewohl dann mit einiger Beschränkung gegen die andringende literärische Sündfluth, bis auf die jüngste Zeit fortzufahren. — Er las viel, — bis in seine spätesten Tage; folgte aufmerksam u. ununterbrochen dem Gang der großen Ereignisse; blickte mit warmer Bewunderung auf den die alte Welt durchschreitenden Titan; sah den niedergetretenen Boden wieder aufgelockert u. das organische Leben wieder mancher antiken Kruste entbunden. Dabei wurde er nicht, was Vielen geschah, der Chimäre der Doktrin zur Beute. Denn er hatte in seinem eigenen vielseitigen Wirkungskreise den historischen Boden nie aufgegeben, vielmehr sich mit der größten Beharrlichkeit die von der Natur und dem Volke herangebildete Pragmatik seines Vaterlandes eigen gemacht. Innig durchdrungen war er von den Vorpflichten seines Standes als Landherr, um nur denselben gemäß die nothwendigen Vorrechte, aber dann desto sicherer, mit Autorität u. Autonomie zu üben. Unvergänglichen Reichthum erkannte er nur in diesem Prinzip der Herrschaft u. Wirthschaft; Geld war ihm zeitliches Reiz- und Ausgleichungsmittel. Trauernd, nicht um vermeintliche Genossenschaft, sondern um ein kräftiges Glied im Staatsorganismus, sah er den tiefen Fall des deutschen Adels, zum Theil durch dessen eigene Verirrungen u. Mißverständnisse herbeigeführt; — u. in dem, was dafür ringsum auftauchte, schien ihm noch keine Bürgschaft für das Bessere zu liegen. — So manche günstige Gelegenheit, seine Besitzungen durch Ankauf von Stiftungsgütern zu arrondiren, hatte sich ihm geboten. Manche unrühmliche Zerstörung an den Stätten der Baukunst, des Kultus, der Industrie, an den für Jahrhunderte dadurch werthlos gemachten Komplexen kurzsichtig verübt, würde dann unterblieben seyn. Aber es war gegen seine Grundsätze, vom Kirchen- und Stiftungsvermögen etwas zu erwerben. Nur die Grundholden wünschte er zurück, da seine Vorfahren deren so viele an die Klöster zu reellen Zwecken und mit Vorbehalt der Vogtei u. Gerichtsbarkeit gegeben hatten. — Ueber gründliche Fortschritte in Wissenschaft u. Kunst erfreute sich der Graf, geiselte aber auch mit beißenden Sarkasmen die Windbeuteleien der Zeit und manche Vorgänge des Tages. — In den wenigen freien Stunden beschäftigte er sich dann in dem großen Garten zu Haidhausen, wo er eine vollständige Drehbank aufgestellt und mannichfaltige sehr kostbare Anlagen gemacht hatte. Aus dem hochgelegenen Pavillon dieses Gartens sah er rings um die Hauptstadt und insbesondere auf die südwestliche Gebirgsreihe. Dahin waren stets seine Blicke gerichtet; die Monate September u. October jährlich dem Besuche seiner Landgüter, seiner Holdenschaften bestimmt, waren für ihn und für sie die freudigste Jahreszeit. Nur der Gäste wegen hielt er Jagden und hegte das Wild, ohne Beschwerde, oder doch mit schneller Abhülfe für den Landmann, als natürlichen Schmuck des Landes u. als geeignetes Vorrecht der Grundherrlichkeit. Die Abendstunden in der Residenz blieben dem Grafen mit Vorliebe dem Theater gewidmet.

Während des Aufenthaltes auf den Gütern ordnete er, abhold dem dürren Kalkül nach Prozenten, die vielen nothwendigen und nützlichen Bauten und Besserungen an, für die Wirthschaft und das Brauwesen, für die Beamten, für die Fabrikation zu Aschau; — dann für Schulen und Kirchen und für erhöheten Lebensgenuß, die Quelle aller Urbanität. Die Spuren großer, eigener u. fremder Unglücksfälle wußte er so schnell wieder zu tilgen. Da gewährte er Nachlässe; da spendete er zu mancherlei wirthschaftlichen und technischen Versuchen das Geld mit vollen Händen; da übte er großsinnig das fideikommissarische Erhaltungsprinzip, das fruchtbarste, das eindringlichste Beispiel und bezeichnete fast jedes Verweilen mit frommen u. wohlthätigen Stiftungen. Auf diesem Wege der eigenen Anschauung u. Erfahrung, immer umgeben von verständigen Land- u. Gewerbsleuten, kam er selbst von so mancher legislativen Engherzigkeit, von staatswirthschaftlichen Grillen u. theoretischen Anmaßungen, insbesondere in der Forst-, Land u. Gewerbswirthschaft zu den einfachen und ewig wahren Gesetzen der Natur und des Rechtes zurück. Sein besonderes Augenmerk und durch viele Jahre die reichlichern pekuniären Quellen seines Einkommens waren die Brauereien; durch ihren zweckmäßigen Betrieb verschafte er auch wieder seinen an Naturalien mehr als an Geld bemittelten Grundholden, insbesondere aber den Kleinbegüterten, Erleichterung und ein stätiges Verdienst. Die Getreidegülten u. Zehnten gingen größtentheils wieder als Amts- und Dienstdeputate und an die Gewerbsleute, besonders in den Theuerungsjahren, um den billigsten Preis hinaus. — Zwei große Wahrheiten hatte sich Gr. P. als Grund- und Gutsherr eigen gemacht und sie hundertfältig durch Wort u. That ausgesprochen. Adel u. Stiftungen müssen am Wesen des Bodens und ihrer Dominikalrechte festhalten, während der abstrakte Staat durch Surrogate sich erleichternd, durch die baaren Steuern sich Entschädigung zu verschaffen pflege. Dabei dürfen aber die Grundherren, die natürlichen Anwalte ihrer Holden, ihrer Vorpflichten nie vergessen und in Behandlung derselben durchaus keine harte und einseitige Geldwirthschaft verfolgen. — Im J. 1800 übergab der Graf seinem ältesten Sohne, bereits Familienvater, das Stammgut Krawinkel ohne alle Bebürdung. Die seit dem J. 1808 rücksichtlich der adeligen u. gutsherrlichen Rechte bestandenen Verordnungen hatten auch ihm die Bildung eines zweiten Herrschaftsgerichts gestattet, dessen Sitz er zu Neubeuern (1812) errichtete. Die fideikommissarischen Anordnungen in seinem Hause waren ihm längst zur angelegensten, zur Gewissenssache geworden. Davon zeugen die mancherlei Entwürfe in seinem Gedenkbuche. Er beabsichtete anfangs die Gründung u. Erhaltung von drei Genituren. Denn sie sollten nicht nur den Lüstre, sondern auch die Propagationem familiae zum Zwecke haben. Das mit der königl. Bestätigung im Regierungsblatte v. J. 1812 ausgeschriebene Majorat des Grafen Pr. war das erste, welches in Baiern in Folge der damaligen neuen Gesetze zu Stande kam. Hohe Auszeichnung wurde ihm auch noch im späten Greisenalter, indem er von Sr. Majestät bei Gelegenheit der dem Königreiche im J. 1818 gegebenen Konstitution zum erblichen Reichsrath ernannt wurde. — Schmerzliche Verluste hatten im Hause des Greises statt gefunden; mehrere der Seinigen waren ihm vorangegangen, die nach dem Laufe der Natnr u. seiner Aussichten ihm erst hätten folgen sollen. Schon im J. 1804 war seine geliebte Tochter, die Freifrau von Hornstein verstorben. Im Sommer 1811 ging zu Ingolstadt sein Bruder, Joh. Sigmund, k. Generallieutenant und Statthalter mit Tod ab. Er war alle J. über sein Gut Au, wo die für Arme, Kranke und Kinder so mütterlich sorgende Gräfin Philippine unvergeßlich bleibt, zum Besuche desselben nach München gekommen. Unterm 20. Aug. 1812 sandte Graf Friedrich, des Majoratsherrn dritter Sohn, Oberst des fünften baierschen Infanterieregiments, Nachricht von dem am 18. Aug. bei Polozk gegen die Russen rühmlichst bestandenen Treffen, worin ihm durch eine Kartätschenkugel ein Arm zerschmettert worden. Er äußerte indessen die Hoffnung baldiger Genesung. Aber kurz darauf traf ein getreuer Diener des Obersten im Pallaste zu München ein u. übergab dem harrenden Greise — in einer Kapsel verschlossen das Herz seines bereits am 24. Aug. verstorbenen Sohnes. — Im J. 1816 ging der erstgeborne Sohn, Graf Joseph auf Krawinkel, nach einem langwierigen Krankenlager mit Tode ab und schon im J. 1817 folgte ihm zu München im großväterlichen Hause dessen Sohn Maximilian, königl. Kämmerer, bereits 29 Jahre alt. Auf ihm und seinen persönlichen Eigenschaften hatten große Hoffnungen der Familie und insbesondere des Großvaters geruht. Auch seinen innigst verehrten König u. Herrn, Max Joseph *), sollte er, um fünfzehn Jahre älter, überleben. Er vernahm dessen plötzlichen Hintritt den 13. Octbr. 1825, am Morgen nach dem beiderseitigen Namenstage. Sein zweiter Sohn, der königl. wirkliche Staatsrath und Landtagsdeputirte, Joh. Carl auf Au, hatte sich im J. 1821 mit einer Gräfin von Künigl aus Tyrol vermählt. Seit dem Sommer 1826 auf das ihm als Prälegat zugedachte Brannenburg zurückgetreten, unterlag er dort am 1. Februar 1827 der Gicht. — Diese Ereignisse und in so gedrängter Zeitfolge, die sonst auch die volle Manneskraft erschüttert haben würden, nahm der Greis mit Ergebung, mit steigender Zuversicht in die Fügungen der Vorsehung hin. Ein ächter frommer Sinn erfüllte sein ganzes Gemüth; das hohe Alter schwächte naturgemäß und wohlthätig alle Eindrücke von außen; aber auch das Gedächtniß. Seit zehn Jahren ermangelte er mehr u. mehr des Gehörs; er hatte sich aber darum erst vor vier Jahren von seinem gastlichen Tische zurückgezogen. Seit dem konnte er auch seine Güter nicht mehr besuchen; aber für sie zu wachen, ihnen bei jedem Anlasse ein gnädiger Herr und mildthätig fern und nahe zu seyn, das hörte er bis zum letzten Athemzuge nicht auf. Nach dem kleinern, näher gelegenen und mit einem Pavillon versehenen Garten pflegte er nun an jedem wärmeren Tage zu fahren. Die ganze Stadt kannte das Gespann des alten P. und freute sich der Ausdauer des so allgemein hochgeachteten Mitbürgers. Kaum waren Se. jetzt regierende königl. Majestät nach dem Hintritte Ihres Durchl. Herrn Vaters in München eingetroffen, als Allerhöchstdieselben dem alten Gr. P. einen Besuch abstatteten.

Doch auch ein scheinbar unzerstörlicher Bau zerfällt. Es zeigten sich zunehmende Schlaflosigkeit, endlich Symptome der allgemeinen Wassersucht, als Folge der Altersschwäche. So lag der Graf 3 Wochen; er empfing die heil. Sakramente und sah, umgeben von seinen Söhnen Maximilian und Christian und dem Enkel Wilhelm von

*) Dessen Biogr. N. Nekrolog III. p. 968.

Hornstein voll Fassung seiner Auflösung entgegen, welche in seinem 92. Lebensjahre erfolgte.

Die Nachricht von seinem Ableben vernahm Jedermann mit Theilnahme und die Menge der Hauptstadt fühlte es, daß der Repräsentant eines kräftigen, in Baiern mit vielem Guten und Ehrwürdigen entschwundenen Jahrhunderts von ihnen scheide. Zu Brienn aber that sich am Tage der Beerdigung (12. Juli) in dem aus allen Thälern zusammengeströmten Land- und Gebirgsvolk eine Anhänglichkeit an den Verewigten kund, die selbst den Mächtigsten der Erde nur selten zu Theil wird. Sie ward ihm als Menschen — durch seinen Edelmuth und seine Herzensgüte, als Staatsmann — durch seine Wahrheitsliebe und Uneigennützigkeit, als reichem Landherrn — durch seinen überall groß und ohne Selbstsucht waltenden, wirkenden und pflegenden Sinn.

Sein einfaches Grab an der Kirche zu Brienn bekränzen nun die schönsten Blumen, von der stillen Anhänglichkeit immer frisch im Thal und auf den Höhen gepflückt. Noch lange werden die Blumen des scheidenden und des kommenden Jahres dieses Grab schmücken. — Aber die Gräber sinken und die Blumen vergehen; — die Erinnerung an die Bessern nimmer!

* 230. Georg August Julius Leopold,

gräfl. Stolberg. Consistorialrath und Prediger zu Neustadt und Harzungen bei Nordhausen;

geb. d. 17. Oct. 1755, gest. d. 8. Juli 1827.

Er war zu Leimbach in der Grafschaft Hohnstein geboren und verdankte den ersten Unterricht seinem würdigen Vater, der daselbst Prediger war. In seinem 16. Jahre (1771) kam er auf das Gymnasium nach Ilefeld, welches er nach 3 wohl angewandten Jahren mit reichen Kenntnissen wieder verließ, um 1774 die Hochschule zu Jena zu beziehen. Da es seinem Vater schwer fiel, ihn länger als 3 Jahre auf der Universität zu unterhalten, so verließ er sie im J. 1777 und übernahm zu Walkenried bei dem damaligen Oberamtmann Kleemann die Stelle als Hauslehrer, welcher er 3 Jahre lang mit gewissenhafter Treue und ausgezeichnetem Fleiße vorstand. Da er sehr haushälterisch mit der Zeit und dem Gelde umzugehen verstand, so wurde es ihm möglich, seinen Durst nach Wissen noch mehr zu befriedigen, indem er 1777 von Walkenried nach Göttingen in der Absicht ging, sich daselbst, aus eignen

Mitteln bestreitend, zum akademischen Lehrer auszubilden. Auch hier setzte er seine eingezogene und fleißige Lebensweise fort, so daß er durch ertheilten Privatunterricht u. kleinere Druckschriften nicht blos seinem eben gedachten Zwecke näher rückte, sondern auch noch ein kleines Sümmchen baaren Geldes ersparte und von Göttingen mit nach Hause nahm. — Aber nicht zum akademischen, sondern zum Volkslehrer hatte ihn die Vorsehung bestimmt und schon im Juli 1782 wurde er nach Steigerthal-Buchholz in der Grafschaft Hohnstein als Pfarrer berufen. Hier war es, wo er sich mit einer Tochter des Senators Lange in Nordhausen verheirathete, die ihm im Laufe seiner glücklichen Ehe 4 Söhne und 3 Töchter schenkte, von denen aber nur 2 der erstern ihren Vater überlebten. Hier streute er mit treuem Eifer durch Rede und Beispiel vielen guten Samen aus und war so glücklich, 17 J. lang denselben die reichsten Früchte tragen zu sehen, als die damalige königl.-kurfürstl. Landesregierung in Hannover, sein rühmliches Wirken anerkennend, ihn im J. 1799 zum Pfarrer in Neustadt und Harzungen, ferner zum Assessor des gräfl. Hohnsteinschen Konsistoriums und zum Inspektor der Hohnsteinschen Geistlichkeit ernannte. — Für diesen Posten mit den gründlichsten Kenntnissen ausgerüstet, vermochte er hier 28 Jahre lang vollkommen den Erwartungen zu entsprechen, welche man in ihn gesetzt hatte. — Der Feldbau verschaffte dem Verewigten manchen Genuß in seinen Erholungsstunden und großes Vergnügen machten ihm seine kleinen schriftstellerischen Arbeiten über diesen Theil der Oekonomie. Mit besonderer Wärme u. Neigung überließ er sich als Freimaurer den Bestrebungen, Studien u. Genüssen dieser achtbaren Verbindung u. war vieljähriger erster Deputirter, Logenmeister, später Altmeister der Loge zur gekrönten Unschuld in Nordhausen. Noch in seinem hohen Alter, im J. 1822, erwählte ihn der jetzt regierende Graf Joseph zu Stolberg-Stolberg-Hohnstein zum gräfl. Konsistorialrath, um auch seinerseits, so heißt es in dem Ernennungspatente, „ihm zu erkennen zu geben, wie sehr er seine vielfachen u. großen Verdienste zu schätzen u. zu würdigen wisse." — Zwei schwere Krankheiten überstand er im Laufe seiner 45jährigen Dienstzeit glücklich, aber die dritte entriß ihn den Seinigen in seinem 72. Lebensjahre.

Seine Schriften sind: Gedanken z. Gesch. d. Musik. 1780 — Müllers Freuden und Leiden. 3 Bde. 1781. — Vermischte Schriften. 1781. — Der Winter, in 5 Gesängen. 1788.

H. D...r.

231. J. Carl Georg Belitz,

Präpositus und Prediger zu Plau im Mecklenburg-Schwerinschen;
geb. d. 16. Nov. 1763, gest. d. 8. Juli 1827 *).

Der Verewigte ward zu Grabow geboren, wo sein am 29. Juli 1797 verstorbner Vater, Georg Andr. B., Rect. scholae war. Gebildet zu den Studien auf dem Gymnasium zu Ruppin, lag er auf den Akademien Halle und Bützow der Theologie ob, übernahm dann eine Hauslehrerstelle bei dem damaligen Schloßhauptmann, nachherigem Hausmarschall v. Both zu Ludwigslust und ward im J. 1788 Feldprediger bei den mecklenburgschen Kontingenttruppen in Holland und als solcher den 7. Mai gedachten Jahres durch den Konsistorialrath Beyer feierlichst eingeweiht. Nachdem er zu Herzogenbusch seine erste eheliche Verbindung geschlossen hatte, die aber der Tod bald wieder auflöste und sein Bruder, der jetzige Prediger zu Neuenkirchen, bereits die Vokation zu seiner Stelle erhalten hatte, ging er 1795 als zweiter Prediger nach Plau, wo er den 15. Nov. introducirt ward. Im J. 1798 rückte er daselbst zum ersten Prediger auf und wurde schon unterm 3. Mai desselben Jahres zum Präpositus des Plauer Kirchenkreises ernannt. — Von ihm ist im Druck erschienen: Rede bei der Einweihung der neuen Fahnen und der feierlichen Beeidigung d. v. Glüerschen Infant.-Regim., den 12. Juli 1788 zu Schwerin gehalten.

232. Christine Reinhold, geb. Löhrs,

Schauspielerin am Hamburger Theater.
geb. im J. 1790, gest. d. 8. Juli 1827. **)

Die Stadt Hamburg hat durch den Tod dieser Künstlerin eine brave, vortreffliche Frau, eine musterhafte Bürgerin und die Bühne eine ihrer Zierden verloren. — Sie starb nach einem 14tägigen Krankenlager, in der Blüthe der Jahre und der Kunst, deren Ausbildung ihr ganzes Leben geweiht war. Die Muse windet trauernd den Lorbeerkranz um ihres Lieblings Urne, der Genius der Tugend steht mit der Palmenkrone ihr zur Seite und Kranz und Krone hat sie verdient, wie irgend eine von denen, die heimgingen. Was sie als Künstlerin leistete, ist eine

---

*) Schwerin. Abendbl. 1827.

**) Hamburg. Korrespond. 1827, Nr. 110.

Reihe von Jahren hindurch mit allgemeinem, ungeschwächtem Beifall laut und rühmend anerkannt und gewürdigt worden, es steht verzeichnet in den Annalen der Kunst u. sichert ihrem Namen ein ehrenvolles Andenken; und wenn Klingemann in seinem Buche: „Natur und Kunst" ihr Spiel so wahr als charakteristisch dadurch bezeichnet, daß demselben das Gepräge der Jungfräulichkeit aufgedrückt sei, so ist damit zugleich die hohe Vortrefflichkeit ihres Innern ausgesprochen. Sie verstand es wahrhaft, Kunst und Natur zu vereinen und wie sie durch ihr reines Gefühl ihre Schöpfungen zu beleben und zum Herzen zu sprechen wußte, so riß auch ihr unnachahmlicher Humor Alles mit sich fort und verbreitete Heiterkeit und frohe Laune unter dem Publikum, wie im geselligen Kreise. Dieses Zarte und Reine in ihrem ganzen Wesen, dieser wahrhaft kindliche Sinn mußte daher die Vollendete der allgemeinen Achtung und liebevollen Zuneigung würdig machen, die ihr in einem so seltenen Grade in ihrer Vaterstadt zu Theil geworden ist.

233. J. J. Ihlée,

Theaterdirektor zu Frankfurt a/M.

geb. im J. 1762, gest. d. 11. Jul. 1827. *)

Ein würdiger Chef wurde mit ihm dem Theater dieser Stadt entrissen. Er war in Deutschland bekannt und geachtet in seiner öffentlichen Stellung, ferner als Freimaurer und in früheren Zeiten durch dichterische Versuche und die Uebersetzungen von mehr als 40 Operntexten aus dem Französischen und Italienischen. Für Norddeutschland übersetzte gewöhnlich Herklots, für den Süden Ihlée; doch sind seine Operntexte auch im Norden bekannt. Seine Laufbahn war sehr merkwürdig. Zu Breina im Kurhessischen auf einem von Malsburgschen Gute geboren, wo sein Vater Amtmann war, hatte er von Kindheit an einen regen Sinn für Naturschönheiten, der ihn zum Naturdichter bestimmte. Eine Sammlung solcher Gedichte in zwei Bänden ist durch den jetzigen Historiographen Schreiber, einen seiner ältesten Freunde, bevorwortet, in Frankfurt in den ersten Jahren seines dortigen Aufenthaltes als Posamentiergeselle in Druck erschienen. Mühselig kämpfte sich J. durch widrige Schicksale und erwarb sich durch seinen reinen, edlen Sinn viele Freunde und Ver-

*) Morgenblatt 1827. Nr. 247.

ehrer seiner Muse; unter ihnen war auch der selige Gleim. Bei dem Theater in Frankfurt trat er zuerst als Souffleur ein, wurde dann Kassier, Oekonom und Theaterdichter und versah diese drei verbundenen Aemter lange Jahre mit musterhafter Gewissenhaftigkeit und Liebe zu seinem Berufe. Unter der Regierung des Fürsten Primas übergab die Aktiengesellschaft ihm und dem Musikdirektor Schmidt die Theaterleitung auf eigene Hand zu gemeinschaftlichem Gewinn und Verlust gegen Caution. Das Theater gedieh in den damaligen Kriegszeiten unter der wackern Direktion beider Männer so sehr, daß es ihnen bald Gewinn abwarf. Hierdurch sahen sich die Aktionärs veranlaßt, das Ganze selbst wieder zu übernehmen, aber es hat sich seitdem nicht wieder zu Wohlstand erhoben, vielmehr zeigte sich jährlich bei größeren Anforderungen des Luxus und der Mode und in den stilleren Zeiten des Friedens ein bald größeres bald kleineres Deficit. Auch der Direktor J. hatte an zum Theil undankbare Jünger der Kunst manches von seinem redlichen Gewinn wieder verloren und starb bei sehr genügsamen Lebenswandel, fast ohne Vermögen. Ein Freund des Hingeschiedenen ist damit beschäftigt, seine hinterlassenen Werke in einer Auswahl des Gediegensten herauszugeben. Die Sammlung soll in drei Abtheilungen: Gedichte, Dramaturgie und Freimaurerreden erscheinen. Als Dramaturg war J. fast völlig unbekannt, aber seine aus Briefen und Zeitschriften gesammelten Bemerkungen sollen sich würdig an die älteren kritischen Bestrebungen anreihen und sind besonders in Frankfurt mit Nutzen gelesen worden. J. zeichnete sich durch seltene Geradheit und Redlichkeit und durch einen musterhaften Lebenswandel aus. Er wurde in seiner öffentlichen Stellung oft verkannt, verkleinert und verlästert, aber er rächte sich nur durch desto treueren Diensteifer, durch Vergeben und Wohlthun. So schied er, geachtet von allen, die ihn kannten, betrauert von vielen, denen er väterlicher Freund und Lehrer geworden war. — Er schrieb: Gedichte. 1. Bdch. 1789, 2. 1791. — Kriegslieder für Josephs Heere. 1790. — Tagebuch v. d. Einnahme Frankf. durch die Neufranken rc. 1793. — List u. Liebe, e. Singsp. 1804. — Palmira, Prinzessin von Persien. Oper. 1801. — Audiatur et altera pars. Zur gerechten Würdigung der von dem Schauspieler Fr. Werdy vertheilten Schmähschr.: Unser Abschied. 1817.

234. Franz Joseph Masunke,

Doctor der Philos. u. Theol. u. Pfarrer zu Oltaschin bei Breslau; geb. d. 20. Okt. 1753, gest. d. 12. Jul. 1827. *)

Der Hingeschiedene war zu Canth in Schlesien geboren, wo sein Vater ein Brauer war. Nachdem er vom Jahr 1765 an seine Studien auf der Universität zu Breslau, unter der Leitung der Jesuiten, mit einem solchen Erfolge, daß er nicht nur die Magisterwürde in der Philosophie, sondern auch das theologische Licentiat erhielt, beendiget hatte, ward er im J. 1774 Hauslehrer der drei Söhne des um die Naturgeschichte Schlesiens sehr verdienten und auch als Schriftsteller bekannten Grafen Heinrichs von Matuschka auf Pitschen. Am 21. Nov. 1776 zum Priester geweiht, wurde er am 1. August des folgenden Jahres als Kaplan bei der Pfarrkirche zu St. Nikolai vor Breslau angestellt und schon am 15. Febr. 1781 auf die Pfarrei Ingramsdorf bei Schweidnitz befördert. Nur die damals allzugeringe Einträglichkeit der Stelle, die, wie er sich oft auszudrücken pflegte, den Mann kaum leben ließ und eine im Dorfe entstandene Feuersbrunst, wodurch er sein ganzes Hab und Gut, sein Haus und was ihn am meisten schmerzte, seine ganze ansehnliche Büchersammlung verlor, erregten in ihm den Wunsch nach einer Veränderung, der auch durch die Beförderung auf die Pfarrei Oltaschin am 30. März 1785 in Erfüllung ging. Im J. 1801 wurde der Verstorbene Schuleninspektor des Breslauschen Kreises diesseits der Oder, welches Amt er aber aus bewegenden Gründen schon zu Ende des Jahres 1803 wieder niederlegte. Im nämlichen Jahre beehrte ihn, bei Gelegenheit der Säcularfeier der Leopoldinischen Universität, die theologische Fakultät mit dem Doctordiplom. Was der Verewigte in allen diesen Beziehungen gewirkt, wie er durch einen völlig unbescholtenen Charakter, durch Redlichkeit und echt deutschen Biedersinn, durch vollkommene Pflichterfüllung ein Muster der Geistlichen gewesen, wie wissenschaftliche Liebe ihn bis auf sein letztes Krankenbette begleitet habe, das ist Vielen bekannt; was er aber vor allem seiner Gemeinde gewesen, was er für dieselbe in Kirche, Schule und im Leben gethan und geleistet, das wird dem Andenken derselben nie entschwinden und hat sich deutlich in den vielen Thränen, die an seinem Grabe

---

*) Schles. Provinzialbl. 1827. Augustheft.

flossen, ausgesprochen. Um nur Eines zu nennen, so ist die jetzt bereits zu einer ziemlichen Höhe herangewachsene Schulkasse, lediglich das Werk seiner Schöpfung und seiner weisen Sparsamkeit. Wie sehr er seine Gemeinde geliebt, beweist am schönsten auch sein letzter Wille, worin er nicht nur verordnete, daß diejenigen, die noch Zahlungen an seine Kasse zu leisten haben, nicht nur nicht gedrückt, sondern daß auch die Zinsen herabgesetzt werden sollen. Da er zu Universalerben seines nicht unbeträchtlichen Vermögens die Armen eingesetzt hat, dergestalt, daß die Zinsen des nach Auszahlung der Legate erübrigten Kapitals zu Unterstützungen für zwei Theologie Studirende, zur Verbesserung des Schullehrergehaltes und zu Unterstützungen der Armen seiner Pfarrgemeinde verwendet werden sollten, so hat er auch hier wieder seine Menschenliebe deutlich an den Tag gelegt. Bei aller Festigkeit, die den Verstorbenen in seiner religiösen Ueberzeugung auszeichnete und bei der unerschütterlichsten Treue, mit welcher er dem Glauben seiner Kirche anhing, war er ein entschiedener Freund der wahren und echten Toleranz, weil er im Menschen nur den Menschen und seinen wahren Werth suchte und achtete. Dafür sprachen laut sein Umgang mit mehreren protestantischen Geistlichen, noch mehr die ausdrückliche Bestimmung in seinem letzten Willen: daß unter den an seiner Stiftung theilnehmenden Armen sich auch ein Protestant befinden könne. — Mit Freuden sah M. seit Jahren seinem Priesterjubiläum entgegen; allein die Vorsehung hatte es anders beschlossen. Seit 1825 schwanden seine Kräfte allmählig und nach öfters schwankender Hoffnung entschlief er zum schönern Seyn. Ein Denkstein mit folgender von ihm selbst in frommen Sinne abgefaßter Aufschrift deckt seine irdische Hülle:

Solvat humus, solvat, quidquid mortale tenemus,
Olim restituet cuncta sonante tuba,
Interea pars de nobis imperdita morti
Incola coelorum sit miserante Deo.

Seine Schriften: Ode in celebritate saeculari Universitatis Leopoldinae Vradislaviensis. 1803. — De Doxologia in fine orationis Dominicae. — Erläuterungen üb. d. buchstäbl. Sinn des Vaterunsers. — Unterr. in d. Religion in Erzähl. u. Geschichten.

* 235. Arnold Friedrich Christoph Varnhagen,

Doktor der Rechte und fürstl. Waldeckscher wirkl. Justizrath zu Arolsen;

geb. d. 28. Jan. 1779, gest. d. 12. Juli 1827.

In der Stadt Waldeck, wo der gegenwärtig zu Corbach lebende Kirchenrath Dr. Varnhagen, der Vater des Hingeschiedenen, an der dasigen Schule Rektor und Pfarrer der beiden Dörfer Berich und Niederwerbe war, wurde V. geboren. Seine Mutter war die Tochter des Generalsuperintendenten Schwalbach zu Arolsen. Der Vater des Verewigten, welcher im J. 1786 nach Wetterburg versetzt wurde, unterrichtete seinen Sohn in den ersten Jahren und brachte ihn so weit, daß er 1793 zu Nieder-Wildungen, wo jener erster Stadtpfarrer geworden war, in die erste Klasse des dasigen Lyceums aufgenommen werden konnte. Er machte schnelle und gute Fortschritte in den Schulkenntnissen u. gelehrten Sprachen; auch erlernte er die franz. Sprache und Zeichnen und in der Instrumental- und Vokalmusik hatte er sich eine solche Fertigkeit zu eigen gemacht, daß er in Konzerten die schwersten Stücke der größten Komponisten auf dem Flügel zur allgemeinen Bewunderung u. mit dem größten Beifall vortrug. Nachdem V. einige Jahre hier den Unterricht genossen, schickte ihn der Vater, damit er in den gelehrten Sprachen weiter vorschreiten und tüchtig für die Universität vorbereitet werden möchte, noch einige Zeit auf das Waisenhaus nach Halle. V. glaubte zum Schul- und Predigtamte bestimmt zu seyn und setzte deshalb die schon angefangene hebräische Sprache fort. Ein halbes Jahr zuvor, ehe der Verewigte das Waisenhaus verließ, stellte ihm sein Vater die Wahl des Studiums nach seiner Neigung frei. — Er wählte die Jurisprudenz und besuchte nun die Hochschule Halle, wo er in mehrern Häusern der dasigen Professoren eine gute Aufnahme fand. — Im J. 1799 besuchte er nach seines Vaters Willen die Universität Göttingen, wo er im J. 1800 von dem damaligen Prorektor zum Not. Caes. publ. ernannt wurde.

Am 3. April desselben Jahres kehrte er in das elterliche Haus zu Nieder-Wildungen zurück, in welchem er seine Tage bis zu Anfang des J. 1801 verlebte, wo er als Regierungsadvokat nach Arolsen abging. Noch während seines Studiums in Göttingen wurde ihm von einem Nieder-Wildunger Bürger die Führung eines schwierigen

Rechtshandels übertragen, den er nach einigen Jahren gewann. Bald darauf wurde V. dem damals regierenden Fürsten Friedrich von Waldeck als ein ausgezeichnet thätiger junger Mann bekannt und von ihm deshalb im J. 1804 zum Archivsekretär ernannt. Im Herbst des folgenden Jahres (1805) verheirathete er sich mit der jüngsten hinterlassenen Tochter des Hofapothekers Krüger in Arolsen, Namens Julie. Weil er sich in Slevoigts Justiz- und Polizeirügen als Wahrheit und Gerechtigkeit liebender Mann gezeigt hatte, so beehrte ihn 1809 die philosophische Fakultät zu Jena ganz unerwartet mit dem Doktordiplom. Zu eben der Zeit ernannte ihn der Fürst zum wirkl. Archivar, ob er gleich nur einen Theil des Archivs zu besorgen hatte. Im J. 1810 erhielt er den Titel als Expeditionsrath und wurde zum Mitglied der Lehensallodificationskommission ernannt. Fürst Friedrich, welcher dem Verewigten vorzüglich gewogen war, schenkte ihm als Beweis seiner Zuneigung u. Dankbarkeit eine schöne goldne Dose. Seit 1811 versah V. nebenbei von Arolsen aus das freiherrl. von Dalwigksche Patrimonialgericht in der von Arolsen entlegenen Stadt Züschen, bis dasselbe 1814 aufgehoben und dem Oberjustizamte des Ederdistrikts beigegeben wurde. Bald darauf ward er mit dem Prädikat eines fürstl. Justizraths zum Landesfiskal ernannt; da er aber 1814 mit Beibehaltung des Charakters als Justizrath zu der Regierung als Kanzleirath oder Regierungs- und Konsistorialsekretär versetzt wurde, wo ihm beim Protokolliren der theologischen Prüfungen das erlernte Hebräische und Griechische sehr zu statten kam, legte er die Advokatur nieder. Bei Errichtung des Landsturms in demselben Jahre wurde ihm die Kapitänstelle übertragen und bei seiner Versetzung nach Rhoden stieg er zum Obersten über das Bataillon im Diemeldistrikt empor.

Da man es für zweckmäßiger hielt, den zu sehr ausgedehnten Diemeldistrikt zu verkleinern und denselben in den der Twiste und der Diemel zu vertheilen, so wurde V. 1816 wirkl. Justizrath oder erster Beamter des neuen Diemeldistrikts, oder der Stadt Rhoden und der vormaligen Aemter Rhoden und Eilhausen mit dem Kirchspiele Schmillinghausen. Auch hier arbeitete er mit vieler Umsicht und Nutzen. Seine Gesundheit indessen, früher schon harten Unfällen unterworfen, wankte jetzt, durch häusliche Verhältnisse noch gefördert, immer mehr. Seine Gattin in Arolsen geboren, fortwährend daselbst einheimisch gewesen und ein eignes Haus bewohnend, wünschte der bessern Erziehung der Kinder wegen den Ort nicht zu verlassen. Er wählte daher Rhodea zu seinem Aufenthalt. — Alles dies bewog ihn bei seinem Fürsten um Entlassung dieser Stelle nachzusuchen, welche er auch zu Anfange des J. 1821 in solcher Weise erhielt, daß er fortwährend als in der Reihe fürstl. Diener stehend betrachtet und bei vorkommender Gelegenheit ihm eine seinen Verhältnissen angemessene Wiederanstellung zu Theil werden sollte. — Von jetzt an betrieb er wieder in Arolsen die Advokatur mit dem größten Fleiße. Seinem einmal gefaßten Grundsatze, keinen Rechtshandel zu übernehmen, von dem er nicht voraussah, daß er mit Ehren durchzuführen sey, blieb er treu, und gewissenhaft und pünktlich führte er in möglichster Kürze und mit Kostenersparniß seine übernommenen Prozesse. — In den J. 1824 u. 25 übertrug man ihm die Acciskommission des Oberamts der Twiste. Seine Mußestunden benutzte er zur Schriftstellerei.

Er war Mitglied mehrerer gelehrten Gesellschaften, namentlich des Vereins für Geschichte und Alterthumskunde Westphalens zu Paderborn. Die von ihm verfaßte anonyme „Widerlegung eines im rheinischen Merkur über das Waldecksche befindlichen Aufsatzes," die im Januar 1816 noch besonders abgedruckt wurde, beweist seine innige und treue Anhänglichkeit an den regierenden Fürsten und an das Vaterland. Durch seine Liebe für Recht und Wahrheit zog er sich viel Feinde zu.

Gern diente und half der Verewigte, wo sich nur irgend Gelegenheit darbot, auch dem Aermsten und theilte dem Nothleidenden von dem Seinigen reichlich mit, wie er denn überhaupt aufs Sparen zu wenig bedacht war und die Zukunft über die Gegenwart vergaß. Früher war er ein angenehmer Gesellschafter, frohsinnig und lustig, in den letzten Jahren zog er sich zurück und lebte mehr für sich allein. Was er erübrigte, verwendete er auf Bücher und hinterließ daher eine ausgesuchte juristische, historische und belletristische Bibliothek. V. war Freimaurer in der Loge zu Kassel und seiner Anordnung gemäß ließ er sich als solcher, mit Schurz und Handschuhen bekleidet, beerdigen. — Er starb im 49. J. seines Lebens, betrauert von einem hinterlassenen, im 75. Lebens- und 51. Amtsjahre noch lebenden Vater, einer braven Gattin, 2 Töchtern und 3 Söhnen, aber auch von allen denen, welche seine Denk- und Handelsweise zu würdigen wußten.

Von ihm erschienen folgende Schriften: Versuch eines Handb. f. d. Oberjustiz u. Oberpolizeibeamten. 1821. —

Addreßb. d. Fürstenthümer Waldeck u. Pyrmont f. 1822, mit e. kurz. Beschreibg. d. Fürstenth. W. 1822. — Aufsätze, zum Theil anonym in folg. Zeitschr.: 1) in der Nat. Ztg. d. Deutsch. (1800); 2) im Frankf. deutsch. Journ. bes. z. Geschichtskunde d. Vorzt.; 3) in Slevoigts Justiz- u. Polizeirügen (1800—10); 4) im rhein.-westphäl. Anzeiger (1816 folg., z. B. Franz Graf v. Waldeck, Bischof zu Münster u. Osnabrück. Nachrichten von Götz v. Berlichingen u. seinen Streifereien. Wenn u. wie kam d. Grafsch. Pyrmont an das Haus Waldeck?) 5) im allgem. Anz. d. Deutsch. (1816); 6) im Archiv d. Kriminalrechts (üb. d. Bankerottirer u. deren Strafe) 1823; 7) in Fr. Gottschalks Ritterburgen u. Bergschlösser Deutschlands (Beschreibg. d. Schlosses Waldeck), Bd. V. S. 171 ff. — Beiträge zum 20. u. 21. Band v. Meusels gel. Deutschl.

Erfurt. Major v. Lindeman.

* 236. Karl Ritter von Bundschuh,

k. k. Hofrath und Ritter des k. k. östr. Leopoldordens zu Wien; geb. d. 7. Dec. 1744, gest. d. 15. Jul. 1827.

Aus niedrigem Stande stammend, verdankte B. alles, was er war, sich allein. Er wurde zu Audenarde in den Niederlanden geboren. Sein Vater, Mathias B., war Feldwebel in dem k. k. Regimente Wolfenbüttel. Da dieser das Vermögen nicht besaß, um einen für die Ausbildung der keimenden Anlagen seines Sohnes nöthigen Aufwand zu bestreiten, so ließ er sich am 1. Jan. 1761 bei dem Regimente seines Vaters als Fourier anstellen, in welcher Eigenschaft er bis zum 1. April 1770 diente, wo er zum Assistenten bei der damals bestehenden Generalproviantverwaltung befördert wurde. Von nun an war seine Bahn geöffnet und Beförderungen und Auszeichnungen seiner seltenen Verdienste in der Militärökonomie boten sich die Hand; denn schon am 1. Nov. 1770 wurde er zum Ingrossisten bei der Buchhaltung des Militärhauptverpflegsamtes und am 1. Jan. 1771 zum Kommissariatsoffizier bei dem Artilleriekorps ernannt. In diesem Jahre verehelichte er sich mit Anna van der Bruggen, einer Offiziers-Tochter, welche ihm 2 Söhne, von denen der ältere Carl, k. k. Feldkriegskommissär, noch lebt, der jüngere aber, Ludwig, Oberlieutenant in k. k. östreichischen Diensten, im Jahre 1803 gestorben ist und 3 Töchter gebar, u. im J. 1799 ihm durch den Tod entrissen wurde. Am 1. April 1775 wurde er zum Feldkriegskommissär und wegen

flossen den fürstl. Gatten höchst glückliche Jahre, die nur durch den frühen Tod der 4 erstgebornen Kinder dieser Ehe getrübt wurden. Als im J. 1796 französische Armeen auch in Deutschland eindrangen und Furcht und Schrecken verbreiteten, begab sich der Fürst mit seiner Gemahlin zu seinem Schwiegervater, dem regierenden Herzoge von Mecklenburg-Strelitz, worauf er nach seiner Rückkehr nach Regensburg im J. 1797 von Sr. Maj. dem Kaiser Franz zum wirkl. Geheimerath und in demselben Jahre zum Prinzipalkommissarius bei dem Reichstage zu Regensburg ernannt wurde; auch 1799 das Diplom als Ritter des goldnen Vließes erhielt. Nach manchen harten Verlusten in Folge des französischen Krieges ging endlich dem Verewigten ein neuer milder Stern auf; am 3. Nov. 1802 wurde ihm wieder ein Prinz der jetzt regierende Fürst Maximilian Karl von Thurn und Taxis geboren, wodurch das fürstl. Haus die Erhaltung des alten berühmten Stammes Taxis neuerdings gesichert sah. Eine Zeit schmerzlicher Trauer war für den Fürsten d. J. 1805, in welchem er Vater und Bruder durch den Tod verlor. Er übernahm hierauf die Regierung des fürstl. Hauses und ließ seine vorzüglichste Sorge seyn, in dieser verhängnißvollen Periode seinen bedrängten Unterthanen liebreich beizustehen und sie durch wohlthätige Einrichtungen und Unterstützungen zu beglücken; späterhin erfolgte Mediatisirung vermochte wohl seiner seitherigen landesherrlichen Wirksamkeit, aber nie seinem edeln wohlwollenden Herzen engere Grenzen zu setzen. — Noch harte Jahre der Prüfung aber sollten vorübergehen, ehe der Fürst des Glückes sich freuen konnte, als Vater seiner Unterthanen ruhige und segensreiche Jahre zu genießen. Das von Deutschlands Kaisern und Ständen garantirte Familiengut, das kaiserl. Reichspostinstitut sah Karl Alex. nach dem Presburger Frieden von mehreren Seiten durch neusouveräne Fürstenhäuser gefährdet und das Todesurtheil war für dasselbe die Rheinbundsakte. Es erfolgte von den Rheinbundsfürsten als Souveränen die Besitznahme der nun mediatisirten Gebiete, das kaiserl. Reichspostinstitut, dieses auf Taxische Kosten gegründete, seit drei Jahrhunderten bestehende Taxische Ehrendenkmal, welches die Quellen des Wohlstandes des fürstl. Hauses in sich schloß, wurde aufgehoben und Landesposten eingeführt, ohne dem Fürsten irgend eine Entschädigung anzuweisen. Was er aus diesen Stürmen retten konnte, das muße er später unter großen Opfern durch einzelne Postlehnsverträge mit diesen Fürsten thun, wodurch nun das seitherige kaiserl. Reichspostwesen annullirt und für das fürstl. Haus Thurn und Taxis die in einzelnen Staaten zu Lehen tragenden Territorialposten hervorgerufen wurden und dadurch, so wie durch den mit Niederlegung der deutschen Keiserkrone von Seiten Kaiser Franz II. für den Fürsten Karl Alex. verbundenen Verlust erlosch einer der glänzenden Strahlen des fürstlichen Hauses Thurn und Taxis.

Ungeachtet dieser harten Schläge, welche den Wohlstand des fürstl. Hauses zu erschüttern drohten, blieb dasselbe dennoch seinem alten ruhmvollen Sinne der Wohlthätigkeit gegen die Hülflosen unveränderlich treu und es ist eine der schönsten Zierden in dem Leben des Fürsten Karl Alex., daß er den bereits von seinem Vater gegründeten fürstl. Thurn und Taxischen Wohlthätigkeitsfond nicht blos wiederholt bestätigte, sondern demselben sogar neue Zuflüsse anwies. Neben so vielen andern Beweisen von Menschenfreundlichkeit des Vollendeten verdient auch die reiche Unterstützung genannt zu werden, durch welche er nach der Bestürmung, Plünderung und dem Brand von Regensburg die Noth der Elenden zu lindern suchte. Ueberhaupt ist nie zu Regensburg etwas Edles und Gutes, nie ein Institut der Wohlthätigkeit und Menschenliebe entstanden, zu denen nicht seine fürstl. Huld die reichlichsten Beiträge mit seltener und rührender Herzensgüte bewilligte.

Durch den berühmten Regentenkongreß zu Wien im J. 1814 und 15, der so viele heilige Rechte und Ansprüche ausglich, sah auch der Fürst Karl Alex. manche alte Rechte seines Hauses von neuen garantirt oder durch angemessene Entschädigungen vergütet. Im J. 1818 genoß er die Auszeichnung zum erblichen Reichsrath des Königreichs Baiern ernannt zu werden und wohnte im darauf folgenden J. 1819 in dieser Eigenschaft persönlich der ersten baierschen Ständeversammlung zu München bei, mußte aber auch jetzt schon bemerken, daß seine früher so blühende und feste Gesundheit einigermaßen zu schwinden anfing. Eine Bade- und Brunnenkur zu Karlsbad und Franzensbrunn im J. 1820 und eine Reise in das neuerworbene Fürstenthum Krotoszyn in Polen über Dresden nach Berlin, wo er von seinem erhabenen Schwager, dem Könige Fr. Wilh. III. als Denkmal königl. Werthschätzung den schwarzen Adlerorden erhielt, schien seine schwankende Gesundheit aufs Neue gestärkt zu haben; doch machten im J. 1823 eintretende gichtische Leiden seine Kräfte wieder schwinden, daher er im Sommer 1824 die Cur in Karlsbad wiederholte und durch eine neue Reise nach Polen, in Begleitung seiner Gemahlin und des Erbprinzen, wohlthätig auf seinen Körper zu wirken sich entschloß, wodurch seine Leiden gemindert, aber nicht entfernt wurden. Das Jahr 1825 schloß sich für den Fürsten Karl Alex. im Gewande der Trauer. Sein zweiter Sohn, Prinz Friedr. Wilh., Offizier der preuß. Gardekürassiere, starb an den Folgen eines unglücklichen Sturzes auf der Jagd am 8. Sept. im 20. Lebensjahre*). Tief beugte den Vater dieser harte Schlag des Schicksals. Das letzte Lebensjahr des verewigten Fürsten, das den bräutlichen Kranz in die Locken seiner jüngsten Prinzessin Tochter flocht, begann unter den freudigsten Erwartungen, allein schon die Mitte desselben schnitt den Faden seines eigenen menschenfreundlichen Daseyns plötzlich ab und versetzte Tausende in tiefe Trauer. Er starb zu Tischingen, dem gewöhnlichen Sommeraufenthalte der fürstl. Familie auf der Jagd, von einem Schlagflusse überfallen und wurde in der Kirche zu Neresheim beigesetzt.

Der verstorbene Fürst war ein großer, starker und vorzüglich in seinen früheren Jahren wirklich schöner Mann; in seinem freundlichen Angesicht lag schon das Gepräge seines wohlwollenden Herzens und Niemand war zuvorkommender und herablassender gegen Jedermann als er. In der Conversation war er munter und wußte durch Witz und eine ausgebreitete Belesenheit den Stoff der geselligen Unterhaltung immer zu beleben und zu erneuern; dabei war er ein gerader, biederer deutscher Mann. Als Fürst war er gerecht und mild, strenger gegen sich selbst, als gegen Andere und von unbegrenzter Güte. In seinem Aeußern war er einfach und sein Sprichwort war: „was liegt an der Schale, wenn nur der Kern gut ist.“ Er war ein Verehrer der schönen Künste und alle Festlichkeiten an seinem Hofe trugen das Gepräge des reinsten Geschmacks. Die Musik liebte er nicht nur, sondern war auch Kenner derselben. Als Mitglied der katholischen Kirche ging er auch Andern in gewissenhafter Erfüllung der Satzungen und Gebote seiner Religion mit einem guten Beispiele voran; doch war der Fürst keineswegs intolerant, vielmehr schätzte er in dem Menschen nur den moralischen Werth und nicht den Glauben, der ja gewöhnlich nur vom Zufall der Geburt abhängt. Als Freund einer ausgesuchten Lektüre widmete er täglich mehrere Stunden derselben und war gegen verdienstvolle Schriftsteller

*) Siehe N. Nekrolog 3. Jahrg. S. 1684.

freigebig, so wie er während der Zeit als er das kaiserliche Reichspostgeneralat in Deutschland besaß, Schriftsteller, Buchhändler, Herausgeber öffentlicher Blätter, überhaupt die Literatur u. Kunst überaus liberal u. begünstigend behandelte. Sein vorzüglichstes Vergnügen war die Jagd, die er aber besonders als nothwendige Bewegung zur Erhaltung seiner Gesundheit ansah. Er hatte aus seiner Ehe 3 Prinzen u. 4 Prinzessinnen, von denen aber 2 Prinzen und 2 Prinzessinnen ihm durch frühen Tod voraus gingen. Seine hinterlassenen Kinder sind: Se. hochfürstl. Durchl. der ihm succedirte junge Fürst Maxim. Carl v. Thurn u. Taxis, Ihro Durchl. die Fürstin Therese Esterhazy u. Ihro königl. Hoheit die Herzogin Sophie von Würtemberg.

238. Johann Georg Hoffmann,

Oberlehrer an der königl. Realschule zu Berlin;

geb. i. J. 1754, gest. d. 16. Juli 1827. *)

Bis in sein 15. J. besuchte H. die Realschule zu Berlin und ging dann zu einem bürgerlichen Gewerbe über. Allein der Kreis, welchen sein Geschäft um ihn zog, war dem regen, nach Erkenntniß dürstenden Geiste viel zu enge; daher wandte er alle Muße, welche er seinem äußerlichen Berufe abgewinnen konnte, dazu an, den Umfang seiner Kenntnisse zu erweitern und in die verschiedenartigsten Gebiete des menschlichen Wissens einzudringen. Namentlich trieb er mit dem angestrengtesten Eifer das Studium der lateinischen Sprache und brachte es, ohne weitere Nachhülfe, durch eigenes Bemühen bis zum Verständniß der lateinischen Dichter, von denen er auch in spätern Jahren den Horaz mit besonderer Vorliebe las. Noch angelegentlicher aber widmete er sich dem Studium der neuern Sprachen, besonders der französischen u. englischen u. dieses mit sehr glücklichem Erfolg, weshalb er auch späterhin für die letztere von dem königlichen Kammergericht zum Translateur ernannt wurde. Mit nicht mindern Eifer legte er sich auf alle diejenigen Zweige der Wissenschaften u. Künste, welche besonders in dem Kreise einer Realschule liegen u. erwarb sich, ohne fremde Hülfe, sehr gute Kenntnisse in der Mathematik, den Naturwissenschaften, der Geographie, besonders in Beziehung auf Handlung u. Gewerbe, womit er zugleich Fertigkeit im

*) Haude- u. Spenersche Zeitg. 1827. Nr. 176.

Zeichnen und die sauberste, zierlichste Handschrift verband. Auf diese Weise durch rastlose Thätigkeit vorbereitet, gab er sein bürgerliches Geschäft ganz auf, um sich dem Schulfache zu widmen, und so wurde er im J. 1791 zuerst am Friedrich-Werderschen Gymnasium angestellt, ging aber von da bald zu derjenigen Anstalt über, welcher er den übrigen Theil seines Lebens gewidmet hat. Wenn nun der Verstorbene wegen des Umfangs seiner Kenntnisse u. vor allem wegen der Art, wie er zum Besitze derselben gelangt war, die höchste Achtung verdient, so mußte ihn besonders jeder, der ihm näher stand, zu den ausgezeichneten Menschen zählen, wegen des Geistes u. Sinnes, der sein ganzes Leben durchdrang. Tiefe, wahrhaft christliche, lebendige Frömmigkeit war der Grundton seines Wesens und alles, was er dachte, redete u. that, war von diesem Geiste beseelt. Schon in seinem stets mildruhigen Angesichte, so wie in dem Ton seiner Stimme, sprach sich jener innere Seelenfrieden aus, der die Frucht seines unerschütterlichen Glaubens war und der so erquickend u. segnend auf alle überging, die mit ihm in Verbindung standen. Diesen Frieden bewahrte er klar und ungetrübt bei den mannichfaltigen Mühen u. Sorgen, mit denen er kämpfen mußte, diesen Frieden brachte er in die Versammlungen, in welchen er stets vereinigend, ausgleichend u. versöhnend auftrat; diesen besonders in seine Lehrstunden, in welchen milde Heiterkeit u. Freundlichkeit, so wie eine eigenthümliche Biegsamkeit, sich in jede Sinnesart zu finden u. jeden zu gewinnen, die herrlichen Eigenschaften waren, wodurch sein Wirken segensreich geworden ist.

* 239. Wilhelm von Weltzien,

königl. preuß. pens. Generallieutenant u. Kommandant von Cosel, Ritter des Verdienstordens, des eisernen Kreuzes 1. u. 2. so wie des kaiserl. russ. St. Annenord. 2. u. 3. Kl., Inhaber der Denkmünze vom Jahre 1813 — zu Liegnitz;

geb. d. 1. Mai 1759, gest. d. 16. Juli 1837.

Finckenberg bei Rostock im Mecklenburg'schen, eine Besitzung des Vaters, welcher die Stelle eines Landesältesten oder Drosten bekleidete, ist der Geburtsort des Hingeschiedenen. Die traurigen Ereignisse des 7jähr. Krieges, wo Freund u. Feind in diesem unglücklichen Lande so übel hausten u. plünderten, brachten ihn in eine so dürftige u. traurige Lage, daß derselbe im J. 1762 vor Gram und Kummer starb. — Der Sohn stand im 3. Lebensjahre;

der Vater hinterließ eine trauernde Wittwe mit 11 zum Theil noch unerzogenen Kindern, welche das eigene und väterliche Eigenthum hülflos und auf die ungerechteste Weise verlassen mußten. — Der Jugendunterricht des Verewigten war sehr mangelhaft u. unter dem vorgefundenen Nachlasse findet man in dessen Tagebuche über diesen Gegenstand Folgendes aufgezeichnet. „Alles was die Armuth Bitteres nach sich zieht, folgte uns nach Rostock u. es verstrichen mehrere Jahre, wo wir uns, aufrichtig zu sprechen, von Wohlthaten großmüthiger Menschen erhielten, denn obgleich wir reiche Verwandte hatten, so wurden wir doch von diesen am grausamsten behandelt. Ich hatte sehr viel Lust mich zu unterrichten und habe durch mich selbst und eine kleine Unterstützung meiner ältern Schwester, Lesen, Schreiben u. ein wenig Mathematik gelernt u. wußte einige hundert französische und lateinische Vokabeln, hatte aber sonst keine Gelegenheit etwas zu lernen, bis man mich in eine Kinderschule schickte, die von einem jungen Mädchen gehalten wurde; kurz, ich verlebte eine sehr wichtige Zeit, ohne Erziehung und Unterricht zu erhalten."

Als v. W. das 14. Jahr erreicht hatte, kam er in das Kadettenhaus zu Berlin. Seine Urtheile über die damalige Beschaffenheit dieser Anstalt sind nicht die vortheilhaftesten; er äußert sich darüber folgendermaßen: „Trotz der Vernachlässigung meiner Erziehung u. Unterrichts war ich sehr verwundert, mich für einen kleinen Gelehrten bei meinem Eintritt gehalten zu sehen, obgleich ich seit mehreren Jahren keine Gelegenheit gehabt hatte etwas zu lernen." — Nach einem 6monatlichen Aufenthalte im Kadettenkorps wurde ihm die Auszeichnung in die Militärakademie versetzt zu werden. Auch über diese Anstalt urtheilt derselbe eben nicht sehr vortheilhaft, denn er sagt unter andern: „Während der 5 Jahre, die ich in dieser Anstalt verlebte, habe ich müssen ein wenig Mathematik, Geschichte, Geographie und Französisch lernen, ich kannte die Namen der Städte und Flüsse in den 5 Theilen der Welt, hatte aber nicht die geringsten Kenntnisse vom preußischen Staate; unsere Professoren u. Lehrer verachteten dies kleine Land zu sehr, um sich die Köpfe darüber zu zerbrechen. Dem ohnerachtet war ich der beste Unterrichtete von meinen Kameraden." — Im J. 1776 wurde v. W. während des Aufenthalts des Großfürsten Paul von Rußland in Berlin als Page zu demselben befehligt. In einem Alter von 19. Jahren verließ er die Anstalt und im J. 1778 trat er als Offizier im Grenadierbataillon v.

Gyllern zu Neisse ein. Um sich wissenschaftlich mehr u. mehr auszubilden, benutzte er die Stunden, die ihm seine Dienstgeschäfte übrig ließen zum Privatstudium, wo er sich mit den Klassikern der Alten vertraut machte. Das Leben, Thun u. Treiben der in Neisse garnisonirenden Offiziere schilderte der Verewigte höchst traurig; denn er sagt unter andern in seinem Tagebuche: „Die Offiziere waren unglücklich unwissend, fast alle überließen sich dem Spiele oder Trunk und vertrieben ihre Zeit mit Tabaksrauchen in den Kaffeehäusern u. Bordellen, selbst diejenigen, welche einen Grad von Bildung hatten, mußten mit den Wölfen heulen. Dies machte meine Lage verhaßt u. ich suchte u. fand Trost in den Studien der Griechen u. Römer." — Seinen ersten Feldzug machte v. W. im baierschen Erbfolgekrieg, wo derselbe mehreren kleinen Gefechten beiwohnte. Beim Ueberfall auf dem Rutschenberg in der Grafschaft Glatz gewann er sich die Achtung des Bataillons. Das Grenadirbataillon v. Gyllern wurde 1787 nach Platchkau versetzt und auch hier setzte der Verewigte mit dem größten Eifer sein Privatstudium fort. Als er bald darauf dem Fürsten von Hohenlohe bemerkbar wurde, nahm ihn dieser für die J. 1791 u. 92, während derselbe ein Korps zu Sicherung von Kosel u. Neisse kommandirte, als Adjutant zu sich. v. W. hatte sich in militärischer Hinsicht der Zufriedenheit u. das Wohlwollens des Fürsten zu erfreuen, da er sich aber stets allzu freimüthig äußerte u. zu wenig Hofmann war, erweckte sich derselbe viele Feinde. — Vom J. 1793 bis zum Frieden, wo Preußen gegen das revolutionäre Frankreich zu Felde zog, machte v. W. die Feldzüge als Kapitän u. Kompagniechef im Füsilierbataillon Martini auf sehr ehrenvolle Weise mit, nahm an der Belagerung von Mainz Theil und zeichnete sich besonders bei Kaiserslautern u. Koblenz aus, wofür er den Verdienstorden erhielt. Da der brave Major Martini sein Bataillon wegen zu geschwächter Gesundheit verlassen mußte, führte v. W. dasselbe, obgleich mehrere ältere Offiziere noch gegenwärtig waren, in allen Gefechten und zwar mit vielen Ruhm. — Nach dem Frieden im Jahre 1796 vermählte er sich mit der Freiin Agnes, Tochter des Freih. v. Stilfried u. Ratonitz auf Neurode in Schlesien, aus welcher Ehe noch 1 Sohn und 2 Töchter am Leben sind. Im J. 1797 wurde er zu einer neu errichteten Füsilierbrigade nach Polen versetzt, wo er den später in den letztern Freiheitskampfe so berühmt gewordenen Feldherrn von Bülow zum Kommandeur erhielt. — Hier gelangte er zum Majorsposten. — Drei Jahre nachher wurde er in gleichem Grade zur Brigade des General Heinrichs nach Plock versetzt. Den Feldzug von 1806 machte er als Major mit. Des Nachts 11 Uhr an der Saale bei Halle mit dem Bataillon angekommen, wurde er, ohne die Nähe des Feindes zu ahnden u. ohne die mindeste Nachricht über die Vorgänge des 14. Octobers, des Morgens in aller Frühe angegriffen und nach einer sehr hartnäckigen Gegenwehr u. Vertheidigung der Saale, mit dem Bataillon gefangen genommen. Er wurde mit dem Bataillon nach Nancy abgeführt, woselbst er bis zum Monat Juli des folgenden Jahres verbleiben mußte. Im August 1807 kehrte er aus der Gefangenschaft zurück u. lebte mit seiner Familie in Neidenburg, einem Landstädtchen, wo er 400 Rthlr. Pension bezog. Nach Verlauf von 6 Monaten wurde er zum Kommandeur des Füsilierbataillons, jetzigem 7. Infanterieregiment ernannt u. 1812 als Oberst und Kommandant der Festung nach Neisse versetzt. Hierüber läßt sich der Verstorbene in seinem nachgelassenen Tagebuche folgendermaßen aus: „Man war erstaunt mich von einem invaliden Offizier im Kommando meines Bataillons abgelöst zu sehn, welches bestimmt war, den Feldzug in Rußland mitzumachen obgleich dieser wünschte in Ruhe zurückbleiben zu dürfen, während ich als ein Soldat bekannt war, der den König liebte u. welcher Kenntnisse vom Kriegswesen hatte." — Anfangs Mai 1813 ward der Verewigte Kommandant von Glatz u. gleichzeitig demselben aufgegeben eine Landwehrdivision von 32 Bataillons zu organisiren und zu befehligen. Nach Ablauf des Waffenstillstandes wurde er zum Kommandant der 7. Brigade beim 1. Armeekorps des General v. Horn ernannt. An der Schlacht bei der Katzbach nahm v. W. einen sehr ehrenvollen Antheil so wie demselben die Aktion bei Wartenburg, wo ihm ein Pferd unter dem Leibe getödtet wurde, Gelegenheit sich auszuzeichnen gab. Auch den Schlachten bei Culm, Torgau und Leipzig wohnte er persönlich bei und zeichnete sich vorzüglich am 16. Octbr. 1813 bei Möckern, wo das Yorksche Korps mit einem Verlust von 6000 Mann sich einen Ruhm erwarb, auf das rühmlichste aus. Es wurde ihm bei dieser Gelegenheit ein zweites Pferd unter dem Leibe getödtet.

Außer dem Verdienstorden wurde er während des Feldzuges 18 13/14 mit dem eisernen Kreuze 1. u. 2. Klasse so wie mit dem kaiserl. russischen St. Annenorden 2. u. 3. Klasse geschmückt. — Er marschirte mit seiner Brigade bis an den Rhein, von wo er darauf als Kommandant nach Erfurt abgesendet wurde und sich die Liebe der Einwohner daselbst in einem hohen Grade zu erwerben wußte. Zu Anfange das J. 1815 ging er nach Oppeln a. d. Oder, wo er zum Generalmajor u. Inspector der dasigen Landwehrbrigade emporstieg. Im J. 1817 erfolgte seine Versetzung nach Cosel als Kommandant. Acht Jahre bekleidete er diesen Posten, nach welcher Zeit er 1825 als Generallieutenant in Ruhestand versetzt wurde und den Rest eines geachteten, dem Könige u. dem Vaterlande geweihten Lebens in Liegnitz, wohin er sich mit seiner Familie begeben, noch in voller Manneskraft im 68 J. seines Alters beschloß. — Hauptcharakterzüge des Verewigten waren eine überaus große Anhänglichkeit für das preußische Haus. In seinem Umgange war er äußerst human und liebevoll stets in den Schranken des Anstandes bleibend, sein sonst ernstes Wesen, mit freundlichen Galanterien gemischt, machte ihn allenthalben sehr beliebt. — Im Stillen that er vielen Nothleidenden, besonders alten Soldaten Gutes. Seine vielfache Korrespondenz mit seinem Monarchen beweist, daß sein Verdienst wohl gekannt, nicht aber immer anerkannt wurde. Er starb unbefriedigt und in der traurigen Meinung, nicht genug für das allgemeine Beste gethan zu haben. Er hinterließ eine trauernde Wittwe, 1 Sohn u. 2 Töchter.

Erfurt. Major v. Lindeman.

240. Ernst August Rumann,

Doctor beider Rechte, königl. Hannöv. Geheimerath, Chef des Justizdepartements, Großkreuz des Guelphenordens — zu Hannover;

geb. d. 8. Juli 1745, gest. d. 17. Juli 1827. *)

Er war zu Polle geboren, wo sein Vater Amtmann war. Die Quellen über den Lebenslauf dieses ausgezeichneten Rechtsgelehrten u. Staatsmannes fließen sehr sparsam, da darüber nichts zur öffentlichen Kenntniß gekommen ist. R. begann seine 60jährige Dienstlaufbahn als Auditor bei der Justizkanzlei zu Hannover, in welcher er bis zum Ende des Jahres 1783 als Hofrath diente. Von da kam er am 1. Decbr. 1783 vom Könige zum Oberappellationsrathe ernannt, als solcher nach Celle und nahm daselbst 1784 seinen Sitz ein. Im J. 1798 wurde er zum Director der Justizkanzlei in Hannover ernannt, welche

*) Neues vaterl. Archiv d. K. Hannover [illegible]. 4. H.

Stelle er bis zur Organisation des ephemeren Königreichs Westphalen bekleidete. Von der westphälischen Regierung, der man das Lob nicht versagen kann, bei Besetzung der oberen Regierungs- und Richterstellen mit großer Sorgfalt verfahren zu seyn, wurde R. zum ersten Präsidenten des Appellationshofes zu Celle ernannt u. was der Verewigte hier gethan hat, um eine gänzliche Umgestaltung aller Rechtsverhältnisse zu verhindern und das vaterländische Recht in Ehren u. Ansehen zu erhalten, ist allen seinen damaligen Kollegen noch im frischen Andenken. Nach Auflösung des Königreichs Westphalen trat er seine Stelle als Justizkanzlei-Director zu Hannover wieder an, von welcher er aber 1816 zum Geheimenrathe u. Chef des Justizdepartements befördert wurde, welcher Stelle er bis wenige Tage vor seinem Hinscheiden, wo dem 82jährigen Greise der längst ersehnte u. wohlverdiente Ruhestand gewährt wurde, mit dem wahrhaften Ruhme vorgestanden hat, das Beste seines Vaterlandes allein bezweckt u. auf eine ausgezeichnete Art befördert zu haben. — Als Schriftsteller ist R. niemals aufgetreten, aber der Ruhm, den er als Theilnehmer u. Urheber an der Gesetzgebung des Königsreichs, besonders im Kriminalrechte gewonnen, möchte dem schriftstellerischen völlig gleich seyn und es muß ihm derselbe das unvergängliche dankbare Andenken des Vaterlandes für immer erhalten. — Seit dem Eintritte R's in das Kabinetsministerium, seit seiner Verwaltung des Justizdepartements, sind die Fortschritte groß, die in der Kriminalgesetzgebung in so kurzer Zeit gemacht worden sind.

Die schöne Verordnung über die Dienstvergehungen vom 31. Octbr. 1820, die ausgezeichnete unübertroffene Verordnung über den Beweis durch Anzeigen vom 25. März 1822, das Ausschreiben über die aufzustellenden Charakteristiken der Verbrecher vom 29. Octbr. 1822, das Edikt über die Bestrafung der im Auslande begangenen Verbrechen vom 26. Febr. 1822, die höchst wohlthätige, von wahrhaft legislatorischer Prudenz unverkennbares Zeugniß gebende Verordnung über den veränderten Geschäftsgang in Kriminalsachen vom 22. Decbr. 1822 und mehrere andere in das Kriminalfach einschlagende Verfügungen sind ganz oder doch zum großen Theil R's Werk. — Auch die Civilgesetzgebung ist von ihm nicht vernachlässigt worden, wenn gleich das Bedürfniß legislatorischer Thätigkeit hier nicht so dringend war. Die heilsamen schönen Verordnungen über die verbesserte Verfassung der Patrimonialgerichte v. 13. März 1821, über die Gerichtsbarkeit der bürgerlichen Gerichte in Militärsachen vom 20. Juli 1821, über das Verbot aller Privatehe u. die Formen, welche an die Stelle der eidlichen Bestärkung treten sollen vom 28. Decbr. 1821, die Wechselordnung vom 23. Juli 1822, die Verordnung wegen der bei den königl. Justizkanzleien angeordneten Pupillenkollegien vom 30. April 1823, viele andere Ausschreiben, Edikte und authentische Entscheidungen zweifelhafter Rechtsfragen, deren Daseyn K. in's Leben gerufen hat, zeugen von dessen großer Thätigkeit, Einsicht und dem ungeachtet seines hohen Alters so seltenen Fortschreiten mit der Zeit, von welchem letzteren noch seine rege Theilnahme an dem Entwurfe eines neuen Strafgesetzbuchs und einer neuen Strafprozeßordnung einen besonders ruhmwürdigen Beweis gibt. — K. hat also wahrhaft für sein Vaterland gelebt und gewirkt, die Gesetzsammlungen enthalten das unvergänglichste Denkmal seiner ruhmvollen Thätigkeit und Niemand war mehr wie er zu den Worten berechtigt, welche er in seinen letzten Lebensjahren zu dem Verfasser dieses sagte: „Ich habe das Meinige gethan, thuen Andere desgleichen."

Unerschütterliche Redlichkeit u. Strenge gegen sich selbst, die aber auch von Andern das Gleiche verlangte, war, mit Humanität u. der innigsten Vaterlandsliebe gepaart, der hervorstechendste Zug seines Charakters; einem solchen Manne konnte, überdem vom Geschick begünstigt, der Lohn seiner Verdienste nicht fehlen, den er auch in dem ehrendsten Vertrauen seines Königs, in der Verehrung seiner Untergebenen und in dem Glücke gefunden hat, schon bei seinen Lebzeiten seine Kinder versorgt und zum Theil in sehr bedeutenden Staatsämtern angestellt zu sehen, wie er ihnen denn auch einen Namen hinterlassen hat, welcher vom Vaterlande stets nur mit Dank u. Ehrerbietung genannt werden wird.

Gans.

241. Karl Gottlob Sonntag,

Doctor der Theologie und Philosophie, protestant. Generalsuperintendent des Herzogthums Liefland und Ritter des St. Annenordens 2. Klasse;

geb. d. 21. Aug. 1765, gest. d. 17. Juli 1827 *)

Der Verewigte ward zu Radeberg bei Dresden geboren, wo sein Vater Mitglied des Raths und Bandfabri-

*) Theils nach der Hall. Litzg. 1827, Nr. 280, theils nach einer Privatmittheilung des Grafen Ludwig August Mellin, Direktor des kais. liefl. Oberkonsistoriums in Riga.

kant war. Seine Mutter war eine geb. Rumpelt. Nachdem er die Schule seiner Vaterstadt besucht hatte, wurde er 1778 unter die Zöglinge der Fürstenschule Pforta aufgenommen, die in ihm einen ihrer ausgezeichnetsten Schüler hatte. Noch in den spätesten Jahren seines Lebens gedachte er nie ohne Rührung und Dankbarkeit seines 6jährigen Aufenthalts auf derselben. Im Mai 1784 bezog er die Universität Leipzig, wo er sich neben der Theologie auch mit vielem Eifer dem Studium der Philologie widmete. Seine Lehrer waren hier vorzüglich Ernesti, Morus, Platner, Rosenmüller und Beck. Die erste Frucht seiner Studien war die auch noch jetzt von den Philologen zu beachtende Historia poëseos graeciae brevioris ab Anacreonte usque ad Meleagrum. Lips. 1785. Nach 2jährigem Aufenthalt in Leipzig wurde er Hauslehrer bei den Söhnen des Prof. Rosenmüller. Durch die Empfehlung von Morus und Herder, dessen Bekanntschaft er durch die Bearbeitung von Joh. Val. Andreä's Dichtungen gemacht hatte, erhielt er, nachdem er 1787 in Leipzig als Doktor der Philosophie promovirt hatte, 1788 den Ruf als Rektor der Domschule zu Riga, welches Amt er im folgenden Jahre mit dem Rektorate des Lyceums und dem Diakonate an der Jakobikirche daselbst vertauschte. Im J. 1791 wurde er Oberpastor an derselben Kirche, 1799 auf Vorschlag des Direktors Grafen Mellin Assessor des liefländ. Oberkonsistoriums, 1803 Gehülfe des liefländ. Generalsuperintendenten Danckwart und nach dessen Tode noch in demselben Jahre Generalsuperintendent und Präses des Oberkonsistoriums. Diese Aemter verwaltete er bis zu seinem Tode. Er war Ehrenmitglied mehrerer gelehrten Gesellschaften und Ritter des St. Annenordens 2. Kl. Auch erhielt er das Ehrenkreuz, welches allen Geistlichen des russ. Reichs ohne Unterschied der Konfession ertheilt wurde, welche bei der französischen Invasion 1812 durch Lehren und Ermahnungen an das Volk dem Staate genützt hatten. Seine im J. 1789 mit einer Tochter des Riga'schen Rathsherrn Grawe geschlossene Ehe blieb kinderlos, aber an einer Pflegetochter und einem Sohne seines Schul- und Universitätsfreundes, des im J. 1805 verstorbenen Pastors Freytag (dem jetzigen Censor Freytag in Dorpat), vertrat er Vaterstelle. — Er genoß bis kurz vor seinem Tode einer selten gestörten Gesundheit. Eine Brustwassersucht aber, die sich ungewöhnlich schnell entwickelte, machte seinem Leben durch einen Nervenschlagfluß im 62. J. seines Alters ein Ende.

Da es zu weit führen würde, die mannichfaltigen Verdienste des Verewigten im Laufe einer 39jährigen amtlichen Wirksamkeit gebührend zu preisen, so mögen nur einige Andeutungen hier stehen. S. war der Hauptverfasser und Redakteur der Allerhöchst bestätigten liturgischen Verordnungen für die Protestanten im russ. Reiche (1805); ihm vorzüglich hat man die Erscheinung des vortrefflichen liefländschen Gesangbuchs (1810) zu danken, in welchem mehrere Lieder ihn zum Verfasser haben; er führte die Sitte ein, die Jugend durch einen gründlichen Religionsunterricht zur Konfirmation vorzubereiten, er erleichterte den Predigern diesen Unterricht durch die Abfassung mehrerer, im ganzen Lande eingeführten zweckmäßigen Katechismen; er war es, der durch sein begeisterndes Wort von der Kanzel nicht wenig beigetragen hat zur Befreiung des Landmanns in den Ostseeprovinzen von den Fesseln der Leibeigenschaft. Als rüstiger Vertreter und Kämpfer für die oft angefochtenen und gefährdeten Rechte der protestantischen Geistlichkeit, durch Wort und Schrift, namentlich durch die mehrere Jahre hintereinander herausgegebenen Ostseeprovinzenblätter immer hinwirkend auf einen bessern Zustand und auf Verbreitung gemeinnütziger Kenntnisse, hat er sich nicht nur in den Herzen seiner Zeitgenossen, sondern auch der Nachwelt ein unvergängliches Denkmal bereitet. Tief wurde daher im ganzen Lande der Verlust dieses edlen Mannes gefühlt, bei dem jeder Geringe zutrauensvoll Hülfe suchte und gewöhnlich fand und der trotz seiner Geradheit auch bei den Großen viel galt und es für jene benutzte. Der Generalgouverneur Marquis Paulucci — ein Katholik — hat ihn während seiner Krankheit zweimal besucht und die dasige griechische Geistlichkeit that dies in corpore auch. Wie sehr auch das Ausland seinen Werth anerkannte, zeigte sich außer mehrern andern ehrenvollen Anträgen (von Petersburg, Dorpat, Königsberg, Danzig, Oldenburg, Berlin, Gotha, Coburg), auch darin, daß nach des berühmten F. V. Reinhards Tode im J. 1812 ihm der Ruf an seine Stelle zu Theil wurde. Mit Recht heißt es in einem zu Riga erscheinenden öffentlichen Blatte: „Glänzende Geistesgaben u. Gelehrsamkeit waren in ihm überboten durch Reinheit und Adel des Charakters." Die Stadt Riga ehrt sein Andenken durch ein Denkmal, das ihm jetzt errichtet wird. Eine treffende Charakteristik des Verewigten findet man in der vom Oberpastor Grave herausgegebenen Schrift: „Zum Andenken Sonntags." Riga 1827.

Als er das Oberpastorat niedergelegt, behielt er sich

das Recht vor, der Beichtvater seiner Familie zu bleiben, die seit Jahren bei ihm privatim die heilige Handlung zu feiern gewohnt war. Zu diesem engen Kreise gehörte auch sein Freund, der Graf Mellin, wenn er in Riga war.

Bei einer vollen, deutlichen, sonoren Sprache (in frühern Jahren soll er gestottert haben) waren alle seine Vorträge auf Veredlung des Herzens und auf das praktische Leben gerichtet. Er pflegte seine Predigten wörtlich aufzuschreiben und zu seiner etwaigen Rechtfertigung aufzubewahren. Immer fand man ihn beschäftigt und Alles mußte ihm rasch von der Hand gehn. Er sprach u. schrieb oft zu gleicher Zeit. Die schwierigern Ausarbeitungen überließ er nicht der Oberkonsistorialkanzlei, sondern machte sie selbst. Mehrere wohlthätige Anstalten in Riga entstanden durch seine Betriebsamkeit, bei deren Theilnehmern sein Name in stetem Andenken bleiben wird.

Nicht selten wurde S. von denen, die ihn nicht hinlänglich kannten, verkannt. Man hielt ihn für ungebildet und etwas zu derb, weil er oft mit Heftigkeit losplatzte und den Leuten mit einer barschen Art durch den Sinn fuhr. Solche Explosionen, die mit den Jahren immer seltener wurden, gereuten ihn aber sogleich und er bestrebte sich, seine Hitze wieder gut zu machen. Er sagte im Scherz, daß er eine große Force besitze, eine Sache mit Delikatesse anzubringen, denn er falle mit der Thür ins Haus. — Man höre seine eigenen Worte über sich selbst, die ihn mit Jedermann aussöhnen müssen. Er sagt: „Frühe Sonne, früher Schein u. frühe Hitze haben an mir gereift. Solche Früchte haben selten den Reiz der Lieblichkeit, zu welchen Andere gelangen können. Mit Temperament u. Erziehung, wie die Meinigen, so früh ins Geschäftsleben eingetreten und in einer fast ununterbrochenen Thätigkeit, zuweilen auch durch Sorgen, ja selbst durch Gefahren zu mir selbst gekommen, bin ich freilich nicht, was ich gern seyn möchte. Aber laß mir das Selbstgefühl, daß die Nähe mich anders gibt, als manchmal die Ferne mich zeigen möchte. Wie ich zuweilen auch that und sprach, gemeint habe ich es nie anders als redlich und herzlich, mit den Personen, wie mit den Sachen."

So dachte, redete und handelte dieser Biedermann bis zu seinem Tode. Er blieb ein Jüngling an Lebensgefühl und sein Geist trieb noch immer Blüthen, obschon die Zerstörung seinen Körper bedrohte. — Sein Bild hat man in einem Kupferstiche von Senff und in 2 Steindrücken.

Auch ist jetzt eine sehr ähnliche Büste des Verewigten gefertigt.

Seine schriftstellerischen Arbeiten sind bedeutend und theils selbstständige, theils Aufsätze in Sammlungen, theils herausgegebene Schriften. Bei der grossen Anzahl derselben sollte man glauben, daß er seine meiste Zeit am Schreibtische zugebracht habe. Dies war aber nicht der Fall, denn bei der genauen Eintheilung seiner Zeit merkte man es kaum, daß er viel schrieb. Obgleich er ein geselliger Mann war, viel spazieren ging, öftere Reisen aufs Land machte, dabei viele Jahre oft täglich in den Akten des ältern Konsistorialarchivs wühlte, die er aus Kellern und von Böden zusammensuchte und mit einer Beharrlichkeit und wahrhaft eisernen Geduld las, ordnete und registrirte *); so litten seine vielen und wichtigen Amtsgeschäfte, die er mit grosser Pünktlichkeit verrichtete, dabei doch gar nicht und alles dieses verrichtete er, ohne daß er dabei beschäftigt schien.

Außer den schon angeführten sind folgende die vorzüglichsten Schriften des Hingeschiedenen: In prooemium characterum Theophrasti. 1787. — Progr. üb. d. Vortheile d. deutsch. schönen Literat. für d. Bildg. d. Jugd. 1788. — Zwei Schulreden: üb. d. moral. Hülfsmittel z. Selbstbildg., die d. Jüngl. in sich hat u. üb. d. Wirkg. d. ersten Eindrucks. 1789. — An d. Hrn. Generallieuten. Becklescheff b. seinem Abgange v. d. Riga'schen Statthaltersch. 1789. — Progr. üb. d. Bildg. junger Leute zum mündl. Vortrage. 1789. — Zur Unterhaltg. aus d. alten Liter. 1790 u. 1791. — Progr. üb. Spiel, Tanz u. Theater. 1790. — Theophrasts Sittengemälde; a. d. Griech. 1790. — Das russ. Reich. 1791 u. 92. — Zur Unterhaltg. f. Freunde d. alt. Lit. 1791. — Die Gesch. d. Belag. von Riga unt. Alexei Michailowitsch. 1791. — Progr. Einige Skizzen z. Sittengemälden; aus d. Griech. d. Theophrast. 1792. — D. de Iesu Siracide, Ecclesiastico non libro, sed libri farragine. 1792. — Ueb. Menschenleben, Christenth. u. Umgang; e. Samml. Predigten aufs ganze Jahr. 1794 1802. — Gedichte, aus d. griech. Anthologie übers.; in Sanzlers u. Meißners Quartalschriften. 1785. Quart. 3. Ferner in d. Berliner Monatsschr. 1788. Juli. — Seneca's Apokolokyntosis des Kaisers Claudius, verdeutscht u. erl.; im deutschen Merkur. — Miscellaneen aus griech.

*) Das alte grosse und wichtige Archiv der liefländ. Gouvernementsregierung, welches in den Gewölben und Kellern des alten Riga'schen Schlosses zusammengeworfen war, ordnete und registrirte er gleichfalls und entdeckte dabei manche vermißte wichtige Urkunde.

Dichtern. — Ein Wort zu seiner Zeit f. verständ. Mütter u. erwachsene Töchter. 1798. — Neues Lehrb. z. Unterricht d. Konfirmanden. 1796. — Kurze, allgem. faßl. Unterweis. im Christenth. f. Konfirm. 1797. — Die christl. Sittenlehre in Bibelsprüchen u. Liederversen f. Konfirm. 1800. — Das Nothwendigste u. Faßlichste aus d. christl. Glaubenslehre f. Konfirm. 1801. — Formulare, Reden u. Ansichten b. Amtshandlungen. 1802. — Grundlage d. Konfirmandenunterrichts. 1804. — Gesch. u. Gesichtspunkt d. allgem. liturg. Verordnung f. d. Lutheraner im russ. Reiche. 1805. — Die Hptstcke. der christl. Lehre in Bibelspr. 1807. — Entwurf z. e. Landeskatechismus. 1810. 2. Auflage. 1811. — Riga's Umgebungen, Dünastrom u. Jubiläum in 3 Pred. 1810. — Riga'sche Stadtblätter f. d. J. 1810 — 11. — Herausgabe v. d. literar.-prakt. Bürgerverbindung. — Jahrzahlen aus d. Gesch. v. Riga. 1810. — Unsere Lage. Sendschreiben an d. Superint. v. Kurland u. Semgallen, Dr. Ockel. 1810. — Von Gott, seinen Werken u. seinem Willen. 1811. — Aufsätze und Nachr. f. protest. Pred. im russ. Reich. 1811. — Kleine Chronik d. Muße in Riga. 1812. — Anzeichnungen aus der Gesch. Riga's v. 1200 — 1816 u. 17. — Sittl. Ans. d. Welt u. d. Lbns. f. d. weibl. Geschl. 1818 — 20. — Feier d. Freilassung d. liefländ. Bauern, d. 6. Jan. 1820. — Ueberreste u. Vorbereitungen e. geist. Zustandes der Letten in Kurland v. 1200—1636; in d. Inhaltsverhndlgn. d. kurländ. Gesellsch. f. Liter. u. Kunst. Bd. 1. — Ein neuer Beweis für d. Aechtheit des Privilegiums Sigismunds Augusti; ebd. Bd. 2. — Recensionen in J. Fr. v. d. Recke's Mitau'schen wöchentl. Unterhalt. (1805—7). Die noch genauere Angabe seiner Schriften findet sich in dem jetzt herauskommenden Schriftstellerverzeichniß der Ostseeprovinzen von Recke und Napiersky.

*242. Georg Friedrich Koch,

Bibliotheksekretär zu Hannover u. Redacteur d. Hannöv. Magazins; geb. i. J. 1750, gest. d. 17. Jul. 1827.

Er war ein sehr kenntnißreicher Mann, der eben so vertraut mit den alten Klassikern Roms und Griechenlands als mit der Geschichte war. Viel Verdienst erwarb er sich auch durch die Redaktion des Hannöverschen Magazins (unstreitig die Zeitschrift, welche von allen jetzt in Deutschland erschienenen sich der längsten Dauer zu erfreuen hat. Denn seit dem Anfange des 7jährigen Krieges erscheint es ununterbrochen, mithin beinahe seit 80 Jahren), die er eine lange Reihe von Jahren besorgte. Er liebte es die leeren Plätze desselben mit Epigrammen auszufüllen, worin er zwar die Thorheiten seiner Zeitgenossen geißelte, dies aber in der Manier der Alten, wie Martial that, weßhalb sie nur bei wenigen Lesern, die Kenner waren, Beifall finden konnten.

243. P. Beda Graf,

Conventual des ehemaligen fürstl. Stiftes St. Blasien, zuletzt Prior des Klosters Syon zu Klingenau (Bez. Zurzach).

geb. . . . gest. d. 18. Jul. 1827. *)

Aus Schwaben gebürtig, war der Verstorbene seit mehr als zwei Decennien Prior des Klosters Syon — ein Mann von ächt religiösem Geist, von vielen Kenntnissen und einer hohen bewährten Tugend, dessen Eifer im Dienste Gottes und seiner Mitmenschen keine Grenzen kannte, ein Mann, der bei allen seinen Verdiensten immerfort mit dem gefälligen Kleid der anspruchlosesten Demuth angethan war, einer Tugend, welche ihn der kleinen, achtungswerthen Zahl großer Seelen anreiht, die nur bescheiden von sich selbst denken und stets anerkennen, wem sie alles schuldig sind u. wie weit sie noch vom großen Urbild der Vollkommenheit abstehen. — Seine Schriften: Ein Päckchen Satyren aus Oberdeutschland. 1770. — Der erste Schritt z. künft. Vereinig. der kathol. u. evang. Kirche gewagt — von einem Mönche. 1779. — Weitere Ausführung des ersten Schrittes ꝛc. — Predigten. 2 Bde. — Abhandl. von d. Bewegung der krummen Linien. — Beweise der natürl. christl. und kathol. Religion. 3 Bde. Augsburg. — Mehrere kleine Schriften, Singspiele, satyrische Aufsätze, theol. u. philos. Abhandlungen.

* 244. Georg Detharding,

Candidat der Theologie und Privatlehrer zu Gülz im Mecklenburg-Schwerinschen;

geb. i. J. 1803, gest. d. 20. Jul. 1827.

Er war der einzige Sohn des mit ihm gleich vornamigen, am 1. Juli 1825 verstorbenen Doctors der Theologie, Directors des geistlichen Ministeriums und Haupt-

*) Frkf. - Ob. Postamtsztg. 1827. Nr. 212.

pastors*) am St. Jakob zu Rostock. Gebildet zu den Studien auf der grossen Stadtschule zu Wismar bis Ostern 1821, studirte er die Theologie auf der vaterstädtischen Universität, liess sich dann fürs Predigtamt examiniren u. begab sich im J. 1824 als Privatlehrer nach Sülz. — Im Juli 1827 besuchte er seine Vaterstadt u. machte von hier eine Wasserfahrt nach dem nahe belegenen Flecken u. Badeorte Warnemünde, auf dessen Rückkehr er, mit noch mehreren Andern, durch Umschlagung des Boots, seinen Tod in den Fluthen der Warnow fand. — Gedruckt hat man von ihm: Dissert. de mediis, quibus Moses, ad dimittendos e servitute Israelitas, Pharaonem commoverit. Rostochii, 1825.

Schwerin. Dr. Brüssow

245. Johann Jänicke,

Prediger der böhmischen Gemeinde zu Berlin;
geb. d. 6. Juli 1748, gest. d. 21. Juli 1827. **)

Dieser sehr würdige Prediger der böhmisch. Gemeinde endete in seinem 80. Jahre immer noch viel zu früh für die liebende und leidende Menschheit sein Erdenleben. Er ward in Berlin von böhmischen Eltern geboren, besuchte als Knabe die königl. Realschule, ward ein Weber und ging 1767 auf die Wanderschaft. Nach Münsterberg in Schlesien gekommen, fand in ihm der böhmische Prediger Demuth nicht allein einen frommen, sondern auch sehr talentvollen Jüngling. Er nahm ihn bald zu sich in sein Haus und bereitete ihn zum Schulamt vor. Im Jahre 1768 wurde er in Breslau geprüft und zum Schullehrer der böhmischen Gemeinde zu Münsterberg berufen. Nachdem er hier ein Jahr als Schullehrer gestanden hatte, nahm er, auf den Rath seines väterlichen Freundes, der ihn dem Ziele, Theologie zu studiren, gern näher bringen wollte, die Schullehrerstelle bei der böhmischen Colonie zu Dresden an. Hier nahmen sich durch göttliche Fügung der damalige Leibmedicus Demiani und der Oberpräsident Baron v. Hohenthal seiner so liebevoll an, daß sie ihm in allen zur Universität nöthigen Vorbereitungswissenschaften Unterricht ertheilen ließen und ihn im J. 1774 selbst auf die Universität Leipzig schickten. Besondern Eindruck machte daselbst der damalige Professor Crusius auf

*) Biogr. Notiz desselb. im 8. Jahrg. d. Nekrol. S. 1680.
**) Haude- u. Spenersche Zeitg. 1827. Nr. 174.

den in der Folge so brauchbaren Gottesmann, indem Crusius zu seiner Zeit nicht allein ein berühmter Philosoph, sondern auch ein sehr klarer Gottesgelehrter war. Dessen Vorlesungen faßte er scharf auf u. verdankte ihnen, nach seinem eigenen Geständniß, den festen Glauben an die Bibel, welchen er bis an sein Ende bewahrt hat. Im J. 1779 wurde er als zweiter Prediger der Bethlehemskirche in Berlin und bei der böhmischen Gemeinde in Rixdorf angestellt; aber seit dem Tode des Predigers Servus, 1792, verwaltete er bei beiden Gemeinden das Pfarramt allein. — Was er in seinem 48jährigen Predigtamt dem Heil der Menschheit geleistet hat, ist viel zu erhaben, als daß wir uns getrauen dürften, dem vortrefflichen Manne das würdige Lob deshalb durch Worte zu ertheilen. Denn er war gleichsam die Demuth leibhaftig und die Liebe zu seinem Heilande trieb ihn, für seine Mitmenschen jederzeit alles aufzuopfern und nichts für sich zu behalten. Er ist der Stifter der Missions-, Bibel- und Traktatgesellschaft in Berlin, er war ein gewissenhafter Almosenpfleger und hat von Anfang an jeden Winter die Armenspeisungsanstalt besorgt. Evangelische Missionäre, die von ihm gebildet worden sind (er war ein großer Orientalist), haben längst christliche Gemeinden unter den Heiden in fernen Landen gesammelt und unter allen Himmelsgegenden feiert man seines Namens Gedächtniß. Als eine besondere Gnade ehrte er es allezeit, daß ihm königliche Huld einen geräumigen Hausbetsaal 1805 erbaut, worin er den Stillen des Landes himmlische Erbauung und Belehrung wöchentlich einigemale ertheilte und daß seine frommen Bemühungen stets die allergnädigste Unterstützung fanden. Seine Predigten waren meistentheils dogmatisch und führten durch die Wärme des Unterrichts zur Erneuerung des Innern, zur reinern Sittlichkeit. Mit Strenge stellte er oft dar, wie verderblich es sey, ohne den lebendigen Glauben zu wallen und um ihn zu erwecken führte er oft die tiefern Glaubenslehren des Christenthums aus, welche zugleich seine Grundlagen sind. Mochte sein Vortrag zuweilen manches Unerwartete nebeneinander hinströmen lassen, die Quelle, aus der alles hervorging, war klar, rein und tief, und er suchte in dem Herzen die Kraft des Christenthums immer inniger zu befestigen. — Jeden Sonntag predigte er dreimal und dies einige dreißig Jahre lang ununterbrochen, ob er schon schwächlichen Körpers war und seit seinen Universitätsjahren stets am Bluthusten litt. Dabei war ihm keine Wohnung des Jammers und der

Noth zu finster und enge, um nicht göttlichen Trost und thätige Hülfe auf jeden leisen Wink hinein zu tragen und Thränen der Trübsal zu trocknen. Die Liebe, welche sich bei seinem Tode durchgängig äußerte, ist ein Beweis, daß Tugend und Frömmigkeit in unserer Zeit ihre Würdigung findet und daß des Gerechten Andenken in Segen bleibt. Tausende aus allen Ständen begleiteten seine sterbliche Hülle, die unter Posaunenklang von seinen Missionsstudenten, von würdigen Geistlichen, Bürgern und Akademikern zu ihrer Ruhestätte getragen wurde.

246. Ludwig Heinrich v. Jakob,

Doktor der Rechte und Philosophie, ordentl. Prof. der Staatswissenschaften an der Universität Halle, kais. russ. Staatsrath, Ritter des St. Annenordens 2r und des rothen Adlerordens 3r Klasse, mehrerer gel Gesellschaften Mitglied, gest. zu Lauchstädt;

geb. d. 26. Febr. 1759. gest. d. 22. Juli 1827 *).

Er wurde zu Wettin im Saalkreise geboren. Von da zog sein Vater, ein sehr verständiger und thätiger Bürger, nach Merseburg, wo er dem lernbegierigen Sohne auf der dasigen Domschule Gelegenheit verschaffte den Grund zu seiner gelehrten Bildung zu legen. Doch unverschuldetes Unglück der Eltern, ein großer Brand, der sie ihrer ganzen Habe beraubte, nöthigte den Jüngling schon früh auf seine eignen Kräfte zu bauen und 1773 nach Halle zu gehen, wo ihm auf dem ehemaligen Lutherschen Gymnasium Talent, Fleiß und sittliches Betragen die Zuneigung seiner Lehrer, besonders des berühmten Jani, der ihn zu seinen geschicktesten Schülern zählte, nebst einer Unterstützung im Singchore erwarben. Dieser auf das Unentbehrliche beschränkten Jugend erinnerte er sich in spätern beglückten Verhältnissen gern und oft, da ihn das ehrenvolle Bewußtseyn, daß er alles, was er geworden war, nächst Gott, sich selbst verdankte, über eine falsche Scham emporhob, welcher manche sonst verdiente Männer in ähnlichen Fällen unterlegen haben. Durch die bisherigen Aufmunterungen ermuthigt, bezog er 1777 die Universität daselbst und widmete sich besonders der klassischen Philologie, in welcher er sich noch mehr würde ausgezeichnet haben, wenn sie damals überhaupt in Deutschland schon in dem Umfange und mit dem kritischen Ernste wie jetzt

*) Hallesches Wochenbl. 1827. St. 31, mit Zusätzen vom Hrn. Prof. Jakob in Köln.

wäre behandelt worden. Um seine Lehrgaben auszubilden und sich zugleich die nöthigen Unterhaltsmittel zu verschaffen, unterrichtete er in der Mittelwachschen Schule und mehrern angesehenen Familien, besonders in der eines der größten Theologen seiner Zeit, des verewigten geh. Raths Dr. Nösselt, dessen lehrreichem Umgange er die angenehmsten Stunden seines akademischen Lebens verdankte. Von diesem allgemein gefeierten Manne empfohlen, wurde er 1781 zum außerordentlichen und im folgenden Jahre zum ordentlichen Lehrer an dem ehemaligen Lutherschen Gymnasium gewählt. Hier, wo er noch von seinen Schülerjahren her in rühmlichem Andenken stand, zog er, nach der in der Geisterwelt gegründeten Verwandtschaft, bald die bessern Jünglinge an sich und griff wohlthätig in das Ganze ein. Zugleich nutzte er alle seine Muße, um sich zu einem akademischen Lehramte vorzubereiten, welches schon von der Zeit an, wo sich eine höhere wissenschaftliche Kraft in ihm regte, einer seiner sehnlichsten Wünsche gewesen war. Zur Erreichung desselben schlug er den gewöhnlichen Weg ein. Er erwarb sich zuerst die Doktorwürde und hielt dann Vorlesungen, unter welchen er bald diejenigen vorzog, welche den philosophischen Wissenschaften gewidmet waren. Dadurch entfaltete sich immer mehr sein wissenschaftlicher Charakter, der in einem unabläßigen Bestreben bestand, sich deutliche und feste Begriffe zu bilden, alle Untersuchungen darauf zu bauen und das Erforschte für das wirkliche Leben anwendbar zu machen. Selbst für religiöse Vorstellungen suchte er einen sichern moralischen Boden zu gewinnen, wie seine Preisschrift: „Beweis für die Unsterblichkeit der Seele aus dem Begriffe der Pflicht" und seine Abhandlung: „Ueber den moralischen Beweis für das Daseyn Gottes" hinlänglich beurkunden. Aus dieser Eigenthümlichkeit seines wissenschaftlichen Charakters läßt sich der Widerwille erklären, den er gegen Mystik und alle Arten von Schwärmerei empfand und diejenigen innig bedauerte, welche sich von ihnen hatten dahinreißen lassen.

Da der Anfang seiner philosophischen Laufbahn in die Zeit fiel, wo der unsterbliche Kant mit seiner kritischen Fackel alle Gebiete der Philosophie erleuchtete, so war er einer der Ersten, welcher die Ideen des großen Mannes sich aneignete, in Vorlesungen und Schriften verdeutlichte und sich dadurch einen bedeutenden Beifall und Namen erwarb. Dadurch wurde die preußische Regierung bewogen ihn 1789 zum außerordentlichen und 1791 zum ordentlichen Professor der Philosophie auf der dasigen Universität zu ernennen. Doch seine Verdienste in diesem Fache zu entwickeln, mag andern dazu geeigneten Blättern überlassen bleiben. Nur so viel sey uns erlaubt hier noch zu bemerken, daß er, was mit der oben erwähnten Eigenthümlichkeit seines philosophischen Charakters zusammenstimmt, von der theoretischen Philosophie bald zur praktischen überging und von dieser zu den Staatswissenschaften, weil sie ihm Gelegenheit gaben, seine Grundsätze und Einsichten für das Leben der Menschen im Großen anzuwenden, indem sie die Begründung, Einrichtung und Regierung der Staaten zum Gegenstande haben. Daher wurden sie in spätern Jahren das einzige Ziel seiner wissenschaftlichen Bestrebungen, wie seine Schriften beweisen, die ihm einen ehrenvollen Platz unter den neuern Staatskundigen erwarben. Noch verdient bemerkt zu werden, daß er 3 Jahre lang (1801—3), ein bis dahin unerhörter Fall, das Prorektorat verwaltet hat. In diesem Amte hat er sich durch Regulirung des Schuldenwesens unter den Studirenden und durch die Einrichtung einer Zahlungskommission um diese und durch die im Auftrage des akademischen Senats angefertigten Vorschläge zur Verbesserung der Universität Halle um die ganze Anstalt sehr verdient gemacht. Auch die Disciplin handhabte er mit Umsicht und Nachdruck, ohne je partheiisch oder leidenschaftlich zu werden. Leider vernichtete der unglückliche Krieg vom J. 1806 die Früchte seiner Bemühungen und zugleich den Wohlstand und die Blüthe der Stadt und Universität Halle.

Als Preußen der französischen Uebermacht erlag und durch Napoleons Befehl die Universität Halle aufgehoben wurde, folgte er 1807 einem Rufe nach Rußland, wo er als Professor an der Universität zu Charkow angestellt wurde und trennte sich nebst seiner Familie unter den schmerzlichsten Gefühlen von Halle. Doch schon nach 2 Jahren wurde dem Wunsche, seine staatswissenschaftlichen Ideen zu verwirklichen, ein angemessener und weiter Wirkungskreis dadurch eröffnet, daß man ihn als Mitglied der Gesetzkommission für das Fach der Finanzen nach Petersburg rief. Die nächste Veranlassung zu diesem Rufe nach Petersburg war die von ihm im J. 1808 verfaßte Abhandlung: „Ueber Rußlands Papiergeld und die Mittel demselben einen festen und unveränderlichen Werth zu verschaffen.“ Er hatte dieselbe zuerst dem unwissenden Curator der Universität, dem Grafen Polozky im Manuscript eingesendet, um dessen Meinung zu hören, wie die Abhandlung am besten zu verbreiten seyn möchte. Es erfolgte aber keine Antwort und nun sandte J. im Februar 1809 die Abhandlung unmittelbar an den Kaiser Alexander selbst. Darauf ward er im Oct. dess. J. von dem damaligen Staatssekretär des Kaisers, Speransky, nach Petersburg berufen, um in einer besondern Comite über einige wichtige Gegenstände des öffentlichen Rechts zu Rathe gezogen zu werden. Das war das Element, in welchem er sich mit der größten Einsicht und Gewandheit bewegte. Dabei lebte er mit dem kenntnißreichen Minister v. Speransky in den engsten Verhältnissen.

Speransky, ein aufgeklärter, kenntnißreicher und kräftiger Mann, mit dem sich kein Einziger unter den damaligen höhern Beamten Rußlands vergleichen konnte, wollte die Finanzen und die Rechtspflege neu organisiren. Die von ihm mit dem Jahre 1810 eingeführte Oberhoheit des Reichsrathes, von welchem alle öffentlichen Maßregeln geprüft werden sollten, veranlaßten viele Gegenschritte von Seiten unkundiger und arbeitsscheuer Beamten, wodurch selbst J's feste Anstellung in der Gesetzkommission bis in den Sommer 1810, die bei der Finanzcomite bis zum Sept. 1811 verzögert ward. So lange arbeitete er nur als provisorisches Mitglied in beiden Kollegien. Namentlich beschäftigte ihn die Ausarbeitung eines Entwurfs zu einem Kriminalgesetzbuche für Rußland, der auch späterhin im J. 1818 zu Halle gedruckt worden ist. Speransky überhäufte ihn stets mit Lobsprüchen und auch juristische Urtheile haben dieser Arbeit Gerechtigkeit widerfahren lassen. (Man vergl. die Recension in der Jen. allgem. Litztg. 1820. Nr. 3 — 6.) Aber bei der Menge von Geschäften, welche Speransky zu besorgen hatte, ward die weitere Berathung, sowohl über diesen Gegenstand, als auch über andere finanzielle und juridische Gegenstände immer hinausgeschoben, bis Speransky's Sturz, der im März 1812 erfolgte, alle trefflichen Pläne desselben zernichtete. Der Grund zu dieser plötzlichen Ungnade und Verweisung eines Mannes, den der Kaiser Alexander bis dahin mit seinen höchsten Vertrauen beehrt hatte, war der Haß des russ. Adels und aller Großen gegen ihn. Als Urheber vieler Neuerungen in allen Verwaltungsfächern, als Schöpfer der neuen Organisation des Reichsrathes, als Begründer einer neuen Finanzeinrichtung haßten jene den Mann, der überdies noch bei allen Staatsdieneru, ohne Unterschied des Standes, auf Fleiß und gründliche Kenntnisse drang. Die allgemeine Stimme nannte ihn damals einen Landesverräther und Bonapartisten, ein eben so lächerlicher als ungerechter Vorwurf gegen einen Mann, wie Speransky. Auch hat der Kaiser Alexander die Unschuld desselben im J. 1816 auf das Glänzendste anerkannt, indem er ihn aus Siberien zurückrief, ihn zum Civilgouverneur von Pensa und 1819 zum Generalgouverneur von Siberien ernannte. Von da ist er seit 1826 wieder nach Petersburg zurückgekehrt und arbeitet als Mitglied des Reichsrathes.

Speransky's Sturz änderte auch die Lage Jakob's, der bereits gleich nach seiner Ankunft in St. Petersburg zum Collegienrathe ernannt und im J. 1809 mit dem St. Annenorden zweiter Klasse beehrt worden war. Alle Einrichtungen Speransky's wurden verworfen: also auch die Arbeiten J's in der Gesetzkommission. Fürst Lapuchin ward Chef derselben, aber die ganze Macht lag in den Händen des ehrgeizigen Baron von Rosenkampff, der, im Aeußern die größte Höflichkeit zeigend, den Collegienrath v. J. immer mehr von allen Geschäften zu entfernen suchte, damit ihm allein der Ruhm bliebe. Eine solche Unthätigkeit vermochte der lebhafte und arbeitsame Mann nicht zu ertragen. Dies und der Schmerz, gut gemeinte und wohl überdachte Pläne scheitern zu sehen, für die vielleicht auch der größte Theil der russischen Völker noch nicht reif war, vermochten ihn zu dem Wunsche, wieder nach Deutschland zurückzukehren. Ein Ruf, den er im J. 1816 nach Halle erhielt, war ihm daher willkommen und er verließ Rußland noch in demselben Jahre. Mit dem Range u. Titel eines Staatsrathes, nach vorhergegangener Erhebung in den Adelstand und einer ansehnlichen Gratification schied er aus dem russischen Dienste.

Mit sichtbarer Freude begrüßte er Halle noch in demselben Jahre. Seine auf der Universität erneute Wirksamkeit wurde durch den Fleiß seiner Schüler, die Achtung seiner Collegen und das ausgezeichnetste Vertrauen seiner Vorgesetzten belohnt, welches er sich bis an das Ende seines Lebens zu erhalten wußte.

Dies Zutrauen sprach sich besonders in den besondern Aufträgen aus, mit welchen ihn das Minist. der geistl. Angelegenheiten beehrte. Auf dessen Willen übernahm er auch im J. 1820 das Prorectorat, zwar ungern, doch folgte er dem Befehle und die Achtung seiner Collegen, die Anhänglichkeit der Bürger und die sich laut aussprechende Werthschätzung der Studirenden begleitete ihn, als er dies Amt nach 2jähriger Verwaltung niederlegte.

Nach diesem kurzen Ueberblick der gelehrten Bildung, der wissenschaftlichen Verdienste und der Thätigkeit J's in seinen Staatsämtern, möchte wohl die Erinnerung an das, was er als Mensch, Bürger, Amtsgenosse, Freund, Gatte und Vater war, nicht unwichtig seyn.

J. war mittler Größe, von Ansehn blaß und in seinem festen und scharfen Auge lag der Blick des Denkers. Den Grundzug seines Charakters bildete freundliche Milde und Dienstfertigkeit. Jeder, wes Standes er war, konnte sie in Anspruch nehmen und erfreute sich gewiß wenigstens eines theilnehmenden, umsichtigen Rathes. — Als Bürger lag ihm das Wohl der Stadt innig am Herzen. Daher war er überall bereit, zu rathen, zu ordnen, zu leiten, wenn er dazu aufgefordert wurde. Davon zeugt der engere Ausschuß der Pfännerschaft, dessen Mitglied er war; davon die Einquartierungsdeputation, zu der er als Abgeordneter der Universität gehörte. Durch dieses Verhältniß veranlaßt, schrieb er die schätzbare Abhandlung: „Vorschläge zur Verbesserung der Gesetzgebung über das Einquartierungswesen in den preußischen Staaten, von einem Mitgliede der Einquartierungsdeputation der Stadt Halle", deren Berücksichtigung von den höchsten Behörden, unter großen Beifallsbezeigungen, bei der künftigen allgemeinen Einrichtung der Sache verheißen wurde. In der kurzen Zeit, in welcher er, als Oberkirchvater, dem Kirchenkollegium zu St. Ulrich vorstand, vermehrte er durch kluge Maßregeln die Einkünfte der Kasse auf eine so bedeutende Weise, daß die Folgen davon für diese Kirche sehr wohlthätig seyn werden. Ja auch die kleine Habe der Aermern war ein Gegenstand seiner Fürsorge. Wie uneigennützig, thätig und umsichtig er in dieser Rücksicht als Director der Sparkasse wirkte, werden ihm diejenigen gern bezeugen, die zu jenem menschenfreundlichen Zwecke sich mit ihm vereinigt hatten.

Gegen Amtsgenossen zeigte er die größte Zuvorkommenheit und Verträglichkeit. Kleine Mißhelligkeiten unter ihnen wurden freundlich von ihm ausgeglichen und dabei alles hervorgehoben, was zu einer gegenseitigen Achtung führen konnte. Galt es aber das Recht, so trat er unerschrocken hervor und vertheidigte es mit Nachdruck und Würde. — Freundschaft war ihm kein Alltagsname. Nie hat er sie mit Wissen und Willen verletzt. „Es ist mir ein erquickendes Gefühl", pflegte er oft zu sagen, „daß mir alle meine alten Freunde noch zugethan sind." Er übersah gern ihre Schwächen und entschuldigte sie, oder lenkte schnell das Gespräch auf einen andern Gegenstand, wenn sie von Fremden bemerkt wurden. — Am gemüthlichsten aber zeigte er sich in den engsten und vertrautesten Verhältnissen des Menschen, als Gatte und Vater. Ueberall hier Aufmerksamkeit und Zärtlichkeit in Worten, Mienen und Handlungen. Seine Ehe gehörte zu den vorzüglichen, welche sich auf wechselseitige Achtung gründen und wurde durch Kinder erfreut, deren ausgezeichnete Talente die Sorgsamkeit der Eltern vortrefflich ausbildete. Schon hatte der Sohn durch eignes Verdienst sich Amt und Ehre erworben und, so wie eine liebenswürdige Schwester, aus inniger Neigung ein eheliches Band geknüpft, als diese durch einen frühen und unerwarteten Tod das Glück der ganzen Familie erschütterte und den gebeugten Eltern, als ein wehmüthiges Andenken, einen Enkel hinterließ, zu dessen Erziehung man sich enger an einander schloß und von der Zeit an einen stillern Familienkreis bildete. Die wohlthätige Zeit und die Sorge für den lebhaften Enkel milderten nach und nach den Schmerz. Die Eltern erfreuten sich der Kunst der Töne, welcher die ältere Tochter mit Glück huldigte und empfanden einen süßen Stolz bei der gerechten Anerkennung, welche den Dichtertalenten der jüngern Tochter gezollt wurde. Da wurde plötzlich der freundliche Vater der Familie entfernt von ihr, in dem benachbarten Bade Lauchstädt, wohin ihn unschuldige Erholung öfter gerufen hatte, schnell über die Schmerzen des Todes hinweg und ihm verwandten Geistern zugeführt.

Was er der gelehrten Welt, dem Vaterlande, der Universität und Stadt geleistet hat, das wird immer öffentlich anerkannt werden; was er aber seiner gefühlvollen Gattin und seinen liebenden Kindern war; das verschließen ihr Herz und ihre Thränen, unter welchen sie sich in den höhern Willen fügen.

Verzeichniß seiner Schriften: Neue Uebersetz. d. Apostelgesch. 1779. — Phaedri Fabulae Aesop. m. Anm. 1785. — Diss. philos. de Allegoria Homerica. 1785 — Prüfung d. Mendelssohnsch. Morgenstunden. 1786. — Prolegomena zur prakt. Philos. 1787. — Grundriß d. allgem. Logik u. Metaphys. 1788. 4. Aufl. 1800. — Beweis f. d. Unsterblichkeit der Seele aus d. Begriffe d. Pflicht; Preisschr. 1790. 2. Aufl. 1794. — David Hume's Abhandlung üb. d. menschl. Natur; aus d. Engl. 3 Bde. 1790 — 91. — Ueb. d. moral. Beweis für d. Daseyn Gottes. 1791. 2. Aufl. 1798. — Grundriß d. Erfahrungsseelenlehre. 1791. 4. Aufl. 1810. — Anti-Machiavel od. üb. d. Grenzen d. bürgerl. Gehors. 1794. 2. Aufl. 1796. — Philos. Sittenlehre. 1794. — Philos. Rechtslehre oder Naturrecht. 1795.

2. Aufl. 1801. — Algernon Sidney's Betracht. üb. d. Regierungsformen. 1795. — Philos. Rechtslehre. Auszug aus d. größ. W. 1795. — Peter Baylen's philos. Wörterbuch. 1796. — Vermischte philos. Abhandl. aus der Teleologie, Politik, Religionslehre u. Moral. 1797. — Die allgem. Religion. 1797. — Grundsätze d. Weish. d. menschl. Lbs. 1800. 2. Thl. 1801. — Abriß e. Encyclop. aller Wiss. u. Kste. 1800. — Theorie u. Praxis in d. Staatswirthschaft. Progr. 1801. — Gab mit H. L. W. Barkhausen heraus: Magdeburg-Halberstädtsche Blätter. Jan. Febr. März. 1801. — P. J. G. Cabanis, Mitgl. des Erhaltungssenats etc. Ueb. d. Verbindg. des Phys. u. Moralisch. im Menschen. Aus dem Franz. übers. 2 Bde. 1804. — Ueb. Cursus und Studienplan für angeh. Kameralist.; Progr. 1805. — Kurze Belehrung üb. d. Papiergeld. 1806. — Grundsätze d. Polizeigesetzgebg. u. d. Polizeianstalt. 1809. — Grundriß d. allgem. Grammat. für Schulen. 1804. — J. B. Say Abhdl. über d. Nationalökonomie. Aus dem Franz. 1807. — Grundsätze d. Nationalökon. u. Theorie des Nationalreichthums. 1805. 3. Aufl. 1825. — Ausführl. Erkl. desselb. 1814. — Grundriß d. empir. Psychol. für Schulen. 1814. Ausführl. Erklär. dess. 1814. — Ueber d. Arbeit leibeig. u. freier Bauern etc. in Rußland; gekr. Preisschr. 1816. — Ueber Rußlds Papiergeld. 1817. — Entwurf e. Criminalgesetzbuchs f. d. russ. Reich. 1818. — Gab heraus: Essais philos. sur l'homme; ses principaux rapports et sa destinée etc. 1818. — Einleit. in d. Studien d. Staatswiss. 1819. — Akadem. Freih. u. Disciplin. 1819. — Vorschläge zur Verbesserung d. Gesetze üb. d. Einquartierungswesen in d. preuß. Staate. 1819. — Die Staatsfinanzwissenschaft theoret. u. prakt. dargestellt u. erläutert durch Beispiele aus d. neuen Finanzgesch. europ. Staaten. 1821. — *Europa, od. Uebers. d. Lage d. europ. Hauptmächte i. J. 1821. Von einem emerit. Diplomaten. (A. H. Everett). Aus d. Engl. 1823. — *Amtliche Belehrung üb. d. Geist u. d. Wesen d. Burschenschaft. Auf ausdrückl. hohen Befehl. 1824. — Gab mit L. Krug heraus: Annalen d. preuß. Staatswirthsch. u. Statistik. 1. Bd. 1. — 4. H. 1805. — Brief an P. R. v. Sievers in dessen Gedanken üb. d. Ringen einiger livländ. Gutsbesitz. nach e. Zwanggesetze. 1811. — Etwas aus Robert G . . . s Lebensgesch.; in Moritzens Erfahrungsseelenkunde. 1783. — Ueber d. Religionsunterr.; in d. Berliner Monatsschr. 1785. — Ueb. d. Aesop. Fabeln der Alten; ebend. 1785. Apr. S. 300 — 316. — Gab i. J. 1786

in Gesellsch. d. M. Rath heraus: Monatsschr. f. Damen. — Ein Brief des geh. R. Jakobi Idealismus u. Realismus betreffend; in Cäsars Denkwürdigk. rc. Bd. 5. 1787. — Abhdlg. üb. d. Freih.; in Kiesewetter's Schr. üb. d. erst. Grdsß. d. Moralphilos. 1788. — Ueb. Erkennen; in Kosmanns allgem. Magaz. f. krit. u. popul. Philos. B. 1. St. 1. 1791. — D. Hume's Skepticismus; ebd. — Ueb. d. Nothlüge rc.; in K. C. E. Schmid's philos. Journ. 4. Bd., St. 2, S. 238 — 251. 1794. — War Redakteur der Annalen d. Philos. u. d. philos. Geistes, v. e. Gesellsch. gel. Männer, v. welchen i. J. 1795 zu Halle 12 Stücke herauskamen. Seit 1796 kamen sie vierteljährig z. Lpzg. heraus. War fleißiger Mitarbeiter an der A. L. Z. u. begründete früherhin, von der Zeit s. Berufung nach Charkow, zu Halle ein Museum, welches d. meisten deutschen Zeitschr. u. mehr. d. Auslandes in sich vereinigte.

*247. Christian Friedrich Traugott Schwenke,

Pastor zu Satisdorf;
geb. d. 5. Dec. 1763, gest. d. 22. Juli 1827.

Er war an dem Orte seiner nachmaligen öffentlichen Wirksamkeit geboren. Sein Vater, Hausbesitzer u. Schneidermeister daselbst war, seiner praktischen Kenntnisse und seiner Rechtschaffenheit wegen von seiner Gerichtsherrschaft zum Richter des Orts erwählt worden. S. sollte anfangs das Handwerk des Vaters erlernen; allein der damalige Schullehrer entdeckte bei ihm Anlage und Neigung zu wissenschaftlicher Bildung. Auf den Rath dieses Mannes entschloß sich der Vater, ihn auf die Schule zu Neustadt-Dresden zu bringen, wo er für das Schulfach gebildet werden sollte. Da gab aber bald eine höhere unsichtbare Hand dem Schicksal des Knaben unerwartet eine andere Richtung. Die edle Gräfin von Bünau zu Püchen hatte von ihm Kunde erhalten und vermittelt, daß er im J. 1776 als Alumnus in die Kreuzschule zu Dresden aufgenommen wurde, worauf ihm diese Gönnerin durch ihren Einfluß in der Folge noch manche Gunst und Unterstützung erwies. S. verwendete mit vielen Fleiß seine Zeit auf die erustern Wissenschaften und bezog die Universität Leipzig 1785 mit guten Zeugnissen, aber auch mit einem kleinen Kapital versehen, welches er sich durch Singen gesammelt hatte. Erleichtert wurde ihm hier sein Studium dadurch, daß er das Konvikt und ein landesherrliches Stipendium genoß und dabei ein eingezogenes, aber heiteres Leben führte.

nisse eines Hauslehrers in den v. Teubernschen u. v. Hopfgartenschen Familien zu Dresden. So verlebte er vier Jahre in der sächsischen Residenz, als er im Sommer 1789 den Grafen Karl Heinrich von Schönburg-Vorderglauchau nach Glauchau begleitete, der ihn zu seinem Privatsekretär u. zum Lehrer seiner einzigen Tochter, der Gräfin Auguste, ernannt hatte. Aus diesem Verhältnisse schied er im J. 1794, wo er sich nach Leipzig wendete und mit literärischen Arbeiten, namentlich mit Uebersetzungen von Werken aus neuern Sprachen sich beschäftigte. — Allein schon im Herbste 1795 verband er sich mit dem Buchhändler Christoph Gottlob Breitkopf, dem Sohne des in der Kunst- und Schriftstellerwelt hochgefeierten Joh. Gottlob Immanuel Breitkopf u. dem Enkel Bernhard Christoph Breitkopf, der dieser durch ganz Deutschland u. auch im Auslande mit Recht berühmten Firma die erste feste Unterlage gegeben hatte. — Mit H's Eintritt in diese neuen Verhältnisse begann ein reges, frisches Leben derselben. Nach Breitkopfs Tode im Frühjahre 1800 führte er die früher gemeinschaftlich betriebenen Geschäfte, als alleiniger Chef u. Eigenthümer, unter der bereits vorher angenommenen Firma: „Breitkopf u. Härtel" fort. Durch H's einsichtsvolle, rastlose u. die Verhältnisse mit großer Umsicht berechnende Thätigkeit, wurden theils die schon bestehenden Geschäfte dieser vielseitig verzweigten Anstalt vervollkommnet, zeitgemäß fortgebildet u. erweitert, theils neue damit verbunden, wodurch er einer Menge Menschen Nahrung u. Unterhalt verschaffte. Zu dem von seiner unmittelbaren Leitung abhängenden großen Geschäftskreise gehörten: die Buchhandlung, die Musikhandlung, die Schriftgießerei, die Typen-, die Stein- u. die Zinndruckerei. Die beiden letzten wurden erst von ihm mit den schon vorher bestandenen Anstalten verbunden, so wie die Fabrik musikalischer Instrumente. Durch ihn ward die Musikhandlung zu einer der ersten in Deutschland erhoben, während Breitkopf vor ihm nur mit einzelnen Artikeln aus diesem Fache begonnen hatte. Ebenso gehört ihm das Verdienst, vor 29. Jahren die erste musikalische Zeitung in Deutschland begründet zu haben, bei welcher er an dem Hofrathe Rochlitz, eine lange Reihe von Jahren hindurch, einen sorgsamen, vielseitig gebildeten u. des Faches völlig kundigen Redakteur hatte. Die vollständige Ausgabe der beiden tonkünstlerischen Klassiker, Mozarts und Haydn's, gehören ebenso zu H's gelungensten und folgenreichsten Unternehmungen, wie die der dichterischen Klassiker: Klop-

wendete vielen Fleiß auf den Unterricht der Katechumenen, denen er auch jedesmal ihre Konfirmation recht feierlich und segensvoll zu machen sich bestrebte. Den Seinigen war er ein liebender Gatte und ein zärtlicher Vater und bereitete besonders seine Söhne für Schule und Universität selbst vor. Sein geselliger Sinn, seine Heiterkeit, Offenheit und Herzlichkeit erwarben ihm zahlreiche Freunde, die noch lange sein Andenken segnen werden.

248. Johann Christian Hasche,

M. und königl. sächs. Festungsbauprediger zu Dresden;
geb. d. 1. Jan. 1744, gest. d. 25. Juli 1827. *)

Unter den Geschichtsforschern des Königreichs Sachsen nimmt der Verewigte keine der geringsten Stellen ein u. verdient hier um so mehr eine Stelle, jemehr er die meiste Zeit seines Lebens den historischen Forschungen seines Vaterlandes in seiner weitesten Ausdehnung gewidmet hat. Er war in Riesky bei Mühlberg geboren, wo sein Vater, Joh. Georg H., ein Schneider war. In früher Jugend kam er bereits auf die Kreuzschule zu Dresden, wo er bis zum J. 1768 blieb und dann in Leipzig seine theologischen Studien vollendete. Im J. 1773 ließ er sich in Dresden als Kandidat examiniren und ertheilte seitdem in mehrern angesehenen Familien Unterricht. Der Umgang mit dem als sächsischen Geschichtsforscher rühmlichst bekannten geh. Kriegsrathe von Ponickau, dessen besonderes Vertrauen H. besaß, trug nicht wenig dazu bei, seine Vorliebe für das vaterländische Studium zu nähren und die Benutzung der vortrefflichen Bibliothek desselben legte den Grund zu seinen nachherigen historischen Forschungen. Ganz gegen seine Erwartung, da er sich nie um ein geistliches Amt beworben hatte, ward er im Januar 1789 als Festungsbauprediger angestellt, welchen Posten er 33 J. hindurch treu und fleißig verwaltete. Seine Kanzelvorträge waren, im strengsten Sinne des Worts, rein populär und wurden in den 1790er Jahren von vielen Dresdner Einwohnern aus den mittlern Ständen besucht. Die Thorheiten der Zeit griff er kräftig an, wie er denn überhaupt da, wo es auf eine öffentliche Rüge ankam, kein Ansehn der Person scheute. — Erst im J. 1822 ward ihm ein Hülfsprediger zugeordnet und er verdankte es dem Wohlwollen seiner Obern, daß ihm lebenslänglich der volle Gehalt ge-

*) Sächsische Provinzialblätter 1827. Nr. 6.

lassen wurde. Seit dieser Zeit brachte er den Rest seiner Tage in stillem häuslichen Kreise zu. — Was seine schriftstellerische Thätigkeit anlangt, so trat er schon als Student als Dichter auf, indem er 1770 anonym: „zärtliche Klagen eines Jünglings, geweint bei dem frühen Grabe des Professor Gellert" in den Druck gab, welchen kurz darauf „ein Ehrendenkmal, dem seligen Prof. Gellert aufgerichtet" nachfolgte. Einen Mittelpunkt seines literarischen Bestrebens hatte der Verewigte in dem bürgerlich wissenschaftlichen Interesse an der Stadt gefunden, die ihm eine zweite Heimath geworden war. Es ist zunächst sein Werk, daß es jetzt eine Topographie und Geschichte von Dresden (zu letzterer wenigstens die Grundlage) gibt, wie sie vor ihm nicht vorhanden war. Seine „umständliche Beschreibung Dresdens, mit allen seinen äußern und innern Merkwürdigkeiten" (Leipzig 1781, 1783) ist nicht ohne Werth und man kann wohl sagen, daß er hier gute Bahn gebrochen hat. Sein Hauptwerk aber bleibt unstreitig das „Magazin der sächsischen Geschichte" (Dresden 1784—1791, 8 Bde.), welches manche gediegene Abhandlungen zur Sprache brachte und namentlich durch den Entwurf der Kunstgeschichte Dresdens bewiesen hat, wie gründlich er das Leben daselbst in seinen verschiedenen Bildungsbeziehungen erforscht hatte; doch mußte die Unternehmung, aus Mangel an Unterstützung geschlossen werden, ehe noch alle vorräthigen Materialien erschöpft waren. Endlich trat H. noch in seinem hohen Alter mit seiner „Diplomatischen Geschichte Dresdens von seiner Entstehung bis auf unsre Tage" (Dresden 1816—1825, 5 Bde.) hervor, ein Werk, welches viele höchst schätzbare Beiträge zur Dresdner Geschichte enthält, welcher manche noch unbekannte Züge aus der ältern allgemeinen Landesgeschichte beigemischt sind. Insbesondre gewähren die dem Werke beigedruckten Urkunden höchst wichtige Aufschlüsse für alle Geschichtsforscher, welche gern aus der Quelle selbst schöpfen. Doch wurden die letztern Bände bei weitem nicht mit dem Beifalle aufgenommen, als die frühern. Den an Jahren weit vorgerückten Greis überwältigte die Masse der zu berichtigenden Begebenheiten, daher denn hier und da Unrichtigkeiten sich eingeschlichen hatten. Namentlich ist dieses der Fall mit dem 6. Bändchen, das erst nach einer 5jährigen Pause ins Leben trat. Die auffallendsten Mißgriffe u. Irrthümer in den letzten 2 Bogen sind im Dresdner Merkur 1825, Literatur-Bl. Nr. 3. beleuchtet worden. Schließlich dürfen wir auch seine übrigen Schriften: Vermischtes Magazin (Leipzig 1773. 1774); Ueber Jephta und sein Gelübde (Dresden 1778); Ist es wahr, daß der Redner auf der Bühne stärker rührt, als der Redner auf der Kanzel? (Ebend. 1788), so wie seine zahlreichen, theils historischen, theils theologischen Aufsätze im Lausitzischen Magazin; in J. Fr. Dietrichs neuen Unterhaltungen 1775; in dem Dresdner gel. Anzeiger (1778 — 1783, 1785, 1786, 1791 u. 1811; im neuen Theaterjournal für Deutschland (1780) und im historischen Kalender (1805 — 1807), nicht mit Stillschweigen übergehen, hauptsächlich in diesen Journalaufsätzen liegt ein sprechender Beweis seiner rastlosen Thätigkeit für Aufstellung denkwürdiger Begebenheiten aus der grauen Vorwelt. W. Lindner.

249. Gottfried Christoph Härtel,

Chef der Buch- und Musikalienhandlung: „Breitkopf und Härtel" in Leipzig;

geb. d. 27. Januar 1763, gest. 25. Juli 1827. *)

Sein Vater, Franz Christoph H., war Doctor der Rechte und Bürgermeister zu Schneeberg — unsers H's Geburtsstadt; seine Mutter, Joh. Conc., eine geb. Hausdörfer aus Chemnitz. Von seinen zwölf Geschwistern haben ihn drei ältere Brüder überlebt und seinen Vater verlor er durch den Tod als Knabe im 5. Lebensjahre. Seit dem J. 1776 besuchte er das Lyceum zu Annaberg, wo er bei seinem ältern Bruder, dem Dr. der Arzneikunde u. Stadtphysikus wohnte. Im J. 1780 bezog er die Hochschule zu Leipzig, wo er fast ohne alle fremde Unterstützung, mit so regem Eifer der Philologie, der Rechtskunde und den Staatswissenschaften sich widmete, daß noch in den letzten J. seines Lebens jede neue bedeutende Erscheinung in dem Kreise dieser Wissenschaften von ihm mit hohem Interesse gelesen u. gewürdigt ward. Zugleich besaß er einen sehr richtigen Takt u. ein sehr gediegenes Urtheil über die wichtigsten Stoffe im reichen Gebiete der Aesthetik; namentlich beschäftigte ihn die Theorie des Schönen selbst sehr lebhaft, so wie die Praxis in der Dichtkunst. — Die Vielseitigkeit seiner, bereits während des akademischen Lebens erworbenen Kenntnisse, nützte ihm nach Vollendung der akademischen Jahre bei seinem Eintritte in die Verhält-

*) Nach dem Nekrolog des Hrn. Hofrath Pölitz in der Leipziger Litztg. 1827, Nr. 219.

nisse eines Hauslehrers in den v. Teubernschen u. v. Hopfgartenschen Familien zu Dresden. So verlebte er vier Jahre in der sächsischen Residenz, als er im Sommer 1789 den Grafen Karl Heinrich von Schönburg-Vorderglauchau nach Glauchau begleitete, der ihn zu seinem Privatsekretär u. zum Lehrer seiner einzigen Tochter, der Gräfin Auguste, ernannt hatte. Aus diesem Verhältnisse schied er im J. 1794, wo er sich nach Leipzig wendete und mit literärischen Arbeiten, namentlich mit Uebersetzungen von Werken aus neuern Sprachen sich beschäftigte. — Allein schon im Herbste 1795 verband er sich mit dem Buchhändler Christoph Gottlob Breitkopf, dem Sohne des in der Kunst- und Schriftstellerwelt hochgefeierten Joh. Gottlob Immanuel Breitkopf u. dem Enkel Bernhard Christoph Breitkopf, der dieser durch ganz Deutschland u. auch im Auslande mit Recht berühmten Firma die erste feste Unterlage gegeben hatte. — Mit H's Eintritt in diese neuen Verhältnisse begann ein reges, frisches Leben derselben. Nach Breitkopfs Tode im Frühjahre 1800 führte er die früher gemeinschaftlich betriebenen Geschäfte, als alleiniger Chef u. Eigenthümer, unter der bereits vorher angenommenen Firma: „Breitkopf u. Härtel" fort. Durch H's einsichtsvolle, rastlose u. die Verhältnisse mit großer Umsicht berechnende Thätigkeit, wurden theils die schon bestehenden Geschäfte dieser vielseitig verzweigten Anstalt vervollkommnet, zeitgemäß fortgebildet u. erweitert, theils neue damit verbunden, wodurch er einer Menge Menschen Nahrung u. Unterhalt verschaffte. Zu dem von seiner unmittelbaren Leitung abhängenden großen Geschäftskreise gehörten: die Buchhandlung, die Musikhandlung, die Schriftgießerei, die Typen-, die Stein- u. die Zinndruckerei. Die beiden letzten wurden erst von ihm mit den schon vorher bestandenen Anstalten verbunden, so wie die Fabrik musikalischer Instrumente. Durch ihn ward die Musikhandlung zu einer der ersten in Deutschland erhoben, während Breitkopf vor ihm nur mit einzelnen Artikeln aus diesem Fache begonnen hatte. Ebenso gehört ihm das Verdienst, vor 29. Jahren die erste musikalische Zeitung in Deutschland begründet zu haben, bei welcher er an dem Hofrathe Rochlitz, eine lange Reihe von Jahren hindurch, einen sorgsamen, vielseitig gebildeten u. des Faches völlig kundigen Redakteur hatte. Die vollständige Ausgabe der beiden tonkünstlerischen Klassiker, Mozarts und Haydn's, gehören ebenso zu H's gelungensten und folgenreichsten Unternehmungen, wie die der dichterischen Klassiker: Klopstocks u. Wielands in Göschens Verlage. Eine bedeutende Anzahl von Partituren, Opernauszügen, Symphonien, Koncerten, Gesangstücken u. andern musikalischen Erzeugnissen, theils der ersten Meister in der Tonkunst, theils der wechselnden Günstlinge der großen Zahl tonkünstlerischer Dilettanten, sind durch ihn über Deutschland u. das Ausland verbreitet worden. In welcher, nur etwas bedeutenden Notensammlung gäbe es nicht Musikstücke aus Breitkopfs Verlage! — Zu diesen, von ihm unmittelbar ausgegangenen Erweiterungen u. Vervollkommnungen seines vielfach verzweigten Geschäftskreises, dessen inneren Mechanismus er nach dem Gesetze der strengsten Ordnung u. Vereinfachung gestaltet hatte, kam, mit dem Anfange des Jahres 1812 der Verlag der neuen Leipz. Literaturzeitung, an welcher seit dieser Zeit eine große Anzahl der ersten Gelehrten Deutschlands und selbst zum Theile des Auslandes als Mitarbeiter Antheil nahmen. Unter Allen, welche sich um diese Literaturzeitung, die bis zum heutigen Tag in der Reihe der übrigen kritischen Blätter Deutschlands eine so ehrenvolle Stelle einnimmt, verdient gemacht haben, steht H. oben an. Es bestand zwar schon seit dem Jahre 1715 eine Leipz. gelehrte Zeitung, die bis zum Jahre 1787 ununterbrochen erschien, aber später von 1788 bis 1797 oft ins Stocken kam, bis solche 1800 der Buchhändler Beigang in Leipzig zuerst unter dem Titel „Leipziger Jahrbuch" und vom Juli 1802 an unter dem einer „Leipz. Literaturzeitung" von Neuem ins Leben rief. Allein sie wollte so lange sie in Beigangs Händen war, zu keinem fröhlichen Gedeihen kommen und wurde öfter durch störende Pausen unterbrochen. Da übernahm H. — nach einer von der höchsten Behörde bewilligten jährlichen Unterstützung — ihren Verlag mit dem 1. Jan. 1812 und sicherte durch ihre zweckmäßige technische Einrichtung, durch ihr regelmäßiges Erscheinen ihre gegenwärtige feste Existenz und leitete sie bis zu seinem unerwarteten Tode mit eigenem wissenschaftlichen Interesse und mit der ihn auszeichnenden Pünktlichkeit, Umsicht u. richtigem Takte. — Wer den eigenthümlichen Charakter des deutschen Buchhandels, und die aus den vielseitigen Beziehungen entspringende Stellung der kritischen Blätter zu der Schriftstellerwelt u. zu den Fort- u. Rückschritten der europäischen Literatur aus eigener Erfahrung und in der Nähe kennt, der ist auch nicht unbekannt mit den vielfach schwierigen Verhältnissen des Verlegers einer Literaturzeitung, die aus seiner Stellung zu den Redakteuren, zu den Schriftstellern, die beurtheilt werden, zu den Verlegern der zu beurtheilenden u. wirklich beurtheilten Werke und zur Censur. — noch abgesehen von den technischen u. merkantilischen Rücksichten bei einer solchen Unternehmung — hervorgehen. Allen diesen Verhältnissen war aber der Verewigte durch die hohe Bildung seines Geistes, durch die Vielseitigkeit seiner gelehrten u. praktischen Kenntnisse, durch den richtigen Blick bei allen seinen Unternehmungen und durch die ihm eigenthümliche Gewandtheit in der Behandlung der Menschen und der Stoffe völlig gewachsen. In der letzten Zeit seines Lebens erholte er sich in jedem Jahre von den großen Anstrengungen seines männlichen Alters durch einen mehrwöchentlichen Aufenthalt auf seinem Rittergute Cotta in der romantischen Elbgegend bei Pirna. Hier, in der Mitte einer großartigen u. reichen Natur, genoß er der ländlichen Ruhe nach fortgesetzter rastloser Thätigkeit und hier war es, wo sein hochgebildeter Geist nach einem kurzen Krankenlager zur ewigen Ruhe überging. Er hinterließ von seiner Gattin Christiana Amalia geb. Klötzer, mit der er sich im Decbr. 1800 verband u. die ihm im J. 1811 im Tode voranging, fünf Kinder: zwei Söhne u. drei Töchter, auf welche, mit dem Segen des Vaters sein ehrenvoller Name vererbte. Denn dem, der durch eigene Kraft u. Anstrengung sich erhebt u. seinen Wirkungskreis nach einem festen u. durchdachten Plane begründet, bleibt ein ruhmvolles Andenken bei den fernsten Geschlechtern.

250. Franz Joseph Blättler,

Landammann des Cantons Unterwalden nid dem Wald;
geb. d. 8. Septbr. 1766, gest. d. 25. Juli 1827. *)

Geboren zu Hergisweil in Nidwalden, wo sein Vater Rath war, legte er, der Medizin und Chirurgie sich widmend, in Luzern den Grund für diese Wissenschaften und vervollkommte sich in Turin u. Straßburg. Als erfahrner u. glücklicher Arzt u. Wundarzt erwarb er sich allgemeines Zutrauen und nicht unbedeutende Praxis auch in benachbarten Kantonen. Im J. 1795 verheirathete er sich mit der Schwester des Landammans Ackermann u. wurde Vater von 14 Kindern, von welchen nur noch zwei Töchter ihn überleben, die mit der Mutter seinen Verlust beweinen. B. genoß das Vertrauen seiner Mitbürger die

*) Verhandlungen der Schweiz. gemeinnütz. Gesellsch. Zürich 1828, 4. Thl. S. 355.

ihm im J. 1811 zum Landesseckelmeister und 2 J. später zum Landesstatthalter wählten. Als im Jahre 1815 ein Theil von Nidwaldens Landleuten, von dem damals dort herrschenden Partheigeiste irre geleitet, sich weigerte, dem Eidgenossenbunde beizutreten und Zwietracht mit Anarchie das Einwirken von eidgenossischen Abgeordneten mit bewaffneter Hand nöthig machte, da zeichnete sich B. durch edlen Patriotismus und Unerschrockenheit so aus, daß er bei Wiederherstellung der Ordnung und Ruhe im August von einer außerordentlichen Landsgemeinde zum Landammann gewählt wurde. Als regierender Landammann besuchte er in den J. 1819, 1823 u. 27 als Gesandter seines Standes die Tagsatzungen in Luzern, Bern u. Zürich, bis ein Schlagfluß plötzlich seinem thätigen und nützlichen Leben, zum Schmerz seiner vielen Freunde ein Ende machte.

Im J. 1814 war er zum Ehrenmitglied der medizinischen Gesellschaft der drei Urkantone u. im J. 1823 zum Mitglied der schweizerischen gemeinnützigen Gesellschaft ernannt worden. — Er war ein edler Menschenfreund und ein großmüthiger Wohlthäter der Armen. Ein Beweis davon ist, daß er 600 Fl. an die deutsche Schule als zinstragendes Kapital legirte, mit der Bestimmung, „daß arme Kinder unentgeldlich die Schule besuchen können." Solche Thaten und Gesinnungen erwarben ihm bei Jedermann hohe Achtung u. Liebe, u. werden sein Andenken in dankbarer Erinnerung erhalten.

251. Martin Usteri,

Rathsherr, Präsident der Kunstschulpflege u. d. Künstlervereins, Mitglied des Erziehungs- u. Finanzraths zu Zürich, gest. zu Rapperschweil;

geb. i. J. 1763, gest. d. 26. Juli 1827. *)

Dem Kaufmannsstande sich widmend machte U. schon von früher Jugend an alle darauf Bezug habende Wissenschaften zu seinem Lieblingsstudien, denen er mit dem glücklichsten Erfolg und unausgesetzt das ganze Leben durch treu geblieben ist und von ihnen hinwieder in schweren Prüfungen den sichersten Trost, Erholung u. Aufmunterung genossen hat. Den Künstlerruhm, der ihm so nahe lag, hat er vermieden statt ihn zu verlangen; denn was von seinen Arbeiten der dichtenden wie der bildenden Kunst bekannt u. verbreitet ist, ward dies nur selten aus eigner Bewegung, sondern um den Freunden gefällig zu seyn;

---

*) Schweiz. Monats-Chron. 1827. Nr. 8. S. 177.

und selbst die theilnehmendste Aufnahme, welche jene weit umher fanden, hat die liebenswürdige Bescheidenheit des Künstlers fast nur zurückhaltender gemacht. Seit länger als einem Vierteljahrhundert wird nicht auf einem Erdtheile nur das Lied „Freut euch des Lebens“ von vielen Tausenden aus wahrhaft erfreuten Herzen gesungen und die Reihenfolge der Blätter von „Muttertreu wird täglich neu,“ ist hinwieder Tausenden ein beruhigendes, erheiterndes u. erhebendes Labsal geworden. Die Kunst, welcher das schöne Leben von U. gehuldigt hat, sollte niemals nur erfreuen und ergötzen, sondern jederzeit zugleich belehren u. bessern. Damit erhielten so viele seiner Beschäftigungen jene vaterländische Tendenz, die den Verdiensten des Geschichtsforschers u. des Vorstehers oder Mitarbeiters öffentlicher Anstalten u. freiwilliger Vereine zum Grunde liegt. Wenn er mit seltner Gründlichkeit, richtigem Urtheil und geübtem Geschmack die Geschichte, Denkart, Sitten und Kunstverhältnisse des Mittelalters so wie der ihm folgenden Jahrhunderte erforscht hat, so geschah es nicht, um davon einzig nur treue Schilderungen zu liefern, sondern um zugleich, was darin löblich u. gut, der Achtung u. Anerkennung, der Liebe und Nachahmung der Jetztwelt zu empfehlen seyn möchte, in anziehender Dichtung oder in reizendem Bilde aufzuführen, um einfache Sitten, männlichen Ernst, religiöse Denkart u. jede Tugend der Vorzeit als die Dinge, welche jegliche Zeit verschönern und Jedem, der sie erwirbt wohlthätig sind, darzustellen. Ein großer Freund der Jugend, in deren Kreise er sich selbst jugendlich froh fühlte, hat er eben diese Jugend auch am liebsten in die Hallen vaterländischer Vorzeit geführt, zum Anblick der Bilder verdienstvoller Ahnen und um ihr derselben rühmliche Thaten zu erzählen. So entstanden seine vieljährigen Jugendgaben in den unvergessenen Neujahrsblättern von manchen der Zürcherschen Gesellschaften, unter denen die köstliche Reihe der Kriegsgeschichten der alten Schweiz bis zur Heldenschlacht von Näfels vorgerückt, fast noch seine letzten Stunden beschäftigt hat und die Wahl des Kurortes bestimmen half, wo er die lebendige Anschauung der klassischen Gegend sich erfrischen möchte, die ihm für seine letzten Tage allerdings auch noch Erheiterung gebracht hat. — Er war mit Recht ein zweiter Sal. Geßner, denn seine Zeichnungen, Gedichte und prosaischen Aufsätze zeigen eben so viel Dichtertalent als Gemüthlichkeit.

* 252. Friedrich Schmidt,

Pfarrer zu Glesien und Werben bei Delitzsch;

geb. den 29. August 1795, gest. den 28. Juli 1827.

Er war zu Buckau geb. und sein Vater war der verdienstvolle zweite Lehrer u. Professor zu Schulpforte, M. Ephra. Joh. Gottl. S., durch dessen Sorgfalt er früh eine ausgezeichnete sittliche und wissenschaftliche Bildung erhielt. Er studirte in Leipzig und war nach vollendeten Studien den beiden jungen Grafen von Zech zwei Jahre Führer. In seinem geistlichen Amte (seit 1824) arbeitete er, mit Berufsliebe erfüllt, jeden seiner Kanzelvorträge mit sorgfältigem Fleiße aus. Sein Styl war edel und seine Darstellung zeugte von einem geläuterten Geschmack.

253. David Friedrich Splitgerber,

Direktor der Erwerbschule in Berlin;

geb. d. 26. November 1739, gest. d. 29. Juli 1827 *).

Der Verewigte, einer der achtbarsten Bürger seiner Zeit zu Berlin, ward zu Jakobshagen in Pommern geboren, wo sein Vater Bürgermeister war. Angeregt durch die glücklichen Verhältnisse seines Oheims, David S. und auf dessen nächste Veranlassung, widmete er sich den kommerziellen Zweigen des Wissens und besuchte, zu seiner weitern Ausbildung darin, im J. 1759 Hamburg, London und Amsterdam, eine Reise, auf welcher er mehrere freundschaftliche Verbindungen anknüpfte u. sich schätzbare Kenntnisse erwarb, um nachmals seinen Oheim in der Entwickelung der industriellen Kräfte der Marken zu unterstützen, die auch, unter der allbelebenden Glorie des großen Königs Friedrich II., unglaublich schnell zu nie gesehener Höhe emporstiegen. Werkstätten aller Art verherrlichten bald die Residenzen und das platte Land.

Zu den Glanzpunkten und schönsten Erinnerungen seines langen Lebens rechnete, mit jugendlicher Begeisterung, der Verewigte die mehrmals gehabten persönlichen Unterredungen, womit ihn Friedrich II. zu Sanssouci begnadigte und von denen er jederzeit mit gesteigerter enthusiastischer Bewunderung, über das encyclopädische Wissen dieses bewunderten Monarchen, in seinen Geschäftskreis zurückkehrte. In den Unterredungen mit Friedrich II., wo jedes

*) Haude- und Spenersche Zeitg. 1827. Nr. 178.

einzelne Handelsverhältniß der preußischen Monarchie berührt und durchgegangen ward, schien der väterliche König dem Erblühen des schlesischen Leinwandhandels besonders seine Aufmerksamkeit zu schenken, auch bezeugte er seine höchste Zufriedenheit darüber, daß die damaligen Splitgerberschen Erben fast alljährlich für 20,000 Thlr. an Leinwand auf Schlesiens Bleichen liegen hätten und entließ S. jedesmal von der oft stundenlangen Unterredung mit den Vertrauen erregenden Worten: „Gott behüte Euch“ auf das huldreichste.

Dreißig dem Verewigten zu schnell entflohene Jahre hindurch versüßte eine tugendhafte und mit seltner Liebenswürdigkeit begabte Gattin ihm die Mühseligkeit des Lebens und hinterließ ihm zwei Söhne und eine Tochter *).

Eingedenk der Erfahrungen seiner eigenen thätigen Jugend und daß nur eine nützliche Verwendung der Zeit und die Erwerbung zweckmäßiger Kenntnisse in derselben, den Mann zu einem gehaltvollen und tugendhaften Leben ausbilde, vereinigte er sich in den Jahren 179½ mit einigen ihm gleich edeldenkenden Mitbürgern zur Bildung der ersten Erwerbschulen Berlins und stiftete somit, durch Erregung der Erwerbfähigkeit der armen und unbemittelten Jugend der Hauptstadt, sich ein unscheinbares, aber unvergängliches Denkmal, in seinem reinen Gemüthe aber einen unversiegbaren Quell der Zufriedenheit, welcher noch bis in das späteste Alter eine milde Heiterkeit über sein Daseyn verbreitete.

Wie Gottes Segen stets auf dem Guten ruht, so erstand denn auch bald, nur durch die Liebe des Nächsten und freiwillige Beiträge begründet und erhalten, dieses Werk des Wohlthuns in reicher Blüthe und steigendem Gedeihen und genoß bald der höchsten Begünstigung und reichlichsten Unterstützung des verehrten Königs.

* 254. Rudolph Gerhard Behrmann,

Doktor der Theologie und Archidiakonus an der St. Petrikirche in Hamburg;

geb. d. 4. Dec. 1743, gest. d. 29. Juli 1827.

Er ward zu Hamburg von bürgerlichen Eltern geboren, besuchte nach dem ersten erhaltenen Unterrichte die

*) Der älteste Sohn, David Splitgerber, ist Chef des Handlungshauses Braunsberg und Comp. in Amsterdam; der zweite Sohn ist Unternehmer u. Besitzer der kön. Spiegelmanufaktur bei Neustadt a. d. Dosse; die Tochter aber, an den Baron Louis Le Fort im Mecklenburgschen vermählt, starb früher.

dortige Johannisschule, aus welcher er 1762 in das Gymnasium trat und den Unterricht H. S. Reimarus, Röltings rc. genoß. Darauf studirte er 3 Jahre auf der Universität zu Leipzig alle zur Theologie erforderlichen Wissenschaften von 1766 bis 1769, kehrte, mit nützlichen Kenntnissen bereichert, in seine Vaterstadt zurück, wurde nach wohl abgelegter Prüfung unter die Kandidaten des Ministeriums aufgenommen und noch in diesem Jahre am 19. Dec. Katechet und Sonntagsprediger am Hamburger Spinnhause. Im J. 1772 den 29. Juni erhielt er, da seine Gastpredigt Beifall gefunden hatte, die Stelle als Diakonus zu Burtehude im Herzogthum Bremen. Allein Hamburg wollte diesen erbaulichen Prediger nicht verlieren und berief ihn am 29. August des folgenden Jahres zum Diakonus an die Petrikirche; am 25. Mai 1780 erhielt er die folgende Stelle, feierte am 3. Septbr. 1823 sein Amtsjubiläum mit einer Predigt über Korinth. II. 1—3, die zu Hamburg mit der Aufschrift gedruckt wurde, wessen sich der christl. Religionslehrer bewußt seyn soll, wenn er mit Freudigkeit auf sein Amt zurückblicken will.

Die evangelische Kirchenzeitung, herausgegeben von Hengstenberg, sagt von ihm: Der Vollendete war einer der seltenen Menschen, welche in einem langen und wirksamen Leben die kindliche Unbefangenheit ihres Geistes nicht verlieren und ohne große Kämpfe in ihrem Innern, ohne erschütternde Stürme von Außen sanft und friedlich an das Ziel einer vieljährigen Laufbahn geführt werden. Auf eine fleißige eingezogene Jugend folgte eine baldige Anstellung; in seinem Amte fand er Beifall, Vertrauen und einen weit ausgedehnten Wirkungskreis; in seiner Familie hatte er eine überwiegende Zahl froher Erfahrungen und sah sich in seinem hohen Alter von wohlgerathenen, mit inniger Liebe an ihm hangenden Kindern und Enkeln umgeben. Keine heftige Krankheit hatte die Kräfte seines Geistes und Körpers niedergedrückt; er lebte 81 Jahre hindurch ein ruhig hinfließendes Leben in einer unermüdeten, ihm zum Bedürfniß gewordenen Amtsthätigkeit. Ihm widerfuhr das besondere Glück, daß er viel wirken und genießen konnte, fast ganz ohne den Neid wider sich zu erregen. Davor schützte ihn seine seltene Demuth und Bescheidenheit, die der Grundzug seines Charakters war. Er besaß vorzügliche Redegaben; Lebendigkeit des Vortrags, Gestalt, Stimme, ein Zutrauen erregender Blick und insbesondere die Wärme eines gläubigen und liebevollen Gemüths, mit guten Kenntnissen verbunden, machten ihn zueinem trefflichen Lehrer und zogen auch in den Jahren seiner Manneskraft die allgemeine Aufmerksamkeit auf seine Vorträge. Indessen besaß er alle diese Gaben, ohne selbst davon zu wissen; in frühern Jahren fast schüchtern, blieb er völlig anspruchslos bis in sein spätestes Alter. In seinen Augen hatte er von der Theilnahme und den Ehrenbezeugungen, welche sein Alter schmückten, nichts verdient; er traute sich selbst höchst wenig und dagegen Andern alles Gute zu. Daher war er auch so allgemein beliebt; wo man ihn sah, da öffneten sich die Herzen dem ehrwürdigen und doch so heiterm Greise. — Das biblische Evangelium war ihm eine Kraft Gottes zur Seligkeit und als solche empfahl er es auch Andern ohne große Zurüstungen von Philosophie und Gelehrsamkeit, aber mit der Klarheit und Innigkeit eines selbst überzeugten Gemüths. Nie suchte er den Schein des gottseligen Wesens; aber er hatte die Kraft desselben empfunden und sie bewährte sich in der Reinheit, Anspruchslosigkeit, Wohlthätigkeit und segensvollen Thätigkeit seines ganzen Lebens. 1821 wurde ihm von der Universität Leipzig die Doktorwürde der Theologie zur Verherrlichung des Festes seines 50jährigen Amtsjubiläums zum Geschenk gemacht. Er starb so sanft, wie sein ganzes Leben gewesen war, im 83. Jahre seines Alters. — Von ihm erschienen einige einzelne Predigten im Druck.

Bremen. Dr. H. W. Rotermund.

255. Johann Ulrich Wetter,

provisorischer Landammann zu Herisau hinter der Sitter;

geb. i. J. 1773, gest. d. 29. Juli 1827 *)

Er gehörte einer angesehenen und reichen Familie in Herisau an, aus welcher im letztverflossenen Jahrhunderte einige ausgezeichnete Männer die ersten Stellen des Landes bekleideten. Sein Vater selbst war Statthalter in d. J. 1793, 94 u. 95. — Die Erziehung, die er erhielt, war für den Kaufmannsstand berechnet, für welchen er aber nie große Neigung hegte. Sein äußerst lebhafter, rascher Sinn und sein fröhliches Gemüth fanden mehr Behagen an dem Militärstande. Als Knabe zeigte er einen sehr fähigen Kopf mit schimmernden Talenten u. leichter Fassungsgabe, aber ein veränderlicher, flüchtiger Sinn, der alles Gründliche und Tüchtige vermied, bemächtigte sich

*) Appenzell. Monatsbl. 1827. Nr. 8.

endlich seiner so ganz und gar, daß auch später noch in seinem Thun kaum eine Spur von männlichem Ernst zu entdecken war. — Von 1793 bis zum Ausbruche der Revolution im Appenzellerlande war W. Hauptmann der Grenadierkompagnie in Herisau. Bald darauf eröffnete sich dem feurigen jungen Manne ein anderes Feld für seine Thätigkeit, das seinem Charakter besser zusagte. Mächtig zogen ihn die Waffen der siegreichen Franzosen an und die neue Gestaltung der Dinge. Bei dem Vordringen der Franzosen nach Schwaben hielt er sich im Aug. 1796 häufig in Lindau und Bregenz auf und suchte daselbst die Gesellschaft der republikanischen Offiziere. Während des hatte der Geist der Zwietracht im Laude seine Fackel angezündet; zwei große Partheien standen sich bald feindselig gegenüber; bei der altherkömmlichen Ordnung wollte die eine bleiben, dem Geiste der Zeit und den neuen Ansichten über die bürgerliche Gesellschaft huldigte die andere. Nach manchen vorausgegangenen Unregelmäßigkeiten und gegenseitigen Anfeindungen wurde W. bei einer den 15. März 1798 veranstalteten Versammlung von den Bewohnern hinter der Sitter einstimmig zum Landammann gewählt. Eine Gesandtschaft war die einzige Funktion, die er als solcher zu übernehmen hatte, da die bald darauf erfolgte Annahme der helvetischen Constitution der Sache eine andere Gestalt gab und ihn seiner Stelle enthob. Den 3. Sept. ward er als Chef von 600 Mann ins Rheinthal gesandt, um die der neuen Constitution abgeneigten Ortschaften daselbst zum Gehorsam zu bringen. Nach einigen wenigen Feindseligkeiten und ernstlichen Maßregeln, besonders aber nach Auslieferung der vornehmsten Aufwiegler w rd die Ordnung wieder hergestellt und W. kehrte mit vaterländischem Verdienst nach Hause. Eine Stelle in dem gesetzgebenden Rathe der helvetischen Republik anzunehmen, hatte W., seiner Schwächen sich bewußt, immer abgelehnt, obschon er bei den Wahllisten obenan stand. Nach der Besitznahme der östlichen Schweiz durch die Oestreicher, im Frühjahr 1799, wurde er in seiner Wohnung gewaltsam aufgehoben und mit noch einigen andern politischen Glaubensgenossen als Geißel nach Bregenz abgeführt und eine Zeit lang behalten. Spater sah man ihn als gemeinen Husar in den französischen Reihen und als die Revolution beendigt war und der ehrgeizige junge Mann sich vielleicht in seinen Hoffnungen getäuscht sah, trat bei ihm Störung des Geistes ein, die ihn während seiner ganzen übrigen Lebenszeit nie mehr ganz verließ. Von da an brachte er sein Leben unter den verschiedensten Verhältnissen, meistens im Auslande zu. Man sah ihn als Fuhrknecht, Güterarbeiter, Handelsgehülfen, Schuhflicker, Stallknecht ꝛc., immer aber blieb sein, wenn auch verworrener Geist, thätig und er war immer voll kühner Entwürfe. Da er bei gesundem Verstande ein enthusiastischer Anhänger eines naturgemäßen politischen Systems war, das auf den Grundsatz allgemeiner Freiheit und Gleichheit der Rechte sich stützte und er bloß die erhabene Idee in ihrem wahren Begriffe nicht zu erfassen vermochte, auch wohl selbstsüchtige Absichten damit verband und hiermit sich selbst und Andere irre leitete: so ist nichts natürlicher, als daß er nach Verlust der schönsten Gottesgabe, der Vernunft, einer entgegengesetzten Ansicht huldigen mußte. — Weil Verstand und Gemüth in fast gänzlicher Unabhängigkeit von einander seyn können, so war es ihm möglich, darin sich beständig gleich zu bleiben, daß er stets ein wohlwollendes gutes Herz behielt, das fern war von jeder absichtlichen Bosheit und daß er sich auch immer durch seinen Wohlthätigkeitssinn auszeichnete, so lange er die Mittel dazu besaß. Er lebte sparsam, machte nie Schulden, diente gern Andern und konnte sich selbst Entbehrungen gefallen lassen.

* 256. Wilhelm von Rappard,

königl. preuß. Oberstlieutenant a. D., Landrath des Torgauer Kreises, Ritter des eis. Kreuzes 1. u. 2. Kl., so wie des kais. russ. St. Annenordens 2. Kl., Inhaber des Dienstauszeichnungskreuzes und der Denkmünze v. J. 1813/14 — zu Torgau;

geb. im Mai 1788, gest. d. 30. Juli 1827.

Hamm in Westphalen, wo v. R's Vater die Stelle eines Chefpräsidenten beim dasigen Oberlandesgericht bekleidete, war der Geburtsort des Hingeschiedenen. Sein Geist wurde durch Privatunterricht im elterlichen Hause gebildet und da sich bald in ihm die Lust und Liebe zum Soldatenstand zeigte, so trat er schon in seinem 13. Jahre im J. 1801 als Junker bei dem kön. pr. Inf. Reg. Kurfürst von Hessen ein und gelangte in demselben im J. 1806 zur Fähndrichsstelle. Im J. 1807 wurde er als Secondlieuten. ins schlesische Schützenbataillon versetzt und kam 1813 in dieser Qualität in die Adjutantur, in welcher er zum Premierlieutenant und Kapitän befördert wurde. Im J. 1815 wurde er beim Kriegsministerium angestellt und im J. 1819 Mitglied des 1. Departements in demselben. Ein Jahr später (1820) kam er in das Grenadierregiment Kaiser Franz zur Dienstleistung, von wo aus er als Bataillonskommandant in das 20. Linieninfanterieregiment versetzt wurde. Am 17. Mai 1825 schied er aus demselben u. erhielt mittelst Kabinetsordre vom 25. Juni desselben J. den Titel eines Oberstlieutenants u. die im Torgauer Kreise erledigte Landrathsstelle. — Den Feldzügen in d. J. 1806, 13 bis mit 15 hat v. R. beigewohnt und sich in diesen rühmlichst ausgezeichnet. In der Schlacht bei Bautzen erhielt er wegen seines tapfern Benehmens das eiserne Kreuz 2. Kl., so wie in der bei Leipzig dasselbe 1. Kl. Für den Feldzug 1815 wurde er mit dem kaiserl. russischen St. Annenorden 2. Kl. geschmückt. — Unerschrockenheit und treue Erfüllung der ihm obliegenden Dienstpflichten, als Soldat sowohl wie als Civilbeamter, waren die hervorstechendsten Tugenden seines Charakters. Im Umgange war er angenehm und reich an Stoff zur Unterhaltung. Um eine Kur zu gebrauchen, hatte er sich aufs Land nach Zwothau bei Torgau begeben, wo er auch an den Folgen einer in den Feldzügen erhaltenen Halswunde sein Leben in einem Alter von noch nicht 40 J. endete, nachdem derselbe seinem König 25 J. als Soldat und 2 J. als Civilbeamter treu gedient hatte. Seine hinterlassene Gemahlin u. noch unerwachsene Kinder, ein Sohn u. eine Tochter, weinen an seinem so frühen Grabe.

Als Schriftsteller hat sich der Verewigte durch ein militärisches Handbuch für Subalternoffiziere der Landwehr, welches bereits eine zweite Auflage erlebt hat, bekannt gemacht.

Erfurt. Major v. Lindeman.

* 257. Georg August Ludwig Gerlach,

herzogl. Anhalt-Bernburg. Kanzleirath zu Ballenstedt;

geb. d. 8. März 1761, gest. d. 31. Juli 1827.

Er war der einzige Sohn des Kammerkassirers zu Bernburg u. besuchte bis in sein 18. J. die Stadtschule daselbst, welche schon damals sehr gut eingerichtet war. Frühzeitig zeichnete er sich durch ein scharfes Urtheil und ein vorzügliches Gedächtniß aus. Im J. 1779 ging er nach Jena, um die Rechte zu studiren u. 1781 in gleicher Absicht nach Göttingen. — Seine Laufbahn als Staatsdiener betrat er im J. 1787, indem er in diesem Jahre bei der fürstlichen Kanzlei zu Ballenstedt angestellt wurde; 1790 ernannte ihn der Fürst Friedrich Albrecht zum Kan-

[illegible] Fürst [illegible] Bernburg [illegible] Sohne [illegible] Jahren [illegible] Fürst zu [illegible] darauf [illegible] Unterhandlungen [illegible] Bernburg [illegible] darauf [illegible] wurde.

In d. J. [illegible] — [illegible] zu [illegible], konnte jedoch [illegible] seine Geschäfte [illegible] Landesherrn [illegible] und fand [illegible] seine [illegible] durch den [illegible] Herzog [illegible]. — In d. J. 1815 und [illegible] ihn zu seiner Freude [illegible] seiner Tochter mit [illegible] Männern. Die älteste mit dem [illegible] zu [illegible]gerode und die jüngste mit dem [illegible] Schmidt zu Bernburg. Beide [illegible] ihn mit [illegible] Enkeln und dies verhieß seinem [illegible] eine Fülle von Familienfreuden, für die er [illegible] hatte. — Wirklich waren auch die [illegible] Jahre die schönsten seines Lebens. Hochgeehrt durch das ihm über alles theure Vertrauen seines [illegible], im Besitze einer ungeschwächten Körperkraft, umgeben von seiner [illegible], ihn unaussprechlich liebenden Familie, genoß er [illegible] des [illegible], das er wegen [illegible] Eigenschaften und [illegible] seiner Bescheidenheit [illegible] verdiente. — [illegible] traf auch ihn der Wechsel alles Irdischen. Im J. [illegible] ging ihm seine geliebte [illegible]gefährtin in die [illegible] voraus und einige Monate darauf verlor er [illegible] Tochter, die Gattin des Justizraths [illegible] zu [illegible]gerode durch den Tod. [illegible] litt viel [illegible] Verluste und [illegible] erfüllte ihn [illegible] dieser Zeit und untergrub seine Gesundheit [illegible] in den Ruhestand überzutreten sich genöthigt sah, nachdem er 40 J. hindurch mit unbestechlicher Treue [illegible] Landesherrn gedient und niemals das Zutrauens, womit derselbe ihn erfreute, sich unwürdig gemacht hatte. — Allgemein war er bekannt und gerühmt wegen seiner hohen uneigennützigen Dienstfertigkeit, die er auch dem Geringsten nicht entzog. Seine Berufsgeschäfte versah er nicht blos mit Pünktlichkeit, sondern auch mit Geschicklichkeit; auch hatte er dabei eine große Gewandtheit im Ausdruck seiner Gedanken. *)

In seinem Privatleben zeichnete er sich durch Genügsamkeit, durch Milde und Herzlichkeit u. durch eine reine Heiterkeit aus. Im Umgange mit Freunden liebte er Scherz und Frohsinn. Ueber alles werth war ihm die Natur, deren Schönheit er tief empfand, daher die Beschäftigungen in seinem Garten nach redlich vollbrachten Berufsarbeiten zu seinen liebsten Erholungen gehörten. Er erwartete jeden Frühling, der seine Umgebungen mit Blüthen schmückte, mit heißem Verlangen, bis er hinüber ging ins Land des ewigen Frühlings.

258. Johann Christian Federly,

Konsistorialrath und Generalsuperintendent in Rudolstadt;

geb. d. 8. Juli 1744, gest. d. 1. August 1827.

Als man den Verewigten in seinem hohen Alter aufforderte, er möchte sich doch, da er noch nie einem Maler gesessen, malen lassen, damit man in der Sakristei der Stadtkirche, wo die Brustbilder sämmtlicher Generasuperintendenten nach der Zeitfolge aufbewahrt werden, nach seinem Tode auch sein Bildniß aufstellen könne, erwiederte derselbe: — „Laßt mich in Gottesnamen aus! — Der Raum ist enge, viele sind schon darin und weit mehre vielleicht sollen noch hinein; sparet mein Plätzchen für einen Würdigern auf!“ Mit gleicher Bescheidenheit würde sich der anspruchlose Greis geäußert haben, hätte man ihn bei seinen Lebzeiten dazu auffordern wollen, für gegenwärtiges Werk sein Lebensgemälde zu entwerfen. — F. lebte ein durchaus stilles, schlichtes Leben: seine Berufsgeschäfte waren sein Tagewerk, seine Wissenschafte seine Erholung; so erwarb er sich große Verdienste und reiche Kenntnisse und beider sich selbst kaum bewußt, konnte es ihm nicht einfallen, ihrer sich stolz rühmen oder vor Andern sie zur Schau tragen zu wollen. Er war einer von den nicht gar häufigen Menschen, welche ihre eigenen Vorzüge stets zu gering, fremde nicht selten überschätzen; u. dies war ohne Zweifel der Grund, warum das gute Andenken Anderer er mit Liebe beförderte, selbst aber nur ungern neuerte,

*) Einen Beweis liefert die Biographie des ältestreg. Herzogs zu Anhalt, Alexius Friedr. Christian, in dem Regentenalmanach [illegible].

fast gezwungen nur mit Entscheidung eingriff. Es ist möglich, daß Bescheidenheit noch größere Verdienste schon umhüllte, nicht aber konnte sie bei irgend einem aus reinerem Herzen kommen. Anspruchslosigkeit war bei ihm nicht Heuchelei, sondern das eigentliche, natürliche Erzeugniß seines lautern Gemüths, Anmaßung hingegen ihm ein Ungeheuer. Dieß ein Hauptzug seines Charakters. Des Auffallenden bietet sein Leben wenig dar; wir berichten davon kürzlich Folgendes: Er war zu Stadt-Ilm geboren, wo sein Vater Sattlermeister war und außerdem noch 2 Söhne hatte, von welchen der Eine das Geschäft des Vaters übernahm, der Andere gegenwärtig Bürgermeister zu Rudolstadt ist. In seiner Vaterstadt genoß er den ersten Unterricht u. blieb daselbst bis 1758, wo er 14. J. alt auf dem Gymnasium zu Rudolstadt eingeführt wurde. Hier beschäftigte er sich hauptsächlich mit dem Studium der lateinischen u. hebräischen Sprache, so daß er nachmals im hohen Grade Meister derselben war. Im J. 1763 bezog er die Universität Jena, wo er 3 volle J. neben seinem Hauptstudium der Theologie, vorzüglich Philologie studirte. Nach zurückgelegten Universitätsjahren machte er in Rudolstadt sein Kandidatenexamen, ging darauf nach Döschnitz u. von da mehrere Jahre nach Stadt-Ilm als Hauslehrer, während welcher Zeit er besonders viel im Predigen sich übte. Er liebte es in der Folge, jungen Theologen seine Anstrengungen aus dieser Periode zur Aufmunterung zu erzählen. Von Stadt-Ilm wurde er nach Rudolstadt berufen, wo er zunächst Mitglied der ersten Klasse des theologischen Seminariums, dann Kollaborator des geistlichen Ministeriums, bald darauf aber Subdiakonus wurde und als solcher zugleich die Stelle eines Hauslehrers der Kinder des damaligen Hofmarschalls von Ketelhodt übernahm. In diesem Hause war er sehr geliebt u. geachtet und machte sich besonders verdient um die wissenschaftliche Bildung des nachher in Rudolstadt so allgemein geliebten und geistreichen Regierungsraths Carl von Ketelhodt. Als Kollaborator und Subdiakonus hatte er sich durch seine ächt christliche Predigtweise und durch seine ganz außerordentliche Gewandtheit im Katechisiren eine so allgemeine Gunst erworben, daß er bald Diakonus, später Archidiakonus, im J. 1810 Konsistorialrath und endlich 1818 Generalsuperintendent wurde.

Als Theolog war er entschiedener Rationalist, im rechten Sinne des Worts, für jede neue Ansicht empfänglich und im höchsten Grade tolerant. Seine Predigten waren und blieben bis in seine letzte Zeit immer christlich und kräftig und darum höchst erbauend; er liebte es weniger, sich in denselben als Gelehrter zu zeigen, als vielmehr seiner Gemeinde durch dieselben für das Leben nützlich zu werden; wie er überhaupt bei seinem ganzen Denken, Reden u. Handeln überall einen kräftigen, gediegenen Sinn für das Praktische offenbarte. Oeffentlich bekannt wurde außer seinen Predigten von ihm nichts als eine Dissertation in lateinischer Sprache: Positiones theologicae ad doctrinam de vocatione ad salutem. Rudolphipoli 1781, welche von ihm den 6. März d. J. vertheidigt wurde. — Seine Bibliothek, von welcher er selbst sagte: — „sie enthält nur wenig Bücher, aber keins, das ich nicht gelesen hätte!" — haben seine Erben ganz im Sinne ihres früheren Besitzers zu einem höchst löblichen Zwecke verwendet, nämlich zum freien und allgemeinen Gebrauche für Schwarzburgsche Geistliche und Schullehrer.

Als Mensch besaß F. einen ganz vortrefflichen Charakter; außer der schon oben gedachten völligen Anspruchslosigkeit war ihm besonders auch eine kindliche Gutmüthigkeit eigen, welche auch das geringste Geschöpf seiner Umgebung wohlthuend empfinden konnte. Er liebte heitern Scherz u. war selbst voll jugendlichen Humors; dem Ceremoniellen und Förmlichen war er durchaus abhold, ja es konnte ihn sogar verlegen und schüchtern machen. Seinen edlen Charakter zeigte besonders sein Urtheil über Andere; dieß war stets schonend und liebevoll. An den jungen Theologen, die er zu prüfen hatte, wußte er immer eine gute Seite herauszufinden und hervorzuheben u. im schlimmsten Falle vertröstete er auf die Zukunft. — Während einer so geraumen Lebenszeit hatte er manchen äußern Sturm erlebt; doch wußte er sich zeitig davor zu schützen, indem er stets an dem sichern Steuer des Gewohnten u. Erprobten festhielt, so daß die Zeit mit ihren zudringlichen Wechseln fast gar keinen Einfluß auf ihn auszuüben vermochte. Er war mit der Zeit zu der Erfahrung gekommen, daß das Gute am Ende doch immer den Sieg gewinnt und so ließ er auch der stürmischen Zeit ruhig ihren Lauf, getrost vertrauend auf die selbsteigene Macht einer jeden guten Sache. So war es ihm möglich, bei dem vielfachsten äußern Veränderungen immer doch seine gewohnte, ruhig-heitere, ebenmäßige Lebensweise durch alle Zeiten ungestört sich zu erhalten. So erreichte er ein Alter von etwas über 83 J., bis zum letzten Augenblicke mit der Geistesfrische eines Jünglings u. der Körperkraft eines Mannes ausgerüstet. — Der Moment seines Scheidens von dieser Erde stellte zugleich das gedrängte Bild seines ganzen Lebens dar: zurückkehrend aus seinem Garten, wo er sich eben nur eine seiner Lieblingsblumen gepflückt hatte, ließ er sich in seinen Ruhesessel nieder, um seiner gewöhnlichen Nachmittagsruhe zu genießen; er war nicht so bald eingeschlummert, als seiner Hand die Blume entsank und sein Geist dem Körper entschwebte. — Dies sein Ende!

Rudolstadt. Julius Eberwein.

* 259. Friedrich Wilhelm Freiherr Zellner v. Brand,

kön. sächs. Hauptmann a. D. und kön. preuß. pensionirter Oberzollinspektor in Silbitz bei Zeitz;
geb. d. 11. Apr. 1768, gest. d. 1. Aug. 1827.

Er war der Sohn von Joh. Peter Albrecht Freih. Z. v. B. zu Bischberg bei Bamberg, welcher in verschiedenen Armeen gedient und sich nach beendigtem 7jährigen Kriege mit einem Fräulein v. Hayn aus dem Hause Raschau vermählt hatte. Aus dieser Ehe stammte der Hingeschiedene und wurde zu Köthen geboren. — Den ersten Jugendunterricht erhielt er in Köthen und da er große Neigung zum Militärstand hatte, trat er in seinem 15. Lebensjahr im J. 1783 als Junker in die sächs. Armee und namentlich beim Inf. Reg. Kurfürst zu Weißenfels ein. Im J. 1788 avancirte er zum Fähndrich, 1793 zum Secondlieutenant, 1796 zum Premierlieutenant, 1806 zum Kapitän und am 4. März 1809 erhielt er seine nachgesuchte Entlassung, da sein Gesundheitszustand länger zu dienen ihm nicht erlaubte. Er wohnte der Rheinkampagne gegen Frankreich bei und nahm an der Belagerung von Mainz Theil. Auch focht er im J. 1805 bei Saalfeld und Jena. In dem Feldzuge am Rhein wurde er am rechten Fuße leicht, bei Jena am rechten Arm schwer verwundet. Der Gefangenschaft entging er damals durch die menschenfreundliche Hülfe eines Bürgers zu Tennstädt. Im J. 1795 vermählte er sich mit Eleonore Henriette, Tochter des Erb- Lehn- und Gerichtsherrn Schmidt auf Mutschau bei Zeitz.

Seit dem Jahre 1810 begleitete er, an Arbeit und Thätigkeit von Jugend auf gewöhnt, die Stelle eines stiftischen Amtsgeleitsmanns in Zeitz. Nachdem Zeitz unter das preußische Zepter kam und die stiftische Verfassung aufgehoben wurde, ward derselbe 1819 beim dasigen Hauptzollamt Oberzollinspektor und erhielt als solcher im J. 1821 seine definitive Anstellung. Bei Aufhebung des Hauptzollamts zu Zeitz, indem man solches als Nebenzollamt zu Lützen schlug, wurde er im Februar 1825 mit Pension in Ruhestand gesetzt. (Das Hauptzollamt zu Zeitz wurde jedoch später wieder hergestellt.) Nicht lange nach seinem Ausscheiden begab er sich nach Silbitz bei Zeitz, um in ländlicher Zurückgezogenheit der Ruhe seines Alters zu pflegen. Im Decemb. 1826 ward er bedeutend krank und nach langen Leiden verschied er sanft an den Folgen des Gangraena senilis. Er war in früherer Zeit ein tüchtiger Feldsoldat und wußte sich in jedes Verhältniß zu schicken. Er war ein Mann von einem offenen und rechtschaffenen Charakter und hielt Jeden für eben so gut, als er selbst war. Leider wurde dadurch sein unbeschränktes Zutrauen zu oft gemißbraucht. Durch sein gerades und unbescholtenes Benehmen erwarb er sich die Achtung und Zufriedenheit seiner Vorgesetzten. Tief betrauert ihn seine zurückgelassene Gattin mit 7 Kindern.

Erfurt. Major v. Lindeman.

* 260. Christian Gottlieb Schmidt,

Pastor und Superintendent zu Weißenfels;
geb. d. 1. Octob. 1755, gest. d. 2. Aug. 1827.

Bernsdorf in der Grafschaft Schönburg im Königreich Sachsen ist sein Geburtsort. Sein Vater, Christ. Phil. S., war daselbst Prediger und ihm wie seiner Gattin war es hoher Ernst, ihre Kinder fromm und brauchbar für die Welt zu erziehen. Bei seinem ernsten Charakter gewöhnte er sie daher zum Fleiß und zur strengsten Ordnung von Jugend auf; die Mutter voll sanfter Liebe und frommen Sinnes, leuchtete ihnen in allem Guten als Muster vor. Mit dem glücklichsten Erfolge wurden die elterlichen Bemühungen gekrönt und S. verließ als ein an Kopf und Herz ausgezeichneter Knabe das elterliche Haus, um in dem nahegelegenen Städtchen Hohenstein fernern Unterricht zu erhalten. Hier ward auch durch mehrere treffliche Lehrer der Grund zu seiner weitern Ausbildung gelegt. Unverdorben und mit den besten Zeugnissen versehen verließ er in seinem 15. Jahre die Schule in Hohenstein und bezog zur Vorbereitung auf das akademische Leben das Gymnasium zu Gera. Im 19. J. ging er auf die Universität nach Leipzig, um Theologie zu studiren. Nach einem 3½ jährigen Aufenthalte daselbst widmete er sich als Hauslehrer der Erziehung in mehrern angesehenen Familien. Auch machte er als Kandidat eine bedeutende Reise durch Baiern, Würtemberg, die Schweiz, Italien, Frankreich und Westphalen, auf welcher er die ausgezeichnetsten Gelehrten, die wichtigsten Lehranstalten und die reizendsten Gegenden kennen lernte und einen Schatz von Kenntnissen u. Lebenserfahrungen einsammelte. Von dieser Reise zurückgekehrt, ging er als Führer einiger jungen Männer auf die Universität Wittenberg, wo seine geistige Bildung an Umfang, Tiefe und Gediegenheit viel gewann. Auch studirte er hier mit Eifer noch die Rechtsgelahrtheit, wodurch er besonders zur Führung des zuletzt von ihm verwalteten, bedeutenden Amtes eines Superintendenten geschickt ward. Im J. 1789 ward er zum Substituten des Pfarrers in Konstappel bei Dresden ernannt, rückte aber schon nach dem ein Jahr darauf erfolgten Tode des Seniors in das Pastorat ein. Hier war, nächst dem Predigtamte, die Schule ein Hauptgegenstand seiner Thätigkeit und seine Ortsschule erhob sich bald zu einer Musterschule für die dortige Gegend. Er stiftete einen Verein der Schullehrer in der umliegenden Gegend, in welchem die besten pädagogischen Schriften in Umlauf kamen, über deren Inhalt in festgesetzten Zusammenkünften gesprochen wurde, so daß ein regeres Leben in Schulsachen dadurch in Anregung kam.

Als unermüdet thätiger Arbeiter in Kirche u. Schule erwarb sich S. die Gunst und Achtung Reinhards und Tittmanns in Dresden so sehr, daß ihm im J. 1801 das Pastorat und die Superintendentur in Weißenfels übertragen ward, in welches Amt ihn der ehrwürdige Superintendent zu Leipzig, Dr. Rosenmüller, nach gehaltener Antrittspredigt am Michaelistage 1801 einführte. In diesem Amte bestand außer der Besorgung des Predigtamts in der Stadt und der Geschäfte eines Ephoralbezirks von 88 Kirchen, seine Hauptaufgabe in einer neuen Organisation des Schullehrerseminariums in Weißenfels und in einem kräftigen Einwirken auf Verbesserung des Volksschulwesens. — Das Schullehrerseminarium hatte bei seinem Amtsantritte im J. 1801 drei Lehrer und zwanzig Zöglinge, welche hier und da bei Bürgern in der Stadt wohnten, so daß weder ihr Fleiß, noch ihre Sitten durch die Lehrer kontrolirt werden konnten. Ein eigenes Lokal erschien dringend nothwendig und bereits im J. 1802 wurde ein in der Vorstadt an der Saale schön gelegenes Haus mit den dazu gehörigen Gärten für die Summe von 4250 Thalern dazu erkauft, eingerichtet und am 1. Dec. gedachten Jahres von Lehrern und Schülern bezogen. In der ersten Zeit hatte die neue Anstalt mit manchen Schwierigkeiten zu kämpfen; doch gewann sie an öffentlichem Zutrauen so sehr, daß sich die Zahl der Zöglinge schnell verdreifachte. Bei Organisation der Anstalt war es eins der nothwendigsten Erfordernisse eine Schule damit zu verbinden, in welcher die Zöglinge zu praktischen Uebungen Gelegenheit haben könnten. Es wurden daher zu diesem Zwecke die Kinder einer Vorstadt, welche früher einen besondern Kinderlehrer hatten, in das Seminargebäude gewiesen und einem examinirten Seminaristen unter Leitung des Direktors übergeben. Diese Anfangs so kleine Schule gewann bald so sehr, daß sie in drei Klassen abgetheilt werden mußte. Die Zahl der Seminaristen stieg bis auf 72 und aus dieser Anstalt gingen sehr viele gebildete junge Männer hervor, welche jetzt noch im Königreiche und Herzogthume Sachsen in öffentlichen Aemtern wirken. Als Weißenfels nach dem Wiener Frieden an die preuß. Krone kam, wurde das Seminarium mit den übrigen in der Monarchie bestehenden in Einklang gebracht und im J. 1822 völlig reorganisirt; S. wurde seiner bisherigen Inspektion enthoben und der erste Lehrer am Seminar zu Breslau, Wilhelm Harnisch, als Direktor und unter ihm noch drei Hülfslehrer angestellt.

In Hinsicht des Volksschulwesens fand S. ebenfalls sehr viel zu thun. Es galt, theils der Willkührlichkeit des Schulbesuchs in der Stadt und auf dem Lande zu steuern, theils die geringere Kultur vieler Lehrer zu heben, theils auch das dürftige Einkommen der meisten zu verbessern. Einer besondern Nachhülfe bedurften insbesondere die nicht konfirmirten, sogenannten Kinderlehrer, welche in den von der Mutterschule entfernten Dörfern angestellt waren. Für diese ward eine Bildungsanstalt errichtet, an deren Spitze drei Prediger, aus Liebe für die gute Sache, bereitwilligst traten. In Hinsicht des Gesanges und des Orgelspiels wirkten zwei tüchtige Schulmeister u. aus dieser dem Staate nichts kostenden Anstalt sind viele für den Schulstand brauchbare junge Männer hervorgegangen. Aber auch der ökonomische Zustand der Schullehrer mußte berücksichtigt werden. Eine Ursache ihres geringen Diensteinkommens lag darin, daß man nur von den Kirchen das Schulgeld bezahlte, in welchen die Kinder die Schule besuchten. Da dieses Letztere von einem großen Theile der Kinder höchst unregelmäßig geschah, ja sehr viele Kinder nur in den Wintermonaten in die Schule kamen, so verloren auch die Schullehrer einen großen Theil ihres Einkommens. Es wurde also höheren Ortes darauf angetragen, die Einnahme des Schulgeldes den Lehrern abzunehmen und sie einem besondern Einnehmer an jedem Orte, gegen eine kleine Vergütung, zu übertragen, welcher sodann alle schulfähige Kinder vom erfüllten fünften J. bis zum vierzehnten aufzuschreiben, das Schulgeld, ohne Rücksicht, ob die Kinder in der Schule gewesen oder nicht, beizutreiben, dem Lehrer monatlich zu berechnen und abzuliefern, die Restanten aber und Schulversäumnisse der Obrigkeit anzuzeigen habe. Nachdem man das Gute einer solchen Einrichtung und nach angestelltem Versuch ihren guten Erfolg erkannt hatte, wurde dieselbe von der sächsischen Regierung zum allgemeinen Gesetze für das ganze Land erhoben.

Vom J. 1815 an widmete die kön. preuß. Regierung der Volkserziehung eine vorzügliche Aufmerksamkeit, ließ den Zustand derselben in Seminarien, Gelehrten- u. Volksschulen genau untersuchen, um das vorgefundene Gute zu pflegen und den noch bestehenden Gebrechen abzuhelfen, und auch hier wirkte S. so thätig, daß eine höheren Orts eingereichte Nachweisung der verbesserten Einrichtungen bei den Schulen des Ephoratbezirks Weißenfels in den J. von 1816 bis 1825 folgendes erfreuliche Resultat gewährte: 5 neue Schulstellen sind errichtet, 4 Wandelschulen fixirt, 9 Schulhäuser neu gebaut, 12 wesentlich verbessert, 15 Schulämter in Einkünften erhöht, fast in allen Schulen neue Lehr- und Lesebücher eingeführt, 12 Schulvereine angeordnet und mehrere Gesangvereine unter den Lehrern gestiftet. Mit eben so großer Treue nahm er sich der ihm anvertrauten Kirchen seiner Ephorie an und verwaltete unter allen Zeitumständen mit Ruhm sein Amt, von welchem er bei seinem Colloquium in Dresden gesagt hatte: Quamvis gravis sit quamque vexata Ephori Leucopetrensis provincia, inter omnes constat meque hoc edocuit ipse Ephorus quondam Leucopetrensis, Schumannus, quippe qui in praefatione ad librum hymnorum Leucopetrensium dixit: „Ich habe hier einen Priesterrock nöthig, der durch und durch mit Geduld gefüttert seyn muß!"

Den 29. Sept. 1826 feierte er sein 25jähriges Ephoratsjubiläum unter den zahlreichsten Beweisen allgemeiner und großer Theilnahme. — Allmählig nahmen aber bei so überspannter Thätigkeit seine Kräfte ab. Ein kranker Fuß nöthigte ihn, sitzend seine Predigten zu halten und zum letztenmale geschah dies am 29. Jul. 1827. — S. hatte sehr achtungswerthe Kanzelgaben und ward gern gehört, auch oft zur Herausgabe einzelner Casualpredigten und Reden veranlaßt. Er verstand die heilige Rede an besondere Fälle, Verhältnisse und Umstände passend anzuknüpfen, ohne den höchsten Zweck derselben, christliche Erbauung, aus den Augen zu verlieren. Um sich davon zu überzeugen, darf man nur die von ihm herausgegebenen „Casualpredigten und Reden" aufschlagen, z. B. „von der Gefahr geheimer Sünden", (Vorstellungsrede bei der Pfarrprobe des Nachfolgers des abgesetzten M. Tinius in Poserna); Rede am Napoleonstage, den 10. August 1813 in der Stadtkirche zu Weißenfels; bei Reinhards Todtenfeier, im Schullehrerseminar zu Weißenfels 1812 2c. — Außer mehreren anonymen Aufsätzen in Zeitschriften hat er Briefe über Herrnhut, die Ober- und Niederlausitz herausgegeben. Bei Gelegenheit seines Ephoratsjubiläums erschien noch von ihm: Raths- und Jubelpredigt in der Kirche zu Weißenfels am Michaelistage 1826 gehalten. — Das Schulwesen der Diöcese Weißenfels, wie es war vor fünf und zwanzig Jahren und wie es ist im J. 1826.

* 261. Friedrich August Feye,

Kaufmann und Rathsherr zu Liegnitz;

geb. d. 10. Mai 1785, gest. d. 2. August 1827.

Sein Vater war der Kaufmann und Rathsherr Polycarp Aug. F. zu Liegnitz und er daselbst geboren. Schon früher für die Handlung bestimmt und im väterlichen Hause dazu vorbereitet, suchte er sich durch den mehrjährigen Aufenthalt in einem der ersten Handlungshäuser in Breslau für seinen künftigen Beruf zu vervollkommnen, um, da sein einziger Bruder gestorben war, seinem Vater in den weit umfassenden Geschäften beizustehen. Nach dem Tode des Letztern übernahm er die Handlung selbst und stand ihr bis zu seinem Tode vor.

Nachdem er mehrere Jahre als Stadtverordneter und auch als Vorsteher derselben fungirt hatte, wurde er im J. 1816 zum Rathsherrn gewählt, welche Würde er bis zu Ende des J. 1822 bekleidete, indem er nun theils durch die eigenen Geschäfte einer bedeutenden Handlung, theils durch den Ankauf eines großen Rittergutes sich genöthigt sah, diesen Wirkungskreis zu verlassen. Im J. 1810 den

der Sprüche Salomonis und des Buchs Hiob bekannt. Die inhumane, leidenschaftliche und man kann sagen, feindselige Kritik, welche diese letzte Uebersetzung in einem gelehrten Blatte erfuhr, hat nicht wenig die letzten Jahre seines Lebens verbittert. Als Anerkennung seiner Verdienste hatte ihn schon vor mehrern Jahren die theologische Fakultät in Erlangen mit dem Doktordiplom beehrt.

265. Joseph Paul Brouillot,

Gallerieinspektor zu München;

geb. i. J. 1739, gest. d. 9. Aug. 1827 *).

Er bewährte sich schon früher in Düsseldorf als einer der geschicktesten und thätigsten Aufseher der Gemäldegallerie, dessen Sorgfalt für die ihm anvertrauten Kunstschätze weder Mühe noch Grenzen kannte. In Düsseldorf sind auch noch historische Gemälde von seiner Hand. Er begleitete die Gallerie bei ihrer Versetzung nach München und die Kraft und Heiterkeit seines Alters erlaubte ihm, ihr seine Thätigkeit unausgesetzt bis an sein Ende zu widmen, das ihn im 63. Dienstjahre nach kurzem Krankenlager in den Armen seines Sohnes, Franz B., Inspektors der königl. Kupferstichsammlung, überraschte.

* 266. Johann Friedrich Wohlfarth,

evangel. lutherisch. Pfarrer zu Kirchhasel im Schwarzburg-Rudolstädtschen und den dazu gehörigen herzogl. sächs. Altenburg. Filialen Oberhasel und Etzelbach;

geb. d. 6. Dec. 1751, gest. d. 9. Aug. 1827.

Je ehrendere Anerkennung das stille, anspruchslose Wirken eines Mannes verdient, der in dem ehrwürdigsten und heiligsten Berufe, in einer Zeit, die dies weniger als jemals begriff, mit unermüdlicher Treue über ein halbes Jahrhundert seine Pflichten erfüllte und des Segens viel stiftete: um so weniger darf der Verf. dieser Zeilen die Mißbilligung fürchten, wenn er mit seinen Geschwistern dem Andenken des besten Vaters auch hier ein Denkmal der kindlichen Pietät errichtet.

Der Vollendete, ältester Sohn des zu seiner Zeit als Mensch, Geistlicher, Gelehrter und Schriftsteller hochgeachteten M. Friedrich Paul W., Pfarrers zu Kirchhasel und den genannten Filialen (S. D. Hesse's Einladungsschr.

*) Kunstbl. 1827. Nr. 65.

Biograph. vaterl. Gelehrten. Rudolst. 1829.) und Christ. Sophie, geb. Geier. Nachdem er unter der Leitung der braven Eltern den ersten Grund zu seinen Studien gelegt, bezog er um's J. 1765 das Gymnasium zu Rudolstadt, wo er sich unter den damaligen, von ihm immer mit der wärmsten Verehrung genannten Lehrern, bis zum J. 1771 auf die Universität vorbereitete. Auf der Universität Jena verehrte er besonders den damaligen, gefeierten Prof. Danov und Semler, als deren dankbaren Schüler er sich noch in den letzten Jahren seines Lebens bekannte. Da die Gesundheit des Vaters immer wankender wurde, „so habe ich — schreibt er in seiner Selbstbiographie — diesem meinen Vater sein beschwerliches Amt vom J. 1771 bis 1784, erst als Studiosus theol., nachher aber als Candidat zu erleichtern gesucht. Im J. 1784 widerfuhr mir von Gott die Gnade, daß ich ihm, da er wegen Alter seine Amtsarbeiten nicht mehr verrichten konnte, als Substitut beigesetzt wurde ꝛc." Obwohl er als solcher bis 1786, wo sein Vater starb, das Amt nicht ohne Aussichten auf Succedenz mit solchen Segen verwaltet, daß der bescheidene, anspruchslose Mann in seiner Selbstbiographie bemerkt: „Gott schenkte mir auch Gesundheit und Geisteskräfte zur Führung desselben. Unter allen meinen Zuhörern hatte ich viele Liebe, wurde gern von ihnen gehört und habe daher auch durch göttlichen Beistand unter ihnen mit Segen gearbeitet, habe auch mit Keinem Verdrießlichkeiten gehabt, sondern mit Allen in Frieden gelebt;" so ging dieser Wunsch doch darum nicht in Erfüllung, da noch mehrere Andere vorhanden waren, welche Anciennetät geltend machten. Inzwischen offenbarte sich bei dieser Gelegenheit von Neuem, wie würdig und segensvoll er sein Amt verwaltet. „Nun wünschten — bemerkt er ferner — meine bisherigen Beichtkinder nichts mehr, als daß ich auch ferner ihr Pfarrer verbleiben möchte. Nicht nur die Kirch- und Unterhaseler, sondern auch die Oberhaseler und Etzelbacher Gemeinden wendeten sich supplicando ad Serenissimum zu verschiedenenmalen und glaubten mich durch ihre Bitten zu erhalten," so daß er in den Verdacht kam, als hätte er hierzu Veranlassung gegeben. Er erklärt sich gegen diesen Verdacht, der mit seinem geraden Charakter unvereinbar war, selbst, indem er betheuert: „Daß aber dieses von mir nicht geschehen, das ist Gott und der Gemeinde bekannt genug!" Dies geht auch wohl aus den Aeußerungen der unzweideutigsten Liebe hervor, womit die Gemeinden sich von ihm trennten. „Wie viel Thränen aber — berichtet der Mann, über dessen Lippen mit Wissen nie eine Unwahrheit ging, u. a. O. — mein Abschied meinen geliebten Beichtkindern gekostet, das ist unaussprechlich. Viele haben mir auch beträchtliche Pfänder ihrer Liebe eingehändigt, woraus ich ersehen kann, daß sie mich wahrhaftig und aufrichtig geliebt. Besonders aber hat mir ein 84jähriger Mann aus Etzelbach meinen Abschied erschwert, welcher Tags darauf, als ich meine Abschiedspredigt gehalten, auf die Pfarrwohnung nach Kirchhasel mit einem seiner Kindeskinder kam und von mir weinend Abschied nahm und setzt hinzu: Gott, der mir bisher Liebe bei meinen Beichtkindern erweckt, wird mir solche auch wieder an einem andern Orte finden lassen. Und denen, die mich bisher geliebt und mir Gutes gethan haben, wird er ein reicher Vergelter seyn!"

Dieser Wunsch ging auch wirklich in Erfüllung, da er kurze Zeit nachher den Ruf auf das erledigte Pfarramt zu Teuchel erhielt, wo er bald das ganze Vertrauen und die treue Liebe seiner Gemeinde in dem Maße gewann, daß er sich nur aus Rücksichten gegen seine stärker werdende Familie entschließen konnte, im J. 1800 dem Rufe nach seinem Geburtsorte zu folgen. Inzwischen machte er bald die schmerzliche Erfahrung, über die er oft sprach, daß während seiner 14jährigen Abwesenheit hier Vieles anders geworden sey. Denn, obschon sein Nachfolger, der Pfarrer Liebmann, der nach Blankenburg versetzt wurde, ein wahrhaft würdiger Geistlicher war, so hatte er dennoch den Geist der eintretenden Unkirchlichkeit nicht abzuwehren vermocht. Nichts desto weniger suchte der Verewigte diesem Geiste mit ganzer Kraft sich entgegenzusetzen, ja die Schwierigkeiten, die er zu bekämpfen hatte, vermehrten und stählten seinen Eifer und seine Kraft dergestalt, daß er auch dann, wenn er bittere Erfahrung machte, mit nie wankender Freudigkeit seine Pflicht erfüllte und auf dem Wege praktisch-religiöser Ueberzeugung wahre Religiösität zu wirken und zu begründen suchte. Auf seine Vorträge bereitete er sich mit einer so seltenen Gewissenhaftigkeit vor, daß, ob er wohl recht gut auch ohne Vorbereitung hätte auftreten können, er dies doch nur in den dringendsten Fällen that; überhaupt hatte er sich von der Wichtigkeit und Würde des christl. Predigtamts eine sehr hohe Idee gebildet. Der weltliche Sinn mehrerer jüngern Geistlichen war ihm immer zuwider und nie ging er in [illegible] als einer seinem Stande würdigen, gewöhnlich in [illegible]ung aus. Die Zeit, die ihm sein Amt übrig ließ, widmete er theils dem Fortstudium, theils der Erziehung seiner 7 Kinder, die ihm seine Gattin, Sophie Friederike, geb. Hagen aus Lucca, geboren hatte, der Führung seiner Wirthschaft und mechanischen Arbeiten, die seine Lieblingserholung ausmachten und ihm die Tage seines Alters noch erheiterten. Dabei war er ein treuer Rathgeber für Jeden, der zu ihm seine Zuflucht nahm, und ein unermüdeter Freund der Armen. In seinem Amte war er so pünktlich und sorgsam, daß er, so lange er vermochte, seine Stelle fast nie von einem Andern vertreten ließ und, wenn erst Nachmittags eine Amtsverrichtung bevorstand, er schon mit dem Morgen sich amtlich ankleidete. Diese fast ängstliche Pflichtmäßigkeit war es auch, durch welche er sich den grauen Staar an beiden Augen zuzog und da er sich wegen seines Alters und körperlicher Rücksichten zur Operation nicht entschließen konnte und wollte, so sah er sich außer Stand gesetzt, sein Amt ferner zu verwalten. Acht Jahre lang trug er dieses schwere Schicksal mit einer Geduld und Ergebung, die nur selten und auf kurze Zeit getrübt wurde, indem er sich immer bald wieder faßte und ermannte, wobei er dann zu sagen pflegte: ferendum, quod non mutandum. Sein ältester Sohn ward ihm amtlicher Stellvertreter und Nachfolger. Ob inzwischen schon sein ganzer Körper- u. Geisteszustand die Erfüllung des sehnlichen Wunsches, daß er noch lange unter den Seinen weilen möchte, verhieß, so war es doch im Rathe der Vorsehung anders bestimmt. Eine Wassersucht, die schnell in eine totale Paralysis überging, endete nach kurzem Leiden das Leben des frommen Dulders. Nachdem er noch kurz zuvor gescherzt und einige Speisen zu sich genommen, legte sich dieser treue Priester des Herrn auf sein Bett, um mit dem letzten Blick der scheidenden Sonne sanft zu jenem heiligen Lichte hinüberzuschlummern, nach dessen Strahl sein Herz in dieser Erdennacht so oft und innig sich gesehnt hatte. Im tiefsten Gefühl, daß der Schmerz über den Hingang eines so theuern Hauptes derselbe sein würde, wenn es noch ein doppeltes Menschenalter erreichte, blickten die trauernden Seinen an seinem Grabe zum bessern Vaterlande und sprachen: „Laßt uns seinem Vorbild folgen, damit wir ihn einst wieder sehen.

Kirchhasel. Dr. Wohlfarth.

---

267. August Friedrich Hoppe,

königl. preuß. Oberbergrath zu Berlin;

geb. . . . gest. d. 9. Aug. 1827. *)

Er trat zuerst als Feldmesser im J. 1797 bei der Magdeburger Regierung in den Staatsdienst und wurde von dieser Behörde bei der Budemelioration angestellt; er vollendete hiernächst unter der Leitung der Rhinentwässerungskommission und insbesondere des derselben zugeordneten geheimen Oberbauraths Riedel senior, die wichtigen Arbeiten der Tieferlegung des Rhinbettes und der Lenzker Mühle, so wie der Ent- u. Bewässerungsanstalten im großen Rhinluche und leistete nach deren Beendigung, unter der damaligen Haupt Torfadministration, theils bei diesen, theils bei andern Torfgräbereianlagen und Verwaltungen, sowohl bei den Wasser- und Grabenbauten, als bei Torfuntersuchungen und bei dem Betriebe, wovon er sich gute praktische Kenntnisse und Erfahrungen erworben, nützliche Dienste. Bei der Organisation des Oberbergamtes für die Brandenburg-Preuß.-Provinzen, welchem zugleich die Verwaltung der Torfgräbereien beigelegt war, wurde derselbe im J. 1810, zuerst mit dem Titel eines Bauinspektors, für dieses Fach bei demselben angestellt, rückte im J. 1811 als Assessor und Mitglied in das Kollegium und wurde 1816 zum Oberbergrath befördert. Er hat dem Staate 30 J. treu und mit Nutzen gedient und das Kollegium, dessen Mitglied er war, wird seine Erfahrungen und den rücksichtslosen Eifer in dem Wirkungskreise, worin er thätig war, schmerzlich entbehren.

268. Georg Siemens,

königl. preuß. Oberamtmann zu Hayn bei Stolberg;

geb. i. J. 1766, gest. d. 10. Aug. 1827. **)

Hayn, ein Dörfchen unweit der Stadt Stolberg, an dem südlichen Rande des Harzes, feiert das Andenken eines edlen Mannes, welcher in diesem Orte mehrere Jahre lebte und daselbst begraben ward. — Er war der älteste Sohn des verstorbenen Amtsraths S. zu Wasserleben in der Grafschaft Stolberg-Wernigerode. Von der Natur mit hellen Blicken des Verstandes u. mit einem war-

*) Haude und Spenersche Ztg. 1827, Nr. 186.

**) Harzbote, Februarheft. 1828.

nen Herzen für alles Gute und Treffliche begabt, war der Sohn unter einer geschickten Leitung aufgewachsen und hatte etwa [illegible] Jahre alt die Universität Göttingen bezogen. In ihm lag eine gewisse Geisteseigenschaft, die man wohl nicht anders, als Universalität nennen kann. Er war für alles empfänglich und die damalige anregende Zeit ergriff ihn von mehreren Seiten zugleich. Er studirte gerade, als Kants Philosophie anfing bekannter zu werden, als Gleim und Bürger noch gefeiert, Wieland bewundert und Klopstock in den Himmel erhoben wurde. Dieser Jugendrausch bemächtigte sich auch seiner und obwohl ein gewisses ruhiges Beharren zu seinem Temperamente gehörte, hatte doch der Geist jener Zeit den Einfluß auf ihn, daß er die gewählte Rechtswissenschaft nicht studirte, sondern sich bald der Philosophie, bald der Philologie u. bald den Naturwissenschaften hingab; manchen Monat aber auch lediglich seinem Genius im göttlichen far niente ergeben, nichts that, als bei Feder lateinisch disputiren (was S. sehr gut verstand), seinen Freunden beim damaligen Göttingenschen Liebhabertheater die Lichter putzen und alle seine Bekannte durch die originellsten Einfälle u. die Biederkeit seines Charakters entzücken. Studiengenossen von ihm waren vorzüglich: der Prof. u. nun auch verewigte Hofr. Bouterweck zu Göttingen, der jetzige Hofmedikus Dr. Melis zu Clausthal, der jetzige Justizbürgermeister Hirsch zu Goslar u. einige Zeit lang auch der etwas seltsame u. in jene Zirkel übrigens nicht gehörende Hr. Beckedorf, der zuletzt durch seinen Uebergang zur katholischen Kirche bekannt geworden ist. — Nach vollendetem akademischen Triennium fand sich, daß S. einer der geistvollsten jungen Leute, aber daß er auf dem gemeinen Wege der wirklichen Welt eben nicht fort zu bringen sei. In diese Zeit muß seine Bekanntschaft mit dem kürzlich auch vollendeten trefflichen Kanzler der Universität Halle, Niemeyer, fallen, dessen noch lebende Gattin, eine geborne v. Köpken, S's noch in den letzten Tagen seines Lebens das höchste Muster weiblicher Würde und Liebenswürdigkeit nannte. Niemeyer vermochte den als geistvoll und sehr kenntnißreich gefundenen Jüngling, Lehrer am Pädagogium zu Halle zu werden. Seine vorzüglichste Stärke bestand schon damals und auch nachher in der Kenntniß der lateinischen u. griechischen Sprache, so wie in der Geschichte der Staaten, sowohl der alten, als der mittlern u. neuern. Zeitpolitik, nicht theoretisch-faselnde, sondern gründliche erfahrungsmäßige Tochter der Geschichte, war der Lieblingsgegenstand seines überaus tie-

267. August Friedrich Hoppe,

königl. preuß. Oberbergrath zu Berlin;

geb. . . . . . gest. d. 9. Aug. 1827. *)

Er trat zuerst als Feldmesser im J. 1797 bei der Magdeburger Regierung in den Staatsdienst und wurde von dieser Behörde bei der Budemelioration angestellt; er vollendete hiernächst unter der Leitung der Rhinentwässerungskommission und insbesondere des derselben zugeordneten geheimen Oberbauraths Riedel senior, die wichtigen Arbeiten der Tieferlegung des Rhinbettes und der Lenzker Mühle, so wie der Ent- u. Bewässerungsanstalten im großen Rhinluche und leistete nach deren Beendigung, unter der damaligen Haupt Torfadministration, theils bei diesen, theils bei andern Torfgräbereianlagen und Verwaltungen, sowohl bei den Wasser- und Grabenbauten, als bei Torfuntersuchungen und bei dem Betriebe, wovon er sich gute praktische Kenntnisse und Erfahrungen erworben, nützliche Dienste. Bei der Organisation des Oberbergamtes für die Brandenburg-Preuß.-Provinzen, welchem zugleich die Verwaltung der Torfgräbereien beigelegt war, wurde derselbe im J. 1810, zuerst mit dem Titel eines Bauinspektors, für dieses Fach bei demselben angestellt, rückte im J. 1811 als Assessor und Mitglied in das Kollegium und wurde 1816 zum Oberbergrath befördert. Er hat dem Staate 30 J. treu und mit Nutzen gedient und das Kollegium, dessen Mitglied er war, wird seine Erfahrungen und den rücksichtslosen Eifer in dem Wirkungskreise, worin er thätig war, schmerzlich entbehren.

268. Georg Siemens,

königl. preuß. Oberamtmann zu Hayn bei Stolberg;

geb. i. J. 1766, gest. d. 10. Aug. 1827. **)

Hayn, ein Dörfchen unweit der Stadt Stolberg, an dem südlichen Rande des Harzes, feiert das Andenken eines edlen Mannes, welcher in diesem Orte mehrere Jahre lebte und daselbst begraben ward. — Er war der älteste Sohn des verstorbenen Amtsraths S. zu Wasserleben in der Grafschaft Stolberg-Wernigerode. Von der Natur mit hellen Blicken des Verstandes u. mit einem war-

---

*) ...de und Spenersche Ztg. 1827, Nr. 186.

**) ...rzbote, Februarheft. 1828.

men Herzen für alles Gute und Treffliche begabt, war der Sohn unter einer geschickten Leitung aufgewachsen und hatte etwa 20. Jahre alt die Universität Göttingen bezogen. In ihm lag eine gewisse Geisteseigenschaft, die man wohl nicht anders, als Universalität nennen kann. Er war für alles empfänglich und die damalige anregende Zeit ergriff ihn von mehreren Seiten zugleich. Er studirte gerade, als Kants Philosophie anfing bekannter zu werden, als Gleim und Bürger noch gefeiert, Wieland bewundert und Klopstock in den Himmel erhoben wurde. Dieser Jugendrausch bemächtigte sich auch seiner und obwohl ein gewisses ruhiges Beharren zu seinem Temperamente gehörte, hatte doch der Geist jener Zeit den Einfluß auf ihn, daß er die gewählte Rechtswissenschaft nicht studirte, sondern sich bald der Philosophie, bald der Philologie u. bald den Naturwissenschaften hingab; manchen Monat aber auch lediglich seinem Genius im göttlichen far niente ergeben, nichts that, als bei Feder lateinisch disputiren (was S. sehr gut verstand), seinen Freunden beim damaligen Göttingenschen Liebhabertheater die Lichter putzen und alle seine Bekannte durch die originellsten Einfälle u. die Biederkeit seines Charakters entzücken. Studiengenossen von ihm waren vorzüglich: der Prof. u. nun auch verewigte Hofr. Bouterweck zu Göttingen, der jetzige Hofmedikus Dr. Melis zu Clausthal, der jetzige Justizbürgermeister Hirsch zu Goslar u. einige Zeit lang auch der etwas seltsame u. in jene Zirkel übrigens nicht gehörende Hr. Beckedorf, der zuletzt durch seinen Uebergang zur katholischen Kirche bekannt geworden ist. — Nach vollendetem akademischen Triennium fand sich, daß S. einer der geistvollsten jungen Leute, aber daß er auf dem gemeinen Wege der wirklichen Welt eben nicht fort zu bringen sei. In diese Zeit muß seine Bekanntschaft mit dem kürzlich auch vollendeten trefflichen Kanzler der Universität Halle, Niemeyer, fallen, dessen noch lebende Gattin, eine geborne v. Köpken, S's noch in den letzten Tagen seines Lebens das höchste Muster weiblicher Würde und Liebenswürdigkeit nannte. Niemeyer vermochte den als geistvoll und sehr kenntnißreich gefundenen Jüngling, Lehrer am Pädagogium zu Halle zu werden. Seine vorzüglichste Stärke bestand schon damals und auch nachher in der Kenntniß der lateinischen u. griechischen Sprache, so wie in der Geschichte der Staaten, sowohl der alten, als der mittlern u. neuern. Zeitpolitik, nicht theoretisch-faselnde, sondern gründliche erfahrungsmäßige Tochter der Geschichte, war der Lieblingsgegenstand seines überaus tie-

geben können. Eine Mäßigung ächt legitimer Art, welche am Bestehenden festhält, verband er mit einem nie ruhenden Streben nach dem Vollkommnern, im Hause, wie in der Ackerwirthschaft, in seinen Ansichten über Privatleben, wie in seinen Meinungen über Staat u. Regierung. Mit einer biedern altdeutschen Rechtlichkeit und Sitte verband er die feinste Höflichkeit des Herzens, welche man je kann reden hören und deren warmen Quell man nie verkennen konnte. Er liebte wahr und treu und wurde wieder geliebt. Reinstes Wohlwollen sprach sich in allen seinen Zügen und Worten aus, für Schönheit und Kunst war er im Allgemeinen begeisterter, als insbesondere gebildet; denn er hatte nicht Gelegenheit gehabt, mehrere Künste genauer kennen zu lernen. Aber diejenige Poesie, welche zum Herzen redet oder auch rein objectiv die großen Scenen der Natur u. des Menschenlebens unverkennbar u. der Wahrheit gemäß ausspricht, war seiner Huldigung gewiß; wenn gleich er darin mehr das Bild der Wahrheit, als die Kunst selbst verehrte und eine mehr praktische als ästhetische Theilnahme dafür empfand. Unter allen Dichtern alter und neuer Zeit war Shakespear, unter den Prosaikern Tacitus sein Liebling. — Seine Religiösität schloß sich wohl an keine bestimmte äußere Form an; sie war aber aus dem lautersten Quell der innern Röthigung oder des unwiderstehlichen Glaubens entsprungen. — Er gehörte zu den seltenen Menschen, welche man gekannt haben muß, um sich eine ihrer würdige Vorstellung zu machen; denn er war originell und aus einem Gusse; Alles durch eigenes Denken und Streben geworden, was er war.

* 269. Johann Tycho Hartz,

Kirchenprobst, Hauptpastor und Schulinspector zu Husum;

geb. d. 21. Juli 1756, gest. d. 11. Aug. 1827. *)

Neukirchen an der Stoer ist der Geburtsort des Verewigten. Sein Vater war daselbst Hauptpastor und unter seinen Augen genoß er seine früheste Erziehung, welche im Hause seines Oheims des Diakonus Barwasser in Neukirchen vollendet wurde. Dem Wunsche seiner Eltern entsprechend widmete er sich der Theologie und bezog 1771 das akademische Gymnasium zu Altona, von welchem er

*) Auszügl. aus der dem Osterprogramm des Rectors der Gelehrtenschule zu Husum. Hrn. F. Friedrichsen, beigefügten Biographie des Verewigten.

nach 2 J. schon (16 J. alt) auf die Universität Göttingen entlassen wurde. Während der beiden Jahre, die er in Göttingen studirte, erfreute er sich besonders der Gunst mehrerer der ausgezeichnetsten Lehrer, eines Zachariä, Kästner u. Michaelis, deren Bibliotheken er ungehindert benutzen konnte. Ostern 1775 verließ er Göttingen und ging zur Fortsetzung seiner Studien auf 2 J. nach Kiel. Im Sommer 1776 wurde ihm, auf der General-Kirchenvisitation zu Neukirchen, nach abgehaltenem Examen die Erlaubniß zu predigen ertheilt und fröhlich kehrte er, noch nicht 19 J. alt, als tentirter Kandidat nach Kiel zurück. — Im J. 1777 übernahm er den Unterricht der Söhne des Grafen von Ranzau zu Breitenburg, den er bald darauf mit dem der Söhne des Grafen von Ahlefeldt zu Glückstadt wechselte und in diesem Hause 7 J. in den glücklichsten Verhältnissen als ein Freund der gebildetsten und humansten Familie verlebte. Leicht hätte ihn der lange Aufenthalt in diesen vornehmen Familien verwöhnen können, aber der Grundzug seines Charakters war schon damals unauslöschlich; bei der genügsamsten Einfachheit behielt er mit Festigkeit sein vorgestecktes Ziel vor Augen und bereits im J. 1784 wurde er zum Compastor in Tönning erwählt, worauf er sich im folgenden Jahre mit Christiana, Tochter des Kammerrath Schrader zu Salzdalum ehelich verband und neben seinem Berufe den Wissenschaften mit vielem Fleiße huldigte. Seine zunehmende Familie nöthigte ihn bald einen Theil seiner Zeit der Bildung und dem Unterrichte einiger Zöglinge zu widmen, daher er denn auch ungeachtet seiner Liebe für Tönning, um der Nahrungssorgen entledigt zu werden, den Wunsch nach einem umfassendern Wirkungskreis laut werden ließ. Dieser wurde ihm denn auch erfüllt, indem er 1798 zum Kirchenprobst, Hauptpastor u. Schulinspector für Stadt und Amt Husum Allerhöchst berufen wurde. Von nun an öffnete sich ihm die freundlichste Aussicht für seine ökonomische Verfassung, für seine Kinder, für ihn selbst, der so gern arbeiten mochte und wirklich so viel arbeiten konnte. In vieler Hinsicht entsprach auch der Erfolg den Hoffnungen. Aber mit beispielloser Selbstverleugnung strengte er sich zu sehr an, arbeitete halbe Nächte hindurch wenn jeder müde Arbeiter längst von seiner Arbeit ruhete. Dabei versagte er sich jede Erholung, war gleichgültig gegen so manche Vergnügungen, auch der unschuldigsten Art. Was Mancher seines Gleichen für unentbehrlich hielt, das schien ihm überflüssig; was ein Anderer für schicklich und zweckmäßig hielt, das nannte er Aufwand; was Andern Genuß und Erheiterung war, das war ihm langweilige Störung, z. B. Musik, — aber er sagte: „ich hätte Davids Harfe und seine Lieder im höhern Chor, oder Luther, den wackern Sänger bei fröhlicher Tafel, hören mögen." — Bei diesen und ähnlichen Principien war er freundschaftlich gegen Jedermann und Allen zugänglich; sah es gern wenn man ihn besuchte; je ungezwungener desto lieber, überhaupt war er gastfrei in hohem Grade. Abendunterhaltungen waren ihm die liebsten; doch war es, besonders in spätern Jahren, oft der Fall, daß er, der so gern sprechen und erzählen mochte, denen, die ihm zuhörten, mehr Interesse für die behandelte Sache zumuthete als sie dafür haben konnten.

In der Erziehung seiner 4 Söhne folgte er den Grundsätzen einer strengen Pädagogik. Daher er oft seinen Kindern seine zärtliche Liebe nicht merken ließ, sie nur selten lobte, und war das je der Fall, so war es auch am rechten Platze! — Kirche und Schule lagen ihm immer sehr am Herzen und alle Prediger und Schulmänner in der Stadt, wie auf dem Lande, liebten und achteten ihn als einen humanen Ephorus und lieberalen Freund. Vom J. 1808 an arbeitete er als Prediger des Orts sichtbar nicht mehr mit seiner vorigen Freudigkeit, aber gewiß mit unveränderter Treue. — Im J. 1809 wurde er zum Probst in Tondern und zum Mitgliede des bei dem Schleswigschen Oberkonsistorium zur Prüfung der Kandidaten des Predigtamts angeordneten Examinationskollegium ernannt und wenn er mit außerordentlicher viel Zeit raubender Ausführlichkeit jedesmal die Arbeiten der Kandidaten durchging, hat er gewiß nur mehr gewissenhaft gegen sich und die Kandidaten, als eigentlich strenge gegen die Letzten seyn wollen. — Im J. 1812 wurde dem Willen des Königs gemäß die Probstei Bredstedt mit Husum verbunden und da H. sich auch bei nun verdoppelten Arbeiten und Amtsgeschäften keine Erleichterung u. Erholung verschaffen wollte, so war die natürliche Folge, daß er schon nach 12 Jahren sich körperlich erschöpft fühlte. Im J. 1818, als Jahrs vorher der unvergeßliche, aber doch auch gesegnete Thesenstreit von Kiel ausgegangen war, der sich nach u. nach als ein eigentlich dogmatischer Controvers zwischen den sogenannten Rationalisten und Supranaturalisten festsetzte, bekam er von einem gelehrten Freunde auf einer vaterländischen Hochschule unter der Hand eine Aufforderung, der Sache mit beizutreten. Aber aus sehr richtigen

Gründen that er's nicht. — Seine letzten Tage hatten für jeden aufmerksamen Beobachter etwas Merkwürdiges. Eine außerordentliche Heiterkeit des Geistes zeichnete besonders seine letzten Stunden aus. Er war nicht bettlägerig krank und gehörte eigentlich zu denen, die man stark nennt, und bei seinen Berufsgeschäften bis zu Ende aushaltend, fühlte er sich bloß, gleich einem erschöpften Wanderer, matt und müde und seine Sehnsucht nach Ruhe war sichtbar. Ungewöhnlich heiter gab er, sehr sinnvoll redend, mit Bestimmtheit und Lebendigkeit der Worte am letzten Abend über die Unsterblichkeit der Seele, besonders aber über den empfindenden Zustand derselben in dem Augenblick ihrer völligen Erleichterung von einem nicht mehr mit ihr Schritt haltenden Körper, überzeugende Aufschlüsse, worauf er in den Todesschlummer sank. — Auf seinem Schreibtisch fand sich sein Todtenzettel, so abgefaßt von seiner eigenen Hand, wie er ins Todtenregister sollte eingetragen werden; selbst die Nummer war nicht darauf vergessen: und, merkwürdig! nach Vergleichung derselben mit der zuletzt im Kirchenbuch verzeichneten, war sie in der That die, die nun zuerst folgen sollte. — Außer einem Band Predigten erschienen von ihm: Patriot. Wünsche, die Katholiken betreffend; in den Provinzialnr. 1795. H. 6. — Ein Brief a. d. Prof. Müller in Kiel; ebend. 1797. H. 6. — Plan zu e. verbesserten Einricht. d. Armenwesens in d. Stadt Husum. 1806.

Joh. Fr. Ant. Hartz,
Hauptpastor zu Breklum.

* 270. Kajetan Graf von Buttler,

kön. baier. Generalmajor und Brigadier der Infanterie, Ritter des Militär-Max-Josephsordens, Offizier der kön. franz. Ehrenlegion und Kommandant der Stadt und Festung Würzburg; geb. d. 30. Jan. 1777, gest. d. 12. Aug. 1827.

Die Reihen jener Tapfern, die unter dem größten Feldherrn neuerer Zeit sich gebildet, werden täglich lichter. Mit dem Verewigten ist wieder einer derselben vom Schauplatz abgetreten. — Graf v. B. bekannt und im Vaterlande hochgeehrt, hat sich durch seine Theilnahme an der Vertheidigung Danzigs einen dauernden Ruhm erworben, der seinen Namen nach vielen Jahren noch umstrahlen wird. Geboren in Franken führte ihn die Sekularisation in baiersche Kriegsdienste, wo er es bald zum Bataillonschef brachte. An den Feldzügen neuerer Zeit

Theil nehmend folgte er auch dem Ehrgeize jenes Unüberwundenen in die Eisfelder Rußlands. Im Okt. desselben J. (1812) wurde er zum Kommandanten des baier. 13. Infanterieregiments ernannt, welches unter Macdonald den Feldzug in Kurland mitmachte, während die baier. Infanterie bei Polozk kämpfte und siegte.

Fr. v. B. begab sich zum Herzoge von Tarent und nach der Theilnahme an den Kämpfen dieser Heeresabtheilung, beim Schlusse dieses unglücklichen Feldzuges nach Danzig, da sein Regiment als ein Theil der Besatzung bestimmt war. Man will hier nicht wiederholen, was andern Orts schon so oft erwähnt worden ist. Die Vertheidigung Danzigs war eine der schönsten Waffenthaten des Generals Rapp und wie viel er dabei v. B. und dem polnischen Befehlshaber Fürst Radzivil verdankte, sagen seine Memoiren. Das 13. baier. Regiment trug Mangel u. Elend mit ungebeugtem Sinne und trotzte so dem ehernen Schicksal; überall leuchtete v. B. als Beispiel voran. Am 13. Dec. endlich trennte er sich von seinen treuen Waffengefährten, die sich dem harten Geschick der Kriegsgefangenschaft unterwerfen mußten, während er frei mit dem Häuflein der Seinigen in die Heimath zurückkehrte. Nach seiner Rückkehr gönnte ihm sein Monarch die Ruhe, die er nach so vielen Anstrengungen bedurfte, bis ihn die Rückkehr Napoleons nochmals unter die Waffen rief, die er in diesem Kriege mit eben so vielem Muthe gegen Frankreich kehrte, als er sie früher für dasselbe geführt hatte. Zum Brigadegeneral befördert und mit Orden geziert erhielt er zuletzt noch das Kommando der Festung Marienberg bei Würzburg, wo er auch starb; beweint von seinen Soldaten, denen er väterlicher Freund war.

* 271. Sebastian Heinrich Möller,

Pfarrer zu Gierstädt im Herzogthum Gotha;

geb. d. 8. April 1752, gest. d. 13. August 1827.

Sein Vater, Joh. Christoph M., war Hofkutscher bei Friedrich III., Herzog von Gotha und Altenburg, seine Mutter, Anna Marg., die jüngste Tochter des Rektors Math. Werner zu Sonneborn. Das frühzeitig hervorstehende Talent des Knaben für Philologie gewann ihm die Achtung und Liebe seiner Lehrer, welche ihn zum Studiren aufmunterten und seine frommen und verständigen Eltern dafür zu stimmen wußten. Anhaltende und sinnige Lektüre der römischen Klassiker weihte ihn bald in den

Geist der römischen Sprache ein, so daß er nicht nur auf der Schule jeden Autor mit Leichtigkeit lesen, sondern auch schon mit Geschmack erklären und im Geiste der Römer seine Gedanken niederschreiben konnte. Sein treues Gedächtniß, dem sich eine ausgesuchte römische Phraseologie eingeprägt hatte, machte, daß er sehr fertig lateinisch sprach, so wie seine Liebe zu den römischen Dichtern ihm den Weg zum römischen Parnaß bahnte. Besonders übte er sich in seinen Mußestunden Lieder aus dem Gothaschen Gesangbuche in demselben Versmaße lateinisch wieder zu geben. In allen Vorkenntnissen für die Akademie herangereift, verließ er 1770 die vaterländische Schule, um sie mit der vaterländ. Universität Jena zu vertauschen. Mit aller Liebe gab er sich hier dem Studium der Theologie, Philologie und Alterthumswissenschaft hin und bereicherte in kurzer Zeit durch einen exemplarischen Fleiß und durch eine fast ängstliche Gewissenhaftigkeit in Benutzung der Zeit seinen rastlos thätigen Geist mit Kenntnissen aller Art. Vor Allem zog ihn die Wissenschaft der Exegese an, welche an ihm einen unermüdeten, sinnreichen Forscher fand. Er übte an den geringsten Gegenständen des neutestamentlichen Textes seinen natürlichen Scharfsinn, so daß er schon auf der Akademie durch seine exegetischen Aufsätze Aufsehen erregte. Selbst die mächtigsten Aufmunterungen und Ueberredungen, sich dem akademischen Berufe zu widmen, vermochten nicht seine Liebe zum Landleben zu schwächen. Musterhaft war sein akademischer Wandel in jeder Rücksicht. Der Umgang mit wenigen erkannten Freunden und die Erholungen in der Natur genügten einem Jünglinge, welcher außer den Musenfreuden wenig Bedürfnisse hatte. Ungeachtet seines glücklichen Gedächtnisses, bei welchem er noch im höhern Greisenalter ganze Stellen aus römischen und deutschen Dichtern fast wörtlich recitiren konnte, vermochte er es doch nicht über seine natürliche Aengstlichkeit zu gewinnen, als Student sich im Predigen einmal zu versuchen. Selbst die gewaltsamen Maßregeln seiner ihn begleitenden Freunde vermochten einst nicht ihn an den Ort zu begleiten, wo er zu predigen versprochen hatte. Doch verließ ihn diese Zaghaftigkeit allmählig, als er in Gotha den Anfang zum Predigen machen mußte und den Beifall seiner Zuhörer einerntete. — Voigt und Blumenbach würdigten den gelehrten Jüngling ihrer besondern Freundschaft und ihren belehrenden Winken verdankte er viele seiner Fortschritte in den Wissenschaften, so wie ihr Umgang für ihn die kräftigste Erholung nach anstrengender Arbeit war. — Im J. 1773 kehrte er in seine Vaterstadt zurück und wurde nach einem ehrenvollen Examen unter die Zahl der Kandidaten aufgenommen. Er wohnte bei seinen Eltern und unterhielt eine sogenannte Kandidatenschule, in welcher er in alten Sprachen und andern Gymnasialwissenschaften Unterricht gab und die von einer Anzahl ausgezeichneter Jünglinge besucht wurde, um das klassische Alterthum mit ihm zu durchwandeln. Mehrere berühmte Männer: ein Stieglitz, Brückner, Schlichtegroll, von Knobloch, Wagner, Grabner, Lohhof u. A. verdanken ihm ihre erste Bildung. Wegen seines anerkannt ausgezeichneten pädagogischen Talents rieth man ihm, sich dem Schulfache ganz zu widmen; allein seine Neigung für ein ländliches Pfarramt siegte auch hier über jeden Antrag der Art. 1780 wurde er seinem künftigen Schwiegervater, dem Pfarrer Werner zu Gierstädt, substituirt und heirathete noch in demselben Jahre dessen jüngste Tochter. Die Musen begleiteten ihn in die ländliche Stille und befreundeten sich daselbst immer mehr mit ihrem zärtlichen Verehrer. Besonders beschäftigten ihn Exegese und Kritik. Die schönste Frucht seiner Studien und zugleich der klarste Beweis seiner gründlichen Gelehrsamkeit ist die Kritik des Paulus'schen Kommentars des N. T., welche 1805 anonym heraus kam und viel Aufsehen erregte.*) 1819 gab er seine neuen Ansichten schwieriger Stellen aus den Evangelien heraus, worunter besonders die Erklärung der Parabel vom ungerechten Haushalter ganz eigenthümlich und bemerkenswerth ist. Außerdem hat er mehrere größtentheils exegetische Abhandlungen in Wachlers theol. Annalen und Augusti's — seines Neffen und Schülers — theol. Blättern, auch einige Recensionen in d. Jen. A. L. Z. einrücken lassen. Auch hat er eine Uebersetzung des N. T. in vier Quartbänden und Summarien zu biblischen Vorlesungen in der Kirche ausgearbeitet. Letztere Schriften sind eben so wenig in den Druck gekommen, als seine Epigramme und seine Sammlung literarischer Notizen zu einem Konversationslexikon, zu welchem er schon

*) Neue allgem. deutsche Bibl. 93. B. 1. St. 1. — 4. H. Berlin u. Stettin (1804) heißt es darüber: „Aus dem Ganzen ergibt sich, daß der ungenannte Verfasser ein scharfsinniger gelehrter Mann und dem Hrn. Doctor Paulus an klassischen philologischen Kenntnissen überlegen ist, daß die meisten seiner Gegenbemerkungen sehr treffend und viele seiner Erklärungen viel besser sind, als die in dem Kommentar." — Und in den theol. Ann. S. 42. (1804): „Eine schätzbare Schrift, über die sich Hr. Doctor Paulus gewiß selbst freuen wird."

vor 45 Jahren die Anlagen machte, ehe noch an ein solches Werk, wie es die neuste Zeit geliefert hat, gedacht wurde. Seine Erbauungsschriften hat er seiner Gemeinde zum kirchlichen Gebrauche vermacht. Bei seinen ausgezeichneteu Talenten und seiner umfassenden Gelehrsamkeit, besonders in den alten Sprachen, hätte er einen größern Wirkungskreis mit Ehren und Nutzen ausfüllen können, aber der einfache Mann zog seine ländliche Kanzel dem ehrenvollsten Katheder und seine liebende Gemeinde und sein freundliches Dörfchen den größten Städten und den gefülltesten Hörsälen vor. Mit diesem stets regen Streben in der gelehrten Literatur verband er aber die höchste Treue in Verwaltung seines Amtes, daher er auch von seiner Gemeinde als ein Vater geliebt und geehrt wurde. Ueber 40 Jahre hat er in patriarchalischer Lebensweise und Lebensruhe seinem Amte, den Wissenschaften und einer Anzahl von Freunden gelebt, wurde von seinen Obern geachtet und geliebt und von seiner Gemeinde auf den Händen getragen. Letzteres geschah im eigentlichen Sinne des Worts drei Jahre vor seinem Tode, wo der entkräftete Greis an einem Sonntage unter der Predigt in Ohnmacht fiel und von einigen seiner Beichtkinder unter lautem Wehklagen der ganzen Gemeinde auf den Händen nach Hause getragen wurde.

Als Prediger befleißigte er sich der größten Popularität, stellte gern ein Aufmerksamkeit erweckendes Thema an die Spitze seiner Betrachtung und benutzte die Zeit und ihre Ereignisse auf das scharfsinnigste, so daß alle seine Vorträge Casualreden wurden und seine Gemeinde ihm bis in seine letzten Tage mit gleichgespannter Aufmerksamkeit zuhörte. Als Mensch war er von äußerst liebenswürdigem Charakter. Musterhafte Rechtschaffenheit, Wohlwollen und Freundlichkeit waren in ihm aufs engste verbunden. Er war ein aufrichtiger, treuer Freund, ging überall mit der Sprache heraus und verdiente das ihm geschenkte unumschränkte Vertrauen. Seine stets muntere Laune, sein jovialischer Witz und Satyre brachte in den Kreis, wo er verweilte, Lust und Leben; und diese äußerst heitere Laune bedurfte nicht erst der gesellschaftlichen Anregung außer dem Hause, sondern hatte eben so zwischen den vier Wänden des häuslichen Lebens ihren Sitz aufgeschlagen und würzte sein tägliches Brod. So zog er zu seiner eignen Lust einen Bauernknaben an sich, um zuweilen in der Welt kindischer Einfälle sich von seinen gelehrten Abstractionen zu erholen und sich das Zwergfell von Zeit zu

Zeit zu erschüttern. Man erzählt die sonderbarsten Anekdoten von dem Weisen aus Gierstädt mit seinem Dorfknaben. Zu seinen originellen Belustigungen gehörte unstreitig auch das Hunde- und Katzenconzert, bei welchem er selbst die Singparthie übernahm. Das gelehrige Thier von Hund hatte den pädagogischen Anstrengungen seines Lehrmeisters so glücklich entsprochen, daß er beinahe wie ein Mensch sang und es war ein eigner Anblick, den Seelenhirt so unter seinen Musikanten zu finden. Eine besondere Liebhaberei trieb er mit seltenen Büchern und den Bildern gelehrter oder sonst berühmter Männer, deren er zu Tausenden besaß und durch die er gelegentlich zu einer Masse antiquarischer Kenntnisse gelangte, um die ihn ein Meusel und Ersch beneiden konnten. Fand er an einem der Gelehrten seiner Sammlung irgend eine Thorheit, Inconsequenz, oder sonst eine Blöße, so bestrafte er ihn in Effigie, indem er dessen Bild an einem Nagel an der Stubenthüre aufhing oder an einen besondern Ort warf. Die Drechselbank und das Dintefaß theilten sich in seine Muße und alles, was diese hervorbrachten, trug die Farbe der Originalität. Zu den Genüssen höherer Art, die sich der merkwürdige Mann zu verschaffen wußte, gehörte auch seine wissenschaftliche Korrespondenz mit einigen jungen Mußenfreunden, an die sich der Verewigte auch noch als Greis mit jugendlicher Vertraulichkeit anschloß — ein in der That für seine Korrespondenten höchst lehrreiches Institut, indem die Unterhaltung bei allem Scherzhaften, das dabei statt fand, dennoch auf tiefe und weitläuftige Untersuchungen ausging und zu ernsten und lohnenden Ergebnissen führte. Auf diese Art wurde er der Lehrer und Leiter vieler junger Freunde und entzündete durch seinen wissenschaftlichen Humor so gleichsam im Vorbeigehen den Geist der Wissenschaftlichkeit in sehr vielen Jünglingen, die als Ehrenmänner noch heute bei der Erinnerung an den frommen Lehrer und Freund seinem Andenken eine Thräne des Dankes und der Liebe weihen.

Ueberhaupt waltete in dem Hingeschiednen ein eigner pädagogischer Geist, welcher mit ihm aus der Stadt auf das Land zog und ihn da zum Lehrer eines Augusti, Professors der Theologie zu Bonn und eines Sicklers, Consistorialraths in Hildburghausen, machte.

Der muthige, lebenslustige Sinn der beiden Knaben, besonders der rasche Geist seines geliebten Neffen Augusti, setzte die pädagogische Palästra des Mentors in volle Thätigkeit und brachte ihn auf eine originelle Unterrichtsmethode. Er that nämlich, als ob er selbst die aufgegebenen Pensa erst lernen müßte und indem er also mitzulernen schien, fachte er einen Wetteifer unter seinen Schülern an und unterhielt denselben unter andern durch eine lateinische Zeitung, an welcher er mit seinen beiden Jüngern arbeitete und die, theils mit erdichteten, theils mit wahren Nachrichten, Notizen, satyrischen Seitenhieben und sonstigen Betrachtungen unter den Pfarrern und andern Freunden in der Umgebung circulirte und mit mannichfachen Zusätzen vermehrt zur literarischen Trias zurückkam.

Er war Mitglied der lateinischen und mineralogischen Gesellschaft zu Jena. Sein Ausgang aus der Welt glich seinem ganzen Leben: er verschied sanft und schmerzlos in den Armen seiner geliebten Pflegetochter. Die Nachricht von seinem Tode war für seine ihn liebende Gemeinde das Zeichen zur allgemeinen Trauer und tausend Thränen kindlicher Liebe flossen dem allgemein geliebten Vater.

272. August Wilhelm von Schwedern,

Kön. preuß. Oberstlieutenant a. D. und Ritter des Civilverdienstordens zu Waldeck bei Helmstädt;

geb. d. 18. März 1762, gest. d. 16. Aug. 1827.

Die Familie v. Schwedern stammt aus Schottland, wo sie schon in dem 12. und 13. Jahrh. zu den adeligen Geschlechtern gezählt wurde; sie war aber in die vielen Unruhen und innern Befehdungen, welche jenes Reich verwüsteten, verflochten und sah sich genöthigt, alle Erbbesitzungen aufzugeben und verarmt ihre Zuflucht nach Pommern zu nehmen. Mehrere Generationen hindurch machten die Nachkommen dieser Flüchtlinge von ihrem Adel keinen Gebrauch. Doch mit dem 18. Jahrh. gelangten die v. Schwedern zu höhern Offizierstellen und zum Eigenthum der Güter Marsin und Todenhagen und ließen 1706 vom Kaiser Joseph I. und 1724 von Karl VI. ihren Adel erneuern.

Der verewigte Wilh. v. S. wurde zu Berlin geboren. Seine Mutter, eine geborne Humbold, hatte sich mit ihrer Familie vom Gute Marsin bei Köslin in Pommern, welches von Schweden und Russen während des 7jährigen Kriegs verheert wurde, in die Hauptstadt geflüchtet. Dort verlebte er später die Kinderjahre auf den Gütern seines Vaters, der früher als Major in kön. pr. Kriegsdiensten stand, und 1794, 82 J. alt, starb. — Kaum zum Knabenalter herangereift, wurde er nach Berlin auf die Kadettenschule gebracht. Persönliche Verhältnisse bewirkten, daß er hier eine ausgezeichnet sittliche und wissenschaftliche Bildung erhielt. Es wurde ihm verstattet, seine meiste Zeit in dem Hause des Bruders seiner Mutter, des Majors und Kammerherrn von Humbold zu verleben und gemeinschaftlichen Unterricht zu genießen mit dessen Söhnen, den Gebrüdern v. Humbold, an welchen unser Zeitalter so ruhmvolle Zierden von Gelehrsamkeit besitzt. Manchen glücklichen Sommer begleitete v. S. diese ihn brüderlich liebenden Vettern auf den Landsitz Tegel. — Jede Gelegenheit zu wissenschaftlicher Bildung benutzte er treu; der Fleiß, zu welchem ihn der Unterricht führte, wurde für ihn um so ertragreicher, da er sich bei ihm mit Ordnungsliebe und mit entschiedener Neigung für die Wissenschaften verband. Seine Wißbegierde folgte willig den Weisungen seiner Lehrer; seine Mußestunden widmete er der Lectüre und der Tonkunst; vorzüglich liebte er die Flöte, worauf er sich Fertigkeit erwarb und deren sanfte Töne seinem mildfreundlichen Charakter so innig zusagten.

Mehr nach den Bestimmungen des Vaters, der auf diese Weise seines Sohnes Glück am sichersten zu begründen glaubte, als nach eigner Wahl, trat er in den Kriegsdienst, dem Friedrichs des Großen Name so hervorstechenden Glanz verlieh. Es war 1778, als die preußischen Heere nach Böhmen zogen, daß v. Schw. bei dem Infanterieregimente von Bornstädt als Junker angestellt und im folgenden Jahre zum Fähndrich ernannt wurde. Jener baiersche Successionskrieg war der Größe Friedrichs mehr angemessen nach seinem Zwecke, als nach ausgezeichneten Kriegsthaten der von ihm befehligten Heere; die Feldzüge gaben aber den Theilnehmern hinreichend Gelegenheit, das Wesen des Kriegs nach allen Theilen kennen zu lernen. Die Beschwerden des Soldatenberufes und Felddienstes mochte v. Schw., nach seinem bisher so glücklichen Leben in der Hauptstadt und nach seiner Liebe zur wissenschaftlichen Muße, doppelt tief empfinden. Sein braver Oheim Humbold tröstete ihn von Tegel aus.

Schon im Frühjahr 1779 kehrte das Regiment v. Bornstädt nach unterzeichnetem Frieden in seine Garnison Berlin zurück und mit dem Wiedereintritt in die Geburtsstadt suchte v. Schw. seine vorige Lebensweise zu erneuern, obgleich der Offizierstand, nach damaligem engen Zuschnitte, ihm manche Schwierigkeiten in den Weg legte. Dafür fand er eine Entschädigung, da er bald Zutritt zu einer Auswahl junger Offiziere erhielt, welche in den höhern militärischen Kenntnissen theoretischen und praktischen Unterricht erhielten und von dem Könige besonders berücksichtigt, zuweilen persönlich examinirt, zum Fleiße ermahnt und von ihm wahrhaft väterlich behandelt wurden.

Noch ehe v. Schw., nach dem Dienstalter, welches damals das Vorschreiten im Dienstgrade allein bestimmte, bis zum Lieutenant vorgerückt war (es erfolgte 1784), ward er, schon als Fähndrich, zum Regimentsadjutant ernannt; eine Auszeichnung, der er sich so würdig zeigte, daß er 1790, als der Generallieutenant v. Bornstädt ein Korps nach Schlesien führte, demselben als Generaladjutant zugeordnet wurde. In gleicher Stellung ging er 1792 in die Rhein-Feldzüge. Der Markgraf Ludwig von Baden (jetzt regierender Großherzog) erhielt den Befehl über eine Infanteriebrigade des preußischen Heeres, welche er in diesem Feldzuge in die Champagne bis gegen Rheims führte, beim Rückzuge mit ihr die Nachhut machte und die dann im Spätherbste in die Stellung an der Mosel kam. v. Schw. war auf diesem thatenreichen Feldzuge und in dem folgenden bis 1795 vom Glück besonders begünstigt. Als Generaladjutant war er der nächste Untergeordnete, der nächste Waffengefährte und der unzertrennliche Begleiter eines herrlichen Fürstensohnes, der sich damals unter den preußischen Generalen eben so ruhmvoll auszeichnete, als er jetzt in der Reihe der Regenten glänzt. An seiner Seite bestand v. S. rühmliche Kriegsthaten und erhielt nach dem Ueberfalle von Hochheim (6. Jan. 1793) den Orden pour le merite. Nach eingetretener Waffenruhe im J. 1795 wurde er zum Stabskapitän erhoben und kam in demselben Dienstverhältnisse, als Generaladjutant, zu einem Gliede des Königshauses, dessen Persönlichkeit ihm bald die Erfüllung schwieriger Verpflichtungen auflegte. Er ward gewissermaßen verantwortlich für das Dienstbetragen und für den sehr beschränkten Haushalt eines reichbegabten Fürstensohnes, der mit seinen Talenten, mit den Bevorrechtungen seiner Geburt, wie mit den Zeitverhältnissen nicht zu wirthschaften wußte; der sich nicht in einer Lage gefallen konnte, worin er seinen Beruf finden sollte: täglich eine kleine Mannschaft auf die Wache ziehen zu lassen, die Parole auszugeben, Rapports anzunehmen, Listen einzureichen und zuzusehen, wie beim Exerziren der Züchtigungsstock gehandhabt wurde. Der Prinz Louis war gleich abgeneigt der strengen Wirthlichkeit, welche ihm seine Eltern vorschrieben und dem militärischen Dienstmechanismus, dem er in seinem ganzen Umfange sich widmen sollte. Die Bedeutungslosigkeit dieser Lage führte seine Sorgsamkeit um so leichter zu manchem Umfuge, da sein Charakter, großer Fähigkeiten sich bewußt, keine sittliche Haltung hatte. Kein Verstoß gegen jene Beziehungen blieb ohne Vorwurf für v. Schw. und doch würde dieser sogleich mit allen Bemühungen gescheitert seyn, wenn er dem Prinzen eine Bevormundung hätte merken lassen. So gehörten Vorsicht, Weltklugheit, Besonnenheit und Rechtschaffenheit dazu, in dieser Lage das Gleichgewicht zu erhalten und jedem Aufsehn erregenden Bruche, der von allen Seiten gemißbilligt worden wäre, vorzubeugen. v. Schw. zeigte sich diesen verschiedenartigen Anforderungen gewachsen: er erwarb sich das unbedingte Vertrauen des Prinzen, der seine probehaltige Rechtschaffenheit, seine wahre, keiner Intrigue fähigen Gesinnung zu schätzen wußte; seine Sorgfalt für den Haushalt, für das persönliche Wohl der Prinzen erkannten dessen Eltern und rücksichtlich der militärischen Dienstverhältnisse, denen der Prinz, wie v. Schw. unterworfen waren, zeigte sich Letzterer immer tüchtig und wachsam, Verletzung der Formen, worin sich der Prinz oft zu gefallen schien, zu verhüten oder auszugleichen. Viele Thatsachen lassen sich zur Bestätigung dieses anführen, während der Zeit des Aufenthalts Louis auf der Demarkationslinie zu Hamburg, wo er sich nicht losreißen konnte, bis Massenbach*), auf des Königs Befehl, ihn abholte, dann zu Magdeburg und bei längern und kürzern Besuchen in Berlin, wohin ihn v. Schw. gewöhnlich begleitete. Prinz Ferdinand und seine Gemahlin, Louis Eltern, haben bis an ihr Ende schriftlich und mündlich die Versicherung wiederholt, daß sie v. S's Verdienste um ihren Sohn erkannten. Durch die That bestätigte gleiche Zufriedenheit das Haupt des Königshauses, der jetzt regierende König, indem er nach seinem Regierungsantritte (1798) v. Schw. ein Kanonikat im Stifte zu Walbeck zu verleihen geruhte und ihn 1807 zum Major ernannte.

Ein ernster Blick auf das Leben und auf die Dienstverhältnisse bestimmte ihn gegenwärtig um so mehr aus der zwangvollen und abhängigen Lage des Adjutantenposten zu treten, da er durch Verheirathung mit der einzigen Tochter des Regierunspräsidenten von Vangerow (1802) das Glück der Häuslichkeit von der freundlichsten Seite kennen lernte. Der König erfüllte seinen deshalb zu erkennen gegebenen Wunsch und ernannte ihn 1803 zum ag-

*) Dessen Biographie folgt unter dem 20. Nov. d. J.

greirten Major beim Regimente des Prinzen Louis und schon im folgenden Jahre versetzte er ihn als Bataillonschef zum Regiment Kalkreuth, welches in Westpreußen zu Elbing in Garnison stand. — Er schied so von Magdeburg, wo er unter schwierigen Verhältnissen die Aufmerksamkeit des Königs, das Vertrauen seines Chefs, die Liebe seiner Kameraden und die Achtung seiner Mitbürger erlangte.

Von Elbing aus, wo die Gediegenheit seines Charakters bei wissenschaftlicher Bildung nicht unbeachtet blieb, riefen ihn mit seinem Regimente kriegerische Rüstungen ins Feld. Im J. 1805 zog er der russischen Grenze zu; im folgenden Jahre in die Mark, dann, nach kaum gemachtem Rückmarsche zur Garnison, auf neuen Kriegsruf nach Sachsen, wo das Regiment Kalkreuth nach vielen Unglücksfällen mit dem Blücherschen Korps durch die Kapitulation von Lübeck aufgelöst wurde. v. Schw. erhielt durch unmittelbare Verwendung des Prinzen Ferdinand v. Preußen, von den französischen Behörden die Erlaubniß, in Magdeburg wohnen zu dürfen und nach erfolgtem Frieden ließ ihm Friedrich Wilhelm III. die nachgesuchte Entlassung mit officieller Anerkennung seiner um König und Vaterland sich erworbenen Verdienste ausfertigen. Von jetzt an wies er jede sich darbietende Gelegenheit zur Anknüpfung neuer Dienstverhältnisse zurück und lebte in philosophischer Ruhe, den Sommer hindurch auf seiner Kurie zu Walbeck, die er nach Aufhebung des Stifts als Eigenthum erwarb; in den Wintermonaten zu Magdeburg im engen Familien- und Freundeskreise. Oft wiederkehrende gichtische Zufälle, durch welche nicht selten die empfindlichsten Theile, als die Augen, heftig angegriffen wurden, verursachten ihm qualvolle Tage und Nächte, aber sie störten den Frieden seines Gemüths nicht. Hieraus erwachsende Hinfälligkeit konnte ihn nicht zurückhalten, als nach der Völkerschlacht bei Leipzig Preußens Befreiungsruf siegreich über die Elbe drang, dem Friedrichs des Großen Panieren geweihten Degen wieder zu ergreifen. Er übernahm zuerst mehrere Kommandantenposten, dann errichtete er (1815) das Reservebataillon des zweiten Elblandwehr-Infanterieregiments, das er bis zur Auflösung kommandirte, dann mit dem Charakter eines Oberstlieutenants zu seiner ruhigen Lebensweise zurückkehrte. Bald ward er aber gezwungen, gegen die immer heftigern Gichtanfälle außerhalb seines Wohnortes an den Heilquellen zu Nenndorf, Karlsbad, Töplitz und Wiesbaden Hülfe zu

Theil nehmend folgte er auch dem Ehrgeize jenes Unüberwundenen in die Eisfelder Rußlands. Im Okt. desselben J. (1812) wurde er zum Kommandanten des baier. 13. Infanterieregiments ernannt, welches unter Macdonald den Feldzug in Kurland mitmachte, während die baier. Infanterie bei Polozk kämpfte und siegte.

Gr. v. B. begab sich zum Herzoge von Tarent und nach der Theilnahme an den Kämpfen dieser Heeresabtheilung, beim Schlusse dieses unglücklichen Feldzuges nach Danzig, da sein Regiment als ein Theil der Besatzung bestimmt war. Man will hier nicht wiederholen, was andern Orts schon so oft erwähnt worden ist. Die Vertheidigung Danzigs war eine der schönsten Waffenthaten des Generals Rapp und wie viel er dabei v. B. und dem polnischen Befehlshaber Fürst Radzivil verdankte, sagen seine Memoiren. Das 13. baier. Regiment trug Mangel u. Elend mit ungebeugtem Sinne und trotzte so dem ehernen Schicksal; überall leuchtete v. B. als Beispiel voran. Am 13. Dec. endlich trennte er sich von seinen treuen Waffengefährten, die sich dem harten Geschick der Kriegsgefangenschaft unterwerfen mußten, während er frei mit dem Häuflein der Seinigen in die Heimath zurückkehrte. Nach seiner Rückkehr gönnte ihm sein Monarch die Ruhe, die er nach so vielen Anstrengungen bedurfte, bis ihn die Rückkehr Napoleons nochmals unter die Waffen rief, die er in diesem Kriege mit eben so vielem Muthe gegen Frankreich kehrte, als er sie früher für dasselbe geführt hatte.

Zum Brigadegeneral befördert und mit Orden geziert erhielt er zuletzt noch das Kommando der Festung Marienberg bei Würzburg, wo er auch starb; beweint von seinen Soldaten, denen er väterlicher Freund war.

* 271. Sebastian Heinrich Möller,

Pfarrer zu Gierstädt im Herzogthum Gotha;

geb. d. 8. April 1752, gest. d. 18. August 1827.

Sein Vater, Joh. Christoph M., war Hofkutscher bei Friedrich III., Herzog von Gotha und Altenburg, seine Mutter, Anna Marg., die jüngste Tochter des Rektors Math. Werner zu Sonneborn. Das frühzeitig hervorstechende Talent des Knaben für Philologie gewann ihm die Achtung und Liebe seiner Lehrer, welche ihn zum Studiren aufmunterten und seine frommen und verständigen Eltern dafür zu stimmen wußten. Anhaltende und sinnige Lektüre der römischen Klassiker weihte ihn bald in den

ken bei Allen, die, wie ich, ihn zu würdigen gewußt haben, einige Linderung finden."

Dieser Wunsch wird der Wittwe des kinderlos Verstorbenen, einer edlen Frau, um so zuverlässiger erfüllt werden, da sie mit sinniger Frömmigkeit bei dem Grabe eines Gatten, dessen Tage sie in jeder Beziehung verschönerte, verweilt. — Die Ruhestätte des Entschlafenen auf dem friedlichen Kirchhofe zu Walbeck bezeichnet eine Denktafel mit der Inschrift:

„Für's Vaterland führt' er sein tapf'res Schwerdt,
Dem edelsten Beruf' durch Pflichtgefühl verbunden.
Der stillen Tugend weiht' er hier den Heerd,
Und hat in Liebe hier die Friedensstatt gefunden." —

Halberstadt. Dr. Friedr. Cramer.

* 273. Ludwig Freiherr von Trott,

kön. preuß. Kapitän im 32. Linien-Infanterieregiment, Ritter des eisernen Kreuzes 2. Kl. u. Inhaber der Denkmünze vom J. 1815 — zu Merseburg;

geb. i. J. 1786, gest. d. 15. Aug. 1827.

Er war der Sohn des kurhessischen Major und Kammerherrn von Trott in Kassel und ward daselbst geboren. Ihm wurde in mehrern wissenschaftlichen Zweigen Unterricht ertheilt. Von vier fremden Sprachen hatte er in der französischen und italienischen die meiste Fertigkeit erlangt. — Auf der Hochschule Göttingen studirte er Kameralwissenschaften. — Im J. 1809 wurde er bei Jerome, dem damaligen Könige von Westphalen Kammerjunker u. stieg im J. 1812 zum Kammerherrn und gleichzeitig zum Ordonnanzoffizier mit dem Grade eines Rittmeisters empor. Mit Ende des Jahres 1813 trat derselbe in kön. preuß. Dienste und zwar in das 3. Elb-Landwehrregiment als Premierlieutenant, von welchem er im J. 1815 in gleichem Grade zum 4. Elb-Landwehrregiment versetzt wurde und nicht lange nachher in demselben zum Kapitän gelangte. Zu Ende desselben Jahres erfolgte dessen Versetzung in gleicher Eigenschaft zum 32. Linien-Infanterieregiment. — In der Armeeabtheilung, welche unter den Befehlen des Prinzen von Hessen-Homburg in Luxemburg nach der Schlacht von Belle Alliance, zur Belagerung von Longwy formirt wurde, wohnte v. T. im J. 1815 als Hauptmann dem Feldzuge gegen Frankreich bei und zeichnete sich während der Belagerung auf das rühmlichste aus, wofür er das Erbrecht zum eisernen Kreuze 2. Kl.

(seit dem 6. Oktob. 1824) erhielt. — v. T. war ein Mann von vielfachen ausgezeichneten Fähigkeiten. Die Details des Dienstes machte er sich in kurzer Zeit zu eigen. Thätigkeit und Ausdauer, überhaupt alle Tugenden eines brauchbaren Soldaten waren in seiner Person vereint. — Im geselligen Umgange war er freundlich und anspruchslos, Anstand und Würde zeigend. Ohne zu geizen war er ein strenger Haushalter seines Einkommens.

Eine innere Halskrankheit veranlaßte den Hingeschiedenen sich in Halle a. d. Saale der Operation des dasigen berühmten Professors der Chirurgie Dzondi, zu unterwerfen. Ob aber gleich die Operation glücklich vollendet wurde, so nahm doch das Uebel (Polyp) bald wieder so überhand, daß der Leidende daselbst schon nach wenigen Wochen im 42. J. seines Alters erstickend aus dem Leben schied. — Von seinen Vorgesetzten, Kammeraden und Untergebenen, die ihn im Leben allgemein geachtet und geliebt hatten, betrauert und von seinen Verwandten beweint, wurde die irdische Hülle des Verewigten mit allen militärischen Ehrenbezeugungen zur Ruhe bestattet.

Erfurt. Major v. Lindeman.

* 274. Johann Adam Aldenhoven,

Advokat zu Köln;

geb. . . . . . gest. d. 19. Aug. 1827.

Er war der beredte Vertheidiger Foncks, der gleich seinem Klienten durch diesen Prozeß eine literarische Berühmtheit in ganz Deutschland erlangt hat und zeichnete sich überhaupt durch seine hervorragenden Talente und Kenntnisse vor manchen Andern seines Standes aus. Ein echter deutscher Biedermann, besaß er viele wissenschaftliche Bildung und sein Charakter war ein Muster der seltensten Einfachheit, Treue und Rechtlichkeit; dabei war er ein Feind jeder Geistesfinsterniß. Wegen seiner Denk- u. Handelsweise wird seinen Mitbürgern das Andenken an ihn, als an einen ehrenwerthen Mann, immer theuer seyn.

* 275. Johann Jakob Paul Moldenhawer,

Doctor der Philosophie und außerordentlicher Professor der Botanik zu Kiel, kön. dän. Justizrath und Ritter vom Dannebrog;

geb. d. 11. Febr. 1766, gest. d. 21. Aug. 1827.

Hamburg ist der Geburtsort dieses in seinem Kreise sehr thätigen und in seinem Fache sehr geschickten Mannes, der in einer Reihe von 36 Jahren für die vaterländische

Universität Kiel thätig gewesen ist. In Hamburg erzogen, widmete er sich später dem Studium der Theologie und besuchte zu diesem Zwecke mehrere dänische und deutsche Universitäten, namentlich auch Kopenhagen, wo er zuletzt bei seinem Bruder, dem berühmten Theologen Daniel Gotthilf M., als Kandidat der Theologie lebte. Er war aber nicht Doctor der Arzeneigelahrtheit, wie der längst verewigte J. G. Schneider in der Dedikation vor dem zweiten Theil seiner Scriptorum rei rusticae vermuthet. Bald jedoch lenkte sich seine entschiedene Neigung sichtlicher auf das Studium der Botanik, dem er sich später ganz ergab. Als eine Probe dieses seines Studiums ist die schon aus dem J. 1791 herrührende, zu Hamburg erschienene Abhandlung über Theophrasts Pflanzengeschichte zu betrachten. Im J. 1792 wurde er als außerordentlicher Professor in die philosophische Fakultät zu Kiel eingerückt und zugleich zum Vorsteher der Fruchtbaumschule zu Düsternbrook bei Kiel ernannt. Mit Treue und ausdauernder Thätigkeit stand er diesem seinem Amte vor und nicht nur in der Zurückgezogenheit und Stille seiner Baumschule, die lange der Schauplatz des ausgezeichneten Fleißes war, sondern auch auf der Akademie zu Kiel leitete und förderte der Hingeschiedene viele Jahre hindurch die Studien der Pflanzenkunde, für welche er geboren war, mit Eifer und Liebe. Als Docent zeichnete er sich nicht vorzüglich aus, wenn gleich man dem Eifer, womit er alles betrieb, volle Gerechtigkeit widerfahren lassen muß. Im J. 1811 erschien von ihm ein neues, von allen Botanikern geschätztes Werk, worin er der Wissenschaft, in der er lebte und wirkte, ein bleibendes rühmliches Gedächtniß hinterlassen hat. Im J. 1795 schloß er den Bund der Ehe, aus welcher eine Tochter entsprossen ist. Uebrigens bezeichnete Zufriedenheit seine Lebenstage bis an sein Ende im 62. Jahre seines Alters. — Er schrieb: Tentamen in hist. plantarum Theophrasti. 1791. — Ueb. d. Anatomie der Pflanzen. 1811. — Beiträge zur Anatomie der Pflanzen. 1812. — Dabei arbeitete M. an einer vollständigen Ausgabe des Theophrast, wozu er sich schon manche handschriftliche Kollation zu verschaffen gewußt hatte; doch war sie noch nicht zu Stande gekommen. — Man vergleiche noch die besonders lesenswerthen hierher gehörigen Notizen in einem Aufsatz des Hrn. Hofrath Böttiger in Dresden, befindlich in F. A. Eberts Ueberlieferungen. B. 2. St. 1. S. 149 — 152.

Hm. Lr.

276. Johann Friedrich August Dörfer,

Ritter d. Dannebrogordens,
Pastor und Diakonus zu Preetz bei Ploen im Holsteinschen;
geb. d. 9. März 1766, gest. d. 21. August 1827. *)

Zu Petersdorf, einem kleinen Orte auf der Insel Fehmern geboren, wurde D. nach Vollendung seiner Schul- u. akademischen Studien 1794 Prediger an der heiligen Geistkirche zu Altona u. 1799 Diakonus an der Fleckenskirche zu Preetz. Als Zeichen besondere Huld verlieh ihm des Königs Maj. am 15. März 1825 das Ritterkreuz des Dannebrogordens. Er war ein treuer Verkündiger des Evangeliums und ein sehr gelehrter Mann, der noch in den letzten Jahren seines Lebens das Studium der alten Sprachen mit Eifer trieb und die schönsten Proben seiner darin erlangten Fertigkeit öffentlich ablegte; dabei war er ein äußerst biederer u. rechtschaffener Mann, ein treuer Freund und innig liebender Gatte und Vater. Er gab eine Topographie von Schleswig und eine von Holstein mit Einschluß Lauenburgs heraus, die beide durch ihre wiederholten Auflagen ihre große Brauchbarkeit an den Tag legten. Außerdem lieferte seine Hand noch manches andere schätzbare Blatt und an verschiedenen in- u. ausländischen periodischen Blättern war er ein fleißiger Mitarbeiter. An seinem Grabe weinen eine fromme Wittwe und zwei liebende Söhne. Er that im Leben wohl so viel er konnte, hörte die Seufzer der Wittwen u. Waisen und suchte sie zu stillen. **)

---

*) Schleswig-Holstein. Provinzialberichte 1827, 3. Q. H.

**) Der sel. Pastor Dörfer war ausgezeichnet durch klassische Gediegenheit in manchem Fache des menschlichen Wissens. Besonders war er als Sammler und Kritiker vaterländisch-historischer Gegenstände höchst achtungswerth und es muß sich in seinem Nachlaß eine große Menge Beitrage für die sehr, und zu lang, vernachlässigte Geschichte der Herzogthümer befinden, die in den Händen seiner beiden wackern Söhne, von denen der eine Advokat, der andere Conrektor in Eutin ist, hoffentlich zu würdigem Zweck aufbewahrt seyn werden. Warum D. bei seinem Leben nicht mehr durch den Druck mittheilte; warum er sich größtentheils auf die Zusammentragung der sehr nützlichen, doch etwas magern Topographie beschränkte, hat wohl seinen Grund in seiner angebornen überaus lobenswürdiger Bescheidenheit und in der gewissenhaften Besorgniß, durch öfteres öffentliches Hervortreten häuslichen und amtlichen Pflichten Abbruch zu thun. Als ich die Fortsetzung der Provinzialberichte 1811 begann, war er der zunächst Aufgeforderte und Berufene dazu, aber

* 277. Johann Gottlieb Rhode,

Doktor d. Philosophie u. Professor an der Kriegsschule zu Breslau;

geb. i. J. 1762, gest. d. 23. Aug. 1827.

Wenn ein in der Literatur reiches und verdienstvolles Leben mit wenig Worten nur geschildert werden kann, so ist das mystische, „fast," schrieb ein Freund des Verewigten, „möchte ich sagen mythische Dunkel, worein R. sein Leben absichtlich zu hüllen suchte," die alleinige Ursache davon. Auch seinen vertrautesten Freunden ist es bis jetzt nicht gelungen, folgende lückenhafte Angaben, welche sich allein bis jetzt haben ausmitteln lassen, zu vervollständigen, besonders da seine Papiere sich noch immer unter gerichtlichem Siegel befinden. — R. hat in Helmstädt studirt und nahm nach vollendeten akademischen Jahren eine Hauslehrerstelle zu Marienthal unweit Helmstädt an. Kurze Zeit darauf wirkte er in gleicher Eigenschaft zu Braunschweig thätig und später ging er nach Esthland, wo er zuerst die Kinder eines von Manteuffel und dann eines von Sternbock unterrichtete. Hierauf unterhielt er eine Zeit lang ein Erziehungsinstitut zu Reval, privatisirte 1789 wieder in Braunschweig, zog darauf, nachdem er im J. 1797 eine Reise durch Deutschland gemacht hatte, nach Berlin, wo er ohne öffentliche Anstellung mit Fischer u. Feßler (1797) die Eunomia herausgab und eine Zeit lang auch Redakteur der Voß'schen politischen Zeitung gewesen seyn soll. Im J. 1800 kam er als Hauslehrer zum Kriegsrath von Triebenfeld nach Breslau, dessen würdige Tochter, welche jetzt eine geachtete Erziehungsanstalt daselbst hat, einen schönen Beweis von R's. trefflicher Erziehungs- und Unterrichtskunst gibt. Nach dieser Zeit widmete sich der Verewigte einer mannichfaltigen Thätigkeit. G. G. Fülleborn, Professor am Elisabethnum zu Breslau, ein Mann, ausgezeichnet durch gründliche klassische Bildung, der aber auch seine hohe und wissenschaftliche Bildung zu einer edeln Popularität herabzustimmen wußte, ein Talent, welches Wenigen nur gegönnt ist, welche Sitz u. Stimme im Tempel der Musen sich errungen haben, hinterließ nach seinem 1803 erfolgten Tode ein unerreichtes Muster in die-

---

seine Bedenklichkeiten waren nicht zu besiegen. Ich gab dem Freunde nach und er hat lebenslänglich sein gegebenes Wort durch treue Unterstützung erfüllt. Have mi amice!

ser mit klassischer Gründlichkeit und unermüdlichem Humor gepaarten edeln und ansprechenden Popularität durch seinen Breslauischen Erzähler. Diese gediegene Zeitschrift, welche ein hohes Alter schon in Schlesiens Hauptstadt erreicht hatte, wollte R. gern am Leben erhalten; aber — omne tulit punctum, qui miscuit utile dulci! und das verstand R. nie. Gründliche Gelehrsamkeit theilte er wohl mit Fülleborn, aber dieselbe aus der Studirstube heraus in die fröhlichen Kreise der Gesellschaft zu tragen, das Privateigenthum zum Gemeingut zu erheben, mit den Fröhlichen zu lachen, mit den Trauernden zu weinen, aus einem Strahle uralter Erkenntniß ein allgemein erfreuendes Lied zu erzeugen, Horazens Wahlspruch — desipere in loco — kräftig anzuwenden, das war des ernsten, oft mißmüthigen, in tiefen Forschungen verlornen R's Sache nicht. Darum ging seit 1804 der Breslauer Erzähler schlafen! — R. wurde in dieser Zeit auch Dramaturg am Theater zu Breslau. Er erhob wieder, was gesunken war und versuchte es, dasselbe in einer gewissen Höhe zu erhalten, aber auch seine Kraft reichte nicht hin, so verschiedenartige Interessen zu befriedigen. R. soll — aber auch das ist in Dunkel gehüllt — als er noch mit seiner Gattin (?) verbunden war, Direktor des Theaters in Riga gewesen sein und bei dem unerwarteten Tode des Kaisers Paul (24. März 1801) mit einem Bankerot geendigt haben. — Nach seinem dramaturgischen Leben in Breslau finden wir R. auf einer höhern und erfreulichern Stufe seiner Wirksamkeit. — Im J. 1809, nachdem die Franzosen Schlesien verlassen hatten, begann ein neuer Geist unter dem preußischen Militär zu erwachen, welcher jetzt im eigentlichen Sinne des Wortes national geworden war. Es wurden gute Militärschulen errichtet und in der allgemeinen für Schlesien, in welcher R. eine Anstellung als Lehrer der Geographie und der deutschen Sprache erhielt, entfaltete sich seine Thätigkeit und gründliche geographische Kenntniß auf eine für seine Zuhörer eben so wohlthätige, als auch für ihn durch die dankbare Anerkennung seiner Vorgesetzten höchst erfreuliche Weise. General Scharnhorst, welcher als Oberinspector aller preußischen Kriegsschulen und Militärstudien unmittelbar unter dem Prinzen August von Preußen arbeitete, erkannte, wie er überhaupt mit großer Humanität alle Lehrer behandelte, R's. vorzügliches Verdienst in seinem Unterrichtszweige.

In den letzten Jahren seines Lebens übernahm R. auch die Redaktion der schlesischen privilegirten Zeitung,

konnte aber, durch mancherlei Umstände beschränkt, dieses alte politische Blatt in Breslau nicht dem Ideale nähern, welches der umsichtige Mann sich gewiß von einer politischen Zeitnng gebildet hatte. — Am 22. Novbr. 1821 wurde er honoris causa von der philosophischen Fakultät der Universität Jena zum Dr. der Philosophie ernannt u. schon früher erhielt er in Rußland den Professortitel.

Seine literarische Thätigkeit beschränkte sich früher auf seine Theilnahme an der Eunomia, auf seine umfassenden Rezensionen sowohl in den Wiener Jahrbüchern als auch im Hermes. Aber seine spätern Werke, besonders die über die Geschichte und über des Alterthum der Baktrer und Indier, wovon das letztere erst nach seinem Tode herausgekommen ist, haben dem Hingeschiedenen einen ausgezeichneten Rang unter den historischen Forschern verliehen u. werden seinen Verdiensten auch die dankbare Anerkennung der Nachwelt sichern. — R. war von mittler Größe und untersetzter Statur, aber seine Gesichtsfarbe zeigte von den körperlichen Leiden, welche ihn häufig heimsuchten und ihm, so wie seine frühern Schicksale, die ihm sonst so natürliche Heiterkeit seines Gemüthes rauben mußten. Geliebt von seinen nähern Freunden, geschätzt von seinen zahlreichen Schülern und geehrt in der literarischen Welt gab er den deutlichsten Beweis, wie gut er es verstünde, für Andere zu leben, während er für sich weniger sorgte.

Verzeichniß der von ihm erschienen Schriften: Versuch einer pragmat. Gesch. d. Religionszwangs und d. Protestanten in Deutschld. 1790. — Für meine Zeitgenossen. 1790. — Ueb. d. Aufsatz d. Hrn. G. H. Schlosser v. d. Glaubenspflicht; im Braunschw. Journ. 1788, St. 4. S. 463—474. — Spielereien v. Maler Anton. 1798. — Theorie d. Verbreitung d. Schalles für Baukünstler. 1800. — Allgem. Theaterzeitung für 1800. — Ossians Gedichte, übers. 1800. 2. Aufl. 1817. — Ueb. Rousseaus Pygmalion u. die Darstellung desselben auf d. Berl. Bühne; in d. Berl. Archiv d. Zeit, Mai 1798. — Wie soll d. Schauspieler auf d. Bühne sprechen; ebd. Novbr. — Wie kann man dem uns. Ztalter charakterisirenden 2c. Revolutionsgeist entgegenwirken; ebd. Septbr., Nr. 1. 1799. — Artist. Blumenlese m. K. 1809. — Gab mit Feßler den ersten Jahrg. der Eunomia, Zeitschr. des 19. Jahrh. zu Berlin 1801 heraus. — Bildende Kunst; i. d. Ztg. f. d. eleg. W. 1805. Nr. 111, S. 881—884. — Artist. Beiträge; ebd. Nr. 113, S. 899—901. — War America den Alten schon bekannt? ebd. 1806. Nr. 28. S. 217 bis 222. — Versuch einige d. vorzeitl. Hieroglyphen d. alt. Aegypt. astronom. z. erklären; im Freimüthig. 1805. Nr. 160 u. 61. — Versuch üb. d. Alter d. Thierkreises u. d. Ursprung d. Sternbilder. 1809. — Ueb. Alter u. Werth einiger morgenländ. Urkund. in Bezug auf Relig., Gesch. u. Alterth. 1817. — Beitr. z. Alterthumskunde mit Rücks. auf d. Morgenld. 1819. — Ueb. d. Anfang uns. Gesch. u. d. letzt. Revolut. d. Erde, als wahrscheinl. Wirkg. e. Kometen. 1819. — Die heil. Sage u. d. gesammte Religionssyst. d. alt. Baktrer, Meder u. Perser u. des Zendvolks. 1820. — Beitrag zur Pflanzenkunde d. Vorwelt, mit Abbildungen. 1821.

278. Johann Andreas Thomsen,

Pastor in Schwesing in Schleswig;

geb. d. 14. März 1788, gest. d. 24. Aug. 1827 *).

Er war ein Sohn des Pastors Andr. Th. zu Sörup in Angeln. Von seinen frommen Eltern fromm erzogen und gebildet und von seinem Vater wissenschaftlich vorbereitet, bezog er Ostern 1807 die Universität Kiel und erhielt, da er Religion und Wissenschaft über Alles lieben und üben gelernt hatte, im theologischen Examen einen sehr rühmlichen Charakter. Von der Zeit an lebte und bildete er sich weiter als Hauslehrer im Kreise einer geachteten Familie im Holsteinschen, bis er 1816 zum Prediger in Ockholm erwählt wurde. Im J. 1818 verehelichte er sich mit Maria Rehder aus Husum und verlebte mit ihr sehr glückliche Jahre. Eine Tochter und zwei Söhne betrauern mit ihr des theuern Gatten und Vaters Tod. Sein guter Ruf machte, daß er im J. 1824 von der Schwesinger Gemeinde zu ihrem Prediger und Seelsorger erwählt wurde und er wirkte in diesem größern Wirkungskreise mit noch größerm und heiligen Eifer für das zeitliche und ewige Wohl der ihm anvertrauten Gemeinde. Als treuer Lehrer, Helfer und Tröster derselben in jeder Lage des Lebens leuchtete er ihr auch in allen Tugenden vor. Er begründete eine treffliche Schulbibliothek und stiftete eine segensreiche Bibelgesellschaft für seine Gemeinde. Auch schrieb er noch in seinen Leidenstagen, die über ein ganzes Jahr dauerten und seine öffentliche Wirksamkeit hinderten, eine kleine Trostschrift für ähnliche Lei-

*) Schleswig-Holstein. Provinzialberichte. 1827. 3. H.

dende, als er war: „Zusprache an Christen, die lange ein schmerzliches Leiden mit sich herumtragen!“ Er war ein treuer Diener seines Herrn in Wort und That, ein warmer Freund Gottes und der Menschen.

M. St. Sothmann,
Compastor in Mildstedt b. Husum.

* 279. Johann Jakob Steinmetz,

Archidiakonus zu Neuenkirchen, Landes Hadeln im Königr. Hannover;

geb. i. J. 1753, gest. d. 25. Aug. 1827.

Als Zwillingssohn wurde der Hingeschiedene zu Straßburg im Elsaß von mittelbegüterten Eltern geboren. Sein Vater, Jak. Bernh. St. († 1813), war ein Schlosser und wendete mit Liebe, so viel er konnte, auf die Erziehung seiner Kinder. Bis zu seinem 18. J. lernte St. in Straßburg die zum theologischen Fache nöthigen Vorkenntnisse, ging dann auf Reisen, wurde an einigen französischen Orten Hauslehrer bei protestantischen Glaubensgenossen, ferner Vicarius in Havre de Grace, nachher in Stolberg bei Aachen, befleißigte sich des Predigens in mehrern Rheingegenden und kam darauf 1778 nach Hamburg als Montagsprediger an die Jakobikirche. Er stand mit mehrern angesehenen Gelehrten, mit Herder, Flügge, Rambach, Zollikofer ꝛc. in Berührung und wechselte mit ihnen Briefe. Er predigte früher auch in holländischer Sprache, unter andern in Leyden. In Hamburg erhielt er 1781 die Vocation als Diakonus nach Neuenkirchen und wurde 1783 schon Archidiakonus daselbst, verreirathete sich 1787 mit der ihn als Wittwe überlebenden Tochter des im J. 1801 verstorbenen Hofmedicus und Brunnenarztes zu Verden, Dr. Joh. Otto Kleine, welche Ehe jedoch im J. 1802 gerichtlich wieder gelöst wurde.

Ein gallenartiges Nervenfieber, welches ihn 1826 schon befiel, von welchem er aber wieder genaß, kehrte 1827 heftiger zurück und machte seinem Leben ein Ende.

St. hatte sich jederzeit mit vielem Fleiße den Wissenschaften ergeben und war mehrerer Sprachen vollkommen mächtig; dabei ein ausgezeichneter Kanzelredner, wobei ihm seine reine und starke Stimme sehr zu Statten kam. Gewöhnlich studirte er herumgehend und singend; in frühern Jahren konnte er auch wohl unvorbereitet die Kanzel betreten und sein Vortrag fesselte dessen ungeachtet immer seine Zuhörer.

* 280. Hans Ernst v. Rohr,

königl. preuß. Major im 36. Linieninfanterieregiment, Ritter des eis. Kreuzes 1. und 2. Kl., des kaiserl. russ. Wladimirordens 4. Kl., Inhaber der Denkmünze v. J. 18$\frac{13}{14}$ — zu Mainz;

geb. i. J. 1779, gest. d. 25. Aug. 1827.

Er wurde zu Trieplatz bei Wusterhausen a. d. Dosse, einem Gute seines im 80. Lebensjahre am 11. Jan. 1793 verstorbenen Vaters, Georg Moritz v. R., kön. pr. pens. Artilleriehauptmann, geboren. Als Leibpage bei Ihro Maj. der Königin, Gemahlin Friedrichs II., erhielt er bis zum J. 1795 seine Erziehung. Im nämlichen Jahre wurde er bei dem damaligen Infanterieregiment v. Romberg als Fähndrich angestellt, in welchem er 1798 zum Secondlieutenant erhoben wurde. Im J. 1806 wurde er in Inactivität gesetzt, 1810 zum Premierlieutenant befördert und einige Jahre nachher (1812) bei der kurmärkschen Gensd'armerie angestellt. Der 1813 gegen Napoleon ausbrechende Krieg bewirkte seine Anstellung bei dem 3. Reservebataillon des Leibregiments; im Juni desselben Jahres ward er zu einem Ersatzbataillon und im darauf folgenden November zum 24., 1814 als Kapitän zum 29., 1815 als Major zum 12., 1816 zum 34. und 1820 zum 36. Infant. Regim. (Reserve) versetzt. Er wohnte den Feldzügen in den J. 1795, 1806, 1813, 14 und 15 bei und hatte das Glück nie verwundet zu werden. In den Gefechten bei Saarbrück und St. Avald zeichnete er sich besonders aus und erhielt dafür das eis. Kreuz 2. Klasse, so wie den kais. russ. Wladimirorden 4. Klasse. Für sein ausgezeichnetes Benehmen in dem Gefecht bei Gosselier und in der Schlacht von Ligny erhielt er das eis. Kreuz 1. Klasse und wurde zum Major befördert. Aber nicht nur sein militärisches Talent bekundete er, er war dabei auch wissenschaftlich gebildet und besaß besonders sehr umfassende Geschichtskenntnisse. — Er war sehr lebendigen, heitern Sinnes und nahm an geselligen Freuden gern Theil, zog sich aber in den letzten Jahren, in Folge seiner Kränklichkeit und damit verbundenen Reizbarkeit von ihnen zurück. Bei großer Liebe zu seinem König und Vaterland und völliger Selbstverleugnung bei Erfüllung seiner Pflichten, war er ein sehr treuer Staatsdiener. — Immer bereit das Gute zu fördern, verwendete er das, was seine weise Sparsamkeit ihn erübrigen ließ, mit Schonung und Zartheit zur Milderung der Leiden Hülfsbedürftiger.

Ob er schon mit ganzer Seele Soldat war, so nöthigten ihn doch seine abnehmenden Kräfte sich aus dem Dienst zurückzuziehen. Sein Wunsch war, den Rest seiner Tage in der Nähe seiner Geschwister, die er über Alles liebte, zu verleben. Die hierzu nöthigen Vorbereitungen zu treffen, vereinigte er mit einer ihm verordneten Badekur eine Reise zu den Seinigen. — Er hatte mit diesen mehrere Wochen sehr heiter verlebt, als plötzlich ein Nervenschlag in Wusterhausen a. d. D. sein Leben endete. Er starb, 48 J. alt, unverheirathet und betrauert von den Seinigen und vielen Freunden.

Erfurt. Major v. Lindeman.

*281. Friedrich Christlieb Döring,

Doktor der Theologie, Probst und Superintendent zu Clöden im preuß. Herzogthum Sachsen;

geb. d. 19. Jan. 1757, gest. d. 26. Aug. 1827.

Dieser sehr thätige Theolog war zu Frankenthal in der Oberlausitz geboren, erhielt von seinem Vater, Paul Rudolph D., Pfarrer daselbst und später Past. prim. in Camenz, seine erste wissenschaftliche Bildung. Derselbe nahm sich des Unterrichts seines Sohnes so thätig und eifrig an, daß dieser schon als Knabe von 8 J. das alte und neue Testament in den Ursprachen zu lesen anfing. Auf den Schulen in Bautzen und Camenz vollendete er seine Vorbereitungsstudien zur Akademie. Im J. 1775 bezog er die Universität Wittenberg, wo er 2 Jahre studirte; dann ging er nach Leipzig, um daselbst seine Studien zu vollenden. Auf Empfehlung des dasigen Professors Pezold ging er im J. 1778 als Hauslehrer nach Hirschberg in die Familie des angesehenen Kaufmanns Schäffer, von wo aus er, wegen seiner vorzüglichen Kanzelberedtsamkeit, 1779 zum Pfarrer nach Maiwaldau in Schlesien berufen wurde. Um diese Zeit kam er in enge Verbindung mit Herrnhut und der evangelischen Brüdergemeinde, welcher er bis ans Ende treu blieb. Im J. 1791 ward er als Pfarrer nach Lausa bei Dresden berufen und anderthalb Jahre darauf (1793) als Pastor und Superintendent nach Colditz versetzt. Im J. 1796 kam er als zweiter Hofprediger an Raschigs Stelle nach Dresden und erwarb sich bei Gelegenheit der Säcularfeier der Universität Wittenberg (1802) daselbst die theologische Doctorwürde. Im J. 1814 ging er als Probst und Superintendent nach Clöden, welches Amt er in der letzten Zeit seines Lebens größtentheils durch einen Stellvertreter verwalten ließ. In den letzten 5 Jahren hielt er sich häufig in Dresden und bei seinem treuen Freunde, dem Grafen Reuß XXXVIII. zu Schloß-Jänkendorf auf und bei ihm war es, wo er sein Leben in seinem 71. Jahre beschloß.

Man hat von ihm folgende Schriften: De imputatione lapsus Adamitici physica, non morali. 1777. — Commentatio in locum Pauli Phil. IV, 7. 1780. — Daß d. Evangelium v. Jesu Christo noch immer eine Kraft Gottes sey. 1781. — De nuptiis, more christiano celebrandis. 1788. — Versuch e. bibl. Wörterbuchs für unstudirte Lehrer in Stadt- und Landschulen. 1782. — Commentatio in locum Matthaei Cap. XVI, 13—18. 1793. — Doctrina librorum sacrorum de morte Jesu Christi vicaria etc.. 1802. — Außerdem hat er mehrere einzelne Predigten, auch einige Aufsätze in verschiedenen Zeitschriften herausgegeben.

D. M. B.

* 282. Kasimir, Reichsfreiherr v. Häffelin,

Kardinal und kön. baier. außerordentl. Gesandter und bevollmächtigter Minister am päbstl. Hofe zu Rom und königl. wirkl. geh. Rath zu München, Komthur des hohen Malthesar Ritterordens zu Kattenberg und Großkreuz des königl. baier. Civilverdienstordens, Mitglied der Akademie der Wissenschaften zu München und Mannheim;

geb. d. 8. Jan. 1737, gest. d. 27. Aug. 1827.

Der Marktflecken Minfelden, ehemals zum Fürstenthum Zweibrücken gehörig, jetzt im französischen Departement des Niederrheins, ist der Geburtsort des Verewigten. Er studirte theils zu Pont à Mousson, theils zu Heidelberg und kam 1781 nach München. — Im J. 1767 den 18. April erhielt er die Priesterweihe, wurde kurpfälzischer Hofkaplan und Chorherr zu Heinsberg; 1768 Kabinetsantiquarius und Münz- und Medaillenkabinets-Direktor; 1770 kurfürstl. geh. Rath und kam 1778 als Probst an das St. Petristift nach Mainz. Sein besonders hoher Gönner, der Kurfürst Karl Theodor von der Pfalz, war indeß Erbe der baierschen Lande geworden; v. H. ging daher im J. 1781 von Mainz nach München, wo er sogleich zum kurfürstl. Schatzmeister ernannt wurde. Der römische Hof, dem sein Einfluß auf den Kurfürsten nicht entgangen seyn mochte, beehrte ihn noch im nämlichen Jahre mit der Inful und bewirkte seine Ernennung zum infulirten Probst des Kollegiatstifts zu München im J.

1782. In demselben J. wurde er auch zum Generalvicar des Malthesergroßpriorats und 1783 zum Vicepräsident des damaligen geistlichen Rathskollegiums zu München erhoben, welches sich damals durch Verfolgung aller hellen Köpfe im Lande bekannt gemacht hat. (Das Nähere ist deshalb in den Schriften Buchers und Zschokke's nachzulesen.) In der Eigenschaft als Chef des geistlichen Gerichtshofes wurde v. H. auch zugleich Referendar über geistliche Angelegenheiten im Kabinette des Fürsten, dessen Seele der fanatische Priester Frank war. Es gab eine Parthei am Hofe zu München, die eine innige Verbindung mit Rom unterhielt und v. H. war ein wirksames Glied derselben. Ohne Zweifel war seine Erhebung zum Titularbischof von Chersones Roms Dank für seine Anhänglichkeit. Beim Beginn der Regierung Max Josephs wußte sich der Bischof v. H. ebenfalls so klug zu benehmen, daß ihm die Würde eines königl. Almoseniers und Oberbibliothekars blieb. In den ersten Jahren des Rheinbundes erhielt er endlich sogar den Posten eines königl. Gesandten am päbstlichen Hofe, dem er zur besondern Zufriedenheit des heil. Vaters vorstand, bis die Gewaltschritte Napoleons der weltlichen Herrschaft Roms ein Ende machten. Die Wiederherstellung der Dinge brachte auch v. H. seine Anstellung als Gesandter wieder, in welcher Eigenschaft er im Frühjahr 1817 die Unterhandlungen wegen eines für das Königreich Baiern abzuschließenden Concordats betrieb, das im Juni 1817 unterzeichnet und im October dess. J. vom Könige sanctionirt worden ist. Daher schrieb sich denn auch jene damals in Baiern wieder aufgelebte Priesterherrschaft und man konnte den Verewigten recht füglich den Geburtshelfer der Hierarchie in Baiern nennen.

Pius VII., in dankbarer Anerkennung seiner Verdienste um die Kurie, erhob ihn am 8. April 1818 zum Kardinalpriester und der König von Baiern ließ ihn nun für immer als seinen bevollmächtigten Minister zu Rom, wo er in dem hohen Alter von 94 Jahren starb, nachdem er noch in Baiern die Früchte reifen gesehen, die seine Bemühungen gesäet hatten.

Schon seit dem J. 1767 war er Mitglied der kurfürstl. Akademie der Wissenschaften in Mannheim, seit 1777 daselbst Mitglied der deutschen gelehrten Gesellschaft und seit 1782 Mitglied der damals kurfürstl. Akademie der Wissenschaften zu München und Kurator des Schulwesens in Baiern und der obern Pfalz. Als Direktor des Münz- und Medaillenkabinets und als Oberbibliothekar zu Mün-

[illegible] hat er in frühern Jahren mehrere Schriften, besonders im Fache der Alterthumswissenschaft herausgegeben. Es sind folgende: D. historico-theologica de jure Theodori Mopsvesteni, Theodoreti Ibae damnatione, vulgo de tribus capitulis. 1765. — Discours sur le rapport des sciences et des arts avec l'état politique etc. 1774. — Discours sur l'état des lettres en Saxe. 1774. — Dissert. de Lupoduno; in Actis Acad. Theodoro-Palatinae hist. Vol. III. hist. p. 185—213. (1778). — Dissert. de balneo rom. in agro Lupodunensi reperto; ibid. p. 213—227. — Diss. de sepulcr. roman. in agro Schwetzingano repertis; ibid. Vol. IV. hist. VI. p. 52—80. — Observations sur une colonne de granit connue dans le Palatinat sous le nom de colonne des géans. p. 81—108. — Beitr. z. Gesch. d. deutsch. Alterthümer; ebd. Bd. V. S. 19—88. (1783). — Observations sur la Mosaique des anciens; ibid. p. 89—104. — Observations sur l'itinéraire de Theodose (Table de Peutinger); ibid. p. 105—126. — Ueb. d. gothischen Geschmack, welcher sich in der deutsch. Schrift u. bes. in d. deutsch. Drucke erhalten hat; in den Schr. der kurfürstl. deutsch. Gesellsch. z. Mannheim. S. 59—155. (1787). — Vom Urspr. d. deutsch. Buchstaben aus d. Latein.; ebd. S. 155—219. — Von d. ersten geschrieb. Werken, Handschriften rc.; ebd. S. 219—255. — Discours de l'influence des voyages sur les progrès des arts. 1775. — Worin besteht d. wahre Volksaufklärung? Akadem. Rede. 1799. — In den rhein. Beitr. Jahrg. 1780 stehen folg. Aufsätze von ihm: Brief an Hrn. v. K. über eine merkwürdige Stelle aus den Bruchstücken des Cornelius Nepos, zur Aufklärung der Kunstgesch. d. alten Deutschen. Jahrgang 1780. Bd. 2. S. 28. — Ueb. d. öffentl. Sitzung d. kurpfälz. gel. Gesellsch. d. Wissensch. zu Mannheim den 27. Wonnemonat. 1780; ebd. S. 36. — Anzeige d. Mannheimer merkw. Auflage des Titus Livius; ebd. S. 183. — Brief üb. einen tanzenden Bären auf röm. Münzen; ebend. — Von d. ersten deutsch. Urschriften; ebd. S. 394. — Rede beim Antritt d. geistl. Rathsvicepräsidentenstelle; im Münchener Intell. Bl. 1783. S. 305—308.

---

283. Fürst Ferdinand von Trauttmansdorff-Weinsberg und Neustadt am Kocher,

gefürsteter Graf auf Umpfenbach und Herr mehrerer Herrschaften, Ritter des goldnen Vließes, Großkreuz des ungar. St. Stephansordens in Brillanten und mehrerer fremden hohen Orden; k. k. wirkl. geheimer Rath, Kämmerer, Staats- und Conferenzminister; erster Oberhofmeister Sr. k. k. apostol. Majestät und Oberster der sämmtlichen k. k. Leibgarden.

geb. d. 12. Jan. 1749, gest. d. 27. Aug. 1827.*)

Der Verewigte stammte aus einem uralten Geschlechte, dessen weite Verzweigung die vielen Schlösser in Steyermark, Oestreich und Tyrol beweisen, welche den Namen Trauttmansdorff führen. Dasselbe leuchtet durch einen Grundzug in seinem Charakter hervor, durch den es sich einen weltgeschichtlichen Namen erworben. Dreyzehn Trauttmannsdorffe fielen in der Schlacht bei Stillfried unter dem Banner Rudolphs von Habsburg und in der Mühldorfer Schlacht kämpften die Enkel mit dem ritterlichen Sinne der gefallenen Helden. Die Treue der Ahnherren für Habsburgs Stamm bewährte in einer sturmbewegten Zeit Maximilian von T., der, kaum aus den Jünglingsjahren getreten, schon durch die wichtigsten Verhandlungen an den Höfen zu München, Florenz und Rom die Weisheit eines ergrauten Staatsmannes erprobte und den entscheidenden Sieg auf dem weißen Berge vorbereiten half. Als Friedensstifter zu Dresden bemühte er sich das entzweite Deutschland zu versöhnen, die einzige Bedingung, damit es kein Raub fremder Eroberer werde und zu Münster verdiente er sich den heißesten Dank der weinenden Völker, da dieser Friedensheros durch Mäßigung und Beharrlichkeit das erreichte, was zu erringen die weisesten Staatsmänner der damaligen Zeit beinahe zu verzweifeln begannen. Von seinem dritten Sohne, dem Grafen Karl, schrieb Montecuculi aus dem Feldlager oberhalb St. Gotthard 1664: „Er sey im ritterlichen Kampfe gegen den Erbfeind gefallen, sein Name werde daher unsterblich seyn.“

Auf den Sprößling eines um Oestreich so hoch verdienten Geschlechts, den Grafen Ferdinand, war die Aufmerksamkeit Maria Theresia's um so mehr gerichtet, da sein Vater, Franz Norbert, geheimer Rath und Ritter des goldenen Vließes, als Obersthofmeister Ihrer köni

---

*) Wiener Ztg. 1828. Nr. 83.

heit der Erzherzogin Elisabeth, seine Mutter aber, Maria Anna, geborne Gräfin von Herberstein, als Kammerfräulein der Kaiserin selbst, dann als Sternkreuzordens- und Pallastdame, zu der gewählten Gesellschaft des Hofes gehörte; ja die gütige Fürstin nahm selbst einen wohlthätigen Einfluß auf seine Bildung, da Sie ihm, auf die Vorbitte seiner Mutter, erlaubte, unter der unmittelbaren Aufsicht seines Erziehers, drei Jahre (1763 — 1765) in der kaiserl. Ingenieurakademie zu verweilen, um Antheil an dem allgemeinen Unterrichte zu nehmen. Er befliß sich mit besonderm Eifer der Mechanik und Baukunst, deren ästhetischer Theil ihn vorzüglich ansprach und seinen Kunstsinn in diesem Fache ausbildete. — Als der zweite Sohn seines Hauses, von Jugend an für den Staatsdienst bestimmt, hörte er während der nächsten drei Jahre auf der Hochschule zu Wien die Rechtswissenschaften und begab sich im J. 1769 nach Wetzlar, um sich beim Reichskammergericht in der Ausarbeitung wichtiger Rechtsfälle zu üben, wurde aber schon im nächsten Jahre an das kaiserliche Hoflager berufen, um als Kämmerer im Gefolge Ihrer königl. Hoheit der Erzherzogin Maria Antonia die erhabene Braut des Dauphin nach Straßburg zu geleiten und reiste nach ihrer Uebergabe von da zu seiner Belehrung durch Lothringen und die Niederlande nach Holland, besah einen großen Theil von Deutschland und Frankreich und kehrte dann über Paris nach Wien zurück, wo er zum Beisitzer der Landrechte und bald darauf zum niederöstreichschen Regierungsrath ernannt wurde.

Der Tod seines ältern Bruders änderte keineswegs seinen frühern Entschluß, sich dem Staatsdienste zu widmen, vielmehr bot er ihm für die Zukunft die Mittel dar, wichtige Gesandtschaftsposten bekleiden zu können; um sich daher für diese ehrenvolle Bestimmung gehörig vorzubereiten, bemühte sich der Graf zuerst die verwickelten Verhältnisse des deutschen Reichs genau kennen zu lernen und arbeitete seit dem J. 1774 mit großem Eifer in der Reichskanzlei. Im J. 1780 zum geheimen Rath ernannt, betrat er noch in demselben seine diplomatische Laufbahn als kurböhmischer Gesandter beim Reichstage zu Regensburg, der damals für eine lehrreiche Pflanzschule einsichtsvoller Staatsmänner galt; 1783 erhielt er auch die Leitung der Gesandtschaftsgeschäfte beim fränkischen Kreise und fand bei dem Streite, der über die freie Schifffahrt auf der Schelde ins offene Meer sich erhoben, die günstige Gelegenheit, durch persönliche Verhandlungen mit mehrern

Fürsten des Kreises den Durchzug der kaiserlichen Truppen nach den Niederlanden wesentlich zu erleichtern. Der Monarch äußerte seine Zufriedenheit dem Grafen T. um so lauter, je weniger in andern Reichskreisen alle Schwierigkeiten in dieser Hinsicht beseitigt worden und ernannte ihn im J. 1785 zum Gesandten am kurmainzischen Hofe, indem er ihm, nebst der fernern Leitung der Geschäfte beim fränkischen Kreise, auch noch die beim oberrheinschen übertrug. An wichtigen Verhandlungen fehlte es auch hier nicht, wie die Wahl des Freiherrn von Dalberg zum Coadjutor des Erzstiftes bewies, welche ganz nach den vorherrschenden Absichten des Kaisers geleitet wurde; dieser Posten war daher auch nur als eine Vorbereitungsschule für einen höhern Wirkungskreis zu betrachten, welchen der Monarch schon lange im Geiste dem Grafen zugedacht hatte. Diese Gelegenheit bot sich dar, als nach der Abberufung des Grafen Belgiojoso die Angelegenheiten in den Niederlanden einen Mann erforderten, der, mit der höchsten Ergebenheit für seinen Landesfürsten, einen tiefen politischen Blick, Seelenstärke und einen versöhnenden Geist verband. Voll Vertrauen auf seine bisherige Dienstleistung ernannte ihn daher der Kaiser d. 11. Okt. 1787 mit ausgedehnter Vollmacht zum bevollmächtigten Minister in den Niederlanden bei Ihren königl. Hoheiten den Generalgouverneurs, der durchl. Erzherzogin Maria Christina und Ihrem Gemahle, dem Herzoge Albrecht von Sachsen-Teschen und zum Präsidenten des niederländschen Guberniums.

Selbst nach den lehrreichen Erfahrungen der vier letzten Jahrzehnte gesteht auch der in Geschäften ergraute Staatsmann, daß die Stellung des Grafen T. zu den schwierigsten gehörte, aus der sich zu ziehen selbst die höchste Klugheit nicht hinreicht, wenn sie vom Glücke nicht wesentlich begünstigt wird. — Streitigkeiten über kirchliche Einrichtungen führten bald den Kampf über die Landesverfassung herbei, den auf glücklichem Wege beizulegen die Aufgabe für ihn blieb.

Obgleich die Lösung derselben bei den schon hoch aufgereizten Gemüthern und namentlich bei dem augenscheinlich übeln Einflusse, welchen die seit 1787 in Holland eingetretene Gährung auf die benachbarten und verschwisterten Niederlande äußerte, äußerst schwierig geworden; so benahm sich Graf T. dennoch mit solcher Würde u. Offenheit, daß er den gemäßigten Theil unter dem Volke gewann und die gegründete Hoffnung hegen durfte, das

Land durch eine allgemeine Versöhnung zu beruhigen. Der Monarch, hocherfreut über die erfolgreichen Bemühungen des Grafen, übersandte ihm das goldne Vließ in Brillanten mit drei seltenen Aquamarinsteinen geschmückt, nebst einem Handschreiben vom 10. Febr. 1789, das auf ewige Zeiten eine der ehrenvollsten Urkunden im fürstlich T'schen Archive bleiben wird. „Er übersende ihm das goldne Vließ", waren die eigenhändigen Worte des Kaisers, „nicht weil der Graf irgend einer Belohnung bedürfe, um das Gute zu thun, da er schon in seinem Bewußtseyn den schönsten Lohn finde, sondern weil er es für eine Pflicht halte, ausgezeichnete Staatsdienste laut anzuerkennen und dankbar zu belohnen."

Doch alle Hoffnung, daß der Segen der Eintracht die Niederlande beglücke, schwand auf einmal dahin, als in Frankreich der schon lange gährende Vulkan ausbrach, dessen Verheerungen im Laufe von 27 Jahren sich beinahe über ganz Europa erstreckten. Das gefährliche Beispiel des Nachbarvolkes riß auch die Brabanter dahin, die, durch vielfältige fremde Einflüsterungen noch mehr aufgereizt, sich zu bewaffnen begannen. In diesem entscheidenden Augenblicke, wo die Gewalt eines Diktators allein noch dem Aufstande zu steuern vermocht hätte, entzweite sich der Befehlshaber der Kriegsmacht mit dem Grafen über die zu ergreifenden Maßregeln und handelte nach eigener Willkühr. Der erste Versuch, eine Insurgentenschaar mit Gewalt der Waffen zu zerstreuen, mißlang und ward die Loosung zum allgemeinen Aufstande; dieselben verderblichen Kunstgriffe, die man zu Paris versucht, um die Mannszucht und Treue der Truppen zu untergraben, wurden auch zu Gent und zu Brüssel mit demselben Erfolge angewandt und die Landesregierung sah sich gezwungen, hinter den Wällen des treuen Luxemburg einstweilen Zuflucht zu suchen. Der Graf begab sich später nach Wien und im Sommer 1790 auf seine Güter nach Böhmen, wo er die ihm gegönnte Muße benutzte, um eine Denkschrift über die während seiner Verwaltung in den Niederlanden eingetretenen Ereignisse zu verfassen, die als ein höchst wichtiger Beitrag über diesen Theil der damaligen Zeitgeschichte zu betrachten ist.

Nachdem im Anfange des J. 1793 die eingetretenen Verhältnisse die gegründete Hoffnung gewährten, die Niederlande den französischen Waffen sehr schnell wieder zu entreißen, ernannte Se. Majestät den Grafen am 28. Februar 1793 zum niederländischen Hofkanzler. Um dieses schöne Land auch dem östreichsch. Zepter zu erhalten, wandte Graf T. die möglichste Sorgfalt an, den Geist der Bewohner für den neuen Herrscher zu gewinnen und das Heer mit den nothwendigen Lebensmitteln zu versehen. In einem 1794 unter dem Vorsitze Sr. Majestät selbst gehaltenen Staatsrath unterstützte er mit dem Grafen Metternich den Wechselvorschlag des General Mack, entweder das ganze kaiserliche Heer bis auf 400,000 Streiter zu vermehren, oder sollten dieß die Finanzen des Staats nicht erlauben, lieber sogleich, wo das Waffenglück sich für Oestreich noch hinneige, Friedensunterhandlungen mit Frankreich anzuknüpfen. Doch die Schlacht bei Fleurus entschied über das Schicksal der Niederlande und da Oestreich damals die Hoffnung aufgab, sie den französischen Waffen wieder entreißen zu können, so wurde nach dem Rückzuge des kaiserlichen Heeres über den Rhein die niederländische Kanzlei aufgehoben und auch der Graf einstweilen in Ruhestand versetzt.

Aus diesem trat er wieder im J. 1801 hervor, als der Freiherr von Thugut sich von den Staatsgeschäften zurückgezogen hatte. Die Führung der auswärtigen Angelegenheiten wurde nun ihm anvertraut, der sie auch bis zur Zurückkunft des Grafen Ludwig von Cobenzl aus Frankreich im September verwaltete, welcher ihre Leitung nun übernahm. Dagegen wurde Graf T. schon früher bei Errichtung der Conferenz als Chef des Departements der auswärtigen Angelegenheiten zum Staats- und Conferenz-Minister ernannt.

Im Betracht seiner treuen und vielfältigen Dienste geruhte Se. Majestät durch das Diplom vom 12. Januar 1805 den Grafen in den Fürstenstand zu erheben, mit der Anordnung, daß diese Würde stets in gerader Linie auf den Aeltesten seines Stammes übergehen sollte und ihn auch, nach dem Ableben des Fürsten von Stahremberg, zum ersten Obersthofmeister an Ihrem Hofe mittelst des am 18. August 1807 in Lachsenburg erlassenen Allerhöchsten Handbillets zu ernennen. In dieser Würde wurde er durch die am 2. Januar 1808 ausgestellte Vollmacht mit dem Auftrage beehrt, für den Kaiser um die Hand der durchl. Erzherzogin Maria Ludovica, der jüngsten Tochter Sr. königl. Hoheit des Erzherzogs Ferdinand, zu werben, den er mit all der Feierlichkeit vollzog, die einem für den Monarchen und den Staat so freudigen Ereig[illegible] sprach, bei welcher Veranlassung er auch mit [illegible] kreuze des St. Stephanordens geschmückt wurde.

nahe gegen zwanzig Jahre bekleidete er dieses erste Staats- und Hofamt mit all dem Anstand und der strengen Beobachtung des festgesetzten Ceremoniels, wie es die Würde eines der ersten und ältesten europäischen Höfe erfordert. Diese unermüdete Sorgfalt für die Ehre und das Ansehen seines Hofes entwickelte er vorzüglich zur Zeit des Wiener Kongresses, theils durch die den erhabenen Gästen ununterbrochen gewidmete Aufmerksamkeit, theils durch die Anordnung der Hoffeste, in welchen sich Pracht und Geschmack auf das innigste verband.

Wenn auch seit den letzten zwei Jahren seine körperlichen Kräfte sehr abnahmen, so vermochte er nichts desto weniger bis auf die letzten Tage seines Lebens sowohl seine Amts- als häuslichen Geschäfte mit der größten Genauigkeit zu vollziehen. Als Freund der schönen Natur brachte er noch den letzten Sommer auf seinem angenehmen Landsitze Ober-Waltersdorf zu, wo ihm den 12. Julius die ausgezeichnete Gnade zu Theil wurde, während seines Krankenlagers von dem Monarchen besucht zu werden und sich der Allerhöchsten Theilnahme zu erfreuen. Allein der Genuß der reinen Luft vermochte eben so wenig als die Kunst des Arztes seine sinkenden Lebenskräfte zu erhalten. Im Vorgefühle seines nahen Todes ließ er sich den 25. August in einer Sänfte nach Wien bringen, wo er zwei Tage darauf an völliger Entkräftung schmerzlos und ruhig verschied, beweint von seiner Gattin, seinen Kindern und Enkeln, tief betrauert von Allen, die sein edles, den Unglücklichen stets zugängliches Herz erkannt und seine hohe Humanität im Benehmen und Umgange, die schöne Frucht seiner höhern Bildung, verehrt haben. — Der Leichnam des Fürsten wurde mit dem seinem hohen Range gebührenden herkömmlichen Gepränge unter Beiwohnung des gesammten k. k. Hofstaates in der Schottenkirche feierlich beigesetzt und hierauf nach Teinitz in Böhmen geführt, um in der von seinem großen Ahnherrn in der dortigen Kapuzinerkirche errichteten Familiengruft an der Seite seines Vaters, dem letzten Willen gemäß, bestattet zu werden.

* 284. Johann Ernst Rückert,

Pfarrer zu Großhennersdorf bei Herrnhut;

geb. d. 1. Decbr. 1755, gest. d. 27. August 1827.

Sein Geburtsort ist Neustadt in Oberschlesien, wo sein Vater, Dr. Christ. Ehrenfried R., Stadtphysikus war.

Gebildet ward der Jüngling zu Neustadt, Brieg u. Halle, wo er jedoch sehr mit Dürftigkeit ringen mußte. Schon 1780 ward er zu Mechwitz ins Predigtamt berufen u. für dasselbe zu Breslau ordinirt. 1789 kam er als Diakon nach Großhennersdorf bei Herrnhut und ward 1793 Pastor daselbst. Er gehörte der Brüdergemeinde an u. war besonders thätig in ihrer geistlichen Korrespondenz. Fast 47 Jahr hat er treu im Predigtamte gewirkt und durch seine zwar ungeschmückten, aber biblischen Predigten viel Segen geschafft. Er war ein Mann von großer Rechtschaffenheit, ein Seelsorger von seltener Treue, ein Gatte und Vater von unübertrefflicher Güte. Sein Leben war ernst, aber glaubensfroh, sein Alter heiter und voll Hoffnung; sein Tod das Siegel seines Christenthums. Unter seinen Söhnen ist Leop. Immanuel, Subrector am Zittauschen Gymnasium, als theologischer und philologischer Schriftsteller rühmlichst bekannt.

* 285. Carl Friedr. Aug. Reinhard Bars,

königl. preuß. pens. Oberförster zu Neubrück;

geb. d. 24. August 1770. gest. d. 27. August 1827.

In dem Städtchen Rathenow, wo er geboren wurde, war sein Vater Generalinspektor der Elbschifffahrt. Nachdem er zu Alt-Platow bei Genthin die Jägerei erlernt hatte, trat er in seinem 17. J. in das reitende Feldjägerkorps und machte als Feldjäger mehrere Kourierreisen nach den vornehmsten Residenzstädten Europas, unter andern auch nach Paris, woselbst er nach der Hinrichtung Ludwigs XVI. als der erste preußische Kourier eintraf. Zu dieser Reise wurde er von dem damaligen Minister von Hardenberg aus Basel abgefertigt. Bald nach seiner Ankunft in Paris führte man — für ihn ein gräßliches Schauspiel — vor seiner Wohnung 40 Schlachtopfer vorüber, um den phantastischen Freiheitsbaum mit dem Blute der freien Landeskinder zu düngen. Er überreichte nachher eigenhändig dem blutigen Marat seine Depeschen und entging in dem jungen Freiheitslande, weil er die dreifarbige Kokarde nicht aufgesteckt hatte, nur dadurch dem Arrest, daß ein Franzose mit seinem eignen Freiheitszeichen den Hut des Preußen schmückte. Er machte die Feldzüge von 1790 — 1794 am Rhein und 1806 mit und war in dem letztern Fourier bei Se. Majestät dem Könige, in welcher Stellung er sich der besondern Gunst u. mancher persönlichen Auszeichnungen dieses Monarchen zu erfreuen hatte. 1806 wurde er zum Oberförster zu Neubrück im Frankfurter Regierungsbezirk ernannt, welchem Dienst er bis 1826 vorstand. Um diese Zeit wurde er in den Ruhestand versetzt und starb bald darauf 57 J. alt zu Sonnenburg am Nervenschlage.

* 236. Carl Anton Friedrich Wurmb,

Fürstl. Schwarzburg-Rudolstädtischer Hofmarschall, Kammerpräsident und Ritter des königl. preuß. St. Johanniterordens;

geb. d. 14. Decbr. 1755, gest. d. 28. Aug. 1827.

Er wurde zu Rudolstadt geboren, in dem Hause, welches damals Eigenthum seines Vaters, später von der Fürstin Bernhardine erkauft und zu dem noch jetzt vorhandenen, nach ihr benannten Bernhardinenstifte für adelige Fräulein eingerichtet wurde. Sein Vater, welcher als Stallmeister in den fürstlichen Diensten stand, war viermal verheirathet. Aus der dritten dieser Ehen mit einem Fräulein von Plüskow aus Mecklenburg war der Hingeschiedene entsprossen. Als dessen Vater sich zum viertenmal mit der Schwester seiner dritten Gattin vermählte, nach den Landesgesetzen aber, auf welche der damalige Fürst Johann Friedrich streng hielt, es nicht erlaubt war, der vorigen Frau Schwester zu ehelichen, so entstanden durch diese Verbindung unangenehme Verhältnisse, weshalb derselbe die fürstlichen Dienste aufgab und mit seiner Familie nach Mecklenburg zog. Dorthin folgte ihm auch der Sohn und wurde bis in sein 9. J. zu Wahren im Mecklenburgschen erzogen. Im J. 1764 kehrte dieser zu seinen Verwandten in die Vaterstadt zurück und trat bald hernach als Page in die fürstlichen Dienste ein. Im J. 1771 d. 11. Febr. in das Gymnasium zu Rudolstadt aufgenommen, benutzte er den Unterricht dieser Landesschule 3 J. hindurch. Zu Jena studirte er hierauf die Rechte und vertheidigte unter dem Vorsitze des nachherigen Schwarzburg-Rudolst. Generalsuperintendenten F. J. Cellarius († 1818) im J. 1776: Quaestiones ad historiam et jus naturae spectantes und ein Jahr später, (1. März 1777) bei seinem Abgange von der Universität, unter des berühmten Walchs Präsidium seine Dissertation: De testamento principi oblato, welche mit einem sehr rühmlichen Zeugnisse des Präses von dem akademischen Fleiße des Verfassers begleitet ist. — Nach so beendigten Universitätsstudien trat W. in seinem Vaterlande die praktische Laufbahn im Hof- und Staatsdienste an und wurde im J. 1777 zum Konsistorial- und Kammerassessor und noch in demselben Jahre (22. Octbr.) zum Kammerschreiber ernannt. Aus dem Konsistorium trat er bald ausschließlich zum Kammerkollegium über, wurde Hausmarschall u. Kammerrath u. erhielt unterm 14. Octbr. 1799 vom Fürsten Ludwig Friedrich das Dekret als Vicekammerpräsident. Noch von demselben Fürsten wurde er am 17. März 1806 zum Kammerpräsidenten erhoben und unter der darauf folgenden vormundschaftlichen Regierung der noch lebenden Fürstin Caroline Luise, Mutter des jetzt regierenden Fürsten, am 19. Juni 1809 zum Hofmarschall ernannt. Der Verwendung dieser verehrten Fürstin, die treu geleistete Dienste gern und dankbar anerkannte, verdankte er auch seine Aufnahme zum Ritter des königl. preuß. St. Johanniterordens, welche Auszeichnung er durch Diplom vom 16. Juni 1819 erhielt. So hatte derselbe die verschiedenen Stufen der Hof- und Staatswürden überschritten und im hohen Alter sich noch des ungestörten Genusses seltener Rüstigkeit u. Jugendkraft zu erfreuen, die ihm noch selbst weitere Entfernungen in einem Tage zu Pferde zurückzulegen gestattete und war eben im Begriff am 31. August 1827 den Tag seines 50jährigen Dienstjubiläums zu erleben. Aber es war anders über ihn beschlossen. Um, wie er stets die Stille liebte und im Bewußtsein treu erfüllter Pflicht sich zufrieden fühlte, die bei dieser Gelegenheit ihn erwartenden Feierlichkeiten zu vermeiden, war er am 27. August nach dem 7 Stunden von Rudolstadt entfernten fürstlichen Eisenwerke Katzhütte geritten, in der Absicht, daselbst einige Tage gegen einen leichten Rheumatismus das Schlackenbad zu gebrauchen. Da traf ihn am Morgen des 28. August im Bade ein Blutschlag, der sein Leben im 72. J. plötzlich endigte und seinen Fürsten eines treuen Dieners u. Viele eines in schlichter Einfachheit u. Geradheit gewogenen Freundes und Gönners beraubte.

Vermählt war der Verewigte seit 1783 mit Maximiliane Henriette, Tochter des herzogl. Gothaschen Oberstlieutenants v. Taubenheim und dessen Gemahlin geb. v. Seidewitz. Von Roda im Herzogthum Altenburg, wo ihre Eltern lebten, war sie als Hofdame der daselbst residirenden Prinzessin Auguste zu Sachsen-Gotha, bei deren Vermählung mit dem Fürsten Friedrich Karl zu Schwarzburg-Rudolstadt im J. 1780 an den letztgenannten Hof gekommen, wo die Verbindung sich knüpfte. Zwei Töchter waren die Frucht dieser Ehe, von denen die zweite noch in zarter Jugend, die ältere aber schon erwachsen,

heit der Erzherzogin Elisabeth, seine Mutter aber, Maria Anna, geborne Gräfin von Herberstein, als Kammerfräulein der Kaiserin selbst, dann als Sternkreuzordens- und Pallastdame, zu der gewählten Gesellschaft des Hofes gehörte; ja die gütige Fürstin nahm selbst einen wohlthätigen Einfluß auf seine Bildung, da Sie ihm, auf die Vorbitte seiner Mutter, erlaubte, unter der unmittelbaren Aufsicht seines Erziehers, drei Jahre (1763 — 1765) in der kaiserl. Ingenieurakademie zu verweilen, um Antheil an dem allgemeinen Unterrichte zu nehmen. Er befliß sich mit besonderm Eifer der Mechanik und Baukunst, deren ästhetischer Theil ihn vorzüglich ansprach und seinen Kunstsinn in diesem Fache ausbildete. — Als der zweite Sohn seines Hauses, von Jugend an für den Staatsdienst bestimmt, hörte er während der nächsten drei Jahre auf der Hochschule zu Wien die Rechtswissenschaften und begab sich im J. 1768 nach Wetzlar, um sich beim Reichskammergericht in der Ausarbeitung wichtiger Rechtsfälle zu üben, wurde aber schon im nächsten Jahre an das kaiserliche Hoflager berufen, um als Kämmerer im Gefolge Ihrer königl. Hoheit der Erzherzogin Maria Antonia die erlauchte Braut des Dauphin nach Straßburg zu geleiten und reiste nach ihrer Uebergabe von da zu seiner Belehrung durch Lothringen und die Niederlande nach Holland, besah einen großen Theil von Deutschland und Frankreich und kehrte dann über Paris nach Wien zurück, wo er zum Beisitzer der Landrechte und bald darauf zum niederösterreichischen Regierungsrath ernannt wurde.

Der Tod seines ältern Bruders änderte keineswegs seinen frühern Entschluß, sich dem Staatsdienste zu widmen, vielmehr bot er ihm für die Zukunft die Mittel dar, wichtige Gesandtschaftsposten bekleiden zu können; um sich daher für diese ehrenvolle Bestimmung gehörig vorzubereiten, bemühte sich der Graf zuerst die verwickelten Verhältnisse des deutschen Reichs genau kennen zu lernen und arbeitete seit dem J. 1774 mit großem Eifer in der Reichskanzlei. Im J. 1780 zum geheimen Rath ernannt, betrat er noch in demselben seine diplomatische Laufbahn als kurböhmischer Gesandter beim Reichstage zu Regensburg, der damals für eine lehrreiche Pflanzschule einsichtsvoller Staatsmänner galt; 1783 erhielt er auch die Leitung der Gesandtschaftsgeschäfte beim fränkischen Kreise und fand bei dem Streite, der über die freie Schiffahrt auf der Schelde ins offene Meer sich erhoben, die günstige Gelegenheit, durch persönliche Verhandlungen mit mehrern fürsten des Kreises den Durchzug der kaiserlichen Truppen nach den Niederlanden wesentlich zu erleichtern. Der Monarch äußerte seine Zufriedenheit dem Grafen T. um so lauter, je weniger in andern Reichskreisen alle Schwierigkeiten in dieser Hinsicht beseitigt worden und ernannte ihn im J. 1785 zum Gesandten am kurmainzischen Hofe, indem er ihm, nebst der fernern Leitung der Geschäfte beim fränkischen Kreise, auch noch die beim oberrheinischen übertrug. An wichtigen Verhandlungen fehlte es auch hier nicht, wie die Wahl des Freiherrn von Dalberg zum Coadjutor des Erzstifts bewies, welche ganz nach den vorherrschenden Absichten des Kaisers geleitet wurde; dieser Posten war daher auch nur als eine Vorbereitungsschule für einen höhern Wirkungskreis zu betrachten, welchen der Monarch schon lange im Geiste dem Grafen zugedacht hatte. Diese Gelegenheit bot sich dar, als nach der Abberufung des Grafen Belgiojoso die Angelegenheiten in den Niederlanden einen Mann erforderten, der mit der höchsten Ergebenheit für seinen Landesfürsten, einen tiefen politischen Blick, Seelenstärke und einen versöhnenden Geist verband. Voll Vertrauen auf seine bisherige Dienstleistung ernannte ihn daher der Kaiser d. 31. Oct. 1787 mit ausgedehnter Vollmacht zum bevollmächtigten Minister in den Niederlanden bei Ihren königl. Hoheiten den Generalgouverneurs, der durchl. Erzherzogin Maria Christina und Ihrem Gemahle, dem Herzoge Albrecht von Sachsen-Teschen und zum Präsidenten des niederländischen Guberniums.

Selbst nach den lehrreichen Erfahrungen der über letzten Jahrzehnte gesteht auch der in Geschäften ergraute Staatsmann, daß die Stellung des Grafen T. zu den schwierigsten gehörte, aus der sich zu ziehen selbst die höchste Klugheit nicht hinreicht, wenn sie vom Glücke nicht wesentlich begünstigt wird. — Streitigkeiten über kirchliche Einrichtungen führten bald den Kampf über die Landesverfassung herbei, den auf glücklichem Wege beizulegen die Aufgabe für ihn blieb.

Obgleich die Lösung derselben bei den schon hoch aufgereizten Gemüthern und namentlich bei dem augenscheinlich übeln Einflusse, welchen die seit 1787 in Holland eingetretene Gährung auf die benachbarten und verschwisterten Niederlande äußerte, äußerst schwierig geworden: so benahm sich Graf T. dennoch mit solcher Würde u. Offenheit, daß er den gemäßigten Theil unter dem Volke gewann und die gegründete Hoffnung hegen durfte, daß

gen durch eine allgemeine Versöhnung zu beruhigen. Der Monarch, hocherfreut über die erfolgreichen Bemühungen des Grafen, übersandte ihm das goldne Vließ in Brillanten mit drei seltenen Aquamarinsteinen geschmückt, nebst einem Handschreiben vom 20. Febr. 1789, das auf ewige Zeiten eine der ehrenvollsten Urkunden im fürstlich [illegible]schen Archive bleiben wird. „So übersende ihm das goldne Vließ", waren die eigenhändigen Worte des Kaisers, „nicht weil der Graf irgend einer Belohnung bedürfe, um das Gute zu thun, da er schon in seinem Bewußtseyn den schönsten Lohn finde, sondern weil er es für eine Pflicht halte, ausgezeichnete Staatsdienste laut anzuerkennen und dankbar zu belohnen."

Doch alle Hoffnung, daß der Segen der Eintracht die Niederlande beglücke, schwand auf einmal dahin, als in Frankreich der schon lange gährende Vulkan ausbrach, dessen Verheerungen im Laufe von 27 Jahren sich beinahe über ganz Europa erstreckten. Das gefährliche Beispiel des Nachbarvolkes riß auch die Brabanter hin, die, durch vielfältige fremde Einflüsterungen noch mehr aufgereizt, sich zu bewaffnen begannen. In diesem entscheidenden Augenblicke, wo die Gewalt eines Diktators allein noch dem Aufstande zu steuern vermocht hätte, entzweite sich der Befehlshaber der Kriegsmacht mit dem Grafen über die zu ergreifenden Maßregeln und handelte nach eigener Ansicht. Der erste Versuch, eine Insurgentenschaar mit Gewalt der Waffen zu zerstreuen, mißlang und ward die Losung zum allgemeinen Aufstande; dieselben verderblichen Kunstgriffe, die man zu Paris versucht, um die Mannszucht und Treue der Truppen zu untergraben, wurden auch zu Gent und zu Brüssel mit demselben Erfolge angewandt, und die Landesregierung sah sich gezwungen, hinter den Wällen der Festung Luxemburg einstweilen Zuflucht zu suchen. Der Graf begab sich später nach Wien und im Sommer 1790 auf seine Güter nach Böhmen, wo er die ihm gegönnte Muße benutzte, um eine Denkschrift über die während seiner Verwaltung in den Niederlanden eingetretenen Ereignisse zu verfassen, die als ein höchst wichtiger Beitrag über diesen Theil der damaligen Zeitgeschichte zu betrachten ist.

Nachdem im Anfange des J. 1793 die eingetretenen Verhältnisse die gegründete Hoffnung gewährten, die Niederlande den französischen Waffen sehr schnell wieder zu entreißen, ernannte Se. Majestät den Grafen am 28. Februar 1793 zum niederländischen Hofkanzler. Um dieses schöne Land auch dem östreichisch. Zepter zu erhalten, wandte Graf T. die möglichste Sorgfalt an, den Geist der Bewohner für den neuen Herrscher zu gewinnen und das Heer mit den nothwendigen Lebensmitteln zu versehen. In einem 1794 unter dem Vorsitze Sr. Majestät selbst gehaltenen Staatsrath unterstützte er mit dem Grafen Metternich den Wechselvorschlag des General Mack, entweder das ganze kaiserliche Heer bis auf 400,000 Streiter zu vermehren, oder sollten dieß die Finanzen des Staats nicht erlauben, lieber sogleich, wo das Waffenglück sich für Oestreich noch hinneige, Friedensunterhandlungen mit Frankreich anzuknüpfen. Doch die Schlacht bei Fleurus entschied über das Schicksal der Niederlande und da Oestreich damals die Hoffnung aufgab, sie den französischen Waffen wieder entreißen zu können, so wurde nach dem Rückzuge des kaiserlichen Heeres über den Rhein die niederländische Kanzlei aufgehoben und auch der Graf einstweilen in Ruhestand versetzt.

Aus diesem trat er wieder im J. 1801 hervor, als der Freiherr von Thugut sich von den Staatsgeschäften zurückgezogen hatte. Die Führung der auswärtigen Angelegenheiten wurde nun ihm anvertraut, der sie auch bis zur Zurückkunft des Grafen Ludwig von Cobenzl aus Frankreich im September verwaltete, welcher ihre Leitung nun übernahm. Dagegen wurde Graf T. schon früher bei Errichtung der Conferenz als Chef des Departements der auswärtigen Angelegenheiten zum Staats- und Conferenz-Minister ernannt.

Im Betracht seiner treuen und vielfältigen Dienste geruhte Se. Majestät durch das Diplom vom 12. Januar 1805 den Grafen in den Fürstenstand zu erheben, mit der Anordnung, daß diese Würde stets in gerader Linie auf den Aeltesten seines Stammes übergehen sollte und ihn auch, nach dem Ableben des Fürsten von Stahremberg, zum ersten Obersthofmeister an Ihrem Hofe mittelst des am 18. August 1807 in Lachsenburg erlassenen Allerhöchsten Handbillets zu ernennen. In dieser Würde wurde er durch die am 2. Januar 1808 ausgestellte Vollmacht mit dem Auftrage beehrt, für den Kaiser um die Hand der durchl. Erzherzogin Maria Ludovica, der jüngsten Tochter Sr. königl. Hoheit des Erzherzogs Ferdinand, zu werben, den er mit all der Feierlichkeit vollzog, die einem für den Monarchen und den Staat so freudigen Ereignisse entsprach, bei welcher Veranlassung er auch mit dem Großkreuze des St. Stephanordens geschmückt wurde. — Bei-

[illegible] bekleidete er dieses erste Staats- und Hofamt mit all dem Anstand und der strengen Beobachtung des festgesetzten Ceremoniels, wie es die Würde eines der ersten und ältesten europäischen Höfe erfordert. Diese unermüdete Sorgfalt für die Ehre und das Ansehen seines Hofes entwickelte er vorzüglich zur Zeit des Wiener Kongresses, theils durch die den erhabenen Gästen ununterbrochen gewidmete Aufmerksamkeit, theils durch die Anordnung der Hoffeste, in welchen sich Pracht und Geschmack auf das innigste verband.

Wenn auch seit den letzten zwei Jahren seine körperlichen Kräfte sehr abnahmen, so vermochte er nichts desto weniger bis auf die letzten Tage seines Lebens sowohl seine Amts- als häuslichen Geschäfte mit der größten Genauigkeit zu vollziehen. Als Freund der schönen Natur brachte er noch den letzten Sommer auf seinem angenehmen Landsitze Ober-Waltersdorf zu, wo ihm den 12. Julius die ausgezeichnete Gnade zu Theil wurde, während seines Krankenlagers von dem Monarchen besucht zu werden und sich der allerhöchsten Theilnahme zu erfreuen. Allein der Genuß der reinen Luft vermochte eben so wenig als die Kunst der Ärzte seine sinkenden Lebenskräfte zu erhalten. Im Vorgefühle seines nahen Todes ließ er sich den 25. August in einer Sänfte nach Wien bringen, wo er zwei Tage darauf an völliger Entkräftung schmerzlos und ruhig verschied, beweint von seiner Gattin, seinen Kindern und Enkeln, tief betrauert von Allen, die sein edles, den Unglücklichen stets zugängliches Herz erkannt und seine hohe Humanität im Benehmen und Umgange, die schöne Frucht seiner höhern Bildung, verehrt haben. — Der Leichnam des Fürsten wurde mit dem seinem hohen Range gebührenden herkömmlichen Gepränge unter Beiwohnung des gesammten k. k. Hofstaates in der Schottenkirche feierlich beigesetzt und hierauf nach Teinitz in Böhmen geführt, um in der von seinem großen Ahnherrn in der dortigen Kapuzinerkirche errichteten Familiengruft an der Seite seines Vaters, dem letzten Willen gemäß, bestattet zu werden.

* 284. Johann Ernst Rückert,

Pfarrer zu Großhennersdorf bei Herrnhut;

geb. d. 1. Decbr. 1756, gest. d. 27. August 1827.

Sein Geburtsort ist Neustadt in Oberschlesien, wo sein Vater, Dr. Christ. Ehrenfried R., Stadtphysikus war.

Gebildet ward der Jüngling zu Neustadt, Brieg u. Halle, wo er jedoch sehr mit Dürftigkeit ringen mußte. Schon 1780 ward er zu Mechwitz ins Predigtamt berufen u. für dasselbe zu Breslau ordinirt. 1789 kam er als Diakon nach Großhennersdorf bei Herrnhut und ward 1793 Pastor daselbst. Er gehörte der Brüdergemeinde an u. war besonders thätig in ihrer geistlichen Korrespondenz. Fast 47 Jahr hat er treu im Predigtamte gewirkt und durch seine zwar ungeschmückten, aber biblischen Predigten viel Segen geschafft. Er war ein Mann von großer Rechtschaffenheit, ein Seelsorger von seltener Treue, ein Gatte und Vater von unübertrefflicher Güte. Sein Leben war ernst, aber glaubensfroh, sein Alter heiter und voll Hoffnung; sein Tod das Siegel seines Christenthums. Unter seinen Söhnen ist Leop. Immanuel, Subrector am Zittauschen Gymnasium, als theologischer und philologischer Schriftsteller rühmlichst bekannt.

* 285. Carl Friedr. Aug. Reinhard Bars,

königl. preuß. pens. Oberförster zu Neubrück;

geb. d. 24. August 1770, gest. d. 27. August 1827.

In dem Städtchen Rathenow, wo er geboren wurde, war sein Vater Generalinspektor der Elbschifffahrt. Nachdem er zu Alt-Platow bei Genthin die Jägerei erlernt hatte, trat er in seinem 17. J. in das reitende Feldjägerkorps und machte als Feldjäger mehrere Kourierreisen nach den vornehmsten Residenzstädten Europas, unter andern auch nach Paris, woselbst er nach der Hinrichtung Ludwigs XVI. als der erste preußische Kourier eintraf. Zu dieser Reise wurde er von dem damaligen Minister von Hardenberg aus Basel abgefertigt. Bald nach seiner Ankunft in Paris führte man — für ihn ein gräßliches Schauspiel — vor seiner Wohnung 40 Schlachtopfer vorüber, um den phantastischen Freiheitsbaum mit dem Blute der freien Landeskinder zu düngen. Er überreichte nachher eigenhändig dem blutigen Marat seine Depeschen und entging in dem jungen Freiheitslande, weil er die dreifarbige Kokarde nicht aufgesteckt hatte, nur dadurch dem Arrest, daß ein Franzose mit seinem eignen Freiheitszeichen den Hut des Preußen schmückte. Er machte die Feldzüge von 1790—1794 am Rhein und 1806 mit und war in dem letztern Fourier bei Se. Majestät dem Könige, in welcher Stellung er sich der besondern Gunst u. mancher persönlichen Auszeichnungen dieses Monarchen zu erfreuen hatte. 1806 wurde er zum Oberförster zu Neubrück im Frankfurter Regierungsbezirk ernannt, welchem Dienst er bis 1826 vorstand. Um diese Zeit wurde er in den Ruhestand versetzt und starb bald darauf 57 J. alt zu Sonnenburg am Nervenschlage.

* 286. Carl Anton Friedrich Wurmb,

fürstl. Schwarzburg-Rudolstädtscher Hofmarschall, Kammerpräsident und Ritter des königl. preuß. St. Johanniterordens;

geb. d. 14. Decbr. 1755, gest. d. 28. Aug. 1827.

Er wurde zu Rudolstadt geboren, in dem Hause, welches damals Eigenthum seines Vaters, später von der Fürstin Bernhardine erkauft und zu dem noch jetzt vorhandenen, nach ihr benannten Bernhardinenstifte für adelige Fräulein eingerichtet wurde. Sein Vater, welcher als Stallmeister in den fürstlichen Diensten stand, war viermal verheirathet. Aus der dritten dieser Ehen mit einem Fräulein von Plüskow aus Mecklenburg war der Hingeschiedene entsprossen. Als dessen Vater sich zum viertenmal mit der Schwester seiner dritten Gattin vermählte, nach den Landesgesetzen aber, auf welche der damalige Fürst Johann Friedrich streng hielt, es nicht erlaubt war, der vorigen Frau Schwester zu ehelichen, so entstanden durch diese Verbindung unangenehme Verhältnisse, weßhalb derselbe die fürstlichen Dienste aufgab und mit seiner Familie nach Mecklenburg zog. Dorthin folgte ihm auch der Sohn und wurde bis in sein 9. J. zu Wahren im Mecklenburgschen erzogen. Im J. 1764 kehrte dieser zu seinen Verwandten in die Vaterstadt zurück und trat bald hernach als Page in die fürstlichen Dienste ein. Im J. 1771 d. 11. Febr. in das Gymnasium zu Rudolstadt aufgenommen, benutzte er den Unterricht dieser Landesschule 3 J. hindurch. Zu Jena studirte er hierauf die Rechte und vertheidigte unter dem Vorsitze des nachherigen Schwarzburg-Rudolst. Generalsuperintendenten L. F. Cellarius († 1818) im J. 1776: Quaestiones ad historiam et jus naturae spectantes und ein Jahr später, (1. März 1777) bei seinem Abgange von der Universität, unter des berühmten Walchs Präsidium seine Dissertation: De testamento principi oblato, welche mit einem sehr rühmlichen Zeugnisse des Präses von dem akademischen Fleiße des Verfassers begleitet ist. — Nach so beendigten Universitätsstudien trat W. in seinem Vaterlande die praktische Laufbahn im Hof- und Statsdienste an und wurde im J. 1777 zum Konsistorial- und Kammerassessor und noch in demselben Jahre (22. Octbr.) zum Kammerjunker ernannt. Aus dem Konsistorium trat er bald ausschließlich zum Kammerkollegium über, wurde Hausmarschall u. Kammerrath u. erhielt unterm 14. Octbr. 1799 vom Fürsten Ludwig Friedrich das Dekret als Vicekammerpräsident. Noch von demselben Fürsten wurde er am 17. März 1806 zum Kammerpräsidenten erhoben und unter der darauf folgenden vormundschaftlichen Regierung der noch lebenden Fürstin Caroline Luise, Mutter des jetzt regierenden Fürsten, am 19. Juni 1809 zum Hofmarschall ernannt. Der Verwendung dieser verehrten Fürstin, die treu geleistete Dienste gern und dankbar anerkannte, verdankte er auch seine Aufnahme zum Ritter des königl. preuß. St. Johanniterordens, welche Auszeichnung er durch Diplom vom 16. Juni 1819 erhielt. So hatte derselbe die verschiedenen Stufen der Hof- und Staatswürden überschritten und im hohen Alter sich noch des ungestörten Genusses seltener Rüstigkeit u. Jugendkraft zu erfreuen, die ihm noch selbst weitere Entfernungen in einem Tage zu Pferde zurückzulegen gestattete und war eben im Begriff am 31. August 1827 den Tag seines 50jährigen Dienstjubiläums zu erleben. Aber es war anders über ihn beschlossen. Um, wie er stets die Stille liebte und in Bewußtsein treu erfüllter Pflicht sich zufrieden fühlte, die bei dieser Gelegenheit ihn erwartenden Feierlichkeiten zu vermeiden, war er am 27. August nach dem 7 Stunden von Rudolstadt entfernten fürstlichen Eisenwerke Katzhütte geritten, in der Absicht, daselbst einige Tage gegen einen leichten Rheumatismus das Schlackenbad zu gebrauchen. Da traf ihn am Morgen des 28. August im Bade ein Blutschlag, der sein Leben im 72. J. plötzlich endigte und seinen Fürsten eines treuen Dieners u. Viele eines in schlichter Einfachheit u. Geradheit gewogenen Freundes und Gönners beraubte.

Vermählt war der Verewigte seit 1783 mit Maximiliane Henriette, Tochter des herzogl. Gothaschen Oberstlieutenants v. Taubenheim und dessen Gemahlin geb. v. Seidewitz. Von Roda im Herzogthum Altenburg, wo ihre Eltern lebten, war sie als Hofdame der daselbst residirenden Prinzessin Auguste zu Sachsen-Gotha, bei deren Vermählung mit dem Fürsten Friedrich Karl zu Schwarzburg-Rudolstadt im J. 1780 an den letztgenannten Hof gekommen, wo die Verbindung sich knüpfte. Zwei Töchter waren die Frucht dieser Ehe, von denen die zweite noch in zarter Jugend, die ältere aber schon erwachsen, in Lyon, wo sie gegen ihre Kränklichkeit vom wärmeren Klima Hülfe hoffte, i. J. 1825 dem Vater in die Ewigkeit vorausging. — So sank W. ein entblätterter Baum, wie er sich selbst nannte, in die einsame Gruft, die er sich in einer seiner Besitzungen nahe bei Rudolstadt erwählt hatte. Da er keine männliche Descendenz besaß, so mußte nach seinem Tode das seiner Familie gehörige Lehen, das Rittergut Quittelsdorf, 3 Stunden von genannter Stadt, an den Landesherrn zurückfallen; über sein Privatvermögen hat er in einem hinterlassenen Testamente verfügt, worin er zur Universalerbin desselben seine ihn überlebende Gemahlin ernannt und durch bedeutende Legate an das adelige Bernhardinenstift, an die Schulen und die Armen seiner Vaterstadt seinem wohlwollenden, das Gemeinnützige fördernden Sinne ein bleibendes Denkmal gesetzt hat. — Unter sechs Regierungen, in sehr wechselvollen Zeiten, hat er seinem Fürstenhause mit fester Treue und unwandelbarer Redlichkeit gedient; unablässig für das Interresse seines Fürsten besorgt; eine strenge Ordnung in der Dekonomie und eine weise Ersparung, so weit sie mit Würde und Anstand sich verträgt, war ihm Regel der Verwaltung; Eigennutz, der Andrer Rechte zu eigenen Vortheil schmälert und Bestechlichkeit war ihm verhaßt. Im hohen Grade pünktlich in den Geschäften seines Berufes u. streng gegen sich selbst, war er es auch in seinen Forderungen an die Untergebenen, deren Verdienst er aber auch gern und wohlwollend anerkannte. In seinem Privatleben liebte er eine stete Regelmäßigkeit und Einfachheit; diese waren das Element, in welchem er sich wohl fühlte und ihnen vor Allem verdankte er die ungeschwächte Geistes- u. Körperkraft, die ihm das höhere Alter so wenig fühlbar machte. Besonders erfreute er sich eines guten u. sichern Gedächtnisses, vorzüglich für Ortsverhältnisse. Gegenden, die er in früherer Zeit gesehen, wußte er noch in spätern Jahren mit Lebendigkeit und im genauesten Detail zu schildern, doch auch in andern Beziehungen verließ es ihn nicht, sondern hatte, was der Unterricht in der Jugend oder die spätere Lectüre ihm anvertraut, treu bewahrt, so daß er z. B. die berühmtesten Namen der Geschichte in ihrer chronologischen Folge, die bedeutendsten Fabeln der Mythologie und ganze Stellen aus Lieblingsschriftstellern genau wiederzugeben wußte. Mit treuer Anhänglichkeit war er den Freunden seiner Jugend zugethan, welche die Verbindung der Schule oder der Universität ihm zugeführt hatte, er sprach mit steter Achtung von ihnen u. betrauerte aufrichtig die ihm im Tode vorangegangenen. Jeder der ihm durch Bildung, durch Biederkeit und Geradheit empfohlen war, fand in seinem Hause, wo Prunk und falscher Schein nicht galt, die liebevollste u. wohlwollendste Aufnahme und durfte gewiß seyn, daß die entgegenkommende Herablassung, die schlichte Freundlichkeit im Aeußern bei ihm der wahre Spiegel innerer Zuneigung war. Wie jeder Mensch, war auch er nicht frei von Schwächen, wo aber diese, wie bei ihm, mit so ehrenwerthen Eigenschaften vereinigt waren, da kann die freundliche Erinnerung kein trüber Schatten stören. Und so wird Seiner von Allen, die ihn näher kannten, noch lange in Liebe gedacht werden.

* 287. Friedrich Carl Culemann,

herzogl. Braunschweigscher Oberhauptmann zu Blankenburg;

geb. d. 5. April 1752, gest. d. 29. August 1827.

Er war zu Detmold im Fürstenthum Lippe geboren. Nach vollendeten Studien in Göttingen, wo er sich von 1770 — 1775 der Rechtwissenschaft widmete, trat er in königl. preuß. Dienste als Auditeur u. Regimentsquartiermeister bei dem Regiment des Herzogs von Braunschweig (Halberstädter Reg.) und folgte in der Qualität des ersten Feld-Kriegszahlmeisters dem Herzoge Carl Wilh. Ferdinand v. Braunschweig, welcher die königl. Hauptarmee kommandirte, in die Rheinkampagne. Seine Kenntnisse, regelmäßige Thätigkeit und strenge Rechtschaffenheit zeichnete ihn bei seinem Feldherrn so aus, daß dieser ihn nach dem Frieden zum wirklichen Rathe in der Kammer des Fürstenthums Blankenburg beförderte. — Des Vertrauens, womit ihn sein Fürst beehrte, zeigte er sich nicht allein durch Geschäftsgewandtheit, sondern auch durch redliche Diensttreue beständig werth. Er lehnte die ihm während der französisch-westphälischen Occupationszeit gemachten Anträge, in westphälischen Staatsdienst zu treten, aus Abneigung gegen das undeutsche Fremdlingswesen mit deutschem Sinn geradehin ab u. erwies sich namentlich durch sein furchtloses Erscheinen in Halberstadt, als Herzog Friedr. Wilh. v. Braunschweig-Oels auf seinem Heldenzuge 1809 diesen Ort betrat, als den Patrioten, der, wenn es gilt, Hochachtung u. Liebe dem rechtmäßigen Herrn an den Tag zu legen, auch wenn diesen das Verhängniß und die Macht der Ungerechtigkeit den kritischen Lagen preis gibt, jede kleinliche Rücksicht der Menschenfurcht verscheucht.

Bei der Wiedereinsetzung des Welfenfürsten in dessen angestammte Rechte sollte der Verewigte dem Willen seines Herzogs gemäß zu einem ehrenvollen Posten in der höheren Staatsverwaltung emporsteigen; er zog es aber vor, seinem Amte vorzustehen, in welchem er eine zwar beschränktere, aber vermöge seiner Orts- und Personalkenntniß um so sicherere Wirksamkeit zu finden gewiß sein durfte. Als Oberhauptmann das Fürstenthums Blankenburg und des Stiftsamts Walkenried widmete er bis an seinen Tod seine bei vorgerücktem Alter und geschwächter Gesundheit sinkenden Kräfte seinem Posten zur vollkommensten Zufriedenheit der ihm vorgesetzten Behörde; so daß, als ein Augenübel ihm die gänzliche Ruhe von Geschäften wünschenswerth machte, man seiner doch nicht gern entbehren und die Leitung der Amtsangelenheiten ihm nicht entziehen mochte. — Das öffentliche und amtliche Leben des Mannes gehört dem Staate, in gewissen Beziehungen aber auch dem engern Kreise Einzelner an. Daß C. so bald nicht vergessen wird, dafür bürgt beides, sein Leben als Staatsdiener, als Mensch. — Difficile est, cum praestare omnibus concupieris, servare aequitatem, quae est justitiae maxime propria. C. hat diese Schwierigkeit gelöst. Biederkeit war ein Grundzug seines Charakters, der ihm unter den deutschen Zeitgenossen ein ehrenwerthes Andenken sichert; seine Freunde hatten an ihn den wärmsten u. redlichsten Theilnehmer, jeder Bedrängte einen Rathgeber und den Bedürftigen war er, so weit seine Kräfte reichten, eine thätige Stütze. Seine vielen genauen Bekanntschaften mit bedeutenden und einflußreichen Männern rühren insbesondere aus der Rheincampagne her, wo seine amtliche Stellung und die persönliche Nähe des ihn auszeichnenden Kommandeurs ihm den Umgang und die Gunst vieler Angesehenen erwarb.

* 288. Heinrich Wilhelm, Reichsburggraf zu Dohna,

Lieutenant im kön. preuß. 7. Infanterieregimente zu Glogau;

geb. d. 28. Jan. 1808, gest. d. 29. Aug. 1827.

Er war zu Kotzenau im Lübenschen Kreise des Herzogthums Schlesien, dem Wohnorte seiner Eltern, des kön. preuß. Majors und Ritters ꝛc. Reichsburggrafen zu Dohna, Erbherrn der Herrschaft Kotzenau und dessen Gemahlin, Friederike, geb. Gräfin von Reichenbach-Zessel, geboren.

Er wurde im elterlichen Hause durch Privatlehrer unterrichtet, bis er im Monat October 1818 auf das Gymnasium nach Glogau kam. Im Juni 1820 trat er in Militärdienste ein und zwar bei dem in Glogau garnisonirenden 7. Infanterieregimente Prinz Wilhelm von Preußen, erhielt in diesem den 25. Juni 1822 das Offizierpatent als Secondlieutenant, ging im Sept. 1825 auf die allgemeine Kriegsschule nach Berlin, von wo er im Juli 1827 zu den Exercirübungen des Regiments nach Schweidnitz zurückkehrte. Bei dieser Gelegenheit traf er mit erhaltenem Urlaub in dem elterlichen Hause bereits schon kränklich ein und weder die Bemühungen mehrerer Aerzte, noch die sorgsamste Pflege vermochten sein Leben zu erhalten. Er starb an den Folgen einer Brustkrankheit in der schönsten Lebensblüthe im 25. J. seines Alters. Seine Menschenfreundlichkeit machte ihn zum Wohlthäter gegen Arme und erwarb ihm die Liebe derer, die ihn kannten.

*289. N. N. von Pannwitz,

kön. preuß. Oberstlieutenant zu Berlin;

geb. d. 27. Octbr. 1752, gest. d. 1. Septbr. 1827.

Auf dem adeligen Rittergute Schliechow bei Cottbus geboren, trat derselbe im 16. J. seines Alters (1769) als Fahnenjunker in das damalige Infanterieregiment v. Koschenbahr (zuletzt Graf v. Kunheim), wurde 1773 zum Fähndrich, 1778 zum Secondlieutenant, 1786 zum Premierlieutenant, 1790 zum Stabskapitän ernannt und erhielt 1796 eine Grenadierkompagnie des Regiments. Im J. 1804 zum Major befördert, trat er zugleich, der Ordnung zufolge, aus dem Grenadierbataillon ins Regiment ein. Während seiner 37jährigen Dienstzeit hat der Verewigte folgenden Feldzügen und Märschen beigewohnt: Dem baierschen Erbfolgekrieg 1778, dem Marsch nach Schlesien 1790, dem Feldzug gegen die Insurgenten in Polen 1794, dem Ausmarsch 1805 und endlich dem Kriege von 1806 bis zur Affaire und Capitulation von Lübeck, wodurch sämmtliche Offiziere als Kriegsgefangene aufs Ehrenwort entlassen, aber auch zugleich dieses älteste Regiment der preußischen Armee für immer aufgelöst wurde.

---

* 290. Johann Nepomuck Feichtmayer,

kön. baierscher Landgerichtsarzt zu Weißenhorn im Oberdonaukreise;

geb. d. 9. Nov. 1772, gest. d. 2. Sept. 1827.

Das gewerbsame und hübsch gebaute Städtchen Günzburg an der Donau ist F's. Geburtsort, wo sein Vater Gastwirth war. Hier vollendete er seine Gymnasialstudien und begab sich im J. 1790 auf die damalige Hochschule zu Dillingen, um sich den philosophischen Studien zu widmen. Als er im 2. Jahre hier war, starb sein Vater u. seine Mutter hatte er schon in seiner frühesten Kindheit durch den Tod verloren. Schon als er die Hochschule bezog, hatte er sich, mit Billigung seines Vaters, die Heilkunde zu seinem künftigen Beruf gewählt; nach dessen Tode änderten sich aber die Verhältnisse und er sollte nun entweder Theologie studiren oder das väterliche Anwesen übernehmen. Weder zu dem Einen noch Andern Neigung fühlend, erhielt er nur auf dringende Vorstellungen und Bitten von seinen Verwandten die Erlaubniß zur Fortsetzung und Vollendung der philosophischen Studien, worauf er bei seinem Abgang von der Universität Dillingen den Grad eines Doktors der Philosophie erhielt. Von jetzt an mußte er über ein Jahr lang das väterliche Geschäft besorgen und konnte erst im Frühjahr 1794 sich auf die Hochschule zu Freiburg im Breisgau begeben, um sich nun dem Studium der Heilkunde zu widmen. Mit Liebe und Eifer ergab er sich demselben und ward 1797 daselbst zum Doktor der Heilkunde promovirt, worauf er dann noch ein Jahr daselbst blieb, um den praktischen Unterricht im Klinikum zu genießen. Von da begab er sich nach Wien, um sich unter dem großen Meister Joh. Peter Frank noch mehr in der praktischen Heilkunde zu vervollkommnen. Hier erhielt er den Ruf als Stadt- und Bezirksphysicus nach Weißenhorn, einem kleinen vorderöstreichschen Städtchen, 3 Meilen von Günzburg, und als im J. 1806 Weißenhorn an Baiern fiel, ward er als Gerichtsarzt des angrenzenden Landgerichts Roggenburg angestellt, wobei er seinen Wohnsitz in Weißenhorn behalten durfte; auch ward ihm bald darauf das Physicat des gräfl. Fuggerschen Herrschaftsgerichts Weißenhorn übertragen. — F. war sehr eifrig in seinem Berufe und ein ausgezeichneter Arzt seines Kreises. Dabei sehr glücklich in seinen Kuren und deshalb, so wie wegen seiner Freundlichkeit allgemein beliebt, daher sein Verlust laut beklagt wurde. — Er war von großem und wohlgebildetem Körperbau, der auf ein höheres Alter zu hoffen berechtigte. — Im J. 1803 hatte er sich mit Fräulein Amalie v. Payer verheirathet, die er als Wittwe mit 3 Söhnen und einer Tochter hinterließ. — Im J. 1800 schrieb er: Beitrag zur Gesch. des in einem Theile Schwabens herrschenden Nervenfiebers. Und Aufsätze von ihm stehen in Hufelands Journ. der prakt. Heilk. Bd. X. u. XX., so wie in v. Ehrhardts Sammlung von Beobachtungen und Aufsätzen über Gegenstände aus der Arzneik. (Nürnb. 1802).

Augsburg. Wetzler.

* 291. August Wilhelm Eiffert,

Doktor der Medizin und Medizinalaccessist des Amtes Wallau im Herzogthum Nassau;

geb. d. 29. Oct. 1802, gest. d. 3. Sept. 1827.

Auf der Friedrichsschule zu Wiesbaden, seiner Vaterstadt, begann er seine literarische Bildung und setzte sie mit Fleiß und Talent auf den Gymnasien zu Idstein u. Weilburg fort, bis er, mit guten Vorkenntnissen ausgerüstet, 1822 die Universität Erlangen und anderthalb Jahre später die Ruperto-Carolina in Heidelberg besuchte. Ausgezeichneter Fleiß und Liebe für sein ärztliches Studium erwarben ihm schnell die Gunst seiner Lehrer, die ihn fast alle auszeichneten, seine Bescheidenheit, Rechtlichkeit und Gutmüthigkeit die Liebe seiner Commilitonen. So kam er denn Ende des J. 1826 mit vielversprechenden Kenntnissen ausgerüstet von dieser Hochschule in sein Vaterland zurück, erhielt in der strengen Prüfung, der er sich von Seiten seines Staates unterwerfen mußte, das erste Prädikat und bald darauf im Juni 1827 die Anstellung als Medizinalaccessist in dem Wohnorte seiner Eltern. Trotz seiner Jugend hatte er eine sehr schöne, praktische Laufbahn begonnen und sich in seiner nähern Umgebung durch glückliche Kuren schon bedeutendes Vertrauen zu erwerben gewußt, als ihn bei einer zufälligen Reise nach Heidelberg dort ein Schlagfluß mit allen auf ihn gebauten Hoffnungen dieser Welt entriß. Welche Theilnahme er genoß, beweist, daß nicht blos die ganze Fakultät, sondern 53 Trauerwagen und ein stattlicher Fackelzug dem Sarge des jungen Doktors zum Grabe folgten. Mehr aber noch ehren ihn die Thränen, die noch jetzt den Landleuten des Bezirks, in dem er kaum ein halbes Jahr in seinem Berufe thätig war, über die braunen Wangen rollen, sobald man ihnen den Namen des jungen Eiffert nennt.

* 292. Johann Gottlob Kliembt,

Pfarrer zu Ebersbach bei Görlitz;

geb. d. 14. Aug. 1747, gest. d. 4. Sept. 1827.

Dieser Jubelprediger war zu Görlitz geboren, wo sein Vater ein Gerber war. Seine Studien machte er zu Görlitz und Leipzig, lebte dann als Jugendlehrer in seiner Vaterstadt, wo unter andern der berühmte Arzt Dr. Struve einst sein Zögling war. Da er als Prediger sehr gern gehört wurde, so konnte ihm eine Anstellung nicht fehlen und er ward 1777 Pfarrer zu Leopoldshayn, 8 Jahr darauf aber in dem größern Dorfe Ebersbach bei Görlitz. Mit Eifer und Treue verwaltete er seine Aemter, blieb auch gesund, mit Ausnahme heftiger Anfälle von Kopfgicht. Am 18. Mai 1827 war der festliche Tag seines Amtsjubiläums, wobei er große Beweise von Hochachtung erhielt und noch mit einer bei einem 80jährigen Manne seltnen Munterkeit sein Amt verwaltete. Doch eine in Amtsgeschäften zugezogene Erkältung brach seine Gesundheit und er schied von dieser Erde. Seine Gattin, so wie seine Söhne waren vor ihm verstorben und eine Enkelin hatte ihn in seinem Alter gepflegt.

293. August Friedrich Wilhelm von Bülow,

kön. preuß. wirkl. Geheimerath und vormaliger Oberpräsident der Provinz Sachsen, Ritter des rothen Adlerordens 2. Kl. mit Eichenlaub und des eisernen Kreuzes 2. Kl. — zu Potsdam;

geb. d. 23. Febr. 1762, gest. d. 4. Sept. 1827.*)

Er stammte aus dem Hause Essenrode im Hannöverschen, trat nach erhaltener gründlicher, vielseitiger Bildung auf der Ritterakademie zu Lüneburg und nachher auf der Universität zu Göttingen in hannöverschen Justizdienst, ward, nachdem er einige Jahre Hof- und Kanzleirath in der Justizkanzlei zu Celle gewesen war, so jung, wie vor ihm Niemand, Oberappellationsrath in dem höchsten Tribunal daselbst. Bei der allgemeinen Anerkennung seiner ausgezeichneten Fähigkeiten und bei seiner entschiedenen Neigung für den preuß. Staatsdienst trat er 1805 in denselben als geheimer Regierungsrath bei der Regierung zu Münster. Bei dem im folgenden Jahre ausgebrochenen Kriege ward er nach Berlin berufen, wo er mehrere Jahre

*) Haude- und Spen. Ztg. 1827. Nr. 210.

an den Geschäften des Justizministeriums Theil nahm; 1809 ward er zum Präsidenten des Oberlandesgerichts zu Insterburg ernannt und im folgenden Jahre in gleicher Eigenschaft dem zu Soldin vorgesetzt. Im J. 1811 zum geheimen Staatsrath erhoben, erhielt er zunächst seinen Wirkungskreis im Büreau des Staatskanzlers und im damaligen Finanzkollegium, so wie in mehreren wichtigen außerordentlichen Geschäften. Während des bald nachher ausgebrochenen Krieges ward er Mitglied des Generalgouvernements zu Dresden und nach beendigtem Kriege Oberpräsident der Provinz Sachsen. Während eines Aufenthalts in Berlin, wohin ein königl. außerordentlicher Auftrag in landständischen Angelegenheiten ihn berufen hatte, endigte im November 1821 ein Schlagfluß zwar nicht sein Leben, aber eine öffentliche Laufbahn, die, wie mannichfaltig sie auch gewesen, doch allenthalben gleich ehrenvoll ausgezeichnet und musterhaft, wohlthätig und segensreich und daher von der ungetheiltesten Achtung und Anerkennung begleitet war. Alle mehrjährigen Versuche, diese Geschäftsthätigkeit wieder herzustellen, waren zum öffentlichen Bedauern vergeblich. v. B. ertrug die schmerzlichste Beraubung einer Thätigkeit, die ihm Glück und Bedürfniß war, mit seltner männlichen Ergebung und mit der frohen Ueberzeugung, daß das wahre Verdienst nach seinem Inhalt und nicht nach der Dauer seiner Wirksamkeit gewürdigt und geachtet wird. In dieser Ueberzeugung ward er durch die während seiner Krankheit erhaltenen Beweise der allerhöchsten Anerkennung seiner Verdienste auf eine ihn tief rührende Art bestärkt, indem des Königs Majestät ihm nicht allein die Würde eines königl. wirklichen geheimen Rathes verlieh, sondern auch, als jede Hoffnung der Wiederherstellung verschwunden war, seine Versetzung in den Ruhestand mit den unzweideutigsten Beweisen der Allerhöchsten Gnade und Zufriedenheit mit diesem treuen Diener und mit seinen Verdiensten begleitete. Er verschied mit dankbarster Anerkennung derselben! Sein hoher Werth als Geschäftsmann und als Gelehrter ist eben so allgemein anerkannt, als die seltenen Eigenschaften, die ihn als Familienvater und als Freund so liebenswürdig und musterhaft auszeichneten und ihm noch lange ein ehrenvolles treues Andenken sichern werden.

Als Schriftsteller hat er sich durch folgende Werke bekannt gemacht: Gab mit T. Hagemann*) heraus: Prak-

*) Man sehe dessen Biographie unterm 4. Mai d. J.

tische Erörterungen aus allen Theilen der Rechtsgelehrsamkeit. 1798. 2. Aufl. 1814. 5 Bde. — Schrieb selbst: Ueb. die Verfassung, d. Gesch. u. d. Geschäftsgang des Oberappellationsgerichts zu Celle. 1801. 1804. — Bemerkungen, veranlaßt durch Rehbergs Beurtheilung d. kön. preuß. Staatsverwaltung u. Staatsdienerschaft. 1808. — Ueb. die gegenwärtigen Verhältnisse des christl. evangel. Kirchenwesens in Deutschland, besonders in Beziehung auf den preuß. Staat. 1818. 2. Aufl. 1819.

294. Friedrich Gottlob Haan,

Magister u. Professor der Philosophie u. Lehrer der Vorbereitungswissenschaften an der chirurg.-medizin. Akademie zu Dresden; geb. d. 18. Sept. 1771, gest. d. 4. Sept. 1827. *)

Er war zu Lampertswalda bei Oschatz geboren; wurde, nachdem er seit 1794 Töchterlehrer in Torgau gewesen war, 1803 zum Rektor in Pulsnitz ernannt, 1804 aber bei der Umgestaltung der in Neustadt-Dresden befindlichen Stadtschule in eine Bürgerschule als Lehrer der Mathematik bei derselben angestellt. 1806 errichtete er auf Verlangen des Magistrats eine weibliche Unterrichtsanstalt für höhere und mittlere Stände und ward im folgenden Jahre als deren Direktor bestätigt. 1809 legte er dieses Institut nieder und errichtete eine Privatschule für Söhne aus den mittlern und höhern Bürgerständen. Im J. 1814 ward er bei der Reorganisation der chirurg.-medizin. Akademie zum Professor der Philosophie und der Vorbereitungswissenschaften ernannt. Als im J. 1817 der Stadtrath die Errichtung einer neuen Bürgerschule beabsichtigte, erhielt er den Auftrag, den Plan hierzu zu entwerfen, ward auch im folgenden Jahre zum Direktor dieser unter dem Namen: Friedrich-Augusts-Schule, gegründeten Anstalt ernannt; lehnte aber diesen Ruf ab und blieb in seinem frühern Wirkungskreise. In den Jahren 1800 — 1805 gab er Erdkugeln von 9 und 3 Zoll Größe, so wie Sonnensysteme und Tellurien heraus; in den letztern Jahren vervollkommnete er die bisherigen Erdkugeln.

Von ihm erschien: Spruchbuch f. d. unt. Kl. d. Stadt- u. Landschulen. 1796. 7. Aufl. 1811. — Schulgesangbuch. 1796. — Die Hauptwahrheiten der christl. Rel. 1797. — Sittenbuch in Beispielen und Erzähl. 1798. 2. Aufl. 1801. — A B C-Buchstabir- u. Lesebuch für deutsch. Schulen.

*) Hall. Litztg. 1827. No. 261.

1799. — Demonstratio, veteres ad religionem instituendam et confirm. semper revelationem existimasse necessariam. 1802. — Allgem. faßl. Unterricht üb. d. Gebr. d. künstl. Erdkugeln. 1802. — Nachr. üb. d. Einrichtg. d. wirkl. Unterrichtsanstalt f. Töchter d. höh. u. mittl. Standes in Dresden. 1806. — Ueb. meine Lehr- u. Erziehungsanstalt für Söhne; ebend. 1809—1818. — Rechnungstafeln. 1814. 2. Aufl. 1820. — Berechnung aller Aufgaben in d. Rechnungstafeln. 1815. — Nachr. von Joseph Lancasters Schule in London; in d. Dresd. gemeinnütz. Beiträgen. (1808.) S. 458.

* 295. Ludwig Ernst Christian von Kyckpusch,

kön. preuß. Generalmajor u. Kommandant der Festung Silberberg in Schlesien; Ritter d. Ord. pour le mérite u. d. eis. Kr. 2. Kl.

geb. d. 25. Febr. 1774, gest. d. 4. Sept. 1827.

Ich bin der Sohn des fürstlich Schwarzburg-Rudolstadtschen Kanzlers von Kyckpusch, kam Anfangs November 1788 in das damalige kön. preuß. Infanterie-Regiment von Lengefeld in Magdeburg als Fahnjunker und marschirte mit diesem Regiment, das nun Kalkstein hieß, 1790 nach Schlesien, wo ich Portepeefähndrich ward. Nach der Reichenbacher Konvention nach Magdeburg zurückgekehrt, wurde ich 1792 zum Offizier ernannt. Im Decemb. 1792 marschirte ich mit demselben nach Westphalen zum Korps des Herzogs Friedrich von Braunschweig-Oels und machte die Kampagne in den östreichschen Niederlanden u. in französisch Flandern mit. Im August 1793 marschirte dies Korps von der Gegend bei Lille in Flandern über Namur, Luxemburg nach Ottweiler und Generallieutenant v. Knobelsdorff, der es nach dem Abgange des Herzogs Friedrich von Braunschweig-Oels kommandirte, griff den 7. und 29. September die Franzosen in Vereinigung mit dem Graf Kalkreuthschen Korps an und bezog eine Position vor Saarbrück. Den 17. Novemb. 1793 ward sie verlassen, und das Regiment kam nach mehreren Gefechten und der Schlacht von Kaiserslautern am 28., 29. und 30. November 1793 einige Meilen von Mainz am linken Rheinufer in Winterquartiere. Hier ward ich Secondlieutenant und wohnte als solcher der Kampagne 1794 in der Pfalz und namentlich der 2. Schlacht von Kaiserslautern den 23. Mai 1794 bei. Nachdem ich im Winter von 1794 zu 1795 in Flörsheim am Main gestanden, marschirte das Regiment im Februar 1795 mit der Armee des

Feldmarschall Möllendorff nach Westphalen und von da im Sommer 1795 nach seiner Garnison Magdeburg. Im J. 1801 suchte ich die Erlaubniß nach, die Kriegsschule in Berlin unter dem Oberstlieutenant v. Scharnhorst besuchen zu dürfen und war die drei Winter von 1801 bis 1804 daselbst und im Sommer beim Regiment, welches jetzt von Kleist hieß. 1803 ward ich Premierlieutenant und 1804 nach beendigten Studien in der Kriegsschule u. gemachtem Examen in Potsdam kam ich bei Vermehrung des Generalstabes in diese Stadt als Adjoint in demselben. Von hier aus reiste ich im J. 1804 wiederholt in Generalstabs-Aufträgen nach Ostpreußen und im Frühjahr 1805 in gleichen Aufträgen nach Neu-Ostpreußen und bekam dort Befehl nach Graudenz zu gehen um mobil gemacht zu werden. Von da ging ich zur Armee des Generallieuten. v. Rüchel, der in Frankfurt a/O. sein Hauptquartier hatte. Bei veränderter politischer Lage wurde ich von diesem wegen Marsch der Truppen nach Marienwerder geschickt, daselbst zum Stabskapitän ernannt und im Generalstab einrangirt. Von Marienwerder den marschirenden Truppen über Bromberg nach Küstrin voraus geschickt, kam ich als ältester Offizier des Generalstabs zum Korps des Herzogs Eugen von Würtemberg, welches aus den westpreußischen Regimentern bestehend, eine Kantonirung in und bei Berlin bezog. Im Januar 1806 in meine Garnison Potsdam zurückgekommen, blieb ich daselbst bis ich Befehl bekam zur Armee des Herzogs von Braunschweig nach Halle zu gehen. Ich kam zur Division des Centrums der Hauptarmee, die der Generallieutenant Graf Wartensleben kommandirte und da nach der unglücklichen Schlacht von Auerstädt diese ganze Division in Magdeburg zur Besatzung blieb, befahl mir der Fürst Hohenlohe gleichfalls da zu bleiben*). In Memel wurde ich darauf zum Major im Generalstab befördert. Ich blieb in Memel und Königsberg im Büreau des General von Scharnhorst und bekam dann unter dem Generallieutenant von Diericke die Examinationsgeschäfte. 1812 beim Ausbruch des Krieges gegen Rußland ward ich nach Königsberg beordert, dort mobil gemacht und dem Generallieutenant v. Massenbach, der die Kavallerie des Armeekorps kommandirte, als ältester General-Stabsoffizier zugetheilt.

*) Er allein widersetzte sich damals der Uebergabe von Magdeburg u. es gab einen heftigen Auftritt zwischen dem General Wartensleben und dem damaligen Kapitän v. Kyckpusch, der als so junger Offizier von dem General zur Ruhe verwiesen wurde.

Allen Gefechten und Ereignissen dieser Kampagne wohnte ich bei und erhielt nach dem Ueberfall auf Friedrichsstadt den 18. Nov. 1812 von Sr. Majestät den Militärverdienstorden. Darauf übernahm ich auf Befehl Sr. Maj. des Königs ein neu zu errichtendes Bataillon in Königsberg und führte, dasselbe formirt, mit noch vier andern durch Westpreußen und Pommern zum Korps des General von Bülow bei Kalau und Cottbus, worauf es den 4. Juni 1813 mit Auszeichnung bei Luckau sein erstes Gefecht bestand. Nach dem Waffenstillstand kam das Bataillon nach Potsdam und ich beim Wiederausbruch der Feindseligkeiten zum Generalmajor von Putlitz, der ein Korps kurmärkscher Landwehr bei Havelberg zusammenzog. Gleich darauf mußte General Putlitz vor Magdeburg rücken u. es am rechten Elbufer blokiren Den 27. August 1813 hatte Generallieutenant von Hirschfeld und Putlitz das Glück, bei Hagelsberg den französischen Divisionsgeneral Giera gänzlich zu schlagen und ich erhielt für diese Affaire und für die bei Königsborn vom 21. August das eiserne Kreuz 2. Kl. und wurde zugleich Oberstlieutenant im Generalstabe*) und als solcher zur Blokade gegen Magdeburg beordert. Im J. 1813 nahm ich ebenfalls Theil an der Blokade vor Wesel. Wir nahmen unsern Marsch dahin über Helmstädt, Braunschweig, Hannover, wo wir zur Belagerung den russ. General Stahl ablösten. Hier blieb unser Korps stehen bis die Festung überging, in welcher Zeit wir mit der starken franz. Garnison öftere Gefechte zu bestehen hatten. Nachdem wir darauf noch einige Zeit bei Emmerich, Münster rc. gestanden, erhielt ich Befehl die kurmärksche Landwehr durchs Hannöversche, Braunschweigsche nach Rathenow hinter die Elbe zurück zu führen, wo sie in ihre Garnison und ich nach Berlin ging. — Im März 1815 ward ich zum Kommandanten der Festung Pillau ernannt; da aber der Krieg gegen Frankreich von Neuem ausbrechen sollte, so wurde ich auf mein Gesuch deshalb wieder bei der Armee und zwar als Oberst angestellt und dem Generallieutenant von Thielemann **) zugetheilt. Nach beendigtem Feldzug 1815 wurde ich Kommandant von Trier, was zur Festung umgeschaffen werden

---

*) v. Kyckpusch stellte sich bei Hagelsberg selbst an die [Spitze] seines ehemaligen Bataillons, das bei der großen Ueberma[cht des] Feindes zu weichen im Begriff war, welches dadurch er[muthigt] sich äußerst tapfer bewies und viel zum glücklichen Ausgang [des] Tages beitrug.

**) Dessen Biographie steht im 8. Jahrg. Seite 980.

sollte. Als ich aber sah, daß dieses nicht geschah, noch gut geschehen konnte, bat ich seine Maj. den König um Versetzung als Kommandant in eine wirkliche Festung, welche Bitte mir auch gewährt wurde. So bin ich denn seit dem December 1817 Kommandant in Silberberg und daselbst 1820 zum Generalmajor avancirt.

Der verewigte v. K. starb zu Silberberg nach langen Leiden, bei welchen er oft schmerzlich ausrief: O glücklicher waren die, welche in der Schlacht für König und Vaterland ihr Leben beschlossen!

* 296. Johann Samuel Kammerad,

Pfarrer in Döbernitz und Beerendorf bei Delitzsch im Herzogthum Sachsen;

geb. d. 2. Febr. 1775, gest. d. 4. Septbr. 1827.

Er war der Sohn des Schulmeisters zu Döcklitz bei Querfurt, kam in seinem 14. J. auf die Schule daselbst und von da, wegen seiner großen Vorliebe für die Musick, auf die Domschule nach Magdeburg, welche er sechs Jahre lang besuchte, während welcher Zeit er Chorsänger war. Seine Universitätsstudien betrieb er in Halle und Leipzig. Der letztere Ort gab ihm bei seinen ausgezeichneten Kenntnissen im Französischen und in der Musik, vielfache Gelegenheit, sich fortzuhelfen und wiewohl er von seinen Eltern durchaus nicht unterstützt werden konnte, so hatte er doch niemals mit Mangel zu kämpfen und rühmte in spätern Jahren stets mit Freuden die Wege Gottes. Nach Vollendung seiner akademischen Studien und nach bestandenem Examen hielt er sich in mehrern angesehenen Häusern als Hauslehrer auf, bis ihn im J. 1811 der königl. sächsische Conferenzminister, Graf v. Hohenthal *) zum Pfarrer nach Döbernitz berief. Mit der größten Liebe ging er seinen beiden Gemeinden entgegen und auch diese hingen bis an seinen Tod mit treuer und dankbare Liebe an ihm, so wie er wegen seines aufrichtigen, rechtschaffenen u. friedliebenden Charakters von allen seinen Freunden geschätzt wurde. Einen Ruf zu einer andern Pfarrstelle schlug er aus, weil seine Kirchkinder ihm zu lieb waren. — Von ihm ist gedruckt: Predigt am 3. August 1815, als an dem Tage, an welchem die Bewohner des Herzogthums Sachsen ihrem neuen Landesherrn Friedrich Wilhelm III. huldigten, gehalten.

*) Dessen Biogr. findet man im 8. Jahrg., p. 101.

* 297. Heinrich Boie,

Doctor der Philosophie u. Conservator des Ryksmuseums der Naturgeschichte in Leyden, gest. zu Buitenzorg auf Java; geb. d. 4. Mai 1794, gest. d. 4. Septbr. 1827.

Nur kurz, aber doch schon wirkungsreich war das Leben des Hingeschiedenen und unvergessen bleibt sein Name den Freunden der Wissenschaft. Zu Meldorf in Süderditmarschen ward er geboren. Sein Vater war der in der deutschen Literaturgeschichte wohlbekannte Dichter Christ. Heinr. Boie, der Schwager von Joh. Heinr. Voß *) und Freund von Gottfr. Aug. Bürger. Er ward 1781 Landvogt von Süderditmarschen, wohnte zu Meldorf, wo er auch geboren war und starb 1806. Heinrich, sein jüngerer Sohn, studirte von 1812 bis 1817 die Rechte zu Göttingen, Heidelberg u. Kiel, ließ sich Michaelis 1817 zu Glückstadt examiniren und erhielt den zweiten Charakter. Ob er nun damit nicht zufrieden gewesen, oder ob ihm doch die Rechtswissenschaft nicht länger zugesagt, genug er ging 1818 wieder nach Heidelberg, um sich unter seinem Freunde Tiedemann daselbst der vergleichenden Anatomie und der Naturgeschichte zu widmen. Bald erhielt er hier die Aufsicht über das naturhistorische Museum und 1821 von der philosophischen Fakultät ein Ehrendiplom als Doctor der Philosophie. In demselben Jahre 1821 machte ihm die Senkenbergsche naturforschende Gesellschaft in Frankfurt am Main den Antrag, den Naturforscher Rüppel nach Afrika zu begleiten. Allein da er zu gleicher Zeit nach Leyden berufen war, so zog er diesen letzten Ruf vor und war bis 1825 Custos der Wirbelthiere am naturhistorischen Museum daselbst, worauf er zum Conservator des Ryksmuseums der Naturgeschichte, das kurz vorher von Temminck gegründet worden war, erwählt wurde.

Die niederländische Regierung hat seit 1816 viel darauf verwandt, ihre Kolonien in physikalischer Hinsicht erforschen zu lassen. Zuerst sandte sie den jetzigen Prof. in Leyden Reinward nach Java, welcher auch 1822 mit reicher Ausbeute seiner Nachsuchungen und Sammlungen zurückkam. Ihm waren schon im Jahr 1820 mit einem Maler und zwei Präparatoren, Dr. Kuhl aus Hanau und von Hasselt, Sohn eines Generalmajors, nachgesandt worden. Aber Beide erlagen bald dem heißen Klima. Kuhl, ein Freund von B., sprach kurz vor seinem Ende den Wunsch aus, dieser Freund möge sein Nachfolger wer-

*) M. s. dessen Biogr. 4. Jahrg., p. 171.

den. Er ward es auch. B. nahm den Vorschlag nach Java zu reisen mit Freuden an. Im Decbr. 1825 trat er mit seinem Freunde, dem Dr. med. Macklot, den er sich zum Gefährten erbeten, so wie mit einem Gehülfen, Müller aus Heidelberg und einem Maler van Ohrt, auf einem Ostindienfahrer die Reise an. Im April 1826 lebte er mehrere Wochen in der Kapstadt u. deren Umgebung, landete im Junius 1826 zu Batavia, wo van Raalsen, ein Mitglied der Kuhlschen Expedition zu ihm stieß und blieb bis Ende des Jahres zu Buitenzorg, dem Sitze des Kommissärgenerals der niederländisch-ostindischen Besitzungen, der ihm und seinen Freunden ein Gebäude u. einen Park des Schlosses einräumte, um sich an das Klima zu gewöhnen. Von hier ging er den 31. Decbr. 1826, begleitet von seinen vier europäischen Gefährten, 18 Jägern und 97 eingebornen Trägern und Bedienten in das Innere des Landes und schrieb Ende Januar 1827 aus Tjikau am Tjitarem, einem Flusse, der sich östlich von Batavia ins Meer ergießt. Von dem Landgute Tjitray aus besuchte er den Hügel, der von den Schwalben bewohnt wird, deren Nester gegessen werden und welche dem Besitzer dieses Gutes jährlich 20,000 Piaster einbringen. Ueberall fand B. bei den Dorfoberhäuptern, denen die Bewohner eine orientalische Unterwürfigkeit bezeigen und den Verwaltern der Europäern gehörigen Landgüter die beste Aufnahme; die beiden Arten wilder Schweine, die Hirsche, das Rhinoceros, die wilden Büffel, Leoparden und Tiger gaben ihm nebst den von ihnen bewohnten Wäldern und Bambusdickichten reichen Stoff zu Beobachtungen. Zur Beförderung des Gepäckes der Reisenden durch die schon hier von keinen gebahnten Wegen durchschnittene Wildniß war eine Menge Menschen erforderlich. Die Gesellschaft selbst aber bediente sich der kräftigen japanischen Pferde. — Nach spätern Nachrichten befanden sich die Reisenden wohl u. mehrere ihrer Sendungen waren schon in Leyden angekommen. Aber nur zu bald lauteten sie anders. Am 26. Aug. 1827 verließ B. das Pajorangsche Gebirge, um wenige Tage zu Buitenzorg zu verleben. Gleich nach seiner Ankunft daselbst befiel ihn ein Nervenfieber, welches so schnell zunahm, daß sein gefahrvoller Zustand nicht zweifelhaft war. Auch zeigte sich alle angewandte Hülfe sogleich vergeblich und nur zehn Tage bedurfte es, um den unvergleichlichen jungen Mann den Wissenschaften u. seinen Freunden auf immer zu rauben und zugleich mit ihm alle Früchte der unausgesetzten Anstrengungen seines ganzen Lebens zu vernichten. Macklot, der sich schon zu Bantam befand, kam nach erhaltener Nachricht eben noch zeitig genug, seinen mit dem Tode ringenden Freund noch lebend zu finden; dann wurde auch er durch die Reise u. den Verlust des Freundes erschöpft, auf das Siechbette geworfen und es wird vielleicht nur seiner stärkern Leibesbeschaffenheit zu danken sein, wenn man über ihn günstigere Berichte erhält. — Das Ryksmuseum, dessen Todesbericht in der Leydener Zeitung vom Januar 1828 wir bei den letzten Nachrichten benutzt haben, gibt ihm am Schlusse folgendes rühmliche Zeugniß: „Was die Naturwissenschaft im Allgemeinen und das Museum des Reiches insbesondere an dem edlen Boie verliert, läßt sich nicht berechnen. Die während der kurzen Zeit, die er in Indien wirken konnte, gemachten Sammlungen u. Wahrnehmungen können als Beweise dienen, wie sehr geeignet er zur Ausführung des ihm übertragenen Geschäftes war u. werden ihn als den feinen Forscher und den klugen Beobachter der schönen Natur auszeichnen, und was er in seiner Studirstube war und noch zu werden versprach, dieses mögen die der Naturgeschichte Kundigen aus dem schon unter der Presse liegenden und nächstens ans Licht tretenden Werke von ihm beurtheilen. Wir sind überzeugt, daß sein Tod bei Allen Trauer erregen, daß man den edlen Jüngling beweinen wird und wahrlich, er ist es werth."

Als Schriftsteller konnte B. bei so bewegtem Leben nur Weniges leisten. Im J. 1822 gab er seines Bruders Friedrich B. *) „Tagebuch, gehalten auf einer Reise durch Norwegen im J. 1817" (mit einer Karte) heraus u. begleitete es mit Anmerkungen. Außerdem lieferte er einige Aufsätze in die Wetteranschen Ann. für Naturgesch. u. in Okens Isis; so wie Recensionen zu den Heidelberger Jahrb. f. Lit. Auf sein unter der Presse befindliches Werk sind mit Recht alle Naturkundige gespannt.

H. Schröder.

---

*) Auch dieser, der als Justitiarius mehrerer adeliger Güter in Kiel wohnt, ist als eifriger Naturforscher, besonders in der Ornithologie, bekannt, und besitzt ausgezeichnete Sammlungen. Die Nachrichten, die derselbe von seinem Bruder in der „Chronik der Universität Kiel im Sommerhalbenjahre 1827" S. 42 u. 43 gab, haben uns manche schätzbare Notiz geliefert.

* 298. Carl Friedrich Christoph Tiedtke,

königl. preuß. Justizrath zu Potsdam;

geb. im Jahre 1753, gest. d. 5. September 1827.

Er empfing den ersten Unterricht in seiner Vaterstadt Naun, wo sein Vater geistlicher Inspector war. Schon früh zeigte er Lust zum Studiren und um diese in dem Jünglinge noch mehr zu wecken, brachte ihn der Vater 1766 nach Berlin auf das damals besonders im Flor stehende Joachimsthalsche Gymnasium, in welchem er als Alumnus 6 Jahre zubrachte und sich durch Fleiß u. Ausdauer diejenigen Kenntnisse aneignete, welche ihn fähig machten die Universität mit Nutzen beziehen zu können. Eben im Begriff das Gymnasium zu verlassen, erfuhr er die bittere Fügung, seinen Vater zu verlieren. Dennoch setzte der junge T. seinen angefangenen Weg muthig fort, widmete sich dem Rechtsstudium und bezog 1772 die Universität Halle, nachdem er durch die Gnade Friedrichs des Großen das kurmärksche Stipendium erhalten hatte. Nach glücklich beendigten Studien sah er sich genöthigt, um seine Existenz für einige Zeit zu sichern, die Registratorstelle bei dem damaligen Magistrate in Potsdam anzunehmen. Im Betracht seiner hier geleisteten Dienste wurde er darauf 1784 zum Stadtsekretär befördert, doch mußte er sich noch aller Prozeß- und Kriminalinstruktion entäußern, welche Beschränkung indessen durch einen Spezialbefehl des Königs Friedrich Wilhelm II. 1788 aufgehoben wurde. So geschah es, daß er 1794 zum Rathmann avancirte. In dieser Eigenschaft hat sich der Verstorbene stets durch treue und gewissenhafte Pflichterfüllung ausgezeichnet, so daß er sich die Liebe u. Achtung der Bürgerschaft erwarb. Nachdem er so mit Treue und Nutzen länger als 30 Jahre gedient hatte und von einem königl. Kammergericht auch als ein ganz brauchbarer Geschäftsmann anerkannt worden war, wurde er 1807 zum Justizbürgermeister und ersten Rathmann befördert. Bei der neuen Organisation des Magistrats im Jahr 1809 ging er zum Stadtgerichte über und vertauschte seinen bisherigen Charakter mit dem eines Stadt-Justizraths. Er verwaltete diesen Posten treu und wurde erst 1825 unter Bezeugung der Zufriedenheit mit seiner bisherigen Dienstleistung vom Könige in den Ruhestand versetzt; noch vor seinem Ende hatte er das seltene Glück, d. 30. Nov. 1825 sein 50jähriges Dienstjubiläum zu feiern, wobei er als den sprechendsten Beweis von der Gnade seines theuern Königs das allgemeine Ehrenzeichen erster Klasse erhielt. — Was sein Leben als Privatmann betrifft, so müssen wir durchaus unter seinen Tugenden die ihn charakterisirende Sanftmuth und Ergebung hervorheben. Keineswegs aber dürfen wir übergehen, daß der Verstorbene auch dabei von heißer Liebe für König und Vaterland entflammt war, die er stets in Worten und Thaten äußerte.

* 299. Johann Joachim Hanfft,

kaiserl. brasilianischer Oberst u. Bürger zu Hamburg,

geb. d. 12. August 1780, gest. d. 6. Septbr. 1827.

Sein Vater Joh. Peter H. aus dem Bambergschen eingewandert, war Hamburger Bürger und Metzgermeister u. seine Mutter, Lucie Bruns, eine geborne Hamburgerin. Wie überhaupt damals die Erziehung in dem Bürgerstande noch vernachläßigt wurde, so beschränkte sich auch die seinige auf spärlichen Unterricht im Lesen, Schreiben, Rechnen und der Religion. Eine treffliche Großmutter aber, eine Zierde ihres Geschlechts in allen weiblichen Tugenden, sorgte mehr für seine Bildung und selbst für seinen Unterricht, als Eltern u. Lehrer. Unter ihrer Aufsicht lernte er die besten Hamburger Kirchengesänge, fast den ganzen Gellert u. mehrere Gedichte der damaligen beliebten Dichter auswendig, welche sein gutes Gedächtniß bis an seinen Tod bewahrte. — Dieses, verbunden mit großer Eingezogenheit im Häuslichen, weckte bei dem Knaben und Jüngling von lebhaftem Temperament und kräftiger Konstitution wahrscheinlich jene lebhafte fast wilde Phantasie, welche zwar späterhin durch einen sehr klaren Verstand gemäßigt und durch eine große Lebensklugheit geregelt wurde, aber stets der Hauptzug seines Charakters blieb. — In seinem 14. J. entschied er sich für die Handlung, kam auf ein bedeutendes Komptoir in seiner Vaterstadt und machte später für dasselbe und andere Häuser Reisen durch ganz Norddeutschland, Dänemark u. Holland. Ein schöner, kräftiger, junger Mann, voll kaufmännischer Gewandtheit, erwarb er sich auf diesen Reisen viele Freunde, welche ihn bewogen, sich selbst zu etabliren, wozu die damaligen Konjuncturen des Handels, selbst ohne Vermögen die Gelegenheit darboten. Er schwamm im unsichern Strom der Konjunctur eine Zeitlang, vom G[illegible]
stigt fort, machte auch noch einmal dieselben [illegible]
obwohl nur ein kleiner Komet am [illegible]

ment, sank auch er, gleich Andern, welche ihm mit ungeheuren Summen im Banquerott vorangegangen waren. — Mit dem elterlichen Vermögen u. kleinen Lokalgeschäften, sich sparsam behelfend, nährte H. stets die Hoffnung, wieder Grösseres zu erreichen; weil es aber im Handel nicht zu finden war, musste es anderswo gesucht werden. — Die reiche Wittwe Fischer, welche schon drei Ehemänner begraben lassen und ohne Kinder geblieben war, suchte den vierten. Ihr bedeutendes Vermögen bestand in Grundeigenthum u. H. war unter hundert Bewerbern der Glückliche, dem sie in ihrem hohen Alter im J. 1807 ihre Hand reichte. — Die Ehe, gewiß nicht aus Liebe geschlossen, trennte bald der Tod seiner Frau im J. 1810, wodurch er einen so bedeutenden Grundbesitz erhielt, daß, nachdem Hamburg dem französischen Kaiserreiche einverleibt war, er der am höchsten besteuerte Grundeigenthümer war. — Sein durch den Umgang mit gebildeten treuen Freunden, die sein reges Streben für alles Gute und Schöne kannten und ehrten und nur immer den Ausbruch seiner wilden Phantasie zu mäßigen suchten, fast zur Reife gediehener natürlicher Verstand und fester Charakter erhoben ihn in den Jahren 1811, 1812 und 1813 zu einem der ersten Patrioten, ja zu einem der bedeutendsten Männer seiner Vaterstadt.*) — Doch vermochte der patriotische H. u. der würdige Mettlerkamp es nicht allein, den Inpuls zu geben und Hamburgs Unglück im J. 1813 abzuwenden. Sie folgten den abziehenden Russen mit den wenigen Getreuen und ihr Schicksal war sehr bald Proscription u. Konfiscation ihrer Güter. Niemals ist aber H. Maître Boucher gewesen, wie er in der Proscriptionsakte Davoust's genannt ward. — Fast begeistert für Alles, was Hamburgs Freiheit u. die Erhaltung der bürgerlichen Rechte betraf, ganz im Geiste der Zeit und seiner Mitbürger denkend u. handelnd, hoffend auf den günstigen Erfolg der von allen Edlen deutschen Stammes im Stillen vorbereiteten Aufregung der Nation, operirte auch H. seit 1809 bei der kräftigen Jugend der Vaterstadt den Frankenhaß zu verbreiten und die Liebe zum Vaterlande u. zur angestammten Freiheit zu entflammen. — Es ist wahr, ihn beseelte dabei ein übertriebenes Ehrgefühl, einmal in der Welt eine grose Rolle zu spielen; aber wer hätte, unter den damaligen Umständen, zumal bei einer lebhaften Phantasie, bei dem Besitze großer Mittel, ohne alles Familien-

---

*) Man lese hierüber d. Hamb. Korrespond. v. 6. Juli 1814.

hand u. enthusiastisch für Hamburgs Freiheit u. Deutschlands Wiedergeburt eingenommen, allen diesen Eingebungen widerstehen können?

Bei Einverleibung Hamburgs zum Kaiserreiche wuchs der Haß und H. war ganz dazu geboren, ein Mann des Volks zu seyn und jenen Haß unter dem Volke zu fördern. Selbst aus der Mittelklasse hervorgegangen, ohne große Bildung, im Umgange vertraulich, scherzend, das gute Herz und die Hand zum Geben stets offen, wußte er Alles an sich zu ziehen, Alles oft in den elendesten Wirthshäusern um sich zu versammeln, um, wie er sich ausdrückte, seine Genossen zur Frankenhetze zu gebrauchen. Viele haben diesen Umgang aus mehrern Gründen getadelt. H's. ursprüngliche Absicht dabei war edel und groß, obwohl er sich oft auch im Trivialen gefallen konnte. — Er handelte aber darin sehr klug, daß, während er sich durch jene Mittel einen großen Theil der kräftigen Hamburger Jugend gewann, er doch nie die französischen Behörden vernachlässigte und durch seine Liberalität sowohl bei den Behörden, als bei der Gensd'armerie u. Polizei Freunde hatte. Kaum war daher nach Tettenborns Einzuge in Hamburg H's. Aufforderung zur Bildung einer Reiter-Eskadron auf seine Kosten erschienen, als sich vorzugsweise Alles zu ihm drängte, er sich aber aus der kräftigsten Jugend, hauptsächlich aus nervichten Schlächtergesellen, für die er, seiner Abstammung wegen, immer eine Vorliebe äußerte, 220 Mann wählte, Tausende aber zum Uebergang zur Infanterie aufmunterte. Voll von ungezähltem Gold und Silber standen noch die Geldkisten aus der Erbschaft seiner Frau da. Dieses gewiß bedeutende Kapital wurde nicht allein zur Equipirung u. Ausrüstung seiner Escadron verwandt, sondern auch noch Kapitalien auf seine Grundstücke zu demselben Zwecke angeliehen, so daß die Errichtung seiner Escadron, die Entbehrung der Miethe von seinen Grundstücken während seiner Proscription, die Verwüstung seiner Grundstücke selbst durch Kasernirung u. seine tausend andern Opfer, welche er während des Feldzugs brachte, den Werth von 200,000 Mk. überstiegen. Er sah sich genöthigt die Einübung und Leitung seiner Reiter fremden Officieren zu übertragen u. trat denselben nur als Staabsrittmeister bei. Obwohl durch ein Patent des Generallieutenants Grafen von Wallmoden vom 21. Septbr. 1813 zum wirklichen Rittmeister ernannt, mußte er doch sehen, daß ihm durch Kabalen ... rend des Feldzugs, die auf eigne Kosten

dron aus den Händen gewunden ward, deren namhafter Chef wenigstens er stets hätte bleiben müssen. H. opferte jedoch ihr und jedem Hanseaten im Felde noch den Rest des mitgenommenen Goldes, ja, — worüber noch Beweise vorhanden sind — versetzte sogar in Rostock seine letzten Diamanten, um dafür Fußbedeckung und Medizin für die im Lazareth befindlichen Kranken zu kaufen. Als die hanseatische Legion durch Mangel u. Entbehrungen aller Art fast desorganisirt war, ward er die Hauptveranlassung, daß sie von England in Sold und unter Schutz genommen wurde, und wenn jemals sein unermüdetes Streben etwas allgemein Wohlthätiges erzweckt hat, so ist es diese schöne That. H. war überhaupt stets und allenthalben thätig, wenn es darauf ankam, den Hanseaten nützlich zu werden; es sind darüber so ehrende Briefe von höheren Generalen, während des Feldzugs und nach dem Frieden geschrieben, vorhanden, daß er, im Bewußtseyn treuer Pflichterfüllung gegen alle seine Kameraden, späterhin wohl in Versuchung gerathen konnte, die Schranken nicht zu achten, worein ihn die Legitimität wieder versetzte. — H. theilte im Felde Alles mit seinen Kameraden, und obwohl er wegen seiner militärischen Unfähigkeit kein großer Kriegsheld war, so sind doch noch Augenzeugen vorhanden, daß er in der Affaire bei Hohen-Biecheln nicht dem Kugelregen ausgewichen ist. (S. den Hamb. Korrespondenten vom 5. Juli 1814.) Bei Pinnow hätte ihn von französischen Tirailleurs beinahe Körners Schicksal getroffen; und wenn beide begeisterte Patrioten dort unter derselben Eiche ruh'ten, so würde sein Nachruhm gewiß dem Körner's ähnlich gewesen seyn. H. war überhaupt nie feige, weil ihm ein Bestimmungsglaube anklebte. Er war mitten unter dem Pöbel, der zuerst die Franzosen aus Hamburg vertrieb; aber nie war er Militär und konnte es nie werden, weil er zu gemüthlich war, auch überhaupt nicht als Militär, sondern nur als Vater der Hanseaten auftreten wollte. — Bei der endlichen Wiederbefreiung Hamburgs feierte H. den schönsten Tag seines Lebens, den glänzendsten Triumpheinzug, dessen sich je wohl ein Bürger dieser Stadt zu erfreuen gehabt, ward ihm zu Theil; eine Deputation des Senats bewillkommnete den schlichten Bürger u. Blumenkränze u. Ehrenzeichen schmückten ihn. — Aber das Bewußtsein seine Pflicht gethan zu haben diente ihm statt aller sonstigen Anerkennung und so wollte er trotz aller Anerbietungen nicht, daß seinen Rock ein Ehrenzeichen zieren sollte.

H. kehrte nunmehr in den Bürgerstand zurück, erbat sich seinen Abschied u. erhielt ihn vom Hamburger Senat, welcher sich verbunden fühlte „Demselben bei dieser Gelegenheit den Dank des Senats für seine vielen und großen Opfer, die er der guten Sache der Wiedereroberung der Freiheit Deutschlands gebracht habe, zu sagen und ihn zu versichern, daß es in beständigem lebhaften Andenken bei seinen Mitbürgern bleiben werde, wie sehr er dadurch seiner Vaterstadt genützt und den ächten Bürgersinn erweckt habe, dessen Seele Freiheit und Selbstständigkeit unter dem Gehorsam der Gesetze ist." — H's. ganze Thätigkeit beschränkte sich jetzt darauf, sein zerrüttetes Grundeigenthum durch die Unterstützung seiner Freunde zu etabliren; aber dabei blieb seine Sorge stets darauf gerichtet, seine verabschiedeten Kameraden wieder in's bürgerliche Leben einzuführen, bei seinen Freunden unterzubringen u. wenn dieß — wie oft der Fall war — nicht gelang, sie fortwährend zu unterstützen. Rührende Scenen aus seinem Leben bieten sich hier dar, wie er mit andern patriotischen Männern und Frauen die höchsten Dachstuben erkletterte, wenn es ihm zur Kunde gekommen war, daß dort irgend ein verabschiedeter Hanseat oder dessen Familie in Armuth und Krankheit schmachte. Des Staates Mittel waren erschöpft, aber Hamburgs Freiheit führte auch den Wohlthätigkeitssinn seiner Bürger zurück. Auch edle Freunde gaben ihm die Mittel zur Erhaltung und Wiederherstellung seines Privatvermögens. Die Staatsbehörde hat nie etwas für ihn persönlich gethan, noch hat er es verlangt; wie dieß denn auch, nach Hamburg's Verfassung, nicht gut thunlich ist. Sein Gemüth fühlte sich jedoch wie dasjenige vieler Anderer dadurch verletzt, daß man hier, wie anderswo, bald anfing, das Geschehene zu vergessen. Er fand nur noch in der dankbaren Anerkennung, die ihm von seinen speciellen Freunden zu Zeit ward, einigen Genuß und legte zu dem Ende in seinem schönen Garten in der Stadt einen Pavillon an, wo er seine Schwester als Wirthin einsetzte. Dadurch versammelte er täglich seine Freunde um sich und blieb mit ihnen in Umgang, obgleich er nicht mehr so häufig und liberal sie wie früher, aus eigner Tasche, bewirthen konnte. Die Konkurrenz seiner frühern und durch seine Verdienste um die Vaterstadt in der ersten Zeit der Anerkennung hinzugetretenen Freunde wuchs bald bis zu 500 Mitgliedern. Der Pavillon war nicht mehr hin[...] Ein Saal ward nach dem andern [...]

Freunde gründeten nunmehr die „Gesellschaft der Erholung," deren Oekonomie er für eigne Rechnung verwalten ließ und deren Gebäude über 100,000 Mk. kosteten. Kaum war aber der aufgeregte Geist der Zeit erloschen, so minderte sich auch die Zahl der Mitglieder; worauf 100 Freunde H's. zusammentraten, die ihn, der hier wiederum etwas Patriotisches gestiftet hatte, ohne die Früchte davon zu genießen, dadurch vor aller Gefahr des Verlustes sicherten, daß sie das Resiko der Gesellschaft auf Actien, jede von 300 Mk. Garantie, übernahmen. Was seit der Zeit aus der von H. gegründeten Gesellsaft der Erholung geworden ist, darüber mögen Fremde u. Einheimische, welche dieselbe besuchten, urtheilen. Sie ist von H. gegründet, in dessen Geiste erhalten und sein Verdienst wird dort stets dankbar anerkannt werden. Nach Gründung der Erholung fühlte H. bei so ausgedehnten ökonomischen und häuslichen Verhältnissen das Bedürfniß einer Wiederverheirathung. Seine Wahl fiel auf Sophie Westendorf, Tochter eines Predigers in Wittenburg im Mecklenburgschen, in deren elterlichem Hause er während des Feldzugs die freundlichste Aufnahme gefunden hatte. Er hatte dieselbe dort so lieb gewonnen, daß er sich ihrer bei dem ersten Gedanken an ein neues Ehebündniß erinnerte und sie schon im J. 1818 als seine Gattin heimführte. Leider war auch diese Ehe ohne Kinder, welche ihn fester an Haus und Heimath gefesselt haben würden, so daß er nicht mehr, ein Spielball seiner Phantasie, von einem Extrem zum andern übergegangen und, man möchte sagen, von einem Ende der Erde zum andern verschlagen worden wäre. — Immer waren seine Gedanken nach Amerika gerichtet und bei der eingetretenen großen Brodlosigkeit nach dem allgemeinen Frieden hielt er sich fast überzeugt, daß Amerika die beste Abzugsader für diejenige Klasse von Menschen sey, welche, durch die Feldzüge aus ihrer frühern Karriere gerissen, brodlos ganz Deutschland durchstreiften und mehr oder weniger zu Beunruhigungen des bürgerlichen Lebens u. Betriebs Veranlassung gaben. Hamburg, wie überhaupt alle Seestädte, füllte sich bald mit solchen Auswandrern, theils rechtlichen, aber verarmten Familien, theils aber Abenteurern, Verzweifelten, aber auch mit allen Verbrechen belasteten Personen. — Auch H. ward von dem Scheine dieses vermeintlichen Glückes getäuscht und kaum ließ die brasilianische Regierung in Europa werben, so ergriff er die Sache mit solchem Feuereifer u. wurde dabei durch die niederträchtigsten Einflüsterungen so sehr hintergangen, daß er sogar den Entschluß faßte, sich selbst an die Spitze einer solchen Ladung Rekruten zu stellen und sie dem Kaiser von Brasilien in Person zu präsentiren. — H., ganz ein Mann des Volks und immer noch dessen Liebling, hatte bald eine Ladung zusammengebracht und ging damit im Sommer 1825 nach Brasilien ab; seiner treuesten Freunde u. Familie Bitten hatten dieses Unternehmen nicht abzuwehren vermocht. Auch hierbei leitete ihn nicht sein Interesse, sondern abermals nur die Sucht nach Neuem und übertriebener Ehrgeiz. Er war in die Falle falscher Freunde gerathen, die durch ihre Vorspiegelungen ihn für ihr eignes Interesse zu gebrauchen wußen. Er gab, als seine Freunde ihn nochmals beschwuren, diese Idee aufzugeben, trotzend die schöne Bürgerkrone für eine Chimäre hin. Ihre Majestäten der Kaiser und die Kaiserin v. Brasilien empfingen ihn nach seiner Ankunft in Rio auf eine ausgezeichnete Weise und er wurde bei dem Staatskanzler und Minister der Koloniestaaten, Monseigneur Miranda, einlogirt, erwarb sich ganz die Freundschaft dieses würdigen Greises und edlen Staatsmannes und erhielt auch noch nach seiner Rückkehr von ihm manche sehr schmeichelhafte Briefe.

Bald darauf ward H. dem Kaiser in feierlicher Audienz vorgestellt. Dieser ernannte ihn zum Obersten des 2. Grenadierbataillons und würdigte ihn überhaupt seiner ganzen Huld und Gnade; auch ward ihm die Ehre zu Theil, Ihro Majestät der Kaiserin *) aufzuwarten. Dieselbe schenkte ihm ihr persönliches Vertrauen, worüber eigenhändige Briefe vorhanden sind und Alles was H. für seine deutschen Landsleute zu wirken vermochte, geschah durch diese den Thron schmückende, durch alle weibliche Tugenden glänzende und ihrer hohen Abstammung ganz würdige Monarchin. H. kehrte auf ihre Veranlassung nach einem Jahre in sein Vaterland zurück und wollte nach Wien abreisen; aber es wurden ihm die Päſſe dazu verweigert. Hierdurch, so wie durch manche fehlgeschlagene Hoffnungen u. Wünsche schmerzlich getroffen, war er nicht mehr derselbe, der er früher gewesen war. Er stieß seine alten Freunde dadurch nicht nur zurück, sondern nachdem ihm Alles fehlgeschlagen war, was er sich von einer Mission nach Wien und vielleicht von einer diplomatischen Anstellung von Seiten Brasiliens in Hamburg versprochen, nachdem er abermals einen großen Theil seines Vermögens auf diese Reise nutzlos verwendet hatte, zog er sich fast ganz von der menschlichen Gesellschaft zurück und besuchte nicht el

*) M. s. deren Biogr. 4. Jahrg. d. Nekr. S. 718 ff.

mehr die Erholung, neben welcher er wohnte, wo er doch stets noch treue Freunde zu finden erwarten durfte. Der Tod der Kaiserin von Brasilien, der den Rest seiner Hoffnungen auf die Zukunft zertrümmerte, versetzte ihn in unendliche Trauer.

Jetzt war sein Leben nur noch ein dumpfes, stilles Ermatten der so oft während desselben getäuschten Hoffnungen und Erwartungen. Er beklagte sich hart, daß man ihn bei all dem Guten, das er gethan, verkannt und nur seine Schwächen aufzusuchen und ihn anzufeinden sich bemüht habe u. so hatte das Leben schon lange keinen Werth mehr für ihn. Er ahnete und wünschte seinen Tod und schneller als man geglaubt, erfolgte die Auflösung seiner so starken und kräftigen Natur. Wohl 1000 Hamburger Bürger und Einwohner begleiteten den alten Volksfreund zur Ruhestätte und einer seiner Freunde sprach angemessene Worte am Grabe.

H. war von der Natur mit einem angenehmen Aeußern und mit einem hellen Verstande ausgestattet. Er würde Großes geleistet haben, wenn seine Jugendbildung ihm zu Hülfe gekommen wäre. Er besaß eine große Gewandtheit im Reden, sprach aber zu viel und wollte oft nur allein sprechen. Er mochte sich gern über Alles unterrichten lassen, was er selbst nicht wußte und versammelte daher stets einige fähigere Freunde um sich, mit denen er sich gern unterhielt. Sein ungewöhnliches Gedächtniß faßte eine Menge von Personen und Sachen auf, mit denen er in Berührung gekommen und in Verhältnissen gewesen war; aber eine wilde, ungeregelte Phantasie trieb ihn fast immer zu Extremen der Anschauung und Beurtheilung. Seine Gutmüthigkeit leuchtete wie ein schöner Stern durch alle seine Handlungen hindurch, obwohl derselbe oft von den ihm anklebenden Schwächen und Leidenschaften verdunkelt wurde. Was übrigens H. zur Aufregung des Freiheitssinnes und zur Befreiung des Vaterlandes in den J. 1812 u. 13 gethan und selbst aufgeopfert, darüber wird — wie sehr man dies Alles auch in spätern Jahren vergessen — erst dann die Geschichte entscheiden, wenn jemals das Vaterland wieder solcher hochherziger Männer bedürfen sollte. — Er war kein gewöhnlicher Mensch; darum wird auch sein Andenken die Geschichte erhalten.

* 300. Elias Maximilian, Graf Henckel von Donnersmarck,

Standesherr von Beuthen, königl. preuß. pens. Generalmajor der Kavallerie und Chef eines Kürassierregiments, Ritter des kön. preuß. Verdienstordens — zu Breslau;

geb. d. 1. Jan. 1746, gest. d. 7. Sept. 1827.

Neudeck in Oberschlesien, der Rittersitz seines Vaters Karl Erdmann, Gr. H. v. D., Ritter des schwarzen Adlerordens, ist der Geburtsort des Verewigten. Der Vater (geb. 1693) hatte sich mit einer Freiin, Anna Susanna, Tochter des Freiherrn Wenzel Adam v. Larisch vermählt und starb am 7. April 1760, dessen Gemahlin ihm bald am 5. Nov. desselben Jahres nachfolgte. In der Realschule zu Berlin erhielt der Sohn seine Ausbildung. Nach dem Austritt aus derselben ward er im J. 1761 als Junker bei dem braunen Husarenregiment in Oberschlesien angestellt. Gleich nach Beendigung des 7jährigen Krieges versetzte ihn der König Friedrich II. als Junker zur Garde du Korps, in welcher derselbe bis zum J. 1787 diente und zum Staabsrittmeister gelangte. Im darauf folgenden Jahre wurde er aus Anerkennung seiner militärischen Kenntnisse als Kompagniechef und Major in das Regiment der Gensd'armen versetzt, zu dessen Kommandeur er im J. 1804 ernannt wurde, bei welcher Gelegenheit ihn Se. Maj. der König selbst mit dem Orden pour le mérite decorirte. Im J. 1805 wurde ihm das damalige, jetzt aufgelöste Kürassierregiment als Generalmajor und Chef in Breslau verliehen. In dem für Preußen unglücklichen Feldzuge vom J. 1806, wo in der Schlacht bei Jena das Pferd unter ihm getödtet wurde, erhielt er eine Verwundung und in der Hoffnung, sein Regiment in der Schlacht weiter anführen zu können, bestieg er ein anderes Pferd, mußte sich aber bald nachher seiner Wunde halber nach Magdeburg bringen lassen, wo er bis zur unglücklichen Uebergabe dieser Festung blieb und nachher auf sein Ehrenwort als Gefangener nach Breslau entlassen wurde. — Da seine Gesundheit nach diesem Feldzuge es ihm nicht gestattete, als thätiger Kavallerist weiter zu dienen, erhielt er im am 1. Dec. 1813 seine Entlassung mit Pension. — Bei dem letzten Befreiungskriege wurde ihm die Organisation der schlesischen Landwehr-Kavallerie übertragen.

Der Hingeschiedene hatte sich im J. 1784 mit einer

Gräfin v. Röder aus dem Hause Holstein in Schlesien, die ihn mit 2 noch lebenden Töchtern betrauert, vermählt.

Erfurt. Major v. Lindeman.

301. Georg Friedrich Herrmann,

Doktor der Philosophie und Lehrer der französischen und englischen Sprache am Lyceum zu Wismar;

geb. d. 7. Mai 1764, gest. d. 7. Sept. 1827 *).

Er ward zu Egerbach im Elsaß geboren und fixirte sich nach vollendeten akademischen Jahren zuerst als Privatlehrer in Weißenfels, von wo er in dem letzten Viertel des vorigen Jahrhunderts nach Wismar kam und daselbst 1798 eine ordentliche Lehrerstelle am Lyceum erhielt. Ostern 1803 folgte er einem anderweitigen Rufe als Lehrer der neuen Sprachen am Gymnasium zu Stralsund, verließ aber diesen Ort während der französischen Belagerung im J. 1807 und kehrte nach Wismar zurück, woselbst er zum zweitenmale den 2. Novbr. gedachten Jahres als Lehrer introducirt ward.

Seine Schriften sind folgende: Vermischte Aufs. zum Uebersetzen ins Engl. 1795. 2. Aufl. 1810. — Neu eingericht. französ. Grammatik. 1795. — Vollständ. prakt. engl. Grammatik. 1796. 2. Aufl. 1815. — J. Thomsons Jahreszeiten. 1798. — Youngs Klagen oder Nachtgedanken. 1800. — Kleines, aber doch vollständ. Lehrbuch der Botanik. Mit illumin. u. schwarz. Kpfrn. 1806. — Kurze, aber vollständ., leicht faßl. schwed. Sprachlehre. 1807. 2. Aufl. 1817. — Französ. Leseb. f. Anf. 1808. — Nouvelle Grammaire des Dames. 1809. — Alphabet. Verzeichniß aller Städte, Dörfer u. Höfe in beiden Großherzogth. Mecklenburg-Schwerin u. Strelitz, nebst d. Pfarren, Präposituren u. Aemtern, unter welche sie gehören, oder: Repertorium zu Sotzmanns Karten der Großherzogthümer Mecklenburg, als topograph. Wegweiser. 1819. — Vergl. J. H. Groths Beiträge zur Geschichte der Wismarschen Stadtschule. 1823. S. 9 und 11.

W. Fr. Br.

*) Schwerin. freimüthig. Abendbl. 1827.

* 302. Prinz Friedrich Wilhelm Ferdinand Radziwill,

königl. preuß. Rittmeister aggr. dem Garde-Kürassierregiment, Ritter des eisernen Kreuzes 2. Klasse, so wie des kaiserl. russ. St. Annenordens 2. Klasse — zu Berlin;

geb. d. 22. Aug. 1798, gest. d. 8. Sept. 1827.

Der Verewigte war das zweite Kind aus der Ehe des Fürsten Anton R., Ordinat von Nieswisez, Myr und Olika, vierter Sohn des Palatins von Litthauen und der Prinzessin Luise von Preußen, einzigen Tochter des Prinzen Ferdinand, jüngsten Bruders Friedrichs des Großen. Sein Geburtsort ist Berlin. Als dessen durchl. Eltern sich mit der königl. Familie in den Kriegsjahren von Berlin nach Königsberg und Memel begaben, verließ auch er die Königsstadt. Nach seiner Rückkehr von da wurde er mit seinem ältern Bruder dem Fürsten Wilhelm R., gegenwärtig Major im 19. Linien-Infanterieregiment, im elterlichen Hause gleichzeitig erzogen, um deren Beider Erziehung der Hr. v. Boyer, gegenwärtig preußischer Gesandter am portugiesischen Hofe, welcher sich damals bei dem Prinzen Heinrich von Rheinsberg als Emigrirter aufhielt, sich sehr verdient machte. Nach dem Tode des Prinzen wurde dieser sehr kenntnißreiche und durch Originalität des Geistes besonders ausgezeichnete Mann königl. Kammerherr. Er schloß sich der Familie des Fürsten R. an und leitete aus Neigung die Erziehung der Kinder desselben. — In dem verewigten Prinzen entwickelte sich schon frühzeitig ein großes Talent zur bildenden Kunst, welches derselbe durch große Vorliebe für Zeichnung und Malerei beurkundete. Er übte diese Anlagen mit vieler Sorgfalt aus und viele in späterer Zeit von ihm angefertigte Zeichnungen dienen als Belege seines ausgezeichneten Kunsttalents.

Beim Ausbruch des Krieges im J. 1813 verließ sein Bruder Wilhelm das elterliche Haus und machte im Hauptquartier des nachherigen Grafen Bülow v. Dennewitz dessen höchst merkwürdigen Feldzug mit, während dem er das damals unter Bernhardi's vortrefflichen Leitung stehende Werdernsche Gymnasium besuchte. Im J. 1815 betrat auch er die militärische Laufbahn und begann ebenfalls beim Gr. Bülow von Dennewitz als Offizier der Armee seinen Dienst. — Ihn begleitete [illegible] ...ner, welcher auch schon zwei Jahre früher de[illegible] begleitet und dem Gr. B. v. D. in manchen schwierigen Fällen große und wesentliche Dienste geleistet hatte. Für sein Wohlverhalten am Tage des 18. Juni 1815 wurde Prinz Fr. R. mit dem eisernen Kreuze 2. Klasse decorirt. Bis nach Abschluß des Friedens blieb derselbe im Hauptquartier des Gr. in Chartres, begab sich später nach Paris und kehrte von dort zu seinen durchl. Eltern zurück.

Rasches Wachsthum sowohl, als ungewohnte Anstrengungen hatten ihm ein Brustübel zugezogen, welches ihn veranlaßte, sich in die Bäder zu Salzbrunn in Schlesien zu begeben. Wieder hergestellt, wurde er im J. 1816 von Sr. Maj. dem Könige bei dem jetzigen 1. Garde-Uhlanen-Landwehrregiment angestellt, welches seinen Wünschen um so mehr entsprach, als er diese Gelegenheit zur Erweiterung seiner Kenntnisse benutzen wollte und deshalb auch die allgemeine Kriegsschule in Berlin besuchte. Bei Errichtung des Garde-Kürassierregiments im J. 1821 wurde der Hingeschiedene als Rittmeister demselben aggregirt. Er lebte hierauf theils in Berlin, theils bei seinen Eltern in Posen oder auf deren Besitzungen in Schlesien und Polen. Im J. 1826 begleitete er Se. Hoheit den Prinzen Carl von Preußen zur Kaiserkrönung nach Moskau, empfing dort den kais. russ. St. Annenorden 2. Klasse und kehrte dann auf seines Vaters Schloß Aetoni, von dort nach Berlin zurück. Im Sommer 1827 verließ er nach den Frühjahrsübungen Berlin und begab sich nach dem Schlosse Ruhberg in Schlesien. Von hier aus sollte er in Kurzem nach Petersburg gehen, um seine von ihm und der ganzen Familie sehr gewünschte Verlobung mit der Prinzessin Stephanie Radziwill, deren Bekanntschaft er in Moskau gemacht hatte, zu feiern. Vor Ausführung dieses Plans jedoch ereilte ihn der Tod in der Blüthe seines Lebens, dem er in den Armen der Seinigen mit männlicher Fassung und Ergebung entgegensah.

Seine entseelte Hülle, welche noch die Spuren einer ausgezeichnet schönen Gesichtsbildung zeigte, wurde in der St. Annenkapelle in Oberschmiedeberg beigesetzt, um später in der Gruft seiner Familie im Posener Dome seine Stelle einzunehmen.

Erfurt. Major v. Lindeman.

303. Johann Christian Friedrich Albinus,

Prediger an dem königlichen Zucht- und Arbeitshaus in Jauer;

geb. d. 19. Oct. 1764, gest. d. 9. Sept. 1827 *)

Er wurde zu Liegnitz geboren. Seinen Vater, den dasigen Superintendenten, verlor er schon in seinem 8. J. und mußte sich als Knabe und Jüngling unter sehr beschränkten äußerlichen Umständen und im Kampfe mit langen, selten unterbrochenen Krankheiten mühsam zum Besuche der Universität Halle emporarbeiten, die er zu Ostern 1784 mit der Liegnitzer Stadtschule vertauschte. Nach Verlauf von 2 J. nöthigte ihn sein schwächlicher Körper Halle zu verlassen und seine akademische Laufbahn in Frankfurt zu vollenden. Sein Aufenthalt daselbst war vielleicht die froheste Zeit seines Lebens, denn er wurde durch die Vermittelung Steinbarths Begleiter eines jungen Grafen Dohna (nachmaligen Ministers) und dadurch wieder mit den beiden Freiherren v. Humboldt befreundet. Von dem Glücke weg rief ihn nach 2 Jahren die Nachricht, daß seine Mutter krank darnieder liege. Er eilte in seine Vaterstadt und fand sie nicht mehr am Leben.

Nun lebte er als Erzieher in mehrern angesehenen Familien Schlesiens und zuletzt bei dem Grafen Posadowsky in Plottnitz, dessen Schloßprediger er zugleich war. Hier erhielt er im Mai 1793 von dem General, Grafen Anhalt, den Ruf als Feldprediger bei dessen Regiment in Glogau. Er nahm ihn an, hatte die Freude, sich bald nach Liegnitz versetzt zu sehen und machte von hier aus im J. 1794 den Feldzug nach Polen mit, wo ihn eine heftige Krankheit überfiel, deren Folgen die Ursache seiner spätern Leiden waren. Im April 1800 verband er sich mit der Tochter des damaligen Kreissenior Ziegert in Hainau. Im Spätherbst 1805 begleitete er sein Regiment zum zweitenmale nach Polen, mußte aber auf dem Rückzuge desselben nach Thüringen wegen neuer Krankheit in seiner Vaterstadt zurückbleiben. Schmerzlich traf ihn hier nach dem unglücklichen Kriege im J. 1806 die Nachricht von der Auflösung des Regiments und seiner eigenen Amtslosigkeit. Schon am 2. Juni 1807 erhielt er jedoch den Ruf als Prediger an das königl. Zucht- und Arbeitshaus in Jauer, bei welchem er rastlos, mit Liebe und segensreich bis an seinen Tod gewirkt hat. Die letzten Jahre litt er

---

*) Schles. Provinzialbl. 1827. Dec.-Hft.

beständig an Entkräftung, bis seine Seele sich nach langem und standhaften Dulden selig im Vorgefühl des schönern Jenseits ihrer Fesseln entwand.

* 304. Johann Christoph Möller,

Katechet und Oekonom am Waisenhause zu Altona;

geb. d. 21. Aug. 1766, gest. d. 9. Sept. 1827. *).

Er war der Sohn eines Käthners, Almus Jürgen M. zu Sörup, seine Mutter, Maria Elisabeth, geb. Christiansen. Bis in sein 16. Jahr blieb er im elterlichen Hause und erhielt die erste Bildung in der Schule seines Kirchspiels, wo er sich durch Fleiß so auszeichnete, daß ihm einst bei einer Kirchenvisitation eine öffentliche Belobung des Superintendenten zu Theil ward. Dieser Umstand hatte auf sein ganzes künftiges Leben den wichtigsten Einfluß; denn jene Auszeichnung war auch in der Umgegend bekannt geworden und blieb in gutem Andenken. Nach seiner Konfirmation verwaltete er eine Zeit lang eine Schreiberstelle auf dem Gute Dollroth in Schwansee und als nachher die Schullehrerstelle in einem seinem Geburtsorte nahe gelegenen Dorfe erledigt ward, beriefen die Bewohner des Dorfes den jungen Mann zu derselben. Guten Muthes ging er nach Rendsburg, um sich der nöthigen Prüfung zu unterwerfen, welche er auch zur Zufriedenheit bestand. Er trat sein Amt an; aber weit entfernt, sich mit dem bereits Erlernten zu begnügen, dabei täglich mehr erkennend, was dazu gehöre, ein tüchtiger Schullehrer zu seyn und wie wenig er bei seinen bis dahin erlangten Kenntnissen sich selbst genüge, legte er dasselbe im J. 1786 freiwillig nieder und wanderte, mit 5 Reichsthalern in der Tasche, nach Kiel, um in dem dortigen Schullehrerseminar sich die zum Bildner der Jugend erforderlichen Kenntnisse anzueignen. Hier wirkte der als Mensch und Lehrer gleich ausgezeichnete, freisinnige, aber eben seines Freisinnes wegen von einer Obscuranten-Clique oft angefeindete u. verfolgte Prof. Müller. Dieser erkannte in M. bald den fähigen Kopf, gewann ihn lieb und erleichterte ihm durch Unterstützung und Empfehlung daselbst seinen Aufenthalt. Mit dem ersten Charakter verließ er das Seminar und erhielt bald darauf, ebenfalls auf Empfehlung seines Lehrers, die Collaboratorstelle an der Schule zu Elmshorn, welche er mit dem glücklichsten Erfolge verwaltete.

*) Vergl. G. P. Petersen's Schleswig-Holstein-Lauenburgsche Provinzialber. 1828. 2. Quartalheft.

Im J. 1794 ward er zum ersten Lehrer am Waisenhause in Altona erwählt und diese Anstalt hatte das Glück ihn fast 34 Jahre bis zu seinem Tode zu besitzen. Er machte sich um dieselbe in doppelter Eigenschaft, als Lehrer und als Verwalter der Oekonomie, gleich hoch verdient. Schon 1803 ward er zum Oekonom des Waisenhauses ernannt und erwarb sich als solcher das allgemeine Zutrauen in so hohem Grade, daß man ihm später (1813) gegen eine bestimmte jährliche Summe die ganze Oekonomie übertrug; das Amt eines Katecheten aber ward ihm unterm 15. Februar 1805 übertragen. Von 1806 bis 1814 verwaltete er noch zugleich die Prädikantenstelle am Zuchthause in Altona. — Obgleich M's Thätigkeit durch diese Beschäftigungen vielfach in Anspruch genommen war, so fand man ihn dennoch stets bereit auch außer seinem Amte gemeinnützige Zwecke zu befördern. So war er thätiger Mitarbeiter und Lehrer an der musterhaft eingerichteten Altonaschen Sonntagsschule von dem Zeitpunkte ihrer Begründung im J. 1801 bis 1826, auch an der Armenkolonie in Fredriksgabe, die von seinem edlen Freunde Lawätz *) geschaffen war, nahm er den regsten Antheil; die Schleswig-Holsteinsche patriotische Gesellschaft ehrte ihn als einen ihrer treuesten u. uneigennützigsten Mitarbeiter, dessen Verlust sie noch lange beklagen wird. — Solche Verdienste konnten nicht unerkannt u. unbelohnt bleiben; diese Belohnung fand er in der innigen Anhänglichkeit seiner Freunde, in der Liebe der Tausende von Kindern, denen er Lehrer, Freund und Vater gewesen war; Dänemarks edler König aber ehrte ihn dadurch, daß er ihn zum Dannebrogsmann ernannte. — M. war zweimal verheirathet und Vater von 3 Söhnen und 2 Töchtern, die mit der hinterlassenen Wittwe seinen Verlust tief empfinden.

Auch als Schriftsteller im pädagogischen Fache hat er sich nicht unbedeutende Verdienste und einen wohlverdienten Ruf erworben. Seine Arithmetik, sein Handbuch für Religionslehrer, seine Katechisationen, seine Verstandes- und Vernunftübungen; ferner seine Geographie, Naturlehre, seine populäre Astronomie und andere Werke sind bekannt und geschätzt und geben zugleich einen Beweis von der vielseitigen Bildung und der glücklichen Darstellungsgabe des Verfassers.

*) Die Biographie von Lawätz, der früher ein[illegible] [illegible]arbeiter des Nekrologs war, findet sich in dessen 4. [illegible]

ner Gemeinde u. handelte u. wirkte mit Ernst u. Würde, mit Geist und Entschlossenheit, mit Kraft und Beharrlichkeit so lange er lebte. Unvergeßlich wird er seiner Gemeinde zu Wupperfeld bleiben für alle Zeiten.

* 307. Johann Friedrich Hammerich,

Buchhändler u. Buchdruckereibesitzer in Altona;
geb. d. 7. Jul. 1763, gest. d. 16. Sept. 1827. *)

Dieses verdienten und hochgeachteten Mannes Vater war Prediger zu Quern in Angeln und schon in seinem 8. Lebensjahre traf ihn das harte Loos, denselben zu verlieren. Der Bruder seiner Mutter, einer geb. Holst, der Prediger in Ulerux war, nahm den Knaben zu sich, er mußte aber bei dem ehelosen hypochondrischen Oheim traurige Jugendjahre verleben. Eine ältere Schwester seiner Mutter war die Gattin des Buchhändler Korte in Flensburg und bei ihm sollte H. sich nun dem Buchhandel widmen; allein Korte willigte nicht darein, sondern wollte ihn in Norwegen für die Handlung erziehen lassen. Doch unterblieb dies und nach dem bald nachher erfolgten Tode seines Onkels trat er noch in dessen Handlung unter Leitung des Herrn Jessen seine Lehre an und bildete sich in diesem Geschäft bei weniger Vorkenntniß bald zu dem, was er war. Im J. 1789 verheirathete er sich mit seiner in tiefer Trauer zurückgelassenen Wittwe, Amalia Loh und fing mit geringen Hülfsmitteln einen Buchhandel in Altona an. Welche Achtung er in diesen seinem Geschäfte sich sowohl in seinem Vaterlande als außerhalb desselben erworben hat; wie ausgezeichnet seine Wirksamkeit als Buchhändler und Verleger seit jener Zeit war, bedarf für die wenigsten Leser einer Erörterung. Nicht wenig trug es aber für Gründung seines wohlverdienten Rufes bei, daß Voß ihm gleich im ersten Jahre, freilich unter schweren Bedingungen, den Verlag seines Homers übertrug. Im J. 1815 übernahm er mit dem Herrn Heinking zusammen eine Buchdruckerei, deren Offizin rühmlichst bekannt ist. 1819 übertrug er seine Sortimentshandlung dem ihm bereits in die Ewigkeit vorangegangenen Buchhändler Karl Busch **), die jetzt in den Händen eines wackern und tüchtigen Mannes, Herrn Aue, ist und beschränkte sich auf seinen Verlag. In frühern Jahren schwächlich, behielt er stets ein kränkliches Ansehen, wenn

*) Nach den Provinzialber. 1828. H. 2.

**) Dessen Lebensskizze Hammerich selbst noch in unsern Nekrol. geliefert hat; siehe 3. Jahrg. S. 1563.

gleich sein Körper späterhin mehr Festigkeit gewann; aber unermüdet thätig verlebte er seine Tage heiter im Freundeskreise und manche Thräne des Unglücks stillte er im Verborgenen, ohne daß die wohlthuende Hand gekannt war!

Lübker.

* 308. Gustav Friedrich von Kessel,

kön. preuß. Generallieutenant u. Kommandant des Invalidenhauses in Berlin, Ritter des rothen Adlerordens 1. Kl. mit Eichenlaub;

geb. d. 18. Nov. 1760, gest. d. 18. Sept. 1827.

Geboren zu Klein-Elsguth im Fürstenthum Oels, verlor der Verewigte seinen Vater, der daselbst Gutsbesitzer war, sehr früh und kam als Page an den Fürst-Karolatischen Hof. Im J. 1776 kam er zu dem Infanterieregiment von Flemming als Junker nach Breslau, nach drei Jahren aber als Fähndrich zum 1. Bataillon Leibgarde nach Potsdam, weil Friedrich II. wünschte einige Schlesier bei seiner Garde zu haben; und auf diese Weise ward der Grund zu seinem Glück gelegt. Er blieb in diesem Regiment bis zum Jahre 1813, nachdem er von Stufe zu Stufe bis zum Generalmajor emporgestiegen war; wohnte 1778 dem baierschen Erbfolgekrieg bei, machte 1792 den Feldzug am Rhein mit und zeichnete sich besonders bei der Belagerung von Mainz, von Landau, bei dem Gefecht bei Trippstadt, woselbst er die Schützen kommandirte, so wie in der Schlacht bei Auerstädt durch Unerschrockenheit und Entschlossenheit aus. Dabei genoß er stets die Gnade des jetzt regierenden Königs, wovon er oft Beweise erhielt und dieselben durch die größte Anhänglichkeit an das kön. Haus erwiederte. Nachdem 1806 die Garden, bei denen er als Kapitän diente, als Kriegsgefangene entlassen worden waren, wurde er darauf 1807 durch die Gnade des Königs ausgewechselt. Nachdem ihm der Auftrag zur Organisirung des jetzigen ersten Garderegiments geworden, reiste er zu diesem Zwecke nach Memel und wurde nach Formirung bei der Einweihung der Fahnen der königl. Garde den 18. März 1808 vom Könige zum wirklichen Kommandeur derselben ernannt. Er formirte das Garde-Füselierbataillon und trat 1809 den Rückmarsch nach Potsdam an. 1813 führte er die königliche Garde nach Breslau, wurde zum General ernannt und bekam zugleich den Befehl, den Kronprinz königl. Hoheit Unterricht im Exerziren zu geben. Er blieb b
lau um 20 Reservebataillons zu formiren. Bei

tritt aus dem Regimente überreichte ihm das Offizierkorps der königl. Garde als Beweis ihrer Achtung und ihres Wohlwollens eine große goldne Medaille mit seinem eigenen Bildniß auf der einen Seite, auf der andern die Namen der sämmtlichen Offiziere des Korps, zum Andenken. Im September 1813 wurde er Kommandant von Breslau und bekam noch 4 Reservebataillons in Leobschütz zu organisiren. Im J. 1817 wurde er Inspekteur der Landwehr (Regierungsdepartement Breslau) und Generallieutenant. 1819 kam er als Kommandant des Invalidenhauses nach Berlin und feierte daselbst im J. 1826 sein 50jähriges Dienstjubiläum. Der König bewies ihm an diesem Tage seine fortdauernde Gnade durch ein eigenhändiges sehr huldreiches Schreiben und durch die Uebersendung des rothen Adlerordens 1. Kl. mit Eichenlaub, nachdem er früher schon denselben 3. und 2. Kl., so wie 1816 das eiserne Kreuz 2. Kl. am weißen Bande erhalten hatte. Das Offizierkorps der Garde in Potsdam überreichte ihm eine Büste des Königs aus carrarischem Marmor vom Professor Rauch gearbeitet. So wurde dieser Tag noch ein Freudenfest für ihn, obgleich seine Gesundheit nicht erlaubte, ihn außer dem Bette zuzubringen. Seine Kränklichkeit nahm seitdem immermehr überhand bis ein Schlagfluß sein Lebensende herbeiführte. Ihn beweint seine zahlreiche Familie, der er stets der liebevollste Versorger und Beschützer war. Seine Rechtlichkeit und strenge Ordnungsliebe in allen seinen Dienstverhältnissen erwarben ihm die Achtung auch aller seiner Untergebenen. Noch in den letzten Jahren seines Lebens war er auch in seinem kleinen Wirkungskreise thätig; oft nicht genug achtend die Schmerzen der langwierigen Krankheit, traf er gute Einrichtungen im Invalidenhause und erwarb sich dadurch die Liebe Aller.

* 309. Karl Friedrich August Bail,

Director des herzoglichen Gerichts des Fürstenthums Sagan in Niederschlesien;

geb. d. 7. Nov. 1776, gest. d. 18. Sept. 1827.

Ein Neffe des in der theologischen Welt geachteten Joh. Sam. Bail, Oberkonsistorialraths in Glogau, hat sich zwar der Hingeschiedene in seiner schon im fruchtbringenden Mittag unterbrochenen Laufbahn durch weithinausgreifende öffentliche Thätigkeit oder durch literarische Wirksamkeit nicht berühmt gemacht, aber das im höhern Lichte glänzende Zeugniß eines wahrhaft gerechten, biedern und wohlwollenden Mannes in seinem Kreise erworben. — Er wurde zu Züllichau in der Neumark geboren, verlor aber schon im 9. Lebensjahre durch den Tod seinen Vater, der Obereinnehmer bei der Accisverwaltung war. Die Mutter brachte ihn, nachdem er den ersten Unterricht auf dem Waisenhause zu Züllichau genossen hatte, auf das Gymnasium nach Hirschberg, wo er durch den mit allen Blüthen klassischer Vorwelt geschmückten Geist eines Fischer und durch die tiefe und umfassende Gelehrsamkeit eines Bauer für alles Schöne, Gute und Nützliche empfänglich gemacht und angefeuert wurde. Unaufhörlich gedachte er jener Zeit, wo er im unvergleichlichen Sudetenthale, im Anschauen und Genusse aller Gebirgsschönheiten an Freuden des Geistes, der Freundschaft und der Natur so reich und von den edelsten Gelübden für sein ganzes Leben erfüllt wurde. Zugleich prägte sich hier dem Vermögenlosen der Geist einer seltenen Ordnung, die ihn bis zum Tode nicht verließ, in mancher kümmerlichen Lage ein und lehrte ihn Lebensgüter auf die rechte Weise schätzen und weise verwalten. Vor seinem Uebergange zur Akademie brachte er einige Wochen in der Nähe und im Umgange des berühmten Feßler zu, der damals Erzieher der Prinzen von Carolath war. Die umfassende Gelehrsamkeit, der stoische und ascetische Ernst und die damit verbundene phantasiereiche Begeisterung dieses Mannes machte einen unauslöschlichen Eindruck auf das Gemüth des erwachenden Jünglings. — Im J. 1795 bezog er die Universität Halle, wo er bis 1798 den juristischen Studien mit regem Fleiß und unermüdlicher Stetigkeit oblag. Die damals herrschende Kantische Philosophie wurde nun die ernste Muse, die seinem nachmaligen Streben die entschiedenste Richtung gab. Er begriff ihre tiefe Begründung und ihren strengen Zusammenhang und fand in ihm zuletzt das Ziel und die Befriedigung seiner Vernunft und die Norm seiner Handlungsweise. Was ihn Christus gelehrt, wurde ihm durch Kant im ehrfurchtgebietenden Gesetze seines Innern klar; Religion und Philosophie wurden die Leitsterne und Friedensgöttinnen in manchem Sturme seines Lebens.

Bei den ernstesten Beschäftigungen lernte er aber auch erlaubte Freuden auf die rechte Weise suchen, schätzen und genießen. „Alles in sittlichen Schranken!" war sein Wahlspruch. Unversiegbar floß ihm der Quell einer heitern Jovialität, durch die er oft Rosen von [illegible] pflückte. Unvergeßlich blieben ihm al[illegible]

Wochen, die er in der klassischen Zeit in Jena und Weimar zubrachte, wo ihm die persönliche Anschauung und Bekanntschaft eines Schiller, Herder, Wieland und Schütz zu Theil ward und die ersten flammenden Reden eines Fichte auch sein Inneres erregten. — Reich an Wissen kehrte der feurige und edle Jüngling in sein zweites Vaterland Schlesien zurück und trat als Auskultator bei der damaligen königlichen Oberamtsregierung zu Glogau ein. Hier war es der berühmte Coccesi, unter dessen Aegide er sich zum praktischen Juristen bildete und dessen er stets nur mit der größten Dankbarkeit und Ehrfurcht gedenken konnte. 1803 folgte er einem Rufe als Regierungsrath nach Sagan und verheirathete sich in demselben Jahre mit der einzigen Tochter des Notariatsdir. und Justizkommissionsraths Seidel in Glogau. 1814 endlich wurde er im Drangsal des Kriegs Director der zum Fürstenthumsgericht umgestalteten Saganschen Regierung und er hat diesen ehrenvollen Posten bis ans Ende seines fruchtreichen Lebens mit seltner Treue und Pünktlichkeit verwaltet. — Er war das Muster eines streng moralischen Menschen, eines streng gewissenhaften Rechtsgelehrten, dessen Seele reine Humanität athmete. Lebendig schlug sein Herz für alles Gute und Wahre; dies fand er in seiner fortwährenden Beschäftigung mit den Wissenschaften und stellte es in seinem Privat- und Geschäftsleben auf. Mannichfache Stürme des Schicksals fochten auch sein schönes Leben an; allein von ihm galt vollständig das Justum ac tenacem etc. des Venusiners. Geschätzt von vielen Guten und geliebt als Gatte und zärtlicher Vater einer Tochter und eines Sohnes, in denen er die Frucht eigner Maximen heranreifen sah und von denen der Letztere in seinem Geiste und in derselben Laufbahn ihm rühmlich nachzustreben sucht — so konnte er ruhig auf den Abend seines Lebens hinblicken. Seine seit fast 10 J. begonnenen Gichtanfälle, zu deren Hebung oder Linderung er Warmbrunn, Töplitz und Karlsbad öfters besucht hatte, schienen seine kräftige Natur noch nicht geschwächt zu haben; doch zerstörte bald ein Fieber dies edle Leben. Als Bürger einer bessern Welt wird er die Wahrheit, die er immer suchte, reiner erkennen und der Früchte seines edlen Strebens sich erfreuen.

* 310. Christian Gottlob Ludwig Grötsch,

Pfarrer zu Buchholz bei Annaberg im sächsischen Erzgebirge;
geb. d. 14. Jan. 1762, gest. d. 23. Sept. 1827.

Sein Vater war M. Joh. Christ. Fr. G., Pfarrer zu St. Katharinenberg im Buchholz; seine Mutter, Jul. Dor., Tochter des Kaufmanns und kurfürstl. sächs. Steuerrevisors Kunz daselbst. Nach einer glücklich verlebten Kindheit zeigte sich früh bei dem Knaben der Beruf zur Wissenschaft. Von seinem Vater, der ihn vorbereitet hatte, ward er ums J. 1775 der kurfürstl. sächs. Landschule zu Meißen übergeben. Da hatte er einen für seine nicht gemeinen Anlagen passenden Uebungsplatz gefunden und ließ durch glückliche Fortschritte die meisten seiner Mitschüler hinter sich. Seine Aufführung war untadelich, denn er hat nie auch nur eine ernste Zurechtweisung von seinen Lehrern erfahren. Wie viel er aber der Schule verdankte, das bewies seine tiefere Bekanntschaft mit griechischer und römischer Literatur, seine ausgebreitete und sehr sichere Geschichtskunde und eine große Fertigkeit im Lateinsprechen. Nach 6jährigem Aufenthalt in Meißen bezog er die Universität Leipzig und widmete sich der Gottesgelahrtheit, worin er mit ausdauerndem und gesegnetem Fleiß eines Ernesti und Morus würdiger Schüler ward. Die innige Beschäftigung mit den Wahrheiten des Evangeliums hatte schon früh bei ihm Wurzel geschlagen und sein Gemüth vor Zweifeln bewahrt und über den Kaltsinn erhoben; darum ging er unangefochten durch die Gefahren des akademischen Lebens. — Im J. 1785 nach wohlbestandener Prüfung vor dem Oberkonsistorium zu Dresden unter die Kandidaten des Predigtamtes aufgenommen, trat er als Hauslehrer in die Familie des Grafen zu Solms und Teklenburg auf Großrückertswalde unweit Annaberg. — Bei zunehmendem Alter seines Vaters ward er im J. 1789 diesem als Amtsgehülfe beigeordnet u. er verlebte in dieser Lage fast 9 Jahre bis zum Tode des Vaters (1797). Auf den Wunsch der Gemeinde erhielt er dessen Stelle. Und er würde als Muster eines Predigers können aufgestellt werden, wenn seine rege und gewissenhafte Thätigkeit nicht schon in den männlichen Jahren durch einen siechen Körper gehemmt worden wäre. Alle seine Predigten und Reden arbeitete er aufs sorgfältigste aus, selbst wenn sie sich häuften, wovon die [illegible] Hefte nebst jährlichen Verzeichnisse der Disp[illegible] ließ keinen logischen Fehler sich hingehen, wandte viel Fleiß auf wohlklingenden Ausdruck und Rundung der Sätze und memorirte sie mit gleicher Sorgfalt, was ihm in den letzten Jahren sehr schwer wurde. Er war Offenbarungsgläubiger mit ganzer Seele, doch nicht von der strengern Partei, sondern mehr vernünftigen Ansichten huldigend und hütete sich wohl, durch abweichende Ansichten der Ueberzeugung Andersdenkender zu nahe zu treten. Sein Vortrag war bis auf die letzten Jahre lebhaft und anziehend, wie ihn denn eine wohlklingende Stimme und eine hohe, Ehrfurcht gebietende Statur unterstützten. Seine Stirn zeigte Ernst und aus den Augen leuchtete Liebe. Erst im 39. Jahre verheirathete er sich mit der Wittwe eines Predigers, der sein Universitätsgenosse gewesen, Frau Christ. Wilh. Kuhn, geb. Bernhardt aus Lommatzsch. Sie betrauert nun zum zweitenmale den Verlust eines geliebten Gatten, den sie in langen Leidensjahren treu gepflegt. Vaterfreuden wurden ihm nicht zu Theil. Die Musik war ihm versagt, aber die Musen waren ihm hold, wie viele seiner zerstreuten Dichtungen, durchaus ernsten Inhalts, beweisen, die ihrer tiefen Anmuth wegen der Vergessenheit entrissen zu werden verdienten. Fast 20 Jahre vor seinem Tode fingen seine Leiden an, indem gichtische Schmerzen nach und nach seinen Körper zerstörten. Wer ihn in seinen Leiden sah, konnte lernen, wie der Christ leiden soll. Im Jahr 1826 entschloß er sich aber endlich, um einen Amtsgehülfen nachzusuchen. Erzähler dieses, Verwandter des Hingeschiedenen, der ihm auch die erste gelehrte Bildung verdankte, hatte das Glück ihm zur Seite gesetzt zu werden und von ihm viele schätzbare Winke über die geistliche Amtsführung zu erhalten. Doch nur kurze Zeit währte dieses schöne Verhältniß. Ein Ausgang, seines Gott geweihten Lebens würdig, war ihm zugedacht. Die zum ersten Genuß des heil. Abendmahls bestimmten Kinder pflegte er privatim beichten zu lassen, um ihnen vor der Konfirmation die letzten Ermahnungen zu geben. Dazu ging er in ungewöhnlicher Heiterkeit und Kraft am 22. September 1827 in die Kirche, hörte mit gespannter Aufmerksamkeit die für Erwachsene gehaltene Beichtrede und berieth eins nach dem andern von jenen Katechumenen mit der gewohnten Zärtlichkeit, gab allen seinen Segen und brachte dieß Geschäft zu Ende. Die Letzten hatten eine Schwäche an ihm bemerkt, ohne davon Meldung zu thun; er war allein im Gotteshause geblieben, ward vermißt und man fand ihn im Beichtstuhl entschlummert ohne Zeichen des Lebens.

Moritz Ferdinand Weisdauer.
Pfarrer zu Buchholz.

* 311. Ernst Friedrich Anton Augusti,

Superintendent und Pastor zu Ichtershausen im Herzogth. Gotha;
geb. d. 26. Mai 1788, gest. d. 24. Sept. 1837.

Sein Vater war der vormalige Rabbi Josua Ben Abraham Eschel aus Frankfurt a/O., welcher bei seiner Taufe von seinen erlauchten Pathen den Namen Friedrich Albert Augusti erhalten hatte und als Pfarrer zu Eschenberga im J. 1782 starb, ein Mann, der sowohl wegen umfassender Gelehrsamkeit, als auch wegen der sonderbarsten Schicksale seines Lebens und seines durchaus rechtschaffenen und liebenswürdigen Charakters zu den ausgezeichneten Personen seiner Zeit gehört und dem die kindliche Liebe in einer interessanten Biographie ein schönes Denkmal gesetzt hat.

Seine Mutter war Joh. Soph., einzige Tochter des herzogl. Amtmanns Schaper zu Gotha, eine Frau, die durch ihren liebevollen Sinn die ersten Keime frommer Gesinnungen und Gefühle in die zarten Herzen ihrer Kinder legte. Sein Vater, welcher selbst ein Lehramt am Gothaischen Gymnasium bekleidete und eine ganz besondere Neigung für das pädagogische Fach besaß, übernahm, bei aller Beschränktheit seiner Zeit, dennoch den Unterricht seiner Söhne und ertheilte solchen auf eine eben so kluge und zweckdienliche, als liebevolle Art, deren der dankbare Sohn bei Gelegenheit stets mit Rührung und Freude gedachte. Besonders hielt er viel auf das fleißige Lesen der Klassiker und ließ die grammatikalischen Subtilitäten mehr aus der Sprache, als die Sprache aus der Grammatik erlernen, wodurch er die Fortschritte seiner Söhne ungemein beförderte und sie ohne fremde Hülfe so weit brachte, daß sie nach kurzem Aufenthalte auf der Landschule die Akademie beziehen konnten.

So kam denn auch der Hingeschiedene mit mancherlei Kenntnissen, besonders mit einem ausgezeichneten hebräischen Sprachschatze ausgestattet, auf das Gymnasium zu Gotha, welches er schon nach ein[illegible] Jahre ver- ließ, um es mit der Akademie zu[illegible] hielt ihn das Waffengeräusch de[illegible]

Krieges ein ganzes Jahr lang in dem väterlichen Hause zurück. Dieser Aufenthalt wirkte auf seine künftigen akademischen Studien äußerst wohlthätig, indem er unter den Auspicien seines Vaters die erlernten Schulkenntnisse erst recht nutzen und ordnen lernte und sich so für die Akademie eigentlich vorbereitete. Mit der Entfernung des Krieges aus den Grenzen Sachsens war auch seine tuskulanische Muße abgelaufen und er bezog nun die Universität Jena, wo er sich der Theologie widmete, die er schon als Knabe in dem lehrreichen Umgange mit seinem frommen Vater lieb gewonnen hatte.

Im J. 1760 verließ er die Universität und bestand vor dem herzoglichen Oberkonsistorium sein Examen als Kandidat. Seine Kenntnisse, sowie sein sittlicher Charakter, besonders sein bescheidener und gefälliger Sinn, empfahlen ihn dem damaligen Generalsuperintendenten Löw, der ihn zu seinem Visitationskandidaten machte und ihn seiner besondern Freundschaft würdigte. Nach dem Tode seines ältern Bruders, Wilhelm A., der als Hauslehrer des Hrn. v. Wangenheim in Sonneborn gestorben war, trat er in dessen Stelle. Als aber während dessen seinem alten Vater wegen Altersschwäche die Pflichten seines Dienstes zu beschwerlich wurden, kam der freundschaftlich gesinnte Generalsuperintendent Löw den väterlichen Wünschen nach kindlicher Hülfe entgegen und machte den Sohn zum Vicarius seines Vaters und bald darauf 1764 zu dessen Substituten. Als solcher hatte er das Glück, 18 Jahre lang an der Seite seines ehrwürdigen Vaters zu wandeln, demselben den Abend seines Lebens zu erheitern und aus dem lebendigen Quell seines Wissens Erfahrung für seinen Beruf zu schöpfen. Seine weitläuftige Oekonomie machte gleich anfangs eine Gehülfin nöthig und er fand sie in der ältesten Tochter des wackern und gelehrten Pfarrers Werner zu Gierstädt, durch deren ausgezeichnete Wirthschaftlichkeit sein Wohlstand sich vermehrte. Ihm war das seltene Glück vergönnt, seinen bejahrten Vater als Jubelgreis an der Spitze seiner Gemeinde zum Altare zu führen und sein kindliches Gemüth an den Beweisen dankbarer Liebe, die hier von allen Seiten und auf mannichfache Weise wetteifernd dem biedern Greise dargebracht wurden, zu erbauen. Nach dem Tode seines Vaters rückte er in dessen Pfarramt ein, und gewiß wäre er bei dieser Gemeinde, die ihn liebte, bis an sein Ende geblieben, hätte ihn nicht die Beschränktheit seiner äußern Lage und das Zureden seiner Freunde vermocht, sich um die erledigte Ephorie zu Ichtershausen zu bewerben. Aus Anerkennung seiner vieljährigen Dienste und wegen seiner sonstigen Amtstüchtigkeit wurde ihm dies Amt 1792 zu Theil. Hier nun erblühte ihm ein schönes häusliches Glück in dem Kreise von 3 hoffnungsvollen Kindern und ihrer frommen Mutter. In dieser sorgenfreien Lage erstarkte seine Gesundheit immer mehr und der Geist der Mäßigung, welcher vom Vater auf den Sohn übergegangen war, erhielt ihm das theuere Lebensgut bis an das Ende seiner Tage. Das Glück seiner Kinder, die alle zu seiner Freude heranwuchsen, besonders aber der schnelle Aufschwung seines so innig geliebten einzigen Sohnes, J. Chr. Wilhelm, zu literarischem Ruhme und akademischen Ehren, erhöhte die Lebensfreuden des glücklichen Greises und belebte die einsame Stille, in die er sich nach dem Tode seiner Gattin und der Entfernung seiner auswärts verheiratheten Töchter zurückgezogen hatte.

Im J. 1813 wurde seine ländliche Ruhe und Stille auf einige Zeit unterbrochen. Ichtershausen wurde von Russen und Oestreichern geplündert, der Greis aus seiner friedlichen Wohnung durch Kosaken vertrieben und auf dem Felde von ungarischen Husaren der Bekleidung beraubt, sogleich aber auch durch 3 preußische Freiwillige, Studenten aus Breslau, von denen der eine ein Zuhörer seines Sohnes, damaligen Rectors der dasigen Universität, in Schutz genommen und vor weitern Mißhandlungen gesichert. Im J. 1814 erlebte er auch das Glück, sein 50jähriges Jubiläum im Kreise seiner Kinder und Enkel zu feiern, wobei ihn das herzogliche Oberkonsistorium mit einem huldreichen Belobungsschreiben wegen seiner bewiesenen Amtstreue und seiner besondern Ephoralverdienste durch eine Deputation erfreute. Nach dieser Zeit verwaltete er noch 8 Jahre lang, ohne Gehülfen und mit gewohnter Rüstigkeit sein beschwerliches Pfarr- und Ephoralamt; ja es war als wenn gegen das Ende seiner Amtsführung sich seine Kraft verjüngt hätte, so sprach er zu Aller Bewunderung mit Kraft und Begeisterung.

Bald nach dem Tode des ihm sehr wohlwollenden Herzogs August, im J. 1822, wurde er auf seine Bitten in den Ruhestand versetzt und seitdem lebte er abwechselnd bei seinen beiden Töchtern, anfangs in Gotha und später in Jena. Nur in den letzten beiden Jahren seines Lebens trübte sich sein sonst so heiterer Himmel [illegible] Beschwerden des Alters und manche schmer
ihn jetzt. Eine Reihe unglücklich

gen sah er mit Schmerzen sich ereignen und Freunde, an welchen seine Seele hing, wurden ihm durch den Tod entrissen. Lebensmüde nach solchen Schicksalen, vermehrte sich in ihm die Lust abzuscheiden und mit der Ruhe eines Weisen, der seine Bestimmung erkannt und ihr gemäß gelebt hat, schickte er sich zur letzten großen Reise an. Sechs Wochen vor seinem Tode setzte er selbst mit schwacher Hand die Nachricht von seinem Ableben für die Gothaische Zeitung auf, schrieb noch an seine Kinder und nahm mit christlicher Fassung und väterlicher Zärtlichkeit von ihnen und von dieser Welt Abschied. Und als nun seine Stunde gekommen war, löste in einem sanften Schlummer der Engel des Todes die morschen Lebensbanden und trug den geliebten Vater im 90. J. seines Lebens aus dem Schooße der kindlichen Liebe in den des allliebenden Vaters.

Anspruchslos und heiter war das Leben und Wirken des Verewigten. Seine wohlwollende Gesinnung machte ihm Alle zu Freunden, die mit ihm in Berührung kamen, so daß er in der That das so seltene Glück genoß, keinen Feind zu haben. Er blieb sich in allen Lebensverhältnissen gleich und war ein treu und innig liebender Gatte, Vater und Freund. In seinen amtlichen Verbindungen zeigte er eben so viel Sinn für kollegialische Verhältnisse, als für die Würde seines Berufes. In seinen kräftigern Jahren besuchte er gern die Zirkel der Fröhlichkeit und verbreitete überall durch seinen muntern Scherz und unschuldigen Witz Heiterkeit und frohen Muth. Er verletzte keinen Menschen, sondern legte überall die Reinheit seiner Grundsätze, sein praktisches Christenthum an den Tag. Noch bis in sein hohes Alter war er gesellig und zugänglich und aus dem reichen Vorrath seiner Wissenschaft und Erfahrung strömte eine unversiegbare Quelle zu genußreicher Unterhaltung.

Ein Freund seiner Diöcesangeistlichen, war er bemüht, den Geist der Wissenschaftlichkeit unter ihnen zu verbreiten, zu welchem Zwecke er daher im J. 1793 einen Lesezirkel veranstalte, der bis auf diesen Tag besteht und seitdem viele andere Gesellschaften der Art ins Daseyn rief. Auch in seinen Colloquien entfernte er alles Gesuchte und alle auch nur scheinbare Härten. Sie waren daher auch, dem Sinne des Worts gemäß, wissenschaftliche Gespräche oder vielmehr Gesprächsfortsätze, welche, indem sie den Faden der Unterhaltung geschickt aufnahmen und fortspannen, sich als unmerkliche Episoden in das Visitationsdrama gleichsam einschlichen und oft in Ungewißheit ließen, ob denn auch wirklich schon colloquirt worden sey. — Als Prediger beflis er sich einer verständigen Popularität und setzte derselben jede andere Rücksicht nach, und da er stets, obgleich im schlichten Lehrtone, aus dem Herzen sprach, so ließ er auch die Herzen nie unerwärmt: ja bei verschiedenen Gelegenheiten wußte er mächtig auf seine Zuhörer zu wirken. Bei seiner Gemeinde stand er durch seine reiche Lebenserfahrung, sowie durch bedeutende Kenntnisse in der Landwirthschaft und durch sein menschenfreundliches Wohlwollen in Achtung und Ansehn. Er war ein treuer und eifriger Zionswächter und bekümmerte sich um herrschende Sitten unter seinen Beichtkindern mit ächt apostolischem Ernste und zog mit Paulinischer Freimüthigkeit gegen Unsitte und Ungebühr zu Felde.

Ohne eigentlicher Gelehrter zu seyn, blieb ihm doch keine neue Erfahrung oder Entdeckung in der Wissenschaft ganz fremd, vielmehr interessirte er sich bis an sein Ende für alle Verhandlungen im Gebiete der Theologie, Religion und Kirche, las die wichtigsten theologischen Werke mit Sorgfalt und kritisirendem Nachdenken und bewahrte die gelehrten Resultate mit Genauigkeit im treuen Gedächtnisse auf. Geschrieben hat er außer einigen Abhandlungen, die in verschiedenen Zeitschriften erschienen sind, nichts, als die schon bemerkte Biographie. Vorzügliche Kenntniß und gründliches Wissen besaß er in der hebräischen und lateinischen Sprache, in welcher letzten er sich noch als Greis mit seinen Enkeln schriftl. unterhielt.

So lebhaften Antheil er aber auch durch fleißige Lectüre und vielfaches Nachdenken an den wissenschaftlichen Verhandlungen und Fortschritten der theologischen Aufklärung nahm, so blieb er doch stets ein treuer Anhänger der biblisch-kirchlichen Offenbarung und war fest überzeugt, daß der alte Christenglaube endlich doch den Sieg behalten werde. Dabei war er tolerant, achtete jeden Versuch zur Erforschung der Wahrheit und war damit zufrieden, daß Jedermann seines Glaubens, aber stets mit Ueberzeugung u. aus Gründen lebte. Sah er in den meisten literarischen Religionsfehden mehr Witz als Verstand und mehr Verstand als Vernunft und Glauben, so pflegte er sowohl sich als Andern mit den Worten des weisen Gamaliel über das Gottes- und Menschenwerk (Apostelgesch. 5, 38.) zu beruhigen.

---

tritt aus dem Regimente überreichte ihm das Offizierkorps der königl. Garde als Beweis ihrer Achtung und ihres Wohlwollens eine große goldne Medaille mit seinem eigenen Bildniß auf der einen Seite, auf der andern die Namen der sämmtlichen Offiziere des Korps, zum Andenken. Im September 1813 wurde er Kommandant von Breslau und bekam noch 4 Reservebataillons in Leobschütz zu organisiren. Im J. 1817 wurde er Inspekteur der Landwehr (Regierungsdepartement Breslau) und Generallieutenant. 1819 kam er als Kommandant des Invalidenhauses nach Berlin und feierte daselbst im J. 1826 sein 50 jähriges Dienstjubiläum. Der König bewies ihm an diesem Tage seine fortdauernde Gnade durch ein eigenhändiges sehr huldreiches Schreiben und durch die Uebersendung des rothen Adlerordens 1. Kl. mit Eichenlaub, nachdem er früher schon denselben 3. und 2. Kl., so wie 1816 das eiserne Kreuz 2. Kl. am weißen Bande erhalten hatte. Das Offizierkorps der Garde in Potsdam überreichte ihm eine Büste des Königs aus cararischem Marmor vom Professor Rauch gearbeitet. So wurde dieser Tag noch ein Freudenfest für ihn, obgleich seine Gesundheit nicht erlaubte, ihn außer dem Bette zuzubringen. Seine Kränklichkeit nahm seitdem immermehr überhand bis ein Schlagfluß sein Lebensende herbeiführte. Ihn beweint seine zahlreiche Familie, der er stets der liebevollste Versorger und Beschützer war. Seine Rechtlichkeit und strenge Ordnungsliebe in allen seinen Dienstverhältnissen erwarben ihm die Achtung auch aller seiner Untergebenen. Noch in den letzten Jahren seines Lebens war er auch in seinem kleinen Wirkungskreise thätig; oft nicht genug achtend die Schmerzen der langwierigen Krankheit, traf er gute Einrichtungen im Invalidenhause und erwarb sich dadurch die Liebe Aller.

* 309. Karl Friedrich August Bail,

Director des herzoglichen Gerichts des Fürstenthums Sagan in Niederschlesien;

geb. d. 7. Nov. 1776, gest. d. 18. Sept. 1827.

Ein Neffe des in der theologischen Welt geachteten Joh. Sam. Bail, Oberkonsistorialraths in Glogau, hat sich zwar der Hingeschiedene in seiner schon im fruchtbringenden Mittag unterbrochenen Laufbahn durch weithinausgreifende öffentliche Thätigkeit oder durch literarische Wirksamkeit nicht berühmt gemacht, aber das im höhern Lichte glänzende Zeugniß eines wahrhaft gerechten, biedern und wohlwollenden Mannes in seinem Kreise erworben. — Er wurde zu Züllichau in der Neumark geboren, verlor aber schon im 9. Lebensjahre durch den Tod seinen Vater, der Obereinnehmer bei der Accisverwaltung war. Die Mutter brachte ihn, nachdem er den ersten Unterricht auf dem Waisenhause zu Züllichau genossen hatte, auf das Gymnasium nach Hirschberg, wo er durch den mit allen Blüthen klassischer Vorwelt geschmückten Geist eines Fischer und durch die tiefe und umfassende Gelehrsamkeit eines Bauer für alles Schöne, Gute und Nützliche empfänglich gemacht und angefeuert wurde. Unaufhörlich gedachte er jener Zeit, wo er im unvergleichlichen Sudetenthale, im Anschauen und Genusse aller Gebirgsschönheiten an Freuden des Geistes, der Freundschaft und der Natur so reich und von den edelsten Gelübden für sein ganzes Leben erfüllt wurde. Zugleich prägte sich hier dem Vermögenlosen der Geist einer seltenen Ordnung, die ihn bis zum Tode nicht verließ, in mancher kümmerlichen Lage ein und lehrte ihn Lebensgüter auf die rechte Weise schätzen und weise verwalten. Vor seinem Uebergange zur Akademie brachte er einige Wochen in der Nähe und im Umgange des berühmten Feßler zu, der damals Erzieher der Prinzen von Carolath war. Die umfassende Gelehrsamkeit, der stoische und ascetische Ernst und die damit verbundene phantasiereiche Begeisterung dieses Mannes machte einen unauslöschlichen Eindruck auf das Gemüth des erwachenden Jünglings. — Im J. 1795 bezog er die Universität Halle, wo er bis 1798 den juristischen Studien mit regem Fleiß und unermüdlicher Stetigkeit oblag. Die damals herrschende Kantische Philosophie wurde nun die ernste Muse, die seinem nachmaligen Streben die enschiedenste Richtung gab. Er begriff ihre tiefe Begründung und ihren strengen Zusammenhang und fand in ihm zuletzt das Ziel und die Befriedigung seiner Vernunft und die Norm seiner Handlungsweise. Was ihn Christus gelehrt, wurde ihm durch Kant im ehrfurchtgebietenden Gesetze seines Innern klar; Religion und Philosophie wurden die Leitsterne und Friedensgöttinnen in manchem Sturme seines Lebens.

Bei den ernstesten Beschäftigungen lernte er aber auch erlaubte Freuden auf die rechte Weise suchen, schätzen und genießen. „Alles in sittlichen Schranken!“ war sein Wahlspruch. Unversiegbar floß ihm der Quell einer heitern Jovialität, durch die er oft Rosen von stechenden Dornen pflückte. Unvergeßlich blieben ihm aber jene idealischen

der königl. Charitékirche und im J. 1791 zum 2. Prediger an der Jerusalems- und Neuen-Kirche berufen, wo er bald darauf erster Prediger wurde und dieses Amt bis an sein Ende verwaltete. In jedem Amte zeichnete er sich durch gewissenhafte Erfüllung seinen Berufspflichten u. beharrlichen männlichen Sinn bei jedem Leiden aus. Er starb nach langem Krankenlager von seiner Gattin u. Kindern beweint und betrauert. An ihm verloren die Armen einen Versorger, die Gemeinde einen treuen Prediger, würdig der Achtung und Liebe, die sie ihm schenkte.

* 313. Johann August Ernst Graf von Alvensleben,

vormaliger Dechant des hohen Domstifts zu Halberstadt, herzogl. Braunschweig-Wolfenbüttelscher Staatsminister, Landtagsmarschall der Provinz Brandenburg u. Mitglied des königl. preuß. Staatsrathes zu Berlin; Ritter des königl. preuß. St. Johanniter- und des rothen Adlerordens 1. Kl. und des königl. großbritannischen Guelphenordens; Erb- u. Gerichtsherr zu Erxleben, Ursleben rc. rc.; geb. d. 6. Aug. 1758, gest. d. 27. Septbr. 1827.

Die Familie v. Alvensleben bewahrt seit undenklichen Zeiten (früher in ihrer Schloßkapelle zu Kalbe, jetzt auf dem Gute Erxleben) einen goldenen Ring, welchen — zufolge der Sage — einst eine wohlthätige Ahnfrau von einer Zwergin erhielt, der sie in Geburtsnöthen bei nächtlicher Zeit großen Beistand geleistet. Der Glanz, der Ruhm und die Fortdauer des von Alvenslebenschen Stammes soll von der sorgfältigen Aufbewahrung dieses Ringes abhängig seyn *). Dies möge genügen, den Leser mit dem großen Ansehen, in welchem diese Familie seit Jahrhunderten gestanden hat, bekannt zu machen.

Die Nachricht von dem Tode des hochverdienten Ministers Gr. v. A. wurde besonders von einem großen Theile der Einwohner Halberstadts, die ihn als ihren letzten Domdechanten gekannt u. geliebt hatten, mit der größten Theilnahme gehört und man dachte dabei nicht ohne Wehmuth an Halberstadts frühere glücklichere Zeit zurück, in der derselbe sich um die Stadt und das Fürstenthum gleich verdient machte **). — Tiefer aber fühlten noch seinen

*) S. Wohlbrücks Geschichtliche Nachrichten v. d. Geschlechte derer von A. Berl, 1819. Thl. 1. S. XIV. d. Vorrede. Daselbst sind auch die übrigen Schriftsteller angezeigt, die dieses Ringes erwähnen.

**) Als Beweis der Anerkenntniß der Verdienste des Gr. v. A. kann auch eine kurz nach seinem Tode in dem Halberstädter Harz-

Verlust seine ihm untergebenen Dorfschaften, die in ihm bis zur Stunde seines Todes einen väterlichen Herrn verehrten. Er wurde auf dem Rittergute Erxleben, 2 Meilen von Neuhaldensleben im Magdeburgschen, seit langer Zeit Eigenthum der altadeligen Familie v. A., geboren und war der einzige Sohn des königl. preuß. Oberstlieutenants a. D. Joh. Aug. v. A. Seine Mutter war eine geb. v. Platen. Beide ausgezeichnet durch Charakterwerth, widmeten der Erziehung ihres Sohnes alle Sorgfalt, wodurch sie den Grund zu der hohen Bildung und Anständigkeit desselben legten und sein Herz von den Eindrücken des Bösen bewahrten. — Bis zum 17. Lebensjahre wurde er durch Privatlehrer im väterlichen Hause unterrichtet. Unmittelbar aus diesem Hause ging er auf die damals blühende und nur wenige Stunden von Erxleben entfernte Hochschule zu Helmstädt, wo er außer den juristischen Vorlesungen besonders den kameralistischen u. der Philosophie oblag. — Mehr zur Uebung in öffentlicher Geschäftsführung, als um auf Staatsdienste Ansprüche zu machen, trat er hierauf nach vollendetem Triennium als Referendar bei der damaligen Kriegs- und Domänenkammer in Magdeburg ein. Es wartete nämlich seiner, als des einzigen Erben der weitläuftigen väterlichen Besitzungen, nicht nur die dereinstige Verwaltung derselben, sondern er war auch schon früh in die Kandidatenliste des Domstifts zu Halberstadt eingetragen und konnte daher auf eine baldige und bedeutende Wirksamkeit als Stiftsherr rechnen.

Schon im J. 1782 mußte er nach dem Wunsche seines Vaters den Familienangelegenheiten sich widmen und die väterlichen Güter Erxleben und (1783) Ursleben übernehmen. Im J. 1788 wurde die ihm zufallende Domherrnstelle erledigt und er gehörte seit dieser Zeit über 20 Jahre lang durch seine Wirksamkeit und seinen Wohnsitz Halberstadt an. In demselben Jahre vermählte er sich mit Fräulein Carol. Friedr., Tochter des Generals v. Rohr in Magdeburg, welche ihm 28 J. hindurch treue begleitende Gefährtin seines Lebens war. So glücklich er in seinen häuslichen Verhältnissen lebte, so sehr wußte er sich auch bald in seiner amtlichen Stellung als Domherr das Vertrauen des Kapitels zu erwerben. Dieses sprach sein Vertrauen unverkennbar dadurch aus, daß es, als im J. 1796 der bisherige Domdechant Graf zu Stolberg-Werni-

---

boten erschienene Biographie desselben gelten, die außer schriftlichen Mittheilungen bei dieser Nachricht über sein Leben benutzt ist.

gerade seine Stelle niederlegte, v. A. zum Dechant erwählte. — Der neu gewählte Domdechant v. A. rechtfertigte übrigens vollkommen das ihm geschenkte Vertrauen, denn es gelang ihm sehr bald, was sein Vorgänger vergeblich versucht hatte, durch sein umsichtiges Benehmen den Partheiungen unter dem Dompersonale ein Ende zu machen, welche Jahre lang besonders die Ruhe des Dechanten gestört hatten. — Bald nachdem er erwählt war und durch seine Geschäftsführung vollkommen seine Befähigung zu dem damals für einen großen Theil der Provinz einflußreichen Amt eines Dechanten bewährt hatte, erhob der König ihn und seine Nachkommen am 6. Juli 1806 in den Grafenstand, der, wie alte Urkunden der Familie besagen, den Ahnen derselben schon früher beigelegt war. Diese Auszeichnung verdiente er um so mehr, da er mit seiner amtlichen Thätigkeit und einer eifrigen Betreibung der Wissenschaften, auch eine edle Humanität verband, die ihm Aller Liebe und Achtung verschaffte. — Er war ein Kenner und Verehrer von Kunst u. Wissenschaft und befreundete sich gern mit ihren Priestern. Die unter ihm arbeitenden trefflichen Geschäftmänner u. Halberstädtische Dichter Gleim u. Klamer Schmidt *) (welchem Letztern er eine Pfründe, die sein sorgenfreies Auskommen sicherte, verschaffte) schätzte und behandelte er als Freunde. So verwaltete er mit Segen und Freude sein Amt bis zu Aufhebung des Stifts im J. 1810. Doch auch die letzten Strahlen seiner Kraft wußte er wenigstens zum Besten des zahlreichen, mit der Aufhebung des Kapitels größtentheils außer Wirksamkeit tretenden Dompersonales anzuwenden. Er hatte sich nämlich auf einer frühern Reise nach Paris im J. 1807 und auf einer spätern nach Kassel unter den Deputirten des Reichs durch seine Persönlichkeit die Achtung der westphälischen Regierung in dem Grade erworben, daß es seinem Einflusse möglich wurde, bei Aufhebung des Domkapitels den Beamten desselben Pensionen zu sichern. — Nach der Aufhebung des Domkapitels lebte v. A. in stiller Zurückgezogenheit auf seinem Stammgute in Erxleben, nachdem er mehrere Hof- und Staatsämter, die ihm angetragen wurden, ausgeschlagen hatte und wußte hier die Ceres mit der Minerva, die sich sonst gewöhnlich gegenseitig verdrängen, in einem freundlichen schwesterlichen Umgange neben einander bestehen zu lassen.

Er begann hier in der angenehmen Jahreszeit gewöhnlich den Tag damit, daß er in seinem schönen Garten

*) Dessen Biogr. 2. Jahrg. S. 971.

spazieren ging, sich mit seinem Amtmann über Wirthschaftssachen besprach und andere ökonomische Angelegenheiten besorgte. Hatte Ceres ihr Morgenopfer erhalten, so eilte er auf sein Studirzimmer, das mit einer ausgezeichneten Bibliothek geziert war. Hier las und schrieb er bis kurz gegen Mittag und drang dadurch immer tiefer in den Geist seiner Lieblingswissenschaften, Geschichte und deutsche Literatur ein, oder er beschäftigte sich mit französischen und lateinischen Klassikern. — Kurz vor und nach der Mittagsmahlzeit, die er gewöhnlich um 2 Uhr zu sich nahm, musterte er die leichten Truppen unserer Literatur, die Journale, u. es war gewiß eine Folge dieser seiner regelmäßigen Zeiteintheilung und Beschäftigung, wenn er bei seiner weitläuftigen Wirthschaft dennoch immer mit der Literatur fortschritt und sich in Gesellschaft mehr der Gelehrte, als der Landedelmann in ihm aussprach. — Die folgende Zeit des Nachmittags gehörte seiner Familie, für die er ein sehr zärtlicher Vater war. Auch der Freundschaft widmete er gern und oft seine Nachmittage u. sah dann seine zahlreichen Freunde und Bekannten bei sich, unter denen er besonders die durch Patronatverhältnisse mit ihm verbundenen Prediger mit wahrer Humanität behandelte. — Bei der Besetzung seiner Pfarr- und Schulstellen ging er mit der größten Gewissenhaftigkeit zu Werke. So wünschte z. B. einer seiner Prediger, der acht Jahre der Lehrer seiner Kinder gewesen war und besonders von ihm geschätzt wurde, einen jungen Mann, der ein ausgezeichneter Orgelspieler war zu seinem Schullehrer zu erhalten. Der Graf verweigerte ihm aber anfangs die Erfüllung seines Wunsches, weil in dem Zeugnisse des jungen Mannes ein einziger Ausdruck eine nachtheilige Deutung über den Charakter desselben zuließ u. gab demselben erst dann die Stelle, als der frühere Lehrer desselben eine Erklärung über diesen Ausdruck abgegeben hatte. Auf eine eben so gewissenhafte Art verfuhr er bei Besezzung der Pfarrstellen und achtete weniger auf Empfehlungen, als auf seine Ueberzeugung von der Würdigkeit des Bewerbers. Mit einer wahrhaft rührenden Fürsorge nahm er sich aber der verwaisten Familien seiner Prediger an. — Der größte und schmerzhafteste Verlust in seinem Leben traf ihn am 18. März 1816, wo seine Gemahlin nach vielen körperlichen Leiden zu Berlin starb. Sie hatte seine Tage verschönt, ihm funfzehn Kinder geboren und meist die Sorge ihrer Erziehung liebevoll allein getragen. In diesem schönen, ächt edlem Stillleben traf ihn die Wiedergeburt Deutschlands, der er um so mehr entgegenjubelte, da er mit der bisherigen Landesregierung in keinerlei Verbindung stand. Und konnte er auch nicht hoffen, daß die neue Gestaltung der Dinge alle alten Verhältnisse zurückrufen werde, so trübte dies doch nicht seinen reinen Patriotismus für Preußen und um so gerechter war die Anerkennung desselben, da der König ihm den rothen Adlerorden 1. Kl. ertheilte und später ihn auch zum Ritter des St. Johanniterordens erwählte. — Schon war v. A., nachdem der Friede in Deutschland wiederhergestellt war und Alles freier athmete, in die höhern Lebensjahre getreten, in welchen der Mann ungern aus einem gewohnten Geschäftskreise in einen neuen tritt und ihm selbst ahnete wohl nicht, daß er noch einmal seine glückliche Muße mit einem bedeutenden Staatsamte vertauschen werde. Dennoch sollte der reiche Schatz seiner Erfahrungen und Kenntnisse, das Ergebniß seiner frühern Verhältnisse und anhaltenden Studien nicht, ohne Nutzen gestiftet zu haben, mit ihm ins Grab gehen.

Die Veranlassung, die ihn zum öffentlichen Leben berief war der Tod des Braunschweigschen Staatsministers, Grafen von der Schulenburg, der bis 1820 unter der großbritannischen obervormundschaftlichen Regierung an der Spitze des Staats gestanden hatte. Sein Platz mußte besetzt werden und so übertrug ihm der König von England als Vormund des minorennen Herzogs von Braunschweig, Carl (Fr. Aug. Wilh.), auf den vortheilhaftesten Bericht des Grafen von Münster, den hohen Posten des ersten Staatsministers der Braunschweigschen Landesregierung. — Mit Genehmigung seines Landesherrn des Königs von Preußen übernahm er diese Stelle, führte sie mit Würde zum Wohl des Landes bis zum Tage der Volljährigkeit des jetzt regierenden Herzogs, den 6. Juni 1823 und erwarb sich große Verdienste in allen Fächern der Staatsverwaltung, und zum Zeichen der vollkommensten Zufriedenheit des Königs v. England u. des Herzogs von Braunschweig erhielt er das Großkr. des königl. Hannöver. Guelphenordens. — Wollte man ihn oder das Geheimerathskollegium — wie solches auf hohen Posten unvermeidlich ist — tadeln, so erinnerte er wohl an Lessings Worte Philotas: „Unsere Schuld und Unschuld sind unendlichen Mißdeutungen, unendlicher Beschönigungen fähig. Nur dem untrüglichen Auge der Götter erscheinen wir wie wir sind, nur das kann uns richten; oder tröstete sie und sich mit den Worten des Origenes contra Celsum: „Laßt uns mit unserm Erlöser schweigen und unsern Feinde nichts als unsere Gottseligkeit u. Unschuld, unsere Liebe u. unsere Sanftmuth entgegensetzen."

Unverkennbar zeigte der Verewigte, als er 1823 aus seinem bisherigen Verhältnisse beim Regierungsantritt des neuen Herzogs, der Anträge desselben ungeachtet, ausschied, eine der ersten Tugenden eines Ministers, die der Uneigennützigkeit, indem er eine bedeutende, ihm angetragene Pension ablehnte. — Während seiner Wirksamkeit in Braunschweig wußte er übrigens, trotz seiner höhern Lebensjahre die Erfüllung seiner Berufspflichten mit der Verwaltung seiner Güter und seiner überaus zärtlichen Vaterliebe zu vereinigen. Er hatte nämlich in der ersten Zeit seine drei jüngsten Töchter unter Aufsicht einer Gouvernante in Erxleben zurückgelassen, besuchte aber dieselben in jeder Woche u. fuhr dann wieder des Nachts nach Braunschweig zurück, um dort nichts zu versäumen. — Kurz nach seinem Ausscheiden aus dem Braunschweiger Ministerium ernannte ihn der König von Preußen im J. 1824 zum Landtagsmarschall in der Provinz Brandenburg und bald darauf d. 5. Novbr. 1824 zum wirklichen Mitglied des Staatsraths. Ungeachtet seine Gesundheit schon in Braunschweig öfter durch Steinschmerzen unterbrochen war, so nahm er doch beide Aemter an, da sie ihn nicht anhaltend aus der Mitte der Seinigen hinwegführten u. die Uebertragung derselben ein erfreulicher Beweis von dem Vertrauen seines Königs war. — Das Uebel, das seinen Tod herbeiführen sollte, nahm indeß zu und ungeachtet er selbst nie über Schmerzen klagte, bemerkten doch seine nähern Umgebungen mit Wehmuth die Abnahme seiner Kräfte. Noch wenige Wochen vor seinem Tode unternahm er eine Reise nach Lübeck zu seiner jüngsten Tochter, besuchte auf der Rückreise noch seinen Schwiegersohn, den Hrn. Generalmajor a. D. v. Krosigk auf Rienburg und kam von dort anscheinend wohl nach Erxleben zurück. — Aber bald neigte sich sein Haupt zur Ruhe. Mit ruhiger Ergebung eines Weisen u. eines frommen Christen endete er sein verdienstvolles Leben im angetretenen 70. Lebensjahre. — Die Natur hatte ihm einen schönen Körper u. bei sorgfältiger Erziehung u. Wissenschaft einen noch schönern Charakter verliehen, den er unter allen wechselnden Umständen seines verschiedenen Wirkens festhielt, daß er des Epitaphiums eines Plato: „Hic est ille, quem probi omnes merito commendare et imitari debent" würdig ist. — Der Maler Schöner zu Halberstadt hat sein Bild am besten in einem Gemälde dargestellt, welches in den Händen seiner dritten Tochter, der Gemahlin des Bergraths Freiherrn v. Münchhausen zu Braunschweig ist. Acht Kinder, 2 Söhne und 6 Töchter, deren 3 vermählt sind, beweinen mit zahllosen dankbaren Verehrern seinen Verlust.

Dr. F. S. u. Dr. K.

314. Carl Franz Jak. Heinr. Schumann,

Professor und Sekretär bei der königl. Akademie der Künste und Lehrer an der königl. Bildergallerie zu Berlin;

geb. d. 8. August 1767, gest. d. 27. Septbr. 1827 *).

Er ward zu Berlin geboren. Sein Vater war Justizrath, welcher, die Neigung des Sohnes begünstigend, denselben bei dem damaligen Hofmaler Frisch in die Lehre gab. Durch ein Bild: „Die Grablegung," welches noch in der kön. Akademie der Künste aufbewahrt ist, zeichnete er sich so aus, daß der damalige Curator, der Staatsminister v. Heinitz, ihn im J. 1795 nach Italien schickte. Nach seiner Rückkehr hatte er mit vielen Sorgen zu kämpfen, weil sein Vater gestorben war und ihm die Erhaltung unversorgter Geschwister oblag; wider seine Neigung unterzog er sich daher aus Pflichtgefühl mancher kleineren Arbeit für Buchhändler. Im J. 1801 wurde er Mitglied des Senats der Akademie und nachdem der Rector Heinrich Meil emeritirt worden, erhielt er dessen Professur im Fache der Anatomie, wozu er die Tafeln in Lebensgröße zeichnete. Im J. 1815, nach dem Ableben des Directors Frisch wurde ihm der Unterricht im Malen auf der kön. Bildergallerie übertragen. Im J. 1816 erhielt er das Amt des Sekretärs bei der Akademie, welches mit mancherlei Schwierigkeiten verknüpft ist, indem Worte nicht hinreichen, dasjenige klar zu machen, was nur durch Linien erläutert werden kann. In der Ausstelluug vom J. 1826 sah man seine letzte Arbeit: den Uebergang der den Feind verfolgenden preußischen Armee bei Caub über den Rhein. Nach dem Urtheil der Künstler war dies seine beste Arbeit und er genoß noch die Freude, daß Se. Maj. der König dieselbe des allerhöchsten Beifalls würdigte und dem Künstler seinen gerechten Lohn zu Theil werden ließ. Seit dem Wiederaufleben der vaterländischen Kunst hat derselbe durch Unterricht und Beispiel zur Ausbildung manches trefflichen

*) Haude- und Spenersche Zeitg. 1827. Nr. 230.

Talents beigetragen. Sein Leben war das eines guten Ehegatten, Vaters, Lehrers und Freundes.

* 315. Johann Friedrich Bülsch,

Pastor Primarius an der St. Wilhadikirche in Stade;

geb. d. 13. Juli 1763, gest. d. 28. Sept. 1827.

Er studirte von 1782—86 Theologie auf der Universität Kiel; lebte nach Vollendung seiner Studien einige Zeit mit denselben beschäftigt in dem Kreise seiner Familie, bis er zu Eldagsen auf dem Gute des Amtmanns Wedemeyer, im Fürstenthum Göttingen, als Hauslehrer angestellt wurde. Später privatisirte er einige Zeit in Hamburg, wo er die Bekanntschaft mit mehreren würdigen Geistlichen und berühmten Kanzelrednern machte, unter deren Leitung er vielfach predigte und so nach u. nach seine außerordentlichen Kanzelgaben ausbildete. In der Folge wurde er als Hauslehrer ins Holsteinsche und in gleicher Eigenschaft nach Hagen im Bremischen, wo er mehrere Jahre verweilte, 1799. aber als Grammatikus an das Gymnasium nach Stade berufen. 1801 vermählte er sich mit seiner jetzt hinterlassenen Wittwe, geb. Bockstöver, welche ihm 4 Kinder gebar von denen noch 3 am Leben sind. 1807 wurde er einstimmig vom Wilhadischen Kirchenkollegium zum zweiten Pastor genannter Kirche erwählt. Da Stade in dieser Zeit von den Franzosen occupirt war und er die französische Sprache wie seine Muttersprache redete, so hatte er vielfache Gelegenheit Manchen von der Konscription zu retten, welcher ohne ihn unfehlbar sein Grab in Rußlands Eisgefilden gefunden haben würde. Nach der abermaligen Wiedereinnahme seines Wohnortes durch die Franzosen war er an der Spitze der Deputation, welche zum General, Grafen Vandamme, nach Harburg geschickt wurde, um Gnade für Stade zu erbitten. Durch die Unerschrockenheit so wie durch die Kraft seiner Beredtsamkeit erwarb er sich die Bewunderung der damaligen französischen Machthaber. Im J. 1817 wurde er Pastor primarius und stand 2 Jahre seinem Amt mit rühmlicher Thätigkeit ganz allein vor. Doch verfiel er 1820 in eine äußerst gefährliche u. langwierige Krankheit, von der er sich nur langsam erholte u. in den letzten Jahren seines Lebens mehrere Rückfälle zu bestehen hatte, welche seine Kräfte und seinen sonst so starken Körper immer mehr erschöpften und seinem rühmlichen und thätigen Leben bald ein Ende machten.

Seinen Kindern war er ein liebevoller und zärtlicher Vater, seiner Gemeinde ein unermüdeter treuer Seelsorger. Mit den Armen theilte er redlich das Seinige u. nie wies er den Unglücklichen von seiner Thür. Mit scharfen Augen sah er oft bei Amtsgeschäften die hülfsbedürftige Lage derselben und gab da, wo er hätte nehmen sollen. Seinen Freunden war er ein treuer Freund und Rathgeber, daher wird noch lange sein Andenken in seiner Gemeinde fortleben. Aus Dankbarkeit verewigte das Wilhadinsche Kirchenkollegium seinen Grabhügel mit einem Denksteine.

* 316. Heymann Sander May,

Registrator der deutsch-israelitischen Gemeinde zu Hamburg;

geb. d. 21. Aug. 1774, gest. d. 28. Sept. 1827.

Er war der Sohn eines ausgezeichnet braven Mannes, nach dessen Tode in seinem 4. J. ein Stiefvater die Sorge für seine Erziehung mit seiner verständigen Mutter theilte, so daß er schon in seinem 14. J. ein Engagement auf einem nicht unbedeutenden Comtoir erhielt. In seinem 20. J. heirathete er die Tochter eines sehr geachteten Theologen, mit der er 33 J. in glücklicher Ehe lebte und Vater von 9 Kindern ward, von denen ihn noch 6 überleben. Erst als die Franzosen Hamburg besetzten, gestalteten sich seine Verhältnisse so, daß er durch seine Stellung Vielen nützen konnte. Früher schon als Kassenführer der israelitischen Gemeinde angestellt, gelang es ihm jetzt in demselben Charakter auf dem französischen Büreau angestellt zu werden, auf welchem Posten er als Rathgeber und Unterstützer der Armen sich Vieler Dank erwarb und durch Linderung der von den Franzosen ausgeschriebenen Strafkontributionen Vieler Kummer stillte. Nach dem Abzuge der Franzosen ward er wieder Kassenführer und Registrator der deutsch-israelitischen Gemeinde und bald darauf auch als Translator in den orientalischen Sprachen vom Senate bestätigt. Bei dieser Thätigkeit lebte M. in stets ungetrübter Heiterkeit dem Wohl der Seinen bis an das Ende seiner Tage und hatte noch kurz vor demselben die Freude, seine beiden Töchter zu verloben. — Die vorzüglichsten Züge seines Charakters waren Bescheidenheit und Menschenfreundlichkeit. Streng gegen sich selbst und in Ausübung seiner Pflichten, war er doch nachsichtig bis zum Uebermaße gegen Andere; allen Bedrängten hätte er helfen, alle Schuldige entschuldigen mögen. Er handelte stets wie er dachte und fühlte und war rastlos bemüht neben seinen Berufsgeschäften auch der Armen und Verlassenen zu gedenken und nach allen seinen Kräften ihnen zu helfen oder zu rathen. Daher erfreute er sich auch der aufrichtigen Liebe seiner Mitbürger und genoß eine Ruhe und Heiterkeit des Gemüthes, daß er auch bei den beschwerlichsten Mühen des Lebens sich glücklich fühlte.

* 317. Arnold Ludwig Gerhard Reinherz,

Buchhändler in Frankfurt a. M.;

geb. d. 14. Mai 1780, gest. d. 28. Sept. 1827.

Derselbe wurde zu Wesel am Niederrhein geboren. Früh verlor er seinen Vater, der ihn den Studien widmen wollte und kam von seinem 9. J. an unter die Leitung seines Stiefvaters, des Buchhändlers Hannesmann in Cleve. Von frühester Jugend an war er dessen thätigster Gehülfe im Buchhandel und bereitete sich dadurch auf seine künftige Laufbahn vor. Die Verhältnisse des väterlichen Hauses fesselten ihn an dasselbe bis zum J. 1806. Dann erst konnte er dasselbe verlassen und sich nach Breslau begeben, wo er bei dem dortigen Buchhändler, Hrn. J. F. Korn dem älteren, seine Kenntnisse weiter ausbildete. Im J. 1810 übernahm er käuflich die Hermannsche Buchhandlung in Frankfurt a/M., welcher er mit Liebe zum Geschäft, mit Eifer und Sachkenntniß vorstand und den alten berühmten Verlag dieser Handlung mit vielen neuen nützlichen Werken vermehrte. Im Herbst d. J. 1825 erkrankte er an einem Leberleiden, welches weder seine sonst kräftige und unverdorbene Natur, noch die Kunst der Aerzte zu heben vermochten. Um die ihm hierdurch allzu drückend gewordene Last der Geschäfte zu erleichtern, trennte er im Frühjahr d. J. 1827 das Sortimentsgeschäft vom Verlag, verkaufte ersteres mit Abtretung der alten Firma an Hrn. G. F. Kettembeil und behielt letzteren, welchen er unter eignem Namen fortsetzte, für sich, um sich ihm mit ungetheilter Aufmerksamkeit und Thätigkeit zu widmen. Nicht lange aber genoß er die Früchte der beabsichtigten Erleichterung. Seine Leiden kehrten mit vermehrter Heftigkeit zurück und machten seinem thätigen und gemeinnützigen Leben im kräftigsten Mannesalter ein Ende. Eine zärtlich liebende, trauernde Wittwe — vom Jahre 1813 an seine durch die Bande der glücklichsten Ehe mit ihm verbundene und bis zum letzten Hauche seines Lebens treu um ihn besorgte Lebensgefährtin —, und vier unmündige Kinder — ein Sohn und drei Töchter — weinen ihm nach.

Mit größtem Recht drückt sich ein Ungenannter in der Frankfurter Oberpostamtszeitung vom 20. Oct. 1827. Nr. 292. folgendermaßen über ihn aus: „Er hatte sich als Kaufmann durch seine Rechtlichkeit und Solidität die allgemeinste Achtung erworben und für die Literatur kann sein Tod als wahrer Verlust angesehen werden, denn er gehörte zu jener kleinen Anzahl von Buchhändlern, die im Gefühl der Würde ihres Berufes verschmähen, Produkten ans Licht zu helfen, welche die Presse zu einem Fluche für die Menschheit machen; dagegen fand jedes tüchtige, die Wissenschaft wahrhaft fördernde Werk an ihm stets einen wahrhaft liberalen Begünstiger. Dabei schloß er sich gern allen Vereinen an, von welchen er die Sache der Religion und das Wohl der Menschheit befördert glaubte und war ein thätiges Mitglied der hiesigen Bibelgesellschaft, des evangelischen Missionsvereins, des kirchlichen Gemeindevorstandes, der ökonomischen Schuldeputation und anderer gemeinnützigen Anstalten."

Uneigennützigkeit und Wohlthätigkeit waren die hervorragendsten Züge seines Charakters. Ueber der erstern vergaß er so oft sein eigenes Interesse, daß viele seiner Unternehmungen ihm statt Gewinn Verlust brachten und letztere übte er mit einer Menschenliebe, deren Fülle unerschöpflich war. Gereifte wissenschaftliche Bildung und eine sich immer gleich gebliebene, auch in den Leiden der Krankheit nie von ihm gewichene Freundlichkeit machten seinen Umgang eben so anziehend, als angenehm. Selbstständig im Wollen und Handeln bildete er sich feste Grundsätze aus, die er nie verleugnete. Dennoch ehrte er Gedankenfreiheit und drang seine Ueberzeugung keinem Andersdenkenden auf. Jeglichem fremden Verdienste die gerechteste Anerkennung zollend, schwieg er über seine eigenen Verdienste und bewies durch sein Beispiel, daß Bescheidenheit das Kennzeichen wahrer Größe ist.

* 318. Friedrich Gotthold Meischner,

Pastor zu Dorfchemnitz bei Stolberg im sächs. Erzgebirge;

geb. d. 2. Sept. 1750, gest. d. 28. Sept. 1827.

Sein Geburtsort ist Stolberg bei Chemnitz. Sein Vater, Friedr. Gotth. M., Bürger und Tuchmachermeister daselbst, war früher Soldat gewesen und hatte dadurch etwas Rauhes und Barsches angenommen, was auch auf seine Erziehung überging, die deshalb streng und gewissermaßen soldatisch war. Eben dadurch wurde aber auch dem Sohne schon sehr früh eine Ordnung und ein Sichgleichbleiben des Charakters unter allen Lebensumständen eingeprägt, das ihn nicht wieder verließ, so daß weder Freude noch Schmerz ihn aus seinem Gleise bringen oder überwältigen konnte. Den ersten Unterricht erhielt er in der Knabenschule seiner Vaterstadt, kam dann, 14. J. alt, auf das Lyceum zu Schneeberg, wo er sich würdig vorbereitete, um in Leipzig Theologie zu studiren. Seine Universitätsjahre fielen gerade in die Zeit der Theuerung von 1770 und 1771 und da er von seinen Eltern keine Unterstützung erhalten konnte, so hatte er daselbst oft mit Noth zu kämpfen. Nach Beendigung des Trienniums ward er Hauslehrer bei dem Justizamtmann Trauschild in Pyrmont und verweilte an diesem Orte 4 Jahre, worauf er, aufgefordert von einigen Freunden, nach Hamburg ging, nicht ohne die Absicht, daselbst zu bleiben. Allein allzu steifes Ceremoniel unter den dortigen Geistlichen, wie er es fand, stieß ihn ab; zugleich erwachte die Liebe zum Vaterland wieder und so kehrte er bald darauf nach Sachsen zurück, um sich hier als Candidatus ministerii examiniren zu lassen. Von jetzt an verlebte er wieder mehrere Jahre als Informator an verschiedenen Orten des Erzgebirges, zuletzt in dem Hause des Hrn. Kaufmann Strubell in Dresden, wo er, da es ihm hier besonders wohlging, 12 J. lang blieb, bis er endlich im J. 1792 nach einer Gemeinde verlangte und noch in demselben Jahre Pfarrer in Dorfchemnitz, in der Nähe seines Geburtsorts wurde.

Die Richtung des Charakters des Hingeschiedenen, als Folge seiner Erziehung, wurde schon oben bezeichnet. Hier nur noch einige Züge von seinen Eigenheiten und Manieren. Sowohl im Winter als im Sommer verließ er früh um 4 Uhr das Bette und in letzterer Jahreszeit oft noch früher, bei welchem Frühaufstehen sich alle Dorfbewohner nach ihm richteten; er legte sich aber auch Abends 9 Uhr schlafen und machte nur selten eine Ausnahme von dieser Regel, daher er auch nicht gern Kindtaufen und dgl. besuchte, weil sie seine Ordnung störten. Eben diese Ordnungsliebe zeigte sich auch in allen übrigen Dingen. Eine Folge seiner Mäßigkeit war es, daß er sich nicht nur mit einfacher Kost begnügte, sondern auch bei Gastmälern nie mehr genoß, als genug war, so daß er gewöhnlich nur vom ersten Gericht aß, während er die andern bei sich vorübergehen ließ. Da er bei einem Einkommen, das sich kaum auf 300 Thlr. belief, 7 Kinder zu brauchbaren und rechtlichen Menschen erzog, so zeigte dies nicht allein von seiner Sparsamkeit, die sich überall aussprach, sondern ist auch ein schöner Beweis seiner guten Kinderzucht. — Gewiß würde er bei seinen Kenntnissen eine bessere Stelle erhalten haben, wenn er sich darum bemüht hätte. Doch wollte er nie etwas davon hören und zwar aus dem Grunde: Er war als Kandidat immer kränklich gewesen, besonders in Dresden; allein in Dorfchemnitz gelangte er ohne Arzt und Arznei, blos durch seine ordentliche, mäßige und einfache Lebensart, von selbst zu seiner Gesundheit, die dann bis ans Ende fast durch nichts, als durch die Schwäche des Alters gestört wurde und so wollte er aus Dankbarkeit diesen Ort auch nicht wieder verlassen, sondern ihm die Kräfte wieder weihen, die er daselbst durch Gottes Hülfe erhalten hatte. Seine ächt christliche Menschenliebe, bethätigte er durch Wohlthätigkeit und nicht weniger bekundete er seinen Sinn für Freundschaft und Geselligkeit. Die Festigkeit seines Charakters aber, mit der er, was er einmal beschlossen und als gut und nützlich erkannt hatte, trotz aller Hindernisse und Widerrede ausführte, artete allerdings zuweilen auch in Eigensinn aus. — Unermüdet war er thätig, sowohl in seinem Hauswesen, als besonders auch in seinem Berufe als Prediger. Sonntags Nachmittags wurde der Text für den künftigen Sonntag wieder angesehen und so bald als möglich die Predigt entworfen, damit zufällige Abhaltungen in der Woche ihn nicht an genauer Arbeit hindern möchten. Waren Feiertage, wo er 4 bis 6 Predigten zu halten hatte, so lagen sie gewiß schon 14 Tage vorher ausgearbeitet im Pulte; daher er auch nie gern für sich predigen ließ, weil er immer schon fertig war. In seinen Kanzelvorträgen hatte er die Gabe, immer das zu finden, was seiner Gemeinde am meisten Noth that und besonders wußte er bei seiner genauen Bekanntschaft mit der heil. Schrift in Leichenpredigten die Texte so passend zu wählen, daß er sie nicht nur mit Wahrheit auf den Hingeschiedenen anwenden, sondern auch für die Lebenden fruchtbar und segensreich machen konnte. Bis in die letzten Tage seines Lebens interessirte er sich für Alles, was Kirche und Religion betraf und so gefielen seine Vorträge, da er mit der Zeit fortging, auch noch im letzten Lebensalter. Besonders gern las er die Kirchenzeitung, Röhrs kritische Predigerbibliothek und Tzschirners Magazin f. Prediger. Sein Ende erwartete er mit Ruhe und Ergebung und sprach öfters davon; jedoch unerwarteter, als er vermuthete, trat es ein. Denn am 25. Sept. war er noch heiter und wohl und am 28. am Abend vor dem Engelfeste ging er hinüber in die Kreise derselben.

Er war in der Zeit vom Antritte seines Amtes als Pfarrer zweimal verheirathet und hinterließ außer einer Wittwe, geb. Möbius aus dem Pfarrhause Thalheim, 7 größtentheils versorgte Kinder.

* 319. Johann Friedrich Hübschmann,

M. u. Archidiakonus zu Annaberg im sächs. Erzgebirge;
geb. d. 1. Mai 1774, gest. d. 28. Sept. 1827.

Er war der Sohn eines nur mäßig begüterten Landmannes zu Hermannsdorf bei Annaberg. Den ihn zu den akademischen Studien führenden Unterricht empfing er auf dem Lyceum zu Annaberg von seinem 14. bis 20. Jahre, hatte aber, von seinen Eltern nur wenig unterstützt, lange mit den Mühseligkeiten eines durch Mangel beschränkten Lebens zu kämpfen und mußte sich durch Unterrichtertheilen das Nothwendigste selbst verdienen. Im J. 1796 bezog er die Universität Leipzig um daselbst Theologie zu studiren. Aber auch hier gabs der drückenden Bedürfnisse noch viele für ihn und sein schwacher Körper fing schon an zu siechen. Keine Anstrengung seiner Kräfte scheuend ging er nach vollendetem Triennium als Hofmeister in die Oberlausitz. Mit seinem sanften Charakter unverträgliche Verhältnisse nöthigten ihn jedoch bald wieder nach Leipzig zurückzukehren und da bis zum Jahr 1802 Privatunterricht zu ertheilen. Nach erlangter Magisterwürde erhielt er die Stelle eines Katecheten an der Peterskirche daselbst, die er auch mit lobenswerthem Eifer bekleidete. Im J. 1804 am 4. Adv. legte er seine Probepredigt als Diakonus an der Haupt- oder Annenkirche in Annaberg ab, reiste sodann nach Leipzig zurück und von da nach Dresden, wurde aber, durch den strengen Winterfrost auf dieser Reise so an seinem Körper verletzt, daß er nur mit der größten Selbstverleugnung am 2. Febr. 1805 in Annaberg einziehen konnte. Bald aber zeigte sich die Schwäche auch an seinem Geiste und seine Wiederherstellung, die jedoch für den Körper nie ganz radikal ward, grenzte an das Wunderbare. Musterhafte Enthaltsamkeit und die treueste Pflicht- und Berufsliebe verschafften dem Leidenden die thätigste Liebe und Theilnahme der ganzen Gemeinde. Nur nach vielem Zureden seiner Freunde trat er in den Ehestand, in welchem bald dauernde Pflege und Ordnung die wiederkehrende Heiterkeit seines Geistes so unterstützten, daß er außer seinen gewöhnlichen Amtsverrichtungen nicht selten seine Amtsbrüder, ja selbst die Lehrer in Schulen kräftig mit übertragen konnte, worin er, wie überhaupt in der Theilnahme an jedem guten Werke, seine höchste Freude fand. 1815 wurde er Archidiakonus und suchte von nun an seinen Wirkungskreis immer mehr zur Ehre Gottes und zum Wohl der Mitmenschheit zu erweitern. Kinder, Arme u. Kranke waren und blieben die ersten Lieblinge seines edlen, durch so mancherlei Leiden bewährten Herzens. Dies weisen erstens seine freiwillige Theilnahme an der Pflege u. Unterstützung der Armen im Drange der Theurung des J. 1817, die er in seinem 1819 erschienenen Buche: „Was haben wir in Annaberg seit 26 Jahren erlebt?" offen darstellt; sodann sein eifriges Streben, dem schönen Annentempel die so nöthigen und wichtigen Reparaturen zu verschaffen und die kostbaren Alterthümer desselben der Nachwelt zu erhalten, wozu er selbst die entferntesten Hülfsquellen aufzufinden suchte, so daß er sich des Gelingens seiner Wünsche theils schon erfreuen, theils aber noch schönern und reichern Früchten so hoffnungsvoll entgegen sehen konnte. Die goldne Mittelstraße wandelnd, lebte er gern und immer in Frieden mit Jedermann, hielt sich treu an seine durch richtige Exegese geläuterte Bibelkunde und erbaute dabei die Herzen seiner Gemeinde, deren Liebe er verdiente.

Annaberg. Weiß.

320. Joseph Anton Schinzinger,

Doctor der Theologie, großherzl. geistl. Rath und Prof. der Kirchengesch. zu Freiburg im Breisgau;

geb. d. 22. Nov. 1763, gest. d. 29. Sept. 1827. *)

Freiburg, was sich so vieler trefflicher Männer zu erfreuen hat, zählte ihn unter seine Mitbürger und er wurde auch daselbst als der Sohn wohlhabender bürgerlicher Eltern geboren. Seine wissenschaftlichen Fortschritte und die stille Tiefe seines Gemüthes zog die Aufmerksamkeit der Jesuiten auf sich, die eine seltene Gabe hatten die Geister zu prüfen. Er entging ihnen nicht: nach vollendetem niedern Schulkursus wurde er in einem Alter von

*) Nach der auf den Hingeschiedenen von Doctor Hug erschienenen Gedächtnißrede.

16 Jahren mit dem Gewande des heil. Ignatius bekleidet, trat die Probejahre an und hierauf die philosophischen Studien. Aber nur vier Jahre war er in dieser Gesellschaft, als sie plötzlich die Strahlen ihrer Herrlichkeit einzog und erlosch. Im J. 1773 am 16. Nov. entließ der Vorstand des aufgelösten Collegiums den frommen Zögling mit den empfehlendsten Zeugnissen und gab ihn dem väterlichen Hause zurück.

Er verfolgte nun auf einem andern Wege seinen Beruf zum geistlichen Stande und hörte im J. 1774 an der hohen Schule scholastische Theologie und Kirchenrecht; und obschon er durch Begünstigung im J. 1776 am 21. Sept. zum Priester geweiht wurde, besuchte er dennoch im folgenden Jahre die öffentlichen Hörsäle und vollendete gesetzlich die vorgeschriebene Laufbahn. — Jetzt erst war ihm Muße geworden über den ungleichartigen Stoff, den er in der Schule des heil. Ignatius und dann an der Hochschule aufgenommen hatte, nachzudenken und mit sich selbst ins Klare zu kommen.

In dieser Lage gingen ihm einige Jahre unter Forschungen dahin: Er arbeitete das Ganze der Theologie durch, verglich die ältere Denkart mit den Lehrmeinungen der neuern Wissenschaften und bereitete sich zu den vier strengen Prüfungen für den Doctorrang, die er mit großem Beifall vollbrachte; schrieb eine Abhandlung mit Streitsätzen, die er öffentlich und rühmlich vertheidigte.*) Nichts mangelte weiter, um diese Würde zu erlangen als eine Anstellung, ohne welche die Fakultät sie nicht ertheilt. Inzwischen beschäftigte er sich mit dem Unterrichte der Söhne einer begüterten und ansehnlichen Familie in Freiburg, bis er mit einem angenehmen und ehrenvollen Berufe erfreut wurde. Kaiser Joseph II. hatte beschlossen, Generalseminarien in seinen gesammten Erbstaaten zur Bildung junger Leute zu errichten, die Lust hatten, sich dem Dienste der Kirche zu widmen. Im J. 1783 am 1. November wurden sie eröffnet und S. erhielt einen Platz unter den Vorstehern und zwar die Stelle eines zweiten Subrectors, bei welcher er sich ganz in der Lage befand, sich in die Tiefen der Wissenschaft hinein zu arbeiten. In diesem Posten blieb er, bis i. J. 1787 vier Repetitoren oder Studienpräfekte aufgestellt, dem sel. Wanker**) die kate-

*) Dissertatio historico-pastoralis de revalidatione matrimonii invalide contracti, cum selectis ex universa Theologia positionibus. 1780.

**) Dessen Biographie N. Nekrolog 2. Jahrg. S. 162.

chetischen und homiletischen Uebungen und die Durchsicht der schriftlichen Ausarbeitungen, ihm aber die Sorge für die Ordnung und Wohlanständigkeit des Hauses und die Stunden der Erbauung, sodann mit jenem zugleich die Aufsicht über die Sitten zugetheilt wurden. In demselben Jahre (1787) wurde ihm nach Dannemayrs Abgang nach Wien der Lehrstuhl der Kirchengeschichte desselben als Professor an der hohen Schule zu Freiburg übertragen. Die Natur hatte S. zwar mit äußern Lehrergaben nicht so reichlich als seinen Vorgänger beschenkt: der Beifall, den er hoffen konnte, hing daher von der Ausarbeitung seiner Vorträge ab. Indeß hatte er wieder andere vorzügliche Eigenschaften: ein glückliches Gedächtniß, einen besondern Zahlensinn; ein emsiges Forschen und Grübeln, überall den reinen Thatbestand auszumitteln; eine feine Kritik, ein ruhiges unbefangenes Abwägen aller Momente einer historischen Erscheinung, eine unbestechliche Liebe zur Wahrheit und eine Schonung, welche ihn, während er jener huldigte, vor jeder Beleidigung bewahrte. Dabei war er ruhig, umsichtig, bis ins Kleine bedächtlich, billig, wahrhaftig und voll Mäßigung und wie sein Charakter, so war auch seine Wissenschaft — gehaltvoll, bestimmt u. geordnet. Hinwiederum war ihm auch das eigen, daß er alles geschichtlich auffaßte. Handelte es sich um einen wissenschaftlichen Gegenstand, um eine Universitätsangelegenheit, um eine milde Stiftung, um eine Frage des Feldbaues; gleichviel, überall trat der Geschichtslehrer in den Vordergrund und durchlief den Wechsel verschiedener Zustände mit ihren Nachtheilen und ihrem Guten. Ein Mann, dem das geschichtliche Verfahren so gewissermaßen zur Natur geworden war, mußte im Lehramte der Geschichte Erfolge hervorbringen. Diese mangelten auch nicht: die Verehrung seiner Schüler ist der sprechendste Beweis des nützlichen Wirkens, wodurch er ihr Anerkenntniß verdient und den Glanz der hohen Schule vermehrt hat. — Zwar gab er der Welt kein öffentliches Denkmal seiner Gelehrsamkeit, wie er es gekonnt hätte; aber aus einem Grunde, den man bei der Jugend liebenswürdig und an einem Manne von bestimmter Denkart, wie die seinige war, achtungswerth finden muß. Mehrmals wurde er ersucht, seine Kirchengeschichte dem Drucke zu überlassen; aber umsonst, der treffliche Gelehrte war nicht allein bescheiden, sondern sogar schüchtern. Seine ernsten historischen Forschungen unterbrach er zuweilen mit poetischen Belustigungen in lateinischer Sprache, worin er Epigramme und Räthsel voll feinen Witzes verfaßte, deren er mehrere in das Freiburger Unterhaltungsblatt, jedoch ohne Namen, einrücken ließ. Bei Gelegenheit stimmte er wohl auch sein latialisches Saitenspiel zu größern Gedichten und mit Vergnügen liest man die schöne Elegie, in welcher er nach einer bedeutenden Krankheit seinem Arzte und Collegen den freundlichen Dank dargebracht hat.*)

Wäre er der hohen Schule weiter nichts gewesen als ein trefflicher Lehrer, so müßte sein Name theuer bleiben. Allein es sind auch Verdienste anderer Art, die den Verewigten ehren. Oft trug er die Würden der Hochschule mit Einsicht und rühmlicher Thätigkeit. Er war es, der in seinem ersten Rectorat (1792) die Bewerbung um die Güter und Gefälle der dasigen Dominikaner eingeleitet und die Wege dazu durch Freunde von Einfluß geebnet hat und auch später, als er diese Würde nicht mehr bekleidete, belebte er vornehmlich den Gang dieses Geschäftes, bis der Kaiser die Vergabung dieses bedeutenden Einkommens an die Lehranstalt im J. 1794 auszusprechen geruhte. — Wie er hier zur Vermehrung des Vermögens der hohen Schule, so hat er andererseits zur Erhaltung desselben und zu Verbesserung der wirthschaftlichen Einrichtungen kräftig eingewirkt. Von 1811 bis 1813 war er als Abgeordneter der theologischen Lehrerversammlung beim engern Ausschusse thätig, welcher die Verwaltung der Güter und Gefälle der Anstalt unter leitender Aufsicht hat und dann bis 1822 durch höchste Anordnung als aufgestellter Vorstand dieses wichtigen Ausschusses. Er war aber auch vorzüglich geeignet, diesem Vertrauen zu entsprechen. Von Jugend an lenkte die Erziehung seinen Sinn dahin. Die Eltern besaßen schöne Grundstücke und Weinpflanzungen in den Umgebungen der Stadt, die er mit ihnen als Kind und Knabe besuchte und lieb gewann und nachdem er einen Antheil derselben ererbt hatte, durch geschickten Anbau verschönerte und vergrößerte. Bei diesem Leben hatte er sich geprüfte und vielseitige Kenntnisse aus allen Zweigen der Wirthschaft gesammelt, die er sämmtlich an dieser Stelle zum Nutzen der Hochschule in Anwendung brachte. — War irgend an der hohen Schule ein Auftrag des Zutrauens und rechnungskundiger Geschäftsführung, so wurde S. dazu ersehen. Im J. 1799 erhielt er die Aufsicht über die Universitätskirche und die

*) Elegia ad Ioann. Alexandrum Equitem de Ecker. etc. 1819.

kirchlichen Geräthe und 40 J. lang verwaltete er die Vermächtnisse der theol. Fakultät, wodurch er Aller Dank verdiente. — Nicht günstig waren seine häuslichen Verhältnisse. Früh wurden ihm alle die Seinigen entrissen und endlich auch der einzige noch übrige Bruder, dessen 3 hinterlassenen Kindern er Vater wurde. Seine sanfte Erziehung leitete sie zu allem Schönen und Edlen an und entwickelte in ihnen jenen tugendhaften und häuslichen Sinn, den er so ausnehmend besaß. Ihr Vermögen wuchs unter seiner Aufsicht und Pflege und am Ende legte er alles das Seinige dazu. Lange und tief schmerzte ihn der Verlust des ältern Sohnes, eines hoffnungsvollen Jünglings, dem viele verborgene Thränen des Oheims flossen. Den zweiten hinterließ er als Lehrer an derselben Anstalt, damit er in dem Amte, womit er bekleidet ist, das Wohl der hohen Schule nach dem Vorbilde des Oheims fördern helfe. — Es nahte das 40. Dienstjahr des Hingeschiedenen, nach welchem ein mildes Gesetz dem treuen Diener die Fessel abnimmt und ihn sich selbst anheimstellt mit dem ganzen Genusse des Dienstsoldes. Er bat um seinen Ruhestand und erhielt ihn am 4. Mai 1824 mit den huldvollsten Aeußerungen der Zufriedenheit von der höchsten Behörde. Er würde länger dieser Belohnung genossen haben, wenn nicht ein unglücklicher Fall auf einer dunkeln Stiege ihm das linke Bein beschädigt hätte. Auf einmal wurde dadurch seine ganze vorige Lebensweise gestört: es mangelte ihm an der gewohnten Bewegung; er konnte nicht mehr täglich seine Besitzungen und schönen Weinberge sehen und bald stellten sich kleine Leiden ein. Zwar trat er im folgenden Winterhalbjahre noch einmal ins akademische Leben über, um die Stelle seines schwer erkrankten Nachfolgers zu ersetzen und wurde in einem Wagen jedesmal zur Universität gebracht, um die Vorträge zu halten, welche um so eifriger besucht wurden, je weniger die jungen Theologen gehofft hatten, sich mehr seines Unterrichts freuen zu können. Allein die Beschwerden wurden ihm immer fühlbarer. Ostern 1825 zog er sich zurück und nie sahen ihn die akademischen Hörsäle wieder. Die Krankheitszustände wurden zahlreicher, die Schmerzen empfindlicher, bis eine frühe Morgenstunde ihm mild die Bürde des Lebens abnahm und seinem Geiste den ewigen Tag enthüllte.

* 321. Adam Levin v. Dorgelo,

pens. Hofmarschall zu Oldenburg;

geb. i. J. 1733, gest. d. 30. Septbr. 1827.

Aus dem Königreich Dänemark stammend, war D. aus dem militärischen Dienst dieses Landes i. J. 1787 in herzoglich Oldenburgschen Dienst als Hofmarschall getreten. In den Jahren 1770 u. 1771 hatte er als Freiwilliger den russischen Feldzügen gegen die Türken, der Eroberung Benders u. der Krimmschen Tartarei mit beigewohnt. Ein Theil seines Tagebuchs von den Feldzügen erschien im Jahre 1780 im Göttingenschen Magazin, St. 1. 4. u. 5. S. 92 – 227, das Uebrige ist noch ungedruckt in den Händen des Herrn Kammerherrn v. Lützow seines Erben. Er starb im 93. Jahre seines Lebens auf seinem Gute zu Höven bei Oldenburg.

* 322. Wilhelm Müller,

Doctor der Philosophie, herzogl. Anhalt-Dessauscher Hofrath und Bibliothekar zu Dessau;

geb. d. 7. Octbr. 1794, gest. d. 1. Octbr. 1827.

Dieser beliebte lyrische Dichter wurde zu Dessau geboren und obgleich seine Eltern dem Mittelstande angehörten, unterstützte sein Vater doch die angebornen Talente seines Sohnes so weit seine Verhältnisse es zuließen und erzog ihn auf eine sehr liberale Weise, indem er ihn fast ganz seinen eigenen Gang gehen ließ, was bei einem von der Natur minder reich ausgestatteten Knaben gewiß nicht ohne Nachtheil geblieben wäre, bei ihm aber nur die freiere Entfaltung seines Geistes bewirkte und den Geist der Originalität und Unabhängigkeit erzeugte, der sich in allen seinen Schriften so deutlich ausspricht. Obgleich er in Folge dieser Ungebundenheit oft seine Studien unterbrochen haben mag, so kann man ihn doch keineswegs einer bloß oberflächlichen Ausbildung anklagen, was vielleicht dem Umstand zuzuschreiben ist, daß die geistanregende und alle Kräfte stärkende Methode der Lehrer an der Dessauer Schule, z. B. eines Vieth, eines de Marées *), seine reichen Talente entwickelte u. zu gleicher Zeit die schöne Naturumgebung Dessaus von vielem Einfluß auf die Entfaltung seiner Dichtergabe war, so wie daß er später die Vorlesungen von Wolf **) Solger und andern ausgezeichneten

*) Dessen Biogr. 3. Jahrg., d. Nekr. S. 288.
**) Dessen Biogr. 2. Jahrg. d. Nekr., S. 813.

Lehrern fleißig besuchte. Nachdem er seine Jugendzeit in seiner mit den Reizen der Natur und Kunst geschmückten Vaterstadt Dessau verlebt hatte, studirte er vom J. 1812 bis 1816 zu Berlin Philologie, Philosophie, Geschichte u. schöne Litteratur, zu welcher letztern er sich schon als Knabe, im Verein mit andern Gefährten, liebevoll hingeneigt hatte und war, wie seine literarischen Arbeiten aus jener Zeit und seine vielen Beiträge zu Zeitschriften, besonders zum Gesellschafter, erweisen, nicht weniger thätig für die Kunst und für die Aesthetik, als er den philologischen Wissenschaften mit ausgezeichnetem Streben u. Erfolge oblag. In seinen wissenschaftlichen Bestrebungen ward er unterbrochen durch den Freiheitskrieg i. J. 1813, den er als Freiwilliger unter den preußischen Gardejägern ruhmvoll mitkämpfte. Doch im folgenden Jahre vertauschte er das Schwert wieder mit der Feder und beschäftigte sich zuerst mit den altdeutschen Dichtern. Im J. 1816 gab er eine Blumenlese aus den Minnesängern nebst einer Abhandlung über die Minnesänger heraus, ein Werk, das zwar eine noch unreife Kritik verrieth, aber doch Originalität der Ansichten bewies. Im Jahr 1817 wurde er von dem preußischen Gesandten, Baron v. Reck eingeladen, ihn auf einer Reise durch Italien, Griechenland und Aegypten zu begleiten; er reiste mit diesem Gönner nach Rom, von da nach Neapel, verließ ihn hier und kehrte über Florenz und Tyrol nach der Heimath zurück, wo er schnell eine günstige, seinen Kenntnissen angemessene Anstellung als Lehrer bei der Dessauer Hauptschule fand, in welcher er für die höhern Klassen den Sprachunterricht ertheilte. Hiermit wurde das Amt eines Bibliothekars, welches sich zugleich seinen literärischen Bestrebungen und Verdiensten so innig anschloß, vereinigt. Seine häuslichen Verhältnisse wurden durch eine glückliche Ehe mit einer hochgeachteten Enkelin Basedows (des Archipädagogen beredten Andenkens) geschmückt. Der regierende Herzog Leopold Friedrich zeichnete ihn sehr aus, war sein Mäcen und lohnte ihn mit wahrhaft fürstlicher Munifizenz. M. aber war dagegen auch ganz der Mann, der dies zu schätzen wußte u. zu vergelten verstand durch Anhänglichkeit, durch zarte und unermüdliche Aufmerksamkeit auf Alles und durch unverdrossene Bereitwilligkeit zu Allem, was dem kunstliebenden Herrscher und Beschützer angenehm war und Freude bereitete, selbst wenn es auf bedeutende Leistungen außerhalb seiner eigentlichen Sphäre ankam. M. war allseitig gebildet, Böckhs, Buttmann's

u. F. A. Wolfs wackrer Zögling, Zeunes u. Jahns Freund, so wie des Grafen von Kalkreuth, des Hrn. von Studnitz und Anderer. Er verstand die überall seltene Kunst, sich als Lehrer beliebt, im Unterricht anziehend zu machen. Kein Wunder, wenn er sich der Zufriedenheit seines Fürsten, des Beifalls seiner Vorgesetzten, der Hochachtung seiner Kollegen, der Liebe seiner Schüler und seiner Umgebungen in hohem Grade zu erfreuen hatte. Bald zeichnete er sich aus als lyrischer Dichter, als belletristischer Schriftsteller und Novellist, als Philolog, Sprachforscher und Kritiker. Sein schnelles Fassungsvermögen und seine große Leichtigkeit in hervorbringenden Arbeiten, so wie sein anhaltender und regelmäßiger Fleiß, welcher sich alle leere Zerstreuungen versagte und worin vielleicht ein Grund seines allzufrühen Todes mit zu suchen ist, machen die Vereinigung eines vielseitigen Studiums mit einer reichen literarischen Thätigkeit erklärlich. Das Resultat von M's. Aufenthalt in der päbstlichen Hauptstadt war seine Schrift: „Rom, Römer u. Römerinnen," wodurch er darthat, daß er selbst einem schon so erschöpften Gegenstand den Reiz der Neuheit zu verleihen wußte. Größern literarischen Ruf erhielt er aber erst durch seine Gedichte aus den hinterlassenen Papieren eines reisenden Waldhornisten, in denen er ein unverkennbares Dichtertalent, bald mit sarkastischem Witz gepaart, bald mit heiterm Frohsinn u. frischer Lebenslust bekundete. Hierauf folgten seine Griechenlieder, die eine so freisinnige, kräftige Begeisterung athmen, wie sie der eifrigste Freund dieses unterdrückten Volkes nur wünschen kann. Welchem Gebildeten ist wohl die in diesen Gedichten, namentlich in „Missolunghi" u. a. m. sich aussprechende Tiefe der Empfindung unbekannt geblieben? Wer kennt nicht das in jenen Liedern hell auflodernde Feuer seines Gefühls für Recht- und Völkerglück, seine hohe herrliche Begeisterung für das hochherzige Volk, in den Staub getreten durch barbarischen Uebermuth! — Diese Gedichte berechtigen ihn, den ersten Lyrikern der Deutschen zugezählt zu werden; bei ihrem einfachen Styl, ihrer klangreichen Sprache und ihrem Adel der Gedanken war es kein Wunder, daß sie in allen Ständen der Gesellschaft Bewunderer fanden.

So zeigte sich M. auch als scharfen aufmerksamen Beobachter, gründlichen Forscher, geschmackvollen Uebersetzer, klug und umsichtig wählenden Sammler, wie sein Rom, Römer und Römerinnen, seine Vorschule zum Homer, seine Uebersetzung des Faust von Marlowe aus dem Engl.

und seine Herausgabe der ältern deutschen Dichter bewei-sen. — Kurz vor seinem Tode hatte er noch eine neue Bahn mit eben so glücklichem Erfolge betreten, leider aber nur zwei Erzeugnisse seines Geistes in dieser Art, die beiden Novellen: „der Dreizehnte“ und „Deborah“ hinterlassen und geistreich, voll froher, frischer, unbekümmerter u. unbefangener Lebensansichten waren u. sind auch seine vielfach unter Andern von Methfessel komponirten Trinklieder, so daß er unbestritten einer der ersten Liederdichter unserer Tage war. Außerdem war er Mitarbeiter an Werken von tieferem Werth, z. B. am Hermes, der Halleschen Literaturzeitung u. der Urania. Nicht weniger war er ein thätiger Mitarbeiter dieses Nekrologs von dem mehrere Jahrgänge seinen Namen unter seinen Unterstützern anführen, des Regentenalmanachs u. zuletzt sogar Redakteur der zweiten Section von Ersch und Grubers Encyklopädie, Herausgeber der Askania, Zeitschrift für Leben, Literatur und Kunst (1820) und der Bibliothek deutscher Dichter des 17. Jahrhunderts. — Wer mit aufmerksamen Auge seine wissenschaftlichen Laufbahn verfolgt, der wird mit Freuden zwei ausgezeichnete Eigenschaften an ihm bemerkt haben; nämlich daß er eben so genial produktiv, als gründlich gelehrt war und daß er, während seines ganzen schriftstellerischen Wirkens nie auf Abwege gerathen ist, obwohl er sein Streben nach allen Seiten hin richtete. Längst schon hatte er sich seinen Ruhm bei der Mit- und Nachwelt gesichert durch seine Leistungen im weiten Gebiete der Belletristik, der Philologie, der Kritik, der gesammten Literatur und er würde gewiß noch Vieles und Köstliches aus allen diesen Schachten zu Tage gefördert haben! — Von einer zu seiner Erholung im Sommer 1827 gemachten Rheinreise an der Hand seiner eben so liebenswürdigen als talentvollen ihn beglückenden jungen Gattin zurückgekehrt, gedachte er den Spätherbst und Winter inmitten seiner Lieben, seinem Fürsten, seinem Berufe und seiner Muße zu leben. Aber ein Anderes war über ihn beschlossen; er sollte aufhören zu wirken, mitten in seiner Laufbahn, er sollte mitten in der üppigsten Blüthe seiner männlichen Jahre zum Bilde dienen, wie hinfällig der Mensch sei, auch der geistreichste. Sein Tod ist ein großer, schwer zu ersetzender Verlust, welchen hauptsächlich auch die Bildungsanstalt, deren Stolz er schon jetzt war, sehr zu beklagen hat.

M. war mittler Größe und sein Aeußeres deutete, obgleich nicht auf Schwächlichkeit, doch auf keine sehr feste

Natur hin. Dabei war er einer der sanftesten, liebevollsten Menschen, die die Erde trug. Reines herzliches Wohlwollen gegen Alles, was er kannte, war einer der hervorstechendsten Züge seines Charakters. Bescheidenheit und Anspruchslosigkeit zeichneten ihn nicht minder aus, als die Fülle und vorzügliche Gewandtheit seiner Geisteskräfte, als der Reichthum und vielseitige Umfang seiner Bildung. Am wenigsten schien er selbst es zu bemerken, wie Vieles er geleistet hatte. Bei aller Wärme des dichterischen Feuers, bei aller Höhe des Ideals, besaß er die sorgfältigste Ruhe der Betrachtung, die zweckmäßigste Erforschung, und Handlungsweise im Leben. Im Umgange mit gleichgestimmten Freunden war er eben so heiter, gefällig und mittheilend, als er in Erfüllung seiner amtlichen und literarischen Verpflichtungen pünktlich und eifrig war. Sein Fürst ehrte ihn so, daß er ihm nach einer überstandenen Krankheit im Sommer 1826 eine Wohnung in den herrlichen Anlagen Louisiums anwies. Viele, die ihn liebgewonnen — und wer ihn kennen lernte, mußte das — weinten ihm eine Thräne der tiefsten Betrübniß nach. Möge sein Andenken im Segen bleiben; sein Grab schmücken deutsche und griechische Lorbeeren immer grünend und unvergänglich.

Wer den Besten seiner Zeit genug gethan,
Der hat gelebt für ew'ge Zeiten.

* 323. Georg Christian Brendel,

Rektor des Lyceums zu Eisenberg im Altenburgschen;

geb. d. 18. Febr. 1756, gest. d. 8. Oct. 1827.

Die Lebensumstände dieses Edeln sind sehr einfach; aber vielfach waren seine Kenntnisse, seine Tugenden und Verdienste. Sein Vater war Diakonus in Eisenberg, ein sehr rechtschaffner Mann, der diesen seinen einzigen Sohn erst selbst unterrichtete und ihn dann der dasigen Schule anvertraute. Diese war unter dem Herzog Christian von Sachsen-Eisenberg, dem fünften Sohne des unvergeßlichen Ernst des Frommen 1690 zu einem Lyceum erhoben und mit mehrern Freitischen versehen worden. Und der wohlgesinnte Fürst würde noch mehr für die Schule und die freundliche Residenz gethan haben, wenn er nicht, so hellsehend er in vieler Hinsicht war, durch seine Neigung zur Goldmacherkunst Einkünfte und Gesundheit aufgeopfert hätte, so daß er durch Betrüger getäuscht, wahrhaft arm erst 55 Jahr alt 1707 an der Auszehrung starb, worauf seine

Besitzungen an das Haus Gotha fielen und mit Altenburg vereinigt wurden. Br., in dessen Charakter Pietät im weitesten Sinne gegen den höchsten und gegen alle menschliche Wohlthäter der Grundzug war, feierte daher 1790 die Jubelfeier des Lyceums, worin er selbst über seine Empfindungen an diesem Tage sprach u. dann zwei Schüler veranlaßte, das Andenken an den Herzog Christian, so wie an den berühmtesten Zögling der Anstalt, den 1681 in Eisenberg gebornen u. 1741 in Halle verstorbenen preuß. Geheimenrathe und Professor der Rechte Joh. Gottl. Heineccius, zu erneuern. In der Einladungsschrift erzählt Br. die Geschichte der Lehrer, die in diesem Zeitraume auf dieser Schule gewirkt hatten; zwar kurz, aber mit manchen unterhaltenden Anekdoten und lehrreichen Bemerkungen. In seiner gemüthlichen Selbstbiographie, wo er zugleich erklärt, er sey zum Schulmeister berufen und wolle als Schulmeister sterben und worin er auch seine große Vorliebe für diesen Beruf ausspricht, erwähnt er dankbar seiner Lehrer, besonders Griesbach in Jena, wo er fünf Jahr verweilte, der ihm ganz vorzüglich wohlwollte, seine vielen literarischen Anfragen bereitwillig beantwortete und ihm gern mit Büchern aushalf. Nach seiner Rückkehr von der Universität stand er nun seinem Vater im Predigen bei und wurde 1779 Cabinetsprediger bei dem Prinzen Johann Adolph, jüngstem Sohne des Herzogs Friedrich II. von Gotha. Dieser Prinz hielt sich auf seinem Rittergute Friedrichstanneke bei Eisenberg auf. B., unter guten Lehrern zu hellern Ansichten über das Wesentliche des Christenthums gebildet, ob er gleich mit sehr behutsamen Schritte hervortrat, gefiel auch als Prediger; seine Vorträge waren kurz, einfach; aber er hielt sie mit Würde und Herzlichkeit. „1783 gefiel es der Vorsehung mich in eben die Schule zurück zu führen, aus welcher ich vor 11 J. ausgegangen war, u. ich unterschreibe nach sieben Jahren Alles, was Gesner in seiner reizenden Abhandlung de felicitate docentium in scholis zur Empfehlung des Schullebens vorgetragen hat. Immer strahlt die Sonne nicht, aber auch die Nacht hat Licht.“ So sprach er und diese seine Aeußerungen hat er nie widerrufen, so sehr gering auch seine erst spät etwas verbesserten Einkünfte waren so wenig es auch in einer fast 44 jährigen Schulamtsführung an unangenehmen bittern Erfahrungen fehlen konnte. Die große Bescheidenheit, als ob er keinem weitern und schwereren Wirkungskreise genügen könne und die Liebe zu seiner Vaterstadt und zu der Seinigen bestimmten ihn, keine andere Stelle zu suchen und die ihm angetragenen abzulehnen. Mit ihm kam ein neuer besserer Geist über die in den obern Klassen sehr herabgesunkene Schule. Er hatte das hervorbrechende Licht in der Theologie, Philologie und Pädagogik erkannt; er prüfte aber dabei Alles und behielt und benutzte, was er als gut erkannte. Eine neue Sammlung zweckmäßiger Gesänge und späterhin das treffliche Niemeiersche Gesangbuch verdrängten das sehr alte, dürftige kirchliche Gesangbuch; ein passendes Morgenlied und ein von ihm gesprochenes Morgengebet, das Pater noster, qui es etc. und ein von ihm abgefaßter, auf Vernunft und Bibel gegründeter kurzer Abriß der christlichen Glaubenslehre in lateinischer Sprache, trat an die Stelle des veralteten Elias Hütter. Der christlich fromme Sinn, der ihn belebte, sollte auch das Eigenthum seiner Schüler werden. Er ließ die Entwürfe der zu des Referenten Zeiten (1785—1790), freilich meist sehr dürftiger Predigten nachschreiben, machte aber doch die Stunde, wo sie mit der Perikope durchgegangen wurde, sehr lehrreich, so wie es auch die cursorische Lektüre mehrerer biblischen Bücher war. Sehr feierlich war insbesondere die am Abend der Beichte und Communion von B. mit Gesang und Gebet gehaltene Vorbereitungsstunde. — Die lateinische Sprache war ihm vorzüglich lieb. Cicero und vorzüglich auch Livius behandelte er mit vieler Vorliebe, schrieb 4 mit Beifall aufgenommene Programme über einzelne Stellen des Letztern und hatte sich dessen Schreibart so angeeignet, daß ein Recensent bei einer andern Einladungsschrift äußerte, es sey ihm vorgekommen, als ob sie Livius geschrieben habe. Doch wurde dadurch sein lateinischer Styl, so rein und klassisch er auch war, doch zuweilen etwas gesucht und wie der des Livius, in manchen Stellen etwas dunkel und schwierig. Hingegen wenn Br. gleichsam ad familiares lateinisch schrieb, was er gern that, so waren seine Briefe sehr natürlich und angenehm zu lesen, besonders der treffenden Bezeichnung der Gegenstände wegen. Auch des Plinius Briefe empfahl er seinen Schülern und die Dichter Virgil, Horaz und Ovid benutzte er mit sorgfältiger Auswahl. Viel hielt er auf lateinische Sprachübungen und er ordnete deshalb an, daß an dem gestifteten Freitische nur lateinisch gesprochen wurde, wobei die Geübtern die Anfänger auf die Fehler aufmerksam machen mußten. So hatte er auch wöchentlich mehrere Abende 4 bis 5 Schüler bei sich oder ging mit ihnen spazieren und unterhielt

sich mit denselben lateinisch über wissenschaftliche, besonders geschichtliche, aber auch über gewöhnliche Gegenstände, wobei nicht selten scherzhafte Gespräche vorkamen. Ref. wenigstens dankt ihm auch jetzt noch für diese Unterhaltungen; ob er gleich nicht leugnen will, daß Sprachfertigkeit noch lange kein Beweis von Sprachgelehrsamkeit sey und daß man in einer Sprache ein ziemlich fertiger Schwätzer seyn könne, ohne ihren Geist inne zu haben. Auch im Griechischen und Hebräischen ertheilte er gründlichen Unterricht. In der Geschichte war Schröckh sein Führer, dem er passende Zusätze gab. Bei dem Antritte seines Amtes waren deutsche Sprachübungen noch eine Seltenheit, aber er suchte sie auf alle Weise, besonders durch viele deutsche Ausarbeitungen zu befördern. Daß freilich der wackere Mann, der nun auch die Anfangsgründe in der Mathematik und Physik mittheilen sollte, nicht in allen Fächern gleich viel leisten konnte, ist sehr begreiflich. Er fand leider in der zweiten Klasse einen Kollegen, der sehr unwissend war u. ohne deutsche Noten eines Sincerus sich nicht mit einem Autor befassen konnte und den diese Beschränktheit seiner Kenntnisse und seine großen mannichfaltigen Schwächen mehr als unbrauchbar in der Schule machte. Der so geliebte Br., um den sich seine Schüler wie seine Kinder versammelten, trug die Last, die man ihm hätte frühzeitig abnehmen sollen, 25 Jahre mit der edelsten Geduld, schützte und schonte den Geistesarmen so viel als möglich, um ihn, der dennoch immer hämische, neidische Seitenblicke auf den höherstehenden Kollegen warf, nur nicht ganz sinken zu lassen. Br. lebte ganz für seinen Beruf, für seine Schüler, nahm fast an gar keinem Vergnügen Theil, gönnte es aber Andern, wenn es nicht in Vergnügungssucht ausartete. Er konnte sich nicht entschließen, Schriftsteller zu werden, ob er wohl mancherlei ausdachte, sammelte und niederschrieb. Die spätern Programme beschäftigten sich mehr mit Erfahrungen aus dem menschlichen Leben, als mit philologischen, nur dem Eingeweiheten interessanten Gegenständen. Am meisten wirkte mit seiner Berufstreue seine treffliche Lehrmethode; sie war beim Anfange seines Lehramts nicht häufig anzutreffen. Es war die ächte Sokratik u. er beschreibt sie selbst in einem lateinischen Programm (1792). Zum Denken suchte er seine Zöglinge anzureizen; durch Fragen, doch ohne ermüdende, künstliche, oft unnöthig Zeit raubende Umschweife, sollten sie das selbst finden, worauf es eben ankam. Quaecunque verisimile est, schreibt er, a discipuiis suo ipsorum marte et inveniri et proferri posse, ea interrogandi artibus et machinis ex eorum ingenio atque ore eliciuntur et protrahuntor, non stulta praeceptoris benignitate ita afferuntor, ut illi tantum audiant, vix ullo velut commilitii munere fungentes.“ So wurden die Entwürfe zu Ausarbeitungen durch gemeinschaftliche Beiträge, die er dann sichten u. ordnen half, zu Stande gebracht; so die Schwierigkeiten in einer Stelle erst von fern, wurden sie nicht gefunden, dann immer näher angedeutet u. der Versuch sie zu lösen ihnen zuerst überlassen. Er setzt dann auseinander, wie sehr dieses Fragen ihm und seinen Schülern genützt habe und trägt kein Bedenken zu gestehen, daß er durch sie auch wohl auf eine andere Ansicht über einen Gegenstand zu einer leichtern Erklärung einer Stelle hingeleitet worden und daß es ihm eine wahre Freude gewesen sey, wenn einer seiner Schüler des Lehrers Meinung modeste et prudenter angefochten habe. Sein Vergnügen waren kurze Besuche, die er bei seinen Freunden in der Stadt und in frühern Jahren bei einigen Predigern in der Nähe von Eisenberg machte; mit diesen sprach er gern über ihre Predigten und Amtserfahrungen. Das Schicksal hatte ihn nicht unter viele fremde Menschen und nicht in größere und höhere Gesellschaften geführt; allein sein reger, wißbegieriger Geist strebte diesem Mangel an Menschen- und Weltkenntniß abzuhelfen; daher befragte er Alle, die ihm nahe kamen, aus hohem und niedrigen Stande über ihren Geburtsort, über Orts- und Familienverhältnisse, über ihre Schicksale und Erfahrungen. Doch wurde diese Wißbegierde endlich fast zu einer Schwäche, die gemißbraucht wurde und auch kleinliche Dinge aufsuchte und für wichtiger ansah, als sie es waren. Indeß da ihm sein treffliches Gedächtniß zu Hülfe kam und er sich auch viele Mittheilungen in ein Tagebuch niederschrieb, so bewahrte er neben vielem Geringfügigen auch viele schätzenswerthe Notizen, mit welchen er nach seiner überaus großen Gefälligkeit gern Andern diente. Seine zahlreichen Briefe, die er bald lateinisch, bald deutsch schrieb, enthielten zum Theil solche Nachrichten; der durch seine genealogischen und die damit verwandten Kenntnisse bekannte Pastor Möller*) in Zipsendorf bei Zeitz und andere Freunde waren ihm darin behülflich; zum Theil betrafen sie aber auch wissenschaftliche, besonders philologische, exegetische und psychologische Anfragen und Beantwortungen, wor-

*) Siehe dessen Biographie im 8. Jahrg. d. Nekrol., Nr. 81.

über er sich mit den gelehrten Prediger Möller*) in Gierstädt bei Gotha, M. Gelbricht in Ehrenhain bei Altenburg u. A. unterhielt; über Bibliographie belehrte ihn sehr dienstfertig der verdiente Hofrath Ebert in Dresden. In der Exegese folgte er streng der historisch-grammatischen Interpretation und mochte es nicht recht ertragen, wenn Jes. 55, 8. von der göttlichen Weltregierung, oder Apostelgesch. 10, 14. als ein Gemeinspruch gegen den Context behandelt wurden.

Wie sein Sinn, so war auch seine Rede und sein Wandel, rein und fromm. Die Religion war Sache seines Geistes und Herzens, frei von Vernünftelei, Bigotterie und Heuchelei. Wahrheit und Gerechtigkeit ging ihm über Alles und so behutsam er sprach, so konnte er sich doch gegen seine Freunde eines lauten Unwillens nicht enthalten, wenn in seiner Nähe oder auf der größern Schaubühne Unrecht geschah und Gewalt für Recht erging. Sein Wort und sein Leben war keusch und züchtig; seine Denk- und Handlungsart höchst uneigennützig; bei seinen nur mittelmäßigen Vermögensumständen und bei seiner geringen Besoldung erließ er doch vielen armen Schülern das Schulgeld, verhalf ihnen aus Auctionen zu wohlfeilen Schulbüchern und vergalt reichlich die kleinen Neujahrs- und Geburtstagsgeschenke. Seine großen Vorzüge und Verdienste fanden auch Anerkennung. Sein Landesherr, der unvergeßliche Herzog Ernst II. in Gotha übersendete ihm das kostbare Werk: Gotha numaria, sistens Thesauri Fridericiani numismata antiqua, aurea, argentea, aerea ea ratione descripta est; Auct. Chr. Liebe. Amst. 1730 mit den ehrenvollen Worten: Georgio Christiano Brendel, Lycaei Isebergensis Rectori dexterrimo ob insignia de juventute merita hunc librum in signum benevolentiae dono dat Ernestus D. Sax. MDCCCI. und: Catalogue raisonné d'une Collection de Médailles MDCCLXXIV. Viro doctissimo G, C. Brendelio hunc libellum dono dat Ernestus D. S. Gothae d. 25. Febr. 1801. Die philosophische Fakultät in Jena beehrte ihn mit dem Doctordiplom; der würdige Hofrath Ebert in Dresden und der treffliche Pfarrer Schottin in Köstritz dedicirten ihm in den ehrenvollsten Ausdrücken Schriften.

Seinen dankbaren Schülern wird er unvergeßlich bleiben, und wenn sie sich erinnern, wie er fast ganz allein durch seine Kraft, Lehrgaben und Amtstreue in seiner Schule zu ihrem Glück den Grund legte, wie er dabei

*) Dessen Biographie unter Nr. 271. d. J.

eine wahrhaft väterliche Disciplin übte (Ref. erinnert sich nicht, daß in seinem Quinquennium, von welchem er nur reden kann, auch nur eine körperliche oder Carzerstrafe, oder auch nur eine Anklage bei der Schulinspection vorgekommen wäre; einige Strafbare setzten freiwillig ihren Stab weiter.), so können sie nicht ohne die innigste Liebe seiner gedenken. Seine sonst glückliche Ehe mit einer geistreichen, edlen Gattin blieb kinderlos. Höchst zu bedauern war es, daß der Treffliche einige Jahre vor seinem Tode in Geistesschwäche und Irrwahn verfiel und sein Amt nicht bis an sein Ende verwalten konnte. Mangel an hinreichender Bewegung, welche ihm bei übrigens gesundem Appetit, ohne daß er jedoch die Tafelfreuden liebte, nöthig war, aber durch körperliche Uebel erschwert wurde und die Folgen seiner großen Geistesanstrengungen, auch einige neuere Einrichtungen, die seiner geliebten Schule Eintrag thaten, mögen dazu mitgewirkt haben. Er starb in Jena im 44. Amts- und 72. Lebensjahre.

B. war von ansehnlichem Körperbau, sein Gesicht und besonders sein Auge sprach freundliches Wohlwollen aus.

St. H.

324. Michael Vierthaler,

k. k. Regierungsrath und Direktor des Waisenhauses zu Wien; geb. d. 25. Sept. 1758, gest. d. 3. Oct. 1827 *).

Der Verewigte, als Mensch, Gelehrter, Pädagog und Vorsteher einer so wichtigen Anstalt gleich verehrungswürdig, stammte aus einem Salzburgschen Geschlechte, welches schon im 15. Jahrh. ansehnlich und bedeutend war. Späterhin wanderte es aus und siedelte sich zu Mauerkirchen in jenem Theile von Baiern an, welcher seit 1779 unter der Benennung des Innviertels zu Oestreich gehört. Hier wurde V. geboren, studirte unter den Jesuiten zu Burghausen und später an der Universität zu Salzburg. Im J. 1783 wurde er als Lehrer sowohl an der Pagerie, als an dem damit verbundenen Virgilianum dieser Stadt, beides Erziehungsanstalten für adelige Jünglinge, angestellt; und als der Fürst Erzbischof, Hieronymus Graf von Colloredo im J. 1790 ein Seminarium zur Bildung von Lehrern für die Stadt- und Landschulen in Salzburg errichtete, ernannte er V. zum Direktor desselben und bald darauf zum außerordentlichen Professor der Pädagogik an der Universität. Im J. 1796 wurden ihm provisorisch die

*) Wiener Zeitung. 1828. Nr. 12.

Schlüssel der Hofbibliothek übergeben und zugleich der Auftrag ertheilt, die Handbibliothek des Fürsten in Ordnung zu bringen. Aber erst unter der Regierung Sr. k. Hoheit des Erzherzogs und Kurfürsten Ferdinand erhielt er die Stelle eines wirklichen Hofbibliothekars und bald darauf wurde ihm auch die Leitung und Aufsicht sämmtlicher Bürger- und Landschulen im ganzen Herzogthume Salzburg übergeben. In dieser Stelle genoß er das Vertrauen seines Landesfürsten und wirkte als Staatsbeamter, als Pädagog und Gelehrter vielfach für sein Vaterland.

Seine Verdienste um die Literatur, als Herausgeber der „oberdeutschen Literaturzeitung," als Verfasser der „philosophischen Geschichte der Menschen und Völker" und als pädagogischer Schriftsteller, sind allgemein bekannt. Salzburg verdankt ihm die wichtigsten Beleuchtungen und Beschreibungen seiner geologischen, antiquarischen u. statistischen Merkwürdigkeiten u. es würde zu weit führen, hier Alles aufzuzählen, was in dieser Hinsicht des Andenkens würdig ist. Aber auch als Staatsbeamter und eifriger Unterthan hat sich V. während der feindlichen Invasion vielfach um Salzburg verdient gemacht. Seine umsichtigen Verfügungen, seine kluge Mäßigung und unerschütterliche Festigkeit, endlich sein persönlicher Ruf, den auch die Ausländer mit Achtung anerkannten, schützte und rettete Vieles, was sonst unwiederbringlich verloren gewesen wäre. Doch die meisten Verdienste hat er sich durch seine pädagogischen Leistungen und Schriften erworben und in diesem Sinne wirkte er denn auch in Wien, seit er im J. 1806, nachdem Salzburg eine östreichsche Provinz geworden, von Sr. k. k. Majestät dahin berufen wurde, um, wie früher in Salzburg, die Direktion des dasigen Waisenhauses zu übernehmen. In diesem so wohlthätigen als wichtigen Wirkungskreise erschien, was V. als Menschenfreund und Pädagog war, erst in seinem vollen Lichte. — Mehrere tausend Waisen fanden in ihm einen vorsorgenden, liebreichen, weisen Vater. Seine Klugheit, seine Erfahrung und seine Liebe zu dem Institute, so wie sein Eifer für alles Gute, brachten, vereint mit den kräftigen Unterstützungen der Landesregierung, das Waisenhaus unter seiner Leitung zu einem Grade von Gedeihen, Bedeutenheit und Ausdehnung, welchen es seit seiner Entstehung nie gehabt. Der Kaiser diese Verdienste würdigend, ertheilte ihm daher schon vor einigen Jahren den Charakter eines k. k. niederöstreichschen Regierungsrathes und gab ihm fortwährend Beweise der Allerhöchsten Zufriedenheit. — Nach mehr als 20jähriger

Wirksamkeit entriß ihn ein Schlagfluß diesem ehrenvollen Posten. — Er schied mit der Heiterkeit des Weisen und der Ruhe des Christen, zum tiefen Schmerze der Seinigen, innig betrauert im 70. J. seines dem Vaterlande, der Jugendbildung und den Wissenschaften gewidmeten Lebens.

Folgende Schriften erschienen von ihm: Der englische Spion; Trauersp. 1781. — Philos. Gesch. d. Menschen u. Völker. 7 Bde. 1787—1817. — Rechtfert. dies. Buchs geg. e. oberdeutsch. Recensent. 1788. — Elemente der Methodik u. Pädagogik. 5. Aufl. 1810. — Goldn. Spiegel. 1791. — Das Kinderbuch. 3. Aufl. 1799. — Franz Traugott. 2. Aufl. 1799. — Geist d. Sokratik. 4. Aufl. 1810. — Kleiner ABC-Schüler. 3. Aufl. 1798. — Kleiner Schreibschüler. 4. Aufl. 1799. — Entwurf d. Schulerziehungskunde. 1794. — Episteln u. Evangel. auf alle Sonntage, Feste 2c. 2. Aufl. 1797. — Anleitung z. Rechenkunst. 5. Aufl. 1806. — Geograph. v. Salzburg. 1798. — Beitr. z. Geogr. u. Gesch. derselb. 1798. — Reisen durch Salzburg. 1799. — Gesch. d. Schulwesens u. der Kultur in Salzburg. 1804. — Beitr. zur Kenntniß des Fürstenth. Berchtesgaden; in d. vaterl. Blätt. f. d. östr. Staat. Nr. 1. 8. 11. (1808). — Die heil. Schr. im Auszuge. 1802. — Meine Wanderung durch Salzburg, Berchtesgaden u. Oestreich. 1817.

* 325. Karl Friedrich Schmidt,

kön. sächs. Hofkantor zu Dresden;

geb. d. 19. Juli 1760, gest. d. 5. Oct. 1827.

Sein Vater, Huf- und Waffenschmied in Chemnitz, war ein sehr geachteter und geliebter Bürger, seine Mutter eine sehr belesene, verständige Frau, welche durch Thätigkeit, Sparsamkeit und Ordnungsliebe den Wohlstand der Familie, selbst in der drückenden Theurung, die 1771 und 1772 im sächs. Erzgebirge statt fand, erhielt. Diese Tugenden besaß auch ihr Sohn, den sie deshalb vorzüglich liebte. — Nachdem er auf der Schule zu Chemnitz sich zur Universität vorbereitet hatte, ging er im J. 1783 nach Wittenberg, wo er mit besonderm Eifer Reinhards Vortrag und Umgang suchte, wie er auch sein ganzes Leben hindurch von der wärmsten Verehrung gegen diesen seinen großen Lehrer erfüllt blieb. Im J. 1787 bestand er in Dresden ehrenvoll das Kandidatenexamen. Er widmete sich darauf ganz der Pädagogik und hatte bis zu seinem

ist diesem die Hausandacht sehr viel geworden und eine Sache des Herzens, welches Befriedigung weder in der Welt und noch weniger in sich finden konnte. — Gr. v. F. war einer der gebildetsten Geschäftsmänner, der feinsten Gesellschafter, der treuesten Unterthanen und Diener seines Monarchen. Was er geleistet und gewesen, dürfte uns sein innigster Freund u. langjähriger Lebensgefährte, der geh. Legationsrath v. Olfers (jetzt in Rio Janeiro) am besten entwickeln können. Möchte er sich dazu entschließen und dadurch dem Vorangegangenen von Freundeshand ein Denkmal setzen, welches Andern zum Denken Anlaß gibt. — Es ist schwer, sich einen Begriff zu machen, in welchem Grade der Verstorbene die allgemeinste Liebe in Neapel besaß. Und nichts war ihm doch fremder, als dieselbe mit Absicht und Manier zu erstreben; er versprach langsam, aber er hielt am schnellsten; ihm war Schmeichelei und Augendienerei zuwider; er war rastlos bemüht, sich geistig auszubilden, ohne darum der geistigen Liederlichkeit unserer Zeit zu fröhnen, welche sie charakteristisch bezeichnet und an so vielen Orten ihre Koryphäen hat. — Inniger und gefühlvoller blies selten Jemand die Flöte, als Gr. v. F., der unter seinen lieben Blumen auf der Loggia seiner Wohnung denen unvergeßlich bleibt, welche ihn daselbst sahen u. die reichen Adern seines Geistes u. Herzens bemerken konnten. Friede seiner Asche!

C. S.

* 327. Philipp Adolph Campe,

Doctor der Medizin, Protophysikus ꝛc., Lehrer der Mathematik, Mitglied mehrerer gelehrten Gesellschaften u. des Collegii Seniorum der reformirten Gemeinde zu Danzig;

geb. d. 5. Mai 1754, gest. d. 10 Octb. 1827.

Sein Vater, den er in seinem 7. Lebensjahre verlor, war Kaufmann und königl. Hof- und Kammerjunker in Danzig, wo er geboren wurde. Von seinem 5. bis 17. J. besuchte er die St. Petrischule in seiner Vaterstadt, dann 2 J. das Gymnasium daselbst und ging 1773 nach Göttingen, wo er bald mehrere seiner Lehrer sich zu Freunden machte und mit ihnen nachher in literarischer Verbindung stand. Zwei Jahr darauf ging er nach Straßburg, wo er mit gleichem Fleiße den Wissenschaften oblag. Am 26. März 1776 legte er daselbst das exam. rigoros. ab, worauf er, nachdem er seine Inauguraldiss. de noxis ex sepultura in templis verfaßt hatte, als Doctor. med. promovirte.

326. Graf von Flemming,

königl. preuß. Gesandter am neapolitanschen Hofe, gest. zu Arensberg;

geb. . . . . ., gest. d. 8. Octbr. 1827. *)

Die folgende kurze Charakteristik des verewigten Grafen v. F. ist ein Auszug aus einem Briefe von Neapel unterm 29. Octbr. 1827. Daselbst heißt es:

— — Wie ist doch Jeder, der den liebenswürdigen Gr. v. F. genauer kannte, über seinen Tod schmerzlich betroffen! Alle hatten den guten Gr. so herzlieb lieb; seine Kollegen u. seine Freunde, seine Landsleute u. seine Dienstboten; jedem ist's ein tiefer Schmerz, den Gesandten Preußens nicht zurückkehren zu sehen, welcher im Sommer so wohl und so frisch Neapel verließ, um seinen geliebten Bruder in Arensberg zu besuchen. Die Anhänglichkeit, welche ihm in Neapel gewidmet war, sprach sich schon in den ersten Tagen, als die Trauerbotschaft uns zugegangen, auf das rührendste aus. — Der Gesandtschaftsprediger Bellermann, welchen der Verstorbene schon in Lissabon gekannt u. zu seinem jetzigen Posten in Vorschlag gebracht hatte, gab den evangelischen Glaubensgenossen, welche in des verewigten Gr. v. F's. Wohnung seit geraumer Zeit schon ihre Andacht verrichten, von dem Tode ihres freundlichen und liebevollen Beschützers Nachricht. Er sprach aus vollem u. bewegtem Herzen, zu Herzen, denen der Verstorbene theuer war und bleiben wird. — Gr. v. F. hatte mit der ihm eigenen Thätigkeit und Lust an allem Guten es unter Aufopferung dahin gebracht, daß die evangelischen Glaubensgenossen in seiner Wohnung regelmäßig Gottesdienst halten konnten. Die Namen Kuntze aus Straßburg, Wilhelm und Adolph Monod aus Paris knüpfen sich in dankbarer Erinnerung an diesen Anfang der öffentlichen Andacht im Hause des Grafen. Für dieselbe stellte unser frommer König im Sommer des letzten Jahres einen besoldeten Gesandtschaftsprediger an. Ich war ein Zeuge der Freude und des Dankes, welche dieser Beschluß in allen evangelischen Bewohnern Neapels erregte. Was kann wohl mehr berechtigen, Früchte zu erwarten, als diese innige Aufnahme der königlichen Gnade? Der Herr wird seinem Häuflein auch am Vesuv beistehen. — Der französische evangelische Gottesdienst geschieht gleichfalls (jetzt durch den Prediger Vallette aus Genf) in der Wohnung des preußischen Gesandten. Unbezweifelt

---

*) Berl. Conversat.-Bl. 1827, Nr. 242.

ist diesem die Hausandacht sehr viel geworden und eine Sache des Herzens, welches Befriedigung weder in der Welt und noch weniger in sich finden konnte. — Gr. v. F. war einer der gebildetsten Geschäftsmänner, der feinsten Gesellschafter, der treuesten Unterthanen und Diener seines Monarchen. Was er geleistet und gewesen, dürfte uns sein innigster Freund u. langjähriger Lebensgefährte, der geh. Legationsrath v. Olfers (jetzt in Rio Janeiro) am besten entwickeln können. Möchte er sich dazu entschliessen und dadurch dem Vorangegangenen von Freundeshand ein Denkmal setzen, welches Andern zum Denken Anlaß gibt. — Es ist schwer, sich einen Begriff zu machen, in welchem Grade der Verstorbene die allgemeinste Liebe in Neapel besaß. Und nichts war ihm doch fremder, als dieselbe mit Absicht und Manier zu erstreben; er versprach langsam, aber er hielt am schnellsten; ihm war Schmeichelei und Augendienerei zuwider; er war rastlos bemüht, sich geistig auszubilden, ohne darum der geistigen Liederlichkeit unserer Zeit zu fröhnen, welche sie charakteristisch bezeichnet und an so vielen Orten ihre Koryphäen hat. — Inniger und gefühlvoller blies selten Jemand die Flöte, als Gr. v. F., der unter seinen lieben Blumen auf der Loggia seiner Wohnung denen unvergeßlich bleibt, welche ihn daselbst sahen u. die reichen Adern seines Geistes u. Herzens bemerken konnten. Friede seiner Asche!

C. S.

* 327. Philipp Adolph Campe,

Doctor der Medizin, Protophysikus ꝛc., Lehrer der Mathematik, Mitglied mehrerer gelehrten Gesellschaften u. des Collegii Seniorum der reformirten Gemeinde zu Danzig;

geb. d. 5. Mai 1754, gest. d. 10 Octb. 1827.

Sein Vater, den er in seinem 7. Lebensjahre verlor, war Kaufmann und königl. Hof- und Kammerjunker in Danzig, wo er geboren wurde. Von seinem 5. bis 17. J. besuchte er die St. Petrischule in seiner Vaterstadt, dann 2 J. das Gymnasium daselbst und ging 1773 nach Göttingen, wo er bald mehrere seiner Lehrer sich zu Freunden machte und mit ihnen nachher in literarischer Verbindung stand. Zwei Jahr darauf ging er nach Straßburg, wo er mit gleichem Fleiße den Wissenschaften oblag. Am 26. März 1776 legte er daselbst das exam. rigoros. ab, worauf er, nachdem er seine Inauguraldiss. de noxis ex sepultura in templis verfaßt hatte, als Doctor. med. promovirte.

alle musikalischen Instrumente verschloß u. erklärte, daß, wenn er dereinst ein tüchtiger Lehrer der Religion werden wolle, er sich jetzt nur mit den Wissenschaften, nicht aber mit der Musik beschäftigen müsse. So sehr er sich auch über dies harte Gebot betrübte, so war er doch gern dem Vater zu Willen und machte in Sprachen und Wissenschaften so große Fortschritte, daß er, mit den besten Zeugnissen versehen, 19. Jahre alt, 1769 die Universität Halle beziehen und sich der Theologie widmen konnte. Hier betrieb er neben seinem Studium eifrig die Musik und bei seiner Fertigkeit hatte man ihn bei Konzerten immer sehr gern; auch machte er mit mehreren großen Musikern, z. B. mit dem berühmten Bach nähere Bekanntschaft. — Nachdem er 3½ Jahr mit Nutzen in Halle studirt hatte, nahm er eine Hauslehrerstelle bei einem Deichhauptmann von Möllendorf zu Wudecke im Herzogthum Magdeburg an. In dieser Familie fand er eine sehr freundliche Aufnahme und verlebte in derselben bis zu seinem vollendeten 27. Jahre viele frohe und glückliche Tage. Im J. 1777 wurde er von dem Hrn. von Möllendorf als Prediger in Göttlin bei Rathenow vozirt und vom Konsistorium in Magdeburg als solcher bestätigt; auch verehelichte er sich in demselben Jahre mit der Tochter eines Predigers, geb. Lindenberg und nach dem Tode dieser ersten Lebensgefährtin, zum zweitenmal im J. 1795, wieder mit einer Predigerstochter, geb. Löseke, die er 1826 durch den Tod verlor. So angenehm aber auch die Verhältnisse waren, in denen er zu Rathenow u. bei seinen Gemeinden lebte, deren Liebe und Achtung er genoß, so sah er sich doch seines besseren Auskommens wegen 1797 genöthigt die einträglichere Stelle zu Camern und Wulkau, zur Superintendentur Sandau a. d. Elbe gehörig, anzunehmen. Er arbeitete bei diesen beiden Gemeinden mit gleichem Segen wie in den ersten Gemeinden. Ungeachtet seiner vielen Geschäfte unterrichtete er bis zu einem gewissen Alter alle seine Kinder sowohl in Wissenschaften u. Sprachen als auch in der Musik und brachte es bei einigen recht weit und würde besonders beim Unterricht in der Musik noch mehr geleistet haben, wenn er nicht etwas zu streng gewesen wäre; so konnte ein Mißton, den seine Kinder auf dem Klavier thaten, ihn sehr verdrießlich machen; gegen fremde Kinder dagegen, welche von ihm Unterricht genossen, war er viel nachsichtiger, seinem Grundsatze getreu: Streng gegen sich und was ihm nahe lag; aber nachsichtig und wohlwollend gegen Andere zu seyn. Mit

und Körper, besonders durch die wirklich grausenhaften Schreckensscenen der letzten Belagerung 1813, legte er, nach erhaltener Zusicherung einer ehrenvollen Pension, im folgenden Jahre alle seine Aemter mit Ausnahme des Seniorats nieder. Doch fuhr er noch immer fort seinen Geist zu bereichern, las unausgesetzt und machte fleißig Exzerpte. — Er war ein anspruchsloser und gefälliger Mann und seine Bescheidenheit ging bis zum Mißkennen und Mißtrauen gegen seine eigenen Kräfte, daher er sich auch nie recht zur Ausübung der Heilkunst entschließen konnte. Er war wohlthätig und dienstfertig und seine Bibliothek stand einem Jeden offen. Er besaß einen regen religiösen Sinn und sein Eifer für die Religionspartei seiner Väter (er gehörte der reformirten Kirche an) ging bis zum Enthusiasmus, so daß er die im Werke gewesene Vereinigung der beiden protestantischen Hauptreligionspartheien aus allen Kräften hintertrieb, indem er hauptsächlich den Gedanken nicht ertragen konnte, die Kommunion fortan unter einem andern Symbol empfangen zu sollen als demjenigen, unter welchem dieses Sakrament seinem Herzen von Jugend auf vertraut geworden *).

* 328. Johann Friedrich Hertel,

Prediger zu Camern und Wulkau bei Magdeburg;
geb. d. 28. Febr. 1750, gest. d. 11 Octbr. 1827.

Er wurde zu Langenburg im Hohenlohschen geboren. Sein Vater, bei der dortigen Stadtschule Lehrer und Musikdirektor des Fürsten von Hohenlohe, ein tüchtiger Philolog und besonders großer Musiker, erhielt i. J. 1758 den Ruf als Konrektor und Musikdirektor am Gymnasium zu Worms, den er auch annahm. Bei seinem 7jährigen Sohne zeigte sich auch schon früh ein großes musikalisches Talent, so daß er durch sich selbst nach und nach fast alle Instrumente spielen lernte, indem der Vater wegen überhäufter Geschäfte sich nicht mit dem Unterrichte seines Sohnes befassen konnte. Auf der Geige brachte dieser es in seinem 6. J. schon so weit, daß er vor dem Fürsten von Hohenlohe Langenburg in einem Konzert sich hören ließ und durch sein Talent ungemein viel Bewunderung erregte. Auf dem Klavier und der Flöte erlangte er in Worms ebenfalls große Fertigkeit. Aber plötzlich sollte seiner Liebe für die Musik ein großes Hinderniß in den Weg treten, indem der Vater dem auf dem Gymnasium zum Studium der Theologie sich vorbereitenden Jünglinge

*) Der Name Campe in der Ueberschrift ist in Lampe umzuändern.

alle musikalischen Instrumente verschloß u. erklärte, daß, wenn er dereinst ein tüchtiger Lehrer der Religion werden wolle, er sich jetzt nur mit den Wissenschaften, nicht aber mit der Musik beschäftigen müsse. So sehr er sich auch über dies harte Gebot betrübte, so war er doch gern dem Vater zu Willen und machte in Sprachen und Wissenschaften so große Fortschritte, daß er, mit den besten Zeugnissen versehen, 19. Jahre alt, 1769 die Universität Halle beziehen und sich der Theologie widmen konnte. Hier betrieb er neben seinem Studium eifrig die Musik und bei seiner Fertigkeit hatte man ihn bei Konzerten immer sehr gern; auch machte er mit mehreren großen Musikern, z. B. mit dem berühmten Bach nähere Bekanntschaft. — Nachdem er 3½ Jahr mit Nutzen in Halle studirt hatte, nahm er eine Hauslehrerstelle bei einem Deichhauptmann von Möllendorf zu Wudecke im Herzogthum Magdeburg an. In dieser Familie fand er eine sehr freundliche Aufnahme und verlebte in derselben bis zu seinem vollendeten 27. Jahre viele frohe und glückliche Tage. Im J. 1777 wurde er von dem Hrn. von Möllendorf als Prediger in Göttlin bei Rathenow vozirt und vom Konsistorium in Magdeburg als solcher bestätigt; auch verehelichte er sich in demselben Jahre mit der Tochter eines Predigers, geb. Lindenberg und nach dem Tode dieser ersten Lebensgefährtin, zum zweitenmal im J. 1795, wieder mit einer Predigerstochter, geb. Löseke, die er 1826 durch den Tod verlor. So angenehm aber auch die Verhältnisse waren, in denen er zu Rathenow u. bei seinen Gemeinden lebte, deren Liebe und Achtung er genoß, so sah er sich doch seines besseren Auskommens wegen 1797 genöthigt die einträglichere Stelle zu Camern und Wulkau, zur Superintendentur Sandau a. d. Elbe gehörig, anzunehmen. Er arbeitete bei diesen beiden Gemeinden mit gleichem Segen wie in den ersten Gemeinden. Ungeachtet seiner vielen Geschäfte unterrichtete er bis zu einem gewissen Alter alle seine Kinder sowohl in Wissenschaften u. Sprachen als auch in der Musik und brachte es bei einigen recht weit und würde besonders beim Unterricht in der Musik noch mehr geleistet haben, wenn er nicht etwas zu streng gewesen wäre; so konnte ein Mißton, den seine Kinder auf dem Klavier thaten, ihn sehr verdrießlich machen; gegen fremde Kinder dagegen, welche von ihm Unterricht genossen, war er viel nachsichtiger, seinem Grundsatze getreu: Streng gegen sich und was ihm nahe lag; aber nachsichtig und wohlwollend gegen Andere zu seyn. Mit diesem Grundsatze hängt denn auch dies zusammen, daß er gern sich Alles entzog, um nur einem Andern nützlich zu seyn; den Mitgliedern seiner Gemeinden stand er stets mit Rath u. That zur Seite u. unterzog sich ihretwegen oft mühsamen und unangenehmen Geschäften; dafür aber ehrten und liebten sie ihn auch im höchsten Grade und man kann wirklich das Verhältniß zwischen ihm und seinen Bauern als in jeder Hinsicht musterhaft nennen. — Das J. 1827 kam heran und mit ihm die Zeit, in welcher er sein 50jähriges Dienstjubiläum feierte. Da er durchaus ein Feind von äußerm Prunk u. geräuschvoller Festlichkeit war, so wurde dieses Fest auch ganz in der Stille im Kreise seiner Kinder und Kindeskinder, welche sich ganz ohne sein Wissen nach und nach bei ihm eingefunden hatten, begangen, nachdem er sich bei seinen oberen Behörden alle öffentliche Auszeichnung ausdrücklich verbeten hatte. — Ein halbes Jahr später fanden sich alle seine Kinder zu seinem Leichenbegängnisse wieder ein; denn ein Schlagfluß machte seinem thätigen Leben in seinem 78. J. ein Ende. — Der Verewigte war bei ausgezeichneten Talenten eben so gelehrt als groß u. edel von Herzen; aber am meisten zeichnete ihn seine Anspruchslosigkeit, Bescheidenheit und Demuth aus.

Siewersdorf bei Wusterhausen a. d. Dosse.

Hermanni, Prediger.

* 329. Ignaz Joseph Oehninger,

königl. baier. Hauptmann und Kriegskassier zu Würzburg;

geb. d. 8. Octbr. 1754, gest. d. 11. Octbr. 1827.

Er war zu Würzburg geboren u. ein Sohn des dortigen Banquier Joh. Ph. Oe. Sehr frühzeitig widmete er sich dem Handlungsfache und brachte, um sich hierin zu einem tüchtigen Manne auszubilden, mehrere Jahre zu München, später zu Cöln und Amsterdam zu, wo er sich überall durch seine Thätigkeit und solide Geschäftskenntniß auszeichnete. — Glückliche Familienverhältnisse und einflußreiche Verbindungen eröffneten ihm jedoch eine andern Sphäre in seinem Vaterlande. Er trat aus dem Handelsstande in den Staatsdienst als Offizier beim Kriegskommissariate. Später ward er Kriegskassier und in dieser Eigenschaft, mit Titel und Rang eines Hauptmannes, ging er in königl. baiersche Dienste über. — Neben seinen Dienstgeschäften nahm den Verewigten aber noch eine andere Lieblingsbeschäftigung in Anspruch. Alle Nebenstunden, die ihm übrig blieben, verwandte er auf die Befriedigung seiner Neigung zur Blumenzucht, welche in ihm in Holland, wo nicht angeregt, doch wahrscheinlich bedeutend verstärkt worden war. Seine Liebe und unermüdet fleissige Pflege umfaßte aber vorzüglich die Nelken, Veile (den sogenannten Goldlack) und Levkojen. Da zog er denn jährlich nur allein an Nelken über 2000 Stück in mehr als 600 verschiedenen Sorten; u. seiner geschickten Hand, seinem steten Nachdenken und unermüdeten Fleiße in Beachtung alles hierauf Bezüglichen gelang es, der Natur die reichsten und trefflichsten Mischungen im Kolorit, die mannichfaltigsten, interessantesten Arten abzugewinnen, welche er mit gefälliger Uneigennützigkeit sowohl In- als Ausländern mittheilte. Am meisten jedoch nützte er in diesem Zweige der Kultur durch seine eigene Kunst im Ziehen des Samens, den er, selbst an die entferntesten Orte verschickte, so wie in seinem Vaterlande verbreitete. Den Erfolg davon im Auslande kennt Ref. nicht; aber im Würzburgschen, besonders in Würzburg und der Umgegend ist es — in Verbindung mit andern gleichzeitigen Einwirkungen — dahin gekommen, daß nicht allein die trefflichsten Sorten von den genannten Blumenarten in den verschiedenen Privatgärten sich vorfinden, sondern daß auch gewöhnliche Gärtner, ja selbst Landleute Nelken, Veile und Levkojen, und zwar in großer Quantität zu Markte bringen, über deren Schönheit man oft erstaunen muß, da man dergleichen Stöcke sonst selten selbst in jenen Gärten antraf, auf deren Kultur viel verwendet ward. — Wie dieß auf die Erhöhung eines schönen Lebensgenusses wirkt; wie sich dadurch nach und nach Sinn und Geschmack bilden u. veredlen, möchte kaum zu erinnern seyn. — In dieser Beziehung war seine Quiescirung i. J. 1810 von den besten Folgen. Er widmete nun Zeit und Kraft ungetheilt diesem schönen Zwecke bis zu seinen letzten Lebenstagen. Und, wenn gleich nicht im großartigen Sinne, doch in Beziehung auf seine Wirksamkeit konnte auch er sagen: non omnis moriar.

Bei der reinsten Liebe zu seiner Familie, zu seinem Vaterlande und seinen Mitbürgern sprach sich doch in seinem Charakter, so wie in seiner äußern Haltung mehr Ernst und Festigkeit aus. Daher seine Pünklichkeit und Treue in Erfüllung seiner Pflichten, in jedem Verhältnisse. Aber so wie die schöne Blume seiner liebevoll pflegenden Hand sich erschloß, so öffnete sich sein Herz jedem Redlichen, den er als solchen kennen lernte; und niemand

diesem Grundsatze hängt
er gern sich Alles entzog
zu seyn; den Mitglieder
mit Rath u. That zur
oft mühsamen und una
ehrten und liebten si
man kann wirklich d
nen Bauern als in
Das J. 1827 kam h
er sein 50jähriges
aus ein Feind von
lichkeit war, so wu
im Kreise seiner
ganz ohne sein W
hatten, begangen,
hörden alle öffe
hatte. — Ein
Kinder zu seinen
Schlagfluß ma
ein Ende. —
lenten eben so
am meisten
denheit und D
Siewersdorf

* 82

königl. ba

geb.

Er wa
gen Bau
sich dem
einem tüch
München,
überall
niß aus
einflußr
dern S
Handels
kommiss
ser Eig
ging er
Dienstg
dere Lieb

... ausge-

...-Witt-

... 1827.

... Kassau geb.,
...ngen, von wo
... in östreichsche
...jährigen Dienst-
... Auszeichnungen
... Entschlossenheit,
...nnlichen Muthes,
... in den schwierig-
... überzeugend darge-
... letzten Decenniums
...tte. — Im J. 1814
...ratete sich mit einem
... aber nur ein Jahr
... worauf der Tod die
... Von jetzt an war sein
... Berleburger Mitbür-
...iedener deutscher Bie-
... Helfer und Retter in
...meinwesen ein rathender
... auch sich seine Bieder-
...us, als im J. 1825
... eine rasch um sich
...verwandelt wurde. Das
... hier zur Rettung von
... wie bei Reichen zeigte,
...meine Liebe der Einwoh-
... so frühes unerwartetes
... Trauer. — Ein schlichter
... ein großer Gönner ge-
...strophen, die als Grabschrift
... beigefügt werden soll-
...igen Wunsch jedes Ein-
...rache bringt:

... Zügen
... ein;
... Herzen liegen,
... seyn!!" —

D....r.

Christian August Lindner v. Stölzer,

Rechte, königl. preuß. geh. Hofrath u. Ritter des rothen …ens, Erb-, Lehn- u. Gerichtsherr auf Ober- und Nieder- …dorf 2c. 2c. bei Görlitz;

geb. d. 15. März 1778, gest. d. 11. Octbr. 1827.

…ein Geburtsort ist das Städtchen Marklissa in der …Lausitz, welches sein Vater, der Kaufmann Joh. Aug. … als Herrschaft besaß. Seine Studien machte er zu …litz und Leipzig, wo er 1791 Doctor der Rechte ward. … Görlitz ward er 1804 zum Senator, 1806 zum Scabi…us gewählt. Das Jahr 1813, wo diese Gegend zum Kriegsschauplatze gehörte, verwickelte ihn vielfältig in die Noth und die Sorgen des Krieges; auch mußte er als Mitglied des Central-Bewaffnungsausschusses mitwirken. Nach beendigtem Kriege ward er von dem damaligen sächsischen Gouvernement zum Kriegsrath ernannt u. in den Adelstand erhoben. 1817 aber erlangte er die obengenannte Würde. Nach dem Tode seines Schwiegervaters, des Kommerzienrathes Lindner zu Marklissa, nahm er als Adoptivsohn und Erbe auch dessen Name an. Auch kaufte er neue Landgüter u. war stets auf ihre landwirthschaftliche Verbesserung bedacht. Seit 1826 lebte er in Dresden im Genuß der Wissenschaften und Künste. Er war ein guter Geschäftsmann, ein Wohlthäter der Armen, ein Kenner der schönen Künste. — Er schrieb: Diss. Quatenus tutor a excusatione usus, legatum sibi adscriptum amittat. 1790. — Diss. inaug. de temporis continui et utilis computatione. 1791. — Bruchstücke aus dem Tagebuche üb. e. Durchflug durch Holland u. e. Thl. v. Deutschl. 1806. — Phantasie e. Sachsen im Bade zu Pfeffers in d. Schweiz am 19. Juli 1800. 1808. — Bemerkungen üb. Hofwyl, auf e. Reise 1800 v. Tessier; a. d. Franz. übers. 1812. — Beleucht. d. Schr. d. Hrn. v. Uechtritz üb. Grundherrenverhältnisse u. Unterthanendienste. 1806. — Bruchstücke üb. d. vormal. Centralbewaffnungsausschuß in Bautzen u. Görlitz 1817. — Anmerkungen zu Dr. Knebels Denkschrift auf Nathe; in d. Lausitz. Monatsschr. 1807 Bd. 1. S. 241. — Gedicht, dem Kaiser aller Reussen überreicht: in Fielitz vaterl. Monatsschr. 1813 S. 464. — Die Lattermannsche Schrotmaschine; in Schnees landwirthschaftlicher Ztg. 1821, S. 201—3.

* 332. Carl Gottfried Rittershausen,

königl. preuß. Oberprokurator in Düsseldorf;

geb. d. 28. Mai 1786, gest. d. 11. Octbr. 1827.

Er war zu Hamm in der preußischen Grafschaf Mark geboren, besuchte das Gymnasium seiner Vaterstadt und wurde seit dem J. 1804 nach Vollendung eines dreijährigen Studiums der Rechtswissenschaft auf mehreren preußischen Universitäten Auskultator und Referendarius bei der königlichen Regierung zu Münster bis zur Vereinigung der Grafschaft Mark mit dem Großherzogthum Berg, am 1. Mai 1808. — Der Tilsiter Frieden unterbrach seine Vorbereitung zum dritten Examen und störte sein Vorhaben, in Berlin seine juristischen Studien fortzusetzen. — Nach der Vereinigung seines Vaterlandes mit Berg im J. 1808 begab sich R. nach Düsseldorf u. bearbeitete daselbst mit dem jetzigen königlichen Präsidenten Hrn. Maassen in Berlin, die Rechtssachen aus den vereinigten preußischen Provinzen bis Mitte 1809, wo er als Generalsekretär der Direktion des vereinigten Weg- und Wasserbaues und sonstigen öffentlichen Anlagen eine bestimmte Anstellung erhielt, welchen Posten er fast 8 J. hindurch verwaltete und 1814 den Charakter als Geheimesekretär erhielt. — Bei Errichtung der Justizorganisations-Kommission im J. 1815 ging derselbe zufolge seiner ursprünglichen Bestimmung und Neigung, unter Genehmigung des Hrn. Geheimen Staatsraths Sack, als Generalsekretär in dieselbe über, hernach in die durch die Allerhöchste Kabinetsordre vom 20. Juni 1816 gestiftete Immediatjustiz-Kommission für die Rheinprovinzen. — Bei der 1820 erfolgten neuen Organisation der Gerichte in den Rheinprovinzen wurde er königlicher Oberprokurator bei dem Landgericht in Düsseldorf, wo er sein Andenken seinen Amtsgenossen und Bekannten ewig theuer und werth machte; sich zwar durch angestrengte Thätigkeit und durch unermüdeten Diensteifer den vollsten Beifall seiner Obern erwarb, aber auch seine Gesundheit zerstörte und nur durch frühen Tod im 41. J. seines Lebens die Ruhe fand, welche er sich selbst nicht zugestand. — Er hinterläßt eine Wittwe, 2 Söhne und 2 Töchter.

333. J. Ch. Hermann,

Buchhändler in Frankfurt a. M.;
geb. ....., gest. d. 11. Oct. 1827 *).

Als Begründer und ehemaliger Eigenthümer der in Frankfurt noch unter seinem Namen blühenden Buchhandlung, deren Besitz er an Hrn. Reinherz abtrat (s. des Letztern Biograph. unt. Nr. 317 d. J.) hat der Hingeschiedene ein nützliches Leben vollbracht. Aber nicht nur in dieser Sphäre, auch für das Gemeinwesen der Stadt, welcher er in verschiedenen bürgerl. Kommissionen u. (seit d. J. 1798) als Mitglied der ständischen Bürgerrepräsentation Zeit und Kräfte gern widmete, hat er sich vielfach verdient gemacht. In der Epoche der großherzogl. Regierung hatte er als geheimer Steuerrath Gelegenheit, mit seiner Einsicht und Rechtlichkeit seinen Mitbürgern wichtige Dienste zu leisten, die ihm ein würdiges Andenken unter ihnen sichern.

* 334. Ludwig Anton Sarnighausen,

emerit. Pastor zu Müden an der Aller im Königreich Hannover;
geb. d. 11. Aug. 1738, gest. d. 12. Oct. 1827.

Er wurde zu Kloster-Medingen geboren, wo sein Vater Prediger und als ein sehr gebildeter Mann weit umher bekannt war; gleiche Bildung besaß seine Mutter, die Tochter des Schatzrathes, Bürgermeisters und Doctors der Medizin Danckwert zu Uelzen. — Seinen ersten Unterricht erhielt er von Hauslehrern, bezog aber, kaum 18 J. alt die Universität Jena, um Theologie zu studiren. Neben der Theologie trieb er besonders auch Philosophie und mit Herzlichkeit und Vorliebe erwähnte er in seinem spätern Alter noch oftmals des zu seiner Zeit berühmten Darries, welchem er auch wohl hauptsächlich seine sehr klaren Begriffe und sein logisches Denken zu verdanken hatte. Nach vollendetem Triennium verließ er Jena, um eine Stelle als Hauslehrer bei den Söhnen des Amtmanns Hahn in Medingen anzutreten. Nachdem er bei seinem Examen dem damaligen Konsistorialrathe Götten bekannt worden war, so erhielt er bald darauf durch ihn den Posten als Pagenhofmeister in Hannover, auf welchem er sich sehr glücklich fühlte, da es ihm gelang, sich die Achtung und Liebe seiner Zöglinge aus den ersten Familien des Landes zu erwerben. Nachdem er zur Zufriedenheit seiner

---

*) Oberpostamtszeitung. 1827. Nov.

Obern mehrere Jahre thätig gewesen war, wurde sein Vater alt und schwächlich und er demselben auf sein Ansuchen vom königl. Konsistorium im J. 1770 cum spe succedendi adjungirt; und da sein Vater schon nach Verlauf weniger Wochen starb, so erhielt er sogleich die Pastorstelle zu Medingen. Anfangs machte ihm sein Amt viel Mühe und dies um so mehr, da er ein Auditorium hatte, das seine Vorträge beurtheilen konnte und er damals gerade beständig an Schwindel und schwachem Magen zu leiden hatte. Doch besserte sich nach seiner Verheirathung durch die sorgfältige Pflege seiner jungen Gattin, der Tochter des Superintendenten Meyenberg zu Uelzen, seine Gesundheit mit jedem Jahre mehr; auch wurde er Vater von 11 Kindern, von denen aber nur 1 Sohn und 5 Töchter ihn überleben. Obschon er in Medingen sehr glücklich lebte, so entschloß er sich doch, seiner Familie wegen, um die Pfarre zu Müden an der Aller anzuhalten, welche ihm auch vom kön. Konsistorium (1787) conferirt wurde. — Auch hier ward ihm bald die größte Liebe seiner Gemeinde, welche er vorzüglich seiner seltenen Uneigennützigkeit und großen Bereitwilligkeit zu helfen, wo er Noth bemerkte, zu verdanken hatte. Man durfte ihn nur kennen lernen, um ihn sogleich lieb zu gewinnen, denn man entdeckte leicht in ihm den denkenden Kopf, das vortreffliche Herz und im Umgange den Mann von feiner Bildung. — Von Temperament war er zwar heftig, doch wußte er dies selbst und verstand es, sich so zu beherrschen, daß er nicht leicht dadurch Anstoß gab. — Seine Vorträge waren höchst logisch, allein mehr nach der alten Form dogmatisch als moralisch; im Katechisiren aber leistete er Ausgezeichnetes. In seinen Amtsverrichtungen war er äußerst thätig und pünktlich u. ließ nicht gern einen Andern für sich predigen oder katechisiren. — Ein Hauptzug seines Charakters war ein frommes unerschütterliches Vertrauen auf Gott. Dies bewies er beim Tode seiner Gattin, die ihm schon 17 J. vor seinem Hinscheiden plötzlich durch einen Nervenschlag entrissen wurde, wie auch bei dem Tode seiner fast erwachsenen Kinder; er bedurfte da jedesmal nur weniger Stunden zur Sammlung seiner Gedanken, um wieder so unbefangen und gleichmüthig zu erscheinen, wie er gewöhnlich zu seyn pflegte. — Bis in sein 75. Lebensjahr versah er sein Amt allein und nur als er jetzt selbst deutlich die Abnahme seiner Geisteskräfte bemerkte, da konnte er sich erst dazu entschließen, um einen Amtsgehülfen nachzusuchen, der ihm auch gern bewilligt wurde. In der Umgebung seiner

Kinder fühlte er sich nun vom Mai 1821 an für sein hohes Alter sehr glücklich, bis ihn 1823 ein Schlagfluß traf, der seinen Körper und Geist völlig lähmte und worauf er nach langen Leiden im 57. J. seiner Dienstzeit und 90. seines Alters sein Daseyn vollendete.

H....r. D...r.

335. Karl von Leberecht,

russ. kaiserl. Etatsrath und Ritter des St. Annenordens 2. Kl. — zu St. Petersburg;

geb. i. J. 1749, gest. d. 12. Oct. 1827 *)

Er wurde zu Meiningen geboren, kam dann 1776 im 26. Lebensjahre nach St. Petersburg und wurde als Medailleur bei dem Münzhofe angestellt. Die Kaiserin Katharina II., deren Aufmerksamkeit er durch mehrere vorzügliche Medaillen auf sich gezogen hatte, schickte ihn 1783 auf Kosten des Staats ins Ausland, um dort seine Künstlerbildung zu vollenden. Er brachte es im Stahl- und Steinschneiden zu einer allgemein anerkannten Fertigkeit und kehrte nach 2jährigem Aufenthalt in Rom nach St. Petersburg zurück. Im J. 1787 soll er der Kaiserin einen Plan zur Errichtung einer Medailleurklasse zur Bildung von Zöglingen für den Münzhof überreicht haben; doch wurde derselbe erst am 3. Febr. 1800 von dem Kaiser Paul I. der Bestätigung gewürdigt und v. L. zum Obermedailleur und Dirigenten des Münzhofes ernannt. Schon am 30. März 1794 war er in Grundlage des Ukases von 1721 als russischer Unterthan anerkannt, am 17. Nov. 1796 zum Collegienassessor befördert, in eben dem Jahre für seine Mühe und Beihülfe bei der schnellen Verarbeitung der eingewechselten Münze im damals errichteten Bankmünzhofe mit einer Pension auf Lebenszeit begnadigt; 1797 am 4. Juli zum Hofrath, am 12. Septbr. zum Akademiker ernannt, am 18. August 1800 zum Ehrenmitgliede der Akademie, am 10. Decbr. zum Collegienrath befördert, am 3. April 1806 zum Etatsrath, am 9. Dec. zum Ritter des St. Annenordens 2. Klasse erhoben worden und am 16. März 1812 erhielt er dessen diamantene Insignien und außerdem zu verschiedenen Zeiten Brillantringe von J J. K K. M M. den Kaisern und Kaiserinnen. Zum Mitgliede erwählten ihn: die königl. Kunstakademie zu Berlin (1792), die zu Stockholm (1795) und die kaiserl. ökonom. Societät zu Abo (1811).

---

*) Hamburg. Korrespond. 1828. Nr. 1. u. Morgenbl. 1827. Nr. 60.

Seine 50jährigen Dienste unter vier Monarchen Rußlands haben ihm als Künstler, Staatsbürger, Familienvater und als redlichen Christ die Achtung des Publikums erworben. Seine zahlreichen Schüler und unter diesen besonders auch die mittellosen, ehren in dem Hingeschiedenen nicht nur den trefflichen Meister, sondern auch einen väterlichen Freund. Als seltene Palme ruht auf seinem Grabe noch die Erinnerung daran, daß ihm auch das Glück zu Theil wurde, in der Kunst des Stahl- und Steinschneidens Ihrer Majestät der nun auch verewigten Kaiserin Mutter, Maria Feodorowna, Unterricht ertheilt zu haben.

Aufzählung einiger seiner Arbeiten. Medaillen: 1) Zwei auf d. Geheimenrath J. J. Betzkoy. 2) Auf d. Geburt des Großfürsten Konstantin Pawlowitsch. 3) Auf d. Grafen v. Falkenstein (Kaiser Joseph II.). 4) Die Roßbildsäule Peters d. Gr. 5) Belohnungsmedaille für d. adeligen Stiftsfräulein. 6) Drei Münzen auf d. Thaten d. Fürsten Potemkin, des Tauriers, mit seinem Bildnisse. 7) Drei auf den Frieden mit der ottom. Pforte, mit dem Bildnisse d. Kaiserin Katharina II. 8) Zwei Denkmünzen auf d. Beilager d. Großfürsten Alexander Pawlowitsch mit d. Großfürstin Elisab. Alexejewna. 9) Die Eroberung d. poln. Provinzen. Hs. Bildniß d. Kaiserin Katharina II.; Rs. d. russ. Reichsadler m. d. Charten der in d. J. 1772 u. 1795 erob. Gouvernements. 10) Zwei Krönungsmedaillen des Kaisers Paul I. 11) Zwei Denkmünzen auf den Grafen Suwarow-Rimniski. 12) Medaillen auf d. Krönung Sr. Maj. des Kaisers Alexander I. 13) Denkmünze vom J. 1803 auf d. Kaiserin Katharina II. 14) Drei Krönungsmedaillen Sr. Majestät des Kais. Alexander I. 15) Vier Denkmünzen bei Gelegenheit d. 100jährigen Jubiläums d. Gründung v. St. Petersburg 1803. 16) Zwei Denkmünzen auf d. Etatsrath Paul Demidow, als Beförderer d. Wissenschaften. 17) Zwei Denkmünzen bei Gründung d. St. Petersburg. Börse mit d. Bildnisse d. Kais. Alexander I. 18) Medaille v. J. 1806, welche die Akademie der Künste schlagen ließ, als sie die neuen Privilegien u. Zulagen von d. Kais. Alex. erhielt. 19) Das Ordenszeichen des heil. Georg für d. Soldaten. 20) Die Medaille für d. Landwehr mit d. Brustb. d. K. Alex. 21) Eine Denkmünze auf d. Reise d. Kapitän Krusenstern um d. Welt. 22) Auf d. Säkularfest d. Schlacht von Pultawa mit d. Brustb. Peters d. Gr. 23) Zwei Denkmünzen auf d. Grafen Nikolai Petrowitsch Scheremetjew. 24) Denkmünze auf d. Säkularfest d. Einverleibung Riga's mit d. russ.

Reichs. 25) Denkmünze auf d. Universität Abo. 26) Merkwürd. Denkmünze nach der glorreichen Rückkehr d. Kaisers Alexander I. im J. 1814. Zu diesem unvollständigen Verzeichniß der Arbeiten Lebrechts fügen wir nur noch seine letzte hinzu: das metallene Medaillonbildniß d. höchstsel. Kaiserin Elisabeth Alexejewna, das er im J. 1816 nach dem Leben verfertigt hat. Mehrere seiner schön geschnittenen Steine mit allegor. Darstellungen aus Rußlands Gesch. befinden sich in der Sammlung der kaiserl. Eremitage.

* 336. Gottlieb Adam Johann Ritter und Edler von Schallern,

Doctor der Medizin und kön. baierscher Regierungsmedizinalrath, mehr. gelehrt. Gesellschaften Mitglied — zu Baireuth.

geb. d. 15. Febr. 1766, gest. d. 12. Okt. 1827.*)

Er wurde zu Thierstein im Landgerichte Selb im Obermainkreise geboren. Sein Vater, Christoph Heinr. E. v. Sch., Pfarrer daselbst, zuletzt zu Kirchenlamitz und Sanine des Kapitels Wunsiedel, ertheilte dem Sohne den ersten Unterricht, durch welchen vorbereitet er in das Lyceum zu Wunsiedel und von da 1782 in das Gymnasium Ernestinum zu Baireuth aufgenommen wurde. Hier erhielt er in Wissenschaften und Sprachen weitere Ausbildung und erprobte im J. 1786 seine Reife zur Universität mit einer Abschiedsrede: de commodis ex assidua naturae perscrutatione nascentibus, wodurch sich schon klar ankündigte, welche Richtung sein Geist in Erlernung der medizinischen Wissenschaften nehmen werde. Mit unermüdetem Eifer lag er zu Erlangen dem Studium der Arzneigelehrsamkeit in allen ihren Theilen, insbesondere der Chirurgie und dem Accouchement drei Jahre lang ob, erwarb sich die Zuneigung seiner Lehrer im hohen Grade und erhielt den 5. Nov. 1790, nachdem er seine Inauguraldisputation: de chelidonii majoris virtute medica novis observationibus firmata, ohne Präses vertheidigt und eine Vorlesung und Sektion über die Lage der Eingeweide u. das Gallensystem gehalten hatte, die medizinische Doctorwürde. In dieser Zeit wendete v. Sch. zugleich seine Aufmerksamkeit auf das Klinicum und entschieden befestigte sich in seinem Studium und Verfahren der Grundsatz:

*) S. Fickenscher's gel. Fürstenth. Baireuth. B. 8. Flora 1828 No. 83 bis 85.

„Beobachtung und Erfahrung sey die Hauptsache, worauf der praktische Arzt stets zurückkommen müsse." Diesem getreu bei dem mannichfachen Wechsel der Systeme, war jedoch seine Aufmerksamkeit jeder neuen Entdeckung zugewendet und bis an sein Ende keine wichtige Schrift in seinem Fache von ihm unbeachtet geblieben. Der rege Wunsch, durch eine wissenschaftliche Reise an Ausbildung zu gewinnen, führte ihn auf einige Zeit nach Oberdeutschland, in die Schweiz und die Bäder am Rhein. Doch bot in seinem Vaterlande sich bald Gelegenheit dar nützlich zu werden und die damalige neue Gestaltung des Medizinalwesens in den beiden fränkischen Fürstenthümern Ansbach und Baireuth unter Preußens Scepter wurde eben so ermunternd, als fesselnd für das Talent des Verewigten. Er begann seine praktische Laufbahn zu Wunsiedel; aber schon im J. 1792 erhielt er den Ruf nach Baireuth, wo er als königl. preuß. Medizinalassessor angestellt wurde. Bald bemerkte er die geringe Ausbildung der damaligen Chirurgen; er eröffnete daher Vorlesungen über die Chirurgie, welche die Chirurgen des königl. preuß. Regiments und der Stadt mit Fleiß und Erfolg besuchten, weil sie Gründlichkeit mit Faßlichkeit vereinten. Der Staat ehrte diese Bemühungen, deren Früchte bald sichtbar wurden, mit einer Remuneration und darauf mit einer Jahresbesoldung: im J. 1796 durch die wirkliche Anstellung als Medizinalrath und 1798 mit Uebertragung des Physikates des Bezirkes Baireuth und 1807 mit der Anstellung als Hebammenlehrer. Nachdem die Provinz Baireuth an die Krone Baiern gekommen war, ehrte die bairische Regierung die bisherigen Dienste des Herrn v. Sch. und stellte ihn 1811 als Kreismedizinalrath als den einzigen vortragenden Rath im Medizinalwesen bei dem Generalkommissariat und seit 1817 bei der Kreisregierung.

Diese stufenweise Beförderungen im öffentlichen Dienste ergeben schon hinlänglich die anerkannte Brauchbarkeit und vielseitige Thätigkeit des Mannes; die Katestrophe vom J. 1806—1810, während der französischen Occupation, erprobte sie vielfältig und erheischte Aufopferungen aller Art, besonders vom Arzte. Einige Zeitpunkte, worin seinem Verdienste sich ein weiter Wirkungskreis öffnete, verdienen besonders bemerkt zu werden.

Im J. 1796 u. 1797 wurde die damalige Viehseuche für das bair. Land sehr verderblich und drohte größere Gefahr. Dieser Landplage kam v. Sch. mit umsichtigen kräftigen Mitteln entgegen; er wirkte an Ort und Stelle mit Rath und That, machte seine Kurart durch populäre Schriften bekannt und viele Ortschaften, namentlich Neustadt am Kulm und an der Aisch verdanken diesem Eifer die Erhaltung ihres Viehstandes und Reichthums; der schönste Lohn war ihm der Dank seiner Regierung und seiner Mitbürger. — Ein nicht geringeres Verdienst erwarb sich der Verewigte durch die schnelle Verbreitung der Kuhpockenimpfung, weshalb ihm von dem Könige von Preußen eine große silberne Medaille mit einem huldvollen Belobungsdekrete übersendet wurde. Die Ruhrepidemie im J. 1804 bekämpfte er mit glücklichem Erfolge und gab für den Landarzt und den Landmann eine Schrift: „Etwas zur Verminderung der jetzigen Ruhrepidemie" heraus, welche die Krankheit schnell erkennen lehrte und die einfachsten Mittel anzeigte, derselben kräftig entgegen zu kommen. Vornehmlich beschäftigte ihn die Ausfindigmachung eines wirksamen Mittels gegen die Hundswuth und es gelang ihm die glückliche Heilung eines Kindes, bei welchem nach dem Biß von einem wüthenden Hunde die Wuth ausgebrochen war. Uneigennützig und beseelt von dem Triebe, der leidenden Menschheit nützlich zu seyn, übergab er 14 Jahre später, im J. 1825, nachdem er noch viele und gleich glückliche Versuche der Heilung dieser Art gemacht hatte, seine Kurart der Oeffentlichkeit in einer Schrift, welche durch die schmeichelhaftesten Aeußerungen edler Fürsten und ihrer Räthe ermunternden Beifall gefunden hat u. in verschiedenen medizinischen Blättern wohl aufgenommen wurde. — Eben so schrieb er im J. 1814, als nach dem russischen Feldzuge der Typhus contagiosus sich in Deutschland an den Militärstraßen und dadurch auf dem platten Lande so verheerend verbreitete: „Einige Vorsichtsmaßregeln zur Verhinderung der weitern Verbreitung des jetzt herrschenden Nervenfiebers, vorzüglich für die Bewohner des platten Landes." Diese Anweisung verfehlte ihres Zweckes nicht und trug viel zur Verminderung dieser ansteckenden und tödtlichen Krankheit bei. Seine letzte literarische Arbeit war eine Zusammenstellung seiner Erfahrungen über die Wirksamkeit der lauwarmen Haus- und Kräuterbäder, wie überhaupt während seiner ganzen praktischen Laufbahn der Wohlthätigkeit der Bäder, ihrer Einrichtung und gehörigen Anwendung seine Beobachtung zugewendet war. Seinem Eifer verdankt die Stadt Baireuth die erste und noch bestehende Badeanstalt, welche an dem rothen Main in einer anmuthigen Gegend sehr zweckmäßig eingerichtet ist. Durch spätere Entdeckung

(1823) einer schwefel-eisenhaltigen Mineralquelle in der Nähe des Badehauses fühlte sich der Besitzer sehr erfreut und er wünschte nichts mehr, als dieser mit Vorliebe gepflegten Anstalt, welche für seine Mitbürger so viele heilsame Wirkungen bewiesen hatte, noch größere Vollkommenheit zu verschaffen, als seinem Plane unerwartet ein Ziel gesteckt ward.

Nicht ungetrübt waren seine letzten Lebensjahre. Von manchem Mißgeschick niedergebeugt, fühlte er seine sonst gute und starke Gesundheit sehr angegriffen. Eine unheilbare Gelbsucht warf ihn aufs Siechbette und er sah mit stiller Ergebung seinem Ende entgegen. Allen wurde er als Mensch werth durch ein redliches Herz und zuvorkommendes Wohlwollen; seine Patienten schätzten ihn hoch, weil er anerkannte Geschicklichkeit mit theilnehmender Sorgfalt vereinte; die Armen betrauern in ihm ihren edelmüthigen stets bereitwilligen Helfer; tief und schmerzhaft fühlen diesen Verlust die Seinigen, denen er als Gatte und Vater mit der zärtlichsten Liebe und Fürsorge angehörte. Glücklich gedieh unter seiner und seiner Gattin erziehenden Hand ein schöner Kinderkreis (von 4 Söhnen und 6 Töchtern), von denen ein Sohn den Feldzug gegen Rußland 1812 mitmachte, über den aber keine Nachricht mehr dem bekümmerten Vater wurde. Jede von Berufsgeschäften freie Stunde widmete er seiner Familie und seinen häuslichen Angelegenheiten. Vorzüglich Freund der Natur und der Landwirthschaft verwandelte er eine öde Strecke und einen Theil eines ausgetrockneten Weihers unweit der Stadt Baireuth in eine blühende fruchtbare Anlage; durch Veredlung und Pflanzung von mehr als 1000 Obstbäumen zwischen Feldern und Wiesen munterte er auch seine Mitbürger zur Kultur ähnlicher öder Plätze auf. Als Freund der Oekonomie trat er dem landwirthschaftlichen Vereine im K. Baiern bei und förderte in Verbindung mit dem Centralverein diese Angelegenheit auf das eifrigste. — So hat der Vollendete durch viel gestiftetes Gute, durch Verdienste um das Vaterland und durch seinen reinen Christenglauben, den er durch sein ganzes Leben hindurch bewährte und mit den Seinen, treu dem Evangelium, auch öffentlich bekannte, sich ein Recht auf ein dauerndes Gedächtniß erworben, das seine Mitbürger ihm auch treu bewahren.

Er schrieb: Deutliche Anweisung die Viehpest (Löserdürre) zu erkennen und zu heilen. 1797. — Versuch über die reizend stärkende Kurmethode gegen die Viehpest in Hufelands Journ. d. pr. H. B. 3. St. 3. (1797). (Auch bes. abgedr. Jena. 1797).

Baireuth. Dr. Kaiser,
k. Konsistorialrath.

* 337. Carl Friedrich Hotzen,

kön. hannöv. Oberamtmann zu Neuhaus a. d. Oste, Ritter rc.;
geb. d. 22. Okt. 1747, gest. d. 18. Okt. 1827.

Er trat 1769 als Auditor bei dem Amte Stolzenau in den hannöv. Staatsdienst, wurde 1771 als Amtsschreiber nach Bremervörde, 1780 als zweiter Beamter an das Amt Gerhade und 1789 an das Amt Bederkesa versetzt; 1792 wurde er als Amtmann bei dem Amte Neuhaus im Herzogthum Bremen angestellt, 1816 zum Oberamtmann befördert und ihm zu Anfange des Jahres 1827, also wenige Monate vor seinem, nach 58 rühmlichst verlebten Dienstjahren, erfolgten Tode das Ritterkreuz des königl. hannöv. Guelphenordens verliehen.

H . . . . r. D — r.

* 338. Ludwig Wilhelm Ernst Benefeld,

Doctor der Medizin, Domänen- u. ausübender Arzt zu Dobberan;
geb. i. J. 1766, gest. den 18. Okt. 1827.

Er war zu Schwerin geboren und ein Sohn des daselbst am 30. Decemb. 1791 verstorbenen geheimen Hofraths und Leibarztes Georg Wilh. B. Ausgerüstet mit guten Schulkenntnissen, zu deren Erlangung ihm die Domschule seiner Vaterstadt unter dem Rektorate des berühmten Cleemann*) die günstigste Gelegenheit darbot, lag er mit allem Fleiße dem Studium der Medizin zu Jena ob, wurde daselbst im J. 1793 zum Doct. der Medizin und Chirurgie promovirt und erwählte zum ersten Orte seines ärztlichen Wirkens seine Vaterstadt Schwerin, die er aber in der Folge verließ und den Badeort Dobberan zu seinem fernern Aufenthalte bestimmte, wo er bald darauf auch als Arzt in dem Domanium angestellt ward. — Außer seiner Inaugural-Dissertation, betitelt: „de origine et reditu febris hecticae. Jenae 1793", hat er noch mehrere Aufsätze zu verschiedenen medizinischen Zeitschriften geliefert.

Schwerin. Brüssow.

---

*) Ueb. dessen Sohn siehe Nekrolog 3. Jahrg. Nr. 243.

* 339. Paul Friedrich Wilhelm Thiele,

kön. sächs. Finanzprokurator und Rechtskonsulent zu Meißen;

geb. d. 1. Juni 1784, gest. d. 18. Okt. 1827.

Zu Großenhain geboren, wo sein Vater Bürger und Kürschnermeister war, wurde T. durch die Bemühungen der Lehrer seiner Vaterstadt bald in den Stand gesetzt, auf der Fürstenschule zu Meißen die begonnenen Studien im J. 1798 mit Erfolg fortzusetzen. In dieser berühmten Bildungsanstalt verlebte er fünf Jahre, und dieser Periode verdankte er vorzüglich eine begründete Vorliebe für die Studien des klassischen Alterthums, die ihn durch sein übriges Leben nicht wieder verließ, so wie die gediegene Richtung seines Geistes, die sich bald in ihm kund gab. Im J. 1803 bezog er die Universität Leipzig, wo besonders Platner und Haubold *) seine Lehrer wurden. Nach Vollendung seiner akademischen Studien begab er sich nach Meißen, um sich in der Praxis zu üben und hier fand er an dem damaligen Bürgermeister Kändler einen sehr guten Leiter. Nachdem er seine Specimina mit Beifall gearbeitet, erhielt er durch seine Rechtlichkeit und Uneigennützigkeit eine sehr ausgebreitete Praxis. Seine eheliche Verbindung schloß er 1810 mit Friedericke, geb. Schmal aus Meißen und 1815 wurde ihm die Funktion eines Finanzprokurators in den Aemtern des Meißnischen Kreises übertragen. — Seine sonst kräftige Konstitution hatte durch seine allzu großen Anstrengungen sehr gelitten, so daß er, erst 43 Jahr alt, den Leiden seines Körpers unterlag und aus diesem Leben schied. Seine Humanität und Herzensgüte werden sein Andenken bewahren.

* 340. Carl Gottlob Normann,

Postmeister zu Chemnitz;

geb. d. 8. Jun. 1784, gest. d. 18. Okt. 1827.

Der Hingeschiedene, geboren in Ossig bei Zeitz, war der Sohn des Schullehrers daselbst, und da dieser außer ihm noch 7 Kinder hatte, so konnte er nur äußerst wenig auf seine Erziehung wenden, sondern ihn selbst nur nothdürftig das Lesen und Schreiben lehren. Mit seinem 14. Jahre kam er nach Zeitz, wo er 6 Jahre als Briefträger und Postschreiber verlebte und den ersten Grund zu seinem künftigen Berufe legte. Von da kam er als Botenamtsschreiber in das Oberpostamt zu Leipzig, wo er sich

*) Man s. dess. Biogr. im 2. Jahrg. d. Nekrol. S. 505.

denn in einem Zeitraum von 21 J. von Stufe zu Stufe als Oberpostamts-Kontroleur ausbildete. Bei Erledigung des sehr bedeutenden Postamts zu Chemnitz wurde ihm als vielseitig gebildeten Postmanne die Stelle als Postmeister daselbst zu Theil, wo er in dem kurzen Zeitraum von 2½ J. sich, wie früher überall die allgemeine Liebe des Publikums und die Zufriedenheit seiner hohen Behörde erwarb. — Er vermählte sich im J. 1806 in Leipzig und wurde Vater von 12 Kindern, von denen noch 3 am Leben sind. Er war jederzeit ein rastlos thätiger Mann, voll von Menschenliebe und Wohlthätigkeitssinn, welches er durch die Unterstützung seiner armen Verwandten am kräftigsten an den Tag legte. Seine unermüdete Thätigkeit hielt ihn bis den letzten Augenblick seines Lebens am Arbeitsstuhl fest, denn sein Dienstpersonal brachte ihn ohnmächtig aus dem Arbeitszimmer aufs Krankenlager, welches er auch nicht wieder verließ.

341. Friedrich Joseph Cleynmann,

Schöff u. Mitglied des engern Rathes zu Frankfurt a. M.; geb. d. 13. März 1764, gest. d. 16. Octbr. 1827. *)

Dieser um das Gemeinwesen der freien Stadt Frankfurt sehr verdiente Mann war in frühern Jahren Banquier daselbst, wurde 1807 zum Handelsassessor bei dem Stadtgerichte erwählt u. verwaltete dieses Amt mit rastloser Thätigkeit bis 1813. 1808 ward er vom Fürsten Primas zum Kommerzienrath ernannt und zugleich durch Rescript vom 27. März 1808 der damaligen Fürst Primatischen Generalkommission aufgegeben, in Sachen, die Münz- und Handelsverhältnisse betrafen, jederzeit ihn zu den Deliberationen zuzuziehen und seine Abstimmung dem zu erstattenden Gutachten beizulegen. 1809 ward er Senator; 1811 ward ihm bei damals von der großherzogl. Zwischenregierung abgeänderter Regierungsverfassung das Amt eines Maire der Stadt Frankfurt übertragen; auf sein dringendes Bitten aber ward er von dem damaligen Großherzog von Frankfurt, noch im Laufe des nämlichen Jahres, letzten Amtes wieder enthoben, um sich ungestört den seine ganze Thätigkeit in Anspruch nehmenden Beschäftigungen als Kommerzienrath und Handelsassessor widmen zu können. In diese Zeit (1812) fallen die von ihm erstatteten höchst interessanten amtlichen Begutachtungen

*) Allg. Litztg. Febr. 1828. Intell. Bl. Nr. 8.

(nicht im Druck erschienen) der „Materialien zu einem Handelsgesetzbuch für die Stadt Frankfurt.“ 1811. Als im J. 1816 die Stadt in ihre frühern unabhängigen Verhältnisse trat, ward er von dem Senat als jüngerer Bürgermeister erwählt. 1818 ward er Schöff. In allen Verhältnissen der Zeit hat der Hingeschiedene seinen edlen und kräftigen Charakter durch Einsicht u. eine feste auf strenge Rechtlichkeit gegründete Willensmeinung bezeichnet u. ein hervorstechender Zug in demselben war ein Widerwille gegen alles Trachten nach falschem Schein. Seine sämmtlich anonym erschienenen Schriften über Wechsel- u. Merkantilverhältnisse, auch über Münzgesetzgebung bewähren die umfassenden Kenntnisse und Erfahrung ihres Verfassers und geben den schönen Beweis, daß auch die überhäuftesten Berufsgeschäfte den regen Sinn für Wissenschaft nicht zu hindern vermögen.

Verzeichniß seiner Schriften: Aufsätze in der Zeitschr. der Illuminat, Märzh. 1788: Actienspiel. — Julih.: W. d. Handel u. d. Pflanzstädten d. Spanier in den Philippin. Inseln u. Amerika. — Augsth.: Neueste Beschreib. v. Vorgeb. d. g. Hoff. — Ueb. d. Münzwesen 1802. — Ueb. Wechselduplikate 2c. 1807. — Zusammenstellung einz. Abhdlgen d. Münzwesen betr. 1811. — Ueb. der Kurszettel Rubriken: Briefe, Geld; im v. Fahnenbergschen Magaz. f. d. Handlg. 1812, 6. H. — D. Typus z. Wechselungsweise zwischen zwei Handelsplätzen; ebd. u. bes. ersch. 1812. — Aphorismen aus d. Fache d. Münzgesetzgebung u. d. Münzwesens verg. u. gegenw. Zeit. 1817. — Mehrere Recensionen in diesem Fache in d. Hall. Litztg. v. J. 1818 u. 1822. — Prüfung der in d. neuest. Entwurf e. interimist. Instruct f. d. Rheinschifffahrt enthalt. Vorschläge d. Münzwes. betr. 1818. — Nachweissung einig. d. neuern auffallendsten Münzvalvationsdivergenzen. 1821. — Materialien für Münzgesetzgebung. 1822. — Ueb. Kurspari. 1823. — Momente zur Würdig. d. Projektes d. Erricht. e. Frankf. Bankinstituts. 1824. — Außerd. hat d. V. zu der 1825 z. Frankf. ersch. Schr. von Handlungsgesellschaften 2c. u. zu d. 1827 ebd. v. Dr. Schulin herausgeb. niederländ. u. großbritan. Wechsel- u. Münzgesetzen wesentl. Beitr. u. Erläut. geliefert.

342. Carl Wenzel,

Geheimerath, Doctor u. Prof. der Medizin, Stadtaccoucheur und außerordentl. Mitgl. des Sanitäts- und Medizinalkollegiums zu Frankfurt a. M., Ritter des königl. preuß. rothen Adlerordens 3. Kl. und des Konkordienordens;

geb. i. J. 1769, gest. d. 18. Octbr. 1827. *)

Der Hingeschiedene, der kürzlich auf einer glänzenden Laufbahn, die noch nicht ganz vollendet war, starb, war ein ausgezeichneter geistreicher Arzt. Eben so groß von Statur imponirte er sehr durch seinen schönen und kräftigen Körperbau. Er war mehr Weltmann und den Freuden des Lebens nicht abhold. Sich einen großen u. glänzenden Ruf als Arzt und Gelehrter zu erwerben, schien von dem Zeitpunkte an, wo er sich der Arzneiwissenschaft widmete, das höchste Ziel seiner Wünsche gewesen zu sein. Er erreichte dieses Ziel in Frankfurt a. M. — Wenigen Aerzten gelang es, in dieser opulenten Handelsstadt, wo es an Praktikern nicht fehlt, sich ein so allgemeines Zutrauen, eine so ungetheilte Achtung zu verschaffen, als diesem Mainzer Arzte Dr. W. Seine körperlichen Vorzüge, gepaart mit einem eigenen Höhesinne, von schönen Kenntnissen und dem Glücke begleitet, führten ihn nach und nach in die besten Häuser ein und er wurde so, insbesondere als Geburtshelfer und Frauenarzt, der angebetete Lieblingsarzt der Frankfurter, weil er mit den ausgebreitetsten Kenntnissen und dem sichern Blick, der in den verwickeltsten Krankheitsfällen so oft den Sitz des Uebels fand, die größte Bescheidenheit, den liebenswürdigsten Eifer mit Rath u. That an die Hand zu gehen und ein in jedem Leid stets theilnehmendes Herz verband. Ein emporstrebender Geist, der stets seinen Ruf im Auge hatte, eine rastlose Thätigkeit und eine bis zur Verschwendung getriebene Wohlthätigkeit gegen Arme und Nothleidende waren Grundzüge seines Charakters, die ihm auf seiner ärztlichen Laufbahn stets zur Seite gingen. So brachte er es durch die Praxis allein zu dem jährlichen Einkommen von 10,000 Gulden und darüber, ohne die kostbaren Geschenke zu rechnen, die ihm für einzelne Kuren zu Theil wurden. Nach den Strapazen der täglichen Praxis ruhete er zwar mit dem Körper, aber nie mit dem Geiste aus. Der Abend und ein Theil der Nacht wurden dar-

---

*) Aus dem v. Hrn. Medizinalrath Doctor Wittmann im Kunstvereine zu Mainz über den Verewigten gehaltenen Vortrage.

auf verwendet, den gelehrten Sinn zu befriedigen, seine gemachten Beobachtungen zu ordnen und mit möglichster Sorgfalt auf Inhalt und Styl niederzuschreiben. So arbeitete er fast täglich in seinem Bette bis nach Mitternacht und genoß nur des kurzen Morgenschlummers, um von neuem an das Krankenbett zurückzueilen. — Ein Mann dieser Art, der in Frankfurt die größte Popularität besaß und sich bereits durch die mit seinem verstorbenen Bruder gemeinschaftlich herausgegebenen Schriften einen ausgezeichneten gelehrten Ruf erworben hatte, konnte der Aufmerksamkeit des Fürsten Primas, dem damals Frankfurt zu Theil geworden war, nicht entgehen. Karl v. Dahlberg belohnte ihn. Er verlieh ihm eine Professur und die Direktion über die in Frankfurt errichtete Spezialschule der Medizin, ertheilte ihm den Geheimerathstitel und hing ihm den Konkordienorden um. Nicht lange nachher während der Katastrophe von 1813 erwarb sich W. neue Verdienste durch ärztliche Behandlung verwundeter und erkrankter Krieger der verbündeten Heere, empfing vom Kaiser Alexander den St. Annenorden, ingleichen von König Fried. Wilhelm von Preußen den rothen Adlerorden. Schon früher war er mit seinem Bruder (Joseph W., Doct. u. Prof. der Arzneiwissenschaft zu Mainz, † 14. Apr. 1808), dem solche glänzende Auszeichnungen damals in Mainz nicht leicht zu Theil werden konnten, Mitglied der vorzüglichsten gelehrten Gesellschaften Europens geworden und Frankfurt die freie Stadt erhob ihn zu der dort vielbedeutenden Würde ihres Stadtaccoucheurs.

Unter den Werken, welche W. nach seines Bruders Ableben allein herausgab, zeichnen sich vorzüglich aus: Die schöne Abhandlung „über die schwammigen Auswüchse auf der äußern Hirnhaut," welche er i. J. 1811 unter gemeinschaftl. Namen erscheinen ließ, weil sein Bruder das Meiste zu diesen Beobachtungen beigetragen hatte; ferner das Prachtwerk „über die Krankheiten des Uterus" mit 24 Tafeln; das „über die Induration;" das „über die künstliche Frühgeburt" und endlich sein letztes Prachtwerk „über die Krankheiten am Rückgrate" mit 8 Tafeln, welches 1824 erschien. Außerdem erschien noch von ihm: D. inaug. de comparatione inter forcipes Levretianam, Smellianam, Leakeanam et Johnsonianam. 1791. — Mit seinem Bruder gab er heraus: Vorschläge zur Verbess. d. chirurg. Anstalten auf d. Lande. 1794. — Prodromus eines Werks üb. d. Hirn der Menschen u. Thiere 1806. — Allein: Die wahre Krätze mit besond. Berücksichtig. ihrer

Behandlungsarten 1825. Der äußerst thätige Arzt u. Gelehrte hatte sich vorgenommen, noch ein ähnliches Werk: „über die Krankheiten des Ellenbogengelenkes" zu schreiben, als ihn der Tod im 58. J. seines Alters ereilte.

Von seinem Privatleben ist nur so viel bekannt, daß er ein wohlthätiger Menschenfreund, ein zärtlicher Vater, treuer Freund, kurz ein edler Mann in der vollsten Bedeutung des Wortes war. Er liebte, wie sein Bruder, die Musik enthusiastisch und verehrte besonders die großen deutschen Dichter Göthe und Schiller, deren Werke beständig auf seinem Pulte aufgeschlagen lagen. Sein Tod war ein Tag der Trauer für Frankfurt. Seine edle Tochter, Frau Dr. Sömmering, ließ bei dem Trauergottesdienste Mozarts Requiem aufführen. Welchen Ruhm er als Gelehrter sich erworben, weiß die Welt, welche Verdienste er sich als Arzt um die leidende Menschheit gesammelt, wird lange noch in dankbarem Andenken leben. Seit 30 Jahren gehörte er der Stadt an, die ihn mit Stolz unter den Berühmtesteſten ihrer Mitbürger nannte.

* 343. Carl Ludwig Gustav v. Stephani,

königl. preuß. Hauptmann und Oberinspektor der Straf- und Besserungsanstalt zu Brandenburg;

geb. d. 9. Febr. 1768, gest. d. 19. Octbr. 1827.

Er ward zu Fordan in Westpreußen geboren. Sein Vater hatte eine sehr zahlreiche Familie, weswegen sämmtliche Söhne desselben in dem königlichen Kadettenkorps erzogen wurden. So trat auch der Verewigte in die Kadettenanstalt zu Culm ein, ging darauf in die zu Berlin über u. ward von hieraus 1784 bei der Artillerie daselbst angestellt. Jedoch kurze Zeit darauf vertauschte er diese Waffe mit der Infanterie und ward 1789 in dem zu Berlin garnisonirenden Braun'schen Regimente zum Portepeefähndrich befördert. Im J. 1790 wurde er zum Fähndrich und 1794 zum Sekondlieutenant ernannt. Während der zweiten und dritten Theilung Polens befand er sich mit seinem Regimente bei dem die aus jenen Theilungen an Preußen gefallenen Länderdistrikte besetzt haltenden Armeetheile. Nachdem sein Regiment wieder nach Berlin zurückgekehrt, verheirathete er sich im J. 1797 mit dem Fräulein Caroline v. Kniephausen, die ihn mit 7 Kindern beschenkte, von denen aber in der Folge nur 3 am Leben blieben. Ihm gebürt das Lob, während seiner langen Ehe das Wohl seiner Familie in allem derselben drohenden

Mißgeschicke beständig vor Augen gehabt zu haben; so wie er auch von seiner nähern und entferntern Umgebung seines biedern Charakters wegen allgemein geschätzt wurde. Auch als Krieger ward ihm von seinen Vorgesetzten das schmeichelhafteste Anerkenntniß seines Verdienstes in Kriegs- und Friedenszeiten zu Theil. Er kämpfte auch für die Vertheidigung des Vaterlandes in der unglücklichen Schlacht bei Jena im J. 1806 und sah sich bald darauf, nachdem ihn Se. Majestät der König wegen seiner guten Eigenschaften und erlangten Kriegskenntnisse zum Kapitän befördert, seiner geschwächten Gesundheit wegen, die Entlassung aus dem Militärdienste nachzusuchen genöthigt. Doch hinderte ihn dies nicht, zum Wohle des Staates fernerhin mitzuwirken, als er im J. 1812 eine Civilversorgung als Kontroleur bei dem damaligen Landarmen- und Invalidenhause in Brandenburg erhielt. Während der kurzen Auflösung desselben in den Kriegsjahren 1813 und 1814 behauptete er mit vieler Umsicht den Posten eines Etappendirektors und trat, nachdem das Landarmen- und Invalidenhaus nach wiederhergestelltem Frieden wieder eingesetzt wurde, als Kommissarius die oberste Leitung über dasselbe an. Auch bei der Umwandlung desselben in eine Straf- und Besserungsanstalt im J. 1820 wurde ihm die oberste Leitung derselben als Oberinspektor übertragen, bis ihn endlich ganz unvermuthet der Tod mitten in seinem thätigen Wirkungskreise nach zweitägigem kurzen Krankenlager aus der Mitte seiner ihm trauernd nachblickenden Familie riß. Nie wird der Tod sein Andenken in derselben erlöschen können, da sie in ihm auch zugleich ihren treuesten Freund und Rathgeber verloren hat. St. in dessen Charakter Rechtschaffenheit, Biederkeit u. die treueste Anhänglichkeit an seinen König hervorstachen, hatte während einer Reihe von 43 J. dem Staate gedient.

* 344. Carl Ernst Aschenborn,

königl. preuß. Geheimer Obertribunalsrath zu Berlin;

geb. d. 16. Mai 1770, gest. d. 19. Octbr. 1827.

Zu Frankfurt a. d. O., wo sein Vater als Doctor der Medizin praktizirte, wurde der Hingeschiedene geboren, vollendete seine Schulstudien auf dem grauen Kloster noch unter Büsching und studirte von 1790 — 93 in Halle die Rechte. Für das Praktische seines Berufes bildete er sich dann bei der königl. Regierung, nachmaligem Oberlandsgericht zu Cüstrin als Auskultator u. Referendar, wurde nach 2 J. schon mit der interimistischen Verwaltung des damals kombinirten Justizamts Cottbus und Peitz beauftragt und nachdem er diese etwa ein Jahr zur Zufriedenheit des Kollegiums geführt, als Justizamtmann in Cottbus angestellt. Daselbst heirathete er im J. 1799 die Tochter des Fabrikanten Ruff, Caroline, welche er mit 4 Kindern als Wittwe hinterlassen hat. Seinem Geiste aber konnte das Unterrichteramt mit seinen vielen kleinen und kleinlichen Details nicht die Nahrung u. Befriedigung gewähren, die er verlangte und die seinen Kenntnissen angemessen war, daher strebte A. nach einem höhern Wirkungskreise und liess sich nach bestandenem exam. rigoroso bei der königl. Regierung zu Cüstrin als Assessor bestellen, führte jedoch der Familienverhältnisse wegen sein Amt in Cottbus fort, um erst als Rath in ein Kollegium einzurücken. Bevor es jedoch dahin kam, brach der Krieg 1806 aus, welcher den Cottbusser Kreis von der preussischen Monarchie losriss und an Sachsen brachte. Er ward also mit allen übrigen Beamten daselbst dorthin überwiesen. Die sächsische Regierung behielt die Gerichtsverfassung des Kreises bei, verband ihn mit der Niederlausitz u. gab dadurch Veranlassung, dass ein der preussischen Rechte kundiges Mitglied bei der Oberamtsregierung zu Lübben angestellt wurde. Die Wahl fiel auf A. und er ward dahin als Rath berufen. Die glücklichen Feldzüge von 1813 u. 1814 brachten ihn in sein altes Vaterland zurück, das er nur mit Schmerz verlassen hatte. Hier wurde er noch vor Auflösung der Oberamtsregierung 1816 Mitglied des königl. Oberlandesgerichts zu Berlin, bei welchem er sich durch hervorstechende gründliche Rechtskenntnisse und grossen Scharfsinn bald vortheilhaft auszeichnete. Im Anfange des J. 1824 wurde er zum geheimen Obertribunalsrath befördert; leider konnte er aber in diesem höchsten Spruchkollegium seine Wirksamkeit nur noch einige Jahre ausüben, da ihn der Tod in der vollen Kraft abrief; doch folgte ihm der Ruhm sich als gelehrter u. fleissiger Referent, da gerade diese Geistesthätigkeit seinen Talenten u. seinem Charakter vor Allem entsprach, ausgezeichnet zu haben. Neben seiner gründlichen Rechtsgelehrsamkeit hatte er sich auch einen hohen Grad allgemeiner Bildung erworben und die schöne Literatur hatte fortwährend ihn als Erholung in seinen wenigen Mussestunden erheiternd beschäftigt. Auch mit der französischen Literatur war er vertraut und hatte selbst in den letzten Jahren noch, um auch die Meisterwerke der Engländer in der Ursprache zu lesen, das Englische gelernt. — Aber nicht blos ein Mann von Kopf, sondern auch von dem besten Herzen war der Verewigte. Ihn belebte eine besondere Herzensgüte, die bei seinen so ausgezeichneten Talenten seinen Umgang seinen Freunden zu einem wahren Genuß machte und wenn die Lebhaftigkeit seines Geistes, die Fülle seines Wissens ihn leicht zum Widerspruch verleiteten, so blieb er dabei stets so gutmüthig und so fern von aller Anmaßung, daß solcher Widerspruch nur die Unterhaltung angenehm belebte. — Seine häuslichen Tugenden waren musterhaft und seine Wohlthätigkeit wird von Vielen vermißt.

Beeskow. Ferd. W.

* 345. Julius Wilhelm Rösicke,

Kandidat der Theologie zu Berlin;

geb. d. 24. Januar 1806, gest. d. 19. October 1827.

Von seinem 12. J. an besuchte derselbe das Gymnasium seiner Vaterstadt und wurde aus ihm mit guten Zeugnissen und Prämien entlassen. In seinem 16. J. fing er an selbst Unterricht zu ertheilen und that dies nur, um von diesem Erwerb sich Bücher anschaffen und in den Ferien kleine Reisen machen zu können, weshalb er auch eine für einen so jungen Mann gewiß ansehnliche Bibliothek hinterließ. Im Herbst 1823 bezog er die Universität und im Anfange seines 3. Studienjahres, den 25. Dec. 1825 predigte er zum erstenmal, welches er in mehrern Kirchen in der Folgezeit fortsetzte. In seiner letzten Lebenszeit war er Lehrer im Hause des holländischen Gesandten, Grafen v. Perponcher, von welchem ein Condolenzschreiben beweist, wie hoch der Verstorbene in diesem Hause geschätzt war.

* 346. Johann Carl Ferdinand Schauer,

Doctor der Medizin u. Landgerichtsarzt zu Buchloe bei Augsburg;

geb. d. 22. Oct. 1793, gest. d. 21. Oct. 1827.

Zu Bamberg geboren und Sohn des jetzt quieszirenden Hrn. Regierungsraths S., erhielt der Verewigte vorzüglich durch den ausgezeichneten Gymnasial-Professor Lichtenthaler, gegenwärtig königl. Direktor und Oberbibliothekar zu München, und Klein (als Profess▯. zu Würzburg gest.) seine erste jugendliche Ausbildung, lag dann den philosophischen und medizinischen Studien auf den Universitäten Erlangen, Landshut und Würzburg ob und erlangte auf der letztern nach bestandenen strengen Prüfungen und einer öffentlichen Disputation die Doctorwürde der Medizin, Chirurgie und Entbindungskunst. Der würdige Stadtgerichtsarzt Dr. Lechner zu Augsburg führte ihn hierauf in die praktische Laufbahn der Arzneiwissenschaft ein und nach gesetzlicher Frist wurde ihm die Stelle eines Unterarztes in dem allgemeinen Krankenhause daselbst provisorisch übertragen. In dem darauf folgenden Jahre bestand er zu München die allgemeine Prüfung für den Staatsdienst, erwarb sich die Note der Auszeichnung und wurde kurz nachher in die Strafarbeitsanstalt zu Buchloe, wo ein furchtbarer Typhus unter den Sträflingen wüthete, abgeschickt, um den Leidenden ärztlichen Beistand zu bringen.

Durch seine furchtlose und unermüdete Verwendung verschwand in kurzer Zeit dieses schreckliche und gefahrdrohende Uebel und als Anerkennung und Belohnung seiner unbegrenzten Hingebung ernannte ihn der verewigte König Max Joseph im J. 1818 zum Arzt des Landgerichts und der Strafarbeitsanstalt zu Buchloe und kurz nachher glückte es ihm, das Vertrauen Sr. Durchlaucht des Fürsten von der Leyen zu Wahl in der Art zu gewinnen, daß er ihn zu seinem Hausarzte ernannte und ihn bis zu seinem Ende sein volles Zutrauen schenkte.

Durch Bereitwilligkeit, Fleiß, seltene Uneigennützigkeit und warme Theilnahme an den Leiden Aller, die seine ärztliche Hülfe in Anspruch nahmen, erwarb er sich die Liebe der ganzen Gegend in einem so hohen Grade, daß, als er in einem der rauhsten Stürme des Winters im J. 1825 zu einem seinen Rath und Beistand anflehenden Kranken, in der Nacht auf einem offenen Wagen eilend, sich eine heftige Brustentzündung zugezogen hatte, in mehrern Orten des Landgerichtsbezirks öffentliche Andachten und Fürbitten für seine Erhaltung von den Einwohnern aus eigener Bewegung angeordnet und abgehalten wurden. Sein bedrohtes Daseyn wurde auch der Gefahr entrissen, und er schien wieder vollkommen hergestellt: allein allmälig bildete sich aus dieser Zerrüttung seines Organismus im J. 1827 eine Herz- und Brustwassersucht, die bald seine Auflösung herbeiführte. Eine trostlose Wittwe, geb. Eser, mit einem 8jährigen Söhnchen vermischte ihre Thränen mit den Tausenden derer, die seine Hülle zu Grabe begleiteten.

Einer der Freunde des Verewigten setzte ihm in Nr. 131. des baierschen Landboten von 1827 einen Denkstein durch ein schönes Trauergedicht.

* 847. August Traugott Leberecht Kretzschmar,

Gerichtsdirector und Advocat zu Planitz bei Zwickau;

geb. d. [illegible] Febr. [illegible], gest. d. 15. Oct. [illegible].

Zu [illegible] bei Freiberg, wo sein Vater Schullehrer war, geboren, genoß er unter der väterlichen Leitung bis in sein 14. Lebensjahr die beste Erziehung, wo er dann auf das Gymnasium nach [illegible] kam, welches er nach 6jährigem Aufenthalt mit der vollen Zufriedenheit seiner Lehrer, sowohl in moralischer als literarischer Hinsicht, verließ, um auf der Universität Leipzig sich der Rechtswissenschaft zu widmen. Im J. 1789, nachdem er den theoretisch-juristischen Examen in Leipzig gut bestanden, wendete er sich als Accessist in das Rochlitzer Amt, um sich in praktischen Arbeiten zu üben, wo er nach Verlauf eines Jahres zum Actuar ernannt wurde, welches Amt er aber nur 2 Jahre bekleidete und nach einer Aufforderung vom Grafen v. Vitzthum als erster Actuar nach Lichtenwalde bei Chemnitz kam. Auch hier erreichte ihn 1799 eine abermalige Aufforderung vom Domherrn v. Arnim, Rittergutsbesitzer zu Planitz. Gern gab er dieser ehrenvollen Berufung Gehör und wurde 1800 als Gerichtsdirector zu Planitz eidlich verpflichtet. Mit der größten Anstrengung seiner Kräfte arbeitete er auch hier 12 volle Jahre hindurch für das allgemeine Beste, so daß weder der Gerichtsherr, noch dessen Unterthanen jemals Ursache gehabt sich über ihn zu beklagen. Jedoch aber eine zu Ende des J. 1512 zwischen ihm und dem Gerichtsherrn vorgefallene Uneinigkeit reifte bei ihm 1813 den festen Entschluß, seine noch übrige Lebenszeit als practicirender Jurist zu beschließen. Hatte er je mit Liebe seine gerichtlichen Geschäfte betrieben, so that er es jetzt ganz besonders. Ihm ward die Freude, Vieler verletzte Rechte zu retten und wieder geltend zu machen. Denn alle seine Defensionen waren tief durchdacht, Wesentliches nur füllte das Blatt, mit Nebenumständen, die zur Erreichung des Zwecks wenig oder gar nichts beitragen konnten, wurde er nie beim Durchlesen derselben dem Richter lästig. Daher kam es wohl auch, daß sie selten ihren Zweck verfehlten und öfters in den Zirkeln von Gelehrten als Musterarbeiten vorgelesen und als solche anerkannt wurden.

Die Hauptzüge seines Charakters waren: ein ungekünstelter, frühzeitig gereifter Verstand, eine schnelle und geübte Urtheilskraft, tiefe, vielseitige Menschenkenntniß, eine sich immer gleichbleibende heitere Stimmung seines Gemüths vereint mit regem Gefühl für Recht, fürs Gute und Schöne, eine über sein ganzes Wesen sich verbreitende Humanität, die allen seinen Handlungen das Gepräge der Liebenswürdigkeit gab; er war freimüthig und offen, sanft und schonend nachsichtig, selbst gegen seine Feinde. Solche vorzügliche Eigenschaften machten ihm Allen werth und theuer, den Seinigen unentbehrlich und bereiteten ihm eine allgemeine Hochachtung.

348. Cora Natalie Gebhardt, geb. Neumann,

Gemahlin des jetzigen Herrn Hofraths und Directors des Geh. Cabinetsarchivs A. G. Gebhardt zu Dresden;

geb. d. 12. April 1782, gest. d. 26. Oct. 1827.*)

Sie gehörte zu den seltenen Frauen, die bei der gewissenhaften Erfüllung ihrer heiligen Pflichten als Gattin und Mutter, doch noch für die Ausübung der zwei Schwesterkünste, der Tonkunst und Malerei, Zeit zu gewinnen und selbst für Schriftstellerei in Gegenständen, die der Kunst und der Erziehung sich befreundeten, Augenblicke zu erobern wußte; nie schien, stets war. Denn sie verbarg alle ihre Kenntnisse und Leistungen hinter dem undurchsichtigen Schleier anspruchsloser Bescheidenheit. Nie nannte sie sich bei dem, was sie drucken ließ und nur wenigen Freunden, welche zu ihrem Familienkreise, dem Sitze ächter, geistiger Geselligkeit Zutritt hatten, war es vergönnt ihre schönen Talente und die Erzeugnisse ihrer Feder, als die ihrigen, kennen zu lernen. — Sie ward zu Dresden geboren und war eine Tochter des würdigen kurfürstl. Kapellmeisters Joh. Amad. Neumann. Von ihrer sehr unterrichteten Mutter, der Oberkriegskommissärin Neumann, geb. Bassemann, erhielt sie den ersten Unterricht in der Musik, so wie sie selbst wieder in spätern Jahren die treueste Lehrerin ihrer hoffnungsvollen Töchter wurde; dann trat der ihrem Hause vielfach befreundete Kapellmeister Naumann hinzu, dessen berühmte Oper ihr den Namen Cora gegeben hatte, indem ihre Geburt mit ihrer Aufführung in Stockholm zusammentraf; dann erhielt sie, besonders im Gesang, Unterricht von dem Kammer- und Kirchensänger Benelli, der noch jetzt in Berlin als einer der ersten Musikmeister geachtet wird. Die begabte Schülerin machte ihrem Meister Ehre, aber sie sang u. spielte

*) Abendztg. 1827. Einheimisches Nr. 10.

nur in geschlossenen Kreisen. Und so stellte sie auch nie Beweise ihrer Fortschritte in der Malerei, worin erst Gareis, dann der ehrwürdige Graff ihr mit Freuden Unterricht ertheilten, öffentlich aus. Nur die Wände ihrer Zimmer und einige Freunde bewahrten, was ihrem nachbildenden Pinsel oft wundersam gelungen war. Sie hatte zeichnen gelernt und darum war ihr Auge stets ein prüfendes und ihr Urtheil das einer ausübenden Kennerin. Und so waren auch ihre ersten Aufsätze, die sie unerkannt in den Druck gab, nur Zeugen des Eindrucks, den geistreiche Bildwerke auf sie gemacht hatten. Zuerst versuchte sie eine Schilderung des ihren Muttersinn so tief ergreifenden Bildes von Lukas Cranach in der Stadtkirche in Naumburg an der Saale, den Heiland als Kinderfreund vorstellend. Dieser Aufsatz fand später auch in den gelehrten Dresdner Anzeigen eine Stelle. In Frankfurt am Main, wo sie an der Seite ihres Gatten, des damaligen K. S. Legationsraths Gebhardt beim Bundestage von 1815 — 1820, die erlesenste Geselligkeit mit ihren häuslichen Pflichten zu vereinigen und jede Blüthe der Kunst besonnen zu pflücken verstand, gab sie über zwei Cartons von Cornelius und über Overbeck's Scenen aus der Geschichte Josephs Beurtheilungen in einer Beilage zur allgemeinen Zeitung von 1827.

Dort versuchte sie aber auch in der Manier des Bouilly und der edlen Miß Edgeworth zuerst Schriftstellerin für die Kinderwelt durch fein gewählte Beispiele zu werden. Denn dort schrieb sie in 2 Bdchen eine Sammlung kleiner Erzählungen für die Kinder- und Jugendwelt, die sie selbst umgab. Sie erschienen 1820 in Leipzig. Was sie hier mittheilt, war ursprünglich blos zu Schreibe- und Denkübungen für ihre 3 Kinder bestimmt und daher auch der Zusatz auf dem Titel: „Zur belehrenden Unterhaltung für Sophie, Marie und Friedrich von ihrer Mutter." Gerade diese Bestimmung drückt den kleinen hier geschilderten Familienscenen einen eigenthümlichen Stempel von Wahrheit und Individualität auf, welche man in hundert Kinderschriften vermißt. Dasselbe läßt sich von den Charakteren aus dem häuslichen Leben (Frankfurt a/M. 1815) rühmen. Hier faßt die bei allem, was sie schrieb, nur zärtlichen Muttersinn hegende Verfasserin schon Kinder von reiferem Alter ins Auge. Denn ihre eigenen 3 Kinder waren indeß herangewachsen. Es sind nur 10 Scenen, aber jede erwärmt auf eine andere Weise das Gefühl für Gutseyn und Guthandeln. Möchten diese viel zu wenig gekannten Schriften in vielen ächt deutschen Familienkreisen wurzeln und Frucht bringen. Mit Wehmuth blickte die gefühlvolle und höchst gewissenhafte Erzieherin ihrer eigenen Töchter auf so viele weibliche Pensionsanstalten, die so oft nur den Weltsinn und der Zerstreuungslust ergänzend zur Nothhülfe dienen müssen. Durchdrungen von dieser Erfahrung schrieb sie einige gehaltreiche Bogen, Resultate langer Beobachtung über weibliche Pensionsanstalten (Leipzig 1826). Der Prediger Wendt in Genf, ein Dresdner, den das Vaterland zurückwünscht, brachte in diesem Sommer eine kleine Schrift, les Ecoles des Enfans, zu uns. Schon im Gefühl eigener Leiden, aber mit dem richtigen Takt, daß hier am sichersten Frauen (soeurs de providence in Paris) eingreifen können, versuchte sie eine Uebersetzung davon mit einem lesenswerthen Nachtrage: „Ueber Kinderschulen." Aus dem Französischen des Diodat in Genf (Leipzig, 1827). Man sollte diese auch in Dresden höchst wünschenswerthen Institute, wo unbewahrte, durch die Beschäftigungen der Aeltern außer ihrer Wohnung aufsichtslose Kinder von 2—5 Jahren den Tag über gemeinschaftlich Aufsicht, Beschäftigung und Unterricht erhalten, lieber Bewahrungsschulen nennen, wie sie der König der Niederlande in einem Befehle an alle Statthalter der Provinzen, dergleichen zu errichten, genannt hat. Diese in Holland schon seit 30 Jahren geübte Kinderpflege ist auch im deutschen Vaterland nichts Neues. Bereits vor 22 Jahren errichtete die unvergeßliche Fürstin Pauline von Lippe-Detmold dergleichen und unser ehemaliger Mitbürger Wolke*) bringt sie in seiner kurzen Erziehungslehre vom Jahre 1805 stark genug in Anregung. Aber den meisten Umschwung haben sie durch die von Spitalfield ausgehenden Londoner Infant Schools in England erhalten, wovon schon drei Berichte vorliegen. Alles Hiehergehörige sammelte der edle Britte Wilderspin On Infant Schools, die Jos. Wertheimer in Wien übersetzt und mit Zusätzen reichlich versehen hat, unter dem Titel: „Ueber die frühzeitige Erziehung der Kinder (Wien 1826 mit einem Plan zu einer Kleinkinderschule und dem Spiel dazu auf einer Steintafel).**)

*) Dessen Biographie sehe man im 3. Jahrg. d. Nekrol. S. 23.

**) Hätte doch die Vollendete dieß Buch noch lesen können! Doch beweint von ihrem Gatten, ihren Tanten und Kindern im traulichsten Familienkreise, welchem nun die zarteste Belebung fehlt, betrauert von ihren Freunden in der Ferne und Nähe, mit welchen sich die Hingeschiedene auch in den gebildetsten Sprachen des Auslandes unterhielt, ist ihr wohl. Denn sie ist dahin abgerufen, wo es gewiß weit höhere Erziehungsanstalten gibt. Böttiger.

* 349. Heinrich Gottlieb Güterbock,

Salarien-Kassenkontroleur bei dem königl. preuß. Ober-Landesgericht zu Naumburg a. d. S.;

geb. d. 17. Dec. 1765, gest. d. 27. Oct. 1827.

Er war der älteste Sohn des Kaufmanns Dan. G. zu Köslin in Pommern, erlernte, nachdem er die hohe Schule seiner Vaterstadt verlassen, die Handlung in Berlin, von wo er nach Hagen in der Gegend von Elberfeld in das Handlungshaus Elbers als Commis oder Reisediener kam und da 8 bis 10 J. konditionirte, welche Zeit er immer die glücklichste seines Lebens nannte.

Während des Aufenthalts in Hagen starb sein Vater, dessen Nachlaß wegen einer sehr zahlreichen Familie nicht so bedeutend war, daß er sich etabliren konnte, weshalb er den Entschluß faßte, ein anderes Fach zu erwählen. Er ging von Hagen ab und kam 1796 nach Bromberg in Westpreußen, wo er in demselben Jahre bei dem damaligen königl. preuß. Hofgericht erst als Kassenassistent, dann als Buchhalter angestellt wurde. — Im J. 1801 verehelichte er sich mit der jüngsten Tochter des dortigen Tuchfabrikanten Conrad, die er bis an sein Ende mit unbeschreiblicher Zärtlichkeit liebte.

Der unglückliche Krieg von 1806 gab seiner Carriere eine andere Richtung. Bromberg wurde polnisch und die preußischen Offizianten abgesetzt. Obgleich er nun Gelegenheit hatte, als polnischer Beamter angestellt zu werden, so gab dies doch seine große Vaterlandsliebe nicht zu. Das Schicksal prüfte seine große Anhänglichkeit an sein Vaterland sehr, denn er mußte 10 J. lang, von manchem Leiden getroffen, kümmerlich leben und mit Nahrungssorgen kämpfen. 1809 zog er mit seiner Familie nach Soldin, dann nach Cüstrin und 1810 endlich nach Berlin, wo er bei dem königl. Kammergericht Arbeit, aber ein nur sehr geringes Einkommen fand, bis endlich seiner drückenden Lage durch die Wiederanstellung als Ober-Landesgerichts-Salarien-Kassenkontroleur zu Naumburg ein Ende gemacht wurde. Alle die ihn drückenden Sorgen hatten aber doch seinen Patriotismus nicht zu mindern vermocht, er zeigte diesen zuweilen dadurch, daß wenn in den Kriegsjahren 1813 — 1815 Siegesnachrichten des Abends oder in der Nacht eingingen, er einen Tusch auf der Trompete zum Fenster hinausblies.

Durch seinen geraden aufrichtigen Sinn und durch sein stets fröhliches und heiteres Temperament erwarb er sich überall viel Freunde. Er war ein großer Freund der Musik, spielte und blies mehrere Instrumente, unter welchen er dem Horn den Vorzug gab. — Seine Kinder liebte er ungemein und die Besorgniß für seine Familie ging so weit, daß wenn ein Mitglied derselben, selbst da die Söhne schon erwachsen waren, des Abends nicht zur gewöhnlichen Zeit zu Hause war, er sich nicht auskleidete, sondern während er in der Stube auf- u. abging, wachte, bis der Fehlende zu Hause kam und sollte es auch bis zum Morgen gewährt haben.

Von Gestalt war S. klein, aber untersetzt und von ungewöhnlicher Körperkraft, die er in jüngern Jahren dadurch zeigte, daß er an jedem kleinen Finger einen Centner und im Munde einen an ein Tuch gebunden aufhob und also 3 Centner trug. Sein Gesicht war ausdrucksvoll und die Gesichtsfarbe so blühend, daß Jedermann ihn für 10 J. jünger hielt, als er war. Er hatte seinen Körper durch allerlei Leibesübungen (als hoher Funfziger konnte er noch Rädchen schlagen) und durch das tägliche Baden in ganz kaltem Wasser (im Winter lag zuweilen Eis darin) so abgehärtet, daß man ihm noch 30 Jahre zu leben zutraute. Von Krankheiten wußte er nichts, außer daß er fast jährlich einmal einen schlimmen Hals bekam. Von diesem Uebel wurde er auch 6 Tage vor seinem Tode überfallen, wozu sich das Nervenfieber gesellte und seinen schnellen Tod, den er nicht ahndete, herbeiführte.

* 850. Melchior Ignaz Stenglein,

Doctor der Theologie und Domdechant zu Bamberg;

geb. d. 31. Dec. 1745, gest. d. 27. Oct. 1827.

Er war zu Lichtenfels im Obermainkreise Baierns geboren. Sein Vater, Amtsvogt daselbst und zu Herzogen-Aurach, bestimmte ihn, wie die übrigen Söhne, für das wissenschaftliche Fach. Er studirte daher an der Universität zu Bamberg, erhielt im J. 1762 den Doctorgrad bei der philosophischen Fakultät daselbst. Seine Lehrer aus der Gesellschaft Jesu nahmen die vorzügliche Sanftheit und Ruhe seines Gemüths, wie die herrlichen Geistesanlagen in ihrer allmäligen Entwickelung zu oft wahr, als daß sie sich nicht hätten bemühen sollen, ihn für ihren Orden zu gewinnen. Er widmete sich demselben am 14. Septbr. 1764 mit solcher Innigkeit, daß er ein glänzendes Meteor hätte werden können, wenn die Hartnäckigkeit des Generals Ricci gegen jede Modification des Ordens nicht den Pabst Clemens XIV. zur gänzlichen Auflösung desselben im August 1772 bewogen hätte. St. hatte sich aber durch Talente, Kenntnisse, unermüdeten Fleiß und bestes Benehmen der übrigen Geistlichkeit seines Vaterlandes so sehr empfohlen, daß er, während die meisten andern Jesuiten unbeachtet blieben, dem Clerus schon 1774 den 4. Mai eingereihet und den 25. März 1776 zum Repetitor der Hofpagen ernannt wurde. In dieser Eigenschaft hatte er Gelegenheit, seine Anlage zur höchsten Civilisation auszubilden und zugleich mit allen Zweigen der Theologie so bekannt zu werden, daß er, nachdem er am 24. April 1776 die höchste theologische Würde erlangt hatte, am 7. Dec. 1777 zum Professor dieser Wissenschaft an der Universität ernannt und zugleich mit einem Kanonikate an dem Kollegiatstifte St. Gangolph belohnt wurde. In diesem erweiterten Wirkungskreise lebte er 13 Jahre mit rühmlichster Thätigkeit fort, weswegen er am 23. Januar 1791 auch zum geistlichen Rathe am Generalvicariat befördert wurde. Als er aber am 16. Dec. 1791 auch zum fürstbischöflichen Hofkaplan und Hofmeister der Edelknaben erhoben war, wurde der Drang seiner täglichen Geschäfte zu groß, als daß er allen pflichtmäßig hätte vorstehen können; er entsagte daher im Dec. 1791 dem ihm so theuer gewordenen Lehramte der Theologie. Seit dieser Zeit wurde er aber desto thätiger in den Angelegenheiten des Generalvikariats und des Kollegiatstiftes St. Gangolph, wo er später auch zum Scholaster erwählt worden war, wie des fürstbischöfl. Hofes, welcher theils durch den Tod des Fürstbischofs Franz Ludwig v. Erthal im März 1795, theils durch die wiederholten Einfälle der Franzosen von 1796 bis 1800 eine ganz andere Gestalt erhalten hatte. Während dieser unruhigen Zeiten erlangte er auch eine Familien-Meßpfründe zu Scheßlitz und eine zu Kirchschletten, welche beide er, unter dem Vorbehalte der meisten Gefälle, durch die Priester beider Ortschaften versehen ließ. Im J. 1801 hatte er bei Hof die schönste Gelegenheit, sich dem neu gewählten Koadjutor Georg Karl v. Fechenbach so vortheilhaft zu empfehlen, daß er unter der Fortdauer der alten Verfassung eine noch bedeutendere Rolle würde gespielt haben. Allein die allgemeine Säcularisation von 1802 untergrub jene und verschlang auch ihn in den großen Strudel der zahlreichen Pensionisten, in welcher Eigenschaft er als Hofkaplan, Kanoniker, Hofmeister der

Edelknaben und geistlicher Rath mit 1500 Fl. Jahresgehalt unter dem Fortgenusse seiner beiden Pfründen berücksichtigt wurde.

Doch lebte er nur wenige Wochen in der Kathegorie eines Pensionisten; seine tiefe Vertrautheit mit dem kirchlichen Rechte und Diöcesanverhältnisse, verbunden mit seiner zeitgemäß hellen Denkweise, stellte ihn bald wieder an die Spitze der Geschäfte. Schon am 10. Mai 1803 wurde er zum Landesdirectionsrath des ersten Senats in Bamberg für alle geistliche Angelegenheiten mit andern 1600 Fl. ernannt. Er widmete sich diesem neuen Amte mit eben so großer Thätigkeit als Klugheit, welche im Kampfe mit den gegen jede Neuerung strebenden Römlingen seines Vaterlandes die Krone des Sieges ihm allzeit errang. Im J. 1811 wurde zwar die Regierung zu Bamberg aufgehoben und sein Wirkungskreis als Rath in kirchlichen Gegenständen untergraben, allein nur dem Scheine nach. Denn er setzte seine Dienste auch bei der entfernten Regierung zu Baireuth noch viele Jahre in der Art fort, daß ihm sogar nach Bamberg die Akten zur Erstattung seines Gutachtens gesendet wurden. Dazu war er um so bereitwilliger, als der dortige Referent einst sein adeliger Zögling bei Hof gewesen und zum Organe fremder Meinungen ganz gebildet war. Die gleichzeitige Annäherung der Regierung zu einem Konkordate mit dem römischen Hofe gab auch ihm Veranlassung, dieselbe mit verschiedenen Gutachten für das wahre Wohl der Kirche und des Vaterlandes zu unterstützen; allein seine besten Rathschläge wurden durch die vielen Umtriebe eigennütziger Römlinge zu München leider vereitelt. So tief es ihn schmerzte, seinen guten Willen verkannt zu sehen, so lebte er doch in stiller Thätigkeit für die allseitige Bildung seines Geistes nach den Bedürfnissen der Zeit fort und labte sich vorzüglich an den bessern Erscheinungen der Geschichte. Als aber das Konkordat zur Vollziehung kam, wurde er ungeachtet seines 76jährigen Alters noch zum Domdechant des neuen Erzbisthums von Bamberg am 1. Octbr. 1821 ernannt. Durch dieses erneuerte Vertrauen der Regierung auf ihn, als ergrauten Geschäftsmann, gewann er gleichsam frisches Leben. Er ließ sich täglich, ungeachtet seine Wohnung bei St. Gangolph fast eine halbe Stunde vom Domkapitel entfernt war, Vor- und Nachmittags sowohl in den Chor, als zu den Sitzungen führen, in welchen er den Vorsitz hatte. Er beharrte unter häufigem Kampfe gegen manche Eitelkeiten Anderer in dieser Thätigkeit bis zu den letzten Monaten, in welchen er seine letzten Kräfte aushauchte. Er verschied mit eben der Ruhe und Stille, welche ihn während seines Lebens ausgezeichnet hatte. Sein philosophischer Geist sprach sich sogar in seiner letzten Verfügung aus, daß sein Leichnam auf die einfachste Weise zur Erde bestattet werden solle, ungeachtet er seinen Verwandten ein sehr großes Vermögen hinterließ. Er hat den Nachruhm, daß er in Feinheit der Manieren alle Jesuiten seines Alters und Vaterlandes weit übertroffen hat. Mit Wehmuth ließ er sich 1807 in einen gerichtlichen Kampf mit dem 1813 verstorb. königl. Bibliothekar Konrad Frey ein, welcher durch eine gedruckte Epistel über die handschriftlichen geheimen Ermahnungen der Gesellschaft Jesu, welche erst vor einigen Jahren in Frankreich und den Niederlanden wieder gedruckt, bestritten, vertheidigt und widerlegt wurden, den Fehdehandschuh ihm zugeworfen hatte. Ob er durch eine anonyme Druckschrift sich in der gelehrten Welt verewigte, ist unbekannt und sehr unwahrscheinlich. Denn unter seinem Namen ist nichts erschienen, als einige Sätze über Christus und die Kirche bei seinem theologischen Doctorate. Als Lehrer hielt er fest an den Behauptungen seines Ordensgenossen Robert Bellarmin, ohne seine eigene Ueberzeugung beizufügen. Sein Gefühl für die leidende Menschheit bewährte sich während der letzten 40 Jahre ununterbrochen in bedeutenden Gaben für die Armen, in außerordentlichen Beiträgen bei besondern Veranlassungen und vorzüglich noch in seinem letzten Willen durch Vermächtnisse für milde und religiöse Zwecke. Wie er die Feier eines großen Leichenzuges untersagte, so verbot er auch aus sehr schönen Gründen die Errichtung eines Grabsteins. Er blieb sich konsequent in seiner vorurtheilslosen Denkweise bis an seinen Tod; desto länger wird er auch bei Allen, welche ihn kannten, in der Achtung sich erhalten.

* 351. Friedrich Wilhelm Daniel Snell,

Doctor der Philosophie und Prof. der Geschichte zu Gießen; Mitgl. der großh. pädagog. Kommission u. mehr. gel. Gesellschaften;

geb. d. 26. Octbr. 1761, gest. d. 28. Octbr. 1827.

Er wurde als der dritte unter fünf Brüdern, welche sämmtlich in der gelehrten Welt bekannt sind *), zu Dach-

*) Carl Philipp Michael Snell, Pfarrer zu Brandoberndorf, Lehrer am Pädagogium zu Gießen, hierauf 1780—87 Rector Domschule zu Riga.

senhausen in der Niedergrafschaft Katzenellnbogen, damals zu den Hessen-Darmstädtischen, jetzt zu den herz. nassauischen Landen gehörig, geboren. Sein Vater M. Joh. Pet. S., auch als Schriftsteller bekannt **), war daselbst Pfarrer u. Inspektor und hatte schon früher junge Leute unterrichtet und zur Akademie vorbereitet, daher er und die beiden ältern Brüdern auch S's Lehrer wurden *). Im J. 1780 bezog er wohl vorbereitet die Universität Gießen, um sich dem Studium der Theologie zu widmen, war dabei aber auch in den verschiedenen Theilen der Mathematik, Geschichte, Naturlehre, Literatur 2c. 2c. ein fleißiger Zuhörer, verließ 1783 die Universität und übernahm im Hause des Amtmanns Kekule zu Braubach die Stelle eines Hauslehrers. Der Theologie begann er um diese Zeit zu entsagen, da seine Stimme für die Kanzel zu schwach war und sein Sprachorgan bei einigen Buchstaben an einem Anstoßen oder Lispeln (blaesitas) litt, welchen Fehler er zwar durch Uebung und Anstrengung verbesserte, aber nicht ganz entfernen konnte. Für Bekannte dagegen, besonders in einem kleinern Kreise, war sein Vortrag vollkommen vernehmlich u. deutlich. Im J. 1784 wurde er an dem Pädagogium zu Gießen angestellt und bewies sich vorzüglich in der reinen Mathematik als einen gründlichen Lehrer. Seine Sanftmuth u. Herzensgüte, womit er die Schüler zu lenken sich bemühte, wurde anfangs verkannt oder vielmehr mißbraucht. Er wurde daher zuweilen heftig, ob er gleich nur wenige Augenblicke zu zürnen vermochte. In einem solchen Ausbruche der Heftigkeit schlug er einst einen Schüler mit der Schärfe eines schweren Lineals, so daß das Blut augenblicklich vom Kopfe floß. Von diesem Augenblicke an entsagte er jedem auffahrenden Wesen und die jungen Leute, welche ihren sanften sokratischen Lehrer, der sich immer gleich blieb u. nirgends eine Blöße zeigte, achten lernten, thaten ihm nichts zuwider. S. entschloß sich endlich, von seinen Freunden aufgefordert, zur Laufbahn eines akademischen Lehrers. Er eröffnete daher 1789, da der alte verdiente Böhm Vorträge zu halten aufgehört hatte, philosophische und ma-

*) Christian Wilhelm Snell, Oberschulrath u. Director des Gymnasiums zu Weilburg, der einzige noch lebende unter diesen Brüdern.
Johann Peter Ludwig Snell, der Amtsnachfolger seines Vaters zu Dachsenhausen, hierauf seines Bruders zu Brandoberndorf.
Ludwig Immanuel Snell, Diakonus zu Braubach, hierauf Rector zu Usingen.

**) S. Strieders hess. gel. Gesch. B. XV. S. 84. Meusel's gel. D. Bd. XIII. S. 192.

thematische Privatvorlesungen mit Beifall. Da er sich auch durch seinen Menon als Eingeweihten der Kant'schen Philosophie und als Selbstdenker gezeigt hatte, so erhielt er 1790 eine außerordentliche Professur der Philosophie. Erst nach 10 J. (1800) wurde er zum ordentlichen Professor ernannt, aber nicht von seiner Lehrstelle am Pädagogium befreit. Die Entbindung von dieser Stelle geschah erst 1805, nachdem Roos gestorben und der Lehrstuhl der Geschichte an S. überwiesen worden war. So sehr sich seine Freunde freuten, ihn zu einer Nominalprofessur versetzt und seine Verdienste belohnt zu sehen, so läßt es sich doch nicht leugnen, daß die Wahl des würdigen u. von Allen, welche ihn als Mensch und Gelehrten zu schätzen wußten, hochgeachteten S. für die Professur der Geschichte keine glückliche war. Die Fächer, in welchen er glänzte, waren Elementarphilosophie und Mathematik. Die historischen Wissenschaften waren ihm fremd; und ob er sich gleich in der neueren Geschichte in Kurzem gründliche Kenntnisse aneignete, so war doch sein ruhiger, consequenter Vortrag für Geschichte nicht passend; das Lebendige der Darstellung, die Anregung des Gemüths fehlte ihm. Daher kamen historische Vorträge bei ihm selten zu Stande. Aber in mancher anderen Hinsicht wirkte er vortrefflich für die Institute der Akademie. Seit langen Jahren mit dem Schulwesen vertraut, wurde er zum Mitgliede der Pädagogkommission ernannt, welcher die obere Leitung der Gymnasien in der Provinz Oberhessen überwiesen war u. welcher die Maturitätsprüfungen für die Akademie zustanden. Nach Rumpf's Tode 1821 wurde ihm auch das Ephorat über die Stipendiaten übertragen. Die philosophische Fakultät hatte ihm 1808, aus eigner Bewegung, das Ehrendiplom der philosophischen Doctorwürde ertheilt.

S. lebte unverehelicht. Er gestand, daß er in jüngeren Jahren, wenn es ihm seine geringe Einnahme gestattet hätte, in den Ehestand getreten seyn würde; nun bei höherem Diensteinkommen sei er dazu zu alt. Seine Züge zeigten Ruhe und keine Spur einer Leidenschaft. Stets sah man ihn heiter, nie verstimmt und er bewies durch seine Gleichmüthigkeit, daß er das, was er gelehrt hatte, befolgte *). Nie hatte er einen Wortwechsel, nie redete er von Jemandem Böses. Nur wenn er hörte oder sah, daß Andere unrecht thaten, gab er mit kurzen Worten

*) Ueber die Gleichmüthigkeit in C. C. E. Schmid's u. Snell's philos. Journal B. 1. Heft 2. S. [illegible].

seine Misbilligung zu erkennen und hielt sich von solchen Personen entfernt. Er war durchaus anspruchslos. Wenn andere achtungswerthe Männer kleine Flecken zeigten, welche wenigstens von Seiten der Convenienz Tadel verdienten, so war S. auch hiervon frei. Er war wohlthätig, aber mit Prüfung und mit Klugheit. Nicht leicht genoß Jemand die allgemeine Achtung in dem Grade, wie S. Er hatte keinen Feind, es müßten denn etwa Böse gewesen seyn, in deren Rath er nicht willigen wollte. — Die Abende brachte er an einem öffentlichen Orte im Kreise seiner Freunde zu und der friedliebende stets gleich heitere S. trug an seinem Theile viel dazu bei, daß der traulich freundschaftliche Kreis seiner Kollegen und Freunde nie durch eine Disharmonie gestört wurde. Seine Erholung von ernstern Beschäftigungen machten hauptsächlich Spaziergänge aufs Land und Ferienreisen aus. In frühern Jahren war er ein rüstiger Fußgänger, in den letzten Jahren, da seine Körperkraft seinem Willen nicht mehr gleich war, begnügte er sich mit kleinen Ausflügen nach nahgelegenen Orten, oder er bediente sich eines Fuhrwerks, um seinen Bruder und die verschiedenen Familien seiner Geschwister in den Rhein- und Moselgegenden zu besuchen. Seine letzte große Reise machte er in die Schweiz und nach Basel auf dem neu eingeführten Eilwagen 1822 u. er beschrieb sie in einem der Blätter des Tages. Man fand unter seinem Nachlaß ein Verzeichniß aller seiner Wanderungen und Reisen seit 1780, so wie auch ein von eben dieser Zeit geführtes Tagebuch historischen Inhalts, welches sich über alle Vorfälle, die ihn u. den Kreis seiner Bekannten und Freunde betrafen, erstreckte. Auch Musik gehörte unter seine Freuden, er spielte selbst Klavier und besaß einen Vorrath der schönsten und neuesten Musikalien. In der späten Abendstunde spielte er jedesmal etwas aus dieser Sammlung. Bei einem harmonischen Gesang sah man ihn ungemein heiter und theilnehmend; er versäumte nicht leicht ein Konzert und war selbst einer der Vorsteher der musikalischen Gesellschaft. — Die Lebensfackel dieses vortrefflichen Mannes erlosch eben so sanft, als sie geleuchtet hatte. Herannahende Altersschwäche und ein starkgenährter Körper erlaubten ihm nicht mehr sich die Leibesbewegung zu geben, an welche er gewohnt war, daher fürchtete man mit Recht, daß er, der in seinem Leben nie krank gewesen war, bei irgend einem Krankheitsanfalle unterliegen würde, was denn nur zu bald geschah. — S. war in den Fächern der spekulativen Philosophie und der Mathematik ein gründlicher und beliebter Schriftsteller. Seine Schriften wurden hauptsächlich von Anfängern häufig gekauft und konnten zum Theil zu den einträglichsten Artikeln des Buchhandels gerechnet werden. Sie bestehen in folgenden: Programm über den mathem. Elementarunter. 1786. — Unterhaltungsbuch f. Knaben u. Mädchen 1787. — Prolusio de Tauro[illegible]. 1788. — Vermischte Aufsätze. 1788. — Menon od. Versuch in Gesprächen d. vorn. Punkte aus d. Kritik d. prakt. Vernunft des Hrn. Prof. Kant z. erläut. Neue Aufl. 1796. — Darstell. u. Erläut. d. Kant'schen Kritik d. Urthlskrft. 1792. Pr. Annotat. quaed. ad Cic. de nat. Deos. Bd. II. 6. St. 1792. Gab. mit C. C. E. Schmid heraus: Philos. Journ. für Moralität, Rel. u. Menschenwohl. 1793. — Pr. üb. d. Zweck u. d. Grenzen d. philos. Elementarunter. in Schulen. 1794. — Lehrb. f. d. ersten Unterr. in d. Philos. 8. Aufl. 1821. Kurze u. leichte Anweisung z. ebenen Trigonometrie. 1798. — Leicht. Lehrb. d. Geometrie. 7. Aufl. 1823. Ueb. e. neue u. bequeme Art d. Factorentafeln einzurichten. 1800. — Mit Schmid u. K. Grolmann: Journ. z. Aufklär. üb. d. Rechte u. Pfl. d. Menschen u. Bürgers. 1. St. 1799. 2. 1800. — Mit Schmid: Erläuter. d. Transcendentalphilos. für d. größ. Publikum. 1 St. 1800. — Pr. de nova methodo, tabul. numeror. composit. factores simpl. continentem construendi. 1800. — Empirische Psychologie. 2. Aufl. 1809; auch unt. d. Tit.: Hdbch. d. Philos. f. Liebh. — Ueb. philos. Kriticismus, in Vergleich m. Dogmatism. u. Skepticism. 1802. — Mit C. W. Snell: Kl. Lehrb. f. d. Jugend. 3. Thl. 1806. — Anfgsgründe d. Arithm. u. Algebra. 3. Aufl. 1821. — Hdbch. d. rein. Mathemat. 1804. — Erste Grundlinien d. Logik. 3. Aufl. 1818. — Samml. v. 60 Uebungsaufgaben aus d. Lehre v. Größten u. Kleinsten nebst ihr. Auflös. f. Anfäng. in d. Differentialrechnung. 1805. — Anfgsgründe d. Naturlehre. 8. Aufl. 1820. — Genealogie d. jetzt reg. europ. Häuser. 1808. — Tabelle üb. d. Volksmenge von 630 Städten. 1806. — Anfangsgründe d. Geometrie u. Trigonometrie. 2. Aufl. 1820. — Mathemat. Wegeaufgaben. 1810. — Mathemat.-physikalischer Kursus für d. ob. Klassen in Gymnasien. 1811. Ueb. d. Begr. d. reinen Sittlichk. u. Glückseligk. in Abichts u. Borns philos. Magaz. Bd. 1. St. 4. (1790). Ueber d. Gefühl d. Erhabenen ebd. B. 2. St. 4. (1791). — Abhdlg. üb. Cicero's Vorstellgsart v. d. Unsterblichk. d. Seele, in d. vorm. Schr. des corresp. lit. Zirkels zu Mainz

(1791). — Ueb. d. Gleichmäßigk. in d. philos. Vorurth. u. Aufkl., Reh. u. Menschenwohl; B. 1. St. 3. (1793). — Einige Aufsätze in d. niederrhein. Monatsschr. u. in Voigts Magaz. d. Physik u. s. w.

* 352. Johann Friedrich Engelmann,

Prediger zu Groden in dem Hamburgischen Amte Ritzebüttel;

geb. d. 21. Mai 1798, gest. d. 1. Novbr. 1827.

Er war der Sohn unbemittelter Eltern, die aber gewissenhaft für seine Erziehung und Bildung sorgten. Noch ganz jung ward er schon dem Johanneum übergeben und besuchte dasselbe fast 11 J. hindurch. Sein strebsamer Fleiß erwarb ihm die Liebe seiner Lehrer und, als er bis zu den obern Klassen aufgerückt war, die Aufmerksamkeit Gurlitts *), des damaligen Directors der Anstalt, der sich wohlwollend seiner annahm. In dem schon früh aus eigener Neigung gefaßten Entschluß, sich dem Studium der Theologie zu widmen, ward er durch den Beifall, den ihm theils einige jüngern Schülern gegebene Unterrichtsstunden, theils einige gelungene Versuche im Deklamiren bei Schulfeierlichkeiten erworben, bestärkt. Um Michaelis 1817 verließ er das Johanneum. Da um diese Zeit die Sekularfeier der Reformation, nach dem Beschluß des Senats, vom Johanneum und akademischen Gymnasium in Hamburg gemeinschaftlich begangen ward, so schien es zweckmäßig, mit derselben den Dimissionsactus zu verbinden und E. genoß die Auszeichnung, an jenem feierlichen Tage (1. Novbr. 1817) seine Abschiedsrede **): de sentiendi dicendique libertate firmissimo salutis publicae praesidio zu halten und von Gurlitt mit einer trefflichen Rede: „Ueber zwei vorzügliche Pflichten des geistlichen Standes,“ entlassen zu werden. War Etwas geeignet, auf das Gemüth eines studirenden Jünglings bleibenden Eindruck zu machen, so war es diese erhebende Feier; u. daß dieß bei E. der Fall gewesen, hat er später bewiesen; denn immer sind ihm die Pflichten, die ihm sein unvergeßlicher Lehrer an jenem Tage an's Herz legte, die Pflichten der redlichen Erforschung der Wahrheit und der freimüthigen Verkündigung derselben, heilig geblieben; nie hat er sich bewegen lassen, der traditionellen Ansicht vom Christenthum zu entsagen; nie sich der gerade um die Zeit seiner akademischen

*) S. dessen Biogr. unter Nr. 293 dieses Jahrg.

**) Sie ist, da alle bei diesem Feste gehaltenen Reden später dem Druck übergeben wurden, um den Nachkommen zu zeigen, in welchem Geiste die Feier begangen sei, von Gurlitt in einem Programm edirt.

Studien mit kecker Anmaßung hervortretenden Hyperorthodoxie auch nur von fern genähert. Das war denn auch freilich um so weniger möglich, da er auf den Rath eben dieses seines Lehrers zwei Akademien besuchte, die derselbe mit Recht unter die Saniores Academias rechnete, Jena und Leipzig, auf welcher letztern er Krug und Tzschirner vorzugsweise zu seinen Lehrern wählte. — Um Ostern 1822 kehrte er nach beendigten akademischen Studien in seine Vaterstadt zurück und ward um Michaelis desselben Jahres unter die Kandidaten des geistlichen Ministeriums daselbst aufgenommen. Schneller als er es ahnen konnte und als es gewöhnlich in Hamburg der Fall ist, bot sich ihm eine Gelegenheit zur Erlangung eines Amtes dar. Durch Versetzung des verdienstvollen Predigers Jul. Müller als Diakonus an die St. Katharinenkirche in Hamburg war die Stelle in Groden eledigt worden. E., dem seine Verhältnisse eine baldige feste Anstellung sehr wünschenswerth machten, bewarb sich um das erledigte Amt und fand durch seine Wahlpredigt so viel Beifall, daß die Wählenden kein Bedenken trugen, ihm, der noch nicht ein volles Jahr zu den Kandidaten gehört hatte, dasselbe zu ertheilen. Kurze Zeit darauf verehelichte er sich mit einer geb. Rehkopf aus Leipzig, deren Hand ihm schon, als er dort studirte, zugesagt war.

Die Gemeinde zu Groden hat keine Ursache gehabt es zu bereuen, daß sie sich einem so jungen Prediger anvertraut. Denn was ihm an Erfahrung abging, das ersetzte er theils durch den redlichsten Eifer, theils durch sorgfältige Erkundigung bei andern würdigen Geistlichen, deren Rath er gern und willig befolgte. Die Gemeinde lohnte ihm mit ihrer Liebe und diese war ihm Ersatz für so manche Entbehrung, die das nur allzu spärliche Einkommen, das die Stelle gewährt, ihm auferlegte; diese gab ihm Muth, selbst bei harten Prüfungen in der Pflicht des Seelsorgers nicht zu ermatten. Am 3. Februar 1825 traf die bekannte verheerende Sturmfluth auch jene Gegend mit furchtbarer Heftigkeit; die niedrig gelegenen Theile der Gemeinde litten sehr und die Bewohner derselben wurden auf mehrere Jahre des Ertrags ihrer Ländereien beraubt. E. that was in seinen Kräften stand zur Linderung der Noth, trug auch durch den Erlös von einigen in Druck gegebenen Predigten zur Milderung der Leiden sowohl derer, die ihre Habe verloren hatten, als derer, die in Folge jener Ueberschwemmung an einem fast allgemein verbreiteten und noch jetzt nicht ganz vertilgten Fieber erkrankt waren, bei. Aber seine eigene Gesundheit wankte auch schon seit jener unglücklichen Zeit. Im Spätherbst 1827 besuchte er seine Vaterstadt, erkrankte aber bald nach seiner Ankunft im Hause seiner Eltern und am 1. Nov., gerade an dem Tage, an welchem er 10 Jahre vorher unter den frohesten Hoffnungen die Schule verließ, ward er, so kräftig er war, in seinem 30. J. von einem verzehrenden Nervenfieber dahingerafft. — Außer der oben erwähnten Rede sind von ihm noch einige Predigten im Druck erschienen.

Hamburg. Cornelius Müller.

* 353. Karl Maximilian Andrée,

königl. preuß. Medizinalrath, Professor der Geburtshülfe an der Universität zu Breslau u. des dasigen Hebammeninstituts Director;

geb. d. 4. Juli 1781, gest. d. 1. Nov. 1827.

Er war der jüngste Sohn des 1809 zu Dresden verstorbenen kön. sächs. Hofzahnarztes und Leibchirurgus Andrée und seine Mutter eine geborne Bietz. Unter der Aufsicht dieser gebildeten Eltern, erhielt er durch Hauslehrer einen vorzüglichen Unterricht, so daß er vom elterlichen Hause aus unmittelbar im J. 1801 die Universität zu Leipzig beziehen konnte, nachdem er noch vorher 2 Jahre lang die Dresdner Charite, jetzt chirurgische Akademie mit Nutzen besucht hatte. Auf der Universität widmete er sich mit Eifer und Fleiß dem Studium der Medizin, unter den in der gelehrten Welt rühmlich bekannten Männern und erhielt im J. 1804 die philosophische Doctorwürde, worauf er als Secundärarzt bei dem Klinikum der Universität angestellt ward, dessen Director, Dr. Hebenstreit, er auch bei seiner Privatpraxis helfend zur Seite stand, was auch noch mehrere Jahre nach Hebenstreits Tode bei dessen Nachfolger dem Dr. Reinhold der Fall war. — In dieser Zeit schloß A. den innigsten Freundschaftsbund mit dem schon vor mehreren Jahren dahin geschiedenen Dr. Gehler zu Leipzig, mit welchem er vereinigt im J. 1807 bis 1808 eine wissenschaftliche Reise durch das südliche Deutschland, Holland und Frankreich machte, wo er vorzüglich seinen langen Aufenthalt in Paris dazu benutzte, den Zustand der dasigen Spitäler genau kennen zu lernen, ein Studium, welches er sich zum Hauptzweck seiner Reise gesetzt hatte und dessen Resultate er 1811 in dem Werke: „Neuester Zustand der vorzüglichsten Spitäler und Armenanstalten in einigen Hauptorten des In- und Auslandes“,

sich mit Charlotte Eleonore, Tochter des berühmten Schriftstellers und Apothekers Wieglebs vermählt. — In seinen frühern Jahren hatte er durch anhaltendes Sitzen sich Unterleibsbeschwerden zugezogen und dadurch den Grund zur Hypochondrie gelegt, welche in spätern Jahren immer stärker wurde und endlich so um sich griff, daß er sich genöthigt sah die Praxis niederzulegen. Lange und viel mußte der Verewigte durch diese Krankheit leiden, ertrug aber sein Schicksal mit Geduld und Gottergebenheit bis an sein Ende. — Hauptzüge seines Charakters waren Sanftmuth, Bescheidenheit und Liebe zum Frieden; dabei war er sehr religiös und durchaus rechtschaffen. Sein Wahlspruch war: „wirke so lange es Tag ist, ehe die Nacht kommt, wo Niemand wirken kann.“ In seiner Vaterstadt stiftete er durch seine Einsicht und Thätigkeit sehr viel Gutes und erhielt mancher Familie ein theures Leben. Im Kreise seiner Gattin und Kinder suchte und fand er sein größtes Glück. —

* 355. Joh. August Döring,

Magister und Pfarrer zu Deutzen, Borna'scher Inspection;
geb. i. J. 1755, gest. d. 3. Nov. 1827.

Er ward in dem Dorfe Gatterstädt bei Querfurt geboren, wo sein Vater Schulmeister war und ihm auch den ersten sorgfältigen Unterricht ertheilte. Im J. 1767 erlangte der Vater für ihn eine Stelle unter den Alumnen der Thomasschule zu Leipzig, hauptsächlich durch die Gunst ihres damaligen Vorstehers, Dr. Küstner und D. blieb hier unter sehr günstigen Verhältnissen 10 Jahre, den Unterricht der berühmten Lehrer, welche damals an dieser Schule arbeiteten, benutzend. Auch seine akademischen Studien verfolgte er zu Leipzig, wo er viele und bedeutende Gönner fand, so daß er im J. 1781 Magister, zwei Jahre später Katechet an der Peterskirche u. 1785 Sonnabendsprediger zu St. Thomas ward. Am 10. April 1788 trat er das Pastorat zu Deutzen bei Borna im Königreich Sachsen an, welches er 39 J. mit großer Treue und mit vielem Segen verwaltet hat. Er war auch Ehrenmitglied des montägigen großen Predigerkollegiums zu Leipzig.

ein seit Anfange des J. 1827 sich mehr und mehr ausbildendes Brustleiden seinen Geschäften öfterer entzog. Noch hoffte er und die beängsteten Seinen Genesung an Salzbrunns Heilquellen; doch kehrte er Ende Septembers nicht erleichtert von da zurück und schon wenige Wochen darauf beschloß der Edle in den Armen seiner Gattin sein irdisches Daseyn. — Von ihm erschienen folgende Schriften: De quibusdam oris haemorrhagiis dentium 1803. — Diss. ordinem, quo res physiologicae de cute hum. externa comprehendantur, sistens. 1805. — Diss. inaug. Nosocomii Parisiensis, Sancto Ludovico dicati, descriptio. 1809. — Neuester Zustand der vorzügl. Spitäler und Armenanstalten in einigen Hauptorten des In- und Auslandes. 1810. 2. Thl. die der Schweiz, Frankreichs, Hollands und Deutschlands. 1811. — Notiz üb. d. ehemal. Irrenanstalten zu Torgau und Waldheim; Lpz. Ltztg. 1812. S. 860 — 864.

* 354. Carl Heinrich Stolte,

Doctor der Medizin und Amtsphysikus zu Langensalza;

geb. d. 17. Sept. 1764. gest. d. 2. Nov. 1827.

Er wurde zu Langensalza geboren; sein Vater, Joh. Kaspar St., trieb daselbst den Handel mit Schnittwaaren, seine Mutter, Anna Sophie, war eine geborne Carl. Von seinem 4. J. an besuchte er die dasige Schule, zeigte früh schon vorzügliche Anlagen und bewies unermüdeten Fleiß. Nachdem seine Neigung ihn für das Studium bestimmt hatte, blieb er bis nach vollendetem 18. J. bei der Schule und erhielt bei seinem Abgange ein ausgezeichnetes Maturitäts-Zeugniß. Mit guten Schulkenntnissen ausgerüstet bezog er Michaelis 1782 die Universität Göttingen, studirte daselbst 4½ Jahr Medizin, promovirte und wurde, nachdem er vorzügliche Beweise seiner Kenntnisse und Fähigkeiten abgelegt hatte, zum Doctor der Medizin und Chirurgie creirt. Hierauf ging er nach Leipzig, ließ sich examiniren und erhielt den 7. August 1787 die Approbation auch in sächsischen Landen zu practiciren. In demselben Jahre ließ er sich als Arzt in Langensalza nieder und seine Kenntnisse und sein Eifer, durch glückliche Kuren belohnt, verschafften ihm sehr bald das Zutrauen seiner Mitbürger und einen ausgebreiteten Wirkungskreis. Nach 10jähriger Thätigkeit daselbst wurde er zum Amtsphysikus erwählt und als solcher im August 1797 examinirt und zu Anfange des folgenden Jahres angestellt. Im Mai 1792 hatte er sich mit Charlotte Eleonore, Tochter des berühmten Schriftstellers und Apothekers Wiegleb vermählt. — In seinen frühern Jahren hatte er durch anhaltendes Sitzen sich Unterleibsbeschwerden zugezogen und dadurch den Grund zur Hypochondrie gelegt, welche in spätern Jahren immer stärker wurde und endlich so um sich griff, daß er sich genöthigt sah die Praxis niederzulegen. Lange und viel mußte der Verewigte durch diese Krankheit leiden, ertrug aber sein Schicksal mit Geduld und Gottergebenheit bis an sein Ende. — Hauptzüge seines Charakters waren Sanftmuth, Bescheidenheit und Liebe zum Frieden; dabei war er sehr religiös und durchaus rechtschaffen. Sein Wahlspruch war: „wirke so lange es Tag ist, ehe die Nacht kommt, wo Niemand wirken kann." In seiner Vaterstadt stiftete er durch seine Einsicht und Thätigkeit sehr viel Gutes und erhielt mancher Familie ein theures Leben. Im Kreise seiner Gattin und Kinder suchte und fand er sein größtes Glück. —

* 355. Joh. August Döring,

Magister und Pfarrer zu Deutzen, Borna'scher Inspection; geb. i. J. 1755, gest. d. 3. Nov. 1827.

Er ward in dem Dorfe Gatterstädt bei Querfurt geboren, wo sein Vater Schulmeister war und ihm auch den ersten sorgfältigen Unterricht ertheilte. Im J. 1767 erlangte der Vater für ihn eine Stelle unter den Alumnen der Thomasschule zu Leipzig, hauptsächlich durch die Gunst ihres damaligen Vorstehers, Dr. Küstner und D. blieb hier unter sehr günstigen Verhältnissen 10 Jahre, den Unterricht der berühmten Lehrer, welche damals an dieser Schule arbeiteten, benutzend. Auch seine akademischen Studien verfolgte er zu Leipzig, wo er viele und bedeutende Gönner fand, so daß er im J. 1781 Magister, zwei Jahre später Katechet an der Peterskirche u. 1785 Sonnabendsprediger zu St. Thomas ward. Am 10. April 1788 trat er das Pastorat zu Deutzen bei Borna im Königreich Sachsen an, welches er 39 J. mit großer Treue und mit vielem Segen verwaltet hat. Er war auch Ehrenmitglied des montägigen großen Predigerkollegiums zu Leipzig.

* 356. Friedrich Christoph Willich,

Doktor der Rechte, königl. großbrit. hannöv. Rath und Syndikus beim Universitätsgericht zu Göttingen;

geb. d. 20. Apr. 1745, gest. d. 4. Nov. 1827.

Göttingen, wo sein Vater beim Stadtmagistrate als Syndikus angestellt war, ist nicht blos der Geburtsort Willichs, sondern auch derjenige Ort, wo er neben seiner ersten Erziehung und nachmaligen gelehrten Bildung schon früh eine solche Anstellung fand, daß er mit ziemlicher Gewißheit mußte voraus sehen können, seine Vaterstadt so leicht nicht mit einem andern Aufenthaltsorte vertauschen zu dürfen. In der That ist er auch ohne Unterbrechung in dem ihm gewordenen Geschäftskreise bis ans Ende seiner Tage in Göttingen geblieben und hat bei fast nie gestörter Gesundheit ein hohes Alter erreicht. — Obwohl die früheren Jugendjahre W's in die unruhige Zeit des siebenjährigen Krieges fielen, der besonders Göttingen traf und hart mitnahm, so konnte er, der mancherlei Störungen ungeachtet, doch schon mit dem 18. Jahre die Schule verlassen und nach wieder hergestelltem Frieden seine Studien auf der Universität seiner Vaterstadt fortsetzen. Er widmete sich der Rechtswissenschaft und studirte von 1763 bis 1767, promovirte dann im Aug. des J. 1769 u. ward wenige Jahre nachher (1772) bei dem Universitätsgericht als Actuarius angestellt. Seine akademischen Lehrstunden, die er bei seinem Dienste fortsetzen konnte, waren dem römischen Rechte und der juristischen Praxis gewidmet. Im Jahr 1785 erhielt er den Charakter als Vicesyndikus, seit dem J. 1810 war er aber wirklicher Universitätssyndikus, worauf ihm laut Rescript vom 23. Mai 1817 der Titel eines königl. Raths beigelegt wurde. Nur in den letzten Jahren seines Lebens fungirte er nicht mehr, obgleich seine Körper- und Geisteskräfte ungeschwächt waren.

Schon früh suchte er neben seinen Dienstgeschäften sich auch auf andere Weise nützlich zu machen. Es geschah nämlich oft, daß junge Studirende, welche die Universität zu Göttingen besuchten, von ihren Eltern, Vormündern oder Verwandten an dasige Gelehrte mit dem Wunsche u. der Bitte empfohlen wurden, nicht allein, um über ihr sittliches Betragen einige Aufsicht zu führen, sondern auch, um in Hinsicht ihrer ökonomischen Einrichtungen Besorgungen zu übernehmen. Daß nur selten, aber unter ganz besondern Umständen, ein akademischer Lehrer sich hierauf, besonders was den letzten Punkt betrifft, einlassen konnte, war natürlich. — Da erbot sich W. für solche, von denen es gewünscht wurde, wenigstens zur Uebernahme ihrer ökonomischen Angelegenheiten und machte schon im J. 1783 in den Hannöv. Anzeigen seinen diesfällsigen Entschluß bekannt, den er dann im J. 1787 wiederholte. Die Hauptbedingungen, welche er hierbei machte, waren: daß der dem Studirenden bestimmte Wechsel in seine Hände geliefert und dieser alles Geld, was er gebrauche, eben so nur von ihm empfange, wie auch Kaufleute, Handwerker und Andere, welche mit demselben, jedoch nicht ohne sein Vorwissen, kontrahirt hätten, es von ihm zu empfangen hätten; daß die ausgesetzten Gelder zu der festgesetzten Zeit pünktlich an ihn eingesandt würden, daß ihm über die Verwendung desselben von den Eltern oder Vormündern eine förmliche und genaue Instruktion ertheilt werde; und endlich daß die specificirten und quittirten Rechnungen nach dem Ablaufe eines jeden halben Jahres den Eltern oder Vormündern eingeschickt werden sollten und diese, wenn nichts zu erinnern sey, dagegen eine Decharge zu ertheilen hätten.

Ob und wie viel sich W. mit der Uebernahme dieses Geschäfts, da er sich eine angemessene Belohnung dafür vorbehalten hatte und denen, über welche er die ökonomische Aufsicht führte, genützt habe? ob ihm Dank oder Undank, Lob oder Tadel, Freude oder Verdruß zu Theil geworden? — vermag der Biograph hier nicht zu bestimmen, da es ihm dazu durchaus an den gehörigen Notizen fehlt und er die Meinung hegt, daß vox populi doch nicht immer vox dei ist, wenn sich jene, wie das bei solchen Gelegenheiten nur zu oft vorkommt, etwa zu erheben pflegt.

W's literarischer Wirkungskreis beschränkte sich nicht sowohl auf Erzeugung eigener, als auf Bearbeitung und mehrere Nutzbarmachung fremder Geistesprodukte. Er gab heraus: Churfürstl. Braunschw.-Lüneburg. Landesgesetze u. Verordnungen Kalenbergschen u. Grubenhagenschen Theils in einen Auszug nach alphabetischer Ordnung gebracht. 3 Th. 1782. — Register zu den 3 Bänden von Just. Claproths Jurisprudentia heurematica. 1791. — Dr. Just. Claproths Einleitung in d. sämmtl. summar. Prozesse. 4. Aufl. 1808. — Desselben Einleit. in d. ordentl. bürgerl. Prozeß. 4. Aufl. 1816 u. 1817 u. Supplemente zu d. churf. Braunschw.-Lüneburg. Landesgesetzen u. Verordn. im Auszuge. 3 Th. 1792, 1801 u. 1815.

[illegible]

Er wurde zu Greiz im Voigtlande [illegible]

[illegible]

Ostern 1779 ging er abermals mit diesem Verwandten nach Leipzig und nun fand sich, wenn auch nicht bei einem Kaufmann, doch in einer Buchhandlung ein Unterkommen. Er trat bei dem wackern, längst hingeschiedenen Buchhändler Johann Gottlob Hilscher in die Lehre, welche in Betracht der Unvermögenheit ein Lehrgeld zu bezahlen, 6 Jahre dauerte. Im Laufe dieser Zeit erlernte er und zwar größtentheils durch eigenen angestrengten Fleiß die Geschäfte des Buchhandels in ihrem ganzen Umfange und suchte sich in denselben so zu vervollkommnen, daß er sich nicht nur die volle Liebe und Achtung seines Prinzipals erwarb, sondern auch viele Buchhändler, welche ihn während des Besuches der Messen kennen und seinen Eifer für das Geschäft, seine Liebe zur Ordnung und Pünktlichkeit, sowie sein musterhaftes, gesittetes Betragen schätzen zu lernen Gelegenheit hatten, ihn als Commis zu haben wünschten. Er entschied sich jedoch nach beendigter Lehrzeit unter vielen andern für eine Stelle in der Buchhandlung des Hrn. Wilh. Gottl. Korn in Breslau, eines Mannes, dessen noch jetzt von Buchhändlern und Gelehrten, ja man darf hinzusetzen, auch von Staatsmännern, mit hoher Achtung gedacht wird.

Hier konditionirte er zwei Jahre und erwarb sich durch seine Kenntnisse, Bildung und Fleiß die Achtung seines Prinzipals in einem so hohen Grade, daß dieser ihn nicht von sich lassen wollte, nachdem das Schicksal seiner Lage eine andere Wendung gab. Es bedurfte nämlich im J. 1787 die Wittwe des verstorbenen Hofbuchhändlers Lübeck zu Baireuth wieder eines tüchtigen und gewandten Geschäftsführers, da der bisherige, Joh. Benj. Georg Fleischer, nachheriger Schwager Grau's, sich in Leipzig eigends zu etabliren beabsichtigte. — Obgleich G. eines Theils nicht entschlossen war, die gute, für seine fortschreitende Bildung so sehr geeignete Stelle in Breslau zu verlassen, andern Theils aber Korn ihn noch fester an sich ketten wollte; so ließ doch der verstorb. Hilscher, der nur ihn zu dem Posten in der damaligen Lübeckschen Hofbuchhandlung vorgeschlagen hatte, nicht eher nach, bis er diese ehrenvolle Stelle annahm. — Hier verwaltete er die Geschäfte der Buchhandlung mit der gewissenhaftesten Treue und dem angestrengtesten Fleiße so lange, bis der junge Lübeck (1793) die Handlung seines Vaters zu übernehmen im Stande war, worauf sich für ihn die erwünschte Gelegenheit fand, die ehemalige Vierlingsche Buchhandlung in Hof an sich zu kaufen und so ein eignes Geschäft zu be-

so regen Kräfte. Eine Hartnäckigkeit, mit welcher er schon viele Jahre lang zu kämpfen hatte, trat in ihrer ganzen Stärke hervor und machte nach einem 12monatlichen Leiden seinem thätigen Leben im 68. J. ein Ende.

Er war ein zärtlicher Gatte und Vater und unablässig nur mit dem Wohl seiner Kinder beschäftigt, von denen sechs, meist minderjährig, seinen für sie viel zu frühen Hintritt beweinen.

856. Maria Theresia,

Gemahlin Sr. Majestät des Königs Anton von Sachsen, geborne Erzherzogin von Oesterreich;

geb. d. 14. Jan. 1767, gest. d. 7. Nov. 1827.*)

Wenn die hohe Dahingeschiedene in einem ihren Tod beklagenden Gedichte [illegible] „die deutsche Frau“ genannt wird, so ist dies nicht bloß die seit Jahrhunderten gebrauchte Redensart. Güte und Klugheit, Wissen und Thun, wahre Religiosität und Forschung waren bei ihr in seltenem Bunde mit Eins. Als älteste Tochter des damaligen Großherzogs Leopold von Toscana, erfreute sie sich in Florenz unter den Augen eines Vaters, dessen Staatsverwaltung, stets an vorschreitender Aufklärung und bis ins kleinste Detail gern eindringende, das geistige wie das leibliche Wohl seiner Florentiner [illegible] umfassende Regierung noch jetzt in dem bekannten Governo della Toscana als Ideal dasteht, einer ausgezeichneten Erziehung und erkannte die Segnungen eines achtbaren Familienvaters. Am 18. Oct. 1787 wurde sie durch Vermählung mit Prinz Anton, ältestem Bruder des damaligen Kurfürsten v. Sachsen, in ein neues Familienverhältniß eingeführt, welches durch das innige Einverständniß aller Glieder und die ehrerbietige Liebe zu ihrem Oberhaupte stets ein patriarchalisches genannt worden ist. Die Freude, Mutter zu seyn, wurde ihr zwar durch zwei todtgeborene Prinzen und den schnellen Tod einer Prinzessin, die nur ihr 4. Jahr erreichte, auf immer verkümmert; allein um so gewissenhafter und strenger erfüllte sie die Pflichten der treuesten Gattenliebe und besonderer christlicher Wohlthätigkeit, wovon sie zuletzt schon als Königin dadurch einen Beweis gab, daß sie zur Abhülfe dringender Noth bestimmte Summen, die sie monatlich von ihrem Nadelgeld zurücklegte, in die Verwaltung des rastlos wirkenden Vereins

*) Nach der allgem. Ztg. v. 1827. Nr. 321 — 325.

nach ihrer Erbesterben [illegible] und G. säumte keinen Augenblick, sich die Concession zum Buchhandel in dieser Residenzhauptstadt zu verschaffen, so wie die Lübeck'sche Buchhandlung bei [illegible] Versteigerung derselben käuflich an sich zu bringen. — Sein [illegible] spornte ihn nur tiefe in den [illegible] Lübeck'schen [illegible] Buchhandlung wieder in Flor zu bringen und seine rastlose Thätigkeit ließ ihn alle erschwerende Umstände überwinden, welche die Kriegsjahre 1812 — 1816 und namentlich der ungeheure Druck der Einquartierung mit sich brachten. — Darauf gingen beide Handlungen in [illegible]. Dabei [illegible] schon [illegible] er theils in dem [illegible] Sohn [illegible], dem er [illegible] die Führung der Buchhandlung in Bayreuth [illegible] hatte, theils in den heranwachsenden [illegible] sich [illegible] einer [illegible] Alters [illegible] haben, als [illegible] noch einmal die [illegible] des Schicksals [illegible], und [illegible] größten Theils [illegible].

Bei dem [illegible] am [illegible] Sept. 1820 hatte er das Unglück, [illegible] seine ganze Sortiments- und Verlagshandlung, [illegible] das gesammte [illegible] Papierlager von den Flammen [illegible] zu sehen und wenn er sich gleich [illegible] Verlust sehr zu Herzen [illegible], so konnte ihn derselbe doch nicht niederbeugen, da er überall [illegible] Theilnahme und von ihm bis an sein Ende [illegible] Theilnahme fand.

So [illegible] wieder [illegible], [illegible] er [illegible] den Aufbau einer [illegible], [illegible] aber einige Zimmer mit möglichster Schnelligkeit [illegible] einigermaßen bewohnbaren Stand gesetzt, um [illegible] Familie wieder Wohnung und Obdach zu geben, [illegible] er für seine Person und für seine neu zu gründende Handlung [illegible] dem Hause des [illegible] Bürgermeisters v. [illegible] die allerbereitwilligste Aufnahme fand; so traf ihn [illegible] im Febr. 1825 ein noch größerer Verlust durch den Tod seiner geliebten zweiten Gattin, welcher zur Vergrößerung seines Schmerzes im Juni 1826 der einzige, hoffnungsvolle und innigst geliebte Sohn [illegible] nachfolgte.

Nicht sowohl den [illegible] Anstrengungen beim Aufbau seines [illegible] schönen und großen Wohnhauses, welches von seinem guten [illegible] zeugte, sondern vorzüglich dem ihn [illegible] schmerzlichen und unersetzlichen Verlust seiner [illegible] [illegible] seine [illegible] so regen Kräfte. Eine Leberkrankheit, mit welcher er schon viele Jahre lang zu kämpfen hatte, trat in ihrer ganzen Stärke hervor und machte nach einem 12monatlichen Leiden seinem thätigen Leben im 63. J. ein Ende.

Er war ein zärtlicher Gatte und Vater und unabläßig nur mit dem Wohl seiner Kinder beschäftigt, von denen sechs, meist minderjährig, seinen für sie viel zu frühen Hintritt beweinen.

358. Maria Theresia,

Gemahlin Sr. Majestät des Königs Anton von Sachsen, geborene Erzherzogin von Oestreich;

geb. d. 14. Jan. 1767, gest. d. 7. Nov. 1827 *).

Wenn die hohe Hingeschiedene in einem ihren Tod beklagenden Gedichte Optima, die beste Frau, genannt wird, so ist dies nicht blos die seit Jahrhunderten verbrauchte Redensart. Güte und Klugheit, Wissen und Thun, wahre Religiosität und Forschung waren bei ihr in seltenem Bunde nur Eins. Als älteste Tochter des damaligen Großherzogs Leopold von Toskana, erfreute sie sich in Florenz unter den Augen eines Vaters, dessen Staatsverwaltung, Lust an erwärmender Aufklärung und bis ins kleinste Detail gern eindringende, das geistliche wie das leibliche Wohl seiner Florentiner wachsam umfassende Regierung noch jetzt in dem bekannten Governo della Toscana als Ideal dasteht, einer ausgezeichneten Erziehung und erkannte die Segnungen eines achtbaren Familienvaters. Am 18. Oct. 1787 wurde sie durch Vermählung mit Prinz Anton, ältestem Bruder des damaligen Kurfürsten v. Sachsen, in ein neues Familienverhältniß eingeführt, welches durch das innige Einverständniß aller Glieder und die ehrerbietige Liebe zu ihrem Oberhaupte stets ein patriarchalisches genannt worden ist. Die Freude, Mutter zu seyn, wurde ihr zwar durch zwei todtgeborene Prinzen und den schnellen Tod einer Prinzessin, die nur ihr 4. Jahr erreichte, auf immer verkümmert; allein um so gewissenhafter und strenger erfüllte sie die Pflichten der treuesten Gattenliebe und besonderer christlicher Wohlthätigkeit, wovon sie zuletzt schon als Königin dadurch einen Beweis gab, daß sie zur Abhülfe dringender Noth bestimmte Summen, die sie monatlich von ihrem Nadelgeld zurücklegte, in die Verwaltung des rastlos wirkenden Vereins

*) Nach der allgem. Ztg. v. 1827. Nr. 321 — 325.

„zu Rath und That" (in Dresden) gab. — Früh war ihr Blick auch zur Beurtheilung obwaltender Welthändel geschärft worden und sie durchschaute, was Vielen verschleiert blieb. Aber ein Beweis von eigenthümlicher Tugend und Seelenstärke war es stets, daß sie ihre eigenen Ansichten dem Gebote der Verhältnisse willig und feinfühlend unterordnete, ob sie gleich in vertrauter Unterredung edel und freisinnig ihre Ueberzeugung aussprach. Mit ihrem hohen Gemahl theilte sie die heitern und dunkeln Loose des in der letzten Hälfte zum Theil stürmisch bewegten Lebens. Sie vergaß dabei nie, daß sie des, Großes beginnenden Josephs Nichte, aber auch Kaiser Franzens geliebteste Schwester war. An der Seite ihres Gemahls durchreiste sie einen großen Theil Italiens im J. 1820 in Gesellschaft des Kaisers. Da sah sie die Wiege und Pflegerin ihrer Kindheit und Jugend, das ehrwürdige Land der Medicäer, das nun dem theuern Bruder zurückgegeben, zugleich zwei ihrer hochherzigen Nichten, sächsische Prinzessinnen, umschloß. Sie hielt, so wie über Alles, so auch über diese Reise ein beständiges Tagebuch. Muthige Entschlossenheit zeigte sie früher, als sie bei der verlängerten, leidensvollen Belagerung Dresdens im Herbste 1813 mit den übrigen Prinzen und Prinzessinnen in Dresden zurückgeblieben war, und dem von Seiten des russischen Generals Tolstoi und des östreichschen Generals Klenau angedrohten Bombardement eine nachdrückliche, durch eine Ministerdeputation überbrachte Abwehrung entgegensetzte. Als sie sich während des darauf folgenden, für Sachsen allein so traurig endenden Kongresses mit ihrem Gemahl meist in Schönbrunn aufhielt, versäumte sie keine Gelegenheit, die Monarchen, die dort nach Zahl der Seelen maßen, theilten und ergänzten, furchtlos anzusprechen und die Rechte Sachsens geltend zu machen. — Doch erfolgreicher war noch ihre häusliche Wirksamkeit. Ihr Tagewerk, daß stets früh um 6 Uhr begann, war außer den heiligen Uebungen fast ausschließlich dem Lesen der neuesten und wichtigsten Werke in französ., italien. und deutscher Sprache (welche sie mit Kennerschaft würdigte), theils der brieflichen Unterhaltung mit den ihrem Geiste am nächsten stehenden Verwandten und Freundinnen auswärts, theils dem heitersten Familienleben gewidmet. Gewöhnlich war sie schon in der zweiten Tagesstunde ganz angekleidet, wobei sie überhaupt die ihr eigenthümliche Einfachheit und Abneigung gegen prunkvolle Repräsentation auch gegen die sie Bedienenden zeigte, die ihr aufs treueste ergeben waren.

* 358. Friedrich Christoph Willich,

Doktor der Rechte, königl. großbrit. hannöv. Rath- und Syndikus beim Universitätsgericht zu Göttingen;

geb. d. 30. Apr. 1745, gest. d. 4. Nov. 1827.

Göttingen, wo sein Vater beim Stadtmagistrate als Syndikus angestellt war, ist nicht blos der Geburtsort Willichs, sondern auch derjenige Ort, wo er neben seiner ersten Erziehung und nachmaligen gelehrten Bildung schon früh eine solche Anstellung fand, daß er mit ziemlicher Gewißheit mußte voraus sehen können, seine Vaterstadt so leicht nicht mit einem andern Aufenthaltsorte vertauschen zu dürfen. In der That ist er auch ohne Unterbrechung in dem ihm gewordenen Geschäftskreise bis ans Ende seiner Tage in Göttingen geblieben und hat bei fast nie gestörter Gesundheit ein hohes Alter erreicht. — Obwohl die früheren Jugendjahre W's in die unruhige Zeit des siebenjährigen Krieges fielen, der besonders Göttingen traf und hart mitnahm, so konnte er, der mancherlei Störungen ungeachtet, doch schon mit dem 18. Jahre die Schule verlassen und nach wieder hergestelltem Frieden seine Studien auf der Universität seiner Vaterstadt fortsetzen. Er widmete sich der Rechtswissenschaft und studirte von 1763 bis 1767, promovirte dann im Aug. des J. 1769 u. ward wenige Jahre nachher (1772) bei dem Universitätsgericht als Actuarius angestellt. Seine akademischen Lehrstunden, die er bei seinem Dienste fortsetzen konnte, wären dem römischen Rechte und der juristischen Praxis gewidmet. Im Jahr 1785 erhielt er den Charakter als Vicesyndikus, seit dem J. 1810 war er aber wirklicher Universitätssyndikus, worauf ihm laut Rescript vom 23. Mai 1817 der Titel eines königl. Raths beigelegt wurde. Nur in den letzten Jahren seines Lebens fungirte er nicht mehr, obgleich seine Körper- und Geisteskräfte ungeschwächt waren.

Schon früh suchte er neben seinen Dienstgeschäften sich auch auf andere Weise nützlich zu machen. Es geschah nämlich oft, daß junge Studirende, welche die Universität zu Göttingen besuchten, von ihren Eltern, Vormündern oder Verwandten an dasige Gelehrte mit dem Wunsche u. der Bitte empfohlen wurden, nicht allein, um über ihr sittliches Betragen einige Aufsicht zu führen, sondern auch, um in Hinsicht ihrer ökonomischen Einrichtungen Besorgungen zu übernehmen. Daß nur selten, oder unter ganz

der Verehrten veranstalteten Todenfeier den wehmüthigsten Antheil. Unter großer Begleitung zu Roß und Wagen wurde die Vollendete Tags darauf in feierlichem langen Zuge bei tiefster Stille, die nur durch das Geläute aller Glocken Leipzigs und der Umgegend unterbrochen wurde, zur Residenz abgeführt, wo die sterblichen Ueberreste der guten Königin zur Wehmuth ihrer treuen Unterthanen in der Königsgruft beigesetzt wurden.

359. Prinz Herrmann zu Hohenzollern-Hechingen,

königl. preuß. Generalmajor, Landwehr-Brigadier und Ritter mehrerer Orden — gest. zu Braunsberg in Ostpreußen;

geb. d. 2. Juli 1777, gest. d. 7. Novbr. 1827. *)

Der Verewigte war ein Sohn des Prinzen F. X. v. Hohenzollern, kaiserl. östreich. General der Kavallerie. Im J. 1808 wurde er zum Major befördert und dem Generalstabe zugetheilt. In der Umgebung des Generals von Bülow wohnte er den Schlachten von Großbeeren, Dennewitz, Leipzig und Laon, den Gefechten von Hochstraaten und Soissons und dem Bombardement von Wittenberg bei; erwarb sich für die Schlacht bei Großbeeren das eiserne Kreuz 2. Kl. und für die Schlacht bei Dennewitz eine belobende Anerkennung von Sr. Maj. dem Könige. Noch im J. 1813 ward er zum Obersten befördert, 1818 aber zum Generalmajor und Kommandeur der 2. Landwehrbrigade ernannt, in welchem Verhältniß ihm Se. Maj. der König den rothen Adlerorden 3. Kl. als Anerkenntniß seines stets regen Eifers verlieh. Außer diesen Ehrenzeichen erhielt er noch 6 ausländische Orden. Er starb auf einer Geschäftsreise zu Braunsberg in Ostpreußen u. wurde in der Domkirche zu Frauenburg beigesetzt. Die fürstliche Wittwe, Caroline, geb. Freiin v. Weiher, mit welcher der Hingeschiedene sich am 19. Juli 1805 vermählte, beweint seinen Verlust mit der einzigen hinterbliebenen Tochter u. den beiden Brüdern des Verewigten.

360. Johann Christian Koppe,

Doktor der Rechte, gewesener zweiter Universitäts-Bibliothekar u. Konsistorial-Protonotarius zu Rostock — gest. zu Parchim;

geb. d. 8. Aug. 1757, gest. d. 8. Novbr. 1827. **)

Er war ein Mann, der sich um die vaterländische Literatur, besonders für den biographisch-bibliologischen Theil

*) Haude u. Spen. Ztg. 1827. Nr. 270.
**) Schweriner Abendbl. 1827. Nr. 476. Beil.

[illegible] gemacht [illegible] wäre [illegible] wünschen, [illegible] von den [illegible] angekündigte, aber wegen zu geringer Theilnahme nicht erschienene allgemeine [illegible] Schriftsteller-[illegible], welches er völlig ausgearbeitet [illegible] haben [illegible] einem [illegible] Theil würde, [illegible] der [illegible] liefern [illegible] längst [illegible] helfen konnte und wollte. — [illegible] so weit [illegible] dem Referenten selbst mitgetheilt [illegible] und [illegible] über 40 [illegible] einer [illegible] er [illegible] gehörte. [illegible] theils von Privatlehrern, theils auf dem vaterländischen Lyceum zur Akademie vorbereitet, widmete er [illegible] der seiner Vaterstadt 1777 und dann [illegible] Jahre in Göttingen der Jurisprudenz. Nach seiner [illegible] beschäftigte er sich [illegible] mit der juristischen Praxis, [illegible] 1782 als Advokat bey allen [illegible] Gerichten immatrikuliren, erhielt darauf 1784 das [illegible] 1785 zu [illegible] den Doktorgrad, endlich 1789 [illegible] die Stelle eines zweiten Universitäts-Bibliothekars und bei derselben 1809 auch die [illegible] aber schon [illegible] Ostern 1825 [illegible] in [illegible] im J. 1824 seine Entlassung zu suchen, die ihm auch [illegible] mit gnädigster Belassung seines vollen Gehalts und der übrigen [illegible] gegeben ward, worauf er am 1. [illegible] und von dort am [illegible] Oktbr. 1826 nach [illegible] Ein sehr ausgebreiteter und eifrig unterhaltener Briefwechsel mit Deutschlands Gelehrten verschaffte ihm die Ehre, 1788 zum Ehrenmitgliede der deutschen Gesellschaft zu Helmstädt, 1790 zum auswärtigen Mitgliede der ersten Ordnung in der historischen und [illegible] Klasse der gelehrten Gesellschaft zum Besten der Wissenschaften und Künste zu Frankfurt a. d. [illegible] und 1791 zum Mitgliede der damaligen kurfürstlichen Societät der Wissenschaften aufgenommen zu werden. — Außer [illegible] theils in lateinischer, theils in deutscher Sprache für Andere verfaßten juristischen Abhandlungen, mehreren anonymen Flugschriften und Gelegenheitsgedichten, hat er herausgegeben:

1) Versuch e. Kritik [illegible]

(anonym). — Ueb. einige Vorstell. d. herzogl. Mecklenb.-Strelitz Schauspielergesellsch. 1780. (anonym). — Aus Scherz kann Ernst werden; Lustsp. 1780. — Jetzt lebendes gelehrtes Mecklenburg. 1783 u. 84. — Der Unterhalter an der Warne. 1786. — Frau v. Buchwald. Aus d. Franz. d. Hrn. v. Dalberg, nachherigen Großherzogs v. Frankf. 1788. — Niedersächs. Archiv f. Jurisprudenz u. jurist. Lit.; in Gesellschaft Mehrerer herausgegeben. Zwei Bände. 1788. (Hierin sind 7 Aufsätze von ihm.) — Ueb. d. nothwendige Kultur u. Erlernung d. deutschen Privatrechts. 1789. — Magaz. f. d. ganze Rechtsgelahrtheit. 1789. (Hiezu hat er 8 Beiträge geliefert.) — Rostocksche Monatsschrift; herausgegeben m. d. 1821 verstorb. Dr. J. F. T. Burchard. Zwei Bände in 12 Stücken. 1791. (14 Aufsätze darin sind von ihm.) — Jurist. Almanach auf das Jahr 1792 bis mit 1796. — Hrn. Prof. Eschenbach's Kritik üb. d. jurist. Almanach a. d. J. 1792 vom Dr. J. C. Koppe. 1792. — Commentat. jurid. I. sistens quaestionem: an mulier, quae sciens obaerato nubit, privilegium dotis amittat? 1793. — Lexikon d. jetzt in Deutschl. leb. jurist. Schriftsteller u. akademischen Lehrer. 1. Band. A — L. 1793. — Jurist. Magaz. 1 St. 1793. (Hierin ist allein der Aufsatz über d. Zustand d. Rechtsgelahrtheit auf der Universität zu Rostock von ihm.) — Versuchte Darstellung einer alphabet. Folge d. Mecklenburg. Schriftsteller ält. u. neuer. Zeit. 1796. — Samml. derj. Aufsätze rechtswissenschaftl. Inhalts, welche von verschied. Verfassern als gelehrte Beiträge zu den Meckl.-Schwerinschen Nachrichten d. J. 1749 — 1788 geliefert sind. 1798. — Dr. Gotth. Heinr. Meyersik's Abhandl. v. Seeprotest u. der Verklarung. Aus d. Latein. übers. 1804. — Götting. jurist. Bibliothek, oder chronol. u. systemat. Verzeichniß aller, seit der Stiftung der Akademie z. Göttingen bis z. Ende d. J. 1804 herausgek. jurist. Schr.; nebst kurzer Biogr. d. öffentl. u. Privatrechtslehrer dieser Universität. 1. Lieferung, enth. die J. 1734 — 74. 1805. — Sonntagsleben in Dobberan. 1806. (anonym). — Wissenschaftl. Jahrb. der Herzogth. Mecklenburg. 1808. — Mecklenburgs Schriftsteller v. d. ältesten Zeiten bis jetzt. 1816. — Dr. A. D. Weber, weil. großherzogl. Meckl.-Schwerinscher Vicedirektor des Konsist. rc. zu Rostock, nach Leben u. Wirken dargestellt. 1818. — J. Sam. Ersch's Handb. d. deutsch. Lit. seit d. Mitte des 18. Jahrh. bis auf die neueste Zeit. Systematisch bearbeitet. 1823.

II) Als Beiträge zu folgenden einheimischen Schriften:

Gemeinnützige Beiträge aus den Wissenschaften. 1775, 76, 80, 83 u. 95. — C. G. u. C. H. Gröning's schwedisches Museum, Bd. 2, S. 277—310. (Wismar, 1784) enthaltend: Henriette v. Wasabourg. Eine historische Anekdote. A. d. Franz. — Wehnerts Mecklenb. Blätter u. Mecklenb. Provinzialbl. v. 1789 bis 1803. — Mecklenb. liter. Produktenliste, in dem Meckl.-Schwerinschen Staatskalender von 1790 bis mit 1827. — Neue Monatsschrift von u. f. Mecklenb. 1792, 95, 96 u. 97. — Nützliche Beiträge zu d. Strelitz. Anzeigen; 1794, St. 49, 50 und 51, enthaltend eine Uebersetzung von Ermann's Tableau généalogique des alliances de la famille royale de Prusse avec la maison de Mecklenbourg. (Berlin, 1794.) — Wildberg's Universitäten-Almanach f. d. J. 1812, u. darin Nr. 1, 2, 4 u. 6 der kurzen Aufsätze die Universitäten Deutschl. betr. — Freimüth. Abendbl. 1818 bis mit 1827. — Beilagen zu den wöchentl. Rostockſ. Nachr. u. Anz. 1818, St. 16 u. 19, enthaltend: Mantzels Meckl. Eherecht; gemeine Bescheide des Landeskonsistoriums zu Rostock. — Wismarsche Blätter. 1819. — Güstrows gemeinnütz. Wochenbl. 1822 u. 1823.

III. Als Beiträge zu nachstehenden ausländischen Schriften: Literatur- u. Theaterzeitung. 1778. u. 1779. — (Reichardt's) Theaterjournal. 1779, St. 10, 16, 18, darin über die Schmidtsche Schauspielergesellschaft in Rostack. — Dessen Theaterkalender von 1780; ebend. — Gothaische gel. Zeit. seit 1780. — Meusel's gel. Deutschland, 1783 bis 1795. — (Heintze's) Kielsche gel. Zeitung seit 1787 bis zu deren Aufhören. — (Koch's) Allgemeiner liter. Anz. 1797 bis 1801. — Dabelow's, Hofbauer's u. Maaß jurist. Litztg. 1799 bis 1800. — Loots Staatswissenschaftl. u. jurist. Nachr. 1799 bis 1800. — Erfurt. gel. Zeitungen. 1797 bis 1803. — v. Archenholtz Minerva. 1806. — Hall. Allgem. Litztg. 1818 u. 1819. — Jen. Allgem. Litztg. — C. W. O. A. v. Schindel, die deutschen Schriftstellerinnen des 19. Jahrh. 1825. Bd. 2 u. 3. — Neuer Nekrol. d. D. II. Jahrg. Vergl. Clemann's Archiv-Lexikon, Th. 2, S. 422; Raßmann's Pantheon deutscher Dichter, S. 176 u. 469.

W. Fr. Br.

* 361. Daniel Jeremias Gottlob Schilling,

Doctor der Medizin u. königl. preuß. pens. Regimentsarzt zu Kossenblatt bei Beeskow.

geb. d. 1. Jan. 1750, gest. d. 9. Novbr. 1827.

Wo er geboren wurde, zu Kossenblatt, wurde er auch begraben. Sein Vater war der Prediger Joh. Erh. S.

daselbst; seine Mutter Marg. Sophie, geb. v. Metzeradt aus dem Hause Reudnitz. Den ersten Unterricht erhielt er von seinem Vater; da aber dieser eine zahlreiche Familie hatte und nach ausgebrochenem 7jährigen Krieg bei den Ueberfällen der Russen, die ihn eines Theils seiner Habe und seines Vermögens beraubten, sich oft umher zu flüchten genöthigt sah, fand er es für gut, seinen Sohn schon im 13. J. nach Berlin zu einem Kaufmann in die Lehre zu geben. Da aber diesem dies Geschäft zu einförmig war, so wählte er sich selbst seine künftige Laufbahn und ging zu einem Stadtchirurgus in Berlin in die Lehre. Nach überstandenen Lehrjahren suchte er durch Hülfe seines ältern Bruders, welcher Direktor der Hospitäler in den niederländisch-amerikanischen Besitzungen dabei ein geschickter Arzt und ein wohlhabender Mann war, sich in seinem Fache mehr zu vervollkommnen und durch dessen Unterstützung wurde es auch möglich, daß er an dem Unterrichte der damaligen berühmten Aerzte Berlin's Theil nehmen konnte. Er wurde darauf Oberchirurgus bei der königl. Charite in Berlin und 2 Jahre darauf trat er als Kompagniechirurgus in das damalige Infanterieregiment von Renzel in Berlin ein. Hier war er 4 J., als er durch Fürsprache seines Onkels des Oberst von Metzeradt zu dem Regiment Garde nach Potsdam kam, bei welcher er 6 J. als Kompagniechirurgus unter der Leitung des Generalchirurgus Fuchs stand. In dieser Periode machte er i. J. 1778 den Feldzug nach Böhmen mit, wurde 1782 Pensionär bei der königl. Charite zu Berlin, wo er wieder 6 J. stand und endlich i. J. 1787 die Stelle als Regimentsarzt bei dem damaligen Infanterieregiment Graf von Anhalt in Liegnitz erhielt. In demselben J. verheirathete er sich mit seiner jetzigen Wittwe, der Tochter des königl. Försters Kurzleben. Als darauf die Insurrection in Polen ausbrach, marschirte er mit diesem Regimente dahin und mußte daselbst große Mühseligkeiten u. Krankheiten ertragen. Als nachher das Regiment bei der Besitznahme von Erfurt getheilt wurde, ging er als Arzt dahin, wo ihm bald darauf von der medizinischen Fakultät der Doctortitel ertheilt wurde. Als nach der Schlacht bei Jena 1806 die Armee zerstreut wurde, ging er mit dem Chef nach Magdeburg, wurde hier mit gefangen und auf sein Ehrenwort entlassen. Da er aber in Erfurt, wohin er zu seiner Gattin zurückgekehrt war, nicht bleiben konnte, ging er zuvörderst zu seiner Schwester in die Oberlausitz. Bei der großen Vorliebe für seinen Geburtsort Cossen-

[illegible]

Heinrich von Offenberg.

[illegible]

nur die überladenen schwerfälligen Verzierungen der Façaden, sondern auch die alle bequeme Einrichtung hindernden, übergroßen Küchen und Schornsteine in der Mitte der Häuser. Seinen Sinn für das Gemeinnützige beurkundete er auch durch die vielen schätzbaren Beiträge, womit er die Sammlungen der Gesellschaft für Literatur u. Kunst und des Provinzialmuseums vermehrte, dem er auch die von Schadow gearbeitete Marmorbüste seines Vaters und ein Album, welches Handzeichnungen von den berühmtesten Meistern und Achtungs- und Freundschaftszuschriften aus dem weiten Kreise seiner Bekanntschaft enthält, so wie mehrere andere Seltenheiten durch letztwillige Verordnung vermacht hat. Cr.

363. Salomon von Wyß,

Mitglied des großen Raths und Chef des Handelshauses Kaspar Schulthess u. Komp. zu Zürich;

geb. [illegible] Jun. [illegible], gest. d. 12. Nov. 1827.*)

Er war der jüngere Bruder des Bürgermeisters von Wyß zu Zürich und ein achtungswürdiger Mann. Er hatte sich dem Staatsdienste gewidmet, bevor unvorhergesehene Verhältnisse ihn dem Stande des Kaufmanns zuführten und er bewies in diesem, daß jene vorbereitenden Studien und die klassische Bildung, die den wissenschaftlichen Berufsarten unentbehrlich sind, auch den Kaufmannsstand höher heben, ihm die Einsichten, die Kenntnisse und das Ansehen verleihen, welche sein eigenes Glück am besten sichern und ihn zugleich der Gesellschaft wohlthätig machen. v. W. war zugleich auch ein ausgezeichnetes und wahrhaft freisinniges Mitglied der durch die Mediationsakte aufgestellten Organisationskommission des Kantons Zürich, nachher geraume Zeit Mitglied des Erziehungsrathes und Vorstand der Bergwerkskommission. In diesem und noch in viel andern Geschäftskreisen hat er sich um den Züricherschen Staatshaushalt wohl verdient gemacht.

* 364. Eliezer Fortunatus Roloff,

Pastor zu [illegible] bei [illegible];

geb. d. 11. Septbr. 1775, gest. d. 14. Nov. 1827.

Er war zu Holdenstädt bei Eisleben geboren, wo sein Vater Pfarrer war. Nachdem er die Schule zu Eisleben

*) Schweiz. Mon. Chron. 1827. Nr. 11. S. [illegible]

besucht und zwei Jahre auf der Universität Halle und eben so lange in Leipzig studirt hatte, begab er sich als Hauslehrer zu den Herrn Obersten von Goldacker in Dresden, späterhin stand er in gleicher Kondition bei der Frau Gräfin zu Stolberg-Stolberg und zuletzt bei dem Hrn. Haupteinnehmer Lutz auf Heinzebank bei Marienberg. Als der bisherige Diakonus Blankmeister in Werdau dem Rufe als Pfarrer nach Podelwitz Ostern des J. 1812 folgte, erhielt er die Stelle als Diakonus in Werdau desselben und erwarb sich bald das Vertrauen und die ungetheilte Liebe seiner Gemeinde, indem er nicht nur durch Lehre und äußerliches Verhalten, sondern auch vorzüglich durch Uneigennützigkeit und stille Wohlthätigkeit den Ruhm eines Menschenfreundes sich verdiente. Diese Liebe der Gemeinde sprach sich laut aus durch den Wunsch, ihn als Oberpfarrer ferner in ihrer Mitte zu besitzen und der Kirchenrath gewährte diese Bitte im J. 1825. S. trat Michaelis d. J. sein Amt an, aber seine bessere Stellung, die ihn von Nahrungssorgen frei, für seiner Gemeinde Wohl desto wirksamer machen konnte, war auch die nahe Grenze seiner irdischen Laufbahn und für ihn Beweis, das Vollkommenes hienieden nicht zu finden ist. Bald nachdem er das Pastorat übernommen hatte, kämpfte er mit empfindlichen Augenleiden, denen eine verborgene Brustwassersucht mit zum Grunde lag. Die Augenübel schwanden und die Brustwassersucht zeigte sich offen. Auch diese schien zu weichen, aber ihr Ende war ein unerwarteter Tod, der ihn bei voller Munterkeit und Heiterkeit im Kreise der Seinigen übereilte. Betrauert von Allen, die ihn kannten, insbesondere aber von seiner Gemeinde, deren Liebe zu dem Entschlafenen sich auf das thätigste an seinen Hinterbliebenen bewies, bestätigte es auch hier: „Wer Gott und Menschen liebet und sich im Wohlthun übet, nur der hat lang und wohl gelebt."

* 365. Johann Peter Schulze,

Buchhändler in Oldenburg;

geb. d. 9. Jan. 1768, gest. d. 14. Nov. 1827.

Er war zu Teschendorf bei Wittingen, unweit Celle im Königreich Hannover geboren, wo sein Vater Schullehrer war. Schon dessen Vater und Großvater hatten dasselbe Amt bekleidet und es ist seitdem in dieser Familie erblich geblieben. Die Veranlassung zu diesem seltenen Falle war folgende. Schon der Großvater hatte einst

große, gleichfalls in der Familie erblich gewordene Neigung zu allerlei mathematisch-mechanisch-technischen Spekulationen, die jedoch aus Mangel an Hülfsmitteln sich nicht weit versteigen konnten. Er erfand unter andern eine harzige Komposition, um damit die Streicher (Streichbreter), mit welchen die Sensen geschliffen werden, zu überziehen. An vielen Orten bedient man sich bloßer Bretchen, die man naß macht und mit feinem Sande bewirft. In andern Gegenden aber überzieht man solche mit einem Harze, welches jedoch leicht abspringt, so daß dann die Streicher gar keinen Werth mehr haben. Der Teschendorfer Schullehrer erfand nun eine Materie, deren Zusammensetzung bis jetzt ein Geheimniß in seiner Familie geblieben ist, welche sich so fest mit dem Holze vereinigt, daß sie nie abspringt und zugleich die Schärfung der Sensen sehr befördert. Der Ruhm der Teschendorfer Streichen verbreitete sich bald in allen Gegenden von Hannover und er sah sich im Stande, eine große Fabrik davon anzulegen, die mehrere Arbeiter beschäftigte und ihn und seine Nachkommen in eine Art von Wohlstand versetzte, wobei sie jedoch immer die Schullehrerstelle beibehielten.

Dieser kleine Beitrag zur Geschichte der Industrie würde vielleicht kaum verdient haben, bekannt gemacht zu werden; er wird hier aber nur deshalb angeführt, um es zu erklären, wie ein Landschullehrer, der gewöhnlich seine Familie kaum zu ernähren im Stande ist, es möglich machen konnte, seinen Sohn mehrere Jahre hindurch erst auf der Schule in Celle und hierauf auf der Universität in Göttingen zu unterhalten und zwar auf einem anständigen Fuß, ohne große Beschränkungen und ohne Stipendien, Freitisch und Freikollegien.

Auch unser S. hatte schon als Knabe sich mit mancherlei kleinen mechanisch-physikalischen Spielen beschäftigt; er verfertigte unter andern einen Haspel, der außer dem gewöhnlichen Rade mit einem förmlichen Uhrwerke versehen war. Bald erwachte jedoch die Lust in ihm, sich der Pädagogik und Theologie zu widmen und die Erfüllung seines Wunsches wurde ihm von seinem Vater gern gewährt. Er zeichnete sich auf der Schule bald vor vielen seiner Mitschüler aus und erwarb sich auf der Universität durch Fleiß und gutes Betragen die Achtung der Lehrer. Zurückgekehrt von der Akademie betrat er die gewöhnliche Laufbahn der zukünftigen Prediger und nahm eine Hauslehrerstelle auf dem Lande an. Nachdem er hier etwa 3 Jahre zugebracht, ging er zu einem Landprediger, in der Nähe von Bremen, welcher seines hohen Alters wegen die Erlaubniß erhalten hatte, einen Kandidaten für sich predigen zu lassen. Hier hielt er sich auch etwa 3 Jahre auf. Seine Predigten fanden großen Beifall. Sie zeichneten sich insbesondere durch eine streng logische Darstellung aus; auch bestrebte er sich überhaupt bei allem, was er schrieb und dachte, alles so viel möglich auf klare und deutliche Vorstellungen zu reduciren, weshalb ihm denn auch alles Phantastische und Mystische in Lehrvorträgen ein Greuel war. Philosophie und Mathematik blieben immer seine Lieblingsstudien; doch hatte er das Studium der alten Sprachen keineswegs vernachlässigt. Der englischen Sprache war er völlig mächtig und durch Umgang mit Engländern hatte er sich auch eine richtige Aussprache derselben angeeignet.

Sein vertrautester Freund auf der Schule und auf der Universität war der auch durch Schriften bekannte, aus Celle gebürtige, leider früh verstorbene Oldenburgsche Kammersekretär Bonath gewesen. Dieser schlug ihm vor nach Oldenburg zu kommen und daselbst der Lehrer des jungen Grafen von S. zu werden. Er folgte diesem Rufe. Als aber gleich bei der ersten Unterrichtsstunde in der Religion die Mutter nicht allein an derselben Theil nahm, sondern ihm auch Einwürfe machte und seine Orthodoxie in Zweifel zog, schlug er ihr vor, bei dieser evidenten Discrepanz ihrer Ansichten, ihn lieber von der übernommenen Verpflichtung sofort ganz zu dispensiren, worein sie auch sogleich willigte, so daß der ganze ertheilte Unterricht sich auf eine Stunde beschränkte. — Er blieb jedoch in Oldenburg u. gab in vielen Häusern Unterricht in mehrern Sprachen und Wissenschaften, wodurch er sich bei seiner sehr genügsamen und ordentlichen Lebensweise, hinlängliche Mittel zur Subsistenz verschaffte.

Er fand sich bei dieser unabhängigen Existenz sehr glücklich und kam durch seinen Freund Bonath in Verbindung mit mehrern Coätaneen, die einen kleinen literarischen Cirkel unter dem Namen der „Humaner Gesellschaft“ bildeten. Ungeachtet die Zeitumstände hinlänglichen Stoff gegeben hätten, wurde doch in diesem kleinen Kreise fast gar nicht politisirt. Ein Hauptgegenstand der Unterhaltung war vielmehr die Theorie der Dichtungsarten, die um die Zeit durch die Jena'sche allg. Lit.-Ztg. durch Schiller, Schlegel ꝛc. eine neue Gestalt gewonnen hatte. Wenn dann Gramberg's poetische Phantasie mit Schulze's kalten Syllogismen in Conflict kamen, so gab es oft sehr heftige Debatten, die aber bei einem frugalen Abendessen bald wieder ausgeglichen wurden. — Er sah indeß nach wenigen Jahren ein, daß er in dieser Lage nicht füglich immer bleiben könne. Ein Versuch, eine Collaboratorstelle am dasigen Gymnasium zu erlangen, mißlang, weil ein älterer Kompetent den Vorzug bekam. Seine Verbindungen zur Erhaltung einer Predigerstelle in seinem Vaterlande waren durch seinen Aufenthalt in Oldenburg abgebrochen und hier die Aussicht zu einer solchen Stelle zu entfernt. Auch mochte er besorgen, daß die oben erwähnten Einwürfe der Frau Gräfin von S., die, an den Hauslehrer gerichtet, ohne weitere Consequenz gewesen waren, einst ihm als Prediger von einer Behörde gemacht, von unangenehmern Folgen seyn könnten. — Er hatte auch die Unabhängigkeit zu sehr lieb gewonnen, um sich zur Annahme eines Amtes entschließen zu können. — Da gerieth er auf die Idee in Oldenburg eine Buchhandlung zu errichten. Sehr auffallend war es, daß nicht schon längst jemand diese Idee ausgeführt hatte, da es Buchhandlungen in weit kleinern Städten als Oldenburg gibt, in denen der Büchervertrieb bei weitem nicht so groß ist. Die Bücherliebhaber waren hier einmal daran gewöhnt, ihre Bücher sich aus Hamburg, Hannover und Bremen zu verschreiben und bleiben zum Theil auch noch jetzt bei dieser Gewohnheit. — Die Hauptschwierigkeit bei Ausführung seiner Absicht war für Sch., daß es ihm durchaus an allem Vermögen zu irgend einem Vorschusse fehlte, vornämlich da er auch gleich anfangs den Entschluß faßte, mit dem Buchhandel eine Buchdruckerei, obgleich eine solche hier schon vorhanden war, und diese die Anschaffung eines Hauses nothwendig machte, zu verbinden. — Er wendete sich in dieser Lage persönlich an den Durchlauchtigsten Herzog und dieser hatte die Gnade, ihm auf die Kammerkasse ein ansehnliches Kapital vorschußweise zinsfrei anzuweisen. Er war so glücklich dieses in der Folge theilweise nach und nach ganz zu restituiren, so wie auch den größten Theil des Kaufpreises eines sehr theuer übernommenen Hauses abbezahlen zu können.

Der Buchhandel begann im J. 1800, die Druckerei im J. 1804. Zu der ersten Druckerpresse mußte in der Folge eine zweite hinzugefügt werden. Beide sind fortwährend im Gange und sechs Personen beständig Tag u. Nacht dabei beschäftigt. — Obgleich der Buchhandel anfangs sehr unbedeutend und auch in der Folge nie sehr ausgedehnt war, so brachte er ihm dennoch mehr ein, als die Druckerei. Da er unverheirathet war und nachdem der Cirkel seiner ehemaligen Jugendfreunde nach und nach verschwunden war, auch sein Freund Bonath ihm durch den Tod entrissen wurde, zog er sich aus allen gesellschaftlichen Verbindungen gänzlich zurück und machte sich, keineswegs aus Geiz, sondern aus Neigung die frugalste Lebensart zur Pflicht. So waren seine Bedürfnisse nicht groß und leicht konnte er sich dabei nur auf wenige aber sichere Kunden beschränken. Gern schenkte er den Bedürftigen Bücher oder unbestimmten Kredit zur Zahlung. Aber wenn ein wohlhabender Mann Jahre lang die Zahlung verzögerte, so ward er dadurch von der bittersten Indignation erfüllt. Er selbst darbte lieber, als daß er seine Zahlungen zur Messe ꝛc. auch nur um einen Tag hätte verspäten sollen. Sein größtes Glück war das Bewußtseyn, Keinem einen Heller schuldig zu seyn. — Er fehlte jedoch vielleicht darin, daß er diese Strenge gegen sich selbst zu sehr auch auf Andere anwendete. Alles was ihm nur im mindesten von dem erhabenen Ideale des Rechts und der Pflicht, was seinem Geiste beständig vorschwebte, abzuweichen schien, wurde von ihm aufs strengste beurtheilt; er ward Misanthrop und selbst seine wenigen näheren Freunde, die den atrocem animum Catonis bewunderten, fanden diesen doch nicht immer im geselligen Leben anwendbar. — Einer sanften liebenswürdigen Frau, die den edlen Charakter in der unscheinbaren Hülle nicht verkannte, war es vorbehalten, ihn in das gesellige Leben zurückzuführen und ihm die Welt wieder in einem heitern Lichte erscheinen zu lassen. Er verheirathete sich im J. 1822 und ward Vater dreier Kinder.

Nun ward es ihm Pflicht für die vermehrten Kosten der Haushaltung und für das künftige Fortkommen seiner Kinder zu sorgen und er beschäftigte sich daher mit Plänen, wie sein Geschäftskreis erweitert werden könnte, ohne sich jedoch „Charlatanerien und Windbeuteleien", wie er gewöhnlich mancherlei Spekulationen andrer Buchhändler zu benennen pflegte, hinzugeben. — Aber der Tod entriß ihn seinen Planen und lösete zu schnell die glücklichste Ehe auf, die die letzten Jahre seines Lebens zu den zufriedensten gemacht hatte. — Er war nie krank gewesen und sein sehr starker gesunder Körper ließ das höchste Lebensalter erwarten. Lange dauerte daher der Kampf, de[illegible] Leben nach fast 5 monatlicher Krankheit ein Ende [illegible]

Die frugale Lebensart, an welche er sich [illegible] wöhnt hatte, kam ihm insbesondere in den Jah[illegible] bis 1813 sehr zu statten, da während der französischen Occupation, Druckerei und Buchhandel plötzlich fast ganz still standen. Er benutzte diese Muße theils zum Unterricht des Sohnes seines Freundes Bonath, der aber bald seinem Vater folgte, theils zum Studium der Chemie, insbesondere der Stöcheologie, die er, nach den neuesten Entdeckungen in diesem Fache, mit großem Eifer, jedoch ohne alle Experimente bloß theoretisch zu ergründen strebte. Auch beschäftigte er sich mit Holzschnitten, in welchen er sich schon als Knabe geübt hatte. Er schnitt Figuren zu einem naturhistorischen A B C-Buch, welches jedoch nicht zu Stande kam. Auch die Figuren zu den in seinem Verlage erschienenen Brandes'schen Lehrbüchern sind von ihm in Kupfer gestochen.

Sch. schrieb im J. 1809, ohne seinen Namen beizufügen, ein Büchlein, welches weniger bekannt geworden ist, als es vielleicht verdient hätte, betitelt: „Ist die Wiedervereinigung der beiden christlichen Hauptpartheien zum Wohl der Christenheit nothwendig und welche Folgen würden daraus entstehen?" Nebst einigen „Worten zur Vertheidigung des Glaubens an eine fortschreitende Aufklärung und Moralität der Menschheit." — 75 Seiten kl. Oktav. Die auf dem Titel genannte angehängte Abhandlung nimmt die Hälfte des Büchleins ein und ist gegen eine damals erschienene Schrift von Brandes: „Betrachtungen über den Zeitgeist in Deutschland. Hannover, 1808" gerichtet. — Unter den vorzüglichsten Verlagsschriften der Schulze'schen Buchhandlung sind zu nennen mehrere Schriften von Brandes, Gramberg, Kruse, Runde, Schaffer u. A.

* 366. Friedrich Gotthilf Friese,

Doctor der Medizin, practischer Arzt zu Breslau, kön. Regierungs- und Medizinalrath und Mitglied der Leipziger und märkischen ökonomischen Gesellschaften;

geb. d. 20. Dec. 1760, gest. d. 15. Nov. 1827.

Sein Vater war Stadtapotheker in Münsterberg und ein Mann, welcher zu den Stillen im Lande gerechnet wurde. Er prangte nicht mit seinen Kenntnissen und vielen Verdiensten und veranlaßte durch seine zu große Bescheidenheit, daß sein wahrhaft erfinderischer Kopf während seines Lebens wenig gekannt und daher auch wenig benutzt wurde. Hätte nicht Schnieber durch seine kleine Schrift „über die syrische Seidenpflanze" auf diesen Mann aufmerksam gemacht: man würde es nicht wissen, daß er die ersten Versuche mit dieser Seidenpflanze machte, daß er den weißen Maulbeerbaum zuerst in Schlesien anpflanzte und einen Cyder aus Aepfeln, Zucker und Rosinen bereitete, welcher dem Niederungar entsprach, nicht kahmig wurde und fünfzehn Jahre dauerte. — Seine Mutter, Sophie Friederike, geb. Spangenberg, eine edle und gebildete Frau, vereinigte sich mit ihrem Gatten, um ihrem hoffnungsvollen Sohne eine zweckmäßige Erziehung zu geben. Bis zu seinem funfzehnten Jahre besuchte er daher die Schule seiner Vaterstadt; dann hielt ihm der Vater drei Jahre lang einen eignen Hauslehrer und nahm den Sohn zugleich in seine Apotheke, um ihn von der Pike auf zum Arzte zu bilden. In seinem 20. J. ging er nebenindem mit pharmazeutischen und chemischen Kenntnissen ausgerüstet nach Breslau, wo er drei Winter auf der Anatomie präparirte und seit 1784 Vorlesungen über Mathematik und Physik hörte und begab sich dann 1787 nach Halle, um dort noch ein Jahr zu studiren. Der unerwartete Tod seines Vaters und Familienverhältnisse, welche ihn nöthigten, die Apotheke zu übernehmen, riefen ihn bald aus Halle wieder zurück und erlaubten ihm nicht, da auch seine Mutter noch während seiner Reise ihrem Gatten im Tode folgte, wieder auf die Universität zurückzukehren. Die medizin. Fakultät erlaubte ihm daher seine Doctordisputation de pertinacissima alvi obstructione schriftlich einzureichen und sandte ihm das Doctordiplom nach Münsterberg, wo er ein Jahr praktizirte. Er verband sich 1789 mit seiner ersten Gattin, Karoline, geb. Fehsemayer, hatte aber das Unglück, dieselbe schon nach wenigen Wochen wieder zu verlieren. Er verkaufte jetzt die väterliche Apotheke und zog, da ihm durch solche Unfälle auch der reizendste Aufenthalt in Münsterberg verleidet worden war, nach Breslau, wo er seit dem September 1789 als praktischer Arzt auftrat. Frühe schon und zwar seit 1787 hatte man in Breslau die Menschenpocken einzuimpfen angefangen. F. trat jetzt auf und führte zuerst die Vaccine in Breslau und Schlesien ein, indem er sie zugleich durch die Uebersetzung des Woodwell und Ackin im J. 1800 allgemeiner machte. F. hat selbst in seinem rühmlich bekannten Archive der praktischen Heilkunde für Schlesien und Südpreußen, welches er mit dem Doctor Zadig gemeinschaftlich herausgab, die Geschichte seiner Kuhpockenimpfung umständlich [illegible] bedeutendsten Aerzte Schlesiens, besonders die [illegible]

Doktoren Kruttge und der Regimentschirurgus Hartmann, verbanden sich mit ihm und beförderten das neue Unternehmen so kräftig, daß bereits am Schluß des J. 1800 12 Kinder in Breslau geimpft und glücklich gerettet waren. Widersprachen auch einige ältere Aerzte und gaben vor, daß mit dem Kuhpockengifte auch die Brutalität eingeimpft werde, so siegte dennoch Jenners wohlthätige Entdeckung und die verderblichen Kinderblattern wurden nach und nach ausgerottet.

Im J. 1793 heirathete F. seine zweite Gattin, Karoline, die Tochter des berühmten Professors und Doctors Semler aus Halle, nach deren Tode er 1811 zum drittenmale das eheliche Band mit seiner jetzigen Wittwe, Friederike, Tochter des verstorbenen Stadtraths Witte in Breslau knüpfte. Nachdem er im J. 1804 schon den Titel eines Medizinalraths erhalten hatte, wurde er im J. 1814 noch Regierungsrath und mußte seiner überhäuften Amtsgeschäfte wegen den größten Theil seiner Praxis aufgeben, wofür ihm nur eine sehr geringe Entschädigung in seinem Gehalte wurde. Sein Tod wurde unerwartet, da sein regelmäßiges Leben und seine gute Körperkonstitution ihm ein längeres Leben versprachen, durch eine Lungenlähmung herbeigeführt.

Als praktischer Arzt hat er sich große Verdienste erworben und sich durch seine zahlreichen Amtsarbeiten, ohne dafür eine andere Belohnung als das Zeugniß seines Gewissens und die Achtung seiner Mitbürger erhalten zu haben, ein dankbares Andenken bei der Nachwelt gestiftet. Er war nicht allein helfender Arzt, sondern auch theilnehmender Freund, und war bisweilen sein Benehmen schroff, so entsprang dies nicht aus seinem gefühlvollen Herzen, sondern aus seiner großen Thätigkeit, welche ihm selten Ruhe gönnte.

Außer den schon erwähnten Uebersetzungen, außer seiner Promotionsabhandlung hatte er schon früher in den J. 1779 und 1780, noch im väterlichen Hause mehrere Beiträge zur Chronik seiner Vaterstadt in die Bunzlauer Monatsschrift eingeschickt; aber seine erste größere Schrift über die „syrische Seidenpflanze" erschien erst 1791 und hat, obgleich diese Pflanze die großen Erwartungen von ihr täuschte, noch immer naturhistorischen und technologischen Werth. Darauf gab er seine „antisyphilitische Pharmakologie" heraus und hielt darüber, so wie auch über chemische Gegenstände öffentliche Vorlesungen in Breslau. Außer dem Antheil an fremden Journalen gab er das schon erwähnte Archiv der praktischen Heilkunde heraus und begann neben demselben seit 1801 ein neues: „Annalen der neusten brittischen Arznei- und Wundarzneikunde,“ ein Pendant zu Hufelands franz. Annalen. F. setzte sich mit dem englischen Arzte Krichton und mit dem Kaufmann Guth in London in freundschaftliche Korrespondenz und wußte dadurch seiner Zeitschrift nicht nur Interesse, sondern auch gediegenen Werth zu geben. Hufelands Zeitschrift, Römers Annalen und besonders die schlesischen Provinzialblätter enthalten vielfache Beweise seiner literarischen Thätigkeit; in die letztern ließ er eine Beschreibung der Stahlquelle zu Ottolangendorf bei Trachenberg in Schlesien, nebst der chemischen Analyse einrücken, welche den Vaterlandsfreund besonders dadurch auszeichnet, daß er, ungeachtet der großen Anzahl schlesischer Gesundbrunnen auf die heilende Kraft dieser neuentdeckten Nymphe aufmerksam machte. Im J. 1797 führte er durch die Uebersetzung der englischen Schrift: Relph über die Königs-Chinarinde dieses wohlthätige Heilmittel in Schlesien ein, so daß es ausschließlich gegen Fieberkrankheiten angewendet wurde. Zwei Jahre später übersetzte er Beddoes „über die Wirkung der Salpetersäure in der Lustseuche und begann in demselben Jahre die Uebersetzung des berühmten Werks von Robert Willan „über die Hautkrankheiten und ihre Behandlung“, welcher er vorzüglich gut kolorirte Kupfer beifügen ließ. Mit Doctor Nowack gemeinschaftlich gab er das „schlesisch südpreußische Archiv über die Ausrottung der Menschenblattern“ 1802 heraus, übersetzte „de Carro's Geschichte der Kuhpockenimpfung in der Türkei und Griechenland“ und „Brices Beobachtungen über die Impfungen der Kuhpocken.“

Dies sind seine medizinischen Schriften und Uebersetzungen; er hat aber auch die höchst interessanten Briefe über Schlesien, von dem nordamerikanischen Gesandten in Berlin, Adams, mit lehrreichen Anmerkungen begleitet, deutsch herausgegeben und dadurch seinen Landsleuten den Reichthum und die Würde des Vaterlandes vom Standpunkte eines freien Amerikaners, welcher bekanntlich später Präsident wurde, kennen gelehrt. Ungeachtet seiner vielfachen und ernsten Beschäftigungen verließ er doch nie den sinnigen Umgang mit den Musen und manch geschmackvolles Lied war die Frucht derselben, wodurch er oft den Kreis seiner Freunde erheiterte.

Waschke. Kahl [illegible]

387. Emanuel, Graf von Michna, Freiherr von Waizenau,

k. k. Kämmerer und ordentl. Prof. der Landwirthschaft an der Prager Universität und an der böhm. ständ. technischen Lehranstalt daselbst, so wie vieler in- und ausländischen gelehrten Gesellschaften Mitglied;

geb. d. 18. Dec. 1772, gest. d. 16. Nov. 1837.

Sein Geburtsort ist Stienowitz in Böhmen. Sein Vater war Karl, Graf Michna, Frhr. v. W., erst Major des k. k. Daun'schen Kürassierregiments, dann Kreishauptmann des Pilsener Kreises in Böhmen; seine Mutter Johanna, Gräfin Bubna und Littitz. — Schon im 16. Lebensjahre trat Gr. M. in Kriegsdienste und diente zuerst im k. k. Infanterieregiment Baron Stain gegen die Türken, später als Lieutenant bei demselben Regiment im Revolutionskriege gegen Frankreich, wo er in der Festung Le Quesnois zum Kriegsgefangenen gemacht und nach St. Dizier gebracht wurde. — Da es ihm nach seiner Auswechslung und Rückkehr ins Vaterland im J. 1795 unmöglich war, seine Kräfte schlummern zu lassen, so trat er noch in demselben Jahre im Monat August bei dem Kreisamt zu Pilsen ohne Gehalt als Praktikant ein und diente daselbst mit dem vollsten Beifalle seiner Obern bis zu Ende des J. 1797. — Um diese Zeit betrat er wieder die militärische Laufbahn und zwar im Kavallerieregiment Ferdinand Dragoner und nach dessen Auflösung (1803) bei Latour-Chevauxlegers. In jenem Regimente hatte er das Glück, Adjutant des Feldzeugmeisters, Grafen Klenau zu seyn und sich durch seinen Diensteifer und manche andere vorzügliche Eigenschaften dessen Liebe und Achtung in hohem Grade zu erwerben. Im J. 1804 verließ er den Militärdienst und erhielt bei seinem Austritt den Oberlieutenantscharakter. — Inzwischen (1801) hatte er sich mit Fräulein Therese, Freiin v. Wiedersperg vermählt.

Von 1804 bis 1814 privatisirte er, indem unglückliche Familienverhältnisse ihn in ungetheilten Anspruch nahmen, um seine Habe aus einem Schiffbruche zu retten, welchen diese durch die Unachtsamkeit seiner obervormundschaftlichen Behörde zu erleiden bedroht war. — Leider nahmen jene Verhältnisse die traurigste Wendung; erschöpft durch die Kosten eines langwierigen Rechtsstreites gerieth er in einen Zustand gänzlicher Verarmung.

Von jeher einen Hang für das Studium der Feldökonomie und Güterverwaltung in sich fühlend, suchte er sich von jetzt an in diesem Fache zu vervollkommnen. Er machte sich zu diesem Ende die für dasselbe nöthigen Wissenschaften, Chemie, Botanik und Thierheilkunde in einem vorzüglichen Grade zu eigen und unterzog sich strengen Prüfungen, welche den Erfolg hatten, daß ihm die eben erledigte Stelle eines zweiten Sekretärs bei der k. k. patriotisch-ökonomischen Gesellschaft in Böhmen verliehen wurde. In dieser Eigenschaft überließ er sich nicht nur mit rastloser Thätigkeit der Erfüllung seiner neuen Berufspflichten, sondern er verwandte auch, da sich die Registratur und zahlreiche Bibliothek der Gesellschaft in Unordnung befand, die wenigen Stunden seiner Erholung zur Anlegung neuer Protokolle und Einrichtung der Registratur und Bibliothek.

Im J. 1817 überkam er die Supplirung des eben erledigten Lehrstuhls der Landwirthschaft an der Universität zu Prag und 1820 die wirkliche Anstellung als ordentl. Prof. dieses Faches. Von nun an kannte sein Eifer keine Grenzen, und galt es, so machte er zwischen Tag u. Nacht keinen Unterschied. Es waren von den kön. böhm. Ständen jährl. 300 Fl. W. W. zur Anschaffung von Landwirthschaftsgeräthen bestimmt worden; bisher aber auch nicht das Geringste dafür geschehen. Von der Ueberzeugung durchdrungen, welch' großen Nutzen ein Kabinet von Ackergeräthen für die Wissenschaft im Allgemeinen und besonders für den Lehrstuhl seyn würde, beschloß er Alles anzuwenden, um ein möglichst vollständiges Kabinet zusammenzustellen. Bekannt als Sekretär der ökonomisch-patriotischen Gesellschaft durch seine Thätigkeit, Mitglied von so vielen landwirthschaftlichen Vereinen in Deutschland, ja sogar Mitglied überseeischer Vereine, bot er Alles auf, um aus allen Staaten die daselbst am meisten gerühmten und als die anerkannt zweckmäßigsten Ackerbaugeräthe im verkleinerten Maßstabe, als brauchbare Modelle richtig verfertigt, sich zu verschaffen und als hierzu die sehr mäßige Summe von 300 Fl. bei weitem nicht hinreichte, von seinem Gehalt das Nöthige zuzusetzen. Die Anzahl der beigeschafften Maschinen beläuft sich auf 300, und hätte der Tod ihn nicht hinweggerafft, so wäre sein Kabinet in kurzer Zeit sicher das erste dieser Art in Deutschland geworden. Durch die Gründung desselben errichtete er sich selbst ein bleibendes Denkmal an der Prager Universität. — Er that aber als Professor noch mehr. — Kaum

902. Heinrich von Offenberg.

ein Jahr als solcher angestellt, sah er wohl ein, daß ohne gründliche Kenntniß von der Verwaltungskunde der Landgüter, die auch mit den besten Zeugnissen entlassenen Schüler der Landwirthschaft den gehegten Hoffnungen nicht entsprechen konnten. Er erbot sich daher auch die Verwaltungskunde der Landgüter und zwar unentgeldlich an der technischen Lehranstalt vorzutragen, welcher Antrag dankbar angenommen wurde.

Um aber von der Nützlichkeit seiner Vorträge noch einen unzweideutigen Beweis zu liefern; so hielt er jährlich mehrere seiner Schüler an, sich einer strengen Prüfung aus den ökonomischen Wissenschaften bei der patriotisch-ökonomischen Gesellschaft zu unterwerfen und er hatte die Freude, den größten Beifall aus derselben einzuernten. Diese Verwendung war selbst der k. k. Studienhofkommission zu Wien nicht entgangen und dieselbe erließ deshalb ein Belobungsdekret, in welcher des Lehrstuhls der Landwirthschaft zuerst mit Auszeichnung Erwähnung geschah.

* 368. Rudolph Leopold v. Bölzig,

königl. preuß. Rittmeister a. D. zu Groß-Salze bei Magdeburg;

geb. d. 9. März 1751, gest. d. 17. Nov. 1827.

In seinem Geburtsorte Groß-Salze, wo sein Vater Gutsbesitzer und Bürgermeister war, erhielt v. B. den ersten Jugendunterricht und bezog dann das Pädagogium des Klosters Berge bei Magdeburg zu seiner weitern Ausbildung. Im J. 1765 trat er in das vormalige königl. preußische Leib-Kürassierregiment als Offizier in Dienste und erwarb sich bald das Vertrauen seiner Vorgesetzten, so daß ihm die königlichen Werbungsgeschäfte übertragen wurden. Auf diese Weise war er 15 J. hindurch von seinem Regimente abwesend und hatte in mehrern freien Reichsstädten seinen Aufenthalt. Als seine Gesundheit ihm nicht erlaubte, länger im Militär zu dienen, bat er um seine Entlassung aus demselben, welche er auch 1788 erhielt und zugleich wegen seiner guten Kenntnisse im Rechnungswesen als Oberfactor bei der kön. Saline zu Schönebeck angestellt wurde. Auch in diesem Amte erwarb er sich durch Pflichttreue die Zufriedenheit seiner Vorgesetzten. Nach dem 1783 erfolgten Tode seines Vaters übernahm er die Besitzungen desselben in seinem Geburtsorte und führte daselbst, ohne verheirathet zu seyn, bei fortdauernder Kränklichkeit ein zurückgezogenes Leben.

v. B....ng.

369. Julius Heinrich v. Buggenhagen,

Landrath des Kreises Duisburg, Geheime- und Kriegsrath, Ritter des rothen Adlerordens rc.;

geb. d. 18. Sept. 1768, gest. d. 18. Nov. 1827 *).

Der verewigte v. B., von einem sehr alten blühenden Geschlechte in Pommern herstammend und geboren auf seinem elterlichen Gute Papitz bei Cottbus, war der einzige Sohn des verstorbenen, sehr verdienstvollen königl. preuß. wirklichen geh. Staatsministers Julius Ernst v. B. — Im Monat Mai 1777 wurde er als Fahnenjunker im von Wulfenschen Dragonerregiment zu Landsberg an der Warthe engagirt, nachher aber, auf Verlangen seines Vaters, weil er sich nach dessen Wunsche den Studien widmen sollte, wieder entlassen. Im August dess. J. reiste er mit seinem Vater nach Cleve, wo dieser zum Kammerpräsidenten ernannt worden war. Für seinen ersten Unterricht wurde durch Privatlehrer gesorgt, bis er 1784 das königl. Pädagogium zu Halle bezog. Mit vorzüglichen Geistesfähigkeiten verband der Jüngling Fleiß, Thätigkeit und unermüdeten Eifer im Studiren. Die innere Güte seines Charakters und seine reinen gefälligen Sitten erwarben ihm bald die Liebe seiner Lehrer und Mitschüler und nach den Zeugnissen der Ersteren berechtigte er schon früh zu den schönsten Hoffnungen. Nachdem er 3 J. auf dem Pädagogium zugebracht hatte, betrat er 1787 die akademische Laufbahn auf der Universität Halle und 1789 zu Frankfurt a/O. Nach vollendeten 3jährigen akademischen Studien begab er sich nach Cleve, wo er zum Kammerreferendarius ernannt wurde. So trat er in die Dienste des Staates und in ihm entfaltete sich ein neues Leben voll Thätigkeit, reich an guten Handlungen jeder Art. Sein Herz schlug lebendig und warm für König und Vaterland, für alles Gute und Schöne. Mit ganzer Seele gab er sich seinem Dienste hin und er ist darin ergraut und nicht müde geworden, treu und fleißig zu wirken und zu arbeiten zum Wohl und zum Segen seiner Verwalteten, bis ihm der Herr rief.

Seine Diensttreue konnte nicht unerkannt und unbelohnt bleiben. Im J. 1793 wurde er als Referendarius im Departement des Ministers v. Heinitz zu Berlin an-

*) Aus dem über ihn in Duisburg erschienenen Nekrolog von C. Bonnelle.

daselbst; seine Mutter Marg. Sophie, geb. v. Metzeradt aus dem Hause Neudnitz. Den ersten Unterricht erhielt er von seinem Vater; da aber dieser eine zahlreiche Familie hatte und nach ausgebrochenem 7jährigen Krieg bei den Ueberfällen der Russen, die ihn eines Theils seiner Habe und seines Vermögens beraubten, sich oft umher zu flüchten genöthigt sah, fand er es für gut, seinen Sohn schon im 13. J. nach Berlin zu einem Kaufmann in die Lehre zu geben. Da aber diesem dies Geschäft zu einförmig war, so wählte er sich selbst seine künftige Laufbahn und ging zu einem Stadtchirurgus in Berlin in die Lehre. Nach überstandenen Lehrjahren suchte er durch Hülfe seines ältern Bruders, welcher Direktor der Hospitäler in den niederländisch-amerikanischen Besitzungen dabei ein geschikter Arzt und ein wohlhabender Mann war, sich in seinem Fache mehr zu vervollkommnen und durch dessen Unterstützung wurde es auch möglich, daß er an dem Unterrichte der damaligen berühmten Aerzte Berlin's Theil nehmen konnte. Er wurde darauf Subchirurgus bei der königl. Charite in Berlin und 2 Jahre darauf trat er als Kompagniechirurgus in das damalige Infanterieregiment von Renzel in Berlin ein. Hier war er 4 J., als er durch Fürsprache seines Onkels des Oberst von Metzeradt zu dem Regiment Garde nach Potsdam kam, bei welcher er 6 J. als Kompagniechirurgus unter der Leitung des Generalchirurgus Fuchs stand. In dieser Periode machte er i. J. 1778 den Feldzug nach Böhmen mit, wurde 1782 Pensionär bei der königl. Charite zu Berlin, wo er wieder 6 J. stand und endlich i. J. 1787 die Stelle als Regimentsarzt bei dem damaligen Infanterieregiment Graf von Anhalt in Liegnitz erhielt. In demselben J. verheirathete er sich mit seiner jetzigen Wittwe, der Tochter des königl. Försters Kurzleben. Als darauf die Insurrection in Polen ausbrach, marschirte er mit diesem Regimente dahin und mußte daselbst große Mühseligkeiten u. Krankheiten ertragen. Als nachher das Regiment bei der Besitznahme von Erfurt getheilt wurde, ging er als Arzt dahin, wo ihm bald darauf von der medizinischen Fakultät der Doctortitel ertheilt wurde. Als nach der Schlacht bei Jena 1806 die Armee zerstreut wurde, ging er mit dem Chef nach Magdeburg, wurde hier mit gefangen und auf sein Ehrenwort entlassen. Da er aber in Erfurt, wohin er zu seiner Gattin zurückgekehrt war, nicht bleiben konnte, ging er zuvörderst zu seiner Schwester in die Oberlausitz. Bei der großen Vorliebe für seinen Geburtsort Gossen-

gen war, da wurde v. B. (im April 1816) zum landräthlichen Kommissarius und nach der Kabinetsordre vom 16. Jan. 1816 zum wirkl. Landrathe des Kreises Dinslaken ernannt. — Durch eine Kabinetsordre v. 27. Septbr. 1823 ernannte ihn der König zum Landrathe der unter dem Namen des Duisburger Kreises vereinigten landräthl. Kreise Dinslaken und Essen — eine Amtsveränderung, welche ihn vorschriftsmäßig nöthigte, sich (5. Febr. 1824) in der Stadt Duisburg niederzulassen. Mit wehmüthigem Herzen schied er von seinen geliebten Bürgern der Stadt Dinslaken; aber auch in Duisburg wurde er bald der allgemein geliebte, geachtete Mann, wie er es verdiente. In der Anerkennung seiner Verdienste verlieh ihm Se. Maj. der König am 18. Jan. 1826 den rothen Adlerorden, welcher Auszeichnung er sich aber nicht lange erfreuen sollte, da er schon im darauf folgenden Jahre seine irdische Laufbahn vollendete.

Allgemein bekannt ist es, daß er im Amte streng, gerecht und milde, treu und unbestechlich war. Mit Einsicht, genauer Geschäftskunde und Thätigkeit verband er Vorsicht, Klugheit und die größte Unpartheilichkeit; daher denn auch seine Toleranz und Liebe zu allen Konfessionsverwandten. — Er ehrte die Religion, und wußte Kunst und Wissenschaft zu schätzen; daher seine Aufmerksamkeit, mit welcher er für Kirchen und Schulen ohne Unterschied der Religion zu sorgen stets bemüht war. — Sein zartfühlendes Herz war voll von Liebe und Güte, eine Quelle der edelsten Empfindungen und der vortrefflichsten Handlungen. — In seiner schlichten Einfachheit wußte er die Würde seines Amtes und Standes zu erhalten; aber er verachtete den Stolz. Seine reine Menschenliebe bethätigte er während seiner ganzen Lebenszeit aufs schönste auch gegen den Geringsten. Ein Armer brauchte ihn nicht um eine Gabe zu bitten; sah er einen solchen in der Ferne, so war er schon zur Hülfe bereit. Arme u. Kranke in Hütten u. Gefängnissen, wurden von ihm mit Geld und Speise kräftig unterstützt und er scheute keine Mühe, kein Opfer, wenn es die Rettung eines Unglücklichen galt. Mit dieser Wohlthätigkeit verband er eine unauslöschliche Dankbarkeit. Nichts blieb bei ihm unbelohnt. Auch die kleinste unbedeutendste Dienstleistung oder ihm erwiesene Gefälligkeit vergaß er nie, auch selbst dann nicht, wenn sich derjenige, dem er sich verpflichtet hielt, später seiner Freundschaft unwürdig gemacht hatte. Er liebte den Frieden. Glaubte er Jemanden durch irgend etwas wehe ge-

lichen Urlaubsrescripts), veranlaßte, sich auf einer Reise durch Deutschland, die Niederlande, England, die Schweiz und Italien ferner auszubilden. Der Fürst ertheilte ihm zu dem Ende mit dem Urlaube den Majorscharakter und stattete ihn mit einem ansehnlichen Jahrgelde aus. Diese Reise trat v. D. im Sommer des J. 1778 an und sammelte auf derselben nicht nur vielseitige Literatur- und Kunstkenntnisse, sondern knüpfte auch Bekanntschaften mit ausgezeichneten Gelehrten, Künstlern und Staatsmännern an, besuchte die Höfe von Turin, München, Wien ꝛc. und kehrte nach einer 3jährigen Abwesenheit an den Hof seines Wohlthäters zurück. — Im J. 1784 wurde er von dem Herzoge zur Begleitung auf dessen Reise durch Deutschland, die Schweiz und Italien erwählt, während dieser Reise zum Hofmarschall ernannt, vom Churfürsten von Pfalzbaiern zum Ritter des Löwenordens erhoben u. 1786 in Sonnenburg zum Ritter des Johanniterordens geschlagen. Noch vor der Rückkehr bestellte ihn der Herzog zum Rathe im Oberrathscollegium 1787, eine Stelle, die er bis zur Unterwerfung Kurlands unter Katharinens II. glorreiches Zepter bekleidete, und, damals zum Etatsrath ernannt und entlassen, bei der Wiederherstellung der herkömmlichen Gerichtsverfassung von Kurland als Rath im Oberhofgerichte, wieder einnahm. Als Abgeordneter der Provinz zur Krönung Sr. Maj. Paul I. wurde er wirklicher Etatsrath; war gleichfalls Abgeordneter bei der Krönung Sr. Maj. des Kaisers Alexander I. 1801, wurde Kanzler, 1808 Geheimerath, in demselben Jahre Landhofmeister und 1809 mit dem St. Annenorden 1. Kl. beehrt. Zehn J. später (1818) wurde er durch den St. Wladimirorden 3. Kl. und in Zeit von wenigen Monaten darauf mit dem Großkreuz 2. Kl. desselben Ordens ausgezeichnet, nachdem er bei Gelegenheit der Vereinigung des kurländischen und piltenschen Obergerichts zum Präsidenten desselben bestellt worden war. So war er, obgleich auf 4 verschiedenen Stellen, mit geringer Unterbrechung fast 40 J. lang Mitglied desselben Gerichts gewesen, als dessen erster Präsident er im 76. J. seines Alters sein Erdenleben endete. — Dieß der Umriß seines äußern Lebens, welches, obgleich zum Theil in unruhigen Zeiten, immer seinen gleich ruhigen Gang hinging. Nie war er Mann der Partei; denn er war zu gut, zu anspruchlos, um Parteiführer seyn zu wollen, zu rechtlich u. in seiner Rechtlichkeit zu selbstständig, um sich zum Parteiwerkzeuge gebrauchen zu lassen. Er fühlte den Werth seines Standes

871. Wilhelm Hauff,

Doctor der Philosophie und Redacteur des „Morgenblatts" zu Stuttgart;

geb. d. 29. Novbr. 1802, gest. d. 18. Novbr. 1827.*)

Wenn das Schicksal eines liebenswürdigen Menschen uns fester an sein Leben zu fesseln vermag, so trifft dies gewiß bei dem jungen Dichter ein, dessen Erscheinung so schnell vorübergegangen ist und dessen unerwartet früher Tod jedes Bild der Erinnerung aus seinem Leben seinen vielen Freunden, jede Gabe seiner reichen und thätigen Muse dem lesenden Publikum, dessen Liebling er geworden war, theurer macht. So jung der Name des Verewigten in der literarischen Welt ist, da kaum 2 J. seit seinem ersten Auftreten verflossen sind, so schnell hatte sich derselbe verbreitet und ward zu den gefeiertsten unserer Tage gezählt. Eben so schmerzlich aber, als seine Erscheinung den Zeitgenossen willkommen gewesen war, traf seine Verehrer die Trauerkunde von der Heimkehr seines Genius.

Er war zu Stuttgart geboren u. stammte aus einer altwürtembergschen Familie, deren manche Mitglieder dem Vaterlande im Staats- und Kirchenamte treue und wichtige Dienste geleistet. Sein Vater war geh. Sekretär im Ministerium der auswärtigen Angelegenheiten und von seinen Zeitgenossen nicht nur als ein sehr tüchtiger Geschäftsmann, sondern auch als einer der geistvollsten und nach Charakter u. Benehmen liebenswürdigsten Menschen geschätzt. Jugendliche Begeisterung für die Grundsätze politischer Freiheit und Selbstständigkeit der Völker machte diesen unbefangen denkenden und ohne Scheu redenden Mann, noch vor den Zeiten des Umsturzes der alten würtembergischen Verfassung, der Regierung verdächtig. Er wurde bei Nacht in seiner Wohnung ergriffen und nach der Festung Asperg abgeführt, von wo er erst nach 9 Monaten, ohne bei seiner Untersuchung schuldhaft erfunden worden zu sein, in den Schooß seiner geängstigten Familie zurückkehren durfte. Er starb nach 8 J. an derselben Krankheit, die seinen Sohn hinweggerafft hat. Die Familie zog nach dem Verluste des Vaters zu dem in den „Phantasien im Bremer Rathskeller" so anziehend geschilderten Großvater mütterlicher Seite in Tübingen, unter dessen Augen wie unter der aufopfernden Pflege seiner

---

*) Nach den Blättern für lit. Unterhaltung und andern Zeitschriften.

nur die überladenen schwerfälligen Verzierungen der Facaden, sondern auch die alle bequeme Einrichtung hindernden, übergroßen Küchen und Schornsteine in der Mitte der Häuser. Seinen Sinn für das Gemeinnützige beurkundete er auch durch die vielen schätzbaren Beiträge, womit er die Sammlungen der Gesellschaft für Literatur u. Kunst und des Provinzialmuseums vermehrte, dem er auch die von Schadow gearbeitete Marmorbüste seines Vaters und ein Album, welches Handzeichnungen von den berühmtesten Meistern und Achtungs- und Freundschaftszuschriften aus dem weiten Kreise seiner Bekanntschaft enthält, so wie mehrere andere Seltenheiten durch letztwillige Verordnung vermacht hat. Cr.

363. Salomon von Wyß,

Mitglied des großen Raths und Chef des Handelshauses Kaspar Schulthes u. Komp. zu Zürich;

geb. 1. J. 1766, gest. d. 12. Nov. 1827.*)

Er war der jüngere Bruder des Bürgermeisters von Wyß zu Zürich und ein achtungswürdiger Mann. Er hatte sich dem Staatsdienste gewidmet, bevor unvorhergesehene Verhältnisse ihn dem Stande des Kaufmanns zuführten und er bewies in diesem, daß jene vorbereitenden Studien und die klassische Bildung, die den wissenschaftlichen Berufsarten unentbehrlich sind, auch den Kaufmannsstand höher heben, ihm die Einsichten, die Kenntnisse und das Ansehen verleihen, welche sein eigenes Glück am besten sichern und ihn zugleich der Gesellschaft wohlthätig machen. v. W. war zugleich auch ein ausgezeichnetes und wahrhaft freisinniges Mitglied der durch die Mediationsakte aufgestellten Organisationskommission des Kantons Zürich, nachher geraume Zeit Mitglied des Erziehungsrathes und Vorstand der Bergwerkskommission. In diesem und noch in viel andern Geschäftskreisen hat er sich um den Züricherschen Staatshaushalt wohl verdient gemacht.

* 364. Elieser Fortunatus Roloff,

Pastor zu Werdau bei Zwickau;

geb. d. 11. Septbr. 1775, gest. d. 14. Nov. 1827.

Er war zu Holdenstädt bei Eisleben geboren, wo sein Vater Pfarrer war. Nachdem er die Schule zu Eisleben

*) Schweiz. Mon. Chron. 1827. Nr. 11. S. 253.

dieses gerade vielleicht die meisten Spuren von Unvollkommenheit und Flüchtigkeit an sich trägt und vor allen ein Jugendarbeit genannt werden muß, so gewann er doch durch die Wahl des geschichtlichen Stoffes, durch die Anlegung des Ganzen, durch die gemüthlich-kräftige Individualisirung einzelner Nebenpersonen großes Interesse und H. hat sich dadurch als vaterländischer Dichter die Liebe, ja, die Begeisterung seiner Landsleute erworben, wovon namentlich die allgemeine Trauer bei seinem Hinscheiden ein so deutliches Zeugniß ablegte, daß man, wie Schiller von Ibikus, so von ihm sagen konnte: „Verloren hat ihn jedes Herz.“ Auf einer Reise durch Frankreich, die Niederlande und Norddeutschland schrieb er den 2. Band der „Memoiren des Satans,“ wobei er sich nannte; die „Controverspredigt über den Mann im Monde;“ die Novellen: „Die Bettlerin vom pont des arts,“ „Othello,“ „Die Jüngerin“ u. die „Phantasien im Bremer Rathskeller,“ unstreitig die originellste, heiterste und gemüthlichste Schöpfung seines Geistes. Heimgekehrt von dieser Reise, auf welcher er die ausgezeichnetsten Dichter und Literaten des Vaterlandes kennen gelernt hatte und mit Einzelnen derselben in innigere Verhältnisse getreten war, übernahm er zu Stuttgart die Redaction des Morgenblatts, vom Januar 1827 an. Bald darauf beging er sein Hochzeitfest und führte die Geliebte, mit welcher er von väterlicher Seite verwandt war, aus Nördlingen im Königreich Baiern ins eigne Haus. In glücklicher Ruhe, an der Hand der Gattin, in dem Kreise treuergebener Freunde u. Verwandten verflossen ihm schöne Tage. Er arbeitete mit großer Liebe an dem Institute des Morgenblatts, welches er in jeder Beziehung zu vervollkommnen u. zu würzen suchte. In diese Zeit fällt die Novelle „Jud Süß,“ welche aus mehreren Rücksichten nicht so erscheinen konnte, wie es im Plane des Dichters gelegen war. Im Sommer 1827 unternahm er eine Reise nach Tyrol, um an Ort u. Stelle die Materialien zu einem größern Roman zu sammeln, dessen Schauplatz die von Krieg und Volksaufstand im J. 1809 erfüllten Thäler und Gebirge jenes Landes werden sollten. Froh über die gewonnene Ausbeute kehrte er über München, wo er von mehreren Seiten ehrenvoll aufgenommen wurde, nach Stuttgart zurück. — Im August erfreute ihn hier ein Besuch Wilhelm Müllers*) aus Dessau — welcher von Beiden hätte damals geahndet, daß ihr nach-

*) M. s. dessen Biogr. unter Nr. 332. dieses Jahrg.

stes baldiges Wiedersehen über dem Monde seyn würde? — und die Bekanntschaft mit dem Kapellmeister bei dem Theater San-Carlo zu Neapel, Julius Benedict, dessen dringender Bitte um die Bearbeitung einer großen Oper für die deutsche Bühne H. nachgab und dem er zugleich für den künftigen Sommer einen Besuch im Hafen Parthenopes zusagte. Mit dem Entwurf der versprochenen Oper und mit andern Arbeiten, besonders mit der Herausgabe des „Taschenbuchs für Damen" in das er, so wie in das „Frauentaschenbuch," eine Novelle (in ersteres seinen Schwanengesang: „Das Bild des Kaisers") geliefert hat, beschäftigt, trat er in den verhängnißvollen Herbst ein. Zwei Freunde starben ihm innerhalb 8 Tagen, der eine an den Folgen einer beim Herabstürzen von einem Felsen der schwäbischen Alp erhaltenen Kopfwunde. Von diesen Verlusten schmerzlich ergriffen, fühlte sich H. in kurzer Zeit unwohl und bekam ein gegen seine frühere blühende Farbe auffallend krankes Aussehen. Anfangs ging er noch aus und arbeitete fleißig. Die Aerzte suchten einem schleichenden Schleimfieber vorzubeugen; allein, trotz ihrer Kunst, trotz der unermüdeten Sorge seines ältern Bruders, der als Arzt in Stuttgart lebt, brach die Gewalt des Fiebers verzehrend aus und der Kranke war schon zu schwach, um die Krise, von deren Eintritt man die Rettung hoffte, herbeizuführen. Er segnete mit zitternder Hand den Säugling, den 8 Tage vor seinem Tode seine Gattin, mit der er 10 Monate sehr glücklich verbunden war, ihm geschenkt hatte und nahm mit Fassung und Muth von den Seinigen Abschied. — Bald folgte er seinem Freunde Wilh. Müller in Dessau nach. — Wenige Stunden vor seinem Tode erhielt er noch die Nachricht von dem Sieg bei Navarin. Zum letztenmal erheiterten sich seine Züge und obgleich er schon fast bewußtlos auf seinem Todtenbette lag, so richtete er sich doch bei dieser frohen Kunde auf und sagte: das ist eine erfreuliche Nachricht für Müller; ich eile schnell zu ihm.

Es ist wohl nur eine Stimme darüber, daß in den neuesten Leistungen des Dichter das Fortschreiten zum Vollkommnern unverkennbar sei. Namentlich gewannen die Gebilde seiner reichen Phantasie an innerer Lebendigkeit und Kraft, an moralischer Bestimmtheit der Charaktere, an Natürlichkeit und interessanten Situationen. Ueber die Liebenswürdigkeit seiner eignen Persönlichkeit enthalten wir uns deshalb jedes Urtheils, weil unsere Leser dieselbe in der Rede seines Freundes des Hrn. Karl Grüneisen kurz u.

nach dem Urtheil derjenigen, welche ihn kannten, richtig geschildert finden *). In ihr berührt der Redner manche vortreffliche Seiten seines Lebens und gedenkt der Heiterkeit und des regen Lebensmuthes des Verewigten, der jeder Erscheinung, jedem Ereigniß die frohere Seite abzugewinnen und bei arglosem Herzen überall Anklang zu suchen und zu finden wußte, des frischen Sinnes, womit er Natur und Leben erfaßte und Natur und Leben wiedergab. In diesem heitern Sinne, erinnert sein Freund, ruhte ein sinnendes Gemüth, ohne welches er sich selbst und seinen Freunden verflüchtigt worden wäre: aufmerksamen Auges auf die Gestaltung seiner Umgebungen, wie auf die Regungen der eignen Brust, verstand er mit der gewohnten Lebendigkeit in Blick und Rede das Edle zu preisen, aber auch mit schnellem treffendem Witz das Verkehrte zu tadeln und das Gemeine und Giftige mit ernster Rüge zu züchtigen. Sein Witz floß aus einem edlen Herzen und nie hat sein Spott das Heilige berührt, nie die reinen Gefühle des Herzens oder die zarten Verhältnisse des Lebens befleckt; denn Wohlwollen und Güte bezeichnen jeden seiner Schritte. Mit diesem heitern Wesen, dieser treuen Liebe trat er der Welt entgegen und sein Leben ward glücklich weil er mit glücklichem Sinn es nahm und bildete. „O Wonnezeit voll holder Träume!" rief er jüngst beim Rückblick auf das Morgenroth seiner Kindheit **). Eine Wonnezeit war sein ganzes Dasein. Innige Sorge der Mutter und Geschwister, reiche Liebe der Braut und Gattin, Besitz wackerer Genossen, treuer Freunde; Achtung aller Umgebungen und für die Schöpfungen seines Geistes ein Beifall, der seine bescheidenen Wünsche weit übertraf u. seine Kraft zu neuen Anstrengungen reizte; die Befreundung mit den ausgezeichnetsten Geistern Deutschlands, die er zum Theil unter ihrem Dache aufgesucht, zum Theil an seinem Heerde aufgenommen, der Eintritt in einen seinen Neigungen und seiner wissenschaftlichen Richtung so ganz entsprechenden Wirkungskreis und die schönsten Hoffnungen häuslichen Glücks und einer ehrenvollen Laufbahn unter seinen Zeitgenossen: dies Alles war ihm aufgeblüht; aber mitten aus diesem Garten seiner Freuden und Genüsse ward er hinweggenommen, darum trauern Viele um ihn, denen er unvergeßlich bleiben wird.

---

*) Diese, so wie mehrere Gedichte auf den Hingeschiedenen, findet sich in den Blättern für lit. Unterhaltung. [illegible]. Nr. 4. abgedruckt.

**) Phantasien, S. 14.

Mit Bedauern vernahm man aus den öffentl. Nachrichten über seine letzten Tage, daß nur weniges ganz Unvollendete, unbrauchbare Materialien zu einem Roman, dessen Hauptscene Tyrol während seiner Freiheitskämpfe seyn sollte und zu einer Novelle in H's Pulte gefunden worden seyen. Dies kam daher, daß er zu mehrern seiner Arbeiten nie ein Concept entwarf oder auch nur einen schriftlichen Plan verfertigte, sondern in seinem Kopfe das ganze Bild eines Gegenstandes, den Gang eines Romans, die Reihe seiner Scenen, Verwickelungen und Charaktere vollendete und davon erst das Ganze, wie es darauf mit wenigen Veränderungen zum Druck gegeben wurde, auf das Papier hinschrieb. Wenn gleich durch dieses ausgezeichnete Talent der innern Ausbildung seiner Darstellungen, durch die Angewöhnung, frei von äußern Bedingungen eine klare geistige Anschauung seiner poetischen Schöpfungen zu gewinnen, die einzelne Schöpfung seines Geistes ein abgerundetes und in allen Verhältnissen wohlgegliedertes Ganzes werden und in einem Grundton der Darstellung entstehen mußte, wie sie in einem zusammenhängenden Bilde der innern Vorstellung vorhanden war: so ist den Zurückbleibenden nach dem Tode des Dichters dadurch doch in sofern ein großer Nachtheil geworden, als H. in seinem Kopfe eine Menge von interessanten Notizen, poetischen Bildern und Situationen, merkwürdigen Anekdoten angehäuft hatte, die nun mit ihm der Welt entrissen sind. Indeß ist es gelungen, mehreres noch Ungedruckte von des Dichters Hand, namentlich Dichtungen aus einer frühern Periode, aus seinem Jünglingsalter und den Jahren des akademischen Lebens zu sammeln und solches mit einigen in verschiedenen Zeitschriften zerstreuten Aufsätzen H's zusammenzutragen. Diese Sammlung ist nun unter dem Titel: „Phantasien und Skizzen von Wilhelm H." 1828 erschienen und enthält manche höchst schätzbare Reliquie des geliebten Dichters. — Was dem Ref. immer als das eigenthümliche Talent des Verewigten erschienen war, ist nicht sowohl Schwung der Phantasie, nicht Tiefe des Gefühls und jener heilige Humor, der aus den innersten Gründen des Geistes geheimnißvoll leuchtend, erwärmend, erschütternd hervorsteigt, nicht eine ausgezeichnet seltene Anlage zum historischen Roman u. überhaupt zur epischen Dichtart, sondern Lebendigkeit der Auffassung des Gegebenen, leichter nicht selten etwas tiefer eindringender Witz der Kombination und eine unzerstörbare Anmuth der Form, welche man in manchen Stellen seiner Schriften, wie z. B. in den Novellen: „Das Bild des Kaisers,“ „Die letzten Ritter von Marienburg,“ in den „Phantasien im Bremer Rathskeller,“ Holdseligkeit der Rede nennen dürfte. Der heitere Scherz, den er in seine Anschauungen zu legen wußte, der immer junge Witz, welchen er mit seinen Darstellungen und Schilderungen verband, die natürliche Anmuth, womit er dem Gewöhnlichsten einen ungewöhnlichen Reiz eine ansprechende Würze zu verleihen verstand, machten ihn zum Schriftsteller unserer Tage zunächst geeignet, wo die Leser das Talent der Form so gern allen andern Vorzügen voranstellen. Durch diese Eigenschaft, die außer ihm nur Wenige in gleichem Grade besitzen möchten und durch die polemische Richtung, welche gleich im Anfange seine schriftstellerische Laufbahn genommen hatte, war H. vorzüglich geschickt, dem frivolen Geschmack des Publikums die Macht zu brechen und das Interesse an dem Edlern, Reinern und Höhern unter der Menge durch seine gefällige, leichte, anziehende Darstellung zu wecken, obgleich nicht geleugnet werden darf, daß er selbst in seinen frühern literarischen Produkten, nicht nur in dem berühmten „Mann im Monde,“ sondern auch in der „Bettlerin vom pont des arts,“ in seinem „Jud Süß“ u. a., als ein Kind seines Zeitalters, von dem üppigen Geschmack der Mode berührt, sich zeigte.

Mit dem Gesagten soll jedoch unbehauptet seyn, daß Anmuth der Form bald in gemüthlicher, bald in witzig-satyrischer Richtung, verbunden mit Leichtigkeit der Auffassung des dargebotenen Lebens, H's bedeutendstes Talent gewesen sey und ohne Zweifel würde er durch fortgesetzte Beobachtung der Natur und des Lebens auch die höhere Dichtergabe immer reiner und kräftiger in sich ausgebildet haben. Was seine „Phantasien und Skizzen“ betrifft, so enthalten sie mehreres schon Bekannte. Die Soldatenlieder, früher unter einer Sammlung von Liedern für die würtemberg. Truppen erschienen, sind gewiß ansprechend für Jeden. Sie tragen sämmtlich das Gepräge des Standes, für den sie gedichtet sind. Einfachheit, Gemüthlichkeit und Kraft, ohne künstliche Anlegung und regelrechte Ausführung, sind ihre hauptsächlichsten Merkmale. Von gleicher Trefflichkeit für ihren Zweck sind die Lieder: „Soldatenliebe,“ „Prinz Wilhelm,“ „Soldatenmuth.“ Eine strenge Beobachtung des reinen Reims bei solchen Volksliedern zu fordern, wäre zu viel. Die Lieder bekommen eben durch manche Spuren äußerer Unbehülflichkeit den Anschein, als wären sie unmittelbar aus Geist und Leben

[illegible] Prag [illegible] Universität [illegible] so wie [illegible] Mitglied.

geb. d. 18. Dec. 17[illegible], gest. d. 16. Nov. 18[illegible].

Sein Geburtsort ist [illegible] in Böhmen. [illegible] Karl, [illegible] Regiments [illegible] Pilsner [illegible] Böhmen [illegible] im 16. Lebensjahre trat er [illegible] in Kriegsdienste und diente zuerst im [illegible] Infanterieregiment [illegible] Stain gegen die Türken, später als Lieutenant bey demselben Regiment im Revolutionskriege gegen Frankreich, wo er in der Festung [illegible] zum Kriegsgefangenen gemacht [illegible] gebracht wurde. [illegible] nach seiner Auswechslung und Rückkehr nach [illegible] im J. 1796 unmöglich [illegible] seine Kräfte [illegible] zu lassen, [illegible] trat er noch in demselben Jahre im Monat August [illegible] Amte zu [illegible] ohne Gehalt als Praktikant ein und diente daselbst [illegible] Beifalle seiner Obern bis zu Ende des J. 1797. Um diese Zeit betrat er wieder die militärische Laufbahn und [illegible] im Kavallerieregiment Ferdinand Dragoner, und nach dessen Auflösung (1798) bei [illegible] Chevauxlegers. In jenem Regimente hatte er das Glück Adjutant des Feldzeugmeisters, Grafen [illegible] zu seyn und sich durch seinen Diensteifer und manche andere vorzügliche Eigenschaften, dessen Liebe und Achtung im höchsten Grade zu erwerben. Im J. 1804 verließ er den Militärdienst und [illegible] bei seinem Austritte den Oberlieutenants-Charakter. Inzwischen (180[illegible]) hatte er sich mit Fräulein [illegible] Freiin v. [illegible] vermählt.

Von 1804 bis 1814 privatisirte er, indem [illegible] Familienverhältnisse ihn in ungetheilten Anspruch nahmen, um seine Habe aus einem Schiffbruche zu retten, welchen diese durch die Unachtsamkeit seiner obervormundschaftlichen Behörde zu erleiden bedroht war. — Leider nahmen jene Verhältnisse die [illegible] Wendung [illegible] durch die Kosten eines langwierigen Rechtsstreites [illegible] in einen Zustand gänzlicher Verarmung.

andern Lichte auf. Ich that einen kurzen, aber ernsten Blick aufwärts und dann ins Leben vor mir und da kam mir Alles so feierlich vor und hatte eine andere Bedeutung gewonnen. Der Pfarrer trug nichts dazu bei, wohl aber ein Anderer. So, denke ich mir, wird es auch beim Copuliren seyn. Es gibt Augenblicke, wo der Vorhang vor unserer Seele auffliegt, wo wir ahnungsvoll in die Zukunft blicken. Welche reiche Aussicht hat in solchem Moment ein Hochzeiter! Liebe, treue ewige Liebe, und Kindtaufschmäuse und Weihnachtsbäume, die er anzündet und die dennoch auch ihm leuchten, und Spielsachen und das erste Wort des Kindes; und wenn es erst gehen kann und wenn die Mutter es singen lehrt, singen die einfach schönen Lieder des Vaters, die er der Mutter dichtete in den Tagen der Jugend! Und wenn Deine Blicke weiter und immer weiter hinausgehen, wenn Enkel um Euch spielen u. wir am goldenen Abend singen: „Und als Großvater die Großmutter nahm, da war Großvater ein Bräutigam.“ Schöne Aussicht! und wie feierlich wird sie erst, wenn Dein Auge vorüberstreift am Krankenlager, am Kummer häuslicher Leiden, an mancher thränenschweren Stunde, die Jedes wartet, so lange er auf der Erde geht. Da faßt wohl Deine Hand muthig die Hand der Geliebten, da schaut getrost Dein Auge in ihr Auge, da denkst du wohl: getheilter Schmerz ist halber Schmerz. Und Du hast recht; auch Leiden zu theilen mit der Geliebten muß süß seyn, denn unglücklich ist nur der Einsame.“ (S. 163 bis 166.) Diese gemüthliche heitere Lebensanschauung und Darstellungsweise hat den Dichter von der Wiege bis zum Grabe begleitet; und wenn man alle seine Briefe, alle seine für engere Kreise verfaßten Aufsätze oder Reden, bis auf die kleinsten Billets herab, sammeln könnte und dürfte, so würde man sich von der durchgängigen Heiterkeit, Anmuth und Laune seines Wesens überzeugen.

Wie viele köstliche Blüthen und Früchte jugendlichen Geistes konnte ein solches Leben, das seine Autorlaufbahn so glänzend im Lenze des Lebens begann, das überall heitere Anklänge fand und lebendige Bilder aufnahm, bei längerm Verweilen auf der Erde hervorrufen!

Von den vielen Gedichten, die zur Todtenfeier des Entschlummerten erschienen, fügen wir nur folgende zwei seiner Lebensbeschreibung an:

Auf
Wilhelm Hauff's
frühes Hinscheiden.

Dem jungen, frischen, farbenhellen Leben,
Dem reichen Frühling, dem kein Herbst gegeben,
Ihm lasset uns zum Todtenopfer zollen
Den abgeknickten Zweig, — den blüthenvollen!

Noch eben war von dieses Frühlings Scheine
Das Vaterland beglänzt. — Auf schroffem Steine,
Dem man die Burg gebrochen, hob sich neu
Ein Wolkenschloß, ein zauberhaft Gebäu.
Doch in der Höhle, wo die stille Kraft
Des Erdgeists — räthselhafte Formen schafft:
Am Fackellicht der Phantasie entfaltet,
Sah'n wir zu Heldenbildern sie gestaltet;
Und jeder Hall, in Spalt' und Kluft versteckt,
Ward zu beseeltem Menschenwort erweckt.

Mit Heldenzügen und mit Festeskränzen,
Mit Satyrlarven und mit Blumenkränzen
Umkleidete das Alterthum den Sarg,
Der heiter die verglühte Asche barg:
So hat auch Er, dem unsre Thräne thaut,
Aus Lebensbildern sich den Sarg erbaut.

Die Asche ruht — der Geist entfleugt auf Bahnen
Des Lebens, dessen Fülle wir nur ahnen,
Wo auch die Kunst ihr himmlisch Ziel erreicht
Und vor dem Urbild jedes Bild erbleicht.

Ludwig Uhland.

Sein Freund, der ehrwürdige Friedrich Haug in Stuttgart, feiert Hauff's Hinscheiden mit folgenden Distichen:

Mutter und Gattin, o klagt! O klagt, ihr Geschwister und Freunde!
Den Ihr liebtet, der Euch liebte, der Bildner ist todt! —
Nein! Du Verklärter, vergib! Scheinleben ist hier, und ein wahres
Besseres Leben beginnt dort mit den Wonnen des Siegs.
Ja, Dich empfing, voll Brüderlichkeit, Dein Genius jenseits,
Und Dir enthüllen sich fern Welten zu Thaten. Du lebst,
Lebst, und bildest auf besserem Stern wohl Seelen der Kinder,
Maler der Pflichten zugleich, Lebensverschönerer auch.
Biedrer, wir singen Dein Lob, und weinen's, und jegliche Thräne
Ist von köstlichem Schmuck, hohen entschiedenen Werths.

Segne, der Vater der Huld mit Höchstem Deine Geliebte!
Möge das liebliche Pfand ehlicher Liebe gedeihn!
Nie kann von der Vergessenheit, Hauff, Dein Name bewölkt seyn,
Der in der edlern Brust lebt, und im Munde des Volks!

372. Christian, Freiherr v. Massenbach,

gewesener kön. preuß. Oberst und Generalquartiermeister, gest. zu Bialokosz in Preußisch-Polen;

geb. i. J. 1758, gest. d. 20. Nov. 1827 *).

Er war zu Schmalkalden geboren, wo sein Vater als hessischer Oberforstmeister lebte. Sein Urgroßvater, der im J. 1652 zu Memel geboren war, hatte seine Familie, die aus Schwaben stammte, wieder ins das Innere von Deutschland gebracht, während ein anderer Zweig dieses Hauses in Preußen geblieben war. Der Vater des Verewigten zog später nach Heilbronn und hier verlebte Letzterer seine erste Jugend in Umgebungen, die durch die dort so zahlreichen, schönen Denkmäler des Alterthums in dem Knaben den hohen Eifer für geschichtliche Studien weckten und ihm vielleicht früh den schwärmerischen Enthusiasmus einflößten, den seine Bewunderer ritterlichen Sinn, seine Feinde Phantasterei nannten.

Nachdem er in der Schule des Professor Jahn in Ludwigsburg seinen ersten Unterricht genossen, bezog er die Militärakademie auf der Solitude und hierauf die Karlsschule in Stuttgart. In der letzten, der berühmten Stiftung des Herzogs von Würtemberg, dessen Namen sie trägt, erhielt er eine Bildung, die mit den nöthigen Studien eines Militärs (dem Unterricht in der Mathematik, im Situationszeichnen, in der Taktik und Strategie) auch noch jene Wissenschaften und Beschäftigungen verband, die den Geist für höhere Humanität empfänglich machen.

Noch nicht lange aus der Akademie heraus- und 1782 als Offizier in die Garde eingetreten, erhielt er bei jener zugleich die Stelle eines Lehrers im militärischen Fache. Aber die Sphäre eines reichsfürstl. Lieutenants, die zumal in dem damaligen tiefen Friedensstand seinem höhern Streben keineswegs entsprach, wurde ihm doppelt unerträglich durch die seinem reizbaren Gemüth tief eingeprägte Erinnerung an eine von dem Herzog Karl von Würtemberg

---

*) Auszüglich bearbeitet nach der Schrift: Der Oberst Christ. v. Massenbach. Eine biogr. Skizze seines Schicksals und Ankündigungen. Heidelberg 1818.

früher erfahrene despotische Behandlung. Eine zweite, die wiederholte Verweigerung des geforderten Abschieds, nöthigte ihn, der nicht einmal würtemb. Unterthan, sondern Mitglied der freien Reichsritterschaft war, zur direkten Ausübung seiner natürlichen Freiheit.

Denn im Geiste schon lange mit dem Bilde Friedrichs des Großen beschäftigt, konnte er dem innern Drange zuletzt nicht widerstehen, dem großen Manne, dessen Thaten beständig vor seiner Seele schwebten, entgegen zu eilen und Herz und Hand zu seinem Dienste zu bieten. — Auf die Dedikation einer Zeichnung von dem Lager bei Sontheim unweit Heilbronn und eine Uebersetzung von Bezout's Werke: Sur la nature de la ligne courbe, que forment dans leur marche les boulets de canon, hatte er von dem Könige bereits ein aufmunterndes Schreiben erhalten. Den 1. Nov. 1782 kam er nach Potsdam. Er selbst hat in einer kleinen Schrift: „Mein Eintritt in den preuß. Dienst" die geringfügigen Umstände, die aber für sein Leben und seine Gesinnungen entscheidend waren, dem Publikum, als es sich für seine Person zu interessiren anfing, bekannt gemacht. Nachdem er sich nämlich einem Examen bei dem Obersten von Pfau und Oberstlieutenant Graf d'Heinze unterzogen, gestattete ihm der König eine huldvolle Audienz, in der dieser nach manchen prüfenden Fragen auch sein Verhältniß zum Herzog berührte und sich bei dieser Gelegenheit über dessen Benehmen mißfällig äußerte. Der König beauftragte in der Folge den preuß. Legationsrath Madweis in Stuttgart, ihm von der würtemb. Regierung seinen Abschied auszuwirken, als aber dessen Verwendungen in dieser Hinsicht fruchtlos blieben, erlaubte ihm der König den freien Eintritt in sein Korps de génie unter der einstweiligen Voraussetzung, daß seine Ehre von jedem Vorwurf gerechtfertigt sey.

Der Brief, den Friedr. bei dieser Gelegenheit an ihn richtete, scheint uns so interessant, daß wir ihm einen Platz an dieser Stelle nicht versagen können: „Bester, Lieber, Besondrer! Seine Aufnahme von der Saarmundschen Gegend ist sehr wohl gerathen. Ich gebe derselben meinen ganzen Beifall. Eines aber hat er doch auf dem Plane vergessen. Man bemerkt auf solchen wenigstens die 4 Hauptghimmelsgegenden von Morgen, Mittag, Abend und Mitternacht, und dies ist das Einzige, was an solchem fehlt. Sonst macht derselbe seinen Kenntnissen viel Ehre. Dies begnügt ihm zu seiner Aufmunterung. Sein affektionirter Friedrich. Potsdam, den 4. Novemb. 1782."

Von dem Lobe Friedrichs des Großen und seiner Feldherrn sind alle seine Schriften voll. Die Rückerinnerung an große Männer. Amsterdam, 1808 u. eine Lobrede auf ihn und den Prinzen Heinrich von Preußen (am 24. Januar 1803 in einer zahlreichen Versammlung zu Berlin gelesen vom Oberst v. M.) zeigt, wie sehr er sich den Geist der Strategie seiner Zeit zu eigen gemacht hatte. So konnte es nicht fehlen, daß die Veränderungen, die nach Friedrichs Tode sowohl in der Politik und Diplomatik, als in der Organisation der Armee immer bemerkbarer wurden, ihn vielfach zum Widerspruch reizen mußten. Wie denn überhaupt die Leidenschaft, mit der er alle Begebenheiten der Zeit verfolgte, die ihn stets mit sich fortriß, daß er seine Ueberzeugung laut und ohne Berücksichtigung von Personen und Verhältnissen auszusprechen wagte, so sehr das Charakteristische seines Lebens ist, daß ohne ein Eingehn in seine Meinungen und Vorschläge, die er in jener Zeit verschiedentlich über einzuführende Verbesserungen in der Landesregierung, Politik und Strategie that, nichts übrig bleiben würde, was die allgemeine Aufmerksamkeit, die ihm geworden ist, erklären könnte. Nur in dem Kampfe gegen das, was er Mißbräuche und das Verderben seiner Zeit nannte, leuchtet der ganze Adel seiner Seele hervor, in ihm liegt außerdem auch die Quelle so mancher Fehlgriffe u. seines spätern Mißgeschicks. Heftig sprach er gegen die Kriege, die unter dem folgenden König in Holland und Frankreich geführt wurden, so wie gegen die endliche Theilung Polens. — Im ersten Kriege war er Hauptmann; er verlor 3 Finger der linken Hand und erhielt den preuß. Verdienstorden. Im französischen Kriege erhielt er durch die Gerechtigkeit und Gnade seines Königs eine Domprābende, ein Landgut in Preuß.-Pohlen (Bialokosz). 1790 wurde er Major und Flügeladjutant, 1800 Oberst im Generalstabe und 1802 Generalquartiermeister-Lieutenant. — Zwar ließ man seiner guten Gesinnung im Ganzen Gerechtigkeit widerfahren; doch konnte es nicht fehlen, daß er durch seine emsige Theilnahme an den öffentlichen Angelegenheiten sich nicht hin und wieder überlästig und durch seine durchgreifenden Urtheile über viele handelnde Personen diesen und ihren Anhängern sehr gehässig machen mußte. So kam das Jahr 1806 heran. Von dem Antheil, welchen M. als Generalquartiermeister des Fürsten Hohenlohe daran nehmen mußte, geben seine historischen Denkwürdigkeiten zur Geschichte des Verfalls des preuß. Staats seit dem J. 1794, nebst seinem Tagebuch über den Feldzug von 1806 (in 2 Theilen) vollständige Nachricht. Außer dieser Schrift sind noch besonders 3 Sendschreiben zu beachten, die er zur Vertheidigung seines Benehmens in diesem Kriege an die Generäle Blücher, Rüchel und an den geh. Kabinetsrath Lombard übersandte. Um in der chronologischen Folge der Begebenheiten zu bleiben, wollen wir aus den angeführten Schriften erst das Wichtigste, was auf den früheren französischen Krieg und die in und nach demselben gestogenen Unterhandlungen Bezug hat, herausheben, wobei wir uns nach der bekannten offnen Gesinnung des Verfassers überzeugt halten, daß an der Wahrheit nichts entstellt seyn wird.

Im J. 1794 gingen alle seine Bemühungen auf Verhinderung des Friedens, aber seine Vorstellungen (im Lager des Feldmarschalls Möllendorf zu Wörstadt) wurden wenig beachtet und zu Kreuznach wurde unterhandelt. „Laut kann ich jetzt erklären“, sagt er in seinem Sendschreiben S. 63, „daß ich diesem Frieden entgegengearbeitet habe und meine Bemühungen wurden von dem Herzoge von Braunschweig unterstützt. Als es noch möglich war, den Krieg gegen Frankreich mit Erfolg zu führen, wünschte ich den Krieg. Als die östr. Niederlande, als Holland, der Rhein und Mainz verloren waren, da wurde es schwer diesen Krieg fortzusetzen und ich glaube nicht, daß wir zu großen Resultaten gelangt wären, wenn wir auch im Jahr 1799 der großen Coalition beigetreten wären. Als endlich Napoleon an der Spitze der französischen Macht stand, war für Preußen keine Rettung als in einem engen Anschließen an Frankreich. Drei Hauptgegenstände waren es, fährt er fort, die ich seit dem J. 1800 wiederholentlich zur Sprache brachte: 1) das System, Preußen im Osten zu befestigen; 2) eine Organisation des Generalquartiermeisterstabes, worüber Hr. von Holtzendorf einen von mir eingesandten Entwurf dem Könige mehrere Monate lang vorenthalten hat; 3) die Erziehung des Kronprinzen nach einer Idee, die ich in einer Lebensbeschreibung des Epaminondas gelesen. Noch im Juli 1806 suchte M. den Frieden vorzuschlagen. Aber schon im Aug. desselben Jahres hielt er eine kraftvolle Rede an seine Kameraden, worin er Napoleons immer deutlicher werdendes Unterdrückungssystem schildert.

Als Generalquartiermeister der Armee hatte er wiederholt darauf angetragen, daß 1) schon vor dem Beginn des Kampfs die Verpflegungsanstalten in einen bessern Zustand gebracht würden und daß eine eigne Comité pour la direction de toutes les operations de la guerre errichtet würde. Man weiß, in welchem Zustand sich das Proviant- und Lazarethwesen in der preuß. Armee damals befand; allein M's Vorschläge (schon im J. 1802 zur Sprache gebracht) wurden, vielleicht weil man seine affektvolle Sprache immer für die eines Träumers hielt, wenig beachtet. Als man die unvortheilhafte Stellung im Norden des Thüringer Waldes eingenommen hatte, sah er die Gefahr, die dem preuß. Heere daraus erwuchs, auf seiner linken Flanke umgangen zu werden. Allein wie früher die von ihm schon zu Anfang Juli 1806 angegebene Idee einer kraftvollen Offensive in Franken und Besetzung der Städte Würzburg und Baireuth mit Geringschätzung behandelt worden war, so geschah es auch jetzt, als er den Rath gab, wenigstens durch eine Bewegung nach den böhm. Gebirgen dem Feinde den Weg durch den Thüringer Wald nach Gera und Naumburg zu sperren. „Am 7. Okt., sagt er, war der Uebergang über die Saale noch leicht und zweckmäßig, am 9. war er noch möglich — aber am 10. war es zu spät.“ Nach dem unglücklichen Gefecht bei Saalfeld war sein Rath, den zwischen Weimar und Erfurt liegenden Ettersberg zu besetzen und sich dadurch den Uebergang über die Unstrut und den nächsten Weg nach der Elbe und Magdeburg zu sichern. Außerdem hätte eine Kolonne die Straße nach Eckartsberga einschlagen müssen. Der Angriff mußte von den Preußen (nach M's Vorschlag) schon am 13. Okt. geschehen. Ein ausdrücklicher Befehl des Herzogs von Braunschweig aber enthielt für den Fürsten von Hohenlohe die Weisung, nicht anzugreifen und sich in keinem Falle vom Hauptquartier abschneiden zu lassen, zugleich den Oberst v. M. zu ihm zu schicken, um, bei der wahrscheinlichen Absicht des Feindes, sich am rechten Saalufer zu concentriren, das Nöthige mit ihm zu verabreden. — Hier war es seine Disposition, daß Holtzendorf den linken Flügel, der Fürst von Hohenlohe die Mitte und General Rüchel den rechten Flügel des Feindes angreifen sollte. Doch gesteht er es als einen Fehler ein, daß er sich der Kantonirung des Holtzendorfschen Detachements nicht widersetzte u. nicht darauf gedrungen habe, daß jener zwar bei dem Dorf Rödichen bivouakirte und daß man sich endlich im Vertrauen auf dieses Korps in der Nacht vom 14. der Ruhe überließ. Indeß war ohne Wissen und Willen des Fürsten der Landgrafen-

und Dornberg in der Nacht vom 12. zum 13. Oktob. verlassen und die bei Vierzehnheiligen ausgestellten Vedetten konnten, wie später die nach Prenzlau geschickten Patrouillen (aus Erschöpfung), nicht mehr ihre Pflicht erfüllen. Als Napoleon unbemerkt den Rand des Saalthales erreichte, ließ man sich gegen die nach den Vorschlägen des Generalquartiermeisters getroffenen Verfügungen unvorsichtiger Weise schon bei den Vorposten in ein Gefecht ein. — „Es gab ungefähr in der Mitte der Schlacht, sagt M. in seiner Schrift: Betrachtungen u. Aufschlüsse üb. die Ereignisse von 1805 und 1806, — einen Moment, wo man nur das Gebot der größten Kühnheit befolgen mußte. Da wurde der Rath (von M. selbst) ertheilt, jetzt sollte man mit gefälltem Bajonett auf den Feind stürzen. Aber in diesem entscheidenden Moment blieb der erwartete Succurs (des General Rüchel) zurück" — und die entscheidende Schlacht war verloren. Befehle, daß die zerstreuten Truppen sich bei Weimar und Liebstadt sammeln sollten, wurden bei der allgemeinen Unordnung nicht befolgt. M. eilte mit Kurierpferden nach Magdeburg, wo möglich von dem König weitere Befehle einzuholen. Er traf ihn nicht mehr. Der nun folgende Rückzug und die Ereignisse bei Prenzlau sind es besonders, die ihm und seinem Chef dem Fürsten von Hohenlohe zum Vorwurf gemacht werden. Man höre dagegen seine Vertheidigung.

Durch die Bewegung der franz. Armee vom 9. — 13. Oktob. und die Besetzung der Naumburger Straße waren die Preußen von dem geraden Wege nach Berlin abgeschnitten. Dieser über Leipzig und Wittenberg stand den Franzosen offen, die geringen Reste der Armee von Auerstädt nahmen also ihren Rückzug über den Harz, um die Elbe und Magdeburg zu gewinnen. Auf diesem ganzen Wege, der über Sömmerda, Sondershausen, Nordhausen, Stolberg, Quedlinburg führt, war der Feind den Preußen beständig im Rücken. Da überdem der größte Theil des Geschützes, des Gepäckes, der Brotwagen verloren gegangen war und keine Löhnung mehr ausgezahlt wurde, so kann man denken, in welchem Zustande die Armee das erste Ziel nach einem mühseligen 6tägigen Marsch erreichte. Aber Magdeburg hatte keine Magazine und die schon lange demoralisirte und desorganisirte Armee mußte den weitern Rückzug nach der Oder antreten, der sich der Feind auf einem 15 Meilen kürzern Wege mit einer wohlgeordneten siegreichen Armee nähern konnte. In diesem Zustande war die Absirung der Kavallerie in Neustadt an der Dosse besonders nachtheilig für das Korps des Fürsten von Hohenlohe: bald blieben alle Rapporte von derselben aus u. von den Bewegungen des Feindes war man noch weniger unterrichtet. Da man alles Vertrauen auf den General Blücher und seine Kavallerie setzte und die Hoffnung, daß er sich mit dem Korps vereinigen möchte, endlich auch noch vereitelt sah, da sich derselbe durch Mecklenburg nach Lübeck zog; als man die zuverlässige Nachricht erhielt, daß die Ueberbleibsel des Schimmelpfennigschen Detachements bei Prenzlau nicht stehen geblieben waren, man also den Feind schon bei Prenzlau vermuthen mußte, als man diesen endlich selbst von der Höhe von Boitzenburg aus erblickte, da schien es durchaus nicht rathsam, den Marsch dahin sogleich anzutreten, was freilich das Korps unbedingt gerettet hätte. Auch der Plan, daß man über Nieden nach Löcknitz den nächsten Weg nach Stettin einschlagen sollte, mußte, so richtig er war, der Aussicht auf eine mögliche Verprovantirung in Prenzlau nachstehen. In Schönemark traf man auf ein Kavallerieregiment und schickte Patrouillen nach Prenzlau, sie kamen nicht zurück; v. M. entschuldigt dies Versehn durch die allgemeine Ermattung der Truppen. Ein Offizier des kommandirenden Generals, der sich erboten hatte, die Patrouille zu machen, kam zurück und meldete: in Prenzlau habe sich kein Feind gezeigt und auf dem Wege sey er keinem begegnet. Als das Korps aufbrach, erschien der Feind gleichzeitig mit demselben vor Prenzlau. Wollte man jetzt noch den Vorsprung auf der Straße nach Stettin gewinnen, so mußten das Stettiner und das Angermünder Thor eilig besetzt werden, ehe der Feind diese umgehen konnte. Bei dieser Gelegenheit wurde v. M. mit dem ersten Parlementär, der an den Fürsten Hohenlohe gekommen war, in das franz. Lager geschickt, angeblich um sich mit dem Marchese Lucchesini zu besprechen, der sich mit dem Kaiser selbst unmittelbar hinter der Armee befinden sollte. Er ritt über eine Brücke und glaubte über die [illegible] (Ucker-) Brücke zu reiten. v. M. traf hier mit den Generalen Lannes u. Victor zusammen; sie schlugen die Kapitulation vor. v. M. war nicht autorisirt hierauf einzugehen. Indeß sah er ein Korps Kavallerie in der Gegend von Grünow und da er sich irrig auf dem rechten Ufer der Ucker wähnte, hielt er dies für eine Kolonne, die auf der Stettiner Straße marschire. Als er zurückritt, sah er auf der Höhe der Vorstadt von Prenzlau zurückgelassene Kanonen und Munitionswagen stehen. In der Vorstadt lagen Todte

Mit Bedauern vernahm man aus den öffentl. Nachrichten über seine letzten Tage, daß nur weniges ganz Unvollendete, unbrauchbare Materialien zu einem Roman, dessen Hauptscene Tyrol während seiner Freiheitskämpfe seyn sollte und zu einer Novelle in H's Pulte gefunden worden seyen. Dies kam daher, daß er zu mehreren seiner Arbeiten nie ein Concept entwarf oder auch nur einen schriftlichen Plan verfertigte, sondern in seinem Kopfe das ganze Bild eines Gegenstandes, den Gang eines Romans, die Reihe seiner Scenen, Verwickelungen und Charaktere vollendete und davon erst das Ganze, wie es darauf mit wenigen Veränderungen zum Druck gegeben wurde, auf das Papier hinschrieb. Wenn gleich durch dieses ausgezeichnete Talent der innern Ausbildung seiner Darstellungen, durch die Angewöhnung, frei von äußern Bedingungen eine klare geistige Anschauung seiner poetischen Schöpfungen zu gewinnen, die einzelne Schöpfung seines Geistes ein abgerundetes und in allen Verhältnissen wohlgegliedertes Ganzes werden und in einem Grundton der Darstellung entstehen mußte, wie sie in einem zusammenhängenden Bilde der innern Vorstellung vorhanden war: so ist den Zurückbleibenden nach dem Tode des Dichters dadurch doch in sofern ein großer Nachtheil geworden, als H. in seinem Kopfe eine Menge von interessanten Notizen, poetischen Bildern und Situationen, merkwürdigen Anekdoten angehäuft hatte, die nun mit ihm der Welt entrissen sind. Indeß ist es gelungen, mehreres noch Ungedruckte von des Dichters Hand, namentlich Dichtungen aus einer frühern Periode, aus seinem Jünglingsalter und den Jahren des akademischen Lebens zu sammeln und solches mit einigen in verschiedenen Zeitschriften zerstreuten Aufsätzen H's zusammenzutragen. Diese Sammlung ist nun unter dem Titel: „Phantasien und Skizzen von Wilhelm H." 1828 erschienen und enthält manche höchst schätzbare Reliquie des geliebten Dichters. — Was dem Ref. immer als das eigenthümliche Talent des Verewigten erschienen war, ist nicht sowohl Schwung der Phantasie, nicht Tiefe des Gefühls und jener heilige Humor, der aus den innersten Gründen des Geistes geheimnißvoll leuchtend, erwärmend, erschütternd hervorsteigt, nicht eine ausgezeichnet seltene Anlage zum historischen Roman u. überhaupt zur epischen Dichtart, sondern Lebendigkeit der Auffassung des Gegebenen, leichter nicht selten etwas tiefer eindringender Witz der Kombination und eine unzerstörbare Anmuth der Form, welche man in manchen Stellen seiner Schriften,

[illegible] von [illegible] Schicksal [illegible]

[illegible] des Herzogthums [illegible] Jahre 1809 [illegible] zoge von Braunschweig [illegible] Regierung [illegible] 1810 [illegible] persönlichen [illegible] Die [illegible] Von den [illegible] von [illegible] bestimmt [illegible] wurde [illegible] noch [illegible] Charaktere [illegible] Unrichtigkeiten [illegible] Sache [illegible] Er [illegible] und von [illegible] Könige [illegible] 1816 [illegible] angenommen, allein seit [illegible] Reihen [illegible]

— Gegen [illegible] J. 1816 [illegible] angelegenheiten [illegible] Würtemberg zu [illegible] 1817 [illegible] Ständeversammlung die von [illegible] ner Familie zugesprochenen [illegible] durch seine frühere [illegible] theidigt, der [illegible]

der Volksklasse, für welche sie gedichtet sind, hervorgegangen. Bei den übrigen Gedichten in dieser Sammlung sind die Unrichtigkeiten der Form allerdings als Fehler zu rechnen. Aber der Tadel muß hier deshalb verstummen, weil diese Gedichte aus der Jünglingsperiode H's herrühren u. die meisten, namentlich alle früher entstandene, von ihm selbst wohl nie zum Drucke gegeben worden wären. Der Reim war für den immer regsamen Sinn des jungen Dichters beengend. Er hat deshalb nur selten in diesen Fesseln sich gehalten. Auch war seine poetische Individualität mehr nach Außen aufs Leben als nach Innen auf Geist und Gemüth gerichtet, mehr epischer als lyrischer Natur. Und so werden denn auch in diesem Nachlaß H's die prosaischen Aufsätze dem Leser mehr genügen, wie sie nach Form und Inhalt der poetischen Richtung und Weise H's mehr entsprechen. Die ganze menschliche Individualität des Dichters spricht sich nicht leicht in einer andern seiner Arbeiten so lebendig und wahr aus, als in dem leider beim Beginn schon abgebrochenen Werkchen: „Ein paar Reisestunden," mit einem Vorwort an Madame Floret, Eigenthümerin des Hôtel de Flandre in Paris, wo H. während seines Aufenthalts in der französischen Hauptstadt gewohnt hatte. Nur einige Morgenstunden im Mainzer Postwagen, mit welchem der Dichter von Saarlouis abgegangen war, sind hier beschrieben, aber sie sind auf eine so launige, gefällige Art beschrieben, daß man beim Lesen sie aus dem Munde des liebenswürdigen Erzählers eben zu vernehmen glaubt. Nicht weniger anziehend sind die früher in Pause's „Eremiten" mitgetheilten „Freie Stunden am Fenster." Zu dem Lieblichsten aber, was je aus Wilh. H's Feder geflossen ist, gehört der Brief, welcher unter der Aufschrift: „Hochzeitgruß an Karl Grüneisen," abgedruckt ist. Wir können uns nicht enthalten, folgende Stelle daraus unsern Lesern vorzulegen. „Wie ich noch klein war, dachte ich mir das Heirathen als eine sehr leichte Sache und wußte nicht, warum die Leute so viel Wesen davon machen und sogar in die Kirche gehen. Ich dachte, sie ziehen zu einander, die beiden Brautleute; er sorgt dafür, daß Geld ins Haus kommt und sie kocht ihm dafür allerlei, was er haben mag und hält Haus. Es ging mir aber damit wie mit dem Confirmiren. Auch bei diesem Actus kamen mir die Menschen und ihre Ceremonien wunderlich vor; die Knaben und Mädchen blieben ja was sie waren und wuchsen unter der Hand des Pfarrers um keinen Zoll. Als ich aber selbst dabei war, da ging es mir in einem andern Lichte auf. Ich that einen kurzen, aber ernsten Blick aufwärts und dann ins Leben vor mir und da kam mir Alles so feierlich vor und hatte eine andere Bedeutung gewonnen. Der Pfarrer trug nichts dazu bei, wohl aber ein Anderer. So, denke ich mir, wird es auch beim Copuliren seyn. Es gibt Augenblicke, wo der Vorhang vor unserer Seele auffliegt, wo wir ahnungsvoll in die Zukunft blicken. Welche reiche Aussicht hat in solchem Moment ein Hochzeiter! Liebe, treue ewige Liebe, und Kindtaufschmäuse und Weihnachtsbäume, die er anzündet und die dennoch auch ihm leuchten, und Spielsachen und das erste Wort des Kindes; und wenn es erst gehen kann und wenn die Mutter es singen lehrt, singen die einfach schönen Lieder des Vaters, die er der Mutter dichtete in den Tagen der Jugend! Und wenn Deine Blicke weiter und immer weiter hinausgehen, wenn Enkel um Euch spielen u. wir am goldenen Abend singen: „Und als Großvater die Großmutter nahm, da war Großvater ein Bräutigam." Schöne Aussicht! und wie feierlich wird sie erst, wenn Dein Auge vorüberstreift am Krankenlager, am Kummer häuslicher Leiden, an mancher thränenschweren Stunde, die Jedes wartet, so lange er auf der Erde geht. Da faßt wohl Deine Hand muthig die Hand der Geliebten, da schaut getrost Dein Auge in ihr Auge, da denkst du wohl: getheilter Schmerz ist halber Schmerz. Und Du hast recht; auch Leiden zu theilen mit der Geliebten muß süß seyn, denn unglücklich ist nur der Einsame." (S. 163 bis 166.) Diese gemüthliche heitere Lebensanschauung und Darstellungsweise hat den Dichter von der Wiege bis zum Grabe begleitet; und wenn man alle seine Briefe, alle seine für engere Kreise verfaßten Aufsätze oder Reden, bis auf die kleinsten Billets herab, sammeln könnte und dürfte, so würde man sich von der durchgängigen Heiterkeit, Anmuth und Laune seines Wesens überzeugen.

Wie viele köstliche Blüthen und Früchte jugendlichen Geistes konnte ein solches Leben, das seine Autorlaufbahn so glänzend im Lenze des Lebens begann, das überall heitere Anklänge fand und lebendige Bilder aufnahm, bei längerm Verweilen auf der Erde hervorrufen!

Von den vielen Gedichten, die zur Todtenfeier des Entschlummerten erschienen, fügen wir nur folgende zwei seiner Lebensbeschreibung an:

Auf
Wilhelm Hauff's
frühes Hinscheiden.

Dem jungen, frischen, farbenhellen Leben,
Dem reichen Frühling, dem kein Herbst gegeben,
Ihm lasset uns zum Todtenopfer zollen
Den abgeknickten Zweig — den blüthenvollen!

Noch eben war von dieses Frühlings Scheine
Das Vaterland beglänzt. — Auf schroffem Steine,
Dem man die Burg gebrochen, hob sich neu
Ein Wolkenschloß, ein zauberhaft Gebäu.
Doch in der Höhle, wo die stille Kraft
Des Erdgeists — räthselhafte Formen schafft:
Am Fackellicht der Phantasie entfaltet,
Sah'n wir zu Heldenbildern sie gestaltet;
Und jeder Hall, in Spalt' und Kluft versteckt,
Ward zu beseeltem Menschenwort erweckt.

Mit Heldenfahrten und mit Fechtertänzen,
Mit Satyrlarven und mit Blumenkränzen
Umkleidete das Alterthum den Sarg,
Der heiter die verglühte Asche barg:
So hat auch Er, dem unsre Thräne thaut,
Aus Lebensbildern sich den Sarg erbaut.

Die Asche ruht — der Geist entfleugt auf Bahnen
Des Lebens, dessen Fülle wir nur ahnen,
Wo auch die Kunst ihr himmlisch Ziel erreicht
Und vor dem Urbild jedes Bild erbleicht.

Ludwig Uhland.

Sein Freund, der ehrwürdige Friedrich Haug in Stuttgart, feiert Hauff's Hinscheiden mit folgenden Distichen:

Mutter und Gattin, o klagt! O klagt, ihr Geschwister und Freunde!
Den Ihr liebtet, der Euch liebte, der Bildner ist todt! —
Nein! Du Verklärter, vergib! Scheinleben ist hier, und ein wahres
Besseres Leben beginnt dort mit den Wonnen des Siegs.
Ja, Dich empfing, voll Brüderlichkeit, Dein Genius jenseits,
Und Dir enthüllen sich fern Welten zu Thaten. Du lebst,
Lebst, und bildest auf besserem Stern wohl Seelen der Kinder,
Maler der Pflichten zugleich, Lebensverschönerer auch.
Biedrer, wir singen Dein Lob, und weinen's, und jegliche Thräne
Ist von köstlichem Schmuck, hohen entschiedenen Werths.

die Erkenntniß auch jedes [illegible] in [illegible] [illegible]. Mehrere kleine Schriften aus dieser Zeit, wie u. [illegible] auch Ue u. Napoleon [illegible] u. [illegible] Lage der Welt u. [illegible] seine zwei Dramen nach Friedrichs Tode, zeigen die bewegte Stimmung, mit der er [illegible] der letzten Entscheidung von Preußens Schicksal entgegensah.

Gegen das [illegible] ging er auf sein Gut Bialokosz bei Posen, wo er durch den Frieden von Tilsit Unterthan des Herzogthums Warschau wurde. Hier schrieb er die oben erwähnten Denkwürdigkeiten. Auf diese [illegible] im Jahre 1809 [illegible] Bände seiner Memoiren mit dem [illegible] über meine Verhältnisse zu [illegible] Herzoge von Braunschweig folgen. Die [illegible] Regierung [illegible] [illegible] [illegible] 1810 wissen, daß sie ihm [illegible] vor Gefahren seiner persönlichen Sicherheit [illegible], [illegible] wenn er mit Bekanntmachung derselben fortfahre. Die bereits gedruckte Auflage wurde [illegible] und unterdrückt. — Indeß erhielt er [illegible] vom Fürsten Poniatowsky, in den Generalstab zu treten. Doch sein Herz hing an Preußen. Von dem erhaltenen Antrage gab er dem Staatskanzler von Hardenberg Nachricht, der ihn in seiner Anhänglichkeit an Preußen durch Zusagen weiterer Aufmerksamkeit bestärkte. Dabei wurde ihm der Abschied vorenthalten, wiewohl er [illegible] seit dem Ende jenes Kriegs weder Gage noch Pension mehr erhielt. Indessen wurde sein öffentlicher Charakter verschiedentlich, in den europäischen Annalen, in den Mém. pour l'histoire des années 1805 à 1806 de Lombard, durch feindliche Darstellungen verunglimpft. Eine Art von Rechtfertigungsschriften in der Gallerie preuß. Charaktere erschienen, hatte durch in die Augen springende Unrichtigkeiten seiner Sache mehr geschadet, als genützt. Er, in seiner Ehre gekränkt und in seiner äußern Lage gedrängt, erwartete eine günstigere Zeit, sich vor der Welt und vor seinem Könige zu rechtfertigen. Im J. 1813 wurde sein Anerbieten, dem Vaterlande zu dienen, nicht angenommen, allein sein ältester Sohn kämpfte mit in den Reihen der für dessen Vertheidigung aufgebotenen Krieger. — Gegen Ende des J. 1816 wurde M. durch Familienangelegenheiten veranlaßt, eine Reise in sein Geburtsland Würtemberg zu machen und 1817 übernahm er in der Ständeversammlung die ihm von dem verstorbenen König seiner Familie zugesprochene Virilstimme. Schon war er durch seine früher ausgesprochenen Grundsätze als Vertheidiger der freien Volksvertretung bekannt; darum

früher erfahrene despotische Behandlung. Eine zweite, die wiederholte Verweigerung des geforderten Abschieds, nöthigte ihn, der nicht einmal würtemb. Unterthan, sondern Mitglied der freien Reichsritterschaft war, zur direkten Ausübung seiner natürlichen Freiheit.

Dann, im Geiste schon lange mit dem Bilde Friedrichs des Großen beschäftigt, konnte er dem innern Drange zuletzt nicht widerstehen, dem großen Manne, dessen Thaten beständig vor seiner Seele schwebten, entgegen zu eilen und Herz und Hand zu seinem Dienste zu bieten. — Auf die Dedikation einer Zeichnung von dem Lager bei Sontheim unweit Heilbronn und eine Uebersetzung von Bezout's Werke: Sur la nature de la ligne courbe, que forment dans leur marche les boulets de canon, hatte er von dem Könige bereits ein aufmunterndes Schreiben erhalten. Den 1. Nov. 1782 kam er nach Potsdam. Er selbst hat in einer kleinen Schrift: „Mein Eintritt in den preuß. Dienst" die geringfügigen Umstände, die aber für sein Leben und seine Gesinnungen entscheidend waren, dem Publikum, als es sich für seine Person zu interessiren anfing, bekannt gemacht. Nachdem er sich nämlich einem Examen bei dem Obersten von Pfau und Oberstlieutenant Graf d'Heinze unterzogen, gestattete ihm der König eine huldvolle Audienz, in der dieser nach manchen prüfenden Fragen auch sein Verhältniß zum Herzog berührte und sich bei dieser Gelegenheit über dessen Benehmen mißfällig äußerte. Der König beauftragte in der Folge den preuß. Legationsrath Madweis in Stuttgart, ihm von der würtemb. Regierung seinen Abschied auszuwirken, als aber dessen Verwendungen in dieser Hinsicht fruchtlos blieben, erlaubte ihm der König den freien Eintritt in sein Korps de génie unter der einstweiligen Voraussetzung, daß seine Ehre von jedem Vorwurf gerechtfertigt sey.

Der Brief, den Friedr. bei dieser Gelegenheit an ihn richtete, scheint uns so interessant, daß wir ihm einen Platz an dieser Stelle nicht versagen können: „Vester, Lieber, Besondrer! Seine Aufnahme von der Saarmundschen Gegend ist sehr wohl gerathen. Ich gebe derselben meinen ganzen Beifall. Eines aber hat er doch auf dem Plane vergessen. Man bemerkt auf solchen wenigstens die 4 Haupthimmelsgegenden von Morgen, Mittag, Abend und Mitternacht, und dies ist das Einzige, was an solchem fehlt. Sonst macht derselbe seinen Kenntnissen viel Ehre. Dies bezeugt ihm zu seiner Aufmunterung. Sein affektionirter Friedrich. Potsdam, den 1. Novemb. 1782."

die Völker hätten Kredit. Endlich daß die Rechnungen der ständischen Sustentationskasse nach Verfluß von je 10 Jahren gedruckt werden, wenn die Ursachen, warum die Ausgaben gemacht werden mußten, rein historisch geworden sind. — Die Preßfreiheit, die Wahlen müssen auf eine sichere Basis gestellt werden u. die letzteren dürfen, wenn sie frei sein sollen, nicht unter der Leitung der königlichen Oberamtmänner stehen." — Als v. M. durch diese Ansichten, die seinen schon früher ausgesprochenen Grundsätzen völlig entsprachen, aber in einer leidenschaftlichen Sprache abgefaßt waren, den königlichen Verfassungsentwurf am 2. Juli 1827 bekämpft hatte, brachte er am 4. Juli die bekannte Eingabe zu Wege, worin auf eine völlige Umänderung jenes Entwurfs angetragen wurde, wozu man die Ernennung gemeinschaftlicher Kommissarien von Seiten der Regierung und der Stände vorschlug.

Freilich war die Hartnäckigkeit, mit welcher die Deputirten an einer gewissen republikanischen Freiheit hingen, Schuld, daß das schöne Einverständniß zwischen dem König und den Bevollmächtigten seines Volks bald verschwand. Die Deputirten wurden entlassen. Namentlich gab sich die Unzufriedenheit des Hofes gegen v. M. kund. Man kann auch hier glauben, daß er nur im Gefühl seines Rechts gesprochen, aber man supponirte Absichten, die er nicht hatte und seine Gegner suchten ihn als einen Feind des Königs darzustellen. Auch war er unter denen, welche sogleich nach der Auflösung der Ständeversammlung aus der Stadt verwiesen wurden und kaum gelang es ihm sich den gewaltsamen Maßregeln der Polizei zu entziehen, die ihn noch in einer Entfernung von 6 Meilen von Stuttgart zu verfolgen drohte. Er wandte sich hierauf nach Heidelberg, wo einer seiner Söhne studiren sollte. Allein die von der Stadtpolizei ihm ertheilte Erlaubniß zu dortigem Aufenthalte wurde wenige Tage darauf auf höheren Befehl zurückgenommen und da v. M's. Anfrage nach den Gründen dieses Verfahrens ohne Erfolg blieb, so wandte sich derselbe nach Frankfurt a. M., wo er eine Reklamation wegen des wider ihn beobachteten Verfahrens bei der Bundesversammlung anbrachte. Am 18. August wurde diese öffentlich ausgetheilt, an eben dem Tage, an welchem ein preußischer Offizier (Hauptmann v. Koelchen), dort eintraf u. v. M's. Arretirung und zugleich seine Auslieferung im Namen seines Königs zu begehren. — v. M. wurde als Arrestant auf die Festung Küstrin gebracht die Untersuchung seiner Sache auf sein Ansuchen [illegible] nerallieutenants v. Diericke und Bogalowsky und als der Letzte bald darauf starb, dem Generalmajor v. Holtzendorf und dem Kriminalrath v. Grattuader übertragen. — Die nächtliche Verhaftung, noch mehr die Auslieferung an einen Staat, für dessen Unterthan sich v. M. schon seit 10 J. nicht mehr halten zu können glaubte, erregte allgemeine Aufmerksamkeit, um so mehr, da der Antheil, den man schon lange an seinem Schicksal genommen, durch die neuesten Ereignisse in Würtemberg noch erhöht war. Berühmte Rechtsgelehrte (wie der Weimarsche Geh. Justiz- und O. A. Gerichtsrath Martin zu Jena u. d. k. baiersche Ober Justizrath Hornthal zu Bamberg), boten sich als Vertheidiger seiner Sache an. Man tadelte das Benehmen der Regierung der freien Stadt Frankfurt, in die Auslieferung eines Mannes, der den Schutz des deutschen Bundes angesprochen und der als würtembergischer Landstand auch Unterthan dieses Landes sei, an einen fremden Staat gestattet zu haben, dessen Ansprüche an seine Bürgerpflicht und Rechte an seine Person schon seit 10 J. erloschen seien. Die Vermuthungen über den Grund der Verhaftung waren sehr getheilt. Einige glaubten, die freien Aeußerungen v. M's. in der würtembergischen Ständeversammlung hätten bei der preußischen Regierung diese Maßregel veranlaßt; Andere, daß die Untersuchung über die Kapitulation von Prenzlau noch einmal beginnen werde; noch Andre, die einen so veralteten Gegenstand nicht mit der ungewöhnlichen Eile vereinigen konnten, womit man ihn, einen 60jährigen Greis, der sich nie der Flucht verdächtig gemacht, überrascht hatte, glaubten schnell einem Gerücht, daß v. M. seinem Diensteide zuwider Plane, Urkunden, Nachrichten, die ihm als Amtsgeheimnisse anvertraut waren, öffentlich bekannt gemacht habe, worauf sich aber nur so viel antworten läßt, daß eine vorsichtige und wohlgeordnete Regierung wie die preußische ist, schwerlich Papiere von so wichtigem Inhalte in den Händen eines zurückgesetzten, gekränkten und dabei mit einer Untersuchung bedrohten Mannes 10 J. lang werde gelassen haben, ohne daß einer Rückforderung bisher auch nur erwähnt worden sei. Die angebotene Vertheidigung wurde aber von der kön. pr. Regierung zurückgewiesen, theils weil es den Landesgesetzen zuwider laufe, im Auslande wohnende Defensoren zuzulassen, theils weil auch v. M. nur wegen seiner militärischen Vergehen zur Rechenschaft gezogen sei. Da dieser jedoch im Verlauf der Untersuchung von dem edeln Anerbieten jener Männer in Kenntniß gesetzt wurde, erklärte er selbst in einem Schreiben (datirt vom 7. Nov. 1817), „daß keineswegs wegen seiner politischen Ansichten und Meinungen, sondern nur wegen eines Verstoßes gegen den militärischen Dienst, dessen er sich wirklich schuldig gemacht habe, die gegenwärtige Untersuchung über ihn verhängt und bisher mit Gerechtigkeit und Humanität geführt worden sei." Aber auch dieses unumwundene Eingeständniß des Betheiligten beruhigte die Gemüther nicht: es erschienen Eingaben in der Altonaer, in der Mainzer Zeitung, in der Minerva, daß das Ergebniß dieser Untersuchung gegen einen Mann, dessen Schicksale in ganz Deutschland so viel Interesse erregt' zur öffentlichen Kenntniß gebracht werden möchte. Indessen wurde v. M. durch die niedergesetzte Kommission seiner persönlichen Freiheit verlustig erklärt. Als er diese später durch die bekannte Milde des preußischen Königs zurückerhielt, war seine Kraft schon gebrochen und er konnte sich des erhaltenen Geschenks nicht lange mehr freuen. Durch einen sanften und schnellen Tod (am Schlagfluß) endigte er im 70. J. sein bewegtes Leben zu Bialokosz, von einer Gattin und 3 liebenden Kindern beweint.

So schwankend auch die einzelnen Data sind, die die Geschichte seines Lebens bilden, so offen liegt sein Wollen und Denken in seinen Schriften vor uns, deren Zahl nicht unbedeutend ist. Sachkenntniß und rednerisches Talent sind darin wohl nicht zu verkennen und so wenig sie unter den Umständen, unter welchen sie geschrieben sind, gewirkt haben mögen, so werden ihnen doch noch lange Leser bleiben, die sich an der Wärme seines Ausdrucks erfreuen. Man wird sehen, daß der Mann nie seine patriotische Gesinnung gegen den preußischen Staat, den er sein zweites und sein wahres Vaterland nennt, darin verleugnet. Die hohe Verehrung für das Genie Friedrichs des Großen trug er später auf Napoleon über, doch nur so lange als er in ihm nicht den Feind seines Königs sah. — Er erklärte den Kaiser Napoleon für einen zweiten Weltheiland, dem Keiner zu widerstehen vermöchte und der dazu berufen sei, wie einst Luther in der Religion, eine heilsame Reformation in der Staatsverwaltung u. Politik zu bewirken. — Die Schrift, die der Bearbeitung dieser Biographie M's. zum Grunde liegt, charakterisirt ihn auch ausführlicher als Schriftsteller. Die politischen und militärischen Urtheile, heißt es dort, die v. M. in seinen Memoiren fällt, haben wohl nicht durchaus objective Klarheit, aber er hatte Gelegenheit und

* 378. Johann Esaias von Seidel,

Königl. baier. Kommerzienrath, Mitglied des Civilverdienstordens der baier. Krone, Besitzer einer Buchhandlung und Buchdruckerei zu Sulzbach;

geb. d. [illegible]. April 1758, gest. d. 20. Novbr. 1827.

Er war der 4. Sohn eines sehr würdigen Geistlichen, welcher Oberpfarrer der Grafschaft Ortenburg gewesen u. gehört unter die ausgezeichneten Männer, welchen die Vorsehung die Aufgabe zu lösen gibt, unter ihrem heiligen Walten aus sich selbst schöpfend zu schaffen, den kleinen Fond irdischer Glücksgunst durch Kraft des Geistes, trotz aller Hindernisse, zu einiger Bedeutenheit zu vermehren und durch edle Benutzung des Errungenen ein Segen Vieler nahe und ferne zu werden. Sein Name ist daher nicht nur im Baierschen, sondern im ganzen deutschen Vaterlande und selbst außerhalb seiner Grenzen weithin geachtet, wie ihn auch Einzelne verkannt haben sollten. — Fast ganz vermögenslos übernahm er aus Pflichtgefühl, gewinnreichere Anträge zurückweisend, die in einen verblühten Zustand gerathene Buchdruckerei einer geachteten Tante in Sulzbach, alle Verbindlichkeiten eines redlichen Käufers erfüllend; durchreiste Nord- und Süddeutschland und gewann durch das reine Gepräge der unverstellten Biederkeit bald viele Freunde unter den deutschen Buchhändlern. Der junge aufstrebende Mann, der die Literatur nicht als das Mittel für seinen Gewinn allein ansah, sondern vom Anfang bis ans Ende die Presse heilig hielt, als ein Mittel für die Gedankenmittheilung in den größten Interessen sowohl des geistigen als des bürgerlichen Lebens, erhielt auch den Beifall Carl Theodors, Kurfürsten von Baiern so sehr, daß er nicht nur tax- u. siegelfrei zum Kommerzienrath ernannt wurde, sondern auch in Hinsicht des lästigen Zwanges der damaligen Münchner Censur Erleichterung erhielt und die Produkte seiner Presse nur der Sulzbacher Behörde vorlegen durfte. — Carl Theodors Nachfolger, der unvergeßliche Maximilian Joseph, beglückte v. S. mit besonderm Wohlwollen, wenn gleich der Realisirung der huldvollen Gesinnungen oft Hindernisse entgegenstanden, die schmerzliche Verluste nach sich zogen. Dem freisinnigen Wunsche dieses Monarchen, daß S., obgleich Protestant, was damals allerdings etwas zu sagen hatte, eine Buchhandlung in Amberg errichten möchte, wurde von Seite des Aufgeforderten mit

Kraftanstrengung genügt. — Bald darauf bot ihm der liberale Fürst die Hand zur Begründung einer Buchdrukkerei und Buchhandlung in München selbst, mit dem Versprechen, daß ihm ein schickliches Lokal käuflich sollte überlassen werden. Mit Ueberwindung mancher Schwierigkeiten bei diesem Unternehmen hatte er auch wirklich das Gebäude eines ehemaligen Frauenklosters erkauft, wurde aber in der Zeit bedenklich krank und kehrte mit zerrütteter Gesundheit von München zu den Seinigen zurück, wo er ½ Jahr tödlich darniederlag. Der Plan nach München zu ziehen, mußte aufgegeben werden. Der große Nachtheil, welcher dem unternehmenden Mann daraus erwuchs, bestimmte den König Maximilian Joseph, ihn dadurch zu entschädigen, daß jenes erkaufte Kloster von S. selbst wieder veräußert werden durfte. Wirklich boten sich dazu vortheilhafte Anträge, deren einer 15000 Fl. und der andere ein ganz neu erbautes Haus zum Gewinn gebracht haben würde. Mit seltenem Edelmuthe schlug aber v. S. diese Anerbietungen aus, gab das Gebäude uneigennützig dem Staat zurück, ertrug still den dadurch bedeutend sich vergrößernden Verlust, daß die ganz allein auf München berechnete, bereits begonnene Herausgabe der Weltchronik eingestellt werden mußte und bat blos um Ueberlassung eines Gebäudes in Sulzbach. — Dieß wurde ihm zugesichert und er hatte das Salesianerinnen-Kloster daselbst im Auge. Schon war er entschlossen, da dieß nicht sogleich aufgehoben wurde, nach Nürnberg zu ziehen, wo ihm eine Buchhandlung als dem stärksten Gläubiger schon früher zugefallen war, als er die wirkliche Aufhebung jenes Klosters erfuhr. Da ihm aber nun wegen Ueberlassung desselben viele Schwierigkeiten bereitet wurden, so übernahm er an dessen Stelle das durch die Kriegszeiten im Innern ganz ruinirte Schloßgebäude gegen die Hingabe des dem Vaterlande zur Ehre gereichenden v. Widder'schen Werkes aller baierischen Münzen und Sigillen. Hier fand der thätige Mann ein Stück Arbeit, welches Viele würde abgeschreckt haben, aber Muth und Beharrlichkeit und der aus seinem menschenfreundlichen Herzen kommende Wunsch, den Handarbeit treibenden Einwohnern Sulzbachs Beschäftigung zu geben, ließ ihn mit einem großen Aufwande ein Werk vollenden, dessen Inneres und Aeußeres den Geist dessen verkündigt, der es vollendete. Ueberhaupt belebte ihn stets ein reger Eifer nicht nur zu gewinnen, sondern zu nützen. Er druckte Vieles ganz unentgeldlich, setzte in der Zeit der Theurung den Anbau des Schloßber-

gab. Der ehemalige [illegible] von [illegible] machen, auch im [illegible] die Hungernden zu ernähren. — Was er für Sulzbach nach dem i. J. [illegible] erfolgten furchtbaren Brand, der die halbe Stadt in Asche gelegt hatte, wirkte, ist unbeschreiblich. Davon zeugen unter andern die vermittelst [illegible] zweimal gedruckten und überall hingesandten Aufforderungen, erfolgte dreifache Sammlung, welche er übernahm.

Als Anerkennung seines Verdienstes um die Stadt Sulzbach wurde ihm die goldene Civilverdienstmedaille und der wohlverdiente Ausdruck des Beifalles seines Königs zu Theil, später nach der Feier der [illegible] Regierung Maximilian Josephs übersandte ihm sein erhabener Landesvater, begleitet von einem sehr huldvollen Schreiben, die goldene Jubelmedaille. — Unter die Verdienste, welche sich der Verlebte um die Literatur nicht allein, sondern um die ganze Stadt erwarb, gehört auch die Verbesserung der [illegible] in vielen [illegible] gebrauchten verbesserten Gebetbüchern des Pater Cochem. Er ließ solche umarbeiten und verschaffte [illegible] der katholischen Geistlichkeit ein [illegible] Hülfsmittel zur Privatandacht unter dem gemeinen Volke. Ein verdienstvolles und willkommenes Unternehmen von ihm war auch der Verlag von [illegible] (seines Schwagers) Predigten. Bei Herausgabe der [illegible] und der [illegible] Gesänge an die Christen hatte er keinen andern als [illegible] Zweck im Sinne; u. wenn er bisweilen streng beurtheilt wurde, daß er als Protestant so viele katholische Bücher u. unter ihnen auch polemische druckte und verlegte, so war man wohl nicht davon unterrichtet, daß er sich der Verbindlichkeit hiezu bei Uebernahme der Druckerei des Katholiken [illegible] in Sulzbach unterziehen mußte. — Ein erwünschtes Unternehmen würde es für ihn gewesen seyn, wenn er die Herausgabe der römischen und griechischen Klassiker des Herrn Dr. Schäfer in Leipzig hätte besorgen können. Diesen bereits besprochenen Plan mußte er aber aufgeben, weil man in München ein ähnliches, ihm in Absicht des Drucks zu überlassendes — aber nach Jahren noch nicht begonnenes Unternehmen für die baierschen Schulen beabsichtigte. — Eine Gesellschaft von Freunden der Bibelverbreitung in Nürnberg hatte sich i. J. 1816, ermuthigt durch die von dem eben in jener Stadt anwesenden rühmlich bekannten Sekretär der brittischen u. ausländischen Bibelgesellschaft, Hrn. Dr. Steinkopf, gemachte Versprechen ansehnlicher Unterstüung, mit v. S. über den Bibeldruck berathen, als ihrem Wirken gleich nach der ersten öffentlichen Ankündigung, durch Versagung Allerhöchster Genehmigung, schon im ersten Beginnen ein Ziel gesetzt wurde. Man gab die wichtige Sache indessen nicht auf und v. S. wirkte fortdauernd für sie mit der größten und lebhaftesten Thätigkeit. Als i. J. 1824 ein Central-Bibelverein nach Allerhöchster Bestimmung in Nürnberg errichtet wurde, legte er Proben von drei verschiedenen für diesen Verein bestimmten Bibelausgaben dem königlichen Oberkonsistorium vor, welche den Allerhöchsten Beifall erhielten. Da aber der Central-Bibelverein vom königlichen Konsistorium in Ansbach die Aufforderung erhielt, neben den höchst billigen und sichern v. Seidelschen Anträgen, auch die Vortheile der Herausgabe eines eigenen Drucks der Bibel mit Stereotypen in Berathung zu ziehen, so sah er sich durch die Resultate dieser Berathung gedrungen, die Besorgung einer solchen Stereotypenausgabe in gr. 8. zu unternehmen. Nachdem er bereits angefangen hatte, die stehenden Lettern für die beschlossenen 3 Bibelausgaben gießen zu lassen, setzte er dieses kostspielige Unternehmen auch fort u. führte es rühmlich aus, ohne für seine große Octavausgabe einen Absatz an den Central-Bibelverein erwarten zu dürfen. — Dieß, so wie früher die schnelle Einführung des neuen Gesangbuchs, vermehrte die v. Seidelsche Pressen damals bis auf 19, welche sich nach und nach wieder auf 13 verminderten. Einen sehr vortheilhaften Antrag wegen 2 englischen Druckmaschinen wies er nur darum standhaft zurück, weil er lieber weniger gewinnen, als in einer kleinen Stadt, in welcher kein lebhafter Verkehr statt findet, auch nur Einen seiner Arbeiter brodlos machen wollte. — In diesem kleinen Umrisse werden alle die ihn gekannt, den Verewigten wieder erkennen und ihm, der manches Gute förderte und bereit war zu dienen und zu helfen, wo er nur leise eine Veranlassung fand, ihre Achtung nicht versagen. — Was er einer edlen Gattin und seinen geliebten Kindern, unter welchen 2 Söhne, die des Vaters Werk fortsetzen, und was er seinen Freunden gewesen, würde eine besondere, für diese Blätter aber nicht geeignete Schilderung erheischen.

---

* 374. Dorotheus Ludwig Christoph Graf von Keller,

Kön. preuß. Kammerherr, Staatsminister und vormals Gesandter an mehreren Höfen, Ritter des großen rothen Adlerordens 1. Kl. und des kurheß. Löwenordens Großkreuz ꝛc. — zu Stedten a. d. Gera bei Erfurt;

geb. d. 19. Febr. 1737, gest. d. 22. Nov. 1827.

Dieser allgemein geachtete und verdienstvolle Staatsmann wurde zu Gotha geboren und war der älteste Sohn des im J. 1766 auf seinem Gute Stedten bei Erfurt verstorbenen herzogl. Sachsen-Gothaschen, früher würtembergschen, Staatsministers Freihrn. v. K., welcher 7 unerzogene Kinder unter der Pflege einer noch jungen wackern Mutter, aus dem reichsfreiherrl. Geschlechte der v. Mauchenheim, genannt Bechtelsheim, hinterließ, die aber auch schon im J. 1781 in einem Alter von 49 J. ihr schönes thätiges Leben endete.

Während des in ländlicher Einsamkeit im mütterlichen Hause bis zum 16. Lebensjahre mit den übrigen Geschwistern genossenen Privatunterrichts zeigte sich schon früh bei dem Hingeschiedenen ein ganz besonderer Hang zu seinem nachherigen Beruf, indem derselbe in seinen Erholungsstunden nicht nur sich mit geschichtlicher und statistischer Lektüre unterhielt, sondern auch aus seines verstorbenen Vaters Briefwechsel mit einigen berühmten Staatsmännern des vorigen Jahrhunderts sich eine belehrende Unterhaltung verschaffte. Nach beendigtem Privatunterricht besuchte v. K. die Hochschulen Göttingen und Straßburg. Auf ersterer hörte er bei Pütter Rechtswissenschaft, insbesondere deutsches Staatsrecht, so wie unter Schlözer Geschichte und Statistik. Nach Beendigung seiner 3jährigen Studien wendete er sich, zwar ohne eine Anstellung zu erhalten, nach Erfurt und übte sich unter den Augen und im Kabinet des wohlwollenden damaligen kurmainzischen Statthalters Freiherrn v. Dalberg in Regierungs- und Justizgeschäften. — Während dessen wurde v. K. bereits vor Ablauf des J. 1776 nach seinem eigenen Wunsche nach Berlin zum Legationsrath in der Pepiniere des Departements der auswärtigen Angelegenheiten berufen. Kaum war er aber gegen Ende Jan. 1777 dahin abgereist, als er nicht nur bald darauf (5. Febr.) gedachte Stelle, sondern auch gleichzeitig die Kammerherrnwürde erhielt. Sich für die Zukunft auszubilden und ges-

zu machen, beschäftigte er sich theils mit Lesen gesandtschaftlicher Acten, theils mit Bearbeitung einiger Kanzleigegenstände, die aber während des baierschen Erbfolgekriegs, weil die Kabinetsminister zu Friedensunterhandlungen nach Schlesien abgereist waren, abnahmen. Dies veranlaßte ihn, da er sich nach der ihm eigenthümlichen Thätigkeit nicht beschäftigt genug fand, aus selbst eigenem Antrieb die große Herzbergsche Deduction in der baierschen Erbfolgestreitigkeit in die französische Sprache, welche er sich besonders zu eigen gemacht hatte, überzutragen. Diese von dem Minister v. Herzberg sehr gebilligte Arbeit wurde jedoch durch den Teschener Frieden unterbrochen. Des v. K's Wunsch, den zum Gesandten nach Petersburg ernannten Staatsminister Grafen v. Görtz dahin begleiten zu dürfen, wurde von dem Minister v. Herzberg möglichst begünstigt, jedoch von Seiten des ersten Kabinetsministers Grafen v. Finckenstein Bedenken getragen, solches dem Könige vorzutragen, weil zu damaliger Zeit solche Anstellungen der Legationsräthe bei den Gesandtschaften nicht üblich waren. Indessen brachte der Kabinetsminister Gr. v. Finckenstein bald darauf zur Besetzung der preußischen Gesandtschaft in Schweden nicht nur sämmtliche für die diplomatische Laufbahn bestimmte Legationsräthe in Vorschlag, sondern empfahl dem Könige vorzüglich den v. K. Obgleich dieser an Jahren sowohl als an Dienstzeit der jüngste war, so wurde er doch von dem Könige zum Nachfolger des Grafen v. Nostitz in Schweden ernannt, wohin er sich im Monat December 1779 über Dänemark begab und noch vor Ende Jan. 1780 seine Antrittsaudienz am schwedischen Hofe erhielt. — Nicht lange nachher begannen im Norden die Seeneutralitätsverhandlungen, welche der englisch-amerikanische Krieg herbeiführte. Dem jungen Gesandten gelang es, den Beitritt des schwedischen Hofes zu dem zwischen Preußen und Rußland über diesen Gegenstand abgeschlossenen Staatsvertrag zu bewirken und durch sein vorsichtiges Benehmen sich den Beifall beider Höfe zu erwerben.

Sein unaufgefordertes Erscheinen am letzten Krankenlager der verwittweten Königin Luise Ulrike (Friedrichs II. Königs v. Preußen Schwester) auf ihrem Landsitze Svartsjöe, drei Tage vor ihrem am 13. Juli 1782 erfolgten Ableben, war von einigem Nutzen für die Aussöhnung dieser Fürstin mit ihrem Sohne dem Könige, welcher am Tage, wo sich der preußische Gesandte zur Königin begeben hatte, nach einer 4jährigen Trennung der Königl. Mutter, den ersten Besuch auf der Insel des Mälarsees abstattete.

Bei einem während der in den J. 178¾ unternommenen Reise des Königs von Schweden nach Italien und Frankreich erhaltenen Urlaub äußerte v. K. in Berlin den Wunsch einer baldigen Versetzung. Es eröffnete sich auch nicht lange nach seiner Rückkehr in Schweden für ihn die Aussicht zu einer andern Gesandtschaft; doch wurde er erst im J. 1785, nachdem Graf v. Görtz auf sein Verlangen von Petersburg zurückberufen worden war, dem Könige zu dessen Nachfolger vorgeschlagen und bald darauf als solcher ernannt. Im Mai 1786 verließ er Stockholm, reiste jedoch nicht sogleich nach Rußland, sondern nach Berlin, wo bald nachher Friedrich II. starb. Gleich nach erfolgtem Todesfall wurde die auf Allerhöchsten Befehl bereits in Petersburg bekannt gemachte Ernennung des neuen Gesandten bestätigt. Diese Gesandtschaft gewann sowohl durch die russischen Kriege mit der Pforte und Schweden, als durch die Verwickelung der polnischen Angelegenheiten sehr bald an Wichtigkeit; als aber die Zurückberufung des kaiserl. russ. Gesandten, Grafen Romanzow, von Berlin die Versetzung des preuß. Gesandten von Petersburg nach Holland herbeigeführt hatte, wo 1787 durch die preuß. Waffen die Wiedereinsetzung des oranischen Hauses in die Erbstatthalterwürde bewirkt worden war, mußte v. K. dennoch seinen Aufenthalt in Rußland bis im Sommer 1789 fortsetzen, um den an seine Stelle ernannten Grafen v. d. Goltz zu erwarten. Durch diesen Umstand kam er selbst um den ihm zugedacht gewesenen Vermittelungsauftrag, den der geheim. preuß. Finanzrath Graf v. Borke in Schweden erhielt, nachdem die dänischen Truppen als Verbündete der Russen in das dortige Gebiet eingefallen waren.

Nicht lange nach seiner Zurückkunft in Berlin, wo sich damals, der Erbstatthalter ausgenommen, das ganze oranische Haus zum Besuch befand, wurde die dem v. K. im Mai 1788 ertheilte allgemeine Stiftsanwartschaft in eine specielle auf eine Domdignität zu Camin umgewandelt, von welcher jedoch die Erledigung erst lange nachher und zwar nach Auflösung des Domstifts eintrat. Vor dem Abgang nach dem Haag, wo v. K. jedoch erst 1790 eintraf, bekam er noch ein öffentlich belohnendes Anerkenntniß seiner treu geleisteten Dienste durch die Erhebung in den Grafenstand.

Während eines wenige Monate nach dem Antritt

neuen Gesandschaftspostens erhaltenen kurzen Urlaubs, vermählte sich Gr. v. K. in Aachen mit der einzigen Tochter des 7 J. später zu Neda verstorbenen russ. Gen. Lieut. a. D. Grafen v. Wittgenstein-Berleburg, dessen einziger Sohn, russischer General der Kavallerie, durch den Feldzug von 1812 rühmlichst bekannt worden ist.

Die Unruhen in Belgien erzeugten im Herbst 1790 lange Konferenzen und Unterhandlungen mehrerer in Haag versammelter Minister von mehrern Staaten, durch deren Vermittelung eine Convention unterzeichnet wurde, wodurch die Niederlande ihre alte Verfassung wieder erlangten. — Zu Anfange Aprils 1793 nahm Gr. v. K. auf Veranlassung einer ihm von dem Chef des preuß. Hülfskorps, Herzog Friedrich von Braunschweig-Oels, zugesandten Estaffette Theil an der von dem östreichischen Feldmarschall Prinzen von Sachsen-Koburg vorgeschlagenen Konferenz in Antwerpen mit dem Herzog v. York, dem Erbstatthalter, den sein Erbprinz (jetziger König der Niederlande) und mehrere andern Diplomaten begleiteten, bei welcher der Plan des Feldzugs verhandelt, wie auch ein unter unerfüllt gebliebenen Voraussetzungen bereits abgedrucktes Manifest des Prinzen von Sachsen-Koburg abgeändert wurde.

Als zu Ende des folgenden Jahres am 27. Dec. 1794 die Franzosen über den zugefrorenen Waal gegangen waren, sandte Gr. v. K. Tags darauf eine Estaffette aus dem Haag über Hamburg nach Berlin, mit einem, durch die nur zu bald von dem Erfolg vollkommen bestätigten Voraussetzung des bei fortdauerndem Frost, in weniger als drei Wochen zu erwartenden Umsturzes der holländischen Republik, merkwürdigen Bericht.

In Gemäßheit der in Hamburg vorgefundenen, aus Berlin eingetroffenen Erlaubniß, begab er sich nun zu seinen Verwandten im Herzogthum Holstein, wohin nach bereits 3monatlichem Aufenthalte in Emden seine eigene Familie geflüchtet war und brachte diese nachher zu Ende des Sommers nach Thüringen. Hier wurde ihm auf des Königs Befehl von den Kabinetsministern, als der königliche Gesandte in Mainz, Graf v. d. Goltz, nach Spanien bestimmt war, dessen Posten am kurmainzischen Hofe, bis zur Erledigung eines bedeutendern, angetragen. Graf v. d. Goltz jedoch vertauschte die Gesandtschaft in Mainz nicht mit der am spanischen Hofe und Gr. v. K. blieb nach auf seinem Landsitze, bis er im April 1797 nach Berlin berufen wurde, um sich zu der durch die Zurückberufung des Marchese Lucchesini erledigten Gesandtschaft am k. k. Hofe vorzubereiten. Im Dec. des schon bezeichneten Jahres traf Gr. v. K. in Wien ein, wo kurz darauf die Nachricht von dem Ableben des preußischen Monarchen einging, dessen Nachfolger, Friedrich Wilhelm III., ihn nicht nur in dieser Eigenschaft bestätigte, sondern auch bei jedesmaliger Anwesenheit ihn dahin berief. Im J. 1798 erhielt Gr. v. K. zu Neiße in den schmeichelhaftesten Ausdrücken unmittelbar aus den Händen des Königs den großen rothen Adlerorden. — Bewogen durch die Vermehrung seiner schon zahlreichen Familie, so wie durch die übernommene Selbstbewirthschaftung seines ländlichen Eigenthums, suchte er nun (1805) um seine Zurückberufung nach, welche derselbe auch mit Wartegeld und einem vorläufigen königl. Vorbehalte zu besondern Aufträgen im Auslande erhielt. Im Herbst begab er sich auf dem nächsten Weg über Prag und Eger nach Thüringen und erst gegen Ende des folgenden Winters auf 2 Monate nach Berlin. Auf seiner Rückreise nach Thüringen seinen Wohnort noch nicht erreicht, wurde er auf eine sehr ehrenvolle Art in die Königsstadt wieder zurückberufen.

Aus mancherlei Ursachen nämlich wurde damals die Zuziehung eines zweiten Kabinetsministers für dienlich gehalten. — Man hatte diese Stelle dem Gr. v. K. zugedacht. — Indessen hatten sich bald darauf die Sachen anders gestaltet und die politischen Verhältnisse die Ernennung eines zweiten Kabinetsministers weniger nothwendig gemacht, indem sich die Thätigkeit des neuen Kabinetsministers größtentheils nur auf die Kanzleidirektion hätte beschränken müssen. Gr. v. K. glaubte daher den dafür ihm bestimmten Gehalt nicht annehmen zu dürfen und Se. Maj. der König genehmigten seine Rückkehr zum frühern Ruhestand.

Einige Monate nach der bei Jena (1806) gelieferten Schlacht begab sich Gr. v. K. nach Oestreich, um durch die unmittelbare Kommunikation zwischen diesem neutralen Lande und den noch nicht eroberten preußischen Provinzen nützen zu können. Das Schreiben aus Wien, worin er dem Könige seine Dienste wieder anbot, hatte sich einer sehr gnädigen Aufnahme zu erfreuen, allein der bald nachher abgeschlossene Tilsiter Frieden, machte ihn im Erfurtschen zum französischen, so wie im Eichsfelde zum westphälischen Unterthan und er erhielt auf sein zweites Schreiben (vor Antritt der Rückreise von Wien nach Thüringen) vom Könige in den huldvollsten Ausdrücken die Antwort:

Se. Maj. trügen Bedenken unter so veränderten Umständen durch Wiederanstellung in dem preußischen Dienst ihn bei dem Haupt und einigen Gliedern des Rheinbundes vielen Unannehmlichkeiten auszusetzen. Indessen vermied er selbst mit der größten Sorgfalt jede Berührung sowohl mit dem westphälischen Hofe zu Kassel, als mit der französischen Behörde zu Erfurt. Nachdem er aber im Wahlkollegium zum Mitglied der westphälischen Stände erwählt worden war, nahm er in d. J. 180$\frac{8}{10}$ Theil an den zwei ständischen Versammlungen zu Kassel. Bei der ersten erhielt er von 92 anwesenden Mitständen 86 Stimmen zu einer der 5 Stellen in der ständischen Finanzkommission, welche bedeutende Stimmenzahl wahrscheinlich dem Könige Hieronymus, der sich die Ernennung der ständischen Kommissionspräsidenten vorbehalten hatte, veranlaßte, ihm das Präsidium dieser Finanzkommission zu übertragen.

Zu Anfang der zweiten Versammlung (1810), wo er im Scrutinio zu er Wahl der Finanzkommission sich um so weniger die eigene Stimme gab, als er und die übrigen Mitglieder der Finanzkommission von 1808 ganz laut den Wunsch der Nichtwiedererwählung ausgesprochen hatten, wurde Gr. v. K. abermals von seinen Mitständen und zwar einstimmig zur Finanzkommission berufen, deren Vorsitz ihm auch wieder zu Theil wurde. Nicht lange nach Eröffnung der ersten Versammlung wurde ihm von Seiten des westphälischen Hofes zuerst eine Stelle im Staatsrathe u. in der Präfectur zu Kassel angetragen u. gleich darauf eine ohne letztere, aber mit Aussicht auf eine damals bekanntlich sehr einträgliche Generaldirection: allein er weigerte sich darauf einzugehen. Bei Anfang jeder der zwei ständischen Versammlungen übertrugen ihm seine sämmtlichen Kollegen die ihm gar nicht angenehme Entwerfung der gewöhnlichen Dankaddresse, ein Geschäft, womit im französischen corps législatif eigene Kommissionen beauftragt wurden. Der von ihm französisch abgefaßte, von den Ständen dem Könige in feierlicher Audienz überreichte und von ihrem Präsidenten laut abgelesene Aufsatz, wurde zuerst von dem Abt Henke in Helmstädt, das zweitemal von dem kürzlich auch verewigten Kanzler Niemeyer in Halle, welche Beide auch Mitglieder der ständischen Versammlung waren, in die vaterländische Sprache übergetragen. Diese Dankaddresse erhielt beidemale, des Hofes sowohl, als der Mitstände Beifall. Ganz besonders erfreute den Verfasser die Zufriedenheit der anwesenden hessischen Mitstände aus den Departements Fulda und Werra, die ihm herzlich mit der Bemerkung dankten: er sage dem Hofe gefällige Sachen, ohne das Glück der Einwohner Westphalens zu preisen; worauf er erwiederte: Letzteres könne er unmöglich gegen seine Ueberzeugung sagen, er müsse aber scheinen, der westphälischen Regierung die Absicht zuzuschreiben, ihre Unterthanen zu beglücken. Bei einer solchen Stimmung schadete ihm in der öffentlichen Meinung die Ernennung zum Ritter des neu errichteten Ordens der westphälischen Krone um so weniger, als das nämliche Ehrenzeichen ebenfalls dem Präsidenten der beiden andern ständischen Kommissionen ertheilt wurde.

Gegen Ende des J. 1810 konnte er nicht länger dem innern Drange widerstehen, noch einmal in Berlin dem Könige seine ehrfurchtsvolle Anhänglichkeit zu bezeugen. Als ihn daselbst ganz unerwartet (Ende Jan. 1811) der großherzogl. Frankfurter Antrag einer Gesandtschaft zu Paris zukam, begab er sich sogleich zum königl. Staatskanzler, mit der Bitte, den König davon zu benachrichtigen, wie auch von Sr. Maj. die gnädigste Bestimmung der nach Aschaffenburg zu sendenden Antwort einzuholen; wobei von ihm nur die Bemerkung hinzugefügt wurde, daß die Annahme jenes Antrages und der zugleich angebotenen Würde eines großherzogl. Staatsministers wenigstens ein Mittel abgeben könne, in Kassel jeder Wiederholung der frühern Dienstanträge zuvorzukommen. Dieses Benehmen erhielt den vollkommensten Beifall des Königs, welcher die Annahme des großherzogl. Dienstes unter der Versicherung anrieth, daß solche bei etwaiger Veränderung der Umstände durchaus keine nachtheilige Folge für den Gr. v. K. haben sollte; dessen Gemahlin auch unterdessen, so lange er in fremden Diensten bliebe, der Genuß der Pension ihres Ehegatten, so wie solche 1808 festgesetzt worden war, förmlich zugesichert würde.

In Paris gelang es ihm nach einigen Monaten durch einen mit dem Meister du domaine extraordinaire, Grafen Defermont geschlossenen, durch Napoleons eigenhändige Unterschrift bestätigten Vertrag, die französische Forderung an das Großherzogthum Frankfurt, von mehr als 5,888,000 Franken, auf 2,180,000 herab u. den Rückkauf der Staatsgüter in der Grafschaft Hanau u. dem Fürstenthum Fulda, für 6,000,000 Franken zu Stande zu bringen; wodurch er sich, wie der Großherzog oft mit dem lebhaftesten Danke erkannte, um das Großherzogthum sehr verdient machte. Eine für die gute Sache in Deutschland günstige Veränderung hoffte er dennoch (1813) so gewiß, daß, als ihm zu einer Reise dahin in Paris die nöthigen Pässe, zwar nicht förmlich abgeschlagen wurden, jedoch nach vielfältigen Erinnerungen ihre Ausfertigung nicht zu erlangen war, er den Weg nach der Schweiz einschlug, wo es ihm gelang, mit einem alten Paß vom J. 1812 durchzukommen; welches, als man es in Paris erfuhr, dort für ein dreistes Wagestück angesehen wurde. Selbst der in Aschaffenburg residirende Großherzog war darüber, ungeachtet des selbst gegebenen Urlaubs, sehr betroffen, bis er erfuhr, daß dem Gr. v. K. nach seiner Ankunft in Frankfurt a/M. von dem französischen Gesandten ein großes Diner gegeben worden war. Nun wurde Gr. v. K. in Aschaffenburg auf das beste empfangen; doch veranlaßten die so eben angezeigten vorhergegangenen Umstände den Großherzog, seinem Gesandten am französischen Hofe zu erklären, daß ihm die Rückkehr dahin nicht zugemuthet werde, sondern er seinen künftigen Aufenthalt als Staatsminister in Aschaffenburg nehmen und daselbst den ganzen gesandtschaftlichen Gehalt fortbeziehen solle. Auch wurde ihm zuvor erlaubt, erst noch eine Reise nach Thüringen zu machen. Hier befand er sich noch im denkwürdigen Monat October, begleitete sodann von Gotha aus den unter den Verbündeten zuerst dahingekommenen russ. Feldherrn Grafen v. Wittgenstein, seinen Schwager, nach dessen Hauptquartier Friedberg in der Wetterau; so wie auch nach Frankfurt a/M., wo er sogleich eilte, dem König von Preußen die freudigste Huldigung mit dem Wunsche der Wiederanstellung im königl. Dienst darzubringen, welches von Sr. Maj. höchst gnädig aufgenommene Gesuch an den Staatskanzler zum gutachtlichen Vorschlag gewiesen wurde.

Während der Besprechungen über diesen Gegenstand, kam der durch den glücklichen Erfolg der verbündeten Waffen in die Regierung seiner angeerbten Staaten wieder eingesetzte, aber durch den Tod beinahe aller in Geschäften mit den großen Höfen gebrauchten Diener beraubte Kurfürst von Hessen nach Frankfurt a/M. und bezog daselbst eine Wohnung in dem zufällig von dem Gr. v. K. schon bewohnten Hause, wodurch jener Fürst bald Gelegenheit erhielt, ihm die bereits vorher durch den preußischen Gesandten v. Hänlein mitgetheilten Anträge zu bestätigen, daß er im kurfürstl. Geheimenrathe als Minister die erste Stelle, dabei auch noch vor der Hand die wichtige Gesandtschaft bei den drei verbündeten Monarchen übernehmen möchte. Auf Anrathen des preußischen Staatskanzlers, weil im königl. Dienste noch keine angemessene Stelle ofsen war, entschloß sich Gr. v. K. zur Annahme des kurhessischen Dienstes, jedoch nur unter der ausdrücklichen Bedingung, nach Herstellung des Friedens sich wieder zurückziehen zu können. Er folgte nun den verbündeten Heeren nach Paris; erlebte dort, nach Wiedereinsetzung der Bourbons, den Abschluß des Friedens und ließ sich noch bewegen, zum Wiener Kongreß zu gehen, wo er mit Beifall die kurhessischen Geschäfte führte und ihm der kurfürstl. geh. Regierungsrath v. Lepel als zweiter Bevollmächtigter zugegeben wurde. Er unterzeichnete die in dem großen Kongreßvertrag aufgenommene deutsche Bundesakte nicht nur für Kurhessen, sondern auch für Braunschweig, nachdem er in den zwei letzten Monaten des Kongresses mit der durch den Herzog selbst in Kassel ausgewirkten kurfürstl. Genehmigung, die Geschäfte für Braunschweig geführt hatte. Vorher war er von dem fürstl. gesandtschaftlichen Verein am Kongreß zu den vorzüglich wichtigen Verhandlungen mit den Bevollmächtigten der größern Höfe deputirt worden. Letzteres war der Fall bei den Unterhandlungen wegen des Beitritts zu der Quadrupelallianz, die durch Napoleons Wiedererscheinen in Frankreich veranlaßt wurde, welchen Beitritt nachher sämmtliche Bevollmächtigte der Fürsten und freien Städte gemeinschaftlich unterzeichneten.

Nach der Rückkehr von Wien verließ Gr. v. K. den kurhessischen Dienst, und indem er wieder in die Würde eines königl. preuß. Staatsministers trat, übernahm er dabei zuerst das Organisationskommissariat des Erfurter Regierungsbezirks im Sommer 1815, in welchem Jahre er auch als königl. Kommissarius zur Ausführung des mit Weimar geschlossenen Staatsvertrags die wechselseitigen Uebergaben und Uebernahmen besorgte. Zu Anfange April 1816 übernahm er das Chefspräsidium der Regierung zu Erfurt; zu welcher Zeit die Erfurter Akademie gemeinnütziger Wissenschaften ihn zu ihrem Präsidenten erwählte. Im nämlichen Jahre besorgte er auch vermöge besonderer königl. Vollmachten die Ausführung der mit den fürstl. Schwarzburgschen Häusern geschlossenen Staatsverträge. Das Erfurter Regierungspräsidium verließ er am 1. Oct. 1817 mit Beibehaltung der gesandtschaftlichen Geschäfte bei den sächs. Höfen Ernestinscher Linie, bei den Herzogen von Anhalt und den fürstl. Schwarzburgschen und Reußischen Häusern; und zwar um so lieber, als er vorher eigentlich nur das Civilgouvernement des einzigen Erfurter Gebiets gewünscht hatte, wie ihm solches von dem Groß-

[illegible] Gesandtschaftsposten erhaltenen [illegible] vermählte sich Herr v. K. in Aachen mit der einzigen Tochter des 7 J. später zu Nidda verstorbenen russ. Gen. Lieut. v. D. Grafen v. Wittgenstein-Berleburg, dessen einziger Sohn, russischer General der Kavallerie, durch den Feldzug von 1812 rühmlichst bekannt worden ist.

Die Unruhen in Belgien erzeugten im Herbst 1790 lange Konferenzen und Unterhandlungen mehrerer in Haag versammelter Minister von mehrern Staaten, durch deren Vermittelung eine Convention unterzeichnet wurde, wodurch die Niederlande ihre alte Verfassung wieder erlangten. — Zu Anfange Aprils 1793 nahm Hr. v. K. auf Veranlassung einer ihm von dem Chef des Preuß. Hülfskorps, Herzog Friedrich von Braunschweig-Oels, zugesandten Estaffette Theil an der von dem östreichischen Feldmarschall Prinzen von Sachsen-Koburg ausgeschriebenen Konferenz zu Antwerpen mit dem Herzog v. York, dem Großstatthalter, dem Erbprinzen (jetzigen König der Niederlande) und mehrern andern Diplomaten [illegible], bei welcher der Plan des Feldzugs verhandelt, und auch ein [illegible] gebildetes [illegible] bereits abgedrucktes Manifest des Prinzen von Sachsen-Koburg abgeändert wurde.

Als zu Ende des folgenden Jahres, im Dec. 1794 die Franzosen über den zugefrornen Waal gedrungen waren, sandte Hr. v. K. Nachts darauf eine Estaffette aus dem Haag über Hamburg nach Berlin, mit einem, leider die nur zu bald [illegible] vollkommen [illegible] Voraussetzung der [illegible] fortdauernden Frost, [illegible] als drei Wochen zu erwartenden Umsturzes der [illegible] Republik, merkwürdigen Bericht.

Zur Gemäßheit der in Hamburg vorgefundenen [illegible] Berlin eingetroffenen Erlaubniß, begab er sich [illegible] [illegible] des Herzogs von Holstein, [illegible] bereits [illegible] Aufenthalts in Minden [illegible] milie geflüchtet war und brachte [illegible] Sommers nach Thüringen. Hier wurde ihm auf des Königs Befehl von den Kabinetsministern, als der königliche Gesandte in Mainz, Graf v. d. Golz, nach Spanien bestimmt war, dessen Posten am kurmainzischen Hofe [illegible] zur Erledigung eines bedeutendern, angetragen [illegible] v. Golz jedoch vertauschte die Gesandtschaft in Mainz nicht mit der am spanischen Hofe, [illegible] blieb [illegible] auf seinem Landsitze, bis er im April 179[illegible] nach Berlin berufen wurde, [illegible] des Marchese Lucchesini erledigten Gesandtschaft am k. k. Hofe vorzubereiten. Im Dec. des schon bezeichneten Jahres traf Gr. v. K. in Wien ein, wo kurz darauf die Nachricht von dem Ableben des preußischen Monarchen einging, dessen Nachfolger, Friedrich Wilhelm III., ihn nicht nur in dieser Eigenschaft bestätigte, sondern auch bei jedesmaliger Anwesenheit ihn dahin berief. Im J. 1798 erhielt Gr. v. K. zu Neiße in den schmeichelhaftesten Ausdrücken unmittelbar aus den Händen des Königs den großen rothen Adlerorden. — Bewogen durch die Vermehrung seiner schon zahlreichen Familie, so wie durch die übernommene Selbstbewirthschaftung seines ländlichen Eigenthums, suchte er nun (1805) um seine Zurückberufung nach, welche derselbe auch mit Wartegeld und einem vorläufigen königl. Vorbehalte zu besondern Aufträgen im Auslande erhielt. Im Herbst begab er sich auf dem nächsten Weg über Prag und Eger nach Thüringen und erst gegen Ende des folgenden Winters auf 2 Monate nach Berlin. Auf seiner Rückreise nach Thüringen seinen Wohnort noch nicht erreicht, wurde er auf eine sehr ehrenvolle Art in die Königsstadt wieder zurückberufen.

Aus mancherlei Ursachen nämlich wurde damals die Zuziehung eines zweiten Kabinetsministers für dienlich gehalten. — Man hatte diese Stelle dem Gr. v. K. zugedacht. — Indessen hatten sich bald darauf die Sachen anders gestaltet und die politischen Verhältnisse die Ernennung eines zweiten Kabinetsministers weniger nothwendig gemacht, indem sich die Thätigkeit des neuen Kabinetsministers größtentheils nur auf die Kanzleidirektion hätte beschränken müssen. Gr. v. K. glaubte daher den dafür ihm bestimmten Gehalt nicht annehmen zu dürfen und Se. Maj. der König genehmigten seine Rückkehr zum frühern Ruhestand.

Einige Monate nach der bei Jena (1806) gelieferten Schlacht begab sich Gr. v. K. nach Oestreich, um durch die unmittelbare Kommunikation zwischen diesem neutralen Lande und den noch nicht eroberten preußischen Provinzen nützen zu können. Das Schreiben aus Wien, worin er dem Könige seine Dienste wieder anbot, hatte sich einer sehr gnädigen Aufnahme zu erfreuen, allein der bald nachher abgeschlossene Tilsiter Frieden, machte ihn im Erfurtschen zum französischen, so wie im Eichsfelde zum westphälischen Unterthan und er erhielt auf sein zweites Schreiben (vor Antritt der Rückreise von Wien nach Thüringen) vom Könige in den huldvollsten Ausdrücken die Antwort:

Se. Maj. trügen Bedenken unter so veränderten Umständen durch Wiederanstellung in dem preußischen Dienst ihn bei dem Haupt und einigen Gliedern des Rheinbundes vielen Unannehmlichkeiten auszusetzen. Indessen vermied er selbst mit der größten Sorgfalt jede Berührung sowohl mit dem westphälischen Hofe zu Kassel, als mit der französischen Behörde zu Erfurt. Nachdem er aber im Wahlkollegium zum Mitglied der westphälischen Stände erwählt worden war, nahm er in d. J. 180$^{8}_{10}$ Theil an den zwei ständischen Versammlungen zu Kassel. Bei der ersten erhielt er von 92 anwesenden Mitständen 86 Stimmen zu einer der 5 Stellen in der ständischen Finanzkommission, welche bedeutende Stimmenzahl wahrscheinlich dem Könige Hieronymus, der sich die Ernennung der ständischen Kommissionspräsidenten vorbehalten hatte, veranlaßte, ihm das Präsidium dieser Finanzkommission zu übertragen.

Zu Anfang der zweiten Versammlung (1810), wo er im Scrutinio zu der Wahl der Finanzkommission sich um so weniger die eigene Stimme gab, als er und die übrigen Mitglieder der Finanzkommission von 1808 ganz laut den Wunsch der Nichtwiedererwählung ausgesprochen hatten, wurde Gr. v. K. abermals von seinen Mitständen und zwar einstimmig zur Finanzkommission berufen, deren Vorsitz ihm auch wieder zu Theil wurde. Nicht lange nach Eröffnung der ersten Versammlung wurde ihm von Seiten des westphälischen Hofes zuerst eine Stelle im Staatsrathe u. in der Präfectur zu Kassel angetragen u. gleich darauf eine ohne letztere, aber mit Aussicht auf eine damals bekanntlich sehr einträgliche Generaldirection: allein er weigerte sich darauf einzugehen. Bei Anfang jeder der zwei ständischen Versammlungen übertrugen ihm seine sämmtlichen Kollegen die ihm gar nicht angenehme Entwerfung der gewöhnlichen Dankaddresse, ein Geschäft, womit im französischen corps législatif eigene Kommissionen beauftragt wurden. Der von ihm französisch abgefaßte, von den Ständen dem Könige in feierlicher Audienz überreichte und von ihrem Präsidenten laut abgelesene Aufsatz, wurde zuerst von dem Abt Henke in Helmstädt, das zweitemal von dem kürzlich auch verewigten Kanzler Niemeyer in Halle, welche Beide auch Mitglieder der ständischen Versammlung waren, in die vaterländische Sprache übergetragen. Diese Dankaddresse erhielt beidemale, des Hofes sowohl, als der Mitstände Beifall. Ganz besonders erfreute den Verfasser die Zufriedenheit der anwesenden hessischen Mitstände aus den Departements Fulda und Werra, die ihm herzlich mit der Bemerkung dankten: er sage dem Hofe gefällige Sachen, ohne das Glück der Einwohner Westphalens zu preisen; worauf er erwiederte: Letzteres könne er unmöglich gegen seine Ueberzeugung sagen, er müsse aber scheinen, der westphälischen Regierung die Absicht zuzuschreiben, ihre Unterthanen zu beglücken. Bei einer solchen Stimmung schadete ihm in der öffentlichen Meinung die Ernennung zum Ritter des neu errichteten Ordens der westphälischen Krone um so weniger, als das nämliche Ehrenzeichen ebenfalls dem Präsidenten der beiden andern ständischen Kommissionen ertheilt wurde.

Gegen Ende des J. 1810 konnte er nicht länger dem innern Drange widerstehen, noch einmal in Berlin dem Könige seine ehrfurchtsvolle Anhänglichkeit zu bezeugen. Als ihn daselbst ganz unerwartet (Ende Jan. 1811) der großherzogl. Frankfurter Antrag einer Gesandtschaft zu Paris zukam, begab er sich sogleich zum königl. Staatskanzler, mit der Bitte, den König davon zu benachrichtigen, wie auch von Sr. Maj. die gnädigste Bestimmung der nach Aschaffenburg zu sendenden Antwort einzuholen; wobei von ihm nur die Bemerkung hinzugefügt wurde, daß die Annahme jenes Antrages und der zugleich angebotenen Würde eines großherzogl. Staatsministers wenigstens ein Mittel abgeben könne, in Kassel jeder Wiederholung der frühern Dienstanträge zuvorzukommen. Dieses Benehmen erhielt den vollkommensten Beifall des Königs, welcher die Annahme des großherzogl. Dienstes unter der Versicherung anrieth, daß solche bei etwaiger Veränderung der Umstände durchaus keine nachtheilige Folge für den Gr. v. K. haben sollte; dessen Gemahlin auch unterdessen, so lange er in fremden Diensten bliebe, der Genuß der Pension ihres Ehegatten, so wie solche 1808 festgesetzt worden war, förmlich zugesichert würde.

In Paris gelang es ihm nach einigen Monaten durch einen mit dem Meister du domaine extraordinaire, Grafen Defermont geschlossenen, durch Napoleons eigenhändige Unterschrift bestätigten Vertrag, die französische Forderung an das Großherzogthum Frankfurt, von mehr als 5,888,000 Franken, auf 2,130,000 herab u. den Rückkauf der Staatsgüter in der Grafschaft Hanau u. dem Fürstenthum Fulda, für 6,000,000 Franken zu Stande zu bringen; wodurch er sich, wie der Großherzog oft mit dem lebhaftesten Danke erkannte, um das Großherzogthum sehr verdient machte. Eine für die gute Sache in Deutschland günstige Veränderung hoffte er dennoch (1813) so gewiß, daß, als ihm

Herzog von Frankfurt bestimmt gewesen war, als dieser noch glaubte, Napoleon würde in Gemäßheit seines Versprechens ihm dieses kleine Land überlassen. — So viel über das Schaffen und Wirken des Gr. v. K. als Staatsdiener. — Uebrigens war derselbe, wie aus dem Erzählten zu ersehen, bei großer Anhänglichkeit u. Liebe an u. zu seinem Könige ein sehr treuer Beamter. — Auf dem mannichfaltig wechselnden Hofleben und in der politischen Welt hatte er sich mancherlei und wichtige Erfahrungen gesammelt. Seine angenehmste Beschäftigung und Unterhaltung, auch noch in seinem Alter bestand in der Lectüre französischer und lateinischer Klassiker. Der Horatius war einer seiner liebsten Schriftsteller, aus welchem der Verewigte ganze Stellen recitirte. — Das Gute zu fördern war er jederzeit bereit, Anderer Leiden, selbst mit der größten Aufopferung zu mildern, machte er sich zur Pflicht und gewährte ihm Freude. Im gesellschaftlichen Umgange bewies er viel Liebenswürdigkeit und Feinheit in seinem Betragen. Seine noch lebende Gemahlin und hinterlassenen acht Kinder liebte er über Alles. Er litt an einer Flechte (herpes exedens) unterm rechten Knie, welche schon im J. 1811 von einem großen Umfange war. Viele Jahre hindurch in Karlsbad gebrauchte Bäder führten große Erleichterung herbei, nachdem aber der Verewigte solche seit 10 J. unterlassen hatte, entstand allgemein Cachexie; es entwickelte sich ein Zehrfieber, seine Kräfte schwanden und er entschlummerte im 71. Lebensjahre zum bessern Seyn.

Erfurt. Major v. Lindemann.

* 875. Georg August Freiherr v. Kinkel,

Königl. baierscher Generallieutenant und Kämmerer, Inhaber des 11. königl. Linien-Infanterieregiments und Großkreuz des pfälzischen Löwenordens — zu Nürnberg;

geb. i. J. 1741, gest. d. 26. Novbr. 1827.

Heilbronn am Neckar ist sein Geburtsort. Die Liebe zu den Waffen führte ihn in früher Jugend schon in kurpfälzische Militärdienste, wo er sich durch Talente sowohl, wie durch die Gunst des Kurfürsten Carl Theodor schnell emporschwang. Die friedlichen Zeiten nach dem Hubertsburger Frieden, die nur auf einen Augenblick durch den baierschen Erbfolgekrieg gestört wurden, gaben dem tapfern Offizier keine Gelegenheit zu Auszeichnungen, bis endlich die französischen Revolutionskriege begannen, denen v. K. in der Eigenschaft eines kurfürstlichen Obersten bei-

sen war, entschloß sich Gr. v. K. zur Annahme des kurhessischen Dienstes, jedoch nur unter der ausdrücklichen Bedingung, nach Herstellung des Friedens sich wieder zurückziehen zu können. Er folgte nun den verbündeten Heeren nach Paris, erlebte dort, nach Wiedereinsetzung der Bourbons, den Abschluß des Friedens und ließ sich noch bewegen, zum Wiener Kongreß zu gehen, wo er mit Beifall die kurhessischen Geschäfte führte und ihm der kurfürstl. geh. Regierungsrath v. Lepel als zweiter Bevollmächtigter zugegeben wurde. Er unterzeichnete die in dem großen Kongreßvertrag aufgenommene deutsche Bundesakte nicht nur für Kurhessen, sondern auch für Braunschweig, nachdem er in den zwei letzten Monaten des Kongresses mit der durch den Herzog selbst in Kassel ausgewirkten kurfürstl. Genehmigung, die Geschäfte für Braunschweig geführt hatte. Vorher war er von dem fürstl. gesandtschaftlichen Verein am Kongreß zu den vorzüglich wichtigen Verhandlungen mit den Bevollmächtigten der größern Höfe deputirt worden. Letzteres war der Fall bei den Unterhandlungen wegen des Beitritts zu der Quadrupelallianz, die durch Napoleons Wiedererscheinen in Frankreich veranlaßt wurde, welchen Beitritt nachher sämmtliche Bevollmächtigte der Fürsten und freien Städte gemeinschaftlich unterzeichneten.

Nach der Rückkehr von Wien verließ Gr. v. K. den kurhessischen Dienst, und indem er wieder in die Würde eines königl. preuß. Staatsministers trat, übernahm er dabei zuerst das Organisationskommissariat des Erfurter Regierungsbezirks im Sommer 1815, in welchem Jahre er auch als königl. Kommissarius zur Ausführung des mit Weimar geschlossenen Staatsvertrags die wechselseitigen Uebergaben und Uebernahmen besorgte. Zu Anfange April 1816 übernahm er das Chefspräsidium der Regierung zu Erfurt; zu welcher Zeit die Erfurter Akademie gemeinnütziger Wissenschaften ihn zu ihrem Präsidenten erwählte. Im nämlichen Jahre besorgte er auch vermöge besonderer königl. Vollmachten die Ausführung der mit den fürstl. Schwarzburgschen Häusern geschlossenen Staatsverträge. Das Erfurter Regierungspräsidium verließ er am 1. Oct. 1817 mit Beibehaltung der gesandtschaftlichen Geschäfte bei den sächs. Höfen Ernestinischer Linie, bei den Herzogen von Anhalt und den fürstl. Schwarzburgschen und Reußischen Häusern; und zwar um so lieber, als er vorher eigentlich nur das Civilgouvernement des einzigen Erfurter Gebiets gewünscht hatte, wie ihm solches von dem Großherzog von Frankfurt bestimmt gewesen war, als dieser noch glaubte, Napoleon würde in Gemäßheit seines Versprechens ihm dieses kleine Land überlassen. — So viel über das Schaffen und Wirken des Gr. v. K. als Staatsdiener. — Uebrigens war derselbe, wie aus dem Erzählten zu ersehen, bei großer Anhänglichkeit u. Liebe an u. zu seinem Könige ein sehr treuer Beamter. — Aus dem mannichfaltig wechselnden Hofleben und in der politischen Welt hatte er sich mancherlei und wichtige Erfahrungen gesammelt. Seine angenehmste Beschäftigung und Unterhaltung, auch noch in seinem Alter bestand in der Lektüre französischer und lateinischer Klassiker. Der Horatius war einer seiner liebsten Schriftsteller, aus welchem der Verewigte ganze Stellen recitirte. — Das Gute zu fördern war er jederzeit bereit, Anderer Leiden, selbst mit der größten Aufopferung zu mildern, machte er sich zur Pflicht und gewährte ihm Freude. Im gesellschaftlichen Umgange bewies er viel Liebenswürdigkeit und Feinheit in seinem Betragen. Seine noch lebende Gemahlin und hinterlassenen acht Kinder liebte er über Alles. Er litt an einer Flechte (herpes exedens) unterm rechten Knie, welche schon im J. 1811 von einem großen Umfange war. Viele Jahre hindurch in Karlsbad gebrauchte Bäder führten große Erleichterung herbei, nachdem aber der Verewigte solche seit 10 J. unterlassen hatte, entstand allgemein Cachexia; es entwickelte sich ein Zehrfieber, seine Kräfte schwanden und er entschlummerte im 71. Lebensjahre zum bessern Seyn.

Erfurt. Major v. Lindeman.

* 375. Georg August Freiherr v. Kinkel,

königl. baierscher Generallieutenant und Kämmerer, Inhaber des 11. königl. Linien-Infanterieregiments und Großkreuz des pfälzischen Löwenordens — zu Nürnberg;

geb. i. J. 1741, gest. d. 26. Novbr. 1827.

Heilbronn am Neckar ist sein Geburtsort. Die Liebe zu den Waffen führte ihn in früher Jugend schon in kurpfälzische Militärdienste, wo er sich durch Talente sowohl, wie durch die Gunst des Kurfürsten Carl Theodor schnell emporschwang. Die friedlichen Zeiten nach dem Hubertsburger Frieden, die nur auf einen Augenblick durch den baierschen Erbfolgekrieg gestört wurden, gaben dem tapfern Offizier keine Gelegenheit zu Auszeichnungen, bis endlich die französischen Revolutionskriege begannen, denen v. K. in der Eigenschaft eines kurfürstlichen Obersten beiwohnte. Das ihm verliehene Großkreuz des Löwenordens zeugte sowohl von seinem Muthe wie von der Gunst bei dem Kurfürsten; und als nach dem 1799 erfolgten Tode des Kurfürsten Carl Theodors ein neuer Kampf die baierschen Truppen ins Feld rief, begleitete auch der Oberst v. K. dieselben wieder und bewies jederzeit, daß ihm Muth und Zuversicht in schwierigen Lagen nicht untreu wurden. Die Schlacht von Hohenlinden entschied den Feldzug von 1800 in Deutschland. Bei der bald darauf erfolgten Reorganisation des baierschen Heeres rückte v. K. zum Generalmajor vor und ward als Militärgouverneur nach dem Herzogthum Berg geschickt, dessen Sitz sich zu Düsseldorf befand. — Die bald darauf erfolgte Abtretung dieser Provinz an Frankreich führte v. K. in gleicher Eigenschaft nach dem eben erworbenen Tyrol, um dort die Leitung des Generalkommando's zu Innsbruck zu übernehmen, wobei ihm der König den Grad eines Generallieutenants verlieh. In diese Periode fällt die unglückliche Begebenheit seines Lebens, die einen Schatten auf seinen militärischen Ruhm werfen könnte, wenn uns das Zusammentreffen widriger Verhältnisse nicht zu genau bekannt geworden wäre. — Tyrol befand sich bekanntlich seit Jahren in einem Zustande dumpfer Gährung und Unzufriedenheit mit der baierschen Regierung, ja es kam hie und da schon zu Ausbrüchen des Volksunwillens. — Die Regierung that, was sie thun konnte, sie bestrafte die Hauptschuldigen u. suchte die Minderschuldigen durch Milde zu entwaffnen. Der trotzige Tyroler fand darin nur ein Geständniß ihrer Schwäche. — Die Hoffnungen des erbitterten Landvolkes stiegen, als Oestreich im Frühjahr 1809 seine Heere gegen Frankreich und den Rheinbund wandte.

Wir übergehen mit Stillschweigen die schrecklichen Ausbrüche der Empörung, die Mord- und Greuelscenen, womit ein sonst so biederes Volk seine Landesgeschichte befleckt hat. Am Morgen des 12. April fiel Innsbruck in ihre Gewalt. Umsonst war der Heldentod des Obersten von Dittfurt vom Infanterieregiment Kinkel, umsonst die Aufopferung von 500 Mann tapferer Baiern, die während des muthvollen Widerstandes dahinsanken, als die wilden Horden in die Wohnung des ehrwürdigen Greises eindrangen und ihm unter schändlichen Mißhandlungen das Wort Ergebung abdrangen. 800 Mann seines Regiments fielen dadurch in die Hände der Kannibalen, v. K. selbst, der Präfekt Graf Lodron und mehrere andere angesehene Staatsbeamten wurden als Kriegsgefangene nach Ungarn nach Böhmen abgeführt, wo erst der Friede, geschlossen im October 1809, ihre Leiden endete. v. K. kehrte in sein Vaterland zurück und der König ließ seinem Betragen volle Gerechtigkeit widerfahren. Wenn er jedoch bald darauf in den Ruhestand versetzt wurde, so mußte man daraus kein Zeichen von verlornem Vertrauen seines Monarchen wahrzunehmen glauben, da ihn derselbe fortwährend die Ehre eines Inhabers des 11. Infanterieregiments sicherte. Der würdige Greis beschloß nun seine noch übrigen Lebenstage in Ruhe hinzubringen und zog sich nach Nürnberg zurück, wo er auch seine Tage endete und den Nachruf eines braven Soldaten und eines treuen Anhängers seines Fürsten mit ins Grab nahm.

* 376. Johann August Leopold,

Diakonus in Ober- und Unterwiesenthal mit Filial Hammer, bei Johanngeorgenstadt an der böhmischen Grenze;

geb. d. 29. Mai 1742; gest. d. 26. Novbr. 1827.

Er wurde in Ottendorf bei Chemnitz geboren. Sein Vater, Aug. Gerh. L., war damals Pastor an diesem Orte, wurde jedoch später nach Auerswalde versetzt. Seine Mutter war Joh. Marie, geb. Schüffnerin aus Mittweide. Bis in das 14. J. wurde er von seinem Vater unterrichtet, worauf er als Zögling auf die Fürstenschule Grimma kam. Nach vollendeten Schuljahren ging er 1762 auf die Universität Leipzig, wo er sich, da sein Vater zu seinem Unterhalte nur wenig beitragen konnte, größtentheils durch Informiren ernähren, überhaupt aber kümmerlich behelfen mußte. Hier blieb er bis 1772, unterstützte hierauf den Vater die letzten 2 Jahre in seinen Amtsgeschäften, informirte dann nach dem Tode desselben von 1774 bis 1779 in Dresden und wurde endlich 1779 Diakonus in Ober- und Unterwiesenthal, wo er in einem Alter von 85 J. starb, nachdem er 2 J. vorher wegen Altersschwäche als Emeritus erklärt worden war. Er war zweimal verheirathet u. aus seiner ersten Ehe überleben ihn von 6 Kindern nur noch 1 Sohn und 2 Töchter. Seine hinterlassene zweite Gattin, verwittwete Rector Graff in Wiesenthal, war mit ihm seit 1802 vermählt.

Eibenstock. Dr. Carl Friedrich Krautzsch.

* 377. Johann Friedrich Eule,

königl. sächs. Hofsattler und Freund der Astronomie zu Dresden;

geb. d. 28. März 1751. gest. d. 26. Novbr. 1827.

Dieser in vieler Hinsicht merkwürdige und achtungswerthe Mann war zu Prettin bei Wittenberg geboren. Sein Vater war daselbst Tischlermeister und starb 1795. Die Mutter verlor er in seinem 10. J. und da sein Vater sich 1761 wieder verehelichte, nahm den Knaben seines Vaters Schwester zu sich, die an den Sattlermeister Wagner daselbst verheirathet war, bei welchem er nachmals die Profession erlernte. Von seinen Geschwistern blieben nur 2 Brüder am Leben, die sich des Vaters Handwerk und Prettin zum steten Aufenthalte erwählten. Von diesen nahm er später, als er 1805 den einzigen noch lebenden 6jährigen Sohn an einem Nervenschlage verloren hatte, nach und nach einige Kinder zu sich, um sie mit seinen Töchtern erziehen zu lassen. — In der Schule zeigte er viele Fähigkeiten, vorzüglich aber eine ausgezeichnete Lust zum Rechnen; weßhalb ihm sein Vater besondern Unterricht darin ertheilen ließ und durch die ungewöhnlichen Fortschritte des Knaben sehr erfreut wurde. Der Wunsch seines Großvaters, daß er studiren möge, war auch der seinige. Diesem waren aber die geringen Vermögensumstände seiner Aeltern entgegen; er gab daher gehorsam den Vorstellungen seiner Pflegemutter, die ihn zum Sattler bestimmte, nach und wurde d. 29. Septbr. 1766 als Lehrling aufgenommen. Am 2. März 1770 trat er mit einer sehr kleinen Baarschaft, aber großem Vertrauen auf Gott seine erste Wanderung an. In Dessau fand er Arbeit beim Hofsattler und er erkannte mit Rührung und Dank, daß er hier Gelegenheit gefunden, noch Vieles für sein Fach zu lernen, so wie, daß er hier die schweren Jahre der Theurung wenig empfunden hatte. Von Dessau aus ging er nach dem Harz, Westphalen und in einige Rheingegenden. — In Nürnberg erhielt er dann wieder für längere Zeit Arbeit und kam 1775 d. 13. Mai nach Dresden zu dem Sattlermeister Helmreich. Hier blieb er bis d. 16. Octbr. 1786, wo er Meister ward. Bis zu seiner Ankunft in Dresden war sein einziges Bestreben gewesen, eine recht umfassende Kenntniß von Allem zu erlangen, was ihm in seinem Berufe nützlich sein konnte und gewöhnlich wurden die Freistunden zum Zeichnen und zur Bereitung von allerlei Farben und Firnissen verwendet.

In Dresden erregte die neben der Wohnung seines Meisters gelegene (Gerlach'sche) Leihbibliothek zuerst seine Neigung zur Lectüre. Ohne besondere Wahl las er anfangs, was ihm gegeben wurde, doch bald entschied sich sein Geschmack für Reisebeschreibungen u. Geschichte, die er auch andern Gesellen empfahl. Nach dieser Zeit lernte er im Hause des Ministers v. Stutterheim den noch jetzt lebenden Hrn. Bibliothekar Beigel kennen, den er immer dankbar seinen ersten Lehrer nannte. Dieser beschäftigte sich damals fleißig mit Physik und Chemie, sah das Interesse des jungen Handwerkers daran und ließ ihn Theil nehmen. Bald machte E. beide Wissenschaften unter Beigels Leitung zu seinem Lieblingsstudium. Seine Gesundheit fing indeß an, sehr dabei zu leiden und er benutzte nun, auf Anrathen des Arztes, die Morgenstunden vor dem Tagewerke zum Spazierengehen im Freien und das Studium ward nur auf die Feierabendstunden beschränkt. Dieß war für seinen Körper von den wohlthätigsten Folgen; aber auch seinem Gemüthe gewährten die Betrachtungen der Natur die reinsten Freuden und sein Sinn für dieselbe blieb stets in ihm lebendig, selbst in den letzten sehr leidensvollen Tagen seines Lebens.

Nachdem er 2 J. als Meister etablirt war, ward ihm 1788 die Arbeit für den Hof übergeben; auch gründete er in demselben J. sein häusliches Glück durch die Verbindung mit Carol. Soph. Hirschberger, deren Vater Zinngießermeister in Dresden war u. die durch ihr anspruchloses Wirken und durch ihren gottergebenen Sinn seinem Herzen immer theuer blieb. In diese Zeit fällt auch seine Bekanntschaft mit Köhler (damaligem Inspector des mathematischen Salons), unter dessen Anweisung sein Studium der Astronomie begann. 1797 schrieb er an Beigel, der nun als Legationssekretär in München lebte, daß es ihm durch fortgesetzten Fleiß gelungen sei, Bode's*) astronomische Schriften zu verstehen und daß der Besitz eines Ramßenschen Teleskops ihm neue Aufmunterung gegeben habe. Sein eigentlicher Beruf ward aber dabei von ihm als solcher mit musterhafter Gewissenhaftigkeit besorgt, was freilich nur durch eine treue Benutzung der Stunden und Kräfte möglich war. Physik und Chemie setzte er stets fort und 1800 theilte er Beigel mit, daß ihn der Bau einer Electrisirmaschine und zwei galvanischer Säulen sehr angenehm beschäftige; zugleich aber beklagte er

*) M. s. dess. Biogr. 6. Jahrg. d. Nekr. Nr. xxxi.

sich über das unvollkommene Gelingen der Einrichtung einer Thermolampe in seiner Schreibstube, da er nur einen gewöhnlichen Windofen dazu habe benutzen können. Lieutenant Buschbeck war sein Lehrer in der Mathematik, die er, sowie Geographie mit viel Liebe trieb. Für Musik und plastische Kunst interessirte er sich, ohne jedoch sich Kenntnisse davon erworben zu haben. Nur Poesie und belletristische Werke zogen ihn nie an; er hatte im Gegentheil eine eigene entschiedene Abneigung dagegen; der einzige Gellert war ihm genießbar und lieb. — Erst 1803 scheint die stets fortgesetzte Korrespondenz mit Prof. Bode in Berlin ihren Anfang genommen zu haben; lebhafter ward sie durch das Erscheinen der Kometen 1811 u. 1817 und er nahm bald mehrere Aufsätze und Beobachtungen E's. in seinen astronomischen Jahrbüchern auf. Er stand über diesen Gegenstand, der ihn sehr beschäftigte, auch mit Pastor Nicolai *) in Lohmen in Briefwechsel und es gewährte ihm ein besonderes Vergnügen, seine Hypothese darüber in der Kepler'schen, die ihm Nicolai geschickt hatte, wieder zu finden. Während Bode's Aufenthalt in Dresden ward E. die Freude, seine persönliche Bekanntschaft zu machen und in ihm auch den Menschen lieb zu gewinnen. Sehr erschütterte ihn daher die Nachricht von seinem Tode. Prof. v. Schubert **) in Erlangen war er ebenfalls von Herzen zugethan. Er lernte ihn in Dresden kennen und die Erinnerungen der mit ihm genossenen Stunden blieben ihm stets werth. — Im J. 1824 besuchte er zum letztenmale seine Freunde in Leipzig und fühlte sich damals sehr wohl; als aber Bode 1825 ihm meldete, daß er die Sternwarte dem trefflichen Prof. Enke, seinem Nachfolger im Amte übergeben habe, konnte auch er nur noch höchst selten Beobachtungen anstellen. Theils wurde die Abendluft ihm zu nachtheilig, theils fühlte er sich auch nach dem Tagewerke zu ermüdet. — In den Sommermonaten 1827 schien seine Kraft aufs Neue belebt, denn er fühlte den Muth, durch eine Reise nach der sächsischen Schweiz sich eine lang ersehnte Freude zu gewähren. Der Genuß, der ihm in den darauf verwendeten 5 Tagen zu Theil ward, übertraf alle seine Erwartungen und ließ ihn die Beschwerden des Alters dabei vergessen. — Nur zu bald kehrte indeß die frühere Kraftlosigkeit zurück und lange schon mußte er der gewohnten Freude

---

*) M. s. dess. Biogr. i. 1. Jahrg. d. Nekr. S. 640.

**) Seine Biogr. findet sich i. 2. Jahrg. d. N. N. S. 1046.

entsagen, jüngern Freunden durch seinen Unterricht nützlich zu seyn, weil es ihm bei der zunehmenden Schwäche seiner Sinne wie seines Gedächtnisses beschwerlich wurde. Er trug es mit Ergebung, aber doch zuweilen mit Wehmuth. Die Bibel und die Schriften von Joh. Arnd waren besonders in den letzten Jahren die liebste und tägliche Nahrung seines Geistes und Herzens und mit Liebe und inniger Ueberzeugung schloß er sich da an, wo er theils Aufschlüsse für seinen forschenden Geist und Gelegenheit zum Wohlthun, theils Erbauung für sein frommes Gemüth zu finden hoffte. Durch seine Rechtschaffenheit und glühenden Eifer für alles Gute hatte er sich allgemeines Wohlwollen erworben und manches Gute mit zu Stande bringen helfen.

* 378. Christian Gottlob August Gabler,

Pfarrer u. Adjunktus zu Karls- u. Rattelsdorf im Altenburgschen;

geb. d. 6. Mai 1763, gest. d. 26. Nov. 1827.

Der Vollendete trat zu Klosterlausnitz, unweit Eisenberg im Herzogth. Altenburg, wo sein Großvater u. Vater das Kantorat nebst Schulamt bekleidet, ins Leben. Eingedenk der unbezweifelten Wahrheit, daß sittliche Ausbildung, die höchste Zierde und Wonne des Menschen, nicht Mitgift der Natur sey, sondern das Werk einer mühsamen Mittheilung bleibe, suchten Vater und Mutter, Eltern durch reine und unbescholtene Sitten, in dem Kreis ihrer Umgebung geachtet und geliebt, frühzeitig in ihren Kindern einen frommen Sinn, den Führer zu einem christlichen Wandel, zu wecken, um für die Welt gute Menschen, für den Himmel reine Seelen zu erziehen. Bei hoher Einfachheit des Lebens, bei unermüdetem Fleiße und immer rastloser Thätigkeit gelangten sie auch dahin, daß sie ihre Kinder in schöne äußere Lebensverhältnisse treten sahen und einer von den Söhnen dem Buchhandel, mehrere dem Schullehrerstande und zwei selbst den Wissenschaften sich widmen konnten. Unter den Letztern war der Hingeschiedene. Er genoß seine erste Bildung, sowie den Vorbereitungsunterricht für seine künftige Laufbahn auf der Schule seines Geburtsorts; ging dann nach erhaltener Konfirmation auf das Lyceum zu Eisenberg, um bei dem mit Recht hochverdienten seligen Dr. Brendel*), einem gleich gelehrten als thätigen Schulmanne

*) Man s. dessen Biogr. unt. Nr. 223. d. [illegible]

festen Grund zu seiner wissenschaftlichen Bildung zu legen. Nach Verlauf einiger Jahre bezog er auf Anrathen seines Vaters, um seinen Gymnasialkursus würdig zu vollenden, das Gymnasium zu Altenburg, wo er unter der Leitung so achtbarer Philologen ganz dem klassischen Alterthume bis 1783 lebte. Mit dem Frühlinge dieses Jahres war die frohe und hoffnungsvolle Zeit, wo demselben ein neues Leben aufblühen und er mit seinem ältern Bruder, ebenfalls Altenburgscher Gymnasiast, vereint die Universität besuchen sollte, herangenaht. Allein mit dem Eintreten der Lenzzeit welkten auch schon seine jungen Hoffnungen dahin. Der Tod riß ihm den Bruder von der Seite, noch ehe jener schöne Entschluß zur Ausführung kam. Einsam und traurig wandelte er nun die vorgezeichnete Bahn und begab sich nach Jena, um da seine Studien fortzusetzen. Doch nicht lange, so umgab ihn wieder eine Lebensheiterkeit, welche niemals von seiner Seite wich; sein Schmerz wurde gelindert, als er in Jenas Hörsäle eintrat, wo ein Döderlein, Eichhorn*), ein Griesbach seinem Geiste und Gemüthe Nahrung boten, ihn selbst in den Verworrenheiten des Lebens noch Wunder der ewigen Weisheit und Liebe ihn erblicken lehrten, und noch in spätern Jahren dankte er diesen theuern Männern mit einer zärtlichen Anhänglichkeit. Nach bestandenem Kandidatenexamen bekleidete S. in einer Zeit von 20 Jahren drei Hauslehrerstellen. Diese boten ihm Gelegenheit zu anmuthigen und bildenden Reisen, in deren Rückerinnerung er immer die frohesten Augenblicke verlebte. Erst im J. 1806, in jener sturmbewegten Zeit, ward er, 43 Jahr alt, zum Pfarrersubstitut von Karlsdorf in der Rodaschen Diöces im Herzogthum Altenburg ernannt, bald darauf aber, nach dem Tode seines Seniors, zum wirklichen Pfarrer an derselben Kirche befördert. Im J. 1807 vermählte er sich mit einer verwittweten Pfennigwerth, gebornen Hartmann aus Eutersdorf bei Kahla u. verlebte eine, obgleich kinderlose, doch sehr glückliche Ehe, ausgezeichnet durch Eintracht und schöne Tugenden. Als Mann von Geist und Herz genoß er seines häuslichen Glückes, lebte im Stillen ganz seinem Berufe und wissenschaftliche Beschäftigung war ihm stets Bedürfniß und Genuß: dabei konnte ihn aber auch nie etwas Aeußeres dahin stimmen, seinem wichtigen Berufe auch nur einmal untreu zu werden oder desselben zu vergessen. Hat er

*) Man s. dessen Biogr. unt. Nr. 216. d. J.

noch nicht als Schriftsteller geglänzt, so hat er doch in seinem Kreise als treuer Seelsorger, als tüchtiger Prediger durch einfache, von allem Prunke und Wortputze entfernte, dabei aber kräftige und herzliche Rede auf Geist und Gemüth seiner Gemeinden gleich schön gewirkt und aus Bescheidenheit, wohl auch aus Schüchternheit nie nach höhern und glänzendern Verhältnissen gestrebt. Die Verdienste seines stillen Wirkens blieben auch seinen Vorgesetzten nicht unbekannt. Im J. 1823 ernannte ihn das herzogl. Konsistorium zu Altenburg zum Adjunktus. Seit dieser Zeit aber wurde er bei einem von Natur schwächlichen Körper unwohl und mußte wiederholt in den Jahren 1824 u. 25 an Brustentzündung schwer darnieder liegen. Schon mit dem Frühlinge des J. 1827 brach das Uebel nur gewaltsamer hervor; sein Körper wurde immer schwächlicher und siecher, bis endlich eine völlige Gliederlähmung eintrat, die nur durch lange und geschickte ärztliche Bemühungen wieder gehoben wurde. Kaum fühlte er sich aber etwas wohler und stärker, so trieb ihn auch der inwohnende Berufseifer, die große Liebe zu seinen beiden Gemeinden, noch einmal an, sie an seinem letzten Reformationsfeste zu sprechen. Allein gleich nach beendigter Predigt befiel ihn noch auf der Kanzel eine Ohnmacht; er mußte nach Hause geleitet und auf das Lager gebracht werden, von welchem er sich nicht wieder erhob. An dem Verewigten verlor die Welt einen Freund der Wahrheit und des Rechts; die Gemeinden einen treuen Seelsorger, die Freunde einen bewährten Freund, der gern mit Rath und That beistand und dessen Umgang eben so lehrreich als erheiternd war. Ruhig und mit heiter lächelnder Miene schlummerte er hinüber zu Dem, welchem er hier so gern und treu gedient.

Neustadt a/O. Dr. Basilius Wilhelm.

879. Johann Hermsdorf,

Lehrer der Mathematik an der Kreuzschule zu Dresden;

geb. d. 8. Aug. 1782, gest. d. 26. Novbr. 1827. *)

Er hatte seit 1801 in Freiberg bei dem kursächsischen Artilleriekorps gestanden und war zuletzt Oberfeuerwerker gewesen. Im J. 1807 verließ er den Militärdienst, wendete sich nach Leipzig und 1811 nach Dresden, wo er in

*) Allgem. Litztg. 1828. Nr. 74.

der Mathematik Unterricht ertheilte. Im J. 18[illegible] war er als Lehrer dieses Fachs bei der dasigen Kreuzschule angestellt. — Er gab heraus: Vollständ. arithm. Exempelbuch. 2. Aufl. 1826. Umgearb. u. fortgesetzt unt. d. Tit. Hdb. z. Beförd. e. vollst. u. gründl. Unterr. in d. gem. Arithmetik u. Algebra. 2 Thle. 1820. — Theoret.-prakt. Elementarbuch der Geometrie mit K. 1820. — Leitfaden beim Schulunterr. in d. Elementargeometrie u. Trigonom. 1822. 1827. — Leitfaden für e. problemat.-heuristischen Unterricht in der Arithm. 1824. 1825. — Geometr. Konstruktionstafeln. 1825. — Leitfaden beim Schulunterr. in der mathemat. Geographie. 1826.

* 380. Christoph Julius Karl Haußen,

Lehrer der Mathematik an der Forstakademie zu Dreißigacker und Zeichenlehrer an dem herzogl. Gymnasium zu Meiningen;

geb. d. 17. Nov. 1768, gest. d. 26. Nov. [illegible].

Er war der jüngste Sohn des ehemaligen Berginspektors, Joh. Salomon H. und dessen Ehegattin Christ. Dorothea, geb. Barth zu Glücksbrunn unweit Liebenstein, woselbst er auch geboren wurde. Sein rechtschaffner und talentvoller Vater, der sich leicht in die verschiedenartigsten Fächer der Wissenschaften einstudiren konnte, sich anfangs der Jurisprudenz, dann der Medizin, wo er insbesondere für einen der ausgezeichnetsten Anatomen an der Universität zu Leipzig galt, und endlich der Mathematik widmete, wurde später, nachdem er mit seiner Familie von Weißenfels nach Glücksbrunn gezogen und hier auch noch die Bergwerkskunde betrieben hatte, bei dem dasigen Trierschen Kupferberg- und Blaufarbenwerke als Berginspektor angestellt. Nach eingetretenem Verfall dieser Erwerbsquelle, bei dem Zunehmen der Familie und den mancherlei körperlichen Beschwerden, welchen der Vater unterworfen war, fehlte es an Mitteln, dem Sohne einen umfassenden Elementarunterricht ertheilen zu lassen und derselbe mußte sich fast einzig auf den Besuch der Dorfschule in dem nahen Schweina beschränken. So verblieb der Vollendete bis zum Tode des Vaters (180[illegible]) im elterlichen Hause. Seit dieser Zeit ward der älteste Sohn der Familie, der jetzt noch lebende, würdige und verdienstvolle Lehrer an der Forstakademie in Dreißigacker, welcher damals selbst kaum so viel Einkommen hatte, seine mäßigen und nothwendigsten Bedürfnisse zu bestreiten, der Versorger und Berather der Familie, zugleich aber auch der Lehrer seines jüngsten Bruders. Zwar eröffneten sich für des Letztern weitere Ausbildung sehr erfreuliche Aussichten durch mündlich zugesicherte huldreiche Unterstützung des damaligen Herzogs Georg, der sich so vieler verlassener, talentvoller Jünglinge väterlich annahm, sie wurden aber leider durch den frühen Tod dieses edlen Fürsten wieder vereitelt. Da versprach der berühmte Hofmaler Schröder aus Meiningen, sich des jungen Haußen anzunehmen, ihn seine Kunst zu lehren und in allem für ihn zu sorgen, wenn er ihm mit nach Braunschweig folgen wollte. H. reiste daher im Frühling 1804 nach seinem neuen Bestimmungsorte ab; da aber von Schröders gegebenen Versprechungen nach Verlauf eines Jahres so wenige in Erfüllung gegangen waren und der älteste Bruder brieflich davon Nachricht erhalten hatte; so beschloß dieser, ihn wieder zu sich nach Meiningen zu nehmen. Ostern 1805 langte er daselbst an und besuchte nun die Forstakademie zu Dreißigacker, welche er 1808 nach wohlbestandenem Examen mit dem Zeugnisse eines forst- und jagdgerechten Jägers wieder verließ. Hierauf trug ihm der als Mensch und Gelehrter ausgezeichnete Forstmeister Cotta in Zillbach eine Lehrerstelle im Zeichnen an der Forstanstalt daselbst an, die er auch sofort annahm und bis zur Auflösung des Instituts zur vollkommenen Zufriedenheit verwaltete. Die ungewisse Lage, in welcher er sich jetzt abermals befand, bestimmte ihn, die erledigt gewordene Stelle eines Zeichenlehrers an dem Gymnasium in Meinigen zu übernehmen und seine Existenz daselbst durch Privatunterricht im Zeichnen und in der Mathematik noch mehr zu sichern. Mehrere Versuche, um eine solche Anstellung, welche seine Lage für die Zukunft verbessern und fester begründen konnte, blieben, bei allen Beweisen seiner Brauchbarkeit, fruchtlos, bis er endlich im Jahr 1819 Zutritt bei den Geschäften des Bauinspektors Schaubach fand, für welche Arbeiten er eine besondere Remuneration erhielt, bis ihm einst bei dem Bauwesen eine schickliche Stelle angewiesen werden könnte. Auf der Forstakademie zu Dreißigacker, wo er vom Winterhalbjahre 1822 bis zu seinem Tode das Amt eines Lehrers der Mathematik bekleidete, mußte er oft bei vorkommenden Fällen in verschiedenen Fächern Unterricht ertheilen. Im Gymnasium zu Meiningen aber, wo seine Lehrmethode ganz vorzüglich zweckmäßig befunden wurde, unterrichtete er in Tertia auch in den Anfangsgründen der Geometrie, in den obern Klassen hingegen im Plan- und Handzeichnen, so wie im Feldmessen.

— Wechsel= und bedrängnißvoll war H's kurzes Leben, still, aber segensreich sein Wirken. Seine mit Bescheidenheit verbundene Geschicklichkeit, sein gefühlvolles, für Freundschaft und ächte Humanität so empfängliches Herz erwarben ihm allgemeine Achtung und Liebe. Mit ganzer Seele und bis zum letzten Lebenshauche hing er an seinem ältesten Bruder, welcher ihm ja Alles gewesen war (der zweite Haußen ist Förster bei dem Grafen von Ranzau auf Breitenburg bei Itzehoe im Holsteinschen). Obgleich anspruchslos in seinem ganzen Wesen, suchte der Frühvollendete, ein Liebling der Musen und Grazien, dennoch überall die geselligen Freuden zu erhöhen und befand sich gern im Umgange mit guten, ihm gleichgesinnten Menschen. Er besaß viel Talent für Musik und eine nicht gemeine Fertigkeit auf dem Klavier; er sang oft in Konzerten u. komponirte selbst manches für Saiten= und Blasinstrumente. Die Anstalten, an welchen er lehrte, betrauern seinen Verlust und seine vielen Schüler und Schülerinnen ehren dankbar sein Andenken. Der Verfasser aber, welcher ihm dieses kleine Schriftdenkmal setzt, ruft ihm mit den Worten eines gefühlvollen Sängers nach:

Mühsam suchtest, Guter, du hienieden
Lebensruh; — doch manches Ungemach,
Manches Wehgeschick war dir beschieden,
Und du kämpftest bis dein Auge brach! —

Meiningen. Professor Dr. Ihling.

* 381. Ernst Friedrich Adolph Nehse,

Justizkommissär u. Notarius zu Driesen;

geb. d. 9. März 1797, gest. d. 27. Nov. 1827.

Zu Landsberg a. d. W. geboren erwarb sich N. bis zum J. 1815 und zwar die letzten Jahre auf dem Joachimsthalschen Gymnasium zu Berlin das Zeugniß der Reife zur Universität. Statt aber diese zu beziehen folgte er dem zweiten Aufgebot zum Feldzuge nach Frankreich, von wo er nicht ohne Gefahr als Port d'Epee=Fähndrich beim kön. preuß. Garde=Dragonerregimente zurückkehrte Er studirte darauf 2 J. in Halle und ein Jahr in Berlin. Nach vollendeten Studien wurde er im April 1819 als Auskultator und ein Jahr später als Referendarius beim königl. Oberlandesgericht zu Frankfurt a/O. angestellt u. hatte bis September 1822 die nöthigen Vorarbeiten zum großen Examen zur Zufriedenheit des Kollegiums bereits wendet, als er als Justizkommissarius und bald darauf als Notarius publicus zu Driesen im Departement des gedachten Oberlandesgerichts angestellt wurde und wegen Ableben seines Vorgängers dahin abgehen mußte. Hier hat sich derselbe vieles Zutrauen in seinen Geschäften und allgemeine Liebe und Achtung erworben.

* 382. Ernst Samuel Beck,

Pfarrer zu Gürtz bei Landsberg im preuß. Herzogthum Sachsen;

geb. d. 27. Nov. 1762, gest. d. 28. Nov. 1827.

Er war zu Halle geboren, wo sein Vater, Joh. Ernst B., Schullehrer im St. Nikolaiviertel war. Seine Mutter war eine geborne Voigt aus dem Pfarrhause Riedeburg bei Halle. Der Vater unterrichtete ihn bis zu seinem 14. Lebensjahre selbst, worauf er die lateinische Schule des Waisenhauses 6 J. hindurch besuchte. Die akademische Laufbahn begann und vollendete er gleichfalls in seiner Vaterstadt und gab als Studiosus, nach der damals bestehenden Einrichtung, täglich zwei Stunden an der deutschen Schule des Waisenhauses, wofür er den Mittags- und Abendtisch erhielt. Nachdem er mehrere Jahre in der Umgegend von Halle in einigen Familien Hauslehrer gewesen war, übertrug ihm 1793 die Stiftskanzlerin, Freifrau von Gutschmid auf Wölkau das Pfarramt zu Gürtz bei Landsberg, welches er am Neujahrstage 1794 antrat. 33 Jahre lang hat er es mit Eifer und Liebe zur vollkommenen Zufriedenheit seiner Vorgesetzten und von seinen Kirchkindern geliebt und geachtet verwaltet. Gewissenhaftigkeit und Ordnungsliebe zeichneten ihn vorzüglich aus und sein frommer, gottergebner Sinn machte ihm Jedermann zum Freunde, der ihn näher kennen zu lernen Gelegenheit hatte. Dabei war er so genügsam und zufrieden, daß er sich nie von seinem Pfarramte, obgleich es den Einkünften nach nur sehr mittelmäßig war, hinweg sehnte, wiewohl die Kriegsjahre von 1813 und 1814 auch von ihm große Opfer gefördert hatten. Er schlummerte in einem Alter von 65 Jahren sanft hinüber in das Land der Vollendung.

383. Johann Benjamin Erhard,

Doctor der Medizin und kön. preuß. Obermedizinalrath u. Ritter vom belgischen Löwen zu Berlin;

geb. d. 5. Febr. 1766, gest. d. 28. Nov. 1827.*)

Dieser als Arzt und Gelehrter ausgezeichnete Mann war zu Nürnberg geboren, wo sein Vater, ein Drathzieher, in beschränkten Umständen lebte, gleichwohl aber seinem damals einzigen Kinde den Weg geistiger Ausbildung, für welche er selbst regen Sinn hatte, möglichst aufzuschließen suchte. Der Knabe war schon im Lateinischen ziemlich vorgeschritten, als er die Schule wieder verließ und sich dem Gewerbe seines Vaters widmete, daneben aber auch die Gravirkunst erlernte. Voll Eifer für die Studien fand er außerdem noch Zeit und Gelegenheit, sich im Zeichnen, im Klavierspielen, so wie auch im Italienischen und Französischen zu unterrichten. Bald aber gewannen Philosophie und Mathematik in seiner Neigung die Oberhand. Bei glücklichen Anlagen ersetzten Aufmerksamkeit und Fleiß den Mangel äußerer Hülfsmittel; wenige Bücher, wie der Zufall sie beim Trödler zusammengebracht, mußten genügen. Ein dreijähriger Krankheitszustand unterbrach diese Beschäftigungen, hemmte aber weder die Neigung noch den Muth des Jünglings; genesen, wandte er sich mit verdoppeltem Eifer zu den Studien. Für den Ertrag seiner Gravirarbeit kaufte er, so weit es reichte, Bücher: Physik, Physiologie, dann Arzneiwissenschaft überhaupt, wurden die Gegenstände seines Lernens und Nachdenkens. Dabei gewann er früh die Selbstständigkeit des Geistes, welche auch den Charakter bestimmt und im praktischen Leben, wie in der Wissenschaft das Eigenthümliche gestaltet. Seine merkwürdige Entwickelungsgeschichte hat er selbst in einem trefflichen Aufsatze dargestellt, der auch unvollendet sein bestes biographisches Denkmal bleiben wird. Da er sich vorgenommen hatte bei seinem Handwerke zu bleiben, so widerstand er anfangs dem Zureden des berühmten Wundarztes Siebold, der bei einer Durchreise durch Nürnberg ihn kennen lernte, und nicht wenig erstaunt, so ausgebreitete medizinische Kenntnisse bei ihm zu finden, ihn dringend aufforderte nach Würzburg zu kommen und sich diesem Studium ganz hinzugeben. Erst ein Jahr nachher, als der Tod seiner Mutter und die neue Verheirathung seines Vaters auf sein Verhältniß

*) Haude- u. Spen. Ztg. 1827. Nr. 286.

einwirkten, folgte er, jetzt 21 J. alt, jenem Rathe. Mit vielfachen Hindernissen kämpfend, in ganz eigner Weise, weniger durch Kollegien, als durch Bücher und nicht der Heilkunde allein angehörend, sondern in alle Fakultäten eindringend, studirte er mehrere Jahre, theils zu Würzburg, theils zu Jena, wo die Studien damals in höchster Blüthe standen. Die medizinische Doctorwürde empfing er zu Altorf. Zu seiner weiteren Ausbildung machte er, durch glücklichst dargebotene Unterstützung dazu in Stand gesetzt, eine Reise durch Deutschland, Oberitalien, Dänemark und bis nach Königsberg, wo er Kant besuchte, dessen philosophisches System er sich ganz angeeignet hatte. Nach Nürnberg zurückgekehrt, traf er eine ansehnliche Heirath; seine Umstände verbesserten sich. Die medizinische Praxis aber, die er mit Glück und Aufsehn begann, entsprach damals nur wenig seiner Neigung, besonders da ihm, als einem Anhänger Browns die meisten alten Aerzte entgegen waren. Die Philosophie zog ihn ohnedies stärker an und es schien ihm wünschenswerth, ganz ihr zu leben und als philosophischer Schriftsteller in der Welt zu wirken. Seine ersten Arbeiten dieser Art waren Rezensionen und Abhandlungen in der Jen. A. L. Z., in Niethammers philosophischem Journal, im deutschen Merkur, in den Horen; sie zeichneten sich durch tiefen Gehalt und eigenthümliche Schärfe des Denkens aus, welche selbst Fichte, den er tadelnd rezensirt hatte, würdigend anerkannte. Inzwischen hatte die französische Revolution reißende Fortschritte gemacht und E. sah voll Besorgniß ihren Einbruch in Deutschland. Seinen Ansichten entsprach keine Partei, welche in diesen Bewegungen auftrat; er haßte, wie er sich hierüber ausdrückt, die aristokratische um deswillen, was sie wollte und die demokratische um deswillen, was sie that. In dieser Betrachtung kam ihm der Gedanke, nach Nordamerika auszuwandern und schon traf er für diesen Zweck mit einem angeblichen nordamerikanischen Obersten, der ihm empfohlen war, nähere Maßregeln, als dieser Mensch plötzlich davon ging und ihn um eine große Summe Geldes, den größten Theil seiner damaligen Habe, betrog. Den philosophischen Ertrag seines Nachdenkens über die Gegenstände der Zeit legte E. in dem Buche nieder, welches den Titel führt: „Ueber das Recht des Volks zu einer Revolution,“ und worin er ein solches Recht unter jeder Bedingung entschieden verneint. Nachdem er eine Zeitlang noch mit ungünstigen Verhältnissen gerungen, erhielt er 1797, seinem

Wunsche gemäß, eine Anstellung mit 1500 Gulden Besoldung in preußischen Diensten und zwar zu Ansbach unter dem Minister v. Hardenberg, der seine Gesinnungen, wie seine Fähigkeiten stets in gleichem Maße hochschätzte. Im J. 1799 verließ er Ansbach und begab sich nach Berlin, wo er darauf mit Eifer und Glück die medizinische Praxis anfing, aber auch als Schriftsteller noch thätig blieb. Von seinen Arbeiten letzterer Art nennen wir hier die „Theorie der Gesetze, die sich auf das körperliche Wohlseyn beziehen und der Benutzung der Heilkunde zum Dienst der Gesetzgebung", ferner: „Ueber die Einrichtung und den Zweck der höheren Lehranstalten", endlich: „Ueber freiwillige Knechtschaft, Alleinherrschaft, Ritterthum, Bürgerthum und Mönchthum." Der ausgezeichnete Geist und die nützliche Thätigkeit des trefflichen Mannes blieb von Seiten des Staats nicht unberücksichtigt. Im J. 1817 wurde er zum Mitgliede der medizinischen Ober-Examinationskommission ernannt, im J. 1822 zum Obermedizinalrath. Sein redliches Wollen, sein thätiger Eifer bewährten sich auch in diesem Verhältnisse. Der König der Niederlande verlieh ihm, der als Arzt dem fürstlich oranischen Hause schon längst nützlich und werth geworden, den Ritterorden vom belgischen Löwen. Ueber E's persönlichen Charakter herrscht bei Allen, die ihn kannten, nur Eine Stimme.

Als Grundprincip aller seiner Ansichten, seines Strebens und Wirkens müssen wir die strengste Moralität angeben, von der bei ihm alles ausging; sein ganzes Denken und Trachten blieb unausgesetzt auf Wahrheit und Recht hingewandt, verbunden mit der mildesten Menschenfreundlichkeit, die er wohlwollend und uneigennützig für alle seine Mitbrüder hegte und bewies. Seine große Gelehrsamkeit, sein freundlicher Sinn, machten seinen Umgang eben so lehrreich, als angenehm. Seine Ansichten, von eignen Gesichtspunkten ausgehend und mit geistreicher Dialektik vorgetragen, entfernten sich oft auffallend von den herrschenden Meinungen und überraschten durch seltsame, doch auch bei näherer Prüfung wohlbegründete Kombinationen. Den Wunderkuren, dem magnetischen Treiben, war er nie hold. Gleichwohl hatte er in der Physik, mit der er sich vorzugsweise gern beschäftigte, die eigenthümlichsten Ideen, welche, was bei seiner auf Erfahrungswissenschaften und Mathematik gegründeten Naturforschung sehr merkwürdig ist, ihn über die Grenzen dieser Wissenschaften weit hinausführten und ihn demjenigen näherten, was ihm als Mystik sonst verhaßt war. Sein durchdringender Scharfsinn, der unter dem Gewirr der Erscheinungen leicht und sicher die wesentlichen erkannte, sein ungeheures Gedächtniß, welches jedes Gesehene oder Gelesene für immer festhielt, leisteten ihm bei seiner glücklichen Praxis die größten Dienste. — Allzu früh endigte dieses vielbeschäftigte Leben und segensreiche Wirken ein Schlagfluß, der ihn in seinem 62. Jahre seinem Beruf entriß. Die Heiterkeit seines Gemüths, die ruhige Klarheit seines Sinnes, die Eigenheit seines Geistes blieben sich bis zum letzten Augenblicke, der noch Bewußtseyn zuließ, völlig gleich. Er starb mit dem Troste des Rechtschaffenen; die gefaßte Hingebung in den Willen des Höchsten hatte ihn schon immer durch das Leben begleitet. —

Außer den schon angeführten Schriften ist von ihm noch erschienen: Diss. inaug. Idea organi medici. Altdorf. 1792. — Theorie d. Gesetze, die sich auf d. körp. Wohlseyn beziehen. 1800. — An Hrn. Friedrich Nicolai. 1798. — An Jean Paul mit einer Einlage an Herder. 1800. — Prüfung d. im 26. Stück der allgem. Litztg. 1791 enthaltenen Beurtheilung der Reinhold'schen Elementarphilosophie. 1791. — Mimer u. s. jungen Freunde; in Schillers Thalia. 1791, St. 12. 1793, St. 7. — Ueber Alleinherrschaft; in Wielands n. d. Merkur 1793, St. 3, 4, 12. — Versuch einer systemat. Eintheilung der Gemüthskräfte; in Wagners Beiträgen zur Anthropologie. 1. Bd. — Versuch üb. d. Narrheit; ebd. — Versuch üb. d. Melancholie; ebd. 2. Bd. — Das Leben Newtons; im hist. Kalender für Damen. 1794. — Versuch üb. Aufklärg. u. Menschenrechte; in Snells phil. Journ. für Moral. 1793, St. 4. — Apologie des Teufels; in Niethammers philos. Journ. 1795, H. 2. — Die Idee der Gerechtigkeit als Prinzip e. Gesetzgebung betr.; in Schillers Horen. 1798, St. 7. — Beiträge zur Theorie der Gesetzgebung, 2 Abhandlgen; in Niethammers philos. Journ. 1795, H. 9. — Abhandlg. üb. d. Gallerie d. Shakespeare; im Journ. der bildenden Kunst. 1. u. 2. Heft. Nürnberg. 1796. — Ueb. d. Möglichkeit der Heilkunst; in Röschlaubs Magazin. Bd. 1, St. 1, 1799. — Versuch eines Organons der Heilkunde; ebd. Bd. 2, St. 1 u. Bd. 3, St. 1. — Ueb. Sinnlosigkeit u. Raserei; in Hufelands Journ. d. prakt. Arzneikunde, Bd. 2, 1801. — Von 1792 bis 99 Mitarbeiter an mehrern gel. Zeitung. u. Journ., besonders an d. allgem. Litztg., Würzburger u. Salzburger gel. Ztg.

384. Wilhelm Schweizer,

königl. preuß. Oberförster zu Nottuln im Münsterschen;

geb. i. J. 17[illegible], gest. d. [illegible] Nov. 1827 *).

Er war zu Buttelstädt bei Weimar geboren und hatte in seinen Jünglingsjahren die Jägerei wissenschaftlich erlernt. Im J. 1787 trat er als Jägermeister in Dienste des Rheingrafen Friedrich; wurde im Anfange der französischen Regierung Gardegeneral beim Forstwesen und bei Wiedervereinigung des Münsterlandes mit der Krone Preußen von des Königs Majestät zum Oberförster ernannt. Während seiner 40jährigen Dienstzeit hat er sich die Achtung und das Zutrauen sowohl seiner Behörden als seiner ihn umgebenden Mitmenschen erworben. Christliche Duldsamkeit, unbestechliche Gerechtigkeitsliebe, pünktliche Verwaltung seines Amtes, vereint mit christlicher Wachsamkeit im Gebete vor Gott, waren Charakterzüge, welche sich an ihm bis zu dem letzten Athemzuge bewährten.

* 385. Christ. Gottlieb Franz,

Oberpfarrer zu Reichenau bei Zittau;

geb. d. 26. Aug. 1766, gest. d. [illegible] Nov. 1827.

Er war zu Leuba bei Görlitz geboren, wo sein Vater als Brauer lebte. Der Pfarrer daselbst, der vaterländische Specialgeschichtsforscher Kloß, bemerkte des Knaben schöne Talente und bereitete ihn auf ein Gymnasium vor. Seit 1780 studirte er in Görlitz, seit 1785 in Leipzig, zwar unter großer Dürftigkeit, doch mit vorzüglichem Fleiße. Nachdem er mehrere Jahre als Hauslehrer gearbeitet hatte, ward er 1794 Pfarrer in seinem Geburtsorte, wo er durch seine Talente und seinen gewissenhaften Predigerfleiß viel Gutes wirkte. Im J. 1821 nahm er einen Ruf als Oberpfarrer in dem großen Fabrikdorfe Reichenau bei Zittau an. Aber nur 6 J. war ihm hier zu wirken vergönnt; denn schon 1825 fanden sich Vorboten von Apoplexie und am genannten Tage sank er Abends ganz unvermuthet plötzlich todt in die Arme seiner Gattin. Letztere hatte ihm 7 Kinder geboren, von denen noch 3 Söhne leben, auf deren Bildung er alle seine Muße verwendete. Der eine von ihnen ist bereits Pfarrer zu Wolkersdorf, ein anderer studirt noch in Leipzig. — Seine Gemeinde verlor

*) Allgem. Unterhaltungsblätter. 1828. 5. Bd. 1. Heft.

an ihm einen gewissenhaften Prediger, seine Bekannten einen liebenswürdigen Freund.

* 386. Johann Gottlob Jungmeyer,

kön. preuß. Rentmeister zu Wittenberg;

geb. d. 28. Jan. 1767, gest. d. 30. Nov. 1827.

Er wurde zu Wilsdruf, einem 2 Meilen von Dresden entfernten Städtchen, wo sein Vater Schuhmachermeister war, geboren, wurde im J. 1793 bei dem vormals kurfürstl. sächsischen Geheimen-Finanzkollegium als Finanzaccessist angestellt, darauf (1795) zum Rentkammerschreiber und 1799 zum Kammerbaukassirer ernannt. Im J. 1804 wurde ihm auf sein Ansuchen das Amt eines Rentmeisters zu Eisleben in der Grafschaft Mannsfeld übertragen, worauf er 1809 als Rentbeamter nach Düben und Eilenburg und endlich (1811) als Rentmeister nach Wittenberg kam. Hier erlebte er die Belagerung und das dreimalige Bombardement der Stadt durch die Preußen und Russen im J. 1813 u. 14, so wie auch die Aufhebung der Universität 1815. — Im Umgange mit seinen Freunden zeigte er sich offen und gefällig, in Gesellschaften war er heiter und witzig, in seinem Amte thätig und pünktlich. — Seit dem J. 1796 war er verheirathet; doch hatte er nicht die Freude, Vater einer Familie zu werden.

387. Christ. Constanz Frenkel,

Magister und zweiter evangel. Hofprediger in Dresden;

geb. d. 5. Juli 1772, gest. d. 30. Nov. 1827.

Er war zu Bloßwitz bei Oschatz, wo sein Vater, M. Moritz Gottlob F., Prediger war, geboren. In seinem 7. Jahre kam er auf die Schule nach Oschatz, später aber zu seiner weitern Ausbildung und Vorbereitung auf sein Studium, nach Dresden. Im J. 1788 begab er sich auf die Universität Leipzig und widmete sich mit dem ihm eigenen Fleiße dem Studium der Theologie. Nach Vollendung seiner akademischen Laufbahn ward er in Dresden vor dem hohen Oberkonsistorium examinirt und erhielt die erste Censur. Er verlebte hierauf einige Jahre als Hauslehrer in Dresden, zuletzt in der Familie des königl. sächs. Hofraths und Leibarztes Dr. Demiani, aus dessen Hause er 1796 von dem ehemaligen Kabinetsminister Grafen von Einsiedel zum Pastor nach Diehsa in der Oberlausitz vocirt ward, welches Amt er noch in demselben Jahre antrat und zugleich sich mit der jüngsten Tochter seines letzten Prinzipals, Auguste Demiani, ehelich verband.

Im J. 1800 ward er vom Görlitzer Rath zum Subdiakonus erwählt, 1802 nach Dresden als Sophienprediger berufen und später als Nachmittagsprediger an der Kirche zum heil. Kreuz daselbst angestellt. Im J. 1808 erhielt er das Amt eines Pastors und Superintendenten in Colditz und bekleidete dasselbe bis 1822. In diesem Jahre ward ihm das neu errichtete Amt eines Kirchen- u. Schulraths in Budissin übertragen, welches er aber nur bis zum folgenden Jahre (1823) verwaltete, in welchem er zum zweiten evangelischen Hofprediger in Dresden ernannt wurde. — Seine glückliche Ehe ward mit 9 Kindern, 6 Söhnen und 3 Töchtern, gesegnet, von denen aber nur noch 3 Söhne und 2 Töchter am Leben sind.

Dieser kurzen Nachricht über das äußere Leben des verewigten Hofpredigers, von der Frau Wittwe desselben aufgezeichnet, können wir nur noch Einiges über seinen Geist u. Wirken in den letztern Jahren beifügen. — Die Stelle eines Kirchen- und Schulraths in der Lausitz hatte den Verewigten zu einer Menge von Geschäften und Reisen verpflichtet, für welche sein durch große Hämorrhoidalübel angegriffener Körper nicht mehr kräftig genug war. Mehrmals lag er während der kurzen Zeit seines Aufenthalts in Budissin krank darnieder und kaum in Dresden als Hofprediger eingetreten, ward er schon wieder einige Wochen aufs Krankenlager geworfen. Diese Kränklichkeit war eine Hauptursache, warum er sich von dem gesellschaftlichen Leben beinahe ganz zurückzog und nur für seine Amtsarbeiten und seine Familie lebte. Diese Zurückgezogenheit aber hatte zur Folge, daß er von der Mittheilung seiner wissenschaftlichen Ansichten, Urtheile und Ideen sich ganz entwöhnte, wozu rücksichtlich theologischer Gegenstände noch die Furcht vor Mißverständnissen und Streitigkeiten, oder wenigstens vor weitläuftigen Auseinandersetzungen kommen machte, zu welchen er sich nicht aufgelegt fühlte. Nur selten ließ er daher und fast wider Willen seine gründlichen Kenntnisse der hebräischen und griechischen Sprache, sein sorgfältiges Bibelstudium und seine Bekanntschaft mit theologischen Meinungen durchblicken. In seinen Predigten war die umfassende Bekanntschaft mit biblischer und kirchlicher Dogmatik weit leichter zu ersehen.

Seine Kanzelvorträge waren logisch, genau und leichtfaßlich disponirt, dem Texte ganz angemessen und auf alle Hauptgedanken desselben Rücksicht nehmend. Sie behandelten mehr allgemeine, religiös-moralische Sätze als specielle Lehren und Lebensregeln auf eine sehr fruchtbare Weise, mit kunstvoller Entwickelung derselben aus der Natur und den Bedürfnissen des menschlichen Geistes. Die Wärme und Würde, mit welcher er sprach, die Richtigkeit und Angemessenheit seines Ausdrucks, der Reichthum an Bibelsprüchen, welchen er zu benutzen wußte, die unverkennbare eigene Ueberzeugung von der Wahrheit und Wichtigkeit dessen, was er lehrte, wirkte wohlthätig auf die Zuhörer. Er predigte mit Beifall; und da auch seine kleinern Amtsreden, seine Ermahnungen an Katechumenen, sein Zuspruch im Beichtstuhl und am Krankenbette die nämlichen Vorzüge hatten; so schlossen sich bald viele Familien an ihn an und schenkten ihm Liebe und Vertrauen.

Auf der Kanzel und unter gehäuften Amtsverrichtungen vergaß er seine körperlichen Leiden und fühlte sich oftmals nach jenen erleichtert. Doch in der letzten Zeit kehrte das erhöhte Gefühl der Schmerzen nach großen Anstrengungen bald zurück. Waren aber die Beängstigungen und der Druck auf das Gehirn, welche die Begleiter von Unterleibsübeln waren, nur nicht allzu groß, so blieb er im Umgang mit den Seinigen und mit einzelnen Freunden heiter und theilnehmend. Diese Heiterkeit war Folge des Einigseyns mit sich selbst, der Herrschaft über seine Empfindungen, der Ergebung in den Willen Gottes, eines wahrhaft christlichen Glaubens und Sinnes; Glaube und Liebe durchdrangen sein Innerstes und sprachen sich aus in Wort und That. Sie theilte er den Seinigen mit und erhielt dadurch in seiner Familie eine Ruhe, Zufriedenheit und Gelassenheit selbst während seiner langwierigen Krankheit u. bei der Annäherung und der Gewißheit seines Todes, welche diejenigen befremdete, deren Wesen mit religiösen Ueberzeugungen und Gefühlen nicht so innig verschmolzen ist.

Den festen Glauben und die thätige Liebe hatte der Verewigte unstreitig selbstständig in sich ausgebildet. Das warme Gefühl war ihm von Natur eigen und konnte wohl, zumal in frühern Jahren, sich in dem Tone der Brüdergemeinde ausgesprochen haben. Seine erste Anstellung als Hauslehrer erhielt er in dem Hause eines eifrigen Herrnhuthers. Er kam durch diesen in Verbindung mit mehrern und ward bis zu seinem Tode von ihnen gesucht und geachtet, ohne der Gemeinde jemals angehört zu haben und ohne mit derselben in mehrern Punkten einverstanden zu seyn. Er bewahrte in der Lausitz und in Dresden seine Unabhängigkeit und benutzte das Zutrauen angesehener

Glieder der Gemeinde nur zur Verwendung für Nothleidende. — Die letzten Monate seines Lebens litt er viel bei seiner Krankheit. Er fühlte die Annäherung des Todes, bestellte mit gottergebnem Sinn seine Familienangelegenheiten, stärkte sich und die Seinigen durch Gebet für die Stunde des Scheidens u. bewahrte Glauben, Liebe und Hoffnung bis zum letzten Odemzuge. — Er hat nur einige Predigten und Reden und zwar immer nur auf Verlangen seine Zuhörer, drucken lassen. Folgende sind aus drei verschiedenen Lebensperioden des Verewigten: Pred. Ueber die Lehre vom Amte der Schlüssel. 1800. (Zur Beruhigung der Gemüther bei Einführung der allgemeine Beichte; sehr belehrend und zweckmäßig.) Predigt am XIV. Sonnt. nach Trinit. 1804. (Bei Hinrichtung eines Verbrechers.) Rede bei der fünften Jahresfeier des Dresdner Missionshülfsvereins, d. 11. Aug. 1824 gehalten.

Dresden. Dr. Frisch.

* 388. Heinrich August Mirow,

Pastor zu Balge im Königreich Hannover;

geb. d. 11. Juli 1763, gest. d. 4. Decbr. 1827.

Er war zu Gifhorn geboren, wo sein Vater als zweiter Prediger angestellt war. Späterhin wurde derselbe nach Bücken bei Hoya versetzt, u. da ihm hier Nienburg nahe lag, so benutzte er die gute höhere Schulanstalt daselbst, um dem Sohne eine gelehrte Bildung ertheilen zu lassen. Von da ging derselbe 1782 nach Göttingen ab, um sich daselbst dem theologischen Studium zu widmen. Hatten ihn diese auch nicht in den Stand gesetzt, das Gebiet derselben zu erweitern oder durch neue Forschungen aufzuhellen, so hatte er sie doch mit solchem Fleiße getrieben, daß er mit gutem Erfolg in seinem Berufe arbeitete. Von Göttingen heimgekehrt, verweilte er ein Jahr lang zu Hause, um seinem Vater in seinen Dienstgeschäften Beistand zu leisten und trat dann 1786 die Stelle als Hauslehrer bei dem Pastor Danckwerts zu Isenbüttel an, die er fast 7 J. bekleidete. Während er nun diesen Posten mit dem beim General von Diepenbroick vertauschte, bestand er vor dem königlichen Konsistorium zu Hannover 1791 sein erstes und 1793 sein zweites Examen; darauf hatte er 1802 ein Colloquium, nachdem er die Pfarrei zu Wietzen 1794 angetreten hatte. Von hier wurde er 1802 nach Binnen und Bühren und 1821 nach Balge versetzt. Viele Beschwerden mußte er mit seiner Familie auf der

erſten, nur gering dotirten Pfarrei zu Wiegen erdulden; aber noch größere u. ſchwerere Verluſte erlitt er während ſeines 17jährigen Pfarrdienſtes zu Binnen, wo er eine ſehr verwilderte und vielfach vernachläſſigte Gemeinde antraf und durch feindliche Soldateska faſt ganz ausgeplündert und ſeines Vermögens von 1300 Thalern beraubt wurde; er ertrug dieſe Schläge des Schickſals mit Geduld und in der Hoffnung, durch Verſetzung auf eine andere Pfarrei entſchädigt zu werden. Durch ſeine Beförderung nach Balge ſchien jene auch erfüllt werden zu ſollen, doch brachte ihm bei dem Sinken der Frucht- und Pachtpreiſe auch dieſe Stelle nur wenig Erſatz. — In ſeinem Charakter und Leben überhaupt war Geradheit, Arbeitsliebe und dabei vor Allem ein heiterer Sinn vorherrſchend. — Als Prediger und Seelſorger erfüllte er ſeinen Beruf mit wahrer Liebe mit nie ermüdender Lebendigkeit und gewiſſenhafter Treue in jeder einzelnen Beziehung. Ihn begleitete ein heller Blick, durchaus practiſcher Sinn und ein freundliches, theilnehmendes Gemüth in die Wohnungen der Wohlhabendern, wie in die Hütten der Armen ſeiner Gemeinde und ſo ſcheuete er keine Mühe und Aufopferung, um ſeinen Pflichten und ſeinem Herzen zu genügen. Dabei herrſchte in allen ſeinem Thun und Handeln die größte Pünktlichkeit und Ordnung, wodurch unter andern, zumal bei ſeiner ſchönen kräftigen Handſchrift, ſeine Kirchenbücher als Muſter gelten könnten. — Noch zuletzt trug er auf eine eben ſo umſichtige als zweckmäßige Weiſe dazu bei, daß die Gemeinheitstheilung durchaus unpartheiiſch vollzogen und der Schule, dem Wittwenthume wie der Pfarrei förderlich wurde. — Er hinterließ 9 trauernde, meiſt noch unerzogene Kinder, deren Mutter ihrem Gatten ſchon mehrere Jahre im Tode vorausgegangen war. Die dankbare Liebe ſeiner Gemeinde bewahrt ſein Andenken.

H—r. D—r.

* 389. Johann Heinrich La Carrière,

Kaufmann und Ritter des ruſſiſch kaiſerl. Wladimirordens 4. Kl. zu Leipzig;

geb. d. 18. Aug. 1776, geſt. d. 4. Decbr. 1827.

Sein Vater Joh. L. C. war ein angeſehener Kaufmann der franzöſiſchen Kolonie in Leipzig und ſeine Mutter, Charlotte, geborne Naubert aus Naumburg, eine ſchöne und liebenswürdige Frau. Bereits am 2. April 1779 verlor er seinen Vater, der sein thätiges Leben nur auf 37 J. und 3 Monate gebracht hatte; war aber so glücklich einen zweiten an dem Kaufmann Träger zu finden, mit dem sich seine Mutter am 8. April 1783 verheirathete. Bis 1786 genoß er den Unterricht geschickter Hauslehrer und kam in diesem Jahre nach Schnepfenthal, wo er in der zwei Jahre zuvor gestifteten Salzmannschen Erziehungsanstalt eine vortreffliche Erziehung empfing. Er sammelte gründliche Kenntnisse, besonders in der Mathematik, Natur- u. Erdkunde u. in der lateinischen u. französischen Sprache; auch im Schreiben, Zeichnen, Klavierspielen und in der Gymnastik zeichnete er sich aus, so daß er dadurch und durch seine musterhafte Aufführung und gute Laune die Achtung u. Liebe aller Bewohner Schnepfenthals erwarb. Der ehrwürdige Salzmann ertheilte ihm den Orden des Fleißes und entließ ihn am 26. Septbr. 1790 feierlich und innigst gerührt aus seinem Institute, in dem L. C. unstreitig die glücklichsten Jahre seines Lebens zubrachte, es in der Folge oft und gern besuchte und ihm thätige Beweise seiner Liebe gab. Es leidet keinen Zweifel, daß das Gute, was er als Mann that, vorzüglich seinen Grund in der Salzmannschen Erziehung hatte.

In körperlicher und geistiger Hinsicht wohl ausgebildet, kehrte er nach seiner Vaterstadt zurück und erlernte bei seinem Stiefvater, der ein bedeutendes englisches Manufacturwaarengeschäft trieb, die Handlung, in der er es bald, da sie seine eigentliche Sphäre war, zur Vollkommenheit brachte. Später kam er in die große Schlettersche Seidenhandlung zu Leipzig; ward Associe u. Schwiegersohn des Chefs *), an dem er ein vortreffliches Muster und den besten Führer hatte, nach dessen Tode aber alleiniger Dirigent derselben, bis später sein Schwager sein Geschäftsführer ward. — L. C. war in mehreren Hinsichten schätzenswerth; ein guter Gatte — seit dem 15. Dec. 1804 war er mit einer liebenswürdigen Gattin verbunden, welche alle Grazien schöner Weiblichkeit schmücken; aber das Glück Vater zu seyn, hatte ihm das Schicksal versagt — ein unterhaltender, heiterer Gesellschafter, ein biederer

*) Salomo Gotthelf Schletter, geb. zu Dresden 1747, gest. zu Leipzig am 7. Mai 1807, ein menschenfreundlicher, sehr unterrichteter, feiner, auf Reisen gebildeter Mann, welcher in schönster Regsamkeit der Welt, einer zärtlichen, höchst achtbaren Gattin, liebenden Kindern und edlen Freunden unvermuthet entrissen ward. Er war ein Beförderer des Guten und Schönen, Kenner der Kunst, der selbst sehr gut radirte und in dem Fache wohl bewandert, ein kostbares Mineralienkabinet sammelte.

Freund und ein ausgezeichneter, eben so kluger als rechtschaffener Kaufmann, der als solcher seinen Posten ganz ausfüllte und dabei dennoch Lebhaftigkeit des Geistes und Herzens genug behielt, um nicht den Menschen in dem Geschäftsmanne untergehen zu lassen. Diese Eigenschaften nebst den ihn beseelenden kosmopolitischen Gesinnungen machten ihn zu einem wahrhaft ehrwürdigen Bruder des Freimaurerordens und als mehrjähriger Beamter der ältesten, segensvollen Loge seiner Vaterstadt, Minerva zu den drei Palmen, war er, ganz im Geiste ihrer Stifter, beschäftigt, fremde Leiden zu mildern u. fremdes Glück zu befördern. Aber seine Wohlthätigkeit war keineswegs jene gutmüthige Schwäche, die sich oft als Tugend gelten machen möchte, sondern ein heller, durchdringender Verstand, ein energischer kräftiger Wille gab den Gefühlen eines von Natur wohlwollenden Herzens jene Richtung, durch welche sie allein wahren Werth erhalten. Beispiele anzuführen verbietet uns die Bescheidenheit und die nothwendige Discretion gegen noch lebende Personen. Als guter Staatsbürger bewies er seine Thätigkeit für das öffentliche Wohl durch mannichfaltige Aufopferungen während des letzten Krieges als Mitglied der Lazarethkomite, die auch Rußlands verewigter Monarch dadurch belohnte, daß er ihm 1814 den Wladimirorden verlieh; eine Auszeichnung, die dem Empfänger nicht stolz machte, weil Eitelkeit überhaupt seiner Sinnesart fremd war, was auch in seinem Anzug und Hauswesen sich zeigte: Solidität, Bequemlichkeit, Ordnung und Geschmack herrschten darin.

So guter Gesundheit sich L. C. in früherer Zeit, besonders als Folge der mäßigen Lebensweise und Uebungen und Abhärtung des Körpers in Schnepfenthal, erfreut hatte, so sehr litt er in den letztern Lebensjahren, indem seine immer mehr zunehmende Körperstärke in Wassersucht überging, an der er auch ungeachtet des Gebrauchs von Heilquellen, der besten ärztlichen Hülfe und liebevollsten Pflege der zärtlichsten Gattin, endlich nach sehr schmerzhaftem Krankenlager verschied.

Noch in seinem letzten Willen äußerte er seinen schönen Sinn für Beförderung des Guten, indem er seine reiche Mineraliensammlung der Universität seiner Vaterstadt vermachte, damit auf diese Weise durch sie den Wissenschaften mehr, als wenn sie in den Händen eines Privatmannes geblieben wäre, genützt werden möge. — Bei seinem Leichenbegängnisse sprach sich die Achtung, welche seine Verdienste sich erworben hatten, auf mannichfache und rührende Weise aus.

L. S.

* 390. Caspar Gottfried v. Rahlke,

königl. preuß. Major a. D. zu Treppeln bei Crossen;

geb. d. 22. März 1753, gest. d. 6. Decbr. 1827.

Er war zu Bergen auf der Insel Rügen geboren, wo sein Vater Gutsbesitzer war, verlor in frühester Jugend seine Aeltern und kam bald darauf nach Berlin in die königliche Kadettenanstalt. Durch Fleiß und streng sittliches Betragen rechtfertigte er die Empfehlungen hoher Gönner und genoß das Glück durch seine ausgezeichnete musterhafte Aufführung Ihrer kön. Maj. Elisabeth Christine, Gemahlin Friedrichs des Großen, näher bekannt zu werden und in ihrer Nähe öfters verweilen zu dürfen. Se. Maj. Friedrich II. selbst hielt ihn als Officier im ehemahligen Regiment von Möllendorf seiner besondern Aufmerksamkeit würdig und gab ihm mehrfache Beweise derselben. Viele Jahre diente R. in diesem Regiment u. vornehmlich als Adjutant des verstorbenen königl. Feldmarschalls v. Möllendorf, bis ihm der König mit schnellem Vorrücken in den militärischen Graden zum Gouverneur Sr. königl. Hoheit, des verewigten Prinzen Louis Ferdinand v. Preußen erwählte. Später wurde ihm von Sr. Maj. dem jetzt regierenden König von Preußen Friedrich Wilhelm III. die Organisation und Leitung des ehemaligen Pageninstituts als Gouverneur desselben anvertraut. — Hier beschloß R. als Major seine militärische Laufbahn mit dem Ruhme, unter 3 Monarchen treu gedient und seine vieljährige unermüdliche Thätigkeit durch deren Zufriedenheit belohnt zu sehen.

Eine langjährige Kränklichkeit war die Ursache seines Zurücktritts aus dem Militärdienst. In ländlicher Zurückgezogenheit hoffte er dieselbe heben und seine Gesundheit wiederherstellen zu können. Er kaufte zu dem Ende das in Schlesien, (Schwiebuser Kreises) gelegene Rittergut Seeläsgen, fand aber in dem Landleben die günstige Einwirkung auf seinen Körper nicht, die er erwartet hatte. Er verkaufte daher später dieses Gut wieder und lebte seitdem theils in der Mark, theils in der Lausitz oder in Schlesien nur allein den Wissenschaften, von denen er in vielen Fächern reiche und tiefe Kenntnisse besaß. Noch in den letzten Jahren seiner militärischen Laufbahn hatte er sich mit Charlotte, geb. Freiin v. Blomberg vermählt, durch welche ihm eine Tochter und ein Sohn, welche beide noch in zarter Kindheit starben, geboren wurde. — In Schlesien zu Sprottischdorf bei Sprottau traf ihn bei schon sehr vorgerückten Jahren der harte Schlag, diese seine Gattin durch den Tod zu verlieren. Selbst nicht anwesend zu jener Zeit, kehrte der Verewigte auch nicht wieder dahin zurück, sondern verlebte noch 6 J. in Treppeln bei Crossen, wo er als Letzter seines Stammes u. seines Namens tief betrauert im 74. J. seines Lebens von dieser Erde schied.

* 391. Johann August Günther Moritz v. Müller,

kurfürstl. hess. Generallieutenant u. Gouverneur von Kassel; Großkreuz des kurhess. Hausordens vom goldnen Löwen, Ritter des Ordens pour la vertu militaire, sowie des vom eisernen Helm; geb. d. 4. Octbr. 1766, gest. d. 6. Decbr. 1827.

Zu Kassel im Kurfürstenthum Hessen geboren, begann v. M. schon mit dem 9. Lebensjahre seine militärische Laufbahn, indem er im J. 1775 als Fahnenjunker beim kurfürstl. hess. Reg. Erbprinz und dann beim leichten Reiterregiment v. Heuster in Listen fortgeführt wurde, während er in der Zeit einen Theil seiner geistigen Bildung erhielt, bis er 1778 aus den Listen abgeführt wurde und ins Kadettenhaus zu Kassel kam, um sich für die einmal gewählte Bestimmung geschickt zu machen. Nach 4jährigem Aufenthalt daselbst (1782) verließ er dieses Institut und trat in das Regiment Garde in Kassel als Fähndrich ein, in welchem er 1784 zum Sekondlieutenant erhoben wurde. — Im J. 1787 wurde er zur ersten Garde versetzt, bei welcher er 1789 zum Premierlieutenant u. 1793 zum Staabskapitän und Flügeladjutant avancirte. 1799 erhielt er eine Kompagnie und 3 J. nachher erreichte er eine Staabsofficierstelle als Major. In dem J. 1809 wurde derselbe während des Feldzugs zum Oberstlieutenant und bald nachher zum Oberst ernannt. Vom Jahre 1806 bis 1814 war v. M. und v. Thümmel die einzige Begleitung des verstorbenen Kurfürsten von Hessen nach dem Holsteinschen und nach Prag in Böhmen. Beiden wurde wegen treugeleisteter Dienste ein Gnadengehalt auf Lebenszeit ausgesetzt, welcher auch der einzigen Schwester v. M's. zu Theil wurde, indem diese ihren Bruder sein ganzes Leben hindurch allenthalben begleitet hatte. Die wichtigsten Staatsangelegenheiten trug der Kurfürst dem v. M. auf.

Des Verewigten Lieblingsstudium war Kriegsgeschichte und wenn derselbe gleich bei seinen Lebzeiten nicht als Schriftsteller bekannt wurde, so darf man wohl erwarten, daß die nach dessen Tode unter den Papieren vorgefundenen Manuscripte seiner Hand, sobald als solche geordnet worden, im Druck erscheinen werden. — In den Feldzügen hat sich v. M. stets rühmlichst ausgezeichnet. Im J. 1792 nahm er Theil an der Einnahme von Frankfurt; 1809 war er als Kommandant des zu Prag errichteten Korps bei den Affairen von Berneck und Hof zugegen. In dem Befreiungskriege in den Jahren 1814 u. 15 ward er zur Blokade von Metz und Thionville kommandirt und nahm Theil an der Einnahme von Sedan und Charleville, so wie an den Belagerungen von Metzieres und Givet. Im J. 1811 empfing er den hessischen Orden pour la vertu militaire, 1813 den hessischen Orden vom eisernen Helm *) und 1816 das Kommandeurkreuz des kurhessischen Hausordens vom goldnen Löwen. — Dem Verewigten soll auch von Sr. Maj. dem jetzt regierenden König von Preußen der Verdienstorden, ingleichen von Sr. königl. Hoheit dem Großherzog von Hessen-Darmstadt der Ludwigsorden verliehen worden seyn, welche beide Orden jedoch derselbe mit der Bemerkung „daß er nur Orden seines Fürsten tragen wolle" dankend wiederum zurückgegeben habe. Bei dem erstern scheint es um so gewisser zu seyn, da in dem letztern Feldzuge viele hessische Offiziere, welche unter v. M's. Kommando gestanden, den preußischen Verdienstorden erhielten und es sich daraus vermuthen läßt daß derselbe dabei nicht wird übergangen worden seyn, um so mehr, da v. M. die Gnade genoß, von Sr. Maj. dem König genau gekannt zu seyn. — Im J. 1814 wurde er zum Generalmajor u. Kommandeur en Chef des Regim. Kurfürst und zufolge Kabinetsordre vom 9. April 1821 zum Brigadechef und Kommandant von Kassel ernannt. Am 28. Juli 1821 erhob ihn Se. königl. Hoheit der Kurfürst, dessen ausgezeichneter Gnade er sich fortwährend zu erfreuen das Glück hatte, zum Generallieutenant u. Gouverneur von Kassel und verlieh ihm gleichzeitig das Groß-

*) Dieser Orden wurde nach dem Muster des preußischen Ordens vom eisernen Kreuz am 18. März 1814 zur Belohnung treuer Dienste während des Kriegs 1814 gestiftet. Nach dem Feldzuge, für den dieser Orden allein gestiftet war, ist er nicht weiter verliehen worden.

kreuz des kurhess. Hausordens vom goldenen Löwen. — Im geselligen Leben zeigte sich v. L. immer höchst angenehm. Der [illegible] Gutes zu thun, war ihm Bedürfniß. — Nachdem er dem Kurhause Hessen 52 J. mit der größten Treue und Anhänglichkeit gedient hatte, verschied er, ohne vermählt gewesen zu seyn, beweint von Allen, die ihn kannten, in seinem kurz zuvor vollendeten 61. Lebensjahre.

Erfurt. Major v. Lindeman.

392. Georg Keller,

Pfarrer zu Pfaffenweiler bei Freiburg;

geb. d. 14. Mai 1760, gest. d. [illegible] Decbr. 1827. *)

Dieser in mancher Beziehung bemerkenswerthe Mann, nachmals als Ordensgeistlicher Victor genannt, wurde zu Ewattingen bei Bonndorf im Schwarzwalde von katholischen Eltern geboren. Sein Vater, ein Hufschmied u. dabei eine rauhe aber gediegene Schwarzwäldernatur, gewohnt mit Eisen umzugehen, glaubte auch mit Härte die Erziehung seiner Kinder befördern zu müssen. Diese Strenge des Vaters wurde aber durch die Liebe und Güte seiner sorgsamen Mutter, welche auf eine herzliche Weise die Kinder sich zugethan machte und bei dem rauhen Gatten einige Schranken setzte, gemildert. — K. begann, nachdem sich in dem aufblühenden Jünglinge die schönsten Anlagen gezeigt und er die Aufmerksamkeit der Lehrer auf sich gezogen hatte, seine ersten Studien in der Schule der Benedictinermönche zu Villingen, vollendete die Gymnasialjahre zu Freiburg, wo nach dem Sturz der Jünger Loyalas das Beispiel aufgeklärter Männer in den Hörsälen mächtig auf ihn wirkte und schon damals der edle Charakter der liebenswürdigen Bewohner dieser schönen Stadt ihn in Anspruch nahm u. nicht mehr verließ. — Zu jener Zeit, in welcher er die Universität zu betreten gehörig vorbereitet war, richteten sich aller Augen auf die große Kaiserstadt, welche man für das Centrum der Wissenschaften hielt. Er brachte es bei seinen Eltern dahin, daß auch er diese Universität (Wien) beziehen durfte, vollendete da die philosophischen Studien, die er in Freiburg begonnen hatte und widmete sich darauf der Heilkunde, für die er damals noch die meiste Neigung fühlte.

---

*) Kirch. Ztg. 1828. Nr. 124. Zeitgenossen. 1828. 1. Bd. 1. H. u. andere Bl.

K's. Vater — ein damals fürstlich St. Blasiani-scher Unterthan — hätte gern auch seinen Sohn in diesem berühmten Stifte gesehen; auch glaubte er, die Kosten des Universitätsstudiums nicht länger bestreiten zu können, da der junge K. in Wien sich eben nicht sehr sparsam benommen hatte. Es erfolgte demnach seine Zurückberufung, der K. nur mit schwerem Herzen Gehorsam leistete. Seine Eltern vermochten ihn zu einem Besuch in St. Blasien u. die Pracht u. noch mehr die Aussicht hier seinen Lieblingsfächern nachhängen zu können, machten ihm bald den Stand eines Religiösen angenehm. Es hatte nicht lange Anstand, so wurde er in Rücksicht seines fähigen Kopfes im J. 1778 als Novize aufgenommen. Sein Fleiß, seine rastlose Anstrengung erhoben ihn bald über seine Genossen und erwarben ihm die volle Gunst seiner Obern. Im Spätjahre 1785 wurde er zu Constanz zum Priester geweiht, lebte dann in klösterlicher Zurückgezogenheit nur den Wissenschaften, bis er von dem umsichtigen und gelehrten Abt Martin Gerbert als Prof. erkoren wurde. Neun Jahre versah der vielversprechende Mönch abwechselnd die Stelle des Professors der Philosophie, Alterthumskunde, Diplomatik, des Kirchenrechts und der Geschichte. Seine Schüler sprechen nur mit liebevoller Erinnerung von dem Eifer, von der großen Mittheilungsgabe und von der Anziehungskraft, welche Jeden an ihn fesselte. Was K's. Herzen die schönste und erquickendste Aufmunterung war, brachten ihm jederzeit die Ferien. Abt Gerbert munterte Jeden nach Möglichkeit auf, wenn er wahre Liebe zu den Wissenschaften bei ihm erblickte. Er ließ auch den jungen Professor auf Kosten des Stifts öftere Reisen unternehmen. K. erlebte auf denselben nicht nur freudige Tage, sondern machte auch mit vielen berühmten und gelehrten Männern Bekanntschaft und in den bedeutendern Abteien Schwabens in literarischer Hinsicht reichliche Ausbeute. Da geschah es, wo K. die meisten Dokumente sammelte zu der Geschichte der Bisthümer Werden, Augsburg und Eichstädt, welche er in seiner Einsamkeit zu Wislikon nach damaliger Sitte der St. Blasianer in lateinischer Sprache ausarbeitete. Leider sind diese Arbeiten nur Manuscript geblieben und theils im Archive zu Arau niedergelegt, theils von dem Verfasser zu späterer Disposition bei Händen behalten worden. Nach 9jähriger Bekleidung erwähnter Professur wurde K. als Pfarrer in Gurtweil bei Waldshut angestellt, wo er 3 J. in der Nähe liebenswürdiger Freunde und einer liebenden Gemeinde zubrachte. Hierauf war er 7 J. zu Schluchsee Pfarrer, wo die Nähe des Stifts und die Geselligkeit der in nächster Umgebung lebenden Mitbrüder ihm diese Zeit zu einer der schönsten seines Lebens machten. In seinen spätern Jahren erheiterte sich seine Stirn und freudige Rückerinnerung durchströmte sein Herz, wenn von diesen Lebenstagen die Rede war. Da versetzte er sich in die Tage seines Aufenthaltes an den Ufern dieses lieblichen Sees u. hielt durch diese Rückerinnerung sich schadlos für eine traurige Gegenwart. Im J. 1803 war es, wo ihm das höchste Glück entgegenlächelte, das aber, statt ihm zu Theil zu werden, nur die Quelle zur Unzufriedenheit seines Herzens wurde. — Es war bei der Wahl eines neuen Fürstabtes. Berthold, nachheriger Abt, und K. hatten Stimmengleichheit. Schon stand man im Begriffe zwischen diesen abzustimmen, als von den exponirten Kapitularen noch 2 Stimmen für Berthold eingingen. Dies entschied, Berthold wurde auf den fürstlichen Stuhl erhoben, dafür aber bemächtigte sich Eifersucht und Neid K's. Herzens. Er — Berthold in jeder Hinsicht weit überlegen — konnte es nicht ertragen, daß er so zurückgesetzt sei. Ohnehin von reizbarem Temperament, erhöhte dies noch seine Bitterkeit. Was das Resultat einer freien Wahl gewesen, schrieb er in seinem Neide hinterlistigen Unterhandlungen und einem feindseligen Komplotte zu. Mit einemmale sah er in seinen Kollegen nur Feinde und Zerstörer seines Glücks. Wenn es ihm übel ging, pflegte er oft zu sagen, man dürfe sich seines Mißgeschicks wegen nicht wundern, er sei ja ein gefehlter Fürst. Von dieser Wahl her muß man auch seinen Haß schreiben gegen Klöster, Mönche und Alles, was mit diesen in Verbindung steht. Um sich zu rechtfertigen, nahm er seine Zuflucht zu Beschimpfungen, welche kräftig aus seinem Munde ertönten. Zwar selbst einst dem Mönchsstande angehörig, machte er doch bei sich eine rühmliche Ausnahme und was er in seinen „Idealen" S. 166 den Gegnern in den Mund legte, ist ihm wohl von Herzen gekommen, nämlich daß die Klöster nichts anderes seien, als glänzende Burgen der alten Nacht, stolze Freisitze der Geistessclaverei, Brüthäuser des Aberglaubens, Bastillen der Unvernunft, Marställe für Gottes Hornvieh, u. s. w. Um nicht unter der Aufsicht eines ihm durch die Wahl verhaßten Fürsten leben zu müssen, trachtete er aus dem klösterlichen Institute auszutreten. Zu Wislikon im Kanton Aargau, wohin er als Administrator und Pfarrer gesetzt wurde, arbeitete er an diesem Vorhaben. Die bald darauf erfolgte Säkularisation begünstigte dasselbe und machte ihn auch von der letzten Verbindlichkeit gegen St. Blasien frei. Ein glänzendes Loos wurde ihm nun zu Theil. Er erhielt den Ruf als Pfarrer zu der neu errichteten Stadtpfarre in Arau und dieß war der Ort für K's Charakter. Hier im Kreise gelehrter Männer war er in seinem Elemente, verband sich mit den geachtetsten Bewohnern dieser freien Schweizerstadt und wurde durch diese mit vielen sehr ehrwürdigen Männern des Schweizerlandes bekannt, auch zum Mitglied der gemeinnützigen Gesellschaft zu Zürich ernannt. Seine Reden waren voll Kraft und Ausdruck und gewannen ihm viele Zuhörer und Bewunderer. Seine Predigten wurden zahlreicher besucht, als die der reformirten Kirche. Sein heiterer Sinn und seine gesellige Munterkeit führten ihn in jeden bessern Zirkel. Jedermann liebte und ehrte ihn. Die Regierung zeichnete ihn durch besonderes Vertrauen aus, als sie ihn zum Mitglied des Kantonsschulraths ernannte, das Generalvikariat zu Konstanz aber, als es ihm die Würde und Pflichten eines bischöflichen Kommissärs übertrug.

Um dieselbe Zeit, als K. also kräftig in Aarau wirkte und als Schriftsteller mehrfach thätig war, erschienen die berühmten „Stunden der Andacht," als deren Verfasser K. genannt wurde. Die Aehnlichkeit der Sprache und mancher dogmatischen Ansichten verleitete zu dieser Vermuthung. „Ich würde mir, sagte K. oft, die größte Ehre daraus machen, Verfasser der St. d. A. zu seyn; aber ich bin es nicht." Die Neckarzeitung und aus ihr mehrere andere Blätter beim Schlusse des J. 1827 enthalten einen Brief in diesem Betreff. In demselben ist es als ausgemachte Sache angenommen, daß K. der Verfasser derselben sey. Diesem muß aber widersprochen werden, da auch von der Verlagshandlung derselben wiederholt bemerkt worden ist, daß K. keinen direkten Antheil gehabt habe. Ein geheimnißvoller Schleier hängt demnach über dem Verfasser und wir wollen es nicht versuchen, denselben zu lüften, da er mit richtigem Gefühl und im Interesse des Unternehmens über dasselbe geworfen zu seyn scheint. Doch scheint ein Mittelweg leicht ausfindbar. Der Geist, welcher in den St. d. A. weht, ist mit dem in einigen spätern Werken K's so innig verwandt und selbst die Sprache oft so ähnlich, daß wohl Niemand seine Mitwirkung zu dem gefeierten Buche wird ableugnen können. Die Quantität des Gelieferten und das Verhältniß zu den übrigen Mitarbeitern wird man nicht sobald herausmitteln. Was an der Sache ist dürfte wohl aus Folgendem sich ergeben. Es wurden, wie er selbst mehrern seiner Freunde gestanden hat, viele Predigten von ihm, die er in Aarau hielt und welche auch viele Zuhörer derselben in den St. d. A. bald wieder erkannt haben, mit in das Werk aufgenommen und theilweise vielleicht von dem Hauptredakteur umgegossen oder verschmolzen. So wäre die Notiz, „daß K. keinen direkten Antheil gehabt", leicht enträthselt. Daß K. aber auf jeden Fall als Mitarbeiter zu betrachten ist, gebietet auch das Wort des Hrn. Oberhofpredigers Dr. Zimmermann zu Darmstadt, welchem das Geheimniß seit längerer Zeit anvertraut worden. Einer Reihe von politischen Ursachen und bedeutenden Persönlichkeiten ist es vielleicht zuzuschreiben, daß das eigentliche Verhalten der Sache nie ganz bekannt werden wird. Nicht wegen der St. d. A. wurde K. in eine Menge von Verdrießlichkeiten mit der Nuntiatur und den Ultramontanern der Schweiz verwickelt. Sein rasches heftiges Wesen, seine rückhaltlosen Aeußerungen über religiöse Mißbräuche, Thorheiten und Vorurtheile, seine einzelnen Aufsätze in den „Pastoralkonferenzen" und der Ruf seiner kernvollen und freimüthigen Kanzelreden trieben allenthalben die Lichtscheuen wider ihn. Auch war er den Römlingen besonders ein harter Stein des Anstoßes, da er mit ganzer Seele dem unvergeßlichen Dalberg und dessen würdigsten Generalvikar Frhrn. v. Wessenberg zugethan war. Aber er kümmerte sich wenig um diese Anstöße, da er im guten Vernehmen mit der Regierung stand. Mit bitterm Spott bekämpfte er ihren Haß und mehrte ihn durch Verachtung. Dafür genoß er den Beifall aller Verständigen von beiden Konfessionen. Leider währte aber K's Glück in der Hauptstadt des Aargaus nicht lange, denn bald stieß er auch bei der Regierung an. Sein Naturell war zu reizbar, sein Charakter zu egoistisch, als daß er lange ungekränkt hätte bleiben können. Einige unvermerkte Aeußerungen und die Reue über seinen Abzug in Arau sagten, daß er sich allein die Schuld beimesse. Wie sein Herz beschaffen war, suchte er sein Glück und seine Zufriedenheit nur außer sich und in veränderten Verhältnissen. Ungeachtet der größten Einsprache von Seiten seiner Freunde bezog er 1814 die Stelle eines Pfarrers und Stiftdekans in Zurzach, wo er aber nur zwei Jahre blieb. Für seine Gesinnungen u. Grundsätze, so wie für seine Lebensweise war Zurzach der Platz nicht, welcher ihm zusagen konnte. Von Jugend an hatte er solche Grundsätze, welche mit dem freiern Zeitgeiste übereinstimmten. Sein durch die Wahl des Fürstabts rege gewordener Haß gegen Klöster hatte sich auch in mancher Hinsicht auf den Katholizismus verbreitet: Lektüre Umgang und der Ehrgeiz durch abweichende Meinungen zu glänzen, hatten ihn mehr auf die Seiten der andern christlichen Konfessionen hingezogen. Wie hätte er je unter den Stiftschorherrn ins Zutrauen kommen können? Sie versäumten nicht, das Ihrige zu K's Verketzerung beizutragen. Wenn K. in seinen Idealen das Bild eines Pfaffen gibt und diesen sorgfältig vom Geistlichen unterscheidet, so scheint er das Bild von Zurzach entlehnt zu haben. Er fühlte seine schreckliche Lage unter geistigen Centauren und einem bigotten Volke, unter neidischen Amtsbrüdern und stets lauernden Spähern der Nuntiatur. Er erkannte die Thorheit seines Schrittes, der von Aarau ihn weggeführt und auch oft in der Folge erklärte er seufzend: „Mit dem Abzug aus Aarau ist mein Glückstern verbleicht!" Bald wurde seine Lage durch Versetzung nach Grafenhausen im Schwarzwalde, geändert. Dort bearbeitete er sein Buch „Ideale für alle Stände, oder Moral in Bildern." Neben vielem Lobe hat dieses Buch auch vielen Widerspruch gefunden. Nicht lange jedoch befriedigte ihn die Stelle zu Grafenhausen, Verleumdungen, Streitigkeit mit der Gemeinde u. Zwiste im Kapitel verbitterten ihn den dortigen Aufenthalt u. er war zuletzt gezwungen sich der Wuth des aufgereizten Volkes förmlich zu entziehen. Im J. 1820 ward ihm die Wohlthat als Pfarrer nach Pfaffenweiler bei Freiburg im Breisgau versetzt zu werden, wo er auf die rührendste Weise aufgenommen wurde. Hier widmete er seine Zeit ausschließlich gelehrten Arbeiten; fertigte dort seine Abhandlungen, welche nachher unter dem Titel: „Katholikon"*) erschienen. Dieses Buch gibt einen Beleg von seiner Umsicht und Kenntniß der Geschichte, aber auch von seinem Hasse gegen Pabst- u. Kirchthum. K. war überhaupt nicht zum Dorfpfarrer geschaffen; er sehnte sich nach einem wissenschaftlichen Wirkungskreise. Vor Allem ging sein Trachten auf eine Lehrstelle in der theol. Fakultät der Freiburger Hochschule. Er bewarb sich auch um den ledigen Lehrstuhl der Dogmatik daselbst und gewiß würden ihn die meisten Lehrer mit Freuden als Kollegen begrüßt haben; allein es gab Leute,

*) Herzerhebend ist das Gedicht, welches in der allgem. Kirchenztg. zu Darmstadt, Jahrg. 1826, Nr. 29: „An den Baumeister des Katholikon," ein befreundeter Protestant an ihn nach Durchlesung dies. Buches gerichtet. Keller empfand eine herzliche Freude darüber.

welchen ein so ausgezeichneter Geist zur Aufnahme im Gremium nicht rathsam schien und der Bericht fiel für den Bewerber sehr ungünstig aus und K's schönste Hoffnung war vernichtet. Sein Herz brach nach diesem Schlag; sein ganzes Wesen umflorte sich mit unheilbarem Trübsinn, den nichts zu verscheuchen vermochte. Die Verhältnisse zur Gemeinde, deren meiste Bewohner den Mann gar nicht begriffen und durch unwürdige Priester noch mehr gegen ihn eingenommen wurden, erhielten täglich einen widerwärtigern Charakter. K. empfand aber in seiner „Eremitage in Pfaffenweiler" — wie er seine Pfarrei selbst nannte — nicht nur tiefes geistiges Wehe, sondern ihn drückte sogar Dürftigkeit und Armuth. Der Verfasser der oben genannten herrlichen, dem Verleger so gewinnreichen Werke hatte oft nicht einen Gulden mehr, seine Ausgaben zu bestreiten. Eines Tages saß er gedrückt von diesem Kummer in seinem Krankenzimmer, erschreckend über jede Bewegung der Thür, da er stets Jemanden mit Geldanforderungen fürchtete. Niemand wußte von seiner Noth; denn ohne sein überzartes Benehmen und hartnäckiges Stillschweigen in diesem Punkte, würden seine Freiburger Freunde mit Freuden ihm beigesprungen seyn. Plötzlich kam der Bote des Dorfes und überbrachte ihm ein Packet, worin die Regierung des Kantons Aargau, unter sehr ehrenvollem Begleitschreiben und auf sehr zarte Weise, als kleines Zeichen der Erinnerung an irgend eine früher ihr erwiesene Aufmerksamkeit, 100 Dukaten übermachte. Nicht das Geld, sondern der Umstand, daß sein standhaftes Gefühl: „wo die Noth am größten, ist Gottes Hülfe am nächsten," siegreich sich erwährt habe, rührte ihn zu Thränen.

Seine letzten schriftstellerischen Bemühungen drehten sich um ein kirchengeschichtliches Lexikon in alphabetischer Ordnung, welches er unter dem Titel: „Goldenes Alphabet" herauszugeben gedachte und welches bereits bis zum Buchstaben L. vorgerückt war. Er wollte darin die Hauptresultate seiner historischen Studien und Forschungen und die Summe seiner religiös-politischen Ansichten niederlegen. Aber das Schicksal unterbrach ihn in voller Arbeit. Der geist- und herzmüde Mann sollte endlich den Hafen der Ruhe finden, aber erst nach den Leiden einer langwierigen Krankheit und nach den härtesten Schlägen, die einen so stolzen Geist nur immer treffen können. Es befiel ihn i. J. 1825 ein Nervenübel, welches alle seine Kräfte so sehr lähmte, daß er selbst das Gedächtniß und die

Sprache verlor. Vier Jahre mußte er dahinleben, ohne sich mit Lektüre oder schriftlichen Arbeiten beschäftigen zu können, was für ihn die größte Pein war. — So endete er sein merkwürdiges Leben in seinem 67. Lebensjahre.

K. besaß große Kenntnisse. Sein treues Gedächtniß gab ihm nicht bloß den Inhalt und die ausgezeichnetsten Ideen wieder; er war auch im Stande ganze Stellen wörtlich zu rekapituliren. Man hat ihm zum Vorwurfe gemacht, daß seine schriftstellerischen Arbeiten nicht immer sehr logisch seyen. Er liebte nicht streng systematische Werke. Mehr sagten ihm einzelne Abhandlungen zu. Seine Werke liefern den Beweis und zeigen auch seine angehäuften Gedanken. In der Geschichte der Kirche fand er den besten Stoff zu seinem Lieblingsgeschäft, gegen Kirchthum und päbstliche Hierarchie loszuziehen und die Schattenzüge lebhaft darzustellen, ohne das Wohlthätige des Pabstthumes anzuerkennen.

Als Seelsorger war er sehr eifrig in öffentlichen Religionspredigten. Keinen Anlaß ließ er unbenutzt vorbei, irgend ein Wort zu sprechen und den Zuhörern eine Wahrheit heilig ans Herz zu legen. Er verachtete jene Männer, welche die Herde ohne Weide lassen. Doch muß man auch sagen, daß er seine religiosen und dogmatischen Ansichten ohne Rücksicht auf Andere übertragen wollte und daß seine Unklugheit ihn oft des Zutrauens beraubte und statt der herzlichen Annäherung eine schroffe Scheidewand zwischen Hirt und Heerde stellte. Nicht selten entstanden die größten Zwiste, deren Quelle er immer im Betragen Anderer suchte.

Gegen seine Verwandten war er meistens hart und froh, sie weit von sich zu wissen. In seinem Charakter sticht sein unbegrenzter Ehrgeiz und seine Eitelkeit hervor. Eine Schmeichelei über seine schriftstellerischen Arbeiten schloß sein Herz jedem Fremden in der ersten Stunde auf. Aeußerte Jemand seine Grundsätze, so galt er, wenn er sie übereinstimmend fand, schon für einsichtsvoll u. wurde gelobt, dagegen war er derb gegen Jene, welche ihm zu widerspechen sich getrauten. K. war aufrichtig, redlich, bieder und leutselig gegen solche, denen er wohlwollte. Verstellung war ihm ganz fremd. Seine Aufrichtigkeit war oft Unklugheit und brachte ihm bittere Stunden. Hatte ihn Jemand beleidigt, so war K. ihm furchtbar. Sein Haß kannte dann keine Grenzen und seine Feindschaft war unversöhnlich. Wo er sich beleidigt glaubte, schonte er keinen Menschen. Selbst gegen Obrigkeiten war er derb, ohne Rücksicht auf die Folgen seiner Reden und Handlungen. Obgleich R. den, welcher einmal die Gunst seines Herzens erlangt hatte, leidenschaftlich liebte und ihn auf Anderer Unkosten erhob, so hatte doch seine Freundschaft ein Ende, sobald er nur im geringsten sich von ihm gekränkt oder zurückgesetzt glaubte. Zuletzt kam er durch sein Betragen so weit, daß er wenige Freunde mehr hatte.

R. besaß einen großen Eifer für Sittlichkeit; der geringste moralische Flecken, oft bloße jugendliche Unvorsichtigkeit, entzog seine ganze Liebe. Heuchelei verabscheute er aus ganzer Seele. Wie es das Wesen der Leidenschaftlichkeit mit sich bringt, war er voll vorgefaßter Meinungen. Ein einziger Schritt war in seinen Augen genug, um über den Charakter eines Menschen abzusprechen. Keine Gründe vermochten ihn mehr auf andere Meinungen zu bringen, wo er einmal einen Satz ausgesprochen. Der Mangel an Umgang mit Menschen in den Jahren, welche den Charakter bilden sollen, ein höchst cholerisches Temperament und beleidigter Ehrgeiz machten ihn zu dem Manne, welcher hier gezeichnet ist. Groß in seinen Anlagen, mit rastloser Anstrengung, hätte er Großes bewirken können.

Im Ganzen kann er im Betragen gegen Andere als unverträglich gelten und in den St. d. A. findet die 40. Betrachtung des 3. B. 4. Ausgabe so viel Anwendung auf ihn, daß sie eigens über ihn gefertigt zu seyn scheint.

393. Hermann Rentzel,

zweiter Diakonus an der Jakobikirche und Prediger am Kurwerk, Kranken- und Armenhause zu Hamburg;

geb. d. 19. März 1764, gest. d. 8. Dec. 1827 *).

Er stammte aus einer alten und sehr geachteten Familie Hamburgs. Den für die akademischen Studien vorbereitenden Unterricht empfing er auf dem Johanneum und Gymnasium seiner Vaterstadt, in welche er, nachdem er zu Göttingen Theologie studirt hatte, zurückkehrte. Bald darauf (1790) erhielt er die Stelle eines Katecheten am Hamburger Krankenhofe, der er 5 Jahre lang mit Eifer vorstand, wo er dann im J. 1795 zum Diakonus an der Kirche St. Jakobi erwählt ward. Neben diesem Amte verwaltete er noch das eines Predigers am Krankenhofe

*) Hallesche Literaturzeitung. 1828. Nr. 20.

seit dem J. 1810 und behielt dasselbe auch an dem 1823 durch ihn eingeweihten neuen allgemeinen Krankenhause bei, so wie ihm noch außerdem, gemeinschaftlich mit einem seiner Kollegen, die Seelsorge bei dem Kurwerk- u. Spinnhause oblag. In diesen Aemtern bewies er die treueste Pflichtliebe und eine unermüdliche Thätigkeit, vorzüglich aber war er als Seelsorger ein wahrer Segen für die Jakobitische Gemeinde: denn er sorgte für die jüngern Mitglieder derselben durch gewissenhafte Aufsicht über den Unterricht in den Volksschulen, an dem er selbst thätigen Antheil nahm und suchte das geistige und physische Wohl der ältern durch jedes edle Mittel mit seltener Uneigennützigkeit und Aufopferung zu fördern.

Als Theolog gehörte er zu den aufgeklärtesten Vertheidigern eines vernunftmäßigen Christenthums und war abgesagter Feind aller modernen Frömmelei und Hyperorthodoxie, so wie alles Symbolzwangs. Diese Grundsätze legte er auch mit unerschrockener Freimüthigkeit offen dar. Aber eben diese Freimüthigkeit mußte ihn in Hamburg, wo in den letzten Jahren der Dämon des Mysticismus auch hier und da stark spukte, in manches unangenehme Verhältniß bringen. Dies war schon im J. 1821 der Fall; wo er sich genöthigt sah, in einem Hamburger öffentlichen Blatte gegen die ungereimten, die Gemüther verwirrenden dogmatischen Aeußerungen des damals besonders für Verbreitung der beliebten pietistischen Sünden-Blut- u. Kreuzestheorie rüstig kämpfenden, nun aber zu seiner Ruhe eingegangenen Friedensboten (der verewigte Gurlitt*) nannte ihn in seiner Rede über den Vernunftgebrauch den geistlichen Kriegsboten) aufzutreten. Es ist leider auch auswärts bekannt genug geworden, daß damals 5 Mitglieder des kirchlichen Ministeriums zu Hamburg die Gefahr, den Kirchenfrieden zu stören, geringer achteten, als die, in den Verdacht zu gerathen, daß sie R's Ansichten theilten und daher sich in demselben öffentlichen Blatte dagegen verwahrten. Durch solche bittere Erfahrungen, bei den redlichsten Absichten, hätte sich Mancher abschrecken lassen; nicht so der consequent verfahrende Mann, von dem wir reden, wie sich bald zeigte.

Im J. 1826 gaben die Administratoren des allgemeinen Krankenhauses ihren zweiten Bericht über dasselbe heraus und äußerten darin ihr gerechtes Bedauern über die Zunahme der religiösen Schwärmerei, mit der eben

---

*) Dessen Biographie unter Nr. 206. d. J.

so gerechten Klage über die dadurch immer wachsende Zahl der Wahnsinnigen in dem gedachten Institute. Dies veranlaßte den Senator M. H. Hudtwalcker, der sich nicht nur mit der Jurisprudenz, sondern auch nebenbei mit Theologie und Medizin zu beschäftigen scheint, in einem Aufsatz: „Ueber den Einfluß des sogenannten Mysticismus und der religiösen Schwärmerei auf das Ueberhandnehmen der Geisteskrankheiten und des Selbstmordes, besonders in Hamburg." Hamb. 1827. 73. S. 8., durch spitzfindige Scheingründe jenen unter öffentlicher Auctorität unpartheiischer und glaubwürdiger Männer erschienenen Bericht zu widerlegen und den bösen Einfluß des Mysticismus, ja überhaupt das Vorhandenseyn desselben in Hamburg zu bestreiten. Es fehlte in dieser Schrift nicht an den gewöhnlichen heftigen Invectiven gegen freisinnige Theologen, namentlich auch gegen den verewigten Gurlitt und das unter seiner Leitung stehende Johanneum, das zu den „Reagentien" gegen den Mysticismus gerechnet ward (S. 37.) (freilich das beste Lob desselben in den Augen aller Vernünftigen!). Unter den vielen Widerlegungen der Hudtwalckerschen Schrift gebührt der des Hingeschiedenen: „Durch des Hrn. Sen. H. Schrift veranlaßte und abgenöthigte freimüthige Aeußerungen," Hamb. 1827. eine ehrenvolle Stelle. Aber auch sie trug dazu bei, daß er verkannt u. von Uebelwollenden falsch beurtheilt ward, wie schon daraus erhellet, daß er sich bald darauf veranlaßt sah, eine nothgedrungene Selbstvertheidigung gegen Mißdeutungen seiner letzten Schrift herauszugeben. Dennoch erschien eine ihrem Inhalte nach höchst unbedeutende „Zuschrift eines Hamburger Bürgers an Hrn. Past. Rentzel, über dessen freimüth. Aeußerungen u. s. w." Leipz. 1827, die aber von ihm nicht weiter beachtet ward. — Solche Verhältnisse verbitterten ihm den Abend seines dem Wohl der Menschheit gewidmeten Lebens. Sein Tod erregte bei allen Freunden des Lichts, so wie bei seiner ihn liebenden Gemeinde die allgemeinste Theilnahme; die Thränen der Armen, der Wittwen und Waisen an dem Tage seiner Beerdigung zeigten am besten, wie er gehandelt hatte. Hr. Hauptpastor Dr. Böckel, der Specialkollege und treue Freund des Hingeschiedenen, hielt in der Kirche, wohin der Sarg getragen war, eine meisterhafte, auch im Druck erschienene Rede, welche die Verdienste des Verewigten in das hellste Licht setzte.

R's Schriften, die nicht sowohl durch Neuheit und Originalität, als durch praktische Brauchbarkeit, wohin das Streben dieses Mannes überhaupt gerichtet war, Werth haben, sind, außer den oben angeführten Streitschriften, folgende: Betrachtungen z. Beförderung d. Hochschätzung d. Abendmahls. 4. Aufl. 1822. — Anleit. z. Confirmationsunterr. 1807. — Anleitung z. Katechisiren üb. d. kl. Hamb. Katechism. 4 Hfte. 1819. — Inbegriff d. Religionslehren, oder Hülfsb. f. Unstud. 1810. — Deutsche Gramm. 1823. Außerdem erschienen von ihm noch mehrere einzelne Predigten u. Reden bei feierlichen Gelegenheiten gehalten im Druck, sowie Mehreres in Klefeckers*) Ideenmagazin.

* 394. Heinrich Gottlieb Thrän,

Apotheker zu Neudietendorf bei Gotha;

geb. d. 25. Sept. 1788. gest. d. 8. Dec. 1827.

Er wurde zu Neudietendorf, einer herrnhuthschen Gemeinde im Gotha'schen, wo sein Vater, Dan. Th., Apotheker war, geboren. Seine Mutter war Dorothea, geb. Weidenbach. — Den ersten Unterricht erhielt er in der öffentlichen Schule daselbst. Schon als Knabe zeigte er eine ganz besondere Vorliebe für die Apothekerkunst, die sich bis auf seine Kinderspiele erstreckte, daher er auch nachher die Pharmazie in der väterlichen Offizin erlernte und darin so schnelle Fortschritte machte, daß er schon in seinem 16. J. das bedeutende Geschäft seines Vaters in dessen Abwesenheit ganz allein besorgen konnte. Chemie und Botanik zogen ihn vorzüglich an. In beiden Wissenschaften war er größtentheils sein eigner Lehrer und sein glühender Eifer wußte die Schwierigkeiten aus dem Wege zu räumen, die mit der Erwerbung solcher Kenntnisse ohne mündlichen Unterricht verbunden sind. Durch Hülfe guter Bücher und physikalischer Instrumente that er immer tiefere Blicke in die geheime Werkstätte der Natur und die unbeschreibliche Freude, die er bei dem Gelingen seiner Experimente genoß, feuerte seinen regen Geist zu einem unermüdlichen Studium seiner Lieblingswissenschaft an. In Gesellschaft seines jüngern Bruders, mit welchem ihn gleicher Sinn und gleiches Streben fest und noch enger als die Bande des Blutes verband, durchstreifte er gern botanisirend die Wälder seines geliebten Vaterlandes und die Ausbeute solcher Excursionen ordnete er sich in reichhaltigen Herbarien zu einer lebendigen Kräuterlehre. — Nachdem er auf solche Art durch rastlosen Eifer seinen wißbegierigen Geist in wenig Jahren mit allen den Kenntnissen reichlich ausgeschmückt hatte, welche zur Wissen[illegible]

*) N. s. dess. Biogr. im 8. Jahrg. d. Nekr. S. 667.

eines denkenden Apothekers gehören, verließ er 1812 das väterliche Haus und reiste nach Neuwied, wo er sich in der dasigen Apotheke durch seine Kenntnisse wie durch rühmliche Thätigkeit und musterhaftes Betragen bald die Liebe und Freundschaft seines Prinzipals erwarb; nur der Ruf seines alternden Vaters, dem er mit kindlicher Liebe jedes Opfer zu bringen fähig war, bestimmte ihn, nach 2 J. schon wieder (1814) zu den Seinen zurückzukehren.

Bald darauf, nach dem Tode seiner frommen Mutter, zog sich der tief gebeugte Vater von den Geschäften ganz zurück und überließ sie seinem Sohne. Dies hatte zur Folge, daß sich Th. mit Louise Arnecke aus Zeist bei Utrecht in Holland verheirathete, in welcher Verbindung ihm bei wechselseitiger inniger Zärtlichkeit überaus glückliche Jahre verflossen.

Die zarten Blumen der Vaterfreude erblühten vor seinen sehnsuchtsvollen Blicken, um schnell wieder zu verwelken: der Verlust zweier Söhne zerstörte eine seiner süßesten Hoffnungen, doch nicht den Frieden, den die reine Liebe zu Gott und den Seinigen in seinem Herzen festgegründet hatte. Ungetheilt blieb sein liebevolles und religiöses Herz den Guten, die um und für ihn lebten, zugewendet, so wie den sanften Freuden der Natur geweiht. Gern besuchte er mit den Seinigen irgend einen Lieblingsort seines Vaterlandes, um sich an den Schönheiten der Natur, aus deren klarem Quell sich seine Kindheit und Jugend genährt und gestärkt hatte, einmal wieder so recht aus Herzensgrunde zu ergötzen. Schöne Aussichten und Blumen konnten sein sanftes Gemüth auf das lebhafteste bewegen. Es fand daher auch die liebliche Flora in ihm einen sinnigen und eifrigen Verehrer und ihre duftenden Kinder einen zärtlichen und aufmerksamen Pfleger. — Treue, Rechtschaffenheit, unermüdliche Thätigkeit in seinem Berufe, strenge Ordnung in den Geschäften, die gewissenhafteste Uneigennützigkeit, ungezwungene Dienstfertigkeit und eine natürliche Sanftmuth waren Hauptzüge seines Charakters. Nur wenn er von Unterdrückung und Frevel, von Lug und Trug hörte, konnte er im Innersten empört werden.

Eine Krankheit, welche er sich durch Erkältung zugezogen hatte und die den geprüftesten Hülfsmitteln der ärztlichen Kunst hartnäckig widerstand, gewann seine Aufmerksamkeit für die Homöopathie, und dem Grabe schon nahe, faßte er den Entschluß, noch einen letzten Versuch zu seiner Rettung zu machen und sich dieser neuen Kurart zu unterwerfen. Er wendete sich daher an einen von Hanemanns wackern Jüngern, an den würdigen Dr. Stapf zu Naumburg. Dem Leidenden kam trotz seiner Schmerzen beim Erblicken der so winzig kleinen Gabe, welche ihm der Aeskulap von der Saale schickte, ein bedauerliches Lächeln an; jedoch nahm er sich vor, Alles genau zu beobachten, was ihm in Betreff der Diät vorgeschrieben war und nach wenigen Tagen empfand er ein Wohlbehagen, das er schon so lange entbehrt hatte und nach einigen Wochen stand der von den Aerzten aufgegebene Kranke gesund und heiter mitten unter den Seinigen, welche sammt ihm aus Ungläubigen Gläubige wurden, indem sie ihre frühern Zweifel in die herrlichste und unerschütterlichste Gewißheit verwandelt sahen. Die innigste Dankbarkeit band ihn an seinen Retter und seine Kunst. Mit alle der Lust und Freude, welche ihm seine vollkommene Genesung einflößte, und mit einem Eifer, der an Begeisterung grenzte, studirte er von nun an die so viel besprochene, bestrittene und bespöttelte Kurmethode. Er schaffte sich alle dahin einschlagende Werke an, widmete seine Muße der ihm jetzt doppelt interessanten Lektüre, setzte sich mit seinem Herzensfreunde und Erretter, so wie mit den Doktoren Wislicenus in Eisenach und Fitzler in Ilmenau, den eifrigsten Anhängern der Homöopathie seiner Gegend, in Correspondenz u. wurde mit Hülfe dieser freundschaftlichen Rathgeber, so wie durch sein eigenes fortgesetztes Studium immer mehr in die tiefen Feinheiten dieser Heilmethode eingeweiht und immer gründlicher und fester von ihrer unerschütterlichen Wahrheit und Naturgemäßheit überzeugt, so daß er sich eifrigst bemühte, zur Verbreitung derselben nach Kräften beizutragen. Gewissenhaft bereitete er die homöopathischen Heilmittel und seine kleinen homöopathischen Apotheken gingen bald nach allen Theilen Deutschlands, nach der Schweiz, Italien, Oestreich, Ungarn, ja sogar nach Nord- und Südamerika. So wirkte der Hingeschiedene durch sein praktisches Wissen für Viele in der Nähe und Ferne wohlthätig und war auch außerdem Armen und Leidenden ein freundlicher Helfer; darum erfüllte gerechte Trauer seine Freunde bei dem so frühen Hingange dieses edlen Mannes.

---

* 395. Johann Paul Isidor Teutschmann,

Abt des Cisterzienserstifts zu Hohenfurth in Böhmen, infulirter Landesprälat des Königreichs Böhmen und wirkendes Mitglied der Gesellschaft des vaterländ. Museums dieses Landes;

geb. d. 6. Aug. 1746, gest. d. 9. Dec. 1827.

Sein Geburtsort ist Ascharnitz in der Lausitz. Von mittellosen Eltern abstammend, war es ihm unmöglich, nach seiner Neigung den Studien sich zu widmen, bis er im 15. Lebensjahre zu dem Genusse einer Ruhlandschen Stiftung gelangte, in Folge dessen er sich 1761 nach Krumau in Böhmen begab und an dem dortigen Jesuitenkonvikte dem Gymnasialunterrichte, seit 1767 aber zu Prag den philosophischen Studien sich widmete, nach deren Vollendung er sich zum Studium der Heilkunde bestimmte. Da er jedoch schon früher eine besondere Vorliebe für den geistlichen Stand gehegt und insbesondere zum Eintritt in das Stift Hohenfurth sich gemeldet hatte, änderte er freudig jenen spätern Entschluß, sobald er die Versicherung der Gewährung seines Ansuchens erhielt. Er trat daselbst am 24. Jan. 1771 in das Noviziat, legte am 23. Febr. 1772 die Ordensprofeß ab und erhielt nach beendigten theologischen Studien am 12. März 1775 die Priesterweihe. Von dieser Zeit an verwaltete er nach und nach verschiedene häusliche Aemter, besonders als Prior, zur hohen Zufriedenheit seiner Vorgesetzten und Mitbrüder, so daß er schon am 14. Octbr. 1801 zum Abt und Landesprälaten erwählt wurde.

Nicht ohne Schüchternheit übernahm er diese Würde; doch stand er ihr mit vielem Ruhme vor und wurde bei seinen so vortrefflichen Eigenschaften und tadellosem Wandel, wie er es verdiente, allgemein verehrt. Gläubige ohne Unterschied des Standes fanden oft meilenweit und schaarenweise sich ein und hielten ihn in seinem Beichtstuhle nicht selten von 4 Uhr Morgens bis 3 Uhr Nachmittags gefesselt.

Bei seinem frommen Wandel aber vergaß er nicht pflichtwidrig das Zeitliche. Er ließ sich die Verwaltung der Stiftsgüter sorgsam angelegen seyn und mancher neue Bau, mit seinem Wappen und Namen geziert, wird noch lange davon zeugen. Sein einziges Vergnügen war früher Pomologie, späterhin Bienenzucht. Seine stets rege Liebe zu den Wissenschaften bewährte er durch die Beförderung mehrerer Stiftskapitularen zum Doctorate der Theologie und Philosophie, durch die Anstellung derselben an öffentlichen Lehranstalten, durch die mit bedeutenden Kosten verknüpfte Besetzung sämmtlicher philosophischen Lehrfächer an der Budweiser bischöfl. Diöcesanlehranstalt, durch sein schon gleich anfänglich erklärten Eintritt in die Klasse der wirkenden Mitglieder der Gesellschaft des vaterländischen Museums und durch eine wohlmeinende Munificenz gegen würdige Musensöhne jeder Art.

Diese ausgezeichneten Eigenschaften des Verewigten wurden von seinen Obern erkannt u. erwarben ihm Hochschätzung; sie entgingen selbst seinem allergnädigsten Kaiser nicht, welcher ihn deshalb bei verschiedenen Gelegenheiten mehrerer persönlichen Auszeichnungen würdigte. — J. genoß auch bei dem Anscheine einer organischen Körperschwäche, stets einer unwandelbaren Gesundheit, still und fern vom Geräusche der Welt und hatte die Freude, am 25. Febr. 1822 die 60jährige Jubelfeier seiner Profeß, am 3. April 1825 die 50jährige Jubelfeier seines Priesterthums und am 14. Octbr. 1826 die 25jährige Jubelfeier seiner kanonischen Wahl, zwar ohne Prunk und Glanz, aber mit einer desto höheren Rührung aller Theilnehmer zu begehen. — Auch im Leiden Muster blickte er mit Ergebung zu Gott auf und entschlief so sanft wie er gelebt hatte im 82. Jahre seines Lebens. — Seine wohlgetroffene Abbildung (Kniestück in Lebensgröße, verfertigt im J. 1818 durch Adalbert Standmann aus Klattau) befindet sich nun im Kunstkabinette des Stiftes. Nur auf vielfältiges Bitten konnte er zur Genehmigung ihrer Verfertigung sich entschließen; jede frühere Aufstellung aber verbat sich seine Bescheidenheit. Doch auch ohne dieselbe würde sein Andenken nicht nur bei jenen, denen er so lange Vater, Freund und Vorbild war, sondern auch bei ihren Nachkommen im Segen seyn.

* 896. Johann Georg Irmer,

Schullehrer, Kantor und Organist zu Oberwiese bei Chemnitz;

geb. d. 18. Aug. 176[illegible], gest. d. 9. Decbr. 1827.

Der Hingeschiedene einer der achtungswerthesten und wirklich auch geachtetsten Männer seines Standes war zu Hartha bei Tharand von armen Eltern geboren (sein Vater besaß eine kleine Gartenwohnung und war Richter des Dörfchens). Er hatte erst in seinem 16. Lebensjahre die Freude, seinen Wunsch, eine Gelehrtenschule zu besuchen und sich den Wissenschaften zu widmen, erfüllt zu sehen. Früher hatten die dürftigen Umstände des elterlichen Hauses, in welchem für die Erziehung mehrerer Kinder zu sorgen war, der Ausführung desselben von Zeit zu Zeit Hindernisse in den Weg gelegt. Im J. 1779 indeß bezog er das Gymnasium zu Freiberg, wo insbesondere der Rector Jünger der Armuth des wißbegierigen und bescheidenen Zöglings durch freundliche Unterstützung auf mannichfache Weise zu Hülfe kam, so daß es ihm möglich wurde bis zum J. 1791 in Freiberg zu bleiben und seinen Geist durch fleißige Benutzung der verschiedenen Mittel, welche das Gymnasium und Freiberg überhaupt darbot, mit Kenntnissen zu bereichern. Wohl war es J's. Wunsch auch die Universität zu beziehen und Theologie zu studiren; allein da dieß seine beschränkten ökonomischen Verhältnisse nicht gestatteten, überdieß auch Männer, auf deren väterliche Stimme er zu achten gewohnt war, ihm in Folge längerer Beobachtung seines entschiedenen Talentes bei Unterweisung der Kinder den Rath gaben, er solle sich dem Elementar-Schullehrerstande widmen; so gab er den Plan zu studiren auf und befleißigte sich von nun an in seinen Mußestunden vor allen andern der Kenntnisse und Geschicklichkeiten, die einem tüchtigen Landschullehrer unentbehrlich sind. Durch Hrn. v. Carlowitz auf Oberschöna erhielt J. seine erste Versorgung und wurde durch diesen edlen, für alles Gute erwärmten Mann als Schullehrer zu Kirchbach, einem Filialdorfe von Frankenstein bei Oederan angestellt, wo er sich während einer 5jährigen treuen Amtsführung den Dank und die Liebe Aller erwarb, so daß er sich im J. 1796 mit den rühmlichsten Zeugnissen seiner Vorgesetzten versehen, um das Schulamt zu Oberwiese bei Chemnitz bewerben konnte, zu welchem er auch vom Collator, dem Hrn. Grafen Vitzthum von Eckstädt auf Lichtenwalde, ernannt wurde. — Hier lebte und wirkte er nun bis an sein Lebensende. Von mehreren Kindern, welche ihm seine Gattin, eine treue und thätige Hausfrau, die einige Jahre vor ihm die Welt verließ, geboren hatte, wuchsen drei zu seiner Freude heran u. folgten unter heißen Thränen der Dankbarkeit und Liebe dem Sarge des guten Vaters.

J. besaß nicht nur gründliche Kenntnisse in den Wissenschaften u. Fertigkeiten für sein Amt, sondern suchte sie auch — selbst in seinen spätern Jahren noch — durch alle ihm in seiner Lage zu Gebote stehenden Mittel zu erweitern. Mit Klarheit und mit einem durch Freundlichkeit gemilderten frommen Ernst unterrichtete und bildete er seine Jugend. Religiösität in ächt christlichem evangelischem Sinne war die Grundlage seines Denkens, Urtheilens und Handelns und von ihr aus gingen alle die vortrefflichen Eigenschaften seines Herzens und die Tugenden, die ihm so hohe Achtung erwarben, daß selbst das königl. Oberkonsistorium zu Dresden — auf vorgängigen amtlichen Bericht seines Ephorus von J's. treuem u. gesegneten Wirken so wie ächt christlichen Wandel — ihm mehrere Jahre vor seinem Tode das Prädikat eines Kantors zum Zeichen der Anerkennung seines Werthes und der Zufriedenheit mit seiner Amtsführung ertheilte.

David Friedrich Barth,
Pfarrer in Ebersdorf.

* 397. Dinadanus Joseph Graf v. Nogarola,

königl. baierscher Generallieutenant und Kämmerer, Komthur des Ritterordens vom heil. Georg und Ehrenritter des militärischen Max-Josephsordens, gest. zu Verona;

geb. . . . . . gest. d. 9. Decbr. 1827.

Die gräfliche Familie Nogarola stammt eigentlich aus Oberitalien, von woher sich Nachkommen erst später nach dem südlichen Tyrol begaben und wodurch ihnen die Ehre deutscher Geburt ward. Der verewigte Gr. v. N. ist ohne Zweifel der Sohn jenes Grafen Franz v. N., der unter Kurfürst Karl Theodor am Hofe zu München in großem Ansehn stand. — Vom Gr. Joseph ist uns weder Geburtsjahr noch Ort der Geburt bekannt geworden, doch wissen wir, daß er schon unter Max Joseph III. im J. 1772 zum kurfürstlichen Kämmerer ernannt und im Kriegsdienste angestellt wurde. Zu Anfang der Regierung des Königs Max Josephs bereits zum Generalmajor emporgestiegen, finden wir ihn im Sommer 1800 eine Division jener Reservearmee befehligend, die unter dem Herzog Wilhelm von Baiern in der Oberpfalz aufgestellt wurde, zur Zeit als Moreau siegreich in Baiern eindrang. An der Organisation der Armee im J. 1803 nahm er thätigen Antheil und bildete ein Glied jener vom Kurfürsten zu diesem Behuf niedergesetzten Kommission. In diese Periode fällt auch seine Ernennung zum Komthur des Georgsordens. — Als im Sommer 1805 Oestreich sich gegen Frankreich rüstete, verlangte es bekanntlich Baierns Zutritt zur Coalition, dem aber der Kurfürst aus mancherlei Gründen auszuweichen suchte. Max Joseph wandte sich deshalb persönlich in einem herzlichen Schreiben an den Kaiser Franz und der Ueberbringer dieses Schreibens war Gr. v. R. Lucchessini nennt ihn in seiner Geschichte des Rheinbundes bei Erwähnung dieser Sendung „einen vom Wiener Hofe wegen früherer Verdienste um das Kaiserhaus sehr geachteten Offizier." — Bezieht sich diese Stelle etwa auf den Friedensschluß von Teschen oder den späteren Versuch Östreichs auf Baiern vom J. 1785, wo allerdings einige Große des baierschen Hofes mehr der Sache Oestreichs als ihres Vaterlandes anhingen, so wollen wir diese Ehre dem seligen Grafen gern gönnen, haben aber Ursache zu glauben, daß Lucchessini hier Vater und Sohn verwechselt habe. In den Armeeberichten neuerer Zeit finden wir des Gr. v. R. nirgends mehr erwähnt, es ist also anzunehmen, daß er bald nach seiner erfolglosen Sendung schon pensionirt wurde; doch gab ihm noch der König durch Verleihung des Ehrenkreuzes vom Militärverdienstorden einen Beweis seiner Zufriedenheit. In den letzten Jahren seines Lebens zog sich Gr. v. R. auf seine Güter in der Lombardei zurück, wo er zu Verona starb.

* 398. Karl Ludwig Friedrich v. St. Julien,

großherzogl. badischer Oberlieutenant zu Mannheim;

geb. d. 27. Mai 1799. gest. d. 11. Decbr. 1827.

Er wurde zu Mannheim geboren. Hier war seine erste Jugenderziehung äußerst sorgfältig und entwickelte schon früh jenen Drang des Wissens und Handelns, der ihn seine Bestimmung im Leben bald erkennen ließ. In einem Alter von 14. J. trat er als Kadet in die großherzogl. badische Artillerie und legte bald darauf seine erste Waffenprobe in dem zweiten siegreichen Feldzuge der verbündeten Mächte in Frankreich ab. Bald nachher zum Lieutenant vorgerückt, verwendete er die nächsten Jahre auf seine reifere Ausbildung in den militärischen Wissenschaften; eine zu diesem Zwecke im J. 1821 unternommene Reise nach Wien und ein mehrmonatlicher Aufenthalt daselbst gab seinem Wissen größere Vielseitigkeit, und mehrere seitdem in verschiedenen Zeitschriften verfaßte Recensionen militärischer Werke bezeugten seine erlangte gründliche Kenntniß in allen Zweigen dieser Wissenschaft. Bei seinem regen lebendigen Sinne und immer mehr sich entwickelnden inneren Thatkräftigkeit konnten ihm jedoch die hierin gewonnenen Resultate um so weniger genügen, als die Aussichten eines dauernden Friedens ihn keine nahe Gelegenheit hoffen ließen, solche im Gebiete der praktischen Anwendung thätig zu erproben. Zum geistigen Schlummer nicht geschaffen, bezog er 1823 die Universität Heidelberg, beabsichtigend, im Studium diplomatischer Wissenschaften eine Pforte ins thätige öffentliche Leben sich zu erschließen. Männer, wie Schlosser, Zachariä erkannten die besonderen Anlagen des neuen Akademikers und dem nähern Umgange, dessen sie ihn würdigten, verdankte er hauptsächlich die feste Grundlage, die er in einem Zeitraume von $1\frac{1}{2}$ J. in allen Theilen dieser Wissenschaft erhielt u. die er nach seiner Rückkehr von der Universität durch unausgesetztes Studium weiter auszubilden trachtete. Der verewigte Redacteur der Polizeifama, Dr. Hartleben*), zeichnete ihn mit besonderer Achtung aus u. mit solcher Unterstützung gedachte er das Ziel seines Strebens: thätige Wirksamkeit in einer militärisch-diplomatischen Karriere, bald erreicht zu sehen. Und wirklich vereinigten sich in ihm alle Eigenschaften, die nur immer das Gelingen seines Planes begünstigen konnten; ein einnehmendes Aeußere, Umgänglichkeit in hohem Grade, Beredtsamkeit, Geist, Kenntnisse und Thätigkeit, vorzüglich aber die in so frühem Alter seltene Gabe einer tiefen durchdringenden Menschenkenntniß, womit er alle seine Umgebungen zu würdigen und zu behandeln wußte und ohne irgend ein geistiges Uebergewicht fühlen zu lassen, überall das Gewicht einer reifen geistigen Einsicht, einer in sich geschlossenen Fülle moralischer Kraft zu erkennen gab; dabei sichere Beherrschung der innern Gefühlswelt und ihrer im Jünglingsalter so oft übersprudelnden Aeußerungen; Beharrlichkeit und Ausdauer in der Verfolgung jedes einmal gesetzten Ziels und kluge Besonnenheit in der Auswahl und Anwendung der zweckmäßigsten Mittel zu dessen sicherer Erreichung. — So fehlte ihm, um auf der betretenen Bahn Ausgezeichnetes zu leisten, nichts als — ein längeres Leben.

Als v. St. J. im J. 1825 die Akademie verließ, trug er bereits den Keim der Zerstörung in sich; die Beschwerden eines in zartem Alter mitgemachten Feldzuges hatten schon früh seine ohnehin nicht kräftige Konstitution geschwächt; die rastlose Thätigkeit seines glühenden Geistes mußte unfehlbar eine allzu erregliche Lebenskraft allmählig aufreiben und wohl fiel dem besorgten Beobachter oftmals beängstigend jene hastige Eile auf, mit der er, gleichsam im Vorgefühl einer kurzen Lebensdauer, je näher dem Ziele seines Lebens, um so mehr jeden flüchtigen Augenblick erfaßte und benutzte. — Die so feine Hülle des Kör-

*) Dessen Biogr. in diesem Jahrg. Nr. 209.

pers (so schrieb der ihn behandelnde Arzt, der Dr. U. in T.) erlag der Lebhaftigkeit des sie bewohnenden Geistes. — Und so sank dies hoffnungsreiche Leben schnell dahin. — Ward ihm auch keine glänzende thatenreiche Wirksamkeit in einer öffentlichen Sphäre zu Theil, die seinen Namen auf die Nachwelt zu bringen würdig wäre, so werden doch seine Freunde, denen diese Zeilen geweiht sind, sein Andenken um so treuer bewahren. Denn er war, was dem Freunde mehr wiegt als alle Vorzüge des Geistes und alle Erfolge des äußern Lebens, ein für alles Gute und Schöne begeisterter reiner edler Mensch.

399. Johann Gottlob Gräße,

M. u. zweiter Professor an der kön. sächs. Landschule zu Grimma;
geb. d. 1. Jan. 1769, gest. d. 16. Dec. 1827. *)

Er war zu Leipe bei Jessen geboren, hatte in Wittenberg studirt und im Octob. 1791 daselbst die Magisterwürde erhalten. Ostern 1793 bestand er das gewöhnliche Examen. Kurze Zeit darauf ward er zum fünften Kollegen an der Stadtschule zu Wittenberg ernannt, rückte 1794 zum Konrector auf, ward 1800 Adjunkt der philosophischen Fakultät u. 1801 an die Fürstenschule Grimma als dritter Lehrer berufen, wo er im J. 1823 zur zweiten Professur gelangte. — Er gab heraus: Was hat man in d. Moral v. d. Handlungen zu urtheilen, welche nicht a. d. Bewußtseyn v. Pflicht vollzogen werden? 1792. — Rudimenta studii histor. orbis catholic. in Iustino utiliter ponenda. 1800. — Praecepta artis paedag. ex Terentio petita. 1800. — Grammatik d. lat. Spr. 1799. Gram. d. griech. Spr. 1800. — Lehrb. z. Unterr. in d. christl. Rel. für Schul. 1800. — Prakt. Anweisung zum Uebersetzen a. d. Deutsch. ins Lat. 1801. — Frdr. Leonhardi's deutsche Aufsätze z. Uebersetz. in d. latein. Spr. 1804. — Materialien aus d. alt. Geographie u. Gesch. Griechenl. u. dess. Bewoh. 1805. — Er vollendete auch Joh. Chr. Schedels neues u. vollst. geogr. Realwörterbuch für Kaufleute u. Geschäftsmänner. 3 Thle. 1804.

*) Allgem. Litztg. 1828, Nr. 74.

* 400. Christian Friedrich Meister,

Doctor der Medizin und praktischer Arzt zu Brandis bei Grimma;

geb. d. 29. Jul. 1782, gest. d. 17. Dec. 1827.

Geboren zu Dresden im Schoße einer zwar nur dem Mittelstande angehörenden, aber würdigen Familie, hatte er, ein dem Anschein nach am Körper wie am Geiste gleich kräftiger Mann, kaum erst das 46. Lebensjahr begonnen, als ihn zur schmerzlichsten Betroffenheit aller seiner Angehörigen und zahlreichen Freunde ein heftiger Krankheitssturm ergriff, der schon nach wenig Tagen den Sieg des Todes über alle ärztliche Kunst entschied und ihn, der allen als Arzt und Mensch in gleichem Grade theuer war, nur allzufrüh den Seinen und der leidenden Menschheit entriß. Mit rastlosem Eifer war er, das Bedürfniß eigner Erholung im nächtlichen Schlummer nach mühevollem Tagewerke nicht achtend, bereit, auch dem Aermsten Helfer in der Noth zu seyn; darum konnte auch das Licht der Freude am Saum des Lebens ihm nie ganz untergehen — ja das Maß seiner Verdienste wog ohne Zweifel nach dem Urtheile aller Billigdenkenden selbst jeden traurigen Mißgriff irdischer Beschränktheit in den Handlungen des Hingeschiedenen auf und gewiß hat er sich bei seinen Freunden im Reiche dankbarer Erinnerung ein bleibendes Denkmal gestiftet. Im schönsten Vereine mit hoher Geistesbildung, wodurch er zwar nicht als Schriftsteller glänzte*), jedoch gar oft im geselligen Kreise die Freuden der Unterhaltung zu einer genußreichen Belehrung erhob, schmückte seinen Namen im ganzen Umfange seines ausgebreiteten Wirkungskreises**) der edle Ruhm eines seltenen Gemeinsinnes und höchst uneigennütziger Thätigkeit. Was also auch jemals im Schlupfwinkel lichtscheuer Ungerechtigkeit Menschen über ihn urtheilen könnten, so läßt sich doch mit Zuversicht erwarten, es werde jener Ruf, der dem Vollendeten als Arzt, wie als Hausvater und Bürger vorherging, ihn lange überleben und allen denen, die je an seine Stelle treten, ein ehrwürdiges Vorbild zur Nachfolge seyn. Seine Freunde können nur den

*) Außer einigen Beiträgen in kritischen Blättern hat seine Muse dem Felde der Literatur nicht ihre anbauende Hand, aber desto sorgfältiger das beobachtende Auge gewidmet.

**) Er war zugleich Bezirksimpfarzt in dasiger Gegend und über 20 Ortschaften schenkten ihm auch als einem vorzüglichen Wundarzte ihr volles Zutrauen.

Wunsch haben, daß den Kindern des Verewigten (deren er noch 6 im unmündigen Alter hinterließ) möglichst vergolten werde, was der Vater so vielen seiner Zeitgenossen Gutes gethan; — und darf im Trauergefühle klagender Liebe noch ein frommer Wunsch hier zur Sprache kommen, so sey es doch recht bald in allen christlichen Staaten ein Gegenstand obrigkeitlicher Fürsorge und landesväterlicher Huld, dem geschickten Arzte allenthalben, besonders aber außerhalb der größern Städte, eine amtliche Stellung mit der nöthigen Sicherheit für sein und seiner Familie irdisches Auskommen zu geben, damit in diesem, für das Wohl der Menschheit so wichtigen Berufskreise hinfort der böse Einfluß drückender Verlegenheit und eines feindseligen Neides weniger zu fürchten sey, der schon so Viele um Ruhe und Freude und um die schönsten Blüthen im Kranze des Verdienstes gebracht hat.

Geschrieben von einem Freunde des Entschlafenen.

* 401. Adam Benjamin Sattler,

Archidiakonus und Senior zu Maria Magdalena in Breslau;

geb. d. 22. Dec. 1753, gest. d. 18. Dec. 1827.

In seiner Vaterstadt Breslau fand S., wie schon viele andere arme, aber talentvolle Jünglinge dieser Stadt, Gelegenheit durch die milden Stiftungen bei der beschränkten Lage seines Vaters, eines Schneidermeisters, zu einem höhern Berufe überzugehen. Und es mochte dem wißbegierigen Jünglinge besonders nöthig seyn, solche Wohlthat zu genießen, da er seinem Vater schon frühzeitig verloren hatte. Nach der ersten Elementarbildung besuchte er 8 J. lang bis 1778 das lutherische Stadtgymnasium von St. Elisabeth und bezog darauf die Universität Königsberg, wo er bis 1782 blieb und vorzüglich durch den großen Kant in das Studium der Philosophie eingeweiht wurde. Sein späteres Leben hat es deutlich bewiesen, daß nur eine wahre philosophische Ansicht die Bibel eröffnet. Es ist ein Streit zwischen beiden Parteien, und da heißen sich einige Supranaturalisten und andere Rationalisten, als wenn Natur und Vernunft einander entgegen sein könnte: Ist die Vernunft, aus Gott geboren, nicht die Schöpferin der Natur? hat sie nicht durch ihre ewige Thätigkeit dem Chaos Leben verliehen u. also die lebendige Welt in die Erscheinung gebracht? Mögt ihr mich immerhin verdammen u. in eurem Mystizismus mir sogar ein Bluturtheil sprechen: ich erkläre dennoch, daß die Bibel nur auf dem Wege der Vernunft uns verständlich werden könne, daß die Vernunft nicht nur früher war, als die Offenbarung, sondern sogar, daß die Vernunft die erste Offenbarung ist. Wer an der Hand der Vernunft an die heiligen Urkunden des Christenthums geht, um sich dieselben zu erklären, wird Ueberzeugung und Zufriedenheit erlangen, da die Vernunft der einzige wahre Weg zu jeder Religion und zu ihrer Geschichte ist. Geschichte der Religion, welche die Vernunft Offenbarung nennt, ist aus einem und demselben Haupte entsprossen; aber sowie diese Geschichte in das Treiben der Menschen eintritt und sich mit irdischen Interessen verschwistert, wird sie Verstandessache: die Tradition ist Menschenwerk, die Offenbarung aber aus der Vernunft entsprungen, in welcher wir einen Strahl aus der Gottheit verehren.

S. folgte daher auch später in seiner höchst wohlthätigen Laufbahn als Geistlicher, der rationalistischen Ansicht bei Erklärung derselben. Es war ihm nicht vergönnt, nach vollendeten Universitätsjahren durch eine Hauslehrerstelle Gelegenheit zu äußerer Bildung und Muße zum innern Fortschritte sich zu erwerben; denn schon 1783 nahm ihn die Diöces von Breslau zum Generalsubstituten auf. Ein Jahr darauf wurde er Mittagsprediger an der Dreifaltigkeitskirche daselbst, ein Vorzug, welchen er sowohl seinen Kenntnissen und seinem sittlichen Leben, als auch dem Glück zu verdanken hatte, daß er ein Bürgerssohn aus Breslau war. Mit Schmerz sah seine Gemeinde den trefflichen Kanzelredner nach sechs Jahren scheiden u. mit innigem Vertrauen nahm ihn die Gemeinde der Kirche zu Barbara auf, wo er, als Mittagsprediger und Ecclesiast acht Jahre beifallswürdig arbeitete. — Am 18. Junius 1798 folgte er dem Rufe der Gemeinde zu Maria Magdalena an ihre Kirche als Diakonus, wurde später Archidiakonus und Senior daselbst und arbeitete mit unermüdetem Eifer und vielem Segen bis ihm unerwartet kurz vor seinem vollendeten 74. J. ein Schlagfluß, mitten in seinen Berufsgeschäften, zum großen Schmerz der Seinen das Leben raubte. Er genoß das große Glück bis zum letzten Hauch seines Lebens einer ungeschwächten Kraft und Gesundheit sich zu erfreuen und stand daher seinen Berufsarbeiten immer mit Lust und Liebe vor. Sein bedeutender Wirkungskreis nahm aber auch seine ganze Thätigkeit in Anspruch, da er sich nicht damit begnügte, nur Prediger und Lehrer seiner Gemeinde zu seyn, sondern als väterlicher Freund gegen jedes einzelne Mitglied derselben auch eine wahrhaft christliche Seelsorge bewies;

daher ist er auch niemals als Schriftsteller aufgetreten, obgleich der Beruf dazu ihm nicht fehlte. Seine Kanzelvorträge, welche sich gerade nicht durch künstlerische Ausarbeitung auszeichneten, fesselten durch ihre Herzlichkeit und durch ihren gemüthlichen Ton seine zahlreichen Zuhörer und diese schöne Eigenschaft derselben stieg mit den Jahren, so daß man ihn als Greis noch eben so gern hörte, als in der Blüthe seines männlichen Alters. Bis kurz vor seinem Tode arbeitete er fleißig an der Erweiterung und Berichtigung seiner Kenntnisse, interessirte sich lebendig für alles Neue in der theologischen Literatur und wirkte besonders mit schonungsloser Strenge gegen sich selbst an der Besserung seines Herzens und Wandels, damit das kräftige Wort seiner Belehrung auch durch sein Beispiel bestätigt wurde. So genoß er die Achtung und Liebe Aller, welche ihm nahe standen und nur durch seinen noch immer zu frühen Tod betrübt wurden. Ungeachtet einer kummervollen Jugend würde er gewiß ein noch höheres Alter erreicht haben, wenn nicht der Schmerz bei dem Anblicke des vorüberziehenden Sarges einer geliebten Pflegetochter seinen Tod beschleunigt hätte.

402. Johann Claudius Renard,

Doctor der Heilkunde, großherzogl. hess. Medizinalrath, Stadtarzt und Arzt des Bürgerhospitals zu Mainz und Mitglied mehrerer gelehrten Gesellschaften.

geb. d. 28. Febr. 1778, gest. d. 18. Dec. 1827. *)

Er war der Sohn J. B. Renards, Generalrezeptors des Universitätsfonds zu Mainz und schon in seiner frühesten Kindheit kränklich und äußerst schwächlich, so daß er sich erst beinahe 20 Jahr alt den höhern Studien ergeben konnte. Er widmete sich den der Arzneiwissenschaft und bildete sich auf der damals blühenden Universität zu Mainz zum Arzte. — Mainz war damals der Mittelpunkt des Krieges am Rhein und die Musen flohen schüchtern unter dem Geklirre der Waffen. Nur die medizinische Fakultät, deren Anstalten sich hier befanden, hatte unter allen Wechseln Mainz nicht verlassen. Der Friede von Campo Formio überlieferte damals diese Stadt an Frankreich. Französische Gesetze, Sprache, Sitten und Anstalten wurden daselbst einheimisch. Die medizinische Fakultät ward, bei

*) Aus dem vom Hrn. Medizinalrath Doctor Wittmann im Kunstvereine zu Mainz üb. d. Verewigten gehaltnen Vortrage.

dieser politischen Katastrophe, der von dem französischen Regierungskommissär Rudler gestifteten Centralschule der Künste und Wissenschaften einverleibt. In dieser Epoche erwarb sich der Geheimerath und Leibarzt des Großherzogs, Hr. Freiherr von Wedekind, der damals Professor der Therapie und Klinik war, um die Ausbildung des jungen R. zum inneren praktischen Arzte die meisten Verdienste. Er hielt demselben nicht nur sehr lehrreiche wissenschaftliche Vorträge, sondern führte ihn auch in die großen französischen Militärhospitäler, welchen er damals vorstand und in seine eigene Privatpraxis ein. — Unter diesen klinischen Uebungen, welchen R. seine ärztlichen Fähigkeiten verdankte, wurde er vom Hospitaltyphus ergriffen und lag so gefährlich krank darnieder, daß man alle Hoffnung seiner Rettung aufgab; er genas jedoch zur Freude der Seinen unter der thätigen Sorgfalt seines großen Lehrers. — R. erzählte als etwas Besonderes von dieser Krankheit, daß er in der Rekonvalescenz die Kunstnamen der Botanik, welche Wissenschaft eines seiner Lieblingsstudien war, rein aus dem Gedächtnisse verloren habe, welcher Einfluß der Krankheit in den übrigen Zweigen seines Wissens nicht bemerkbar war. Nicht ohne große Anstrengung arbeitete er sich später wieder in das ihm entfremdete Feld hinein. Nach vollendeten medizinischen Studien bestand er nach den französischen Gesetzen ein Examen pro licentia practicandi als Gesundheitsbeamter (Officier de santé) und fing zu Niedersaulheim im Kanton Wörrstadt seine prakt. Laufbahn an, woselbst er sich auch verehlichte. Die Strapazen der Landpraxis konnten jedoch seinem schwächlichen Körper auf die Dauer nicht zusagen. Er kehrte daher nach Mainz zurück und trat hier, nach dem Tode seiner ersten Gattin, in die zweite Ehe. Nachdem er hier schon einige Zeit prakticirt hatte, mußte er nach den neuen Gesetzen Frankreichs einer neuen Prüfung sich unterwerfen. Er zog es daher vor in Paris zu promoviren und so erhielt er im J. 1808, nach Vertheidigung seiner Dissertation de vero periostii usu, daselbst das Doctordiplom.

Von nun an datirt sich die Epoche, in der seine praktischen Talente sich immer mehr entwickelten. Auch fand seine Anlage zur Gelehrsamkeit und Schriftstellerei Anfangs im Umgange und später im Briefwechsel mit seinem gelehrten Schwager, dem dasigen Professor und Bibliothekar Dr. Fischer, nachherigen Baron Fischer von Waldheim, kaiserl. ruff. Staatsrath und Kommandeur des St.

Wladimirordens zu Moskau, die herrlichste Nahrung. — R. verstand sehr die Kunst, sich Freunde und Gönner zu erwerben. Er war dabei der französischen Sprache mächtig, ein Umstand, der für praktische Aerzte in der damaligen Zeit nicht ohne Nutzen blieb. Doch flog sein Ruf nicht eben in Fama's Eilwagen empor. Er mußte, wie so manche andere seiner Kollegen, das Zutrauen auf dem langsamen und mühevollen Wege der Volks- und Armenpraxis erringen. — Er ward Stadtarmenarzt und erhielt durch besondere Begünstigung im J. 1813 das Bürgerhospital. Sehr früh übte er seine Feder in gelehrten Arbeiten und schon 1803 hatte er mehrere französische Werke übersetzt und viele kleine Aufsätze in deutschen und französischen Zeitschriften geliefert. — Sein allmälig immer mehr steigender ärztlicher Ruf gewann und befestigte sich aber am meisten, seitdem er als öffentlicher Arzt das Vertrauen der Regierung für sich hatte. Ihm wurden von dem französischen Gouvernement öfters medizinisch-polizeiliche Arbeiten, insbesondere aber Untersuchungen herrschender epidemisch-contagiöser Krankheiten anvertraut. Zur Zeit der Kriegspest von 1813 war er Mitglied des Gesundheitsrathes und hatte das Unglück, zum zweitenmal von dem Hospitaltyphus ergriffen zu werden.

Seit dieser Zeit wurde seine Gesundheit schwankender. Er litt öfters, besonders im Winter, an rheumatischen Fiebern und besorgte von nun an seine Kranken, um seine Kräfte zu schonen, in einer einspännigen Equipage, indem er auf diese Art und durch Beobachtung einer strengen, wie ihm schien, seiner Körperbeschaffenheit angemessenen Diät, das Gleichgewicht seiner Kräfte erhalten u. seine Lebenstage verlängern zu können glaubte. Allein es gelang ihm nicht unter den Anstrengungen, wozu ihn der öffentliche Dienst und seine sehr bedeutende Privatpraxis nöthigte. In der ersten Hälfte des J. 1826 erkrankte er nach einer Reise, die er zu einem Patienten über Land gemacht hatte und starb nach einem langwierigen Krankenlager, nachdem er noch nicht das 50. Lebensjahr zurückgelegt hatte. — R. hatte eine schwache, zarte Körperkonstitution, bei einem reizbaren, sanguinischen Temperament. Doch verstand er es sein Temperament moralisch zu bemeistern. Er war von etwas mehr als mittlerer Statur und mager. Sein Rückgrat stand ein wenig gekrümmt und der Kopf, mit vorwärts gebeugten Halswirbeln, lag tief zwischen den Schultern. Seine etwas über seine Jahre hinaus alternde Physiognomie, in deren Mitte

eine bedeutende Nase zwischen zwei lebhaften Augen sich herabsenkte, zeichnete sich besonders durch ein vielleicht mehr natürliches als angewöhntes Lächeln aus und sein Kopf, mit braun-blonden Haaren bewachsen, bot, von der Seite betrachtet, bei der großen Magerkeit der Gesichtsknochen mit dem hervorstehenden Kinne, ein fast Voltairesches Profil dar. Diese körperlichen Eigenschaften und insbesondere diese Physiognomie gaben ihm von seiner frühesten Jugend an ein gelehrtes Ansehn, welches Prädikat er durch ausgezeichnete Talente, Fleiß und Kenntnisse bewährte. Er hatte ein ganz vorzüglich gutes Sach- und Namengedächtniß, woraus für ihn die nützliche Eigenschaft hervorging, sich das, was er gelesen und gehört hatte, schnell und richtig anzueignen und klar wiederzugeben. In seinem Geiste paarten sich ferner, was selten beisammen besteht, eine geschäftige Phantasie mit praktischem Verstande, der aus Allem, was ihn von ferne berührt, Vortheile zu ziehen versteht. Der Reiz der Neuheit wissenschaftlicher Gegenstände hatte daher eine unumschränkte Gewalt über ihn. Er versuchte Alles, was er las und hörte und theilte das erworbene Neue Andern mit. Er hatte ferner eine humoristische Anlage, oder eine gewisse angeborene Neigung zum Witze und zur Satyre, von der er jedoch nur selten und meistens mit persönlicher Schonung nur in Sachen von Wichtigkeit Gebrauch machte.

Sein Charakter war sanft und gefällig, wiewohl zuweilen nicht ganz frei von Eigendünkel und vorgefaßter Meinung, welches vielleicht, weil Geist und Körper oft ziemlich identisch sind, von seiner kränklichen Beschaffenheit abhing. Wohlwollen und Humanität mit Ernst und besonders mit Klugheit gepaart, herrschten bei ihm in dem Umgange mit allen Menschen, die er berührte, vor. In seinem Hauswesen und insbesondere in seiner Bibliothek und an seinem Schreibpulte bemerkte man eine bewundernswürdige Ordnung, Akkuratesse und Reinlichkeit. Er war vorsichtig, klug und sparsam in Allem, was er vornahm. Er kleidete sich reinlich und mehr nach dem Bedürfnisse seines Körpers, als nach der Mode. Ganz besonders im Essen und Trinken beobachtete er eine bis ins Kleinliche abgewogene Mäßigkeit und Nüchternheit, er mochte in großer Gesellschaft oder an seinem eigenen Tische speisen. Er that dieses eben so sehr aus angenommener Gewohnheit, als aus Grundsätzen und in der Absicht, seine Gesundheit zu erhalten. Wenn selbst die Tafel unter der Last der ausgesuchtesten Speisen sich beugte und jeder Gast sich's wohlschmecken ließ und fröhlich pokulirte, saß K. mit leerem Teller da, ergötzte sich nur geistig und war nicht einmal zu bewegen, einen Tropfen puren Weines zu sich zu nehmen. So fest und unerschütterlich stand seine einmal angenommene Diätetik.

Ein von körperlichen Bedürfnissen so unabhängiger, so sanfter und geistiger Mensch konnte bei seinen Kenntnissen das Ziel nicht verfehlen, ein beliebter, praktischer Arzt zu werden, wiewohl er weder Geburtshülfe noch Chirurgie trieb, sondern sich ganz allein auf innere Heilkunde beschränkte. Stets bemüht, die Grundsätze der strengen Diät an seinem eigenen Körper zu prüfen, übertrug er dieselben mit gleicher Pünktlichkeit an das Krankenbett. Seine Kranken mußten, wie er selbst, fasten lernen, wenn sie nach seinen Kunstansichten dauerhaft genesen sollten. Einzelne Fälle ausgenommen, wo die Natur widerstrebte, war er mit dieser Methode im Allgemeinen glücklich. An jedem Krankenbette betrug er sich äußerst umsichtig, klug und vorsichtig. Seine empfindlichen geistigen Fühlhörner spürten alle äußere Schädlichkeiten auf, die auf den Patienten Einfluß haben konnten. Er studirte die Volksbegriffe und wußte den Volksvorurtheilen, ohne sie direkt zu hegen, noch zu bekämpfen, durch seine Kunstgriffe zu begegnen. Gegen Kollegen war er stets freundlich und mittheilend und versäumte nicht, seine gelehrte Seite ihnen zuzukehren. Bei ärztlichen Konsultationen fand man ihn meistens einräumend und nachgiebig, besonders dann, wenn nicht viel mehr von der Kunst zu gewinnen war. Nie vertheidigte er mit großer Hartnäckigkeit eine Meinung. Er wußte es aber oft mit besonderer Gewandtheit, die den Schein der Nachgiebigkeit darbot, so zu leiten, daß wenigstens ein Theil seiner Ansichten die Oberhand behielt. Er besaß überhaupt seinen Kollegen gegenüber eine eigene scientifische Beredtsamkeit, eine Eigenschaft, alles zum Guten zu wenden und zu erklären.

K. besorgte den medizinischen Lesezirkel. Sein gedächtnißreicher Kopf war daher ein lebendiges Repertorium der ärztlichen Journalistik. Sobald er ein neu angepriesenes Heilmittel geprüft hatte (und er ließ wenige unversucht), theilte er die Resultate gern den Aerzten mit, die er vorzüglich kannte und ermunterte zur Nachahmung. Auf diese Art sind manche neue Arzneipräparate und Formeln in den Apotheken recipirt und in den ärztlichen Gebrauch gesetzt worden. — Er war, wie schon bemerkt wurde, als prakt. Arzt ein ganz eigener Verehrer der antiphlogistischen Heilmethode, besonders in den letzten Decennien, wo die stehende Krankheitskonstitution eminent entzündlich sich zeigte. Auch den Perkinismus, den Galvanismus, die Elektricität, den thierischen Magnetismus, die Acupunktur, den Mysticismus und selbst die Homöopathie hat er nicht unversucht gelassen, wiewohl man ihn nicht als einen entschiedenen Anhänger oder Partheigänger irgend einer ärztlichen Secte oder Meinung betrachten kann. — Als Arzt des Bürgerhospitals erwarb er sich noch das besondere Verdienst, manche junge Aerzte zu bilden, welche das Bedürfniß fühlten, sich praktische Kenntnisse erwerben zu müssen, um mit Erfolg und Ehren ihre Kunstlaufbahn anzutreten.

Er war in mehr als einem Betrachte ein gelehrter Arzt. Er besaß vorzügliche Kenntnisse in der materia medica und in der pharmaceutischen Chemie. Auch die Botanik ist ihm nicht fremd geblieben. Er hatte es sogar einmal gewagt, in diesem Theile der Naturgeschichte Unterricht zu geben.

Schon unter dem französischen Gouvernement und später unter der provisorischen Administration, wo die medizinische Fakultät den letzten, aber fruchtlosen Versuch wagte, aus dem Scheintode in das wirkliche Leben überzutreten, hatte R. öffentliche Vorlesungen über medizinische Polizei und gerichtliche Arzneiwissenschaft gehalten.

Durch seine vielen schriftstellerischen Arbeiten und seinen vorzüglichen Ruf als Arzt wurde er auch vieler gelehrten Akademien und Gesellschaften Mitglied — stand in frühern Jahren mit den berühmtesten Aerzten und Professoren der Medizin in Correspondenz und erhielt auch sonst manche Würdigung und Auszeichnung. — Der Fürst Primas, dem er seine Schrift über die mineralsauren Räucherungen überschickt hatte, verehrte ihm eine goldene Denkmünze, die Kaiserin Mutter von Rußland, die ihn aus seinen Schriften kannte und, um seine Verdienste, die er sich um einige sehr angesehene Russen erworben hatte, zu belohnen, ließ ihm bei ihrer Durchreise nach den Niederlanden einen sehr kostbaren diamantenen Ring zustellen und der Großherzog von Hessen verlieh ihm in Anerkennung seiner Verdienste den Titel eines Medizinalraths.

R's literarische Thätigkeit setzte nicht einmal während seiner Krankheit aus. Er studirte fortdauernd verschiedene Theile der Medizin, machte Auszüge aus der neuesten Journalistik und aus andern neu erschienenen medizinischen Werken. Ueber ein ganzes Jahr lang, während seiner Krankheitsperiode, führte er ein tägliches Journal über

sein Befinden, womit er sich und seinen Freunden manche heitere Stunde verschaffte, indem er dabei Gelegenheit fand, seine natürliche Anlage zu scherzhaften und witzigen Einfällen geltend zu machen. — Dem Tode sah er mit christlich-philosophischer Hingebung entgegen und gab, wie als Arzt, so als Mensch, jedem ein schönes Vorbild.

Seine Schriften sind: Alphons Leroy's Vorlesungen üb. d. Gebärmutterblutflüsse. A. d. Franz. 1802. — Versuch, die Entstehung u. Ernährung, das Wachsthum u. alle übrigen Veränderungen d. Knochen im gesunden u. kranken Zustande zu erklären. 1803. — Cadet de Vaux, von der Kenntniß des Bodens für Landwirthe. A. d. Französ. 1804. — Ramollissement des os du tronc d'une femme. 1804. — Die inländ. Surrogate d. Chinarinde. 1809. — Die mineralsauren Räucherungen als Schutzmittel gegen ansteckende Krankheiten. 1810. — Sammlung d. Gesetze u. Verordnungen Frankreichs, in Bezug auf Aerzte, Wundärzte u. Apotheker u. d. öffentl. Gesundheitswohl überh. 1812. — Das Bad als Mittel z. Wiederherstellung der Gesundheit u. Schönheit. 1814. — Versuch üb. d. Entstehung der Lustseuche. 1814. — Cullerier's Abhandl. üb. Gonorrhöa, Bubonen ꝛc. 1815. — Abhandl. üb. dieselben Krankh., von ihm selbst. 1815. — Abhandl. üb. dieselben Gegenstde. u. d. Ausfallen d. Haare u. d. venerischen Beinfraß. 1815. — Ueb. d. Hospitalbrand. 1815. — R. u. Wittmann, auserlesene medizin.-prakt. Abhandl. aus der neuesten französ. Literatur. 1817. — Der Branntwein in diätet. u. medizinisch-politischer Hinsicht. 1817. — R. u. Wittmann, das Weib im gesunden und kranken Zustande. 1821. — Pinel's Abhandl. ü. d. Blutflüssen im Allgemeinen, dem Blutbrechen u. Blutspeien. 1821. — Cullerier üb. d. Lustseuche, ihre Zufälle u. Heilmittel. 1822. — Stephanus Sainte-Marie üb. d. Heilung veralt. vener. Krankh. ohne Quecksilber. 1822. — Cullerier üb. d. Quecksilber u. s. Anwendung gegen syphilit. Krankh. 1822. — Größere Aufsätze, welche von demselben zum Theil in Zeitschriften erschienen sind: Zwei Fälle von glücklich geheilter Knochenerweichung b. Erwachsenen mit Bemerkungen. (Hufelands Journ. 20. Bd. 2. St. S. 88.–121.) — Beobachtung e. glückl. abgelaufenen Falles v. d. Rose neugeborener Kinder; ebend. 22. Bd. 2. St. S. 87.–96. — Ein ansteckendes Nervenfieber mit Gelbsucht; ebd. 26. Bd. — Der an der Brust des Bruders befestigte Bruder; ebd. — Observation d'une Angine tonsillaire devenue trachéale et suivie de l'expectoration de plusieurs morceaux de mem-

[illegible] des groupes [illegible] avait [illegible]. — Cours général de médecine par Corvisart; Leroux et Boyer. Paris 1814. Octob. — Description de deux espèces différentes de concrétions polypiformes des voies aëriennes, avec une planche. ibid. — Der Somnambulismus, ein merkwürdiges Symptom der Hysterie; Hufelands und Himly's Journal. 1816. Febr. S. 1—131. — Beitr. z. Gesch. d. [illegible] d. [illegible] Typhus v. J. 1813 u. 14; ebd. 1816. Jun. S. [illegible]. — Eine sehr merkwürdige Krankheit des Magens nebst e. B. Geburt zusammengewachsener Herzen u. Lungen; ebd. S. 46—55. — Beschreib. zweier Menschen, Mutter u. Sohn, welche an den meisten Stellen d. Körpers eine große Menge Fetthautgeschwülste hatten; medizin.-chirurg. Zeitg. Jahrg. 1815. 2. Bd. S. 151. — Versuch üb. Pendelbewegungen; Gilbert's Annal. d. Physik. 1816. 9. St. — Obductionsbericht [illegible] in ihren Betten todt gefundenen Leichen; Kopp's Jahrb. d. Staatsarzneik. 9. Jahrg. 1816. S. 125—1[illegible]. — Beobacht. u. Betracht. üb. d. [illegible] Gebrauch d. [illegible]; in d. Abhandl. u. Versuchen üb. d. [illegible] d. Medizinalw. [illegible] Klein. 1819.

* 403. Johann Friedrich Blahm,

Prediger zu Groß-Breese und Weisen bei Perleberg;

geb. d. 18. Aug. 17[illegible], gest. d. 19. Dec. 1827.

Er wurde zu Neukirchen in der Altmark, wo sein Vater früher die [illegible]wirthschaft hatte, geboren. Daselbst in der Privatschule seiner Eltern erzogen, kam er dann auf die Schule nach Salzwedel und von dort auf das Waisenhaus zu Halle, von wo er die Universität bezog. Nach vollendetem Studium lebte er einige Zeit als Hauslehrer zu [illegible] bei [illegible], bis er von der Kirchenpatronin, der verwittw. Frau v. [illegible], geb. v. [illegible], zum Prediger in Groß-Breese ernannt wurde. Er verheirathete sich mit Wilh. Hagemann, welche ihm 4 Kinder schenkte, von denen ihn nur 2 überleben. Er stand 32 J. seinem Amte vor und erwarb sich durch treue Seelsorge und durch Wohlthun die Liebe seiner Gemeinde.

* 404. Johann Georg Christian Höpfner,

Doctor der Theologie und Professor der Philosophie an der Universität Leipzig;

geb. d. 4. März 1765, gest. d. 20. Dec. 1827.

Er ward zu Leipzig geboren. Sein Vater, Johann Christian H., war Kaufmann daselbst und seine Mutter,

daher ist er auch niemals als Schriftsteller aufgetreten, obgleich der Beruf dazu ihm nicht fehlte. Seine Kanzelvorträge, welche sich gerade nicht durch künstlerische Ausarbeitung auszeichneten, fesselten durch ihre Herzlichkeit und durch ihren gemüthlichen Ton seine zahlreichen Zuhörer und diese schöne Eigenschaft derselben stieg mit den Jahren, so daß man ihn als Greis noch eben so gern hörte, als in der Blüthe seines männlichen Alters. Bis kurz vor seinem Tode arbeitete er fleißig an der Erweiterung und Berichtigung seiner Kenntnisse, interessirte sich lebendig für alles Neue in der theologischen Literatur und wirkte besonders mit schonungsloser Strenge gegen sich selbst an der Besserung seines Herzens und Wandels, damit das kräftige Wort seiner Belehrung auch durch sein Beispiel bestätigt wurde. So genoß er die Achtung und Liebe Aller, welche ihm nahe standen und nur durch seinen noch immer zu frühen Tod betrübt wurden. Ungeachtet einer kummervollen Jugend würde er gewiß ein noch höheres Alter erreicht haben, wenn nicht der Schmerz bei dem Anblicke des vorüberziehenden Sarges einer geliebten Pflegetochter seinen Tod beschleunigt hätte.

402. Johann Claudius Renard,

Doctor der Heilkunde, großherzogl. hess. Medizinalrath, Stadtarzt und Arzt des Bürgerhospitals zu Mainz und Mitglied mehrerer gelehrten Gesellschaften.

geb. d. 28. Febr. 1778, gest. d. 18. Dec. 1827. *)

Er war der Sohn J. B. Renards, Generalrezepfors des Universitätsfonds zu Mainz und schon in seiner frühesten Kindheit kränklich und äußerst schwächlich, so daß er sich erst beinahe 20 Jahr alt den höhern Studien ergeben konnte. Er widmete sich den der Arzneiwissenschaft und bildete sich auf der damals blühenden Universität zu Mainz zum Arzte. — Mainz war damals der Mittelpunkt des Krieges am Rhein und die Musen flohen schüchtern unter dem Geklirre der Waffen. Nur die medizinische Fakultät, deren Anstalten sich hier befanden, hatte unter allen Wechseln Mainz nicht verlassen. Der Friede von Campo Formio überlieferte damals diese Stadt an Frankreich. Französische Gesetze, Sprache, Sitten und Anstalten wurden daselbst einheimisch. Die medizinische Fakultät ward, bei

*) Aus dem vom Hrn. Medizinalrath Doctor Wittmann im Kunstvereine zu Mainz üb. d. Verewigten gehaltnen Vortrage.

dieser politischen Katastrophe, der von dem französischen Regierungskommissär Rudler gestifteten Centralschule der Künste und Wissenschaften einverleibt. In dieser Epoche erwarb sich der Geheimerath und Leibarzt des Großherzogs, Hr. Freiherr von Wedekind, der damals Professor der Therapie und Klinik war, um die Ausbildung des jungen R. zum inneren praktischen Arzte die meisten Verdienste. Er hielt demselben nicht nur sehr lehrreiche wissenschaftliche Vorträge, sondern führte ihn auch in die großen französischen Militärhospitäler, welchen er damals vorstand und in seine eigene Privatpraxis ein. — Unter diesen klinischen Uebungen, welchen R. seine ärztlichen Fähigkeiten verdankte, wurde er vom Hospitaltyphus ergriffen und lag so gefährlich krank darnieder, daß man alle Hoffnung seiner Rettung aufgab; er genas jedoch zur Freude der Seinen unter der thätigen Sorgfalt seines großen Lehrers. — R. erzählte als etwas Besonderes von dieser Krankheit, daß er in der Rekonvalescenz die Kunstnamen der Botanik, welche Wissenschaft eines seiner Lieblingsstudien war, rein aus dem Gedächtnisse verloren habe, welcher Einfluß der Krankheit in den übrigen Zweigen seines Wissens nicht bemerkbar war. Nicht ohne große Anstrengung arbeitete er sich später wieder in das ihm entfremdete Feld hinein. Nach vollendeten medizinischen Studien bestand er nach den französischen Gesetzen ein Examen pro licentia practicandi als Gesundheitsbeamter (Officier de santé) und fing zu Niedersaulheim im Kanton Wörrstadt seine prakt. Laufbahn an, woselbst er sich auch verehlichte. Die Strapazen der Landpraxis konnten jedoch seinem schwächlichen Körper auf die Dauer nicht zusagen. Er kehrte daher nach Mainz zurück und trat hier, nach dem Tode seiner ersten Gattin, in die zweite Ehe. Nachdem er hier schon einige Zeit practicirt hatte, mußte er nach den neuen Gesetzen Frankreichs einer neuen Prüfung sich unterwerfen. Er zog es daher vor in Paris zu promoviren und so erhielt er im J. 1808, nach Vertheidigung seiner Dissertation de vero periostii usu, daselbst das Doctordiplom.

Von nun an datirt sich die Epoche, in der seine praktischen Talente sich immer mehr entwickelten. Auch fand seine Anlage zur Gelehrsamkeit und Schriftstellerei Anfangs im Umgange und später im Briefwechsel mit seinem gelehrten Schwager, dem dasigen Professor und Bibliothekar Dr. Fischer, nachherigen Baron Fischer von Waldheim, kaiserl. russ. Staatsrath und Kommandeur des St.

Wladimirordens zu Moskau, die herrlichste Nahrung. — R. verstand sehr die Kunst, sich Freunde und Gönner zu erwerben. Er war dabei der französischen Sprache mächtig, ein Umstand, der für praktische Aerzte in der damaligen Zeit nicht ohne Nutzen blieb. Doch flog sein Ruf nicht eben in Fama's Eilwagen empor. Er mußte, wie so manche andere seiner Kollegen, das Zutrauen auf dem langsamen und mühevollen Wege der Volks- und Armenpraxis erringen. — Er ward Stadtarmenarzt und erhielt durch besondere Begünstigung im J. 1813 das Bürgerhospital. Sehr früh übte er seine Feder in gelehrten Arbeiten und schon 1803 hatte er mehrere französische Werke übersetzt und viele kleine Aufsätze in deutschen und französischen Zeitschriften geliefert. — Sein allmälig immer mehr steigender ärztlicher Ruf gewann und befestigte sich aber am meisten, seitdem er als öffentlicher Arzt das Vertrauen der Regierung für sich hatte. Ihm wurden von dem französischen Gouvernement öfters medizinisch-polizeiliche Arbeiten, insbesondere aber Untersuchungen herrschender epidemisch-contagiöser Krankheiten anvertraut. Zur Zeit der Kriegspest von 1813 war er Mitglied des Gesundheitsrathes und hatte das Unglück, zum zweitenmal von dem Hospitaltyphus ergriffen zu werden.

Seit dieser Zeit wurde seine Gesundheit schwankender. Er litt öfters, besonders im Winter, an rheumatischen Fiebern und besorgte von nun an seine Kranken, um seine Kräfte zu schonen, in einer einspännigen Equipage, indem er auf diese Art und durch Beobachtung einer strengen, wie ihm schien, seiner Körperbeschaffenheit angemessenen Diät, das Gleichgewicht seiner Kräfte erhalten u. seine Lebenstage verlängern zu können glaubte. Allein es gelang ihm nicht unter den Anstrengungen, wozu ihn der öffentliche Dienst und seine sehr bedeutende Privatpraxis nöthigte. In der ersten Hälfte des J. 1826 erkrankte er nach einer Reise, die er zu einem Patienten über Land gemacht hatte und starb nach einem langwierigen Krankenlager, nachdem er noch nicht das 50. Lebensjahr zurückgelegt hatte. — R. hatte eine schwache, zarte Körperkonstitution, bei einem reizbaren, sanguinischen Temperament. Doch verstand er es sein Temperament moralisch zu bemeistern. Er war von etwas mehr als mittlerer Statur und mager. Sein Rückgrat stand ein wenig gekrümmt und der Kopf, mit vorwärts gebeugten Halswirbeln, lag tief zwischen den Schultern. Seine etwas über seine Jahre hinaus alternde Physionomie, in deren Mitte

eine bedeutende Nase zwischen zwei lebhaften Augen sich herabsenkte, zeichnete sich besonders durch ein vielleicht mehr natürliches als angewöhntes Lächeln aus und sein Kopf, mit braun-blonden Haaren bewachsen, bot, von der Seite betrachtet, bei der großen Magerkeit der Gesichtsknochen mit dem hervorstehenden Kinne, ein fast Voltairesches Profil dar. Diese körperlichen Eigenschaften und insbesondere diese Physiognomie gaben ihm von seiner frühesten Jugend an ein gelehrtes Ansehn, welches Prädikat er durch ausgezeichnete Talente, Fleiß und Kenntnisse bewährte. Er hatte ein ganz vorzüglich gutes Sach- und Namengedächtniß, woraus für ihn die nützliche Eigenschaft hervorging, sich das, was er gelesen und gehört hatte, schnell und richtig anzueignen und klar wiederzugeben. In seinem Geiste paarten sich ferner, was selten beisammen besteht, eine geschäftige Phantasie mit praktischem Verstande, der aus Allem, was ihn von ferne berührt, Vortheile zu ziehen versteht. Der Reiz der Neuheit wissenschaftlicher Gegenstände hatte daher eine unumschränkte Gewalt über ihn. Er versuchte Alles, was er las und hörte und theilte das erworbene Neue Andern mit. Er hatte ferner eine humoristische Anlage, oder eine gewisse angeborene Neigung zum Witze und zur Satyre, von der er jedoch nur selten und meistens mit persönlicher Schonung nur in Sachen von Wichtigkeit Gebrauch machte.

Sein Charakter war sanft und gefällig, wiewohl zuweilen nicht ganz frei von Eigendünkel und vorgefaßter Meinung, welches vielleicht, weil Geist und Körper oft ziemlich identisch sind, von seiner kränklichen Beschaffenheit abhing. Wohlwollen und Humanität mit Ernst und besonders mit Klugheit gepaart, herrschten bei ihm in dem Umgange mit allen Menschen, die er berührte, vor. In seinem Hauswesen und insbesondere in seiner Bibliothek und an seinem Schreibpulte bemerkte man eine bewundernswürdige Ordnung, Akkuratesse und Reinlichkeit. Er war vorsichtig, klug und sparsam in Allem, was er vornahm. Er kleidete sich reinlich und mehr nach dem Bedürfnisse seines Körpers, als nach der Mode. Ganz besonders im Essen und Trinken beobachtete er eine bis ins Kleinliche abgewogene Mäßigkeit und Nüchternheit, er mochte in großer Gesellschaft oder an seinem eigenen Tische speisen. Er that dieses eben so sehr aus angenommener Gewohnheit, als aus Grundsätzen und in der Absicht, seine Gesundheit zu erhalten. Wenn selbst die Tafel unter der Last der ausgesuchtesten Gerichte sich beugte und jeder Gast sich's wohlschmecken liess und fröhlich pokulirte, saß R. mit leerem Teller da, ergötzte sich nur geistig und war nicht einmal zu bewegen, einen Tropfen puren Weines zu sich zu nehmen. So fest und unerschütterlich stand seine einmal angenommene Diätetik.

Ein von körperlichen Bedürfnissen so unabhängiger, so sanfter und geistiger Mensch konnte bei seinen Kenntnissen das Ziel nicht verfehlen, ein beliebter, praktischer Arzt zu werden, wiewohl er weder Geburtshülfe noch Chirurgie trieb, sondern sich ganz allein auf innere Heilkunde beschränkte. Stets bemüht, die Grundsätze der strengen Diät an seinem eigenen Körper zu prüfen, übertrug er dieselben mit gleicher Pünktlichkeit an das Krankenbett. Seine Kranken mußten, wie er selbst, fasten lernen, wenn sie nach seinen Kunstansichten dauerhaft genesen sollten. Einzelne Fälle ausgenommen, wo die Natur widerstrebte, war er mit dieser Methode im Allgemeinen glücklich. An jedem Krankenbette betrug er sich äußerst umsichtig, klug und vorsichtig. Seine empfindlichen geistigen Fühlhörner spürten alle äußere Schädlichkeiten auf, die auf den Patienten Einfluß haben konnten. Er studirte die Volksbegriffe und wußte den Volksvorurtheilen, ohne sie direkt zu hegen, noch zu bekämpfen, durch seine Kunstgriffe zu begegnen. Gegen Kollegen war er stets freundlich und mittheilend und versäumte nicht, seine gelehrte Seite ihnen zuzukehren. Bei ärztlichen Konsultationen fand man ihn meistens einräumend und nachgiebig, besonders dann, wenn nicht viel mehr von der Kunst zu gewinnen war. Nie vertheidigte er mit großer Hartnäckigkeit eine Meinung. Er wußte es aber oft mit besonderer Gewandtheit, die den Schein der Nachgiebigkeit darbot, so zu leiten, daß wenigstens ein Theil seiner Ansichten die Oberhand behielt. Er besaß überhaupt seinen Kollegen gegenüber eine eigene scientifische Beredtsamkeit, eine Eigenschaft, alles zum Guten zu wenden und zu erklären.

R. besorgte den medizinischen Lesezirkel. Sein gedächtnißreicher Kopf war daher ein lebendiges Repertorium der ärztlichen Journalistik. Sobald er ein neu angepriesenes Heilmittel geprüft hatte (und er liess wenige unversucht), theilte er die Resultate gern den Aerzten mit, die er vorzüglich kannte und ermunterte zur Nachahmung. Auf diese Art sind manche neue Arzneipräparate und Formeln in den Apotheken recipirt und in den ärztlichen Gebrauch gesetzt worden. — Er war, wie schon bemerkt wurde, als prakt. Arzt ein ganz eigener Verehrer der antiphlogitischen Heilmethode, besonders in den letzten Decennien, wo die stehende Krankheitskonstitution eminent entzündlich sich zeigte. Auch den Perkinismus, den Galvanismus, die Elektricität, den thierischen Magnetismus, die Acupunktur, den Mysticismus und selbst die Homöopathie hat er nicht unversucht gelassen, wiewohl man ihn nicht als einen entschiedenen Anhänger oder Partheigänger irgend einer ärztlichen Secte oder Meinung betrachten kann. — Als Arzt des Bürgerhospitals erwarb er sich noch das besondere Verdienst, manche junge Aerzte zu bilden, welche das Bedürfniß fühlten, sich praktische Kenntnisse erwerben zu müssen, um mit Erfolg und Ehren ihre Kunstlaufbahn anzutreten.

Er war in mehr als einem Betrachte ein gelehrter Arzt. Er besaß vorzügliche Kenntnisse in der materia medica und in der pharmaceutischen Chemie. Auch die Botanik ist ihm nicht fremd geblieben. Er hatte es sogar einmal gewagt, in diesem Theile der Naturgeschichte Unterricht zu geben.

Schon unter dem französischen Gouvernement und später unter der provisorischen Administration, wo die medizinische Fakultät den letzten, aber fruchtlosen Versuch wagte, aus dem Scheintode in das wirkliche Leben überzutreten, hatte R. öffentliche Vorlesungen über medizinische Polizei und gerichtliche Arzneiwissenschaft gehalten.

Durch seine vielen schriftstellerischen Arbeiten und seinen vorzüglichen Ruf als Arzt wurde er auch vieler gelehrten Akademien und Gesellschaften Mitglied — stand in frühern Jahren mit den berühmtesten Aerzten und Professoren der Medizin in Correspondenz und erhielt auch sonst manche Würdigung und Auszeichnung. — Der Fürst Primas, dem er seine Schrift über die mineralsauren Räucherungen überschickt hatte, verehrte ihm eine goldene Denkmünze, die Kaiserin Mutter von Rußland, die ihn aus seinen Schriften kannte und, um seine Verdienste, die er sich um einige sehr angesehene Russen erworben hatte, zu belohnen, ließ ihm bei ihrer Durchreise nach den Niederlanden einen sehr kostbaren diamantenen Ring zustellen und der Großherzog von Hessen verlieh ihm in Anerkennung seiner Verdienste den Titel eines Medizinalraths.

R's literarische Thätigkeit setzte nicht einmal während seiner Krankheit aus. Er studirte fortdauernd verschiedene Theile der Medizin, machte Auszüge aus der neuesten Journalistik und aus andern neu erschienenen medizinischen Werken. Ueber ein ganzes Jahr lang, während seiner Krankheitsperiode, führte er ein tägliches Journal über

sein Befinden, womit er sich und seinen Freunden manche heitere Stunde verschaffte, indem er dabei Gelegenheit fand, seine natürliche Anlage zu scherzhaften und witzigen Einfällen geltend zu machen. — Dem Tode sah er mit christlich-philosophischer Hingebung entgegen und gab, wie als Arzt, so als Mensch, jedem ein schönes Vorbild.

Seine Schriften sind: Alphons Leroy's Vorlesungen üb. d. Gebärmutterblutflüsse. A. d. Franz. 1802. — Versuch, die Entstehung u. Ernährung, das Wachsthum u. alle übrigen Veränderungen d. Knochen im gesunden u. kranken Zustande zu erklären. 1803. — Cadet de Vaux, von der Kenntniß des Bodens für Landwirthe. A. d. Französ. 1804. — Ramollissement des os du tronc d'une femme. 1804. — Die inländ. Surrogate d. Chinarinde. 1809. — Die mineralsauren Räucherungen als Schutzmittel gegen ansteckende Krankheiten. 1810. — Sammlung d. Gesetze u. Verordnungen Frankreichs, in Bezug auf Aerzte, Wundärzte u. Apotheker u. d. öffentl. Gesundheitswohl überh. 1812. — Das Bad als Mittel z. Wiederherstellung der Gesundheit u. Schönheit. 1814. — Versuch üb. d. Entstehung der Lustseuche. 1814. — Cullerier's Abhandl. üb. Gonorrhöa, Bubonen ꝛc. 1815. — Abhandl. üb. dieselben Krankh., von ihm selbst. 1815. — Abhandl. üb. dieselben Gegenstde. u. d. Ausfallen d. Haare u. d. venerischen Beinfraß. 1815. — Ueb. d. Hospitalbrand. 1815. — R. u. Wittmann, auserlesene medizin.-prakt. Abhandl. aus der neuesten französ. Literatur. 1817. — Der Branntwein in diätet. u. medizinisch-politischer Hinsicht. 1817. — R. u. Wittmann, das Weib im gesunden und kranken Zustande. 1821. — Pinel's Abhandl. v. d. Blutflüssen im Allgemeinen, dem Blutbrechen u. Blutspeien. 1821. — Cullerier üb. d. Lustseuche, ihre Zufälle u. Heilmittel. 1822. — Stephanus Sainte-Marie üb. d. Heilung veralt. vener. Krankh. ohne Quecksilber. 1822. — Cullerier üb. d. Quecksilber u. s. Anwendung gegen syphilit. Krankh. 1822. — Größere Aufsätze, welche von demselben zum Theil in Zeitschriften erschienen sind: Zwei Fälle von glücklich geheilter Knochenerweichung b. Erwachsenen mit Bemerkungen. (Hufelands Journ. 20. Bd. 2. St. S. 88.—121.) — Beobachtung e. glückl. abgelaufenen Falles v. d. Rose neugeborener Kinder; ebend. 22. Bd. 2. St. S. 87.—96. — Ein ansteckendes Nervenfieber mit Gelbsucht; ebd. 26. Bd. — Der an der Brust des Bruders befestigte Bruder; ebd. — Observation d'une Angine tonsillaire devenue trachéale et suivie de l'expectoration de plusieurs morceaux de mem-

heure chez une femme de 30 ans, dont l'enfant était mort du croup dix jours avant. — Journal général de médecine par Corvisart, Leroux et Boyer. Paris 1814. Octobre. — Description de deux espèces différentes de concrétions polypiformes des voies aëriennes, avec une planche. ibid. — Der Somnambulismus, das merkwürdigste Symptom der Hysterie; Hufelands und Harles Journal. 1816. Febr. S. 1—101. — Beitr. z. Gesch. d. Hirnentzündungen u. d. ansteckenden Typhus d. J. 1813 u. 14.; ebd. 1815. Jun. S. 1—46. — Eine sehr merkwürd. Krankheit des Magens nebst e. v. Geburt an zu kleinen Herzen u. Lunge; ebd. S. 46—55. — Beschreib. zweier Menschen, Mutter u. Sohn, welche an den meisten Stellen d. Körpers eine große Menge Fetthautgeschwülste hatten; medizin.-chirurg. Zeitg. Jahrg. 1815. 2. Bd. S. 251. — Versuch üb. Pendelbewegungen; Gilbert's Annal. d. Physik. 1811. 9. St. — Obduction dreier in ihren Betten todt gefundenen Leichen; Kopp's Jahrb. d. Staatsarzneik. 9. Jahrg. 1816. S. 125—153. — Beobacht. u. Betracht. üb. d. arzn. Gebrauch d. Ratanhia; in d. Abhandl. u. Versuchen üb. d. Ratanhia, v. Medizinalr. v. Klein. 1819.

* 403. Johann Friedrich Bluhm,

Prediger zu Groß-Breese und Wiesen bei Perleberg;

geb. d. 12. Aug. 1765, gest. d. 19. Dec. 1827.

Er wurde zu Neukirchen in der Altmark, wo sein Vater früher die Schenkwirthschaft hatte, geboren. Daselbst in der Privatschule seiner Eltern erzogen, kam er dann auf die Schule nach Salzwedel und von dort auf das Waisenhaus zu Halle, von wo er die Universität bezog. Nach vollendetem Studium lebte er einige Zeit als Hauslehrer zu Guben bei Wilsnack, bis er von der Kirchenpatronin, der verwittw. Frau v. Luderitz, geb. v. Stephani, zum Prediger in Groß-Breese ernannt wurde. Er verheirathete sich mit Wilh. Hagemann, welche ihm 4 Kinder schenkte, von denen ihn nur 2 überleben. Er stand 32 J. seinem Amte vor und erwarb sich durch treue Seelsorge und durch Wohlthun die Liebe seiner Gemeinde.

* 404. Johann Georg Christian Höpfner,

Doctor der Theologie und Professor der Philosophie an der Universität Leipzig;

geb. d. 4. März 1765, gest. d. 20. Dec. 1827.

Er ward zu Leipzig geboren. Sein Vater, Johann Christian H., war Kaufmann daselbst und seine Mutter,

eine geb. Fromment, stammte aus Sedan in Champagne her, von wo ihre Großeltern im J. 1685, nach Widerrufung des Edicts von Nantes wegen der Religionsbedrückungen geflüchtet, sich in Erlangen niedergelassen hatten. Mancherlei Unfälle, die das von ihren Mitbürgern geachtete wakkere Paar, welches so gern die Elternpflichten treu zu erfüllen beflissen war, getroffen, verursachten ihnen nicht geringe Sorgen, besonders wegen der Erziehung dieses ihres ältesten Sohnes, der schon in frühen Jahren glückliche Anlagen und Fähigkeiten zeigte. Da erbot sich einer der edelmüthigsten Männer, Hofr. Böhme, Prof. der Geschichte auf der Leipziger Hochschule, einen Theil dieser Sorgen zu übernehmen und ließ den lernbegierigen Knaben nicht nur auf der Nikolaischule, sondern auch durch tüchtige Privatlehrer, deren einer unter andern der noch lebende verdiente Rector M. Benedict zu Annaberg war, wohl unterrichten. Auf gedachter Schule, auf welche er 1772 kam und deren Rector damals der durch seine Schicksale und Gelehrsamkeit gleich merkwürdige Reiske war, machten sich die damaligen Lehrer, besonders auch der würdige Rector dieses vortrefflichen Gymnasiums, der nun auch verewigte Dr. Forbiger, um ihn verdient. Als Böhme am 30. Juli 1780 im 64. Jahre seines ruhmvollen Lebens starb, genoß H. von dessen Gattin gleiche Unterstützung; aber auch diese Edle, welche zu den Ausgezeichnetsten ihres Geschlechts gehörte und eine Mutter der Armen war, folgte ihrem Manne am 22. December desselben J. nach — ein, wie für Viele, so besonders für H., sehr empfindlicher Schlag. Dennoch ließ er seine Hoffnung nicht sinken und setzte, im Vertrauen auf Gott, die begonnene Laufbahn muthig fort.

Im J. 1782 fing er unter Ernesti's Rectorate die akademischen Studien an, nachdem ihn bereits 10 Jahre zuvor sein großer Gönner Böhme unter die Bürger der Universität eingeschrieben hatte. Mit lobenswerthem Fleiße hörte er die Vorlesungen der berühmtesten Männer seiner Zeit und gedachte dankvoll ihres fruchtbaren Unterrichts, so wie der mannichfaltigen Unterstützungen, die er während seines Studirens von dem damaligen Konsistorialpräsidenten v. Berlepsch in Dresden, der ihm ein kurfürstl. Stipendium ertheilte u. mehrern andern Gönnern in Leipzig erhielt. Bei der feierlichen Magisterpromotion am 2. März 1786 ward er öffentlich creirt u. in demselben Jahre auch von der philobiblischen Gesellschaft und dem montägigen Predigerkollegium zum Mitglied aufgenommen. Im folgenden Jahre ward er Nachmittagsprediger an der Universitätskirche und als solcher Katechet im Dorfe Gohlis bei Leipzig, um das sich, als dessen Besitzer, Hofrath Böhme unter andern auch durch Erbauung eines Bethauses, woran von ihm 1774 die ersten Vespertiner an der Paulinerkirche zum Gottesdienste bestellt wurden, bleibende Verdienste erwarb. Da H. sehr viel Talent zum Predigen besaß, wobei es nur zu bedauern, daß er von zu kleiner Statur war, so wurden die Vorträge, welche er hielt, mit Beifall und Erbauung gehört. Da er sich dem akademischen Leben zu widmen beschlossen hatte, so erwarb er sich am 13. Oct. 1787 durch Vertheidigung seiner Inauguraldissertation: Commentarii in cyclopem Euripidis specimen (38 S. in 4.) in dem Hörsale der philosophischen Fakultät das Recht Vorlesungen zu halten. Sein Landsmann, Kühnöl, in dem die Gießener Hochschule jetzt einen ihrer würdigsten Lehrer verehrt, respondirte dabei. Diese hielt er von nun an zur größten Zufriedenheit vieler Zuhörer über griechische und römische Klassiker, die Bücher des A. und N. T., orientalische Sprachen, Rhetorik, Homiletik und Dogmatik bis zum J. 1790, zu Ende desselben er, als er schon zum Prof. extraordin. Philos. designirt worden war, das ihm angetragene Conrectorat am Gymnasium zu Eisleben annahm. Die nützliche rastlose Thätigkeit, womit er seinen neuen Beruf erfüllte, erwarb ihm Achtung und Liebe, und in Eisleben war es auch, wo er 1792 ein für ihn sehr glückliches Ehebündniß mit der Tochter des dasigen Diakonus Roßkampf schloß, welche bis an ihren Tod (1824) die treueste Gefährtin seines Lebens war. — Schon als Student litt H. an einer Schwäche des Gehörs, weshalb er in den Vorlesungen auch immer seinen Platz so nahe als möglich an dem Katheder des Lehrers nahm; er brauchte die geschicktesten Aerzte, ohne daß sein Zustand sich verbesserte und es kam so weit, daß er sich, wegen völliger Taubheit, die ihn zu seinem Schulamte ganz unfähig machte, genöthigt sah, um die Entlassung von demselben anzuhalten. Diese ward ihm auch 1800 nebst der ehrenvollen Zusicherung eines lebenslänglichen Gehalts, den er bis an sein Ende genoß. Nachdem er bei dem berühmten Hahnemann, damals in Königslutter mehrere Monate vergebens Hülfe gegen sein Leiden gesucht und dieser seine ganze Kunst, ihn zu helfen, fruchtlos aufgeboten hatte, ergab er sich mit großer Resignation in dasselbe u. wandte sich wieder nach seiner geliebten Vaterstadt, besonders von dem Buchhändler Brygang daselbst dazu veranlaßt, der ihn ersuchte, die in seinem Verlage herauskommende gelehrte Zeitung: „Fama der neuesten Literatur, 1800“ und „Jahrbuch der neuesten Literatur, 1801“ zu redigiren. Dieser nicht geringen Arbeit unterzog sich H. und recensirte nun seit 1786 mit dem größten Eifer über tausend Bücher in mehrern kritischen Instituten, an denen er mit Vergnügen Antheil nahm; auch trat er jetzt wieder als akademischer Lehrer auf. Mit wenig Unterbrechungen, welche der Krieg und seine durch die anhaltenden Anstrengungen und Nahrungssorgen häufige Kränklichkeit verursachten, hielt er bis 1823 Vorlesungen über die morgenländischen Sprachen, Pädagogik, Kirchengeschichte, Dogmatik, über die Behandlung der neutestamentlichen Perikopen rc., durch die er mannichfaltigen Nutzen stiftete und war auch als Schriftsteller fortwährend thätig; allein er konnte es ungeachtet seiner vielen Bemühungen und der drückenden Lage, in der er sich befand u. ungeachtet seiner vielfachen Wirksamkeit nicht dahin bringen, sich einen fixen Gehalt auszuwirken. Zwar waren an ihn auch schon in frühern Zeit mehrere ehrenvolle Rufe ergangen, als Professor nach Göttingen und Halle, als solcher und Consistorialrath nach Königsberg und in späterer Zeit als Superintendent und Professor nach Bonn, aber er sah leider wegen des Verlustes seines Hörsinnes sich gezwungen, sie auszuschlagen. Von der Universität Wittenberg erhielt er 1802 bei ihrer Säcularfeier die theologische Doctorwürde, auch hatte ihn die Erfurter Akademie der Wissenschaften, die deutsche Gesellschaft zu Königsberg und die mineralogische zu Jena mit Diplomen beehrt.

Im Spätherbste 1823 traf ihn ein Nervenschlag, der ihn untüchtig machte, ferner Vorlesungen zu halten. Der bald darauf erfolgte Tod seiner Gattin, der sorgsamsten Pflegerin bei seinen Leiden und zärtlichsten Mutter seiner Kinder, deren 6 sie ihm geboren hatte, schlug ihn hart darnieder und er suchte seinen Kummer durch geistige Beschäftigungen zu beschwichtigen; aber die immer mehr überhandnehmende Schwäche seines Körpers und Geistes machte ihn je länger desto mehr dazu unfähig. So war also der sonst so lebhafte, feurig und gern sprechende Mann jetzt fast immer still, klagte aber fast nie, weil er das große Glück genoß, einen heitern Sinn zu besitzen. Fünf Wochen vor seinem Ende — und dies war sehr merkwürdig — schienen plötzlich seine Lebensgeister in ihrer ganzen ehemaligen Stärke zu erwachen; er unterhielt sich viel und sein Gedächtniß zeigte sich dabei außerordentlich stark. Er beu-

dieser politischen Katastrophe, der von dem französischen Regierungskommissär Rudler gestifteten Centralschule der Künste und Wissenschaften einverleibt. In dieser Epoche erwarb sich der Geheimerath und Leibarzt des Großherzogs, Hr. Freiherr von Wedekind, der damals Professor der Therapie und Klinik war, um die Ausbildung des jungen R. zum inneren praktischen Arzte die meisten Verdienste. Er hielt demselben nicht nur sehr lehrreiche wissenschaftliche Vorträge, sondern führte ihn auch in die großen französischen Militärhospitäler, welchen er damals vorstand und in seine eigene Privatpraxis ein. — Unter diesen klinischen Uebungen, welchen R. seine ärztlichen Fähigkeiten verdankte, wurde er vom Hospitaltyphus ergriffen und lag so gefährlich krank darnieder, daß man alle Hoffnung seiner Rettung aufgab; er genas jedoch zur Freude der Seinen unter der thätigen Sorgfalt seines großen Lehrers. — R. erzählte als etwas Besonderes von dieser Krankheit, daß er in der Rekonvalescenz die Kunstnamen der Botanik, welche Wissenschaft eines seiner Lieblingsstudien war, rein aus dem Gedächtnisse verloren habe, welcher Einfluß der Krankheit in den übrigen Zweigen seines Wissens nicht bemerkbar war. Nicht ohne große Anstrengung arbeitete er sich später wieder in das ihm entfremdete Feld hinein. Nach vollendeten medizinischen Studien bestand er nach den französischen Gesetzen ein Examen pro licentia practicandi als Gesundheitsbeamter (Officier de santé) und fing zu Niedersaulheim im Kanton Wörrstadt seine prakt. Laufbahn an, woselbst er sich auch verehlichte. Die Strapazen der Landpraxis konnten jedoch seinem schwächlichen Körper auf die Dauer nicht zusagen. Er kehrte daher nach Mainz zurück und trat hier, nach dem Tode seiner ersten Gattin, in die zweite Ehe. Nachdem er hier schon einige Zeit prakticirt hatte, mußte er nach den neuen Gesetzen Frankreichs einer neuen Prüfung sich unterwerfen. Er zog es daher vor in Paris zu promoviren und so erhielt er im J. 1808, nach Vertheidigung seiner Dissertation de vero periostii usu, daselbst das Doctordiplom.

Von nun an datirt sich die Epoche, in der seine praktischen Talente sich immer mehr entwickelten. Auch fand seine Anlage zur Gelehrsamkeit und Schriftstellerei Anfangs im Umgange und später im Briefwechsel mit seinem gelehrten Schwager, dem dasigen Professor und Bibliothekar Dr. Fischer, nachherigen Baron Fischer von Waldheim, kaiserl. russ. Staatsrath und Kommandeur des St.

Wladimirordens zu Moskau, die herrlichste Nahrung. — R. verstand sehr die Kunst, sich Freunde und Gönner zu erwerben. Er war dabei der französischen Sprache mächtig, ein Umstand, der für praktische Aerzte in der damaligen Zeit nicht ohne Nutzen blieb. Doch flog sein Ruf nicht eben in Fama's Eilwagen empor. Er mußte, wie so manche andere seiner Kollegen, das Zutrauen auf dem langsamen und mühevollen Wege der Volks- und Armenpraxis erringen. — Er ward Stadtarmenarzt und erhielt durch besondere Begünstigung im J. 1813 das Bürgerhospital. Sehr früh übte er seine Feder in gelehrten Arbeiten und schon 1803 hatte er mehrere französische Werke übersetzt und viele kleine Aufsätze in deutschen und französischen Zeitschriften geliefert. — Sein allmälig immer mehr steigender ärztlicher Ruf gewann und befestigte sich aber am meisten, seitdem er als öffentlicher Arzt das Vertrauen der Regierung für sich hatte. Ihm wurden von dem französischen Gouvernement öfters medizinisch-polizeiliche Arbeiten, insbesondere aber Untersuchungen herrschender epidemisch-contagiöser Krankheiten anvertraut. Zur Zeit der Kriegspest von 1813 war er Mitglied des Gesundheitsrathes und hatte das Unglück, zum zweitenmal von dem Hospitaltyphus ergriffen zu werden.

Seit dieser Zeit wurde seine Gesundheit schwankender. Er litt öfters, besonders im Winter, an rheumatischen Fiebern und besorgte von nun an seine Kranken, um seine Kräfte zu schonen, in einer einspännigen Equipage, indem er auf diese Art und durch Beobachtung einer strengen, wie ihm schien, seiner Körperbeschaffenheit angemessenen Diät, das Gleichgewicht seiner Kräfte erhalten u. seine Lebenstage verlängern zu können glaubte. Allein es gelang ihm nicht unter den Anstrengungen, wozu ihn der öffentliche Dienst und seine sehr bedeutende Privatpraxis nöthigte. In der ersten Hälfte des J. 1826 erkrankte er nach einer Reise, die er zu einem Patienten über Land gemacht hatte und starb nach einem langwierigen Krankenlager, nachdem er noch nicht das 50. Lebensjahr zurückgelegt hatte. — R. hatte eine schwache, zarte Körperkonstitution, bei einem reizbaren, sanguinischen Temperament. Doch verstand er es sein Temperament moralisch zu bemeistern. Er war von etwas mehr als mittlerer Statur und mager. Sein Rückgrat stand ein wenig gekrümmt und der Kopf, mit vorwärts gebeugten Halswirbeln, lag tief zwischen den Schultern. Seine etwas über seine Jahre hinaus alternde Physiognomie, in deren Mitte

eine bedeutende Nase zwischen zwei lebhaften Augen sich herabsenkte, zeichnete sich besonders durch ein vielleicht mehr natürliches als angewöhntes Lächeln aus und sein Kopf, mit braun-blonden Haaren bewachsen, bot, von der Seite betrachtet, bei der großen Magerkeit der Gesichtsknochen mit dem hervorstehenden Kinne, ein fast Voltairesches Profil dar. Diese körperlichen Eigenschaften und insbesondere diese Physiognomie gaben ihm von seiner frühesten Jugend an ein gelehrtes Ansehn, welches Prädikat er durch ausgezeichnete Talente, Fleiß und Kenntnisse bewährte. Er hatte ein ganz vorzüglich gutes Sach- und Namengedächtniß, woraus für ihn die nützliche Eigenschaft hervorging, sich das, was er gelesen und gehört hatte, schnell und richtig anzueignen und klar wiederzugeben. In seinem Geiste paarten sich ferner, was selten beisammen besteht, eine geschäftige Phantasie mit praktischem Verstande, der aus Allem, was ihn von ferne berührt, Vortheile zu ziehen versteht. Der Reiz der Neuheit wissenschaftlicher Gegenstände hatte daher eine unumschränkte Gewalt über ihn. Er versuchte Alles, was er las und hörte und theilte das erworbene Neue Andern mit. Er hatte ferner eine humoristische Anlage, oder eine gewisse angeborene Neigung zum Witze und zur Satyre, von der er jedoch nur selten und meistens mit persönlicher Schonung nur in Sachen von Wichtigkeit Gebrauch machte.

Sein Charakter war sanft und gefällig, wiewohl zuweilen nicht ganz frei von Eigendünkel und vorgefaßter Meinung, welches vielleicht, weil Geist und Körper oft ziemlich identisch sind, von seiner kränklichen Beschaffenheit abhing. Wohlwollen und Humanität mit Ernst und besonders mit Klugheit gepaart, herrschten bei ihm in dem Umgange mit allen Menschen, die er berührte, vor. In seinem Hauswesen und insbesondere in seiner Bibliothek und an seinem Schreibpulte bemerkte man eine bewundernswürdige Ordnung, Akkuratesse und Reinlichkeit. Er war vorsichtig, klug und sparsam in Allem, was er vornahm. Er kleidete sich reinlich und mehr nach dem Bedürfnisse seines Körpers, als nach der Mode. Ganz besonders im Essen und Trinken beobachtete er eine bis ins Kleinliche abgewogene Mäßigkeit und Nüchternheit, er mochte in großer Gesellschaft oder an seinem eigenen Tische speisen. Er that dieses eben so sehr aus angenommener Gewohnheit, als aus Grundsätzen und in der Absicht, seine Gesundheit zu erhalten. Wenn selbst die Tafel unter der Last der ausgesuchtesten Speisen sich beugte und jeder Gast sich's wohlschmecken ließ und fröhlich pokulirte, saß R. mit leerem Teller da, ergötzte sich nur geistig und war nicht einmal zu bewegen, einen Tropfen puren Weines zu sich zu nehmen. So fest und unerschütterlich stand seine einmal angenommene Diätetik.

Ein von körperlichen Bedürfnissen so unabhängiger, so sanfter und geistiger Mensch konnte bei seinen Kenntnissen das Ziel nicht verfehlen, ein beliebter, praktischer Arzt zu werden, wiewohl er weder Geburtshülfe noch Chirurgie trieb, sondern sich ganz allein auf innere Heilkunde beschränkte. Stets bemüht, die Grundsätze der strengen Diät an seinem eigenen Körper zu prüfen, übertrug er dieselben mit gleicher Pünktlichkeit an das Krankenbett. Seine Kranken mußten, wie er selbst, fasten lernen, wenn sie nach seinen Kunstansichten dauerhaft genesen sollten. Einzelne Fälle ausgenommen, wo die Natur widerstrebte, war er mit dieser Methode im Allgemeinen glücklich. An jedem Krankenbette betrug er sich äußerst umsichtig, klug und vorsichtig. Seine empfindlichen geistigen Fühlhörner spürten alle äußere Schädlichkeiten auf, die auf den Patienten Einfluß haben konnten. Er studirte die Volksbegriffe und wußte den Volksvorurtheilen, ohne sie direkt zu hegen, noch zu bekämpfen, durch seine Kunstgriffe zu begegnen. Gegen Kollegen war er stets freundlich und mittheilend und versäumte nicht, seine gelehrte Seite ihnen zuzukehren. Bei ärztlichen Konsultationen fand man ihn meistens einräumend und nachgiebig, besonders dann, wenn nicht viel mehr von der Kunst zu gewinnen war. Nie vertheidigte er mit großer Hartnäckigkeit eine Meinung. Er wußte es aber oft mit besonderer Gewandtheit, die den Schein der Nachgiebigkeit darbot, so zu leiten, daß wenigstens ein Theil seiner Ansichten die Oberhand behielt. Er besaß überhaupt seinen Kollegen gegenüber eine eigene scientifische Beredtsamkeit, eine Eigenschaft, alles zum Guten zu wenden und zu erklären.

R. besorgte den medizinischen Lesezirkel. Sein gedächtnißreicher Kopf war daher ein lebendiges Repertorium der ärztlichen Journalistik. Sobald er ein neu angepriesenes Heilmittel geprüft hatte (und er ließ wenige unversucht), theilte er die Resultate gern den Aerzten mit, die er vorzüglich kannte und ermunterte zur Nachahmung. Auf diese Art sind manche neue Arzneipräparate und Formeln in den Apotheken recipirt und in den ärztlichen Gebrauch gesetzt worden. — Er war, wie schon bemerkt wurde, als prakt. Arzt ein ganz eigener Verehrer der antiphlogistischen Heilmethode, besonders in den letzten Decennien, wo die stehende Krankheitskonstitution eminent entzündlich sich zeigte. Auch den Perkinismus, den Galvanismus, die Elektricität, den thierischen Magnetismus, die Acupunktur, den Mysticismus und selbst die Homöopathie hat er nicht unversucht gelassen, wiewohl man ihn nicht als einen entschiedenen Anhänger oder Partheigänger irgend einer ärztlichen Secte oder Meinung betrachten kann. — Als Arzt des Bürgerhospitals erwarb er sich noch das besondere Verdienst, manche junge Aerzte zu bilden, welche das Bedürfniß fühlten, sich praktische Kenntnisse erwerben zu müssen, um mit Erfolg und Ehren ihre Kunstlaufbahn anzutreten.

Er war in mehr als einem Betrachte ein gelehrter Arzt. Er besaß vorzügliche Kenntnisse in der materia medica und in der pharmaceutischen Chemie. Auch die Botanik ist ihm nicht fremd geblieben. Er hatte es sogar einmal gewagt, in diesem Theile der Naturgeschichte Unterricht zu geben.

Schon unter dem französischen Gouvernement und später unter der provisorischen Administration, wo die medizinische Fakultät den letzten, aber fruchtlosen Versuch wagte, aus dem Scheintode in das wirkliche Leben überzutreten, hatte R. öffentliche Vorlesungen über medizinische Polizei und gerichtliche Arzneiwissenschaft gehalten.

Durch seine vielen schriftstellerischen Arbeiten und seinen vorzüglichen Ruf als Arzt wurde er auch vieler gelehrten Akademien und Gesellschaften Mitglied — stand in frühern Jahren mit den berühmtesten Aerzten und Professoren der Medizin in Correspondenz und erhielt auch sonst manche Würdigung und Auszeichnung. — Der Fürst Primas, dem er seine Schrift über die mineralsauren Räucherungen überschickt hatte, verehrte ihm eine goldene Denkmünze, die Kaiserin Mutter von Rußland, die ihn aus seinen Schriften kannte und, um seine Verdienste, die er sich um einige sehr angesehene Russen erworben hatte, zu belohnen, ließ ihm bei ihrer Durchreise nach den Niederlanden einen sehr kostbaren diamantenen Ring zustellen und der Großherzog von Hessen verlieh ihm in Anerkennung seiner Verdienste den Titel eines Medizinalraths.

R's literarische Thätigkeit setzte nicht einmal während seiner Krankheit aus. Er studirte fortdauernd verschiedene Theile der Medizin, machte Auszüge aus der neuesten Journalistik und aus andern neu erschienenen medizinischen Werken. Ueber ein ganzes Jahr lang, während seiner Krankheitsperiode, führte er ein tägliches Journal über

* 407. Friedrich Werner Ludwig Freiherr von Hammerstein-Gesmold,

Sachsen-Meiningenscher Regierungsrath u. Kammerjunker, Herr zu Gesmold im Osnabrückschen und der Herrschaften Retzov u. a. in Meckenburg-Schwerin 2c. 2c.

geb. . . . . . , gest. d. 25. Decbr. 1827.

In dem schönen klassischen Lande des Fürstenthums Lippe-Detmold, zwischen Detmold und Horn, liegt nordöstlich am Fuß des Teutoburgerwaldes, dem berühmten Winfeld, dem schönen Badeort Meinberg und den Extersteinen nahe, das landtagsfähige Rittergut Hornoldendorf, welches die Familie v. Hammerstein von dem Grafen zur Lippe-Detmold, Simon dem VII., im J. 1614 an sich brachte. Hier auf dem durch eine solche Umgebung merkwürdigen Schlosse hielt sich der aus dem alten, edlen sehr ausgebreiteten und in der Geschichte Deutschlands, zunächst Westphalens, rühmlich bekannten Geschlechte entsprossene Abkömmling der alten Grafen von Hammerstein, der k. k. Kammerherr u. Kommandeur des deutschen Johanniterordens, Freiherr von H., ehe er die Güter Gesmold bei Osnabrück, von seinem Bruder ererbt hatte, auf. Aus der Ehe dieses Vaters mit einem Fräulein v. Münchhausen wurde Friedr. W. L. Freiherr von H. geboren. Mehrere seiner Geschwister waren früh, noch in ihrer Kindheit gestorben und er blieb mit einem Bruder und 3 Schwestern, von denen er der jüngste war. Früh wurde er mit seinem Bruder auf das Gymnasium nach Lemgo geschickt, wo beide schon am 18. März 1768 konfirmirt wurden. Bald darauf kamen sie nach Straßburg, um auf dortigen hohen Schulen sich zu ihren akademischen Studien weiter vorzubereiten. Von da zurückgekehrt, bezog er etwa um das J. 1775 die damalige Universität Rinteln, um daselbst dem Studium der Rechtswissenschaft obzuliegen. Diese seine Studien setzte er später in Göttingen fort, wo er Gelegenheit hatte, in engen Freundschaftsbund mit dem Sohne des berühmten Grafen v. Chesterfield, Lord Stanhope, zu treten. — Nach vollendetem akademischen Kursus kam er nach Meiningen, wo er in den Dienst der verwittweten Herzogin, der Großmutter des jetzigen Herzogs von Sachsen-Coburg-Meiningen, deren Hofstaat zu leiten, als Kammerjunker trat und von ihr im Jahr 1779 zum Regierungsrath ernannt wurde. Auf einer Geschäftsreise in eigener Angelegenheit nach Mecklen-

hange chez une femme de 30 ans, dont l'enfant était mort du croup dix jours avant. — Journal général de médecine par Corvisart, Leroux et Boyer. Paris 1814, Octobre. — Description de deux espèces différentes de concrétions polypiformes des voies aëriennes, avec une planche. ibid. — Der Somnambulismus, das merkwürdigste Symptom der Hysterie; Hufelands und Harles Journal. 1816. Febr. S. 1—101. — Beitr. z. Gesch. d. Hirnentzündungen u. d. ansteckenden Typhus d. J. 1813 u. 14.; ebd. 1815. Jun. S. 1—46. — Eine sehr merkwürd. Krankheit des Magens nebst e. v. Geburt an zu kleinen Herzen u. Lunge; ebd. S. 46—55. — Beschreib. zweier Menschen, Mutter u. Sohn, welche an den meisten Stellen d. Körpers eine große Menge Fetthautgeschwülste hatten; medizin.-chirurg. Zeitg. Jahrg. 1815. 2. Bd. S. 251. — Versuch üb. Pendelbewegungen; Gilbert's Annal. d. Physik. 1811. 9. St. — Obduction dreier in ihren Betten todt gefundenen Leichen; Kopp's Jahrb. d. Staatsarzneik. 9. Jahrg. 1816. S. 125—153. — Beobacht. u. Betracht. üb. d. arzn. Gebrauch d. Ratanhia; in d. Abhandl. u. Versuchen üb. d. Ratanhia, v. Medizinalr. v. Klein. 1819.

* 403. Johann Friedrich Bluhm,

Prediger zu Groß-Breese und Wiesen bei Perleberg;

geb. d. 12. Aug. 1766, gest. d. 19. Dec. 1827.

Er wurde zu Neukirchen in der Altmark, wo sein Vater früher die Schenkwirthschaft hatte, geboren. Daselbst in der Privatschule seiner Eltern erzogen, kam er dann auf die Schule nach Salzwedel und von dort auf das Waisenhaus zu Halle, von wo er die Universität bezog. Nach vollendetem Studium lebte er einige Zeit als Hauslehrer zu Luben bei Wilsnack, bis er von der Kirchenpatronin, der verwittw. Frau v. Luderitz, geb. v. Stephani, zum Prediger in Groß-Breese ernannt wurde. Er verheirathete sich mit Wilh. Hagemann, welche ihm 4 Kinder schenkte, von denen ihn nur 2 überleben. Er stand 32 J. seinem Amte vor und erwarb sich durch treue Seelsorge und durch Wohlthun die Liebe seiner Gemeinde.

* 404. Johann Georg Christian Höpfner,

Doctor der Theologie und Professor der Philosophie an der Universität Leipzig;

geb. d. 4. März 1765, gest. d. 20. Dec. 1827.

Er ward zu Leipzig geboren. Sein Vater, Johann Christian H., war Kaufmann daselbst und seine Mutter,

de. Sogleich verließ er den Aufenthalt, den sie ihm verschönert hatte u. der nun für ihn öde geworden war und kam zu seinen ältesten Sohn auf das Schloß Gesmold bei Osnabrück, um bei ihm und seinen Enkeln Trost und Zerstreuung zu finden. Aber schon Anfangs Dec. desselben J. stellte sich plötzlich bei ihm ein Anfall von Brustwassersucht ein, welcher nach wenigen Tagen den Tod zur Folge hatte. — Wohlwollen und Güte machten den Hauptzug seines Charakters aus, daher er so gern Leidenden und Unglücklichen zu Hülfe kam. Rechtschaffenheit u. Ehrgefühl waren sein Schmuck; dabei bewies er eine große Gewissenhaftigkeit und Pünktlichkeit in seinen Geschäften. Dieser Eigenschaften wegen erfreute er sich der Gnade des jetzt regierenden Großherzogs von Mecklenburg-Schwerin, sowie auch der des letztern verstorbenen Großherzogs zu Strelitz. Seine edle Gemüthsart u. seine Herzensgüte stimmte ihn zur Fröhlichkeit und zu einer ausdauernden Standhaftigkeit in den widerwärtigen Ereignissen des Lebens; Eigenschaften, welche er bis zu seinem Ende in aller ihrer Kraft beibehielt. Eben diese fröhliche Stimmung und seine Gemüthsruhe waren die Quelle, woraus bei ihm eine große Besonnenheit und Gegenwart des Geistes entsprang, welche bei mancher Gefahr sowohl ihm und den Seinigen, als auch Andern sehr gut zu Statten kam. — Lange vor ihm waren alle seine Geschwister heimgegangen und von 11 Kindern, welche die Frucht seiner Ehe waren, hinterließ er nur sieben, 4 Söhne und 3 Töchter am Leben, welche mit ihren Familien um den edlen Vater trauern.

Jos. v. Lucenay.

408. Johann Friedrich Christian Wundemann,

Doctor der Theologie, Präpositus und Senior zu Walkendorf bei Rostock;

geb. i. J. 1763, gest. d. 26. Decbr. 1827. *)

Er war ein sehr verdienstvoller Mann, der sich als Mensch und Christ, als Prediger und Schriftsteller die Achtung Aller, die ihn kannten, erworben u. der es daher verdient, daß sein Andenken erhalten wird. Bedauern aber muß Ref., daß er nur wenige biographische Data über ihn mitzutheilen im Stande ist. — Rostock ist sein Geburtsort, wo sein Vater Wundarzt war und wo er auch seine Schul- und akademische Bildung erhielt. Nach kurzem Hauslehrerstande in der von Moltkeschen Familie er-

*) Schweriner Abendbl. 1828, Beil. Nr. 424.

hielt er 1785 durch Stimmenmehrheit die Pfarre zu Walkendorf, wurde 1823 zum Senior circuli ernannt und 1824 zum Präpositus des Gnoienschen geistlichen Zirkels bestellt. Im März des letztgedachten Jahres widerfuhr ihm die seltene Ehre, daß die theologische Fakultät seiner Vaterstadt, aus eignem Antriebe, um ihm einen Beweis der Anerkennung seiner gelehrten Thätigkeit zu geben, ihm das Ehren Doktorat ertheilte.

Seine Schriften sind folgende: Grundsätze zum vernünftigen Denken üb. die Religion. 1794. — Geschichte d. christlichen Glaubenslehre vom Zeitalter des Athanasius bis auf Gregor d. G. 1799. — Mecklenb. in Hinsicht auf Kultur, Kunst u. Geschmack. 1803. — Helene Paulowna, 2. Aufl. 1806. — Meletemata de sacra coena. 1819. — Feier d. 2. Mai's bei Lützen; eine Phantasie. In dem Wochenblatte „Geist der Zeit" 1813, Nr. 13. — Gelegentliche Bemerk. zu der Schrift der Frau v. Stael-Holstein: Von Deutschland; in Geisenhayner's Mecklenb. Bl. 1817, St. 5 u. 6. — Wollen wir nicht auch ein Konkordat mit Sr. päbstl. Heiligkeit? in Masius Vandalia. 1819. H. 1. S. 25—29. — Geschichtliche Bemerk. üb. Censur u. Preßzw.; ebend. H. 8. S. 241—45. — Zum freimüthigen Abendblatte lieferte er folgende Aufsätze: Ueb. Mirabeau's Wort: mein Kopf ist auch eine Macht. 1821. Nr. 118. — Ueber die in mehr. Zeitschr. mitgeth. Nachrichten v. d. letzten Stunden d. Grafen Friedrich Leopold zu Stolberg. 1821. Nr. 127. — Die Feier d. 18. Oktbrs., Nr. 145. — Schlußworte z. d. bish. Verhandl. im freim. Abendbl., üb. Sonntagsmusik. 1823. Nr. 213. — Grauenvolle Mordthat in Gnoien, in Nr. 225 u. 27. — Soolbadeanstalt zu Sülz. 1824. Nr. 291. — Einige Bemerk. üb. d. Judenthum uns. Zeit. 1825. Nr. 323. — Erinnerung gegen e. Aufsatz in Nr. 302 des Abendbl.: Ueber die Verbreitung christl. Erbauungsbücher, Beil. zu Nr. 325. — Abgenöthigte Antwort auf d. in No. 332 an mich gerichtete Frage d. Hrn. Präpositus Flörke zu Kirch-Mulsow, den verstorbenen Pastor Jakob Schmidt zu Levin betr., Nr. 338. — Auffallende Erscheinungen im Gebiete d. neuern Lit. 1826. Nr. 394. — Gedanken üb. d. Verhältniß d. Staats u. d. Kirche gegen einander. 1827. Beil. zu Nr. 419. — Kurze Recensionen, mit d. Unterschrift — N. N. von deren die letzte in Nr. 478 befindlich.

W—r. Fr. Br.

ihn ersuchte, die in seinem Verlage herauskommende gelehrte Zeitung: „Fama der neuesten Literatur, 1800" und „Jahrbuch der neuesten Literatur, 1801" zu redigiren. Dieser nicht geringen Arbeit unterzog sich H. und recensirte nun seit 1786 mit dem größten Eifer über tausend Bücher in mehrern kritischen Instituten, an denen er mit Vergnügen Antheil nahm; auch trat er jetzt wieder als akademischer Lehrer auf. Mit wenig Unterbrechungen, welche der Krieg und seine durch die anhaltenden Anstrengungen und Nahrungssorgen häufige Kränklichkeit verursachten, hielt er bis 1823 Vorlesungen über die morgenländischen Sprachen, Pädagogik, Kirchengeschichte, Dogmatik, über die Behandlung der neutestamentlichen Perikopen rc., durch die er mannichfaltigen Nutzen stiftete und war auch als Schriftsteller fortwährend thätig; allein er konnte es ungeachtet seiner vielen Bemühungen und der drückenden Lage, in der er sich befand u. ungeachtet seiner vielfachen Wirksamkeit nicht dahin bringen, sich einen fixen Gehalt auszuwirken. Zwar waren an ihn auch schon in früherer Zeit mehrere ehrenvolle Rufe ergangen, als Professor nach Göttingen und Halle, als solcher und Consistorialrath nach Königsberg und in späterer Zeit als Superintendent und Professor nach Bonn, aber er sah leider wegen des Verlustes seines Hörsinnes sich gezwungen, sie auszuschlagen. Von der Universität Wittenberg erhielt er 1802 bei ihrer Säcularfeier die theologische Doctorwürde, auch hatte ihn die Erfurter Akademie der Wissenschaften, die deutsche Gesellschaft zu Königsberg und die mineralogische zu Jena mit Diplomen beehrt.

Im Spätherbste 1823 traf ihn ein Nervenschlag, der ihn untüchtig machte, ferner Vorlesungen zu halten. Der bald darauf erfolgte Tod seiner Gattin, der sorgsamsten Pflegerin bei seinen Leiden und zärtlichsten Mutter seiner Kinder, deren 6 sie ihm geboren hatte, schlug ihn hart darnieder und er suchte seinen Kummer durch geistige Beschäftigungen zu beschwichtigen; aber die immer mehr überhandnehmende Schwäche seines Körpers und Geistes machte ihn je länger desto mehr dazu unfähig. So war also der sonst so lebhafte, feurig und gern sprechende Mann jetzt fast immer still, klagte aber fast nie, weil er das große Glück genoß, einen heitern Sinn zu besitzen. Fünf Wochen vor seinem Ende — und dies war sehr merkwürdig — schienen plötzlich seine Lebensgeister in ihrer ganzen ehemaligen Stärke zu erwachen; er unterhielt sich viel und sein Gedächtniß zeigte sich dabei außerordentlich stark. Er belustigte seine Kinder in vielen muntern Erinnerungen aus seiner Jugend, bei deren Erzählung er sogar satyrisch wurde. Allein die Wiederkehr des Schlagflusses den 13. Decbr. 1827 raubte ihm nach 8tägigem Krankenlager das Leben. Drei lebende Kinder, die schon erwachsen sind und ihm Ehre machen, weinten an seinem Grabe; eine Tochter, Julie, und zwei Söhne, Gustav und Eduard, von denen Ersterer in Dresden Maler ist und Letzterer in Leipzig Philologie und Theologie studirt.

Von ihm erschienen folgende Schriften: Specimen curarum criticarum et exeget. in LXX. viralem versionem vaticiniorum Jonae. 1787. — Specimen II. et III. 1788. Vers. e. Uebers. d. 11. Cap. d. 1. Br. Pauli an d. Corinth. 1787. — Disp. ad locum Pauli Ephes. 4, 11—16. 1789. — Euripidis Cyclops, ed. 1789. — Sophoclis Trachiniae, ed. 1791. — De origine dogmatis Romano-Pontificiorum de purgatorio. 1792. — Ueb. d. Eros d. ält. griech. Dichter. 1792. — Ueb. d. Leben u. d. Verdienste d. verewigt. S. F. N. Morus. 1793. — Gab heraus u. setzte fort Nitsch's Beschreibung d. Zustandes d. Griechen. 1795. — Handbuch der griechischen Mythologie. 1795. — Nitsch's Wörterb. d. alt. Geographie, herausg. u. fortg. 1794. — Euripidis Iphigenia in Aulide, ed. 1795. — Ist Isis je von den Germanen verehrt worden u. woher hat Eisleben s. Namen? 1795. — Aristotelis locus de justitia ad Nicomach. 5, 1. explicatus. — Heathii Notae in Sophoclis Oedip. Tyr., quibus et suas adjecit. — Nachr. v. C. D. Jani's Leben u. Schriften. — Aristophanis ranae, ed. 1797. — Diss. inaug. Historia Tobiae. 1802. — Grundriß e. Theorie d. phys. Erziehg. d. Jugd. 1803. — Neues nützl. Allerlei. 1805. 2. Th. 1806. — Kleiner Naturfreund. 1806. — Ernst Birkenhayns Gespräche m. s. Kindern, nebst Gustavs Briefen üb. s. Reise n. Töplitz. 1807. — Walters Familie zu Rosenstädt. 1811. — Epitome theologiae christianae. 1804, ed. II. 1819. — Außerdem lieferte H. noch viele gel. Abhndl. in gel. Zeitschr. u. hatte vielen Antheil an gel. Ztgn. — Das exeget. Handb. d. A. T., welches er in Verbind. m. Augusti schrieb u. v. dem nur 9 Stcke., die bis zum 2. B. der Könige gehen, herauskamen, zeichnet sich besonders durch große Freimüthigkeit aus.

vollen Beifall seiner Zuhörer, denen er, so [illegible] An- deer, auch durch [illegible] unterhaltene, durch die classische Eingang lateinischer Rede ausgezeichnete Repetitoria und Examinatorien vielfach nützlich wurde. In diese Periode seiner akademischen Lehrthätigkeit fallen die meisten seiner theils unter eigenem, theils unter fremden Namen abgefaßten Schriften und Dissertationen, die wir hier nach der Zeitfolge aufführen, so weit die der letzteren Art bekannt geworden. Es sind folgende: D. de jure regio successorum [illegible] infeudatione. 1791. — D. de tollenda jur. et obligat. confusione per hereditatis aditionem exorta. 1792. — D. de origine et indole hum. propriet. inprimis in utraque Lusatia. 1792. — D. de novo gradu et deservito ex leg. eccles. Sax. aestimandis. 1793. (Chr. Winckler). — D. de interruptione usucapionis ac praescriptionis. 1793. (F. G. Engler). — D. de muneribus publ. justitiae sacerdotibus absque justa causa non auferendis. 1794. (Klepe). — D. de natura et indole possessionis [illegible] interdictum uti possidetis et utrubi necessaria. 1794. (G. Bauer). — D. de legatione [illegible] fructus. 1795. — Ueber [illegible] vorträge und Schriften wider den Inhalt der symb. B. d. Protestanten in Deutschland. Ein Beitrag zur richtigen Erklärung der neuesten kaiserl. Wahlkapitulation Art. 2. §8. 1795. — Im J. 1795 erhielt er eine außerordentl. Professur der Rechte, die er am 22. Oct. mit einer öffentlichen Rede de dignitate Jurisperitorum antrat, zu welcher er durch das Programm: spec. I. hermeneutices tituli D. de adquirenda vel amittenda possessione, de principiis possessionis, quae a juris fictionibus [illegible] ducuntur, 1795, eingeladen hatte. Später erschien diese Schrift, jedoch mit einer Fortsetzung als zweitem Theile, unter dem Titel: Herm. tit. D. de adquir. v. amitt. poss. spec. I. II. 1796. Ihr folgten: Comm. binae de interdictis unde vi et remedio spolii. 1797. — Wegen seiner Entfernung von Leipzig blieben unvollendet: Primae lineae juris feudalis et in specie Electoralis Sax. 1795. — Seine rastlosen Anstrengungen und Verdienste als akad. Lehrer blieben nicht ohne Anerkennung; er erhielt mehrere vortheilhafte Anträge im Vaterlande, besonders aus der von ihm so geliebten Niederlausitz, so wie auch einen Ruf als Professor der Rechte nach Kiel, die er jedoch aus Anhänglichkeit an Leipzig, an seine gegenwärtige Stellung und an ihm werth gewordene Verhältnisse ablehnte. Als er indeß gegen das Ende des J. 1796 den ehrenvollen Ruf als Appellationsrath nach Dresden erhielt, folgte er dem-

* 406. Gustav Adolph Bischoff,

Kandidat der Kameralwissenschaft und Mitglied der technischen Gesellschaft zu Leipzig;

geb. i. J. 1806, gest. d. 22. Decbr. 1827.

Er war der Sohn eines Seidenwürkers, der zu Leipzig eine eigene Fabrik besaß, genoß seinen ersten Unterricht in der Bürgerschule daselbst und wurde durch seinen Fleiß bald die Freude seiner Lehrer und der Seinigen. Vom J. 1819 bis 22 besuchte er die dasige Thomasschule und da es schon längere Zeit sein Plan war, die praktische Landwirthschaft zu erlernen, so begab er sich 1822 zu einem Oekonomen in der Nähe von Leipzig; doch wollte es ihm hier wenig zusagen und er entschloß sich daher nach wenigen Wochen schon wieder nach Leipzig zurückzukehren, um sich erst theoretisch als Landwirth zu bilden. Noch in demselben Jahre bezog er die Universität und benutzte neben den Vorlesungen für sein Fach mit vielem Fleiße auch die für die deutsche Sprache. Er wurde bald Mitglied der kameralistischen Gesellschaft und setzte sich den Plan, einst durch seine ökonomischen Kenntnisse den gemeinen Landleuten nicht nur zu nützen, sondern auch zu ihrer sittlichen Bildung mehr beizutragen, als bis jetzt geschehen war. Eine zu schwere Aufgabe setzte er sich aber, indem er sich vornahm Magister zu werden und dann bei der Universität sich zu habilitiren; denn von jetzt an lebte er ganz eingezogen und gönnte sich, um keine Zeit für sein Studium zu verlieren, nur wenig Erholung u. Ruhe, welche übermäßige Anstrengung, von der ihn auf die Vorstellungen seiner besten Freunde nicht zurück zu bringen vermochten seiner schon von Natur schwächlichen Körper so angriff, daß seine Kräfte bald schwanden und er in der Blüthe seiner Jahre schon die kaum begonnene schöne Laufbahn beschließen mußte. Ein Denkmal setzte ihm sein würdiger Lehrer der Mathematik, Hr. M. Hohlfeld dadurch, daß er einen Aufsatz des Verewigten „über die Hagelableiter" den dieser ihm zur Durchsicht übergeben hatte, im 48. u. 50. Stück (1828) des Anzeigers der Deutschen hat abdrucken lassen.

August *) ihm wiedergegeben und die früher verheißene Integrität der sächsischen Lande erhalten werde. Diese Schritte konnten von seiner Seite nicht ohne mannichfaltige Unannehmlichkeiten und Aufopferungen gethan werden; eines der genannten Schreiben, zog ihm sogar Hausarrest und Suspension vom Amte durch die Verordnung des damaligen Generalgouvernements zu. Der König erkannte bei seiner Rückkehr im J. 1815 den Werth dieser völlig uneigennützigen Dienstleistungen durch Verleihung des Ritterkreuzes des neugestifteten Civilverdienstordens. Aus Anhänglichkeit an seinen angestammten Landesfürsten und an sein Vaterland geschah es auch, daß er im J. 1814 eine ihm durch den verstorbenen Minister Grafen v. Reck angebotene Stelle in einem der höchsten kön. preuß. Justizkollegien nicht annahm. In diese Zeit fällt die Abfassung seiner Schrift, deren Gegenstand er schon seit längerer Zeit vielseitig durchdacht und aus mannichfacher Erfahrung kennen gelernt hatte: Rechtliche Bemerkungen über die Vertheilung der Einquartierungslast und der damit verbundenen Verpflegung fremder Truppen. 1815.

Im J. 1824 nahm er an dem Doctorjubiläum seines Kollegen, des sel. Dr. Kind,**) mehrfachen thätigen Antheil. Seine sonst kräftige Konstitution hatte durch Anfälle von Gicht etwas gelitten; da er indeß mit ungeschwächter geistiger Energie, ohne den Schein von Kränklichkeit an sich tragen zu wollen, in seinem Berufskreise fortwirkte; so versprach er sich selbst und den Seinigen ein höheres Alter. Härtere gichtische Uebel am Fuße warfen ihn jedoch im Sommer d. J. 1825 und im darauf folgenden Winter d. J. 1826 auf ein langes schmerzhaftes Krankenlager, ohne daß aber auch dieses seine pflichtmäßige Thätigkeit störte. Im April 1827 brachte er seinem hochverehrten Lehrer und Freunde, dem ehrwürdigen Biener, zur Feier des 50jährigen Doctorjubiläums die Glückwünsche der Dresdner Schüler dieses Jubilars dar und überreichte in ihrem Namen eine silberne Votivtafel, wozu er die Inschrift verfaßt hatte. Seine rückkehrende Gesundheit ward indeß gar bald wieder durch den im Mai erfolgten Tod seiner mit ihm fast 30 Jahre verbundenen innig geliebten Gattin tief erschüttert, sowie überhaupt in der letzten Zeit mehrere unangenehme Verhältnisse in seinem Berufskreise sein Gemüth heftig bewegt hatten,

*) M. s. d. Biogr. desselb. unt. Nr. 156 d. J.

**) S. d. Biogr. im 4. Jahrg. d. Nekrol. d. D. S. 666.

burg i. J. 1783 machte er die Bekanntschaft des Fräuleins von Bewtzow, welche er sich zur Lebensgefährtin erkor, und am 25. November 1784 zur Gattin erhielt, nachdem er kurz vorher aus dem sächsischen Dienste getreten war und sich bedeutende Güter in Mecklenburg-Schwerin an der Grenze von Mecklenburg-Strelitz angekauft hatte.

Als im J. 1786 sein Vater starb, erbte v. H., da sein ältester Bruder schon 1782 oder 83 gestorben war, die bedeutenden Familiengüter im Osnabrückschen. Jetzt galt es zu entscheiden ob er auf den mecklenburgschen Gütern, in den noch wildern und kältern Gegenden, sich ferner aufzuhalten fortfahren, oder seinen Wohnsitz in dem Osnabrückschen nehmen sollte. Allein eben der Zustand seiner Güter im Mecklenburgschen trug zur Bestimmung der Wahl bei. Denn da diese letzern, als er sie kaufte, in sehr schlechtem Zustande so wie die denselben zugehörenden Unterthanen im höchsten Grade verwildert waren und höchst dürftig lebten; in ihm aber das ernste Verlangen Gutes zu stiften wohnte, so glaubte er hier mehr Stoff zur Befriedigung dieses Wunsches zu finden und zum Glück dieser Menschen mehr beitragen zu können. Er entschloß sich daher mit seiner als Mutter in dieser Gegend verehrten Gattin dort ferner zu leben und durch vereinte Bemühung für die Besserung und das Glück dieser Menschen gemeinschaftlich zu arbeiten. Auch hatte er die Freude seine Mühe mit dem glücklichsten Erfolg belohnt zu sehen. Diese sonst so rohen u. trägen und daher so dürftigen Menschen wurden nach und nach arbeitsamer; Fleiß ward unter ihnen geehrt u. durch Wohlhabenheit belohnt, dieß war das Werk der väterlichen Fürsorge ihres edlen Gutsherrn. — So lebte er eine lange Reihe von Jahren an der Seite seiner treuen Gefährtin, deren Neigungen in so vollkommener Uebereinstimmung mit den seinigen standen, mitten unter Menschen die ihm ihr besseres Schicksal dankten.

Der Hingeschiedene war von mittler Größe, von starkem Körperbau und überaus gesund; denn nie war er krank gewesen. In diesem blühenden Gesundheitszustande erhielt ihn seine sehr einfache u. regelmäßige Lebensart. Allein durch den Verlust derjenigen, mit der er eine so lange Reihe von Jahren durch das Leben gewandelt und so glücklich gelebt hatte zu sehr und zu tief erschüttert, begann auch seine Gesundheit zu wanken und er vermochte nur kurze Zeit die Theure zu überleben. Der 14. Mai d. J. 1827, war der Tag, an dem sie ihm entrissen wurde. Sogleich verließ er den Aufenthalt, den sie ihm verschönert hatte u. der nun für ihn öde geworden war und kam zu seinem ältesten Sohn auf das Schloß Gesmold bei Osnabrück, um bei ihm und seinen Enkeln Trost und Zerstreuung zu finden. Aber schon Anfangs Dec. desselben J. stellte sich plötzlich bei ihm ein Anfall von Brustwassersucht ein, welcher nach wenigen Tagen den Tod zur Folge hatte. — Wohlwollen und Güte machten den Hauptzug seines Charakters aus, daher er so gern Leidenden und Unglücklichen zu Hülfe kam. Rechtschaffenheit u. Ehrgefühl waren sein Schmuck; dabei bewies er eine große Gewissenhaftigkeit und Pünktlichkeit in seinen Geschäften. Dieser Eigenschaften wegen erfreute er sich der Gnade des jetzt regierenden Großherzogs von Mecklenburg-Schwerin, sowie auch der des letztern verstorbenen Großherzogs zu Strelitz. Seine edle Gemüthsart u. seine Herzensgüte stimmte ihn zur Fröhlichkeit und zu einer ausdauernden Standhaftigkeit in den widerwärtigen Ereignissen des Lebens; Eigenschaften, welche er bis zu seinem Ende in aller ihrer Kraft beibehielt. Eben diese fröhliche Stimmung und seine Gemüthsruhe waren die Quelle, woraus bei ihm eine große Besonnenheit und Gegenwart des Geistes entsprang, welche bei mancher Gefahr sowohl ihm und den Seinigen, als auch Andern sehr gut zu Statten kam. — Lange vor ihm waren alle seine Geschwister heimgegangen und von 11 Kindern, welche die Frucht seiner Ehe waren, hinterließ er nur sieben, 4 Söhne und 3 Töchter am Leben, welche mit ihren Familien um den edlen Vater trauern.

Jos. v. Lucenay.

408. Johann Friedrich Christian Wundemann,

Doctor der Theologie, Präpositus und Senior zu Walkendorf bei Rostock;

geb. i. J. 1763, gest. d. 26. Decbr. 1827. *)

Er war ein sehr verdienstvoller Mann, der sich als Mensch und Christ, als Prediger und Schriftsteller die Achtung Aller, die ihn kannten, erworben u. der es daher verdient, daß sein Andenken erhalten wird. Bedauern aber muß Ref., daß er nur wenige biographische Data über ihn mitzutheilen im Stande ist. — Rostock ist sein Geburtsort, wo sein Vater Wundarzt war und wo er auch seine Schul- und akademische Bildung erhielt. Nach kurzem Hauslehrerstande in der von Moltkeschen Familie er-

*) Schweriner Abendbl. 1828, Beil. Nr. 484.

hielt er 1785 durch Stimmenmehrheit die Pfarre zu Walkendorf, wurde 1823 zum Senior circuli ernannt und 1824 zum Präpositus des Gnoienschen geistlichen Zirkels bestellt. Im März des letztgedachten Jahres widerfuhr ihm die seltene Ehre, daß die theologische Fakultät seiner Vaterstadt, aus eignem Antriebe, um ihm einen Beweis der Anerkennung seiner gelehrten Thätigkeit zu geben, ihm das Ehren Doktorat ertheilte.

Seine Schriften sind folgende: Grundsätze zum vernünftigen Denken üb. die Religion. 1794. — Geschichte d. christlichen Glaubenslehre vom Zeitalter des Athanasius bis auf Gregor d. G. 1799. — Mecklenb. in Hinsicht auf Kultur, Kunst u. Geschmack. 1803. — Helene Paulowna, 2. Aufl. 1806. — Meletemata de sacra coena. 1819. — Feier d. 2. Mai's bei Lützen; eine Phantasie. In dem Wochenblatte „Geist der Zeit." 1813, Nr. 13. — Gelegentliche Bemerk. zu der Schrift der Frau v. Stael-Holstein: Von Deutschland; in Geisenhayner's Mecklenb. Bl. 1817, St. 5 u. 6. — Wollen wir nicht auch ein Konkordat mit Sr. päbstl. Heiligkeit? in Masius Vandalia. 1819. H. 1. S. 25—29. — Geschichtliche Bemerk. üb. Censur u. Preßzw., ebend. H. 8. S. 241—45. — Zum freimüthigen Abendblatte lieferte er folgende Aufsätze: Ueb. Mirabeau's Wort: mein Kopf ist auch eine Macht. 1821. Nr. 118. — Ueber die in mehr. Zeitschr. mitgeth. Nachrichten v. d. letzten Stunden d. Grafen Friedrich Leopold zu Stolberg. 1821. Nr. 127. — Die Feier d. 18. Oktbrs., Nr. 145. — Schlußworte z. d. bish. Verhandl. im freim. Abendbl., üb. Sonntagsmusik. 1823. Nr. 213. — Grauenvolle Mordthat in Gnoien, in Nr. 225 u. 27. — Soolbadeanstalt zu Sülz. 1824. Nr. 291. — Einige Bemerk. üb. d. Judenthum uns. Zeit. 1825. Nr. 323. — Erinnerung gegen e. Aufsatz in Nr. 302 des Abendbl.: Ueber die Verbreitung christl. Erbauungsbücher, Beil. zu Nr. 325. — Abgenöthigte Antwort auf d. in No. 332 an mich gerichtete Frage d. Hrn. Präpositus Flörke zu Kirch-Mulsow, den verstorbenen Pastor Jakob Schmidt zu Levin betr., Nr. 338. — Auffallende Erscheinungen im Gebiete d. neuern Lit. 1826. Nr. 394. — Gedanken üb. d. Verhältniß d. Staats u. d. Kirche gegen einander. 1827. Beil. zu Nr. 419. — Kurze Recensionen, mit d. Unterschrift — N. N. von deren die letzte in Nr. 478 befindlich.

W—r. Fr. Br.

409. Ferdinand Gotthelf Fleck,

Doctor beider Rechte, königl. sächs. Apellationsrath zu Dresden und Ritter des königl. sächs. Civilverdienstordens;

geb. d. 12. April 1765, gest. d. 26. Decbr. 1827. *)

Es ist die schönste Pflicht der Gelehrtengeschichte u. der besondere Ruf dieser Blätter, das Andenken von Männern zu bewahren, deren Leben nach mehr als einer Richtung für die Wissenschaft wie für das höhere Berufsleben wohlthätig und segensreich war. Dieser Anzahl gehört der Mann an, dessen ausgezeichnete und umfassende Wirksamkeit als Gelehrter, als akademischer Lehrer und Schriftsteller, wie als Geschäftsmann in einem der wichtigsten Berufe sich durch eine lange Reihe von Jahren dem sächsischem Vaterlande, wie dem Auslande bewährte.

Er ward zu Finsterwalde in der Niederlausitz geboren, wo sein Vater, Carl Friedr. F., welcher später als Amtmann nach Spremberg u. von da als kurfürstl. Kommissionsrath und Amtmann nach Sorau versetzt ward, damals Actuarius und Accisinspector war. Den ersten Unterricht erhielt er durch Privatlehrer im elterlichen Hause u. nachdem er die ersten Jahre der Kindheit überschritten hatte, ward er der wissenschaftlichen Pflege seines Oheims, des nachmaligen Pastors zu Elstra bei Camenz, M. A. G. Fleck, anvertraut, dessen vielfache Verdienste um seine früher Bildung er später oft u. dankbar anerkannte. Durch die vorbereitenden Lehrbemühungen dieses Mannes ward er in den Stand gesetzt, auf der Fürstenschule zu Meißen die begonnenen Studien mit Erfolg fortzusetzen. In dieser berühmten Bildungsanstalt verlebte er 6 Jahre und verdankte dieser Periode vorzüglich jene begründete Vorliebe für die Studien des klassischen Alterthums, die ihn durch sein übriges Leben nicht wieder verlassen hat, sowie die gediegene Richtung seines Geistes, die sich bald in ihm kund gab. Unter den damaligen Lehrern war es besonders der würdigen Gottleber, der ihm sein Vertrauen u. sein Wohlwollen schenkte u. selbst über die Schuljahre hinaus durch einen lebhaft unterhaltenen wissenschaftlichen Briefwechsel bethätigte. Im J. 1784 bezog er die Universität Leipzig, gewann hier, wo er Anfangs dem theol. Studium sich zu widmen gesonnen war,

*) Leipziger Liter. Ztg. 1828. Nr. 53. (Dieser Aufsatz hat jedoch nicht, wie in Becks Repertorium gemeldet wurde, Hrn. Oberhofgerichtsrath Doctor Wenck zum Verfasser.)

bald das persönliche Wohlwollen des unvergeßlichen Morus und wohnte neben den Vorlesungen über alte Literatur, Philosophie, Geschichte und die mathematischen Wissenschaften, die er schon auf der Schule mit Vorliebe betrieben hatte, auch denen über alle Theile der positiven u. geschichtlichen Rechtswissenschaften und ihre Anwendung (letztern besonders bei Biener u. Sammet, deren Andenken und Bild er stets im treuesten und dankbarsten Herzen bewahrte) bei. Ueberdieß war er in der Theilnahme an Disputir- und Examinirübungen sehr fleißig, so wie er, auch über gerichtliche Arzneikunde, über Diätetik der Gelehrten und selbst über Oekonomie hörte. Nach Vollendung seiner akademischen Studien trat er im J. 1788 mit einer gelehrten Probeschrift unter dem Titel auf: de iurisdictione feudali in praedia Saxonica et Lusatica Seniori extra territorium Saxoniae Lusatiaeque nexu clientelari obstricta non competente, die er unter Bieners Vorsitze auf dem juristischen Katheder öffentlich vertheidigte. Bald nachher unterwarf er sich bei der Juristenfakultät dem Examen pro candidatura und erhielt den Grad eines Baccalaureus der Rechte, so wie er auch um dieselbe Zeit von dem Stadtrathe zu Leipzig zu Notar creirt und von der Landesregierung immatrikulirt ward. Hierauf bestand er das Examen rigorosum, in welcher Beziehung der damalige Ord. Bauer im Namen der Fakultät das Zeugniß von ihm ablegte: virum esse inventum non in utroque solum, sed publico etiam et neficario jure eleganter et solide doctum, quem propediem respublica literaria confidere possit, civem sibi utilissimum fore, vel docere jura studiosos juvenes, vel causas in foro perorare libuerit. Im J. 1790 erlangte er die juristische Doctorwürde, nachdem er seine Disputation: de discrimine inter mutat. et emendat. libelli jure rom. et sax. öffentlich vertheidigt. Von dieser Zeit an u. schon etwas früher hielt er, gleichzeitig mit dem verewigten Haubold *), sehr zahlreiche und stark besuchte Vorlesungen fast über alle Theile der theoretischen und praktischen Rechtswissenschaft, die ihn den größten Theil des Tages beschäftigten und ihm zur Betreibung der juristischen Praxis (da er inzwischen auch unter die Zahl der Advokaten aufgenommen und immatrikulirt worden war) wenig Zeit übrig ließen. Gründlichkeit und eine ungemeine Gabe lichtvoller Darstellung zeichnete seine Vorträge aus und erwarben ihm fortdauernd den

*) M. s. dessen Biogr. im 2. Jahrg. d. Nekr. S. 606.

vollen Beifall seiner Zuhörer, denen er, so wie vielen Andern, auch durch rastlos unterhaltene, durch die klassische Eleganz lateinischer Rede ausgezeichnete Repetitorien und Examinatorien vielfach nützlich wurde. In diese Periode seiner akademischen Lehrthätigkeit fallen die meisten seiner theils unter eigenem, theils unter fremden Namen abgefaßten Schriften und Dissertationen, die wir hier nach der Zeitfolge aufführen, so weit die der letzteren Art bekannt geworden. Es sind folgende: D. de jure regio salinarum earumque infeudatione. 1791. — D. de tollenda jur. et obligat. confusione per hereditatis aditionem exorta. 1792. — D. de origine et indole hom. propriorum inprimis in utraque Lusatia. 1792. — D. de anno gratiae et deservito ex leg. eccles. Sax. aestimando. 1793. (Chr. Winckler). — D. de interruptione usucapionis ac praescriptionis. 1793. (F. G. Engler). — D. de muneribus publ. justitiae sacerdotibus absque justa causa non auferendis. 1794. (Klepe). — D. de natura et indole possessionis ad interdictum uti possidetis et utrubi necessaria. 1794. (M. Bauer). — D. de legati usus fructus. 1795. — Ueber Lehrvorträge und Schriften wider den Inhalt der symb. B. d. Protestanten in Deutschland. Ein Beitrag zur richtigen Erklärung der neuesten kaiserl. Wahlkapitulation. Art. 2. 98. 1795. — Im J. 1795 erhielt er eine außerordentl. Professur der Rechte, die er am 22. Oct. mit einer öffentlichen Rede de dignitate Iurisperitorum antrat, zu welcher er durch das Programm: spec. I. hermeneutices tituli D. de adquirenda vel amittenda possessione, de principiis possessionis, quae a juris fictionibus proficiscuntur, 1795, eingeladen hatte. Später erschien dieselbe Schrift, jedoch mit einer Fortsetzung als zweitem Theile unter dem Titel: Herm. tit. D. de adquir. v. amitt. poss. spec. I. II. 1796. Ihr folgten: Comm. binae de interdictis unde vi et remedio spolii. 1797. — Wegen seiner Entfernung von Leipzig blieben unvollendet: Primae lineae juris feudalis et in specie Electoralis Sax. 1795. — Seine rastlosen Anstrengungen und Verdienste als akad. Lehrer blieben nicht ohne Anerkennung; er erhielt mehrere vortheilhafte Anträge im Vaterlande, besonders aus der von ihm so geliebten Niederlausitz, so wie auch einen Ruf als Professor der Rechte nach Kiel, die er jedoch aus Anhänglichkeit an Leipzig, an seine gegenwärtige Stellung und an ihm werth gewordene Verhältnisse ablehnte. Als er indeß gegen das Ende des J. 1796 den ehrenvollen Ruf als Appellationsrath nach Dresden erhielt, folgte er demselben um so unbedenklicher, da er befürchten mußte, daß seine Gesundheit den fortdauernden außerordentlichen Anstrengungen im akademischen Lehrfache nicht gewachsen seyn möchte. In diesem wichtigen Berufe, als Beisitzer des höchsten Justiz- und Spruchkollegiums im sächs. Vaterlande, hat er durch eine Reihe von Jahren in Schrift u. Rede mit einem sich stets gleich bleibenden, eben so reinen als einsichtsvollen Eifer für die Sache des Rechts, der Wahrheit und der Billigkeit mit unerschrockenem Freimuthe und mit seltener Humanität für Viele gewiß höchst segensreich gewirkt und das Reich des Guten an seinem Theile gefördert. Wie überhaupt Ernst mit Milde in seinem Charakter schön vereinigt war, so führte er nicht blos auf dem Wege des Rechtes, sondern eben so oft auf dem der Güte, in dessen Ausmittelung durch Vergleich er Meister war, große Streitsachen zum glücklichen Ende. Er besaß eine höchst seltene Kenntniß der römischen und sächsischen Rechtsverfassung und wußte die schlagendsten Beweisstellen oft wörtlich anzugeben. Schon seit 1797 beschäftigte er sich mit der Sammlung der beim Appellationsgerichte vorhandenen Materialien zum Cod. Aug. u. gab sodann in Verbindung mit dem jetzigen geh. Kabinetsrathe Hrn. Dr. Kohlschütter heraus: Zweite Fortsetzung des Cod. Aug. oder anderweit vermehrtes Corp. jur. Sax., worin die in dem Kurfürstenthume Sachsen und dazu gehörigen Landen, auch denen Markgrafthümern Ober- und Unterlausitz ergangenen Mandate, Generalien und andere gesetzliche Vorschriften bis z. J. 1800 enthalten sind; 1. und 2. Abthlg. 1805 und 6.

Im J. 1812 ward ihm die Stelle eines deputirten Rathes beim damaligen Generalkriegsgerichts-Departement, dem jetzigen Generalkriegsgerichts-Kollegium, durch Verfügung vom 29. Nov. übertragen, wodurch sich ihm ein neuer Kreis von Berufsarbeiten eröffnete. In den verhängnißvollen Jahren 1814 und 1815, wo das Schicksal Sachsens, das für Alle gebintet hatte, der Entscheidung verwickelter Conjuncturen und mehrerer sich durchkreuzender Interessen überlassen zu seyn schien, trat er mit einem noch lebenden verehrten Biedermanne und höheren Beamten an die Spitze der sächsischen Patrioten u. sprach als Organ der Dresdner Bürgerschaft in mehreren eben so dringenden als ehrfurchtsvoll freimüthigen Gesuchen, die an den hohen Kongreß zu Wien gerichtet waren, den innigen Wunsch der sächsischen Nation aus, daß der allgeliebte Landesvater, der unvergeßliche König Friedrich

August*), ihr wiedergegeben und die früher verheißene Integrität der sächsischen Lande erhalten werde. Diese Schritte konnten von seiner Seite nicht ohne mannichfaltige Unannehmlichkeiten und Aufopferungen gethan werden; eines der genannten Schreiben, zog ihm sogar Hausarrest und Suspension vom Amte durch die Verordnung des damaligen Generalgouvernements zu. Der König erkannte bei seiner Rückkehr im J. 1815 den Werth dieser völlig uneigennützigen Dienstleistungen durch Verleihung des Ritterkreuzes des neugestifteten Civilverdienstordens. Aus Anhänglichkeit an seinen angestammten Landesfürsten und an sein Vaterland geschah es auch, daß er im J. 1814 eine ihm durch den verstorbenen Minister Grafen v. Reck angebotene Stelle in einem der höchsten kön. preuß. Justizkollegien nicht annahm. In diese Zeit fällt die Abfassung seiner Schrift, deren Gegenstand er schon seit längerer Zeit vielseitig durchdacht und aus mannichfacher Erfahrung kennen gelernt hatte: Rechtliche Bemerkungen über die Vertheilung der Einquartierungslast und der damit verbundenen Verpflegung fremder Truppen. 1815.

Im J. 1824 nahm er an dem Doctorjubiläum seines Kollegen, des sel. Dr. Kind,**) mehrfachen thätigen Antheil. Seine sonst kräftige Konstitution hatte durch Anfälle von Gicht etwas gelitten; da er indeß mit ungeschwächter geistiger Energie, ohne den Schein von Kränklichkeit an sich tragen zu wollen, in seinem Berufskreise fortwirkte; so versprach er sich selbst und den Seinigen ein höheres Alter. Härtere gichtische Uebel am Fuße warfen ihn jedoch im Sommer d. J. 1825 und im darauf folgenden Winter d. J. 1826 auf ein langes schmerzhaftes Krankenlager, ohne daß aber auch dieses seine pflichtmäßige Thätigkeit störte. Im April 1827 brachte er seinem hochverehrten Lehrer und Freunde, dem ehrwürdigen Biener, zur Feier des 50jährigen Doctorjubiläums die Glückwünsche der Dresdner Schüler dieses Jubilars dar und überraschte in ihrem Namen eine silberne Votivtafel, wozu er die Inschrift verfaßt hatte. Seine rückkehrende Gesundheit ward indeß gar bald wieder durch den im Mai erfolgten Tod seiner mit ihm fast 30 Jahre verbundenen innig geliebten Gattin tief erschüttert, sowie überhaupt in der letzten Zeit mehrere unangenehme Verhältnisse in seinem Berufskreise sein Gemüth heftig bewegt hatten,

*) M. s. d. Biogr. desselb. unt. Nr. 158 d. J.

**) S. d. Biogr. im 4. Jahrg. d. Nekrol. d. D. S. 666.

unter welchen nur das Bewußtseyn redlichster Pflichterfüllung ihn tröstet. Sein Name wird in den Jahrbüchern des Vaterlandes glänzen.

410. Samuel Friedrich Buck,

Bürgermeister zu Königsberg;

geb. d. 22. Jan. 1763, gest. d. 28. Dec. 1827. *)

Er war der Sohn des ordentl. Prof. der Mathematik u. Dr. jur. B. in Königsberg. Durch bloßen Privatunterricht vorgebildet bezog, er im J. 1780 die dasige Universität, um sich dem Studium des Rechts zu widmen, und ließ sich 1778 als Referendarius bei der damaligen kön. Regierung, jetzigen kön. Oberlandesgericht, anstellen. Am 3. Oct. 1791 wurde er zum dritten Stadtsekretär gewählt und stieg von nun von einer Stufe zur andern in dem städtischen Dienste durch die dankbare Anerkennung seiner Verdienste um seine Mitbürger, ohne daß er selbst sich je um seine Beförderung beworben hätte. Am 31. März 1795 wurde er Polizeisekretär und verwaltete dieses Amt und, bei der damaligen Verbindung der Polizei mit dem Magistrate, bald darauf auch gleichzeitig die Geschäfte eines Stadtsekretärs bis zum 14. December 1802, wo er als besoldeter Stadtrath gewählt und unterm 18. Februar 1803 von der kön. Kriegs- und Domänenkammer bestätigt wurde. Den 29. September 1805 wurde er zugleich auch zum Polizeiinspektor gewählt und verwaltete beide Aemter bis zur Einführung der Städteordnung am Ende des Jahres 1808. Das Zutrauen seiner Mitbürger berief ihn bei dieser Gelegenheit zu der Stelle eines besoldeten gelehrten Stadtraths. Den 18. März 1814 wurde er endlich zum zweiten Bürgermeister gewählt und unterm 23. April d. J. von der königl. Regierung bestätigt, welchen Posten er auch bis an sein Ende bekleidete. So hat er dem Dienste seiner Vaterstadt in einer Reihe von 40 Jahren in den schwierigsten Verhältnissen seine besten Kräfte geopfert. Unermüdliche Thätigkeit, strenge Rechtlichkeit und die liebenswürdigste Leutseligkeit waren die Grundzüge in seinem öffentlichen Leben. Da er längere Zeit an der Spitze der wichtigsten Zweige der Armenverwaltung gestanden, so verlieren insbesondere die dasigen Armen, welche häufig bei ihm zunächst Trost und Hülfe suchten, einen liebreichen Vater. Hier ungezählt, aber dort oben

*) Königsberger Staatszeitung 1827. No. 157.

August*), ihr wiedergegeben und die früher verheißene Integrität der sächsischen Lande erhalten werde. Diese Schritte konnten von seiner Seite nicht ohne mannichfaltige Unannehmlichkeiten und Aufopferungen gethan werden; eines der genannten Schreiben, zog ihm sogar Hausarrest und Suspension vom Amte durch die Verordnung des damaligen Generalgouvernements zu. Der König erkannte bei seiner Rückkehr im J. 1815 den Werth dieser völlig uneigennützigen Dienstleistungen durch Verleihung des Ritterkreuzes des neugestifteten Civilverdienstordens. Aus Anhänglichkeit an seinen angestammten Landesfürsten und an sein Vaterland geschah es auch, daß er im J. 1814 eine ihm durch den verstorbenen Minister Grafen v. Reck angebotene Stelle in einem der höchsten kön. preuß. Justizkollegien nicht annahm. In diese Zeit fällt die Abfassung seiner Schrift, deren Gegenstand er schon seit längerer Zeit vielseitig durchdacht und aus mannichfacher Erfahrung kennen gelernt hatte: Rechtliche Bemerkungen über die Vertheilung der Einquartierungslast und der damit verbundenen Verpflegung fremder Truppen. 1815.

Im J. 1824 nahm er an dem Doctorjubiläum seines Kollegen, des sel. Dr. Kind,**) mehrfachen thätigen Antheil. Seine sonst kräftige Konstitution hatte durch Anfälle von Gicht etwas gelitten; da er indeß mit ungeschwächter geistiger Energie, ohne den Schein von Kränklichkeit an sich tragen zu wollen, in seinem Berufskreise fortwirkte; so versprach er sich selbst und den Seinigen ein höheres Alter. Härtere gichtische Uebel am Fuße warfen ihn jedoch im Sommer d. J. 1825 und im darauf folgenden Winter d. J. 1826 auf ein langes schmerzhaftes Krankenlager, ohne daß aber auch dieses seine pflichtmäßige Thätigkeit störte. Im April 1827 brachte er seinem hochverehrten Lehrer und Freunde, dem ehrwürdigen Biener, zur Feier des 50jährigen Doctorjubiläums die Glückwünsche der Dresdner Schüler dieses Jubilars dar und überreichte in ihrem Namen eine silberne Votivtafel, wozu er die Inschrift verfaßt hatte. Seine rückkehrende Gesundheit ward indeß gar bald wieder durch den im Mai erfolgten Tod seiner mit ihm fast 30 Jahre verbundenen innig geliebten Gattin tief erschüttert, sowie überhaupt in der letzten Zeit mehrere unangenehme Verhältnisse in seinem Berufskreise sein Gemüth heftig bewegt hatten,

*) M. s. d. Biogr. desselb. unt. Nr. 158 d. J.

**) S. d. Biogr. im 4. Jahrg. d. Nekrol. d. D. S. 666.

schaffen das Gebild der Menschenhand! — J. J. 1808 als W. eben nach Mecklenburg gereist war, brannte die freundliche Stadt Ohrdruf mit seiner Wohnung und dem kleinen Theater ab. Er verlor dabei ein sehr ansehnliches Mobiliar und werthvolle Andenken, ertrug aber den Verlust mit Ruhe. In dieser Zeit wurde er zur Assistenz des erkrankten Forstmeisters von Hopfgarten nach Waltershausen versetzt. u. im J. 1809 traf er mit dem Letztern einen höchsten Orts genehmigten Privatkontrakt, vermöge dessen ihm der ganze Dienst in Tabarz gegen eine bedungene Geldabgabe von demselben abgetreten wurde. Er bezog die reizende mit dieser Stelle verbundene Wohnung, traf dort viele kostspielige Einrichtungen und fühlte sich als Chef des dasigen Forstamts um so glücklicher, als sein Fürst ihm durch den Charakter eines Forstmeisters u. Kammerherrn in den Jahren 1809 und 1811 Beweise höchster Zufriedenheit gab. Im J. 1814 verehelichte er sich mit Fräulein Christiane Luise v. Wangenheim, einer Tochter des Generals und Schloßhauptmanns von Wangenheim und kam dadurch in angenehme Verhältnisse mit einer der achtbarsten Familien von Gotha, wo jedes Glied durch Eintracht und gegenseitige Liebe das andere zu beglücken sucht. Das waren auch die Gesinnungen des Verewigten und folglich machte diese Ehe den Schlußstein zu seinem Glücke.

Aber er sollte erfahren, daß es auf Erden kein ungetrübtes Glück gibt. Denn nicht lange hatte er die Einrichtungen zu einem frohen idyllischen Leben vollendet, so starb der Forstmeister v. Hopfgarten und mit ihm war der eingegangene persönliche Vertrag zu Ende. Nach dem unglücklichen Anciennetätssystem fiel nun der Dienst einem ältern Forstmanne zu und W. mußte den reizenden Aufenthalt mit allen gemachten Schöpfungen verlassen. Jetzt von 1817 bis 1821 lebte er ohne Geschäfte — denn die Dienste als Kammerherr bei Hofe wollte er niemals für solche gelten lassen — in Gotha. Erst 1821 wurde er wiederum in das Forstamt Schwarzwald nach Ohrdruf versetzt und erhielt 1824 den Titel eines Oberforstmeisters und 1825 den kön. preuß. Johanniter-Ritterorden. — Daß der Verstorbene ein Edelmann in der höchsten Bedeutung des Wortes war, dafür sprechen nicht blos die Thränen seiner jugendlichen Wittwe und ihrer 6 Kinder, sondern die allgemeine Theilnahme guter Menschen, die Trauer seiner Freunde und der Schmerz so vieler Menschen, die er hülfreich unterstützte. — Um von dem vielen

Guten, was er stiftete oder in seinem Wirkungskreise beförderte, nur eins anzuführen, so bemerkte er kaum an einem seiner jungen Leibeignen in Schönhof vorzügliche Anlagen, als er auch beschloß, ihn über seine unglückliche Sphäre zu heben. Er beschäftigte sich selbst viel mit ihm, ließ ihm Unterricht aller Art ertheilen und brachte ihn so weit, daß er einer der vorzüglichsten Feldmesser geworden ist, der seinen Wohlthäter noch im Grabe segnet. — Seit 1807 ein Bruder des Bundes, der das Wahre, Rechte und Gute erforscht und übt, war er nicht blos Maurer der Form und dem Namen nach, sondern übte die edle Kunst in Gesinnung und im Handeln. Eine seltene Sittenreinheit, die sich in seinen von jeder Zweideutigkeit entfernten Worten und Handlungen aussprach, verbunden mit einer aus einem tiefen religiösen Gefühle entsprungenen Lebensweisheit machte seinen Umgang höchst anziehend. Bei jedem unerwarteten oder betrübenden Lebensereigniß pflegte er sich und andern mit dem Schibolet zu trösten: — wer weiß wozu es gut ist! und wenn ihm etwas mißlang oder er ein Hinderniß zu beseitigen nicht vermochte, war sein Wahlspruch: — Den Stein, den du nicht heben kannst, den lasse liegen! — Mit wahrem Hochgefühle und gerechtem Stolze sprach er von einem seiner Ahnherrn, der als Minister des Herzogs von Holstein, wie sein Fürst in dem Frieden von Nystadt 1721 stillschweigend übergangen war, dem Zaar Peter die harten Worte sagte: „Er möge vor Gram sterben, daß er einen Sprößling des Hauses Wasa nach Rußland gebracht habe, um daselbst als Spielball der Politik zu dienen." Menzikof erblaßte bei diesen kühnen Worten, aber der hochherzige Kaiser von dem Gewichte der Worte getroffen, sagte zu den Umstehenden: „Ich wollte, daß mir alle mit gleichem Eifer dienten!" ergriff einen gefüllten Pokal und reichte ihn dem edlen Bassewitz mit den Worten: „Trinkt auf die Gesundheit eures Herrn!" Wenn er diesen Zug seinen ältesten Söhnen mittheilte, leuchteten seine Augen und sprachen das Gelübde aus, daß auch er im ähnlichen Falle eben so handeln würde. Auch vermochte der gerade Mann nie dem Manne, so hoch er auch stehen mochte, zu schmeicheln, den er nicht achtungswerth erfunden hatte, sondern sprach seinen Abscheu und entschiedene Verachtung selbst gegen seines Gleichen aus, wenn sie nicht edel handelten. Ganz gekannt war er nur von Wenigen, weil er nur im Verborgenen, oft durch die dritte Hand Gutes wirkte und jedes Prunken haßte. Nur einmal und zwar bei einer diplomatischen Sendung fühlte er sich wegen eines konventionellen Ehrenpunktes kompromittirt und benahm sich dabei mit einer den feinsten Takt verrathenden Umsicht und Energie, die seinem Kopfe und Herzen gleiche Ehre brachte. In spätern Jahren, wo der schon in früherer Zeit eingetretene Gehörfehler fast in Taubheit ausartete, wurde er ernster, vermied große Gesellschaften, um Andern nicht lästig zu fallen und beschränkte sich daher auf sich selbst, seine Familie und wenige Vertraute. Seine letzte Krankheit, ein Lungenleiden, war Folge zu großer Anstrengung im Dienste, zu welcher sich das schmerzliche Gefühl über gewisse bevorstehende Dienstveränderungen gesellte.

Nachtrag
(als verspätet eingegangen).

---

* 412. Johann Heinrich Meyer,

Buchhändler und Buchdrucker zu Braunschweig;
geb. d. 19. Oct. 1768, gest. d. 1. Jan. 1827.

Er war der Sohn des Buchdruckers und Buchhändlers Joh. Christoph M. und zu Braunschweig geboren. Von früher Jugend an genoß er eine sehr gute Erziehung und besuchte bis zum 16. J. das Gymnasium zu St. Martins in seiner Vaterstadt, wo er mit vielem Fleiße seinen Studien oblag, sich jedoch in den letzten Jahren auch in den ältern Sprachen noch vervollkommnete, vorzüglich aber in den neuern eine sehr ausgebreitete Kenntniß sich erwarb. In der blühenden Offizin seines Vaters erlernte er die Buchdruckerkunst und um seine bis dahin gesammelten Kenntnisse noch mehr zu vervollkommnen, ging er 1792 nach Berlin, wo er in die damals so berühmte Buchdruckerei J. F. G. Unger's († 1814), mit dem er auch später in freundschaftlichen Verhältnissen stand, eintrat und dort einige Jahre blieb. Durch verschiedene andere Reisen lernte er noch mehrere der größern Buchdruckereien Deutschlands kennen, kehrte 1796 nach Braunschweig zurück und übernahm das ganze Geschäft seines Vaters im J. 1801, nachdem er in der letzten Zeit schon größtentheils allein der Leitung desselben vorgestanden.

Diese so in seinen Besitz gekommene bedeutende Buchdruckerei (so wie die Verlags-Buchhandlung) wurde schon im 16. Jahrhunderte gegründet und ist die älteste des ganzen Braunschweigischen Landes. Außer den Vorzügen, welche dieselbe wegen ihres Alters verdient, kommt noch hinzu, daß ihr schon vom Herzog Rudolph August v. Braunschweig die Specialprivilegien auf sämmtliche Landesartikel, als: Gesangbücher, Kalender und Katechismen rc. verliehen wurden und daß sie noch vor der Mitte des 18. Jahrhunderts Werke lieferte, die den bessern Leistungen jener Zeit mit Recht an die Seite gestellt werden können. — Seinen Vorgängern gleich, regte auch der Verewigte sich kräftig, bemühte auch er sich, mit den neuern Leistungen gleichen Schritt zu halten und viele beachtenswerthe schöne Werke, gingen aus seiner Offizin hervor. Ein großes Verdienst erwarb der Verewigte sich besonders um die mit manchen Schwierigkeiten verbundene Reinigung des damals wohl noch hier und da mit alterthümlichen, den Aberglauben unter dem großen Haufen leicht befördernden Dingen angefüllten Kalenders, um die Ausscheidung von Dingen der Art, wie sie wohl hin und wieder noch jetzt in manchen Kalendern heimisch zu seyn scheinen. In seiner jetzigen Gestalt nimmt daher der Braunschweigsche Kalender der zweckmäßigen Einrichtung wegen gewiß einen der ersten Plätze unter den in Deutschland erscheinenden ein. — Nicht weniger verdient machte er sich um die allgemein gewünschte Herausgabe eines Addreßbuchs für die Stadt Braunschweig, welches im J. 1805 zum erstenmale in seinem Verlage erschien und von seinem Beginnen bis zum neuesten Jahrgange ein so ununterbrochenes Fortschreiten zur Vollkommenheit zeigt, wie es von jedem Werke der Art und dieses Umfangs nur immer gewünscht werden kann.

Manches andere Gute und Nützliche, dessen Aufzählung die hier gesetzte Grenze überschreiten würde, erhielt durch ihn den Impuls und seine Verdienste werden noch lange im Andenken bleiben und geschätzt werden.

Ein Schlagfluß raubte ihm plötzlich das Leben. Sein Geschäft, das ohne Veränderung seine trauernde Wittwe fortsetzt, wird in der Folge von dem ältesten Sohne desselben übernommen werden.

* 413. Johann Völcker,

Kön. preuß. pens. Major im ehemal. Blücherschen Husarenregiment und Ritter des Ordens pour le mérite zu Schlawe im Reg. Bezirk Cöslin;

geb. d. 3. Mai 1741, gest. d. 8. Jan. 1827.

Er ward zu Ferdinandshoff bei Pasewalk in Vorpommern geboren. In seinem 16. J. trat er, aus besonderer Neigung zum Husarendienst, bei dem damals eben neu errichteten Husarenregiment von Belling (jetzt 5. Husarenregiment) als Freiwilliger in Militärdienste. — Im Laufe des damaligen 7jährigen Krieges zeichnete er sich schon bei mehrern Gefechten aus, namentlich bei Kunnersdorf und Freiberg, wo er bei letzterm Orte verwundet ward. — Seinem Regimentschef blieb sein Benehmen nicht unbekannt und er erwählte ihn deshalb, da er sich noch überdies durch ein sehr vortheilhaftes Aeußere empfahl, zu seiner beständigen Ordonanz. — Bei der Besitznahme von Westpreußen 1772 that sich V. bei mehrern Gelegenheiten gegen die conföderirten Polen hervor, wofür er zum Unteroffizier avancirte. Er wohnte hier der glorreichen Affaire unter dem damaligen Stabsrittmeister v. Blücher, nachherigem Fürsten v. Wahlstadt, bei. Unter ihm mit 40 Pferden kommandirt, eine Patrouille zu machen, sprengten sie bei Schneidemühl das 800 Mann starke Korps Conföderirter auseinander, wobei sie 160 Mann von ihnen gefangen machten und ihre Kasse erbeuteten.

Im baierschen Erbfolgekriege wurde V. zum Wachtmeister erhoben und als Partheigänger gebraucht. Beim Einrücken in Böhmen hatte er die Spitze der Avantgarde des Regiments, welches bis Gabel vorrückte. Dieser Ort ward von 2 Regimentern östreichschen Infanterie besetzt und vertheidigt. Der Wachtmeister V. saß im Infanteriefeuer ab, hieb den Schlagbaum auf, worauf diese 2 Regimenter von den Bellingschen Husaren gefangen genommen wurden und der Generallieutenant v. Belling den schwarzen Adlerorden erhielt.

Den jetzt noch lebenden Generallieutenant v. Rudorff rettete V. bei einer Gelegenheit, wo derselbe als damaliger Stabsrittmeister mit einer starken Patrouille abgeschickt war, den Feind zu recognosciren, aus der Gefangenschaft, in welche derselbe bereits gerathen und stark verwundet war. — Im J. 1782 wurde V. Offizier, welchem Stande er ferner stets noch Ehre machte, 1793 Premierlieutenant und marschirte als solcher mit dem 1. Ba-

*423. Christian Friedrich Berger,

Kirchenprobst in Stormarn und Prediger zu Bargteheide im Holsteinschen;

geb. i. J. 1756, gest. d. 14. Mai 1827.

Von wenig bemittelten Eltern geboren, hat dieser Mann, unterstützt von herrlichen Naturgaben, sich durch eigene Thätigkeit sehr wacker empor gearbeitet. Heide, ein Flecken in Norderdithmarschen, war sein Geburtsort. Er hat außer der vaterländschen keine andere Universität besucht. Im J. 1784 wurde er Prediger zu Eichede im Amte Trittau, 1793 zu Bargteheide in Stormarn, über welches Amt er 1813 allerhöchst unmittelbar zum ersten Probst ernannt wurde.

H . . . m. L . . . r.

424. Johann Christian Ludwig Ludecus,

großherzogl. Sachsen-Weimarscher Rath und Ober-Kammerkassier zu Weimar;

geb. d. 17. April 1770, gest. d. 7. Juli 1827.

Er war der zweite Sohn des Hauptmanns L. im damaligen königl. sächs. Infanterieregiment Prinz Lubomirsky und zu Meißen geboren. Nachdem er bis ins 14. J. den Unterricht eines Hauslehrers genossen, bezog er die Schulpforte; doch wurde nach dem frühzeitigen Ableben des Vaters der Plan, sich dem Studium zu widmen, vereitelt. Er verließ daher die Schule und ging nach Weimar, wo er sich zu einer Anstellung im Rechnungsfache vorbereitete und erhielt zuerst eine solche daselbst bei der Kammerkasse. — Als die Stelle eines Chatouilliers bei der Höchstseligen Herzogin Mutter Anna Amalia erledigt wurde, erhielt er (24. März 1802) diesen Posten und wurde am 30. Mai 1807 zum Kammersekretär ernannt, auch zugleich zu Revisionsarbeiten gebraucht. Nach dem Ableben der Herzogin wurde ihm die Kammer-Oberkasse und später auch die Kammerschulden-Tilgungskasse, welche letztere er mehrere Jahre ohne alle Remuneration verwaltete, übertragen und ihm als Beweis der höchsten Zufriedenheit mit seinen Dienstleistungen 1818 den 18. Sept. die große goldene Verdienstmedaille und mittelst Dekrets vom 4. Nov. 1820 das Prädikat eines großherzogl. Raths ertheilt.

Im J. 1827 wurde ihm ein abermaliger Beweis des persönlichen Vertrauens seines Fürsten zu Theil, indem

*414. Friedrich Carl v. Drechsel,

pens. General der Infanterie und Kommandant der Residenz Hannover, Großkreuz des königl. Hannöv. Guelphenordens; geb. d. 12. Aug. 1740, gest. d. 12. Jan. 1827.

Er wurde zu Bathenberg im Großherzogthum Hessen-Darmstadt geboren. Im Laufe des 7jährigen Kriegs als Fähndrich bei der damals noch kurfürstlichen Fußgarde angestellt, wohnte er als solcher der Schlacht bei Münden und den Gefechten bei Wilhelmsthal, Hedemünden und Wellinghausen bei, wurde 1772 zum Kapitänlieutenant, 1773 zum wirkl. Kapitän und Kompagniechef und 1789 zum Major und zwar immer in demselben Garderegimente befördert. — Bald darauf wurde er aber mit demselben Range in das 4. Infanterieregiment versetzt, welches er ins Feld führte, bis er 1793 als Oberstlieutenant zur Fußgarde zurückberufen wurde und bei derselben 1797 zum Obersten, 1799 aber zum Chef des 14. Infanterieregiments und 1800 zum Generalmajor ernannt wurde. — Durch die Kapitulation bei Suhlingen und Lauenburg (1803) gezwungen in den Ruhestand versetzt, führte das J. 1806 ihm endlich die längst ersehnte Gelegenheit herbei, seinen Waffengefährten nach Albion zu folgen und dort angelangt, ernannte ihn sein König sofort zum Chef des 7. Bataillons der königl. deutschen Legion, und als dieselbe einen Theil der englischen Armee in dem nordischen Kriege 1807 ausmachte, führte er diese Abtheilung nach der Insel Rügen und focht mit ihr bei Kopenhagens Belagerung. — Nach England zurückgekehrt, wurde er 1814 zum Generallieutenant, so wie ein Jahr später bei der reorganisirten Hannöverschen Armee zum General ernannt und ihm 1817, nachdem er in Pension gesetzt worden, die Stelle als Stadtkommandant der königl. Residenz Hannover verliehen. Diesem Posten stand er in seinen mitunter verwickelten und schwierigen Geschäftszweigen mit bewundernswürdiger Munterkeit des Geistes jahrelang vor und mit Vergnügen erinnert sich Ref. der Scene, wie dieser ehrwürdige Greis im October 1824 seinen aus England herübergekommenen König in die Hauptstadt seiner deutschen Stammlande einführte und, ihm zur Seite reitend, das sich muthig bäumende Roß trotz seinem 81jährigen Alter und im Feldlager überstandenen Strapazen noch mit kräftiger Hand in gehörigen Schranken zu halten wußte. Nachdem er einen Zeitraum von mehr als 60 J. dem activen Dienste der Armee und überhaupt 70 J. seinem Vaterlande auf das ehrenvollste gewidmet hatte, sanken seine Körperkräfte allmälig, bis er, völlig entkräftet, sanft entschlief, innigst betrauert von allen seinen frühern Waffengefährten und namentlich beweint von der Menge aller hülfsbedürftigen Invaliden, denen er eine kräftige Stütze bis an sein Ende gewesen war.

H...r. D...r.

* 415. Peter Friedrich Heinrich Hane,

Oberappellationsgerichts-Kanzlist zu Parchim im Mecklenburgschen;

geb. d. 20. Juni 1758, gest. d. 18. Jan. 1827.

Der Hingeschiedene wurde zu Rostock geboren, wo sein Vater, Christ. Heinr. H., der 1795 als Bürgermeister und Stadtrichter zu Bützow starb, damals als Doctor und Advokat lebte. Er studirte in seiner Vaterstadt Theologie, ging aber nachher davon ab und ertheilte viele Jahre Unterricht im Rechnen und Schreiben, so wie im Klavierspiel. Im J. 1807 wurde er Supernumerar-Kanzlist bei der Justizkanzlei zu Rostock und unter dem 1. Oct. 1818 erster Kanzlist bei dem damals neugegründeten Oberappellationsgericht zu Parchim. — Gedruckt hat man von ihm: Ueber Glückseligkeit in theoretischer und praktischer Hinsicht. Rostock, 1792.

Schwerin. Dr. Brüssow.

* 416. Carl Otto v. Plato,

kön. hannöv. Drost zu Hitzacker im Fürstenthum Lüneburg;

geb. d. 5. Mai 1778, gest. d. 7. Februar 1827.

Er wurde zu Verden geboren, nach vollendeten Studien auf der Landesuniversität Göttingen im J. 1802 als Amtsauditor zu Wiesen an der Luhe angestellt, in derselben Qualität 1803 an das Amt Bremervörde versetzt, 1806 zum Drosten daselbst ernannt und 1809 nach dem Amte Welsrode versetzt. Bei der Reorganisation des Hannöv. Landes im Spätherbste 1813 ward er mit der Verwaltung des letztgenannten Amtes beauftragt und ein Jahr später zum Drosten und ersten Beamten in Hitzacker ernannt, wo er nach 13jährigem treuen Wirken aus dem Leben schied.

H...r. D...r.

*417. Conrad Philipp Wilhelm Köhler,

Pastor zu Diepholz;

geb. d. 15. Nov. 1758, gest. d. 5. März 1827.

Er wurde zu Grove-Rodenberg im Hessen-Schaumburgschen geboren, wo sein Vater Prediger war und erhielt auf dem Gymnasium zu Osnabrück schon frühzeitig seine geistige Ausbildung, um in einem für damalige Zeit sehr jugendlichen Alter von 18 J. (1776) die Universität Göttingen und dann noch bis 1780 in Rinteln die Hochschule besuchen zu können. Bevor er die zuletzt genannte Universität verließ, disputirte und vertheidigte er noch öffentlich ein: „Specimen academicum ad verba Marc. XIII. 32." zur größten Zufriedenheit der dortigen theologischen Fakultät. — Kaum zwei Jahre war er von der Universität heimgekehrt, als ihm die Patronatpfarre der Familie v. Cornberg zu Diepholz conferirt wurde. Zweimal war er seitdem verheirathet und in beiden Ehen von 9 Söhnen und 3 Töchtern, mithin von 12 Kindern Vater geworden; von jenen sowohl als von diesen war ihm jedoch schon eins in die Ewigkeit vorausgegangen.

Er war im wahren Sinne des Worts ein ächter deutscher biederherziger Mann und Vater seiner Gemeinde; sein Wort war ihm heilig, kostete es ihm auch schwere Aufopferungen, dabei zuverlässig und pünktlich in allen Zweigen seiner Amtsführung. Seine gediegene wissenschaftliche Bildung und gründlichen Sprachkenntnisse leuchteten aus jeder Handlung seines Berufs hervor. Beachtungswerther aber als alles dieses war sein gutes Herz und sein ächt religiöser Sinn, der sich in allen Verhältnissen mit anspruchsloser Bescheidenheit und vielleicht allzu großer Friedfertigkeit an den Tag legte.

H...r. D...r.

*418. Heinrich Friedrich Albrecht Meyer,

kön. Hannöv. Amtmann zu Agathenburg bei Stade;

geb. d. 23. Oct. 1750, gest. d. 18. März 1827.

Sein Geburtsort ist nicht bekannt. Er trat, nachdem er durch Hauslehrer und späterhin durch den Besuch mehrerer Akademien sich zu seinem künftigen Berufe durch Erwerbung der nöthigen Kenntnisse vorbereitet hatte, als Auditor bei dem Amte Bremervörde 1775 in den damaligen kurfürstl. Hannöverschen Staatsdienst; wurde in der selben Qualität im J. 1776 zum Amte Rotenburg, 1783 als Amtsschreiber zum Amte Wildeshausen, 1790 als zweiter Beamter zum Amte Osterholz versetzt u. 1798 zum ersten Beamten des Amtes Agathenburg ernannt, wo er im 30. Jahre treuer Dienste den Seinigen durch den Tod entrissen wurde.

H...r. D...r.

* 419. Franz Wilhelm von Hassell,

königl. hannöverscher Generalmajor u. Drost zu Ahlden a. d. Aller;

geb. d. 28. März 1752, gest. d. 21. März 1827.

Er wurde zu Eissel einem Gute seines Vaters geboren. In seinem 16. J. als Kadet bei der kurhannöverschen Fußgarde angestellt, avancirte er 1782 bis zum Hauptmann bei derselben. Selbiges J. vermählte er sich mit Fräulein Louise von Wersebe. 1790 wurde er zum Aide de Camp bei Sr. königl. Hoheit dem Herzog v. Gloucester ernannt und nach England berufen. Hier beinahe 2 J. in den angenehmsten Beziehungen lebend, hatte er Gelegenheit recht viel von diesem großartigen Lande zu sehen; daß dieß nicht ohne Nutzen für ihn geschah, bezeugen die im Druck erschienenen Briefe von ihm an eine Freundin im Vaterlande; dabei war er so glücklich sich die Gnade Sr. höchstseligen Maj. Georgs III. und Sr. königl. Hoheit des Herzogs von Gloucester im hohen Grade zu erwerben. Die 1792 wiederum erneuerte Kampagne, veranlaßte ihn, sich bei dem Könige zu beurlauben, um mit seinen vaterländischen Waffenbrüdern an dem Feldzuge in den Niederlanden Theil zu nehmen. Als Major bei dem 5. Infanterieregimente angestellt, wurde er mit demselben in der Festung Newport eingeschlossen und gerieth durch die Uebergabe derselben in französische Gefangenschaft. Bald darauf langte vom Nationalkonvent der Befehl an, sämmtliche englische und hannöversche Truppen zu guillotiniren und nur des edlen Moreau's bestimmte Erklärung, daß er alsdann sofort den Dienst verlassen würde, veranlaßte Robespierre solchen zurückzunehmen. Im J. 1793 wurde v. H. gegen einen französischen Oberst ausgewechselt und ging über England nach dem Vaterlande zurück, wo er bald darauf zum Oberstlieutenant beim 5. Infanterieregim. aufstieg. 1802 verließ er als Oberst die militärische Laufbahn u. wurde Drost des Amtes Ricklingen. Die 1803 erfolgende französische Occupation des Hannöverschen Landes brachte manche bange Sorge um sein Vaterland für ihn; doch verließ ihn der feste Glauben nicht — selbst als die Umstände immer ungünstiger wurden — daß die Vorsehung es so nicht lassen könne. Dabei trafen ihn viele häusliche Unglücksfälle, seine treue Gattin verschied nach mehrjähriger Kränklichkeit, seine beiden ältesten Söhne starben als hoffnungsvolle Jünglinge, nachdem sie ihre Studien vollendet und bei der Justitzkanzlei angestellt waren. — Nach erfolgter glücklicher Befreiung seines Vaterlandes vom französischen Joche, bekam v. H. den Character eines Generals und das Amt Ahlden, vermählte sich wieder 1816 mit der verwittweten Frau Oberstlieutenantin v. Cronhelm, geborene v. Hinüber. Der Abend seines Lebens war unter angenehmen Verhältnissen sehr heiter, besonders da ihm alle Sinne bis an das Ende blieben.

Auf seiner langen Lebensbahn hat ihn kein Armer unerhört angesprochen, ist weder Hoher noch Niedrer von ihm gekränkt worden. — Wo es die Pflicht von ihm forderte, mit Strenge gegen Andere zu verfahren, wußte sein milder Sinn dennoch Trost und Ermahnungen zum bessern Lebenswandel damit in Verbindung zu bringen. — Streng gegen sich selbst, entschuldigte er stets die Verirrungen Anderer, besonders wo er Reue sah. — Die seltenen Gaben seines Geistes, die vorzüglichen Eigenschaften seines Herzens und sein hoher religiöser Sinn gaben jedem geselligen Kreise, in dem er erschien, eine heitere Stimmung. Sein erfahrener Rath wurde von Allen gesucht; bis an das Ende den Lehren unsrer hoher Religion treu, bat er auf seinen Grabstein zu setzen: „Sein Glaube und seine Hoffnung war Jesus Christus."

* 420. Friedrich Christoph Jensen,

Doctor der Philosophie und der Rechte, königl. dän. Konferenzrath und Deputirter in der S. H. L. Kanzlei zu Kopenhagen und Ritter vom Dannebrog;

geb. d. 17. Juli 1754, gest. d. 25. März 1827.

Kiel ist die Vaterstadt dieses biedern und in mancher Hinsicht ausgezeichneten Mannes und derjenige Ort, wo er erzogen, gebildet und der Universität übergeben worden war. Seine ausgezeichneten Fähigkeiten verschafften ihm schon frühzeitig Achtung und Ansehen und er wurde 24 J. alt, im J. 1778 zum Doctor beider Rechte promovirt, worauf er sich als Privatdocent der Rechtswissenschaften in seiner Vaterstadt habilitirte. Schon 1781 wurde er zum außerordentlichen Professor der Rechtsgelehrsamkeit ernannt. In seinem Lehrvortrage war er gründlich, gediegen und belebend; dieß verschaffte ihm bald den Ruf eines ausgezeichneten Docenten, 1785 ward er ordentlicher Professor; auch ward ihm, wenn wir nicht sehr irren, noch in demselben Jahre die Bedienung als Sekretär der fortwährenden Deputation der schleswig-holsteinschen Ritterschaft übertragen. So sehr ihn auch seine Vaterstadt, so wie der vieljährige Ort seines Aufenthaltes und der Schauplatz seiner ausgezeichneten Lehrthätigkeit fesselte u. mit solcher Liebe an sich band, daß er mehrere ungemein vortheilhafte Berufungen von auswärts her ausschlug; so siegte doch endlich über seine entschiedene Neigung ein überaus ehrenvoller u. vortheilhafter Ruf nach Kopenhagen, wo man ihn als Deputirten in der schleßwig-holstein-lauenburgischen Kanzelei zu haben wünschte. Er folgte diesem Rufe, ward 1802 königl. dänischer Etatsrath, den 28. Januar 1811 Ritter vom Dannebrog, den 18. Jan. 1812 Konferenzrath. Daneben rückte er in den 5 Stellen der Kanzlei so schnell auf, daß er schon 1813 der erste in derselben war. Hier zeigte sich in hohem Grade seine ausgezeichnete und erfolgreiche Thätigkeit, die jedoch in den auf 1813 folgenden Jahren durch manche körperliche Leiden behindert und gestört wurde. Diese zwangen ihn später auch sein Amt ganz niederzulegen; und er zog im J. 1819, nachdem er mit den ausgezeichnetsten Achtungsbezeugungen die gesuchte Entlassung erhalten hatte, sich zu seiner Familie nach Heide in Norderditmarschen zurück, wo er das Ende seiner thätigen Laufbahn erreichte.

Seine Schriften sind folgende: Diss. inaug. de libera bona avita alienandi facultate in Holsatia per speculum Saxonicum non restricta. 1778. — Diss. de patria Romanorum potestate 1784. — Die Geschichte der Maurerei, ein Beweis göttlicher Vorsehung. 1785. — Rede üb. die Wohlthat einer Lehr- u. Arbeitsanstalt. 1793. — Kann man den Prof. Fichte mit Recht beschuldigen, daß er den Gott der Christen leugne? 1800. — Von den Grundsätzen ächter Geistesfreiheit und Selbstständigkeit. In Niemanns Blättern. 1801. B. 2. — Antheil an dem Kieler Wochenbl. und Niemanns Provinzialberichten. — Vorrede zu den „Privilegien der Ritterschaft."

Husum. D. Lübker.

* 421. Philipp Christian Dieckmann,

königl. hannöv. Amtmann zu Springe im Hannöverschen;

geb. d. 6. Decbr. 1765, gest. d. 26. März 1827.

Der Geburtsort des Verewigten ist unbekannt. Im J. 1789 ward er beim Amte Münden als Auditor angestellt, wo er 1793 den Titel als Amtsschreiber erhielt. In gleichen Verhältnissen trat er dann bei dem Amte Neustadt am Rübenberge in Dienst, 1794 bei der Amtsvoigtei Burgwedel als supernumeräer Amtsschreiber, 1797 als wirklicher zweiter Beamter bei der Amtsvogtei Fallingbostel und wurde 1804 als Rentmeister zu Bentheim angestellt. — In Folge der französisch-feindlichen Occupation von diesem Posten entsetzt, wurde er in nämlicher Qualität 1805 nach Wittlage berufen, späterhin als Beamter an das Amt Wittlage-Hunteburg versetzt, wo er den Charakter als Amtmann erhielt, mit dem er 1819 zum ersten Beamten zu Springe ernannt wurde und als solcher daselbst seine irdische Laufbahn vollendete.

H—r. D—r.

* 422. Heinrich Christoph Theodor Kuhlmann,

Prediger zu Ulsnis in Angeln;

geb. i. J. 1765, gest. d. 4. April 1827.

Multis ille bonis flebilis occidit! —

Schleswig ist der Geburtsort dieses in seinem Wirken und seinem Fache ausgezeichneten Mannes, wo er auch, aus dem Mittelstande stammend, eine recht gute Erziehung erhielt und bis zu seinen Universitätsstudien die Domschule daselbst besuchte. Diesen widmete er sich auf der vaterländischen Akademie zu Kiel, wo er mit Eifer der Theologie oblag. Nachdem er sehr rühmlich das vorgeschriebene Amtsexamen bestanden hatte, ward er 1796 Prediger zu Sieverstedt, legte jedoch noch in demselben Jahre sein Amt wieder nieder, um als Führer der jungen Grafen Holstein-Reversdorf auf Reisen zu gehen. Von diesen wieder in sein Vaterland zurückgekehrt, wohnte er eine Zeit lang als Privatmann bei Lütjenburg im Holsteinschen, bis er 1816 zum Prediger zu Glücksburg ernannt wurde. Ein halbes Jahr vor seinem Tode fungirte er als Pfarrer zu Ulsnis in Angeln, wo er leider schon bald ebenso plötzlich und unerwartet als frühzeitig starb.

H—m. L—r.

* 423. Christian Friedrich Berger,

Kirchenprobst in Stormarn und Prediger zu Bargteheide im Holsteinschen;

geb. i. J. 1756, gest. d. 14. Mai 1827.

Von wenig bemittelten Eltern geboren, hat dieser Mann, unterstützt von herrlichen Naturgaben, sich durch eigene Thätigkeit sehr wacker empor gearbeitet. Heide, ein Flecken in Norderdithmarschen, war sein Geburtsort. Er hat außer der vaterländschen keine andere Universität besucht. Im J. 1784 wurde er Prediger zu Eichede im Amte Trittau, 1793 zu Bargteheide in Stormarn, über welches Amt er 1813 allerhöchst unmittelbar zum ersten Probst ernannt wurde.

H . . . m. L . . . r.

424. Johann Christian Ludwig Ludecus,

großherzogl. Sachsen-Weimarscher Rath und Ober-Kammerkassier zu Weimar;

geb. d. 17. April 1770, gest. d. 7. Juli 1827.

Er war der zweite Sohn des Hauptmanns L. im damaligen königl. sächs. Infanterieregiment Prinz Lubomirsky und zu Meißen geboren. Nachdem er bis ins 14. J. den Unterricht eines Hauslehrers genossen, bezog er die Schulpforte; doch wurde nach dem frühzeitigen Ableben des Vaters der Plan, sich dem Studium zu widmen, vereitelt. Er verließ daher die Schule und ging nach Weimar, wo er sich zu einer Anstellung im Rechnungsfache vorbereitete und erhielt zuerst eine solche daselbst bei der Kammerkasse. — Als die Stelle eines Chatouilliers bei der Höchstseligen Herzogin Mutter Anna Amalia erledigt wurde, erhielt er (24. März 1802) diesen Posten und wurde am 30. Mai 1807 zum Kammersekretär ernannt, auch zugleich zu Revisionsarbeiten gebraucht. Nach dem Ableben der Herzogin wurde ihm die Kammer-Oberkasse und später auch die Kammerschulden-Tilgungskasse, welche letztere er mehrere Jahre ohne alle Remuneration verwaltete, übertragen und ihm als Beweis der höchsten Zufriedenheit mit seinen Dienstleistungen 1818 den 18. Sept. die große goldene Verdienstmedaille und mittelst Dekrets vom 4. Nov. 1820 das Prädikat eines großherzogl. Raths ertheilt.

Im J. 1827 wurde ihm ein abermaliger Beweis des persönlichen Vertrauens seines Fürsten zu Theil, indem ihm von Sr. königl. Hoheit dem Großherzoge die Verwaltung Höchst Ihrer Chatoulle übertragen wurde. Obschon er wegen seiner Kränklichkeit eine Vermehrung seiner Geschäfte nicht wünschen konnte, so glaubte er doch dem in ihn gesetzten gnädigsten Zutrauen entsprechen zu müssen — und übernahm diese Stelle.

Schon seit mehrern Jahren hatte ihn auch des Herzogs Bernhard Hoheit mit Ihrem Zutrauen beehrt und zu seinem Geschäftsträger ernannt.

Seine Unpäßlichkeit hatte indeß mit den Jahren zugenommen und mehrere Badereisen nach Töplitz, Karls- und Franzensbad hatten nur vermocht, das Uebel zu lindern, nicht aber ihn davon zu befreien. In seinem letzten Lebensjahre vermehrte sich sein Krankheitszustand durch Uebermaß der Geschäfte, indem er solche nicht mehr mit der Ruhe, womit er sie zu betreiben gewohnt war, verrichten konnte. — Mitten in seinen Dienstgeschäften in seiner Expedition erlitt er am 4. Juli 1827 einen Anfall von Schlag, der sich am folgenden Tage in seiner Wohnung wiederholte und mit Verlust der Sprache verbunden war. — Fast in demselben Augenblicke erhielt er mehrere Briefe und da er vielleicht sein baldiges Ende ahndete, so bemühte er sich, mit Bleistift einige Notizen über ein eben von Berlin eingegangenes Schreiben aufzusetzen, was ihm jedoch, trotz aller Anstrengung, nicht gelang; nur so viel konnte man aus den einzelnen Worten errathen, daß sie Notizen zu einem Schreiben an des Herzogs Bernhard Hoheit enthalten sollten. — Nachdem er mehrere Tage in einer gänzlichen Bewußtlosigkeit, jedoch ohne Schmerzen zugebracht hatte, verschied er ruhig in den Armen seiner Kinder und Geschwister.

Geehrt von seinen Bekannten, geachtet von seinen Vorgesetzten, sprach sich eine seltene Theilnahme bei seinem Ableben aus. Weit entfernt, sich streng an das manchem Rechnungsführer eigene herkömmliche Geschäftsleben zu richten, war er vielmehr Jedem, so viel es sich mit seiner Pflicht vereinigen ließ, gern gefällig. Auch war seine Ordnungsliebe und Pünktlichkeit so anerkannt, daß seine Geldanweisungen, welche sich bei Verwaltung der Kammer-Oberkasse nöthig machten, selbst im Auslande honorirt wurden.

Ein unpartheiisches Zeugniß für seinen Werth gibt folgende Stelle der Antwort Sr. Hoheit des Herzogs Bernhard auf das Schreiben, wodurch ihm der Landesdirektionsrath Ludecus das Ableben seines Bruders gemeldet hatte; „Ihr seliger Bruder war allgemein geschätzt und ich besonders war in jedem Betrachte einer seiner treuesten Anhänger. Sein Verlust geht mir sehr nahe: es hatte sich trotz des Unterschieds im Alter zwischen uns ein so freundschaftliches Verhältniß angeknüpft, daß ich ohne Uebertreibung behaupten kann, an ihm den getreuesten meiner Freunde verloren zu haben; auch kann ich mich nicht erinnern, daß irgend etwas in meinem sonst an Ereignissen nicht armen Leben mich so tief ergriffen hätte, als dieses. Verzeihen Sie diese Ausbrüche meines tief verwundeten Herzens; ich sollte Ihnen Trost zusprechen und statt dessen führe ich die traurigen Bilder, denen Sie nur zu lange gegenüber gestanden, wieder vor Ihre Seele. Der allgemeine Antheil, welchen der frühe Hintritt Ihres Bruders verursacht, muß Ihnen doch einigermaßen zum Trost gereichen; es erleichtert unsere Schmerzen, wenn wir sehen, daß so viele wackere Männer ihn theilen. Für den Großherzog ist zu jeder Zeit und besonders in diesem Augenblicke Ihres Bruders Hinscheiden ein großer, unersetzlicher Verlust."

Zweite Abtheilung.

Kurze Anzeigen.

v. Floret, k. k. wirklicher Hofrath in der k. k. Hof- u. Staatskanzlei — 78 J. a.; geb. d. 15. Febr. 1776. Gab heraus: Ueb. d. Gesindepolizei 1811. Erört. d. Frage über die Theilbarkeit d. Güter 1811.

488. D. 1. auf seinem Schlosse Brannenburg bei München Joh. Carl Gr. v. Preysing*) auf Au, k. baier. Kämmerer und wirkl. Staatsrath im außerordentlichen Dienste, des hohen St. Georgordens, des Civil-Verdienstordens der baier. Krone, Kommandeur u. Ehrenritter des hohen Maltheserordens — 61 J. a.

489. D. 2. zu Wien, Se. Excellenz Aloys, Reichsgraf v. Harrach zu Röhrau, des hohen deutschen Ordens Ritter, Landkomthur der Ballei Oestreich u. Commenthur zu Wien, Neustadt, Gräz am Lech u. Linz, Sr. k. k. apostol. Majestät wirkl. Geheimerath, Kämmerer u. General-Feldmarschall-Lieutenant — 59 J. a.

490. D. 2. zu Gleiwitz in Schlesien Ernst von Czichlinsky, Rittmeister v. d. A. — 83 J. a.

491. D. 2. zu Großglogau der pens. Hptmann und Proviantmstr. Hans Ferd. v. Hessig — 80 J. a.

492. D. 3. zu Berlin der k. pr. pens. Seehandlungs-Director C. W. Kolbe — 76 J. a.

493. D. 5. zu Rosenfelde bei Bahn (Mk. Brdbg.) der Major v. Borck.

494. D. 5. zu Hannov. der Hofr. Christ. Friedr. Wehner; seit mehreren Jahr. in den Ruhestand getreten.

495. D. 5. zu Marienwerder der kön. pens. Rechnungsrath Konopacki — 71 J. a.

496. D. 6. zu Breslau Dr. Franz Hofmann, Kanonikus u. emerit Prof. der Theol. — 74 J. a.

497. D. 6. zu Beeskow d. kgl. preuß. Hauptmann a. D. Ignaz v. Tucholka — 58 J. a.

498. D. 6. zu Hannover der Generalpostkassier des Königreichs Joh. Friedr. Borchers, ein langjähriger sehr verdienstvoller Staatsdiener.

499. D. 7. zu Tilleda der vormalige k. sächs. Premierlieut. u. Rittergutsbesitzer Karl Freih. v. Willisen.

500. D. 8. zu Leipzig ein edler Greis, der ehemalige Kaufmann Wilhelm Gottfried Linke — 79 J. a.

501. D. 8. zu Bruchsal im Staatsgefängnisse der Verf. der Schr.: „Nur eine Steuer," Dietrich Breitenstein, geb. 1787.

502. D. 9. zu Lindow im Brandenb. d. Hptm. und Garnison-Verwaltungsdirector Gehling.

*) S. d. Biogr. seines Vaters unt. N. [illegible] d. J.

503. D. 9. zu Neusalz in Schles. der emerit. Pfarrer Sinnenreich — i. 80. J. s. L.

504. D. 9. zu Neumarkt bei Salzburg Joh. Bernhard Keidel, ehemal. ritterschaftl. Amtmann zu Gebsattel, dann kgl. baier. Stadtgerichtsassessor zu Erlangen und zuletzt kaiserl. königl. landesfürstl. Pfleger zu Neumarkt — 55 J. a.

505. D. 9. zu Leutzke bei Fehrbellin der Prediger Ribbach.

506. D. 9. zu Bern der Rathsherr u. Präsident des Ehegerichts David Rudolph Fellenberg, ein einsichtsvoller, seinem Vaterlande aufrichtig ergebener Staatsmann im 73. J.; geb. 1754. Verf. einiger jurid. Schr.

507. D. 10. zu Kleinliebenau der kgl. preuß. Oekonomierath Christian Friedr. Lüddemann Erb-, Lehn- u. Gerichtsherr auf Kleinliebenau u. Rodigkau in seinem 50. J.

508. D. 10. zu Priorau Mag. Emanuel Friedr. Schmidt, seit 52 J. Pfarrer zu Priorau, Schierau und Möst, Senior der Diöces Bitterfeld u. Inhaber des kön. preuß. Ehrenzeichens 1. Kl. — i. 79. J. s. L. Er war 1749 geb., wurde Katechet an der Petrikirche zu Leipzig und feierte am Schlusse seiner 50jährigen Amtsführung sein Jubiläum.

509. D. 10. zu Köslin der k. pr. Major v. d. Armee Aug. Ludw. Ferdin. v. Lesczinsky — 64 J. a.

510. D. 11. zu Bromberg der Landrath von Grabowski.

511. D. 11. zu Schweidnitz Joh. Aug. Fr. von Normann, Major a. D. — 43 J. a.

512. D. 12. zu Wien Joseph Graf v. Gilkeis, k. k. Kämmerer, Kommandeur des Leopoldsordens, Oberstlieutenant beim Infanterieregiment Hoch- u. Deutschmeister — 47 J. a.

513. D. 13. zu Liesborn im Münsterschen der Pfarrer Wilh. Reisser.

414. D. 13. zu Breslau Karl Alexander v. Bzanowsky, königl. Kammerherr u. St. Joh.-Ritter 65 J. a.

515. D. 14. zu Prag der k. k. wirkliche Geheimerath u. Kämmerer, Philipp Graf Kinsky v. Chinitz und Tettau. Er hinterließ ein fürstl. schuldenfreies Vermögen. In seiner Chatoulle allein fand man 500,000 Gulden Conventionsmünze. Sein Neffe der Feldmarschall Lieutenant Graf Kinsky erbt nebst dem böhmischen zwei Herrschaften,

das schöne Haus in Prag und 700,000 Fl. C. M., Generalmajor Christian Graf Kinsky ist der Erbe der beiden Güter in Oestreich, des Hauses in Wien und von 40,000 Fl. baar. Der Generalmajor Franz Kinsky erhielt 20,000 Gl. baar und eine jährliche Rente von 2000 Fl. Endlich der Generalmajor Graf Anton Kinsky, Kommandant von Salzburg, erhielt 30,000 Fl. baar und eine jährliche Rente von 3000 Fl. C. M.

516. D. 14. zu Offenbach der fürstl. Ysenburgsche Hofkammerrath Gottfried Ludw. Kugler — 58 J. a.

517. D. 14. zu Lewin in Schles. der Oberamtmann Dinter im 73. J. s. L.

518. D. 14. zu Crailsheim der luther. Dekan und Stadtpfarrer Heinr. Aug. Joh. Welsch — 67 J. a. Er war geb. zu Heilsbrunn bei Ansbach d. 7. Febr. 1760, wurde Pfarrer zu Wildenstein 1784, zu Blaufelden 1795, Dekan das. 1810, Dekan zu Crailsheim 1812.

519. D. 15. zu Eisenberg der Hofapotheker Friedr. Wilh. Herrmann — 56 J. a.

520. D. 15. zu Berlin der geheime Rechnungsrath und Dirigent der geheimen Kalkulatur der Domänen u. Forstverwaltung im k. Finanzministerium Karl Friedr. Küchenbäcker — 47 J. a.

521. D. 15. zu Schneidemühl der westpreuß. Landschaftssyndikus, Christ. Friedr. Conrad im 76. J. s. A.

522. D. 16. zu Sohrau in O. S. Car v. Tauer kgl. Major a. D. — 54 J. a.

523. D. 16. zu Leipzig der Dr. Jur. Ernst Gottlob Stiehler (ehemals Universitäts-Probsteigerichtsdirector) — 79 J. a.

524. D. 16. zu Spandow bei Berlin der kgl. preuß. Hauptmann Anton Joseph Gottlieb Bürger d. 2.

525. D. 16. zu Bankau in Schles. Graf Moritz Ferdin. v. Posadowsky, königl. Kammerherr.

526. D. 17. zu Burtehude der pens. Major Joh. Georg Riemeyer.

527. D. 17. zu Schöningen der pensionirte Amtmann Georg Otto Meyer.

528. D. 17. zu Breslau der pension. Polizeikommiss. Gottl. Pohl — 77 J. a.

529. D. 17. zu Grevismühlen d. Dr. med. Heinrich Anton Eberhard Kunze — 45 J. a.

530. D. 17. zu Breslau der Dr. med. Brehm, 42 J. a.

531. D. 18. zu Elbing der Dr. med. Krispin.

533. D. 18. zu Otzdorf bei Waldheim im Königreich Sachsen der vormal. kgl. pr. Rittmeister a. D., Erbherr auf Otzdorf, Littdorf, Brumby u. Barleben, Georg Wilhelm v. Arnstedt — 86 J. a.

534. D. 18. zu Neuhausen bei Perleberg (Preußen) der Superintendent und Prediger Friedr. Bernhard Bertram — 72 J. a.

535. D. 18. zu Berlin der Stadtrath Hartung aus Frankfurt a. d. O. — 57 J. a.

536. D. 19. zu Darmstadt der großherz. hess. Geheimerath und erste Kammerherr Ludwig Reinhard v. Wallbrunn.

537. D. 19. zu Großfalkenau in Westpreußen der kgl. preuß. Oberstlieutenant v. d. A. von Geißler — 75 J. a.

538. D. 20. zu Preßburg der oberste Reichsrichter, k. k. geheime Rath Graf Joseph Brunswik v. Korompa — 77 J. a., dessen Verdienste um den Staat sehr gerühmt werden. Er war auch Obergespan des Neograder Comitats.

539. D. 20. zu Muskau Joh. Friedr. Wille, Amtmann u. Kreisboniteur — 63 J. a.

540. D. 20. zu Lippehne in der Neumark der kgl. preuß. Generalmajor v. d. A. Carl Aug. v. Schäffer — 82 J. a.

541. D. 20. zu Altrüdnitz (Preußen) der Prediger Christian Friedr. Klemm — 70 J. a.

542. D. 21. zu Wien Anton Sturm, Professor an der k. k. Ingenieurakademie — 39 J. a. — Durch mehrere Jugendschr. bekannt; geb. 1788.

543. D. 21. zu Havanna auf Cuba d. preuß. Generalkonsul u. Kaufmann daselbst Ludw. Hagedorn.

544. D. 22. zu Schweidnitz der seit 1819 pens. kgl. Regierungs-Kommissionsrath u. Kreiskalk. Ernst Christ. Herrmann — 81 J. Er stand 55 J. in kgl. Staatsdiensten. Ein thätiger u. treulicher Beförderer der schles. Prov.-Bl. seit ihrer Entstehung.

545. D. 22. zu Thomsdorf (Preußen) der Prediger Friedr. Wilh. Gerhardt — 63 J. a. (38 J. im Dienste).

546. D. 22. zu Wien Carl v. Smetana, Doctor der Chirurgie, Operateur u. k. k. Regimentsarzt, Ehren-

mitglied der medizinischen Fakultät in Paris, Besitzer der k. k. großen goldnen Ehrenmedaille, Ritter des kaiserl. russ. Wladimirordens 2. Kl. und des großh. bad. Verdienstordens — 53 J. a.

547. D. 22. zu Kulmitsch bei Weida der königl. neapolitanische General außer D. Heinrich Traugott v. Metsch.

548. D. 22. zu Wien Andrä Cremes, k. k. pens. Hofsekretär, Professer a. d. k. k. Ingenieurakademie — 73 J. a.

549. D. 23. zu Berlin (?) der k. pr. pens. Ingenieurkapitän Karl Aug. Wilh. Wenzel — 42 J. a. Ritter d. eis. Kr. 2. u. d. kais. russ. St. Wladimir Ord. 4. Kl. Lehrer der vereinigten kön. Artill. u. Ingenieurschule üb. Fortifikation. (Früher als Lieutenant 1805 in Magdeburg gestanden, dem Feldzug von 1805 u. 1806 beigewohnt, als Feldingenieur, die Festung Hameln mit übernommen 1805, die Festung Nienburg 1806 mit befestigt und dort 1806 gefangen. Im J. 1809 in Breslau u. Cosel als Ingenieuroffizier zum Bau angestellt; 1810 Lehrer des Zeichnens u. Aufnehmens bei der königl. Kriegsschule zu Breslau, den Feldzügen 1813 u. 14 als Feldingenieur im Stabe des Fürsten Blücher u. Gen. Feldmarschalls Kleist v. Nollendorff mit beigewohnt; 1813 zum Hauptm. avancirt u. das eis. Kr. 2. Kl. erhalten; 1814 den kais. russ. Wladimirorden 4. Klasse erhalten und bis 1815 in der Festung Schweidnitz u. Silberberg gestanden, dann zur Armirung von Jülich gesandt, 1817 in Wesel, 1821 in Cüstrin gestanden und 1822 in das jetzige Verhältniß getreten. Geboren zu Bomst im Großherzogthum Posen d. 10. Oktbr. 1785. — S. Schriften: Das militärische Zeichnen. 1814. 1. Bd. — Abhdlg. üb. Emplacement der Festungen. 1818. Abhdlg. üb. die Blitzableiter, übersetzt aus dem Französischen. 1818. 1. Bd. — Militärische Blätter 1809 — 24. — Allgem. Versuch der Fortifikation von Bousmard (übersetzt aus dem Französischen) 1821. — Angriff u. Vertheidigung fester Plätze in 2 Thl. 1823. — Ueber den förmlichen Angriff und Vergleichung aller Angriffsvorschläge mit Bezug der neuesten Belagerungen und Erfahrungen. 1824. Die Sappenlehre u. die der Minen im ganzen Umfange. 1824.

550. D. 24. zu Lindchen bei Cottbus v. Nottberg, Major v. d. Armee.

551. D. 24. zu Berlin der geheime expedirende Se-

kretär bei der General=Militärkasse, Christian Friedrich Lawisch.

552. D. 26. (im Königr. Sachsen, wo? ist nicht gesagt) Aug. Ludw. v. Stiegliz, kön. sächs. Hauptmann v. d. Armee.

553. D. 27. zu Nürnberg Christian Siegmund Andreas v. Imhof auf Ziegelstein und Weidenmühle, Assessor am vormal. Reichsstadt-Nürnbergschen Land- und Bauerngericht — 52 J. alt.

554. D. 27. zu Culm in Westpreußen der evangel. Prediger J. H. Biemann — nach vollendetem 61. J.

555. D. 27. zu Weinzliz bei Hof der königl. preuß. pens. Oberforstmeister Heinrich Carl Philipp v. Feilitzsch auf Weinzliz — 76 J. a.

556. D. 27. zu Breslau Carl Gottlob Deckart, pens. Regierungs-Kanzleidirector — 82 J. a.; geb. zu Sagan den 15. Septbr. 1746. Gab heraus: Briefe 1768. — Ueb. Briefe u. Titulaturen; in d. schles. Titularbuch (1785); Redig. v. 4. Bd. an d. schles. Edictensammlung u. gab 1790 d. allg. Regist. zu denselb. währ. d. Reg. Friedr. II. heraus.

557. D. 27. zu Ansbach der königl. baier. Kreisforstcontrolleur Johann Christian Oertel — 48 J. a.

558. D. 27. zu Dresden der Finanz-Assistenzrath Christian Gottlob Matthäi — 83 J. a.

559. D. 28. zu Steinau in Schles. der Pfarrer Jos. Böhm — 62 J. a.

560. D. 28. zu Slawkau bei Ratibor der Pfarrer Joh. Wodarsz — 59 J. a.

561. D. 28. zu Freiberg M. Christ. Gottlob Andreas, 5. Lehrer am Gymnasium daselbst — 29 J. a.

562. Im Febr. zu Aachen der Dr. med. Solters. An ihm verlor diese Stadt nicht nur einen ihrer geschicktesten Aerzte, sondern auch einen leidenschaftlichen Blumisten. Schade, daß seine Blumensammlung, aus mehrern Tausenden der seltensten und prachtvollsten tropischen Gewächse bestehend, von den Erben meistbietend verkauft und dadurch ganz zersplittert worden ist.

563. Im Febr. der Buchhändler Jm. Müller in Leipzig.

März.

564. D. 1. März starb zu Hitzacker d. Amtmann Friedrich Justus Willich.

565. D. 1. zu Johann-Georgenstadt im Erzgebirge der dasige Pfarrer M. Franz Thom. Kröger im 65.

Lebensjahre. Er ward zu Schneeberg i. J. 1762 geboren, hatte i. J. 1790 das Diakonat zu Johann-Georgenstadt erhalten und war 1807 in das Pastorat aufgerückt. Im Druck hat er blos herausgegeben: Das wunderbare Mädchen zu Johann-Georgenstadt; eine Kranken- und Schwärmergeschichte. 1820.

566. D. 1. zu Breslau der königl. Justizrath Karl Gottl. Rambach — 50 J. alt.

567. D. 2. zu Lindau der pens. königl. baier. Major Jos. v. Fels — 70 J. a.

568. D. 2. zu Bern Karl Eman. v. Stürler, von Ursellen, geb. 1738, das einzige noch übrig gebliebene Mitglied des ehemaligen kleinen Rathes der Stadt Bern. Im J. 1814 nahm er seine Stelle im kleinen Rathe wieder ein und zog sich 1821 in die ländliche Stille zurück. (Der im Dec. 1825 zu Petersburg gefallene Oberst v. St. war sein Sohn).

569. D. 2. zu Seehausen der Bürgermeister Kluge.

570. D. 3. zu Berlin der königl. preuß. Hauptmann a. D. und erste Expedient bei dem Polizeipräsidium Ernst Wilh. Heinr. Woldeck v. Arneburg — 35 J. alt.

571. D. 3. zu Rietz Günth. v. Bucholtz, Herr auf Rietz, Malterhausen und Zubehör — im 25. J.

572. D. 3. zu Wesel der königl. Rittmeister und Escadronschef im 17. Landwehr-Regim. Friedr. Wilh. v. Stwolinsky — 39 J. alt.

573. D. 3. zu Eikeloh (Inspection Schwarmstedt) der Pastor Stökberg.

574. D. 4. zu Cösfeld der weiland fürstl. Salm-Horstmarsche Hofprediger, Konsistorialrath u. Pfarrer bei der vereinigten evangel. Gemeinde zu Cösfeld, Friedr. Christoph Machenhauer — 67 J. a.

575. D. 4. zu Torgau der Archidiakonus M. Joh. Christ. Görnitz — im 72. J. s. L., zufolge der ihm von seinem wahnsinnigen Stiefsohne beigebrachten Wunde. Er war 1757 geboren, wurde 1785 Pastor zu Machern, 1792 Diakonus und 1809 Archidiakonus zu Torgau.

576. D. 4. zu Beuthen in Schlesien Leopold Schmidt, Rittmeister a. D. u. Ritter des eisern. Kreuzes 2. Kl.

577. D. 4. zu Pilsnitz bei Breslau der kön. Rittmeister a. D. v. Rüdiger.

578. D. 5. zu Kopenhagen Kenne Wilh. Sophus Brandt, Kapitän im holsteinschen Infanterieregimente — im 38. J.

579. D. 5. zu Neu-Ruppin der Rittmeister Carl Gustav v. Zieten auf Barsickow u. Ponitz — 74 J. a.

580. D. 5. zu Berlin der Kriegsrath Ludwig Gentz.

581. D. 5. zu Wagenfeld (Inspection Diepholz) der Pastor Kuhle.

582. D. 6. zu Hamburg Joh. Heinr. Michaelis, Platzadjut. und Lieuten.

583. D. 6. zu Burgwindheim Karl Moritz Guth, königl. Rentbeamter.

584. D. 6. zu Mitau der kaiserl. russ. Generallieutenant a. D. Freihr. v. Driesen — im 83. J.

585. D. 6. zu Wien Jacob Hackmüller, Rechnungsrath bei dem k. k. Hofbaurathe — 54 J. a.

586. D. 6. zu Radeberg Wilh. Ludw. v. Römer, königl. sächs. Hauptmann v. d. Armee, Senior des Römerschen Geschlechts.

587. D. 8. zu Bonn der königl. Hofgerichtsrath v. Wahl — im 36. J.

588. D. 9. zu Dobbertin im Mecklenb. J. M. E. (Friederike) v. Hobe a. d. Hause Carlowitz, Conventualin — im 77. J.

589. D. 9. zu Berlin der königl. pens. Bildhauer Ch. Unger.

590. D. 10. zu Mittelstein in Schlesien der Pfarrer Brasel — im 59 J.

591. D. 11. zu Sagestorf bei Sternberg Carl Stephan Nicolaus v. Plönnies — im 80. J.

592. D. 11. zu Wien Joseph v. Lethenyey, Oberstlieutenant und Director der k. k. Stückgießerei — 77 J. alt.

593. D. 12. zu Plate (Inspection Lüchow) der Pastor Hunnemann — in der Blüthe seines Alters.

594. D. 13. wurde zu Hamburg der Kanonikus und pens. Hauptmann Arnold Dietrich Tamm in seinem Logis ermordet gefunden. Die Polizeibehörde daselbst setzte 300 Thlr. auf die Entdeckung des Mörders.

595. D. 13. zu Dobbertin im Mecklenburgschen der Forstinspector Wilh. Otto Struve — im 55. J.

596. D. 13. zu Berlin der geheime Registrator im Kriegsministerium H. Ackermann.

597. D. 14. zu Schkeuditz C. F. W. Mitsching, Dr. med. et Chir. — 83 J. a.

460. D. 21. zu Curaçao in Amerika J. C. Janße aus Hamburg im 36. J. s. A.

461. D. 21. Prinz Ernst Ludw. Casimir, Sohn des Fürsten Friedrich Wilh. v. Isenburg, Urgroßvaters-Bruders des Fürsten Wolfgang Ernst III., geb. d. 25. Jan. 1786.

462. D. 21. zu Dippoldiswalde der Rector der dasigen Stadtschule Christian Friedrich Lohse im 63. J. s. A.

463. D. 21. zu Breslau Gottfr. Mirksch, königl. preuß. emerit. Justizrath u. Inhaber des allgem. Ehrenz. erst. Kl. — 74 J. a.

464. D. 22. zu Eddiehausen (Inspektion Bovenden) der Pastor Scheuch.

465. D. 22. zu Parchen bei Magdeburg der königl. preuß. Kammerherr v. Byern.

466. D. 22. zu Wien Johann Baptist Edler v. Hopfen, k. k. Rath und Sekretär der k. k. Oberpolizeidirection — 62 J. a.

467. D. 23. zu Stade im 67. Jahre Joachim Deetjen, Kapitän der kön. großbrit. hannöv. Elbwachfregatte zu Bronnshausen.

468. D. 23. zu Wien Franz Engel, fürstl. Liechtensteinscher Baudirector — 51 J. a.

469. D. 24. zu Riesenburg L. v. Velten, Regimentsarzt b. 5. Kürassierregim., Ritter d. eis. Kr. 2. Kl.

470. D. 24. zu Wien Fürst Wilh. v. Auersperg — geb. d. 5. Oct. 1782.

471. D. 25. zu Spandow Heinrich Danzehl, Bataillonsarzt im königl. Gardegarnisonbataillon, Ritter des eisernen Kreuzes.

472. D. 26. zu Ebersdorf bei Lobenstein August Heinrich Frank, vormals Stifts-Merseburgscher Regierungs- und Konsistorialrath und zuletzt großherzogl. sächs. Kreisamtmann in Neustadt a. d. Orla — 77 J. a.

473. D. 26. zu Pösneck Sigismund Gottlob Friedrich Helmershausen, Dr. med. herzogl. Hildburgh. Rath, Stadtphysikus und ausübender Arzt zu Pösneck.

474. D. 26. zu Stolpe der Regierungsrath C. F. Puppel — 42 J. a.

475. D. 27. zu Danzig von Genzkow, geh. Justizrath und Rath beim Kommerz- u. Admiralitätskollegium — 74 J. a.

615. D. 24. zu Wien der Dr. phil. Friedr. Aug. Wilh. Krause, Vorsteher einer Erziehungsanstalt und Mitglied mehrerer gel. Gesellschaften, durch Bearbeitungen Paulinischer Briefe bekannt — 60 J. a., geb. 1767.

616. D. 24. zu Plön der großfürstl. holstein. Etatsrath v. Saldern.

617. D. 24. zu Sprottau d Proconsul v. Bredow.

618. D. 25. zu Stade der Stadt- u. Steuerrichter Georg Ernst Willmanns.

619. D. 25. zu Borna der Schwarzburg-Sondershäusische Hofrath Dr. Friedr. Gottl. Brunnmann — im 90. J. s. A.

620. D. 25. zu Osten der Amtsassessor Friedrich Erich v. Coulon.

621. D. 26. zu Berlin der Major Graf v. Oertzen.

622. D. 26. zu Düsseldorf der königl. preuß. Oberst a. D., Ritter des Ordens pour le mérite, Wilh. Ludw. v. Pestel — im 70. J.

623. D. 27. zu Wien der Chemiker Franz Ferrari — 75. J. alt.

624. D. 28. zu Berlin der kön. preuß. Directorialagent Gottschalk Helft — 87 J. a.

625. D. 28. zu Wesel der kön. Hauptmann u. Ingenieur vom Platz, Carl v. Rhade, Ritter des eisernen Kreuzes 2. Kl. und des kurfürstl. hess. eis. Helmordens.

626. D. 29. zu Seegnitz bei Marktbreit der vormalige Inspector des Naturalienkabinets zu Niesky Heinr. Impekoven — 48 J. a.

627. D. 29. zu Wien Anton Banko, Doctor der Arzneikunde, Magister der Geburtshülfe und Mitgl. der k. k. med. Fakult. daselbst.

628. D. 29. zu Röckingen bei Ansbach Joh. Dittmar Schmid, Senior u. Pfarrer daselbst — im 75. J.

629. D. 29. zu Wien der Prof. an der k. k. Akademie der bildenden Künste Anton Kallianer — 59 J. alt.

630. D. 29. zu Soran i. d. L. Aug. v. Unwerth, kön. pens. Major — 62 J. alt.

631. D. 30. zu Wien Eduard Guldener v. Lobes, Dr. med., k. k. niederöstr. Regierungsrath und Landesprotomedicus der medizin. Fakultät zu Wien, der Landwirthschaft und ander. gel. Gesellschaften Mitglied — 64 J. alt. Lieferte in frühern Jahren Beiträge zur Halleschen Litztg.

632. D. 30. zu Rehfelde bei Strausberg der Prediger M. Wedel.

633. D. 30. zu Halle der kön. preuß. Hauptmann a. D. Franz Ulrich v. Trotha.

634. D. 30. zu Frauenfeld nach langen und vielen dem Kanton geleisteten Diensten der Regier. Rath Rud. Dumelin — im 76. J.

April.

635. D. 1. April starb zu Wien d. Prof. d. Musik und Organist in der k. k. Ingenieurakademie Wenzel Schweizar — 56 J alt.

636. D. 1. zu Halle Dr. Andreas Rudolph Köhler, Adjunct. minist. Halensis und Oberinspector der deutschen Schulen des Waisenhauses zu Halle, dessen Beschreibung er 1799 herausgab; geb. 1763. Strenge Rechtlichkeit und theilnehmendes Wohlwollen des Charakters, genaue Ordnung und Pünktlichkeit in den Geschäften zierten sein Leben; sein Geist besaß vorzügliche Kenntnisse, unter andern in der hebräischen Sprache, welche er früherhin in der lateinischen Schule des Waisenhauses lehrte. Von Person war er groß und stark.

637. D. 2. zu Darmstadt der kaiserl. russische Staatsrath und Professor der Arzneikunde an der Universität Wilna, Ritter des St. Annen- und St. Wladimirordens Dr. L. v. Bojanus — im 51. J. Für die Anatomie u. Physiologie ein schwerer Verlust. Er schrieb: Ueb. d. Zweck u. die Organisation der Thierarzneischulen. 1805. — Eduard Colemanns Grundsätze des Hufbeschlagens; aus d. Engl. mit Kupfern. 1805.

638. D. 2. zu Perleberg der königl. Justiz[illegible] J. S. Schrötter — im [illegible]. J.

639. D. 2. zu Altranstädt bei Leipzig der [illegible] zu Altranstädt, Großlehna, Detzsch u. [illegible] Dietrich Kümmel — im 79. J.

640. D. 2. zu Graudenz der Poliz[illegible] rath Samuel [illegible] Meyer — [illegible]

641. D. 4. [illegible] Wien der ehr[illegible] Myrdician [illegible] Orden [illegible] J. alt.

642. D. 4 [illegible] [illegible]ann Senne.

643. D. 6 [illegible] stizkommissionsr[illegible]

denkirche — 52 J, a. Er gab heraus: Sollen u. Wollen. 3 Vorlesungen. 1825.

644. D. 5. zu Naila der königl. baier. Landrichter Philipp Heinrich Nürmberger — im 60. J.

645. D. 6. zu Spremberg der königl. Rittmeister u. Eskadronführer Gehrke, Ritter des eisernen Kreuzes 2. Klasse; — im 62. J., nachdem er dem königl. preuß. Regentenhause und seinem Vaterlande 47 J. mit Auszeichnung gedient hatte. Durch redlichen Sinn und lobenswerthe Eigenschaften als Soldat und Mensch erwarb er sich ungetheilte Achtung und Liebe, wodurch das Lob gerechtfertigt wird, welches an seinem Grabe auszusprechen Ref. nicht allein seine freundschaftliche Beziehung zu dem Verewigten berechtigte, sondern auch die Bestimmung des Offizierkorps verpflichtete.

646. D. 6. zu Groß-Glogau Gottlieb Friedrich Jagwitz, pens. königl. O. L. G.-Rath und Ritter des roth Adlerordens 3. Kl., — 77 J. a.

647. D. 7. zu Wien der Oberstwachtmeister u. Unterlieutenant der k. k. Trabanten-Leibgarde, Ritter des russ. kaiserl. St. Wladimir- und des kön. baier. militär. Max-Josephsordens, Franz Schwab, Edler v. Doggenburg — 60 J. a.

648. D. 7. zu Göttingen Dr. Gotthard.

649. D. 7. zu Berlin der geheime Registrator Joh. Christ. Flemming — im 66. J.

650. D. 7. zu Gehrde der Pastor Gustav Adolph Peithmann.

651. D. 8. zu Wittenberg Ludw. Franz, Steuerrath und Oberzollinspector.

652. D. 8. zu Wien der Weltpriester und Katechet in der k. k. Normal-Hauptschule bei St. Anna Ignaz Reinharter — 35 J. a.

653. D. 8. zu Liebenthal Carl Lange, Kanonikus und pens. Rector des königl. kathol. Gymnas. zu Glogau — 75 J. alt.

654. D. 8. zu Hamburg der Kaufmann H. G. Wolter Freudentheil, geb. d. 19. Oct. 1775 zu Stade. Er leistete in seinen letzten Lebensjahren als Provinzialgroßmeister den vereinigten Logen Berliner Konstitution in Niedersachsen wohlthätige Dienste.

das schöne Haus in Prag und 700,000 Fl. C. M., Generalmajor Christian Graf Kinsky ist der Erbe der beiden Güter in Oestreich, des Hauses in Wien und von 40,000 Fl. baar. Der Generalmajor Franz Kinsky erhielt 20,000 Gl. baar und eine jährliche Rente von 2000 Fl. Endlich der Generalmajor Graf Anton Kinsky, Kommandant von Salzburg, erhielt 30,000 Fl. baar und eine jährliche Rente von 3000 Fl. C. M.

516. D. 14. zu Offenbach der fürstl. Ysenburgsche Hofkammerrath Gottfried Ludw. Kugler — 58 J. a.

517. D. 14. zu Lewin in Schles. der Oberamtmann Dinter im 73. J. s. L.

518. D. 14. zu Crailsheim der luther. Dekan und Stadtpfarrer Heinr. Aug. Joh. Welsch — 67 J. a. Er war geb. zu Heilsbrunn bei Ansbach d. 7. Febr. 1760, wurde Pfarrer zu Wildenstein 1784, zu Blaufelden 1795, Dekan das. 1810, Dekan zu Crailsheim 1812.

519. D. 15. zu Eisenberg der Hofapotheker Friedr. Wilh. Herrmann — 55 J. a.

520. D. 15. zu Berlin der geheime Rechnungsrath und Dirigent der geheimen Kalkulatur der Domänen u. Forstverwaltung im k. Finanzministerium Karl Friedr. Küchenbäcker — 47 J. a.

521. D. 15. zu Schneidemühl der westpreuß. Landschaftssyndikus, Christ. Friedr. Conrad im 76. J. s. A.

522. D. 16. zu Sohrau in O. S. Car v. Tauer kgl. Major a. D. — 54 J. a.

523. D. 16. zu Leipzig der Dr. Jur. Ernst Gottlob Stiehler (ehemals Universitäts-Probsteigerichtsdirector) — 79 J. a.

524. D. 16. zu Spandow bei Berlin der kgl. preuß. Hauptmann Anton Joseph Gottlieb Bürger d. 2.

525. D. 16. zu Bankau in Schles. Graf Moritz Ferdin. v. Posadowsky, königl. Kammerherr.

526. D. 17. zu Burtehude der pens. Major Joh. Georg Niemeyer.

527. D. 17. zu Schöningen der pensionirte Amtmann Georg Otto Meyer.

528. D. 17. zu Breslau der pension. Polizeikommiss. Gottl. Pohl — 77 J. a.

529. D. 17. zu Grevismühlen d. Dr. med. Heinrich Anton Eberhard Kunze — 45 J. a.

530. D. 17. zu Breslau der Dr. med. Brehm, 42 J. a.

531. D. 18. zu Elbing der Dr. med. Krispin.

676. D. 18. zu Woosten in der Präpositur Goldberg der Pastor A. D. Fredenhagen.

677. D. 18. zu Wien Franz Sigl, Kirchenpropst an der Metropolitankirche bei St. Stephan — 49 J. a.

678. D. 19. zu Wien der pens. k. k. Major Peter von Gustin, Ritter des französ. Ludwigordens und Inhaber der silbernen Tapferkeitsmedaille — 55 J. a.

679. D. 19. zu Langen Gustav Friedr. Ludwig Wieprecht von der Hagen, Erb- Lehn- u. Gerichtsherr auf Langen und Göttlin.

680. D. 19. zu Wien der akadem. Mahler Joseph Kurz — 59 J. a.

681. D. 20. zu Wien Sebastian Jäger, akad. Maler — 71 J. a.

682. D. 20. zu Wien der k. k. pension. Rittmeister Anton von Czernyus — 53 J. a.

683. D. 21. zu Frankfurt a. M. der wirkl. erzbischöfl. geistl. Rath und Custos des ehemaligen Bartholomäusstifts Batton in e. Alter von 86 J. 11 M.; allgemein hochgeschätzt. Möchte ein Kenner der Geschichte seine Manuscripte ordnen und das Publikum mit den Früchten seiner Forschungen im Fache der Alterth. und besonders mit seiner Topographie von Frankfurt beglücken, an deren Vollendung ihn leider seine frühe Erblindung verhinderte. Dies wäre das beste Denkmal für den Verew. Er war als Alterthumsforscher, besonders für die Antiquitäten der Stadt Frankfurt bekannt — geb. 1740.

684. D. 21. zu Galenbeck im Mecklenburg-Strelitz der landgräfl. hessische Geheimerath von Rieben.

685. D. 21. zu Bubliz bei Köslin Michael Friedrich Forkel, Fabrikeninspektor.

686. D. 23. zu Breslau Hans Bernhard Wilh. Plümicke, königl. pens. Regierungsrath — 73 J. a.

687. D. 23. zu Stockhausen bei Berlin (?) der Freiherr von der Reck.

688. D. 23. zu Berlin der wirkl. geheime expedirende Sekretär im kön. Staatsministerium August Seeger — 49 J. a.

689. D. 23. zu Berlin der königl. geheime Oberfinanzrath Dürr — 65 J. a.

690. D. 23. zu Deuz im Nassauschen Ferdinand von Wedell, Lieutenant.

691. D. 24. zu Pößneck der Bürgermeister und Buchhändler Christoph Tobias Dietrich — 87 J. a.

mitglied der medizinischen Fakultät in Paris, Besitzer der k. k. großen goldnen Ehrenmedaille, Ritter des kaiserl. russ. Wladimirordens 2. Kl. und des großh. bad. Verdienstordens — 53 J. a.

547. D. 22. zu Kulmitsch bei Weida der königl. neapolitanische General außer D. Heinrich Traugott v. Metsch.

548. D. 22. zu Wien Andrä Cremes, k. k. pens. Hofsekretär, Professer a. d. k. k. Ingenieurakademie — 73 J. a.

549. D. 23. zu Berlin (?) der k. pr. pens. Ingenieurkapitän Karl Aug. Wilh. Wenzel — 42 J. a. Ritter d. eis. Kr. 2. u. d. kais. russ. St. Wladimir Ord. 4. Kl. Lehrer der vereinigten kön. Artill. u. Ingenieurschule üb. Fortifikation. (Früher als Lieutenant 1805 in Magdeburg gestanden, dem Feldzug von 1805 u. 1806 beigewohnt, als Feldingenieur, die Festung Hameln mit übernommen 1805, die Festung Nienburg 1806 mit befestigt und dort 1806 gefangen. Im J. 1809 in Breslau u. Cosel als Ingenieurofficier zum Bau angestellt; 1810 Lehrer des Zeichnens u. Aufnehmens bei der königl. Kriegsschule zu Breslau, den Feldzügen 1813 u. 14 als Feldingenieur im Stabe des Fürsten Blücher u. Gen. Feldmarschalls Kleist v. Nollendorff mit beigewohnt; 1813 zum Hauptm. avancirt u. das eis. Kr. 2. Kl. erhalten; 1814 den kais. russ. Wladimirorden 4. Klasse erhalten und bis 1815 in der Festung Schweidnitz u. Silberberg gestanden, dann zur Armirung von Jülich gesandt, 1817 in Wesel, 1821 in Cüstrin gestanden und 1822 in das jetzige Verhältniß getreten. Geboren zu Bomst im Großherzogthum Posen d. 10. Oktbr. 1785. — S. Schriften: Das militärische Zeichnen. 1814. 1. Bd. — Abhdlg. üb. Emplacement der Festungen. 1818. Abhdlg. üb. die Blitzableiter, übersetzt aus dem Französischen. 1818. 1. Bd. — Militärische Blätter 1809 — 24. — Allgem. Versuch der Fortifikation von Bousmard (übersetzt aus dem Französischen) 1821. — Angriff u. Vertheidigung fester Plätze in 2 Thl. 1823. — Ueber den förmlichen Angriff und Vergleichung aller Angriffsvorschläge mit Bezug der neuesten Belagerungen und Erfahrungen. 1824. Die Sappenlehre u. die der Minen im ganzen Umfange. 1824.

550. D. 24. zu Lindchen bei Cottbus v. Rötzberg, Major v. d. Armee.

551. D. 24. zu Berlin der geheime expedirende Se-

kretär bei der General-Militärkasse, Christian Friedrich Lawisch.

552. D. 26. (im Königr. Sachsen, wo? ist nicht gesagt) Aug. Ludw. v. Stieglitz, kön. sächs. Hauptmann v. d. Armee.

553. D. 27. zu Nürnberg Christian Siegmund Andreas v. Imhof auf Ziegelstein und Weidenmühle, Assessor am vormal. Reichsstadt-Nürnbergschen Land- und Bauerngericht — 52 J. alt.

554. D. 27. zu Culm in Westpreußen der evangel. Prediger J. H. Biemann — nach vollendetem 61. J.

555. D. 27. zu Weinzliz bei Hof der königl. preuß. pens. Oberforstmeister Heinrich Carl Philipp v. Feilitzsch auf Weinzliz — 76 J. a.

556. D. 27. zu Breslau Carl Gottlob Deckart, pens. Regierungs-Kanzleidirector — 82 J. a.; geb. zu Sagan den 15. Septbr. 1746. Gab heraus: Briefe 1768. — Ueb. Briefe u. Titulaturen; in d. schles. Titularbuch (1785); Redig. v. 8. Bd. an d. schles. Edictensammlung u. gab 1790 d. allg. Regist. zu denselb. währ. d. Reg. Friedr. II. heraus.

557. D. 27. zu Ansbach der königl. baier. Kreisforstcontrolleur Johann Christian Oertel — 48 J. a.

558. D. 27. zu Dresden der Finanz-Assistenzrath Christian Gottlob Matthäi — 83 J. a.

559. D. 28. zu Steinau in Schles. der Pfarrer Jos. Böhm — 62 J. a.

560. D. 28. zu Slawkau bei Ratibor der Pfarrer Joh. Wodarsz — 59 J. a.

561. D. 28. zu Freiberg M. Christ. Gottlob Andreas, 5. Lehrer am Gymnasium daselbst — 29 J. a.

562. Im Febr. zu Aachen der Dr. med. Solters. An ihm verlor diese Stadt nicht nur einen ihrer geschicktesten Aerzte, sondern auch einen leidenschaftlichen Blumisten. Schade, daß seine Blumensammlung, aus mehrern Tausenden der seltensten und prachtvollsten tropischen Gewächse bestehend, von den Erben meistbietend verkauft und dadurch ganz zersplittert worden ist.

563. Im Febr. der Buchhändler Jm. Müller in Leipzig.

März.

564. D. 1. März starb zu Hitzacker d. Amtmann Friedrich Justus Willich.

565. D. 1. zu Johann-Georgenstadt im Erzgebirge der dasige Pfarrer M. Franz Thom. Kröger im 65.

Lebensjahre. Er ward zu Schneeberg i. J. 1762 geboren, hatte i. J. 1790 das Diakonat zu Johann-Georgenstadt erhalten und war 1807 in das Pastorat aufgerückt. Im Druck hat er blos herausgegeben: Das wunderbare Mädchen zu Johann-Georgenstadt; eine Kranken- und Schwärmergeschichte. 1820.

566. D. 1. zu Breslau der königl. Justizrath Karl Gottl. Rambach — 50 J. alt.

567. D. 2. zu Lindau der pens. königl. baier. Major Jos. v. Fels — 70 J. a.

568. D. 2. zu Bern Karl Eman. v. Stürler, von Ursellen, geb. 1738, das einzige noch übrig gebliebene Mitglied des ehemaligen kleinen Rathes der Stadt Bern. Im J. 1814 nahm er seine Stelle im kleinen Rathe wieder ein und zog sich 1821 in die ländliche Stille zurück. (Der im Dec. 1825 zu Petersburg gefallene Oberst v. St. war sein Sohn).

569. D. 2. zu Seehausen der Bürgermeister Kluge.

570. D. 3. zu Berlin der königl. preuß. Hauptmann a. D. und erste Expedient bei dem Polizeipräsidium Ernst With. Heinr. Woldeck v. Arneburg — 35 J. alt.

571. D. 3. zu Rietz Günth. v. Bucholtz, Herr auf Rietz, Malterhausen und Zubehör — im 25. J.

572. D. 3. zu Wesel der königl. Rittmeister und Eskadronschef im 17. Landwehr-Regim. Friedr. Wilh. v. Stwolinsky — 39 J. alt.

573. D. 3. zu Eikeloh (Inspection Schwarzstedt) der Pastor Stöckberg.

574. D. 4. zu Cösfeld der weiland fürstl. Salm-Horstmarsche Hofprediger, Konsistorialrath u. Pfarrer bei der vereinigten evangel. Gemeinde zu Cösfeld, Friedr. Christoph Machenhauer — 67 J. a.

575. D. 4. zu Torgau der Archidiakonus M. Joh. Christ. Görnitz — im 72. J. s. L., zufolge der ihm von seinem wahnsinnigen Stiefsohne beigebrachten Wunde. Er war 1757 geboren, wurde 1785 Pastor zu Machern, 1792 Diakonus und 1809 Archidiakonus zu Torgau.

576. D. 4. zu Beuthen in Schlesien Leopold Schmidt, Rittmeister a. D. u. Ritter des eisern. Kreuzes 2. Kl.

577. D. 4. zu Pilsnitz bei Breslau der kön. Rittmeister a. D. v. Rüdiger.

578. D. 5. zu Kopenhagen Kenne Wilh. Sophus Brandt, Kapitän im holsteinschen Infanterieregimente — im 38. J.

579. D. 5. zu Neu-Ruppin der Rittmeister Carl Gustav v. Zieten auf Barsickow u. Ponitz — 74 J. a.

580. D. 5. zu Berlin der Kriegsrath Ludwig Gentz.

581. D. 5. zu Wagenfeld (Inspection Diepholz) der Pastor Kuhle.

582. D. 6. zu Hamburg Joh. Heinr. Michaelis, Platzadjut. und Lieuten.

583. D. 6. zu Burgwindheim Karl Moritz Guth, königl. Rentbeamter.

584. D. 6. zu Mitau der kaiserl. russ. Generallieutenant a. D. Freihr. v. Driesen — im 83. J.

585. D. 6. zu Wien Jacob Hackmüller, Rechnungsrath bei dem k. k. Hofbaurathe — 54 J. a.

586. D. 6. zu Radeberg Wilh. Ludw. v. Römer, königl. sächs. Hauptmann v. d. Armee, Senior des Römerschen Geschlechts.

587. D. 8. zu Bonn der königl. Hofgerichtsrath v. Wahl — im 36. J.

588. D. 9. zu Dobbertin im Mecklenb. J. M. E. (Friederike) v. Hobe a. d. Hause Carlowitz, Conventualin — im 77. J.

589. D. 9. zu Berlin der königl. pens. Bildhauer Ch. Unger.

590. D. 10. zu Mittelstein in Schlesien der Pfarrer Brasel — im 59. J.

591. D. 11. zu Sagestorf bei Sternberg Carl Stephan Nicolaus v. Plönnies — im 80. J.

592. D. 11. zu Wien Joseph v. Lethenyey, Oberstlieutenant und Director der k. k. Stückgießerei — 77 J. alt.

593. D. 12. zu Plate (Inspection Lüchow) der Pastor Hunnemann — in der Blüthe seines Alters.

594. D. 13. wurde zu Hamburg der Kanonikus und pens. Hauptmann Arnold Dietrich Lamm in seinem Logis ermordet gefunden. Die Polizeibehörde daselbst setzte 300 Thlr. auf die Entdeckung des Mörders.

595. D. 13. zu Dobbertin im Mecklenburgschen der Forstinspector Wilh. Otto Struve — im 55. J.

596. D. 13. zu Berlin der geheime Registrator im Kriegsministerium H. Ackermann.

597. D. 14. zu Schkeuditz C. F. W. Mitsching, Dr. med. et Chir. — 33 J. a.

598. D. 14. zu Potsdam der königl. preuß. Oberst von der Kavallerie Aug. Leopold v. Stutterheim.

599. D. 14. zu Elingen der fürstlich Schwarzburg-Sondershäusische Hofrath Just. Rud. v. Riebecker — 74 J. alt.

600. D. 15. wurde ermordet der kön. baier. Militär-Administrationskommissär Palm in Landau.

601. D. 15. zu Klipphausen bei Dresden die Gemahlin des Prinzen Heinrich LXIII. jüng. L. Reuß, geb. Gräfin zu Stolberg-Wernigerode.

602. D. 16. zu Busch bei Hagen der Freiherr Friedr. v. Syberg, Landtagsabgeordneter und Assessor der Märkschen Synode.

603. D. 16. zu Homburg v. d. Höhe der landgräfl. hess. Bauinspector Friedr. Wittmann — im 64. J.

604. D. 16. zu Weissenfels der ehemal. preuß. Feldjäger und nachherige Militär-Pensionär Aug. Christ. Streithorst — im 88. J. Er diente im 7jähr. Kriege unter dem großen Friedrich und erwarb sich durch Tapferkeit Ruhm.

605. D. 17. zu Gotha der Kandidat Leopold Hälzer — 27 J. alt.

606. D. 19. zu Frankfurt a/O. der königl. Regierungssekretär Assessor Sucker — im 64. J.

607. D. 19. zu Tharand der Dr. jur. und Rechtsconsulent Carl Benjamin Staffel — im 80. J.

608. D. 20. zu Wien Adam Johann Braun, k. k. Maler, Mitglied der k. k. Akademie der bildenden Künste, Gemälde-Schatzmeister bei der k. k. niederöstreich. Landrechten- und Zollgefällenadministration — 79 J. a.

609. D. 20. zu München der kön. baier. wirkl. Geheime-Staatsrath im außerordentlichen Dienste, Jubiläus und des Civilverdienstordens der baier. Krone Kommandeur Joh. Nepom. Freiht. v. Käseth — im 80. J.

610. D. 22. Gräfin Caroline Friederike Helene Johanne, Wittwe des Grafen Friedrich Ludwig zu Castell-Rüdenhausen, geb. d. 15. Dec. 1755.

611. D. 22. zu Neu-Ulm der kön. baier. Kämmerer und Polizeikommissär Thaddä, Freihr. v. Widnmann.

612. D. 22. zu Wien Franz Grabner, Rechnungsrath bei der k. k. Banco-Hofbuchhandlung.

613. D. 22. zu Wien Georg Ritter v. Scheldon, k. k. Kämmerer — im 72. J. s. A.

614. D. 23 zu Wien Jos. Steinbauer, Dr. med. und Mitglied der Facultät — im 64. J.

615. D. 24. zu Wien der Dr. phil. Friedr. Aug. Wilh. Krause, Vorsteher einer Erziehungsanstalt und Mitglied mehrerer gel. Gesellschaften, durch Bearbeitungen Paulinischer Briefe bekannt — 60 J. a., geb. 1767.

616. D. 24. zu Plön der großfürstl. holstein. Etatsrath v. Saldern.

617. D. 24. zu Sprottau d Proconsul v. Bredow.

618. D. 25. zu Stade der Stadt- u. Steuerrichter Georg Ernst Willmanns.

619. D. 25. zu Borna der Schwarzburg-Sondershäusische Hofrath Dr. Friedr. Gottl. Brunnmann — im 90. J. s. A.

620. D. 25. zu Osten der Amtsassessor Friedrich Erich v. Coulon.

621. D. 26. zu Berlin der Major Graf v. Oertzen.

622. D. 26. zu Düsseldorf der königl. preuß. Oberst a. D., Ritter des Ordens pour le mérite, Wilh. Ludw. v. Pestel — im 70. J.

623. D. 27. zu Wien der Chemiker Franz Ferrari — 75. J. alt.

624. D. 28. zu Berlin der kön. preuß. Directorialagent Gottschalk Helft — 87 J. a.

625. D. 28. zu Wesel der kön. Hauptmann u. Ingenieur vom Platz, Carl v. Rhade, Ritter des eisernen Kreuzes 2. Kl. und des kurfürstl. hess. eis. Helmordens.

626. D. 29. zu Seegnitz bei Marktbreit der vormalige Inspector des Naturalienkabinets zu Niesky Heinr. Impekoven — 48 J. a.

627. D. 29. zu Wien Anton Banko, Doctor der Arzneikunde, Magister der Geburtshülfe und Mitgl. der k. k. med. Fakult. daselbst.

628. D. 29. zu Röckingen bei Ansbach Joh. Dittmar Schmid, Senior u. Pfarrer daselbst — im 75. J.

629. D. 29. zu Wien der Prof. an der k. k. Akademie der bildenden Künste Anton Kallianer — 59 J. alt.

630. D. 29. zu Soran i. d. L. Aug. v. Unwerth, kön. pens. Major — 62 J. alt.

631. D. 30. zu Wien Eduard Guldener v. Lobes, Dr. med., k. k. niederöstr. Regierungsrath und Landesprotomedicus der medizin. Fakultät zu Wien, der Landwirthschaft und ander. gel. Gesellschaften Mitglied — 64 J. alt. Lieferte in frühern Jahren Beiträge zur Halleschen Litztg.

632. D. 30. zu Rehfelde bei Strausberg der Prediger M. Wedel.

633. D. 30. zu Halle der kön. preuß. Hauptmann a. D. Franz Ulrich v. Trotha.

634. D. 30. zu Frauenfeld nach langen und vielen dem Kanton geleisteten Diensten der Regier. Rath Rud. Dumelin — im 76. J.

April.

635. D. 1. April starb zu Wien d. Prof. d. Musik und Organist in der k. k. Ingenieurakademie Wenzel Schweizar — 56 J. alt.

636. D. 1. zu Halle Dr. Andreas Rudolph Köhler, Adjunct. minist. Halensis und Oberinspector der deutschen Schulen des Waisenhauses zu Halle, dessen Beschreibung er 1799 herausgab; geb. 1763. Strenge Rechtlichkeit und theilnehmendes Wohlwollen des Charakters, genaue Ordnung und Pünktlichkeit in den Geschäften zierten sein Leben; sein Geist besaß vorzügliche Kenntnisse, unter andern in der hebräischen Sprache, welche er früherhin in der lateinischen Schule des Waisenhauses lehrte. Von Person war er groß und stark.

637. D. 2. zu Darmstadt der kaiserl. russische Staatsrath und Professor der Arzneikunde an der Universität Wilna, Ritter des St. Annen- und St. Wladimirordens Dr. L. v. Bojanus — im 51. J. Für die Anatomie u. Physiologie ein schwerer Verlust. Er schrieb: Ueb. d. Zweck u. die Organisation der Thierarzneischulen. 1805. — Eduard Colemanns Grundsätze des Hufbeschlagens; aus d. Engl. mit Kupfern. 1805.

638. D. 2. zu Perleberg der königl. Justizkommissär J. S. Schrötter — im 58. J.

639. D. 2. zu Altranstädt bei Leipzig der Past. emerit. zu Altranstädt, Großlehna, Oetzsch u. Tröben Joh. Carl Dietrich Kümmel — im 79. J.

640. D. 2. zu Graudenz der Polizeidirector u. Kriegsrath Samuel Friedr. Meyer — im 69. J.

641. D. 4. zu Wien der ehrw. Pater Matthäus Myrdician aus dem Orden der Mechitaristen — 61 J. alt.

642. D. 4. zu Kalisch der Geheime-Rath Johann Senne.

643. D. 5. zu Hirschberg in Schlesien der kön. Justizkommissionsrath Tietze, Ob. Vorst. der evangel. Gna-

denkirche — 52 J. a. Er gab heraus: Sollen u. Wollen. 3 Vorlesungen. 1825.

644. D. 5. zu Naila der königl. baier. Landrichter Philipp Heinrich Nürmberger — im 60. J.

645. D. 6. zu Spremberg der königl. Rittmeister u. Eskadronführer Gehrke, Ritter des eisernen Kreuzes 2. Klasse; — im 62. J., nachdem er dem königl. preuß. Regentenhause und seinem Vaterlande 47 J. mit Auszeichnung gedient hatte. Durch redlichen Sinn und lobenswerthe Eigenschaften als Soldat und Mensch erwarb er sich ungetheilte Achtung und Liebe, wodurch das Lob gerechtfertigt wird, welches an seinem Grabe auszusprechen Ref. nicht allein seine freundschaftliche Beziehung zu dem Verewigten berechtigte, sondern auch die Bestimmung des Offizierkorps verpflichtete.

646. D. 6. zu Groß-Glogau Gottlieb Friedrich Jagwitz, pens. königl. O. L. G.-Rath und Ritter des roth Adlerordens 3. Kl., — 77 J. a.

647. D. 7. zu Wien der Oberstwachtmeister u. Unterlieutenant der k. k. Trabanten-Leibgarde, Ritter des russ. kaiserl. St. Wladimir- und des kön. baier. militär. Max-Josephsordens, Franz Schwab, Edler v. Doggenburg — 60 J. a.

648. D. 7. zu Göttingen Dr. Gotthard.

649. D. 7. zu Berlin der geheime Registrator Joh. Christ. Flemming — im 66. J.

650. D. 7. zu Gehrde der Pastor Gustav Adolph Peithmann.

651. D. 8. zu Wittenberg Ludw. Franz, Steuerrath und Oberzollinspector.

652. D. 8. zu Wien der Weltpriester und Katechet in der k. k. Normal-Hauptschule bei St. Anna Ignaz Reinharter — 35 J. a.

653. D. 8. zu Liebenthal Carl Lange, Kanonikus und pens. Rector des königl. kathol. Gymnas. zu Glogau — 75 J. alt.

654. D. 8. zu Hamburg der Kaufmann H. G. Wolter Freudentheil, geb. d. 19. Oct. 1775 zu Stade. Er leistete in seinen letzten Lebensjahren als Provinzialgroßmeister den vereinigten Logen Berliner Konstitution in Niedersachsen wohlthätige Dienste.

655. D. 10. zu Leobschütz Franz Weidlich, Rect. der Elementarschule — 59 J. a. Ein sehr geachteter Mann.

656. D. 10. zu Wien Karl Joseph Hiß, der Arzneik. Doctor u. der med. Fakult. Mitgl. — 66 J. a.

657. D. 10. der Pfarrer und Senior Mayer zu Obernbreit im Untermainkreise im 85. J. s. L. und 60. J. würdig geführten Amtes

658. D. 11. zu Erxleben der Comthur des St. Johanniterordens Valentin Joachim von Alvensleben auf Erxleben, Isenschnibbe im 75. J.

659. D. 11. zu Cürtshagen bei Anclam der Premierlieutenant a. D. Louis von Borcke, Ritter des eisernen Kreuzes 2. und des kaiserl. russ. St. Georgsordens 5. Klasse.

660. D. 11. zu Wien der k. k. wirkl. Hofrath und Dir. des geh. Staatshofs und Hausarchivs 2c. Franz Karl Ludwig Rademacher — 72 J. a.

661. D. 12. zu Wilbel bei Hanau der großherzogl. Oberschuldheiß Adam Joseph Bermann — geboren daselbst.

662. D. 12. zu Burg der Kreis- u. Stadtwundarzt Ludwig Locher — 75 J. a.

663 D. 13. zu Leipzig der Doctor Joh. Friedr. Aug. Schneider, Besitzer des Hôtel de Prusse daselbst.

664. D. 13. zu Madlitz in der Mittelmark August Wilhelm von Schierstädt — 46 J. a.

665. D. 13. zu Dresden der Hauptmann Kirsten — 80 J. a.

666. D. 14. zu Köritz bei Berlin der Prediger Heinrich Berends.

667. D. 14. zu Stuttgart Maximilian Joseph Graf v. Waldburg-Zeil-Wurzach, Maltheserritter und kön. würtemb. Kammerherr.

668. D. 16. zu Berlin der königl. Major a. D. von Gureßky — 84 J. a.

669. D. 16. zu Salzfurt der herzogliche Dessausche Amtmann daselbst Joh. Friedr. Lübbecke im 60. J.

670. D. 17. zu Uckermünde August Richter, Bürgermeister.

671. D. 17. zu Jakobshagen Eduard Wilde, Rektor.

674. D. 17. zu Wien Anton Schmidtbauer, Kirchendirektor und Beichtvater im Kloster bei St. Ursula — 68 J. a.

675. D. 18. zu Esstebrügge der Pastor Voß im 52. J.

676. D. 18. zu Woosten in der Präpositur Goldberg der Pastor A. D. Fredenhagen.

677. D. 18. zu Wien Franz Sigl, Kirchenpropst an der Metropolitankirche bei St. Stephan — 49 J. a.

678. D. 19. zu Wien der pens. k. k. Major Peter von Gustin, Ritter des französ. Ludwigordens und Inhaber der silbernen Tapferkeitsmedaille — 55 J. a.

679. D. 19. zu Langen Gustav Friedr. Ludwig Wieprecht von der Hagen, Erb- Lehn- u. Gerichtsherr auf Langen und Göttlin.

680. D. 19. zu Wien der akadem. Mahler Joseph Kurz — 59 J. a.

681. D. 20. zu Wien Sebastian Jäger, akad. Maler — 71 J. a.

682. D. 20. zu Wien der k. k. pension. Rittmeister Anton von Czernyus — 53 J. a.

683. D. 21. zu Frankfurt a. M. der wirkl. erzbischöfl. geistl. Rath und Custos des ehemaligen Bartholomäusstifts Batton in e. Alter von 86 J. 11 M.; allgemein hochgeschätzt. Möchte ein Kenner der Geschichte seine Mannscripte ordnen und das Publikum mit den Früchten seiner Forschungen im Fache der Alterth. und besonders mit seiner Topographie von Frankfurt beglücken, an deren Vollendung ihn leider seine frühe Erblindung verhinderte. Dies wäre das beste Denkmal für den Verew. Er war als Alterthumsforscher, besonders für die Antiquitäten der Stadt Frankfurt bekannt — geb. 1740.

684. D. 21. zu Galenbeck im Mecklenburg-Strelitz der landgräfl. hessische Geheimerath von Rieben.

685. D. 21. zu Bubliz bei Köslin Michael Friedrich Forkel, Fabrikeninspektor.

686. D. 23. zu Breslau Hans Bernhard Wilh. Plümicke, königl. pens. Regierungsrath — 73 J. a.

687. D. 23. zu Stockhausen bei Berlin (?) der Freiherr von der Reck.

688. D. 23. zu Berlin der wirkl. geheime expedirende Sekretär im kön. Staatsministerium August Seeger — 49 J. a.

689. D. 23. zu Berlin der königl. geheime Oberfinanzrath Dürr — 65 J. a.

690. D. 23. zu Deuz im Nassauschen Ferdinand von Wedell, Lieutenant.

691. D. 24. zu Pößneck der Bürgermeister und Buchhändler Christoph Tobias Dietrich — 87 J. a.

mitglied der medizinischen Fakultät in Paris, Besitzer der k. f. großen goldnen Ehrenmedaille, Ritter des kaiserl. russ. Wladimirordens 2. Kl. und des großh. bad. Verdienstordens — 53 J. a.

547. D. 22. zu Kulmitsch bei Weida der königl. neapolitanische General außer D. Heinrich Traugott v. Metsch.

548. D. 22. zu Wien Andrä Cremes, k. k. pens. Hofsekretär, Professer a. d. k. k. Ingenieurakademie — 73 J. a.

549. D. 23. zu Berlin (?) der k. pr. pens. Ingenieurkapitän Karl Aug. Wilh. Wenzel — 42 J. a. Ritter d. eis. Kr. 2. u. d. kais. russ. St. Wladimir Ord. 4. Kl. Lehrer der vereinigten kön. Artill. u. Ingenieurschule üb. Fortifikation. (Früher als Lieutenant 1805 in Magdeburg gestanden, dem Feldzug von 1805 u. 1806 beigewohnt, als Feldingenieur, die Festung Hameln mit übernommen 1805, die Festung Nienburg 1806 mit befestigt und dort 1806 gefangen. Im J. 1809 in Breslau u. Cosel als Ingenieuroffizier zum Bau angestellt; 1810 Lehrer des Zeichnens u. Aufnehmens bei der königl. Kriegsschule zu Breslau, den Feldzügen 1813 u. 14 als Feldingenieur im Stabe des Fürsten Blücher u. Gen. Feldmarschalls Kleist v. Nollendorff mit beigewohnt; 1813 zum Hauptm. avancirt u. das eis. Kr. 2. Kl. erhalten; 1814 den kais. russ. Wladimirorden 4. Klasse erhalten und bis 1815 in der Festung Schweidnitz u. Silberberg gestanden, dann zur Armirung von Jülich gesandt, 1817 in Wesel, 1821 in Cüstrin gestanden und 1822 in das jetzige Verhältniß getreten. Geboren zu Bomst im Großherzogthum Posen d. 10. Oktbr. 1785. — S. Schriften: Das militärische Zeichnen. 1814. 1. Bd. — Abhdlg. üb. Emplacement der Festungen. 1818. Abhdlg. üb. die Blitzableiter, übersetzt aus dem Französischen. 1818. 1. Bd. — Militärische Blätter 1809 — 24. — Allgem. Versuch der Fortifikation von Bousmard (übersetzt aus dem Französischen) 1821. — Angriff u. Vertheidigung fester Plätze in 2 Thl. 1823. — Ueber den förmlichen Angriff und Vergleichung aller Angriffsvorschläge mit Bezug der neuesten Belagerungen und Erfahrungen. 1824. Die Sappenlehre u. die der Minen im ganzen Umfange. 1824.

550. D. 24. zu Lindchen bei Cottbus v. Rottberg, Major v. d. Armee.

551. D. 24. zu Berlin der geheime expedirende Se-

kretär bei der General-Militärkasse, Christian Friedrich Lawisch.

552. D. 26. (im Königr. Sachsen, wo? ist nicht gesagt) Aug. Ludw. v. Stieglitz, kön. sächs. Hauptmann v. d. Armee.

553. D. 27. zu Nürnberg Christian Siegmund Andreas v. Imhof auf Ziegelstein und Weidenmühle, Assessor am vormal. Reichsstadt-Nürnbergschen Land- und Bauerngericht — 52 J. alt.

554. D. 27. zu Culm in Westpreußen der evangel. Prediger J. H. Biemann — nach vollendetem 61. J.

555. D. 27. zu Weinzlitz bei Hof der königl. preuß. pens. Oberforstmeister Heinrich Carl Philipp v. Feilitzsch auf Weinzlitz — 76 J. a.

556. D. 27. zu Breslau Carl Gottlob Deckart, pens. Regierungs-Kanzleidirector — 82 J. a.; geb. zu Sagan den 15. Septbr. 1746. Gab heraus: Briefe 1768. — Ueb. Briefe u. Titulaturen; in d. schles. Titularbuch (1785); Redig. v. 4. Bd. an d. schles. Edictensammlung u. gab 1790 d. allg. Regist. zu denselb., währ. d. Reg. Friedr. II. heraus.

557. D. 27. zu Anspach der königl. baier. Kreisforstcontrolleur Johann Christian Oertel — 48 J. a.

558. D. 27. zu Dresden der Finanz-Assistenzrath Christian Gottlob Matthäi — 83 J. a.

559. D. 28. zu Steinau in Schles. der Pfarrer Jos. Böhm — 62 J. a.

560. D. 28. zu Slawkau bei Ratibor der Pfarrer Joh. Wobarsz — 59 J. a.

561. D. 28. zu Freiberg M. Christ. Gottlob Andreas, 5. Lehrer am Gymnasium daselbst — 29 J. a.

562. Im Febr. zu Aachen der Dr. med. Solters. An ihm verlor diese Stadt nicht nur einen ihrer geschicktesten Aerzte, sondern auch einen leidenschaftlichen Blumisten. Schade, daß seine Blumensammlung, aus mehrern Tausenden der seltensten und prachtvollsten tropischen Gewächse bestehend, von den Erben meistbietend verkauft und dadurch ganz zersplittert worden ist.

563. Im Febr. der Buchhändler J. M. Müller in Leipzig.

März.

564. D. 1. März starb zu Hitzacker d. Amtmann Friedrich Justus Willich.

565. D. 1. zu Johann-Georgenstadt im Erzgebirge der dasige Pfarrer M. Franz Thom. Kröger im 65.

876. D. 5. zu Schnakenburg, Gottfr. Leopold Wentz, Bürgermeister von Wustrow.

877. D. 6. zu Zörbig d. Acciskommissär und Justitiar Carl Aug. Wiener — 78 J. a.

878. D. 6. zu Wien Peter Jordan, niederöstr. Regierungsrath u. Mitgl. d. Landwirthschafts-Gesellschaft — 76 J. a.

879. D. 6. zu Weilburg d. herzogl. nassauische Gartendirector Joseph Seidel.

880. D. 7. zu Breslau d. Stadtrath Knoblauch — 52 J. a.

881. D. 7. zu Ellingen Anton Rottinger, Gastgeber zum röm. Kaiser daselbst (genannt Billardwirth), auch Magistratsrath und Rittmeister der kgl. Landwehr.

882. D. 8. Fr. Theresia Gräfin v. Sternbach, des k. k. Oberst-Erblandküchenmeisters im Erzherzogthume Oestreich ob und unter der Ens, dann k. k. niederöstr. Regierungsraths Wittwe, geb. v. Keeß — 79 J. a.

883. D. 8. zu Berlin der geheime Kanzleidirector Friedrich.

884. D. 9. zu Dresden d. Rittm. Georg August Graf zu Solms-Tecklenburg, Adjutant Sr. königl. Hoheit des Prinzen Johann — i. 37. J. s. L.

885. D. 11. zu Berlin d. geh. Haupt-Bankoregistrator Bothe — im 33. Lbsj.

886. D. 11. zu Gedern (Oberhessen) der Hofkaplan Meyer.

887. D. 12. zu Jüterbogk d. königl. Obersteuerkontrolleur Krusemark — im 61. J. s. L.

888. D. 15. zu Berlin Sophie Fried. Elisab. Mayer, die unter dem Namen Sophie Haag mehrere Schriften*), vornehmlich Romane herausgegeben hat.

889. D. 15. zu Herrnstadt Friedr. Arent, königl. Rittmeister und Escadronchef des 2. Hus. Reg., Ritter d. eis. Kreuzes 2. Kl.

890. D. 16. zu Darmstadt der großherz. hess. Oberst H. Schenk zu Schweinsberg auf Hermannstein.

891. D. 16. zu Jacobsdorf bei Winzig v. Leßwitz, pens. Major — im 79. J. s. A.

892. D. 17. zu Wöhrd (Dep. Niederrhein) Johann Friedr. Häcker, Pfarrer das. — im 73. Lbsj.

---

*) Sie finden sich weder im gel. Berlin noch im gel. Deutschland verzeichnet.

578. D. 5. zu Kopenhagen Kenne Wilh. Sophus Brandt, Kapitän im holsteinschen Infanterieregimente — im 38. J.

579. D. 5. zu Neu-Ruppin der Rittmeister Carl Gustav v. Zieten auf Barsickow u. Ponitz — 74 J. a.

580. D. 5. zu Berlin der Kriegsrath Ludwig Gentz.

581. D. 5. zu Wagenfeld (Inspection Diepholz) der Pastor Kuhle.

582. D. 6. zu Hamburg Joh. Heinr. Michaelis, Platzadjut. und Lieuten.

583. D. 6. zu Burgwindheim Karl Moritz Guth, königl. Rentbeamter.

584. D. 6. zu Mitau der kaiserl. russ. Generallieutenant a. D. Freihr. v. Driesen — im 83. J.

585. D. 6. zu Wien Jacob Hackmüller, Rechnungsrath bei dem k. k. Hofbaurathe — 54 J. a.

586. D. 6. zu Radeberg Wilh. Ludw. v. Römer, königl. sächs. Hauptmann v. d. Armee, Senior des Römerschen Geschlechts.

587. D. 8. zu Bonn der königl. Hofgerichtsrath v. Wahl — im 36. J.

588. D. 9. zu Dobbertin im Mecklenb. J. M. E. (Friederike) v. Hobe a. d. Hause Carlowitz, Conventualin — im 77. J.

589. D. 9. zu Berlin der königl. pens. Bildhauer Ch. Unger.

590. D. 10. zu Mittelstein in Schlesien der Pfarrer Brasel — im 59 J.

591. D. 11. zu Sagestorf bei Sternberg Carl Stephan Nicolaus v. Plönnies — im 80. J.

592. D. 11. zu Wien Joseph v. Lethenyey, Oberstlieutenant und Director der k. k. Stückgießerei — 77 J. alt.

593. D. 12. zu Plate (Inspection Lüchow) der Pastor Hunnemann — in der Blüthe seines Alters.

594. D. 13. wurde zu Hamburg der Kanonikus und pens. Hauptmann Arnold Dietrich Lamm in seinem Logis ermordet gefunden. Die Polizeibehörde daselbst setzte 300 Thlr. auf die Entdeckung des Mörders.

595. D. 13. zu Dobbertin im Mecklenburgschen der Forstinspector Wilh. Otto Struve — im 55. J.

596. D. 13. zu Berlin der geheime Registrator im Kriegsministerium H. Ackermann.

597. D. 14. zu Schkeuditz C. F. W. Mitsching, Dr. med. et Chir. — 83 J. a.

598. D. 14. zu Potsdam der königl. preuß. Oberst von der Kavallerie Aug. Leopold v. Stutterheim.

599. D. 14. zu Elingen der fürstlich-Schwarzburg-Sondershäusische Hofrath Just. Rud. v. Riebecker — 74 J. alt.

600. D. 15. wurde ermordet der kön. baier. Militär-Administrationskommissär Palm in Landau.

601. D. 15. zu Klipphausen bei Dresden die Gemahlin des Prinzen Heinrich LXIII. jüng. L. Reuß, geb. Gräfin zu Stolberg-Wernigerode.

602. D. 16. zu Busch bei Hagen der Freiherr Friedr. v. Syberg, Landtagsabgeordneter und Assessor der Märkschen Synode.

603. D. 16. zu Homburg v. d. Höhe der landgräfl. hess. Bauinspector Friedr. Wittmann — im 64. J.

604. D. 16. zu Weißenfels der ehemal. preuß. Feldjäger und nachherige Militär-Pensionär Aug. Christ. Streithorst — im 88. J. Er diente im 7jähr. Kriege unter dem großen Friedrich und erwarb sich durch Tapferkeit Ruhm.

605. D. 17. zu Gotha der Kandidat Leopold Hälzer — 27 J. alt.

606. D. 19. zu Frankfurt a/O. der königl. Regierungssekretär Assessor Sucker — im 64. J.

607. D. 19. zu Tharand der Dr. jur. und Rechtsconsulent Carl Benjamin Staffel — im 80. J.

608. D. 20. zu Wien Adam Johann Braun, k. k. Maler, Mitglied der k. k. Akademie der bildenden Künste, Gemälde-Schatzmeister bei der k. k. niederöstreich. Landrechten- und Zollgefällenadministration — 79 J. a.

609. D. 20. zu München der kön. baier. wirkl. Geheime-Staatsrath im außerordentlichen Dienste, Jubiläus und des Civilverdienstordens der baier. Krone Kommandeur Joh. Nepom. Freiht. v. Käsern — im 80. J.

610. D. 22. Gräfin Caroline Friederike Helene Johanne, Wittwe des Grafen Friedrich Ludwig zu Castell-Rüdenhausen, geb. d. 15. Dec. 1755.

611. D. 22. zu Neu-Ulm der kön. baier. Kämmerer und Polizeikommissär Thaddä, Freihr. v. Widnmann.

612. D. 22. zu Wien Franz Grabner, Rechnungsrath bei der k. k. Banco-Hofbuchhandlung.

613. D. 22. zu Wien Georg Ritter v. Scheldon, k. k. Kämmerer — im 72. J. s. A.

614. D. 23. zu Wien Jos. Steinbauer, Dr. med. und Mitglied der Facultät — im 64. J.

615. D. 24. zu Wien der Dr. phil. Friedr. Aug. Wilh. Krause, Vorsteher einer Erziehungsanstalt und Mitglied mehrerer gel. Gesellschaften, durch Bearbeitungen Paulinischer Briefe bekannt — 60 J. a., geb. 1767.

616. D. 24. zu Plön der großfürstl. holstein. Etatsrath v. Saldern.

617. D. 24. zu Sprottau d Proconsul v. Bredow.

618. D. 25. zu Stade der Stadt= u. Steuerrichter Georg Ernst Willmanns.

619. D. 25. zu Borna der Schwarzburg=Sondershäusische Hofrath Dr. Friedr. Gottl. Brunnmann — im 90. J. s. A.

620. D. 25. zu Osten der Amtsassessor Friedrich Erich v. Coulon.

621. D. 26. zu Berlin der Major Graf v. Oertzen.

622. D. 26. zu Düsseldorf der königl. preuß. Oberst a. D., Ritter des Ordens pour le mérite, Wilh. Ludw. v. Pestel — im 70. J.

623. D. 27. zu Wien der Chemiker Franz Ferrari — 75. J. alt.

624. D. 28. zu Berlin der kön. preuß. Directorialagent Gottschalk Helft — 87 J. a.

625. D. 28. zu Wesel der kön. Hauptmann u. Ingenieur vom Platz, Carl v. Rhade, Ritter des eisernen Kreuzes 2. Kl. und des kurfürstl. hess. eis. Helmordens.

626. D. 29. zu Seegnitz bei Marktbreit der vormalige Inspector des Naturalienkabinets zu Niesky Heinr. Impekoven — 43 J. a.

627. D. 29. zu Wien Anton Banko, Doctor der Arzneikunde, Magister der Geburtshülfe und Mitgl. der k. k. med. Fakult. daselbst.

628. D. 29. zu Röckingen bei Ansbach Joh. Dittmar Schmid, Senior u. Pfarrer daselbst — im 75. J.

629. D. 29. zu Wien der Prof. an der k. k. Akademie der bildenden Künste Anton Kalliauer — 59 J. alt.

630. D. 29. zu Sorau i. d. L. Aug. v. Unwerth, kön. pens. Major — 62 J. alt.

631. D. 30. zu Wien Eduard Guldener v. Lobes, Dr. med., k. k. niederöstr. Regierungsrath und Landesprotomedicus der medizin. Fakultät zu Wien, der Landwirthschaft und ander. gel. Gesellschaften Mitglied — 64 J. alt. Lieferte in frühern Jahren Beiträge zur Halleschen Litztg.

632. D. 30. zu Rehfelde bei Strausberg der Prediger M. Wedel.

633. D. 30. zu Halle der kön. preuß. Hauptmann a. D. Franz Ulrich v. Trotha.

634. D. 30. zu Frauenfeld nach langen und vielen dem Kanton geleisteten Diensten der Regier. Rath Rud. Dumelin — im 76. J.

April.

635. D. 1. April starb zu Wien d. Prof. d. Musik und Organist in der k. k. Ingenieurakademie Wenzel Schweizar — 56 J. alt.

636. D. 1. zu Halle Dr. Andreas Rudolph Köhler, Adjunct. minist. Halensis und Oberinspector der deutschen Schulen des Waisenhauses zu Halle, dessen Beschreibung er 1799 herausgab; geb. 1763. Strenge Rechtlichkeit und theilnehmendes Wohlwollen des Charakters, genaue Ordnung und Pünktlichkeit in den Geschäften zierten sein Leben; sein Geist besaß vorzügliche Kenntnisse, unter andern in der hebräischen Sprache, welche er früherhin in der lateinischen Schule des Waisenhauses lehrte. Von Person war er groß und stark.

637. D. 2. zu Darmstadt der kaiserl. russische Staatsrath und Professor der Arzneikunde an der Universität Wilna, Ritter des St. Annen- und St. Wladimirordens Dr. L. v. Bojanus — im 51. J. Für die Anatomie u. Physiologie ein schwerer Verlust. Er schrieb: Ueb. d. Zweck u. die Organisation der Thierarzneischulen. 1805. — Eduard Colemanns Grundsätze des Hufbeschlagens; aus d. Engl. mit Kupfern. 1805.

638. D. 2. zu Perleberg der königl. Justizkommissär J. G. Schrötter — im 58. J.

639. D. 2. zu Altranstädt bei Leipzig der Past. emerit. zu Altranstädt, Großlehna, Oetzsch u. Tröben Joh. Carl Dietrich Kümmel — im 79. J.

640. D. 2. zu Graudenz der Polizeidirector u. Kriegsrath Samuel Friedr. Meyer — im 69. J.

641. D. 4. zu Wien der ehrw. Pater Matthäus Myrdician aus dem Orden der Mechitaristen — 61 J. alt.

642. D. 4. zu Kalisch der Geheime-Rath Johann Senne.

643. D. 5. zu Hirschberg in Schlesien der kön. Justizkommissionsrath Tietze, Ob. Vorst. der evangel. Gna-

denkirche — 52 J. a. Er gab heraus: Sollen u. Wollen. 3 Vorlesungen. 1825.

644. D. 5. zu Naila der königl. baier. Landrichter Philipp Heinrich Nürmberger — im 60. J.

645. D. 6. zu Spremberg der königl. Rittmeister u. Eskadronführer Gehrke, Ritter des eisernen Kreuzes 2. Klasse; — im 62. J., nachdem er dem königl. preuß. Regentenhause und seinem Vaterlande 47 J. mit Auszeichnung gedient hatte. Durch redlichen Sinn und lobenswerthe Eigenschaften als Soldat und Mensch erwarb er sich ungetheilte Achtung und Liebe, wodurch das Lob gerechtfertigt wird, welches an seinem Grabe auszusprechen Ref. nicht allein seine freundschaftliche Beziehung zu dem Verewigten berechtigte, sondern auch die Bestimmung des Offizierkorps verpflichtete.

646. D. 6. zu Groß-Glogau Gottlieb Friedrich Jagwitz, pens. königl. O. L. G.-Rath und Ritter des roth Adlerordens 3. Kl., — 77 J. a.

647. D. 7. zu Wien der Oberstwachtmeister u. Unterlieutenant der k. k. Trabanten-Leibgarde, Ritter des russ. kaiserl. St. Wladimir- und des kön. baier. militär. Max-Josephsordens, Franz Schwab, Edler v. Doggenburg — 60 J. a.

648. D. 7. zu Göttingen Dr. Gotthard.

649. D. 7. zu Berlin der geheime Registrator Joh. Christ. Flemming — im 66. J.

650. D. 7. zu Gehrde der Pastor Gustav Adolph Peithmann.

651. D. 8. zu Wittenberg Ludw. Franz, Steuerrath und Oberzollinspector.

652. D. 8. zu Wien der Weltpriester und Katechet in der k. k. Normal-Hauptschule bei St. Anna Ignaz Reinharter — 35 J. a.

653. D. 8. zu Liebenthal Carl Lange, Kanonikus und pens. Rector des königl. kathol. Gymnas. zu Glogau — 75 J. alt.

654. D. 8. zu Hamburg der Kaufmann H. G. Wolter Freudentheil, geb. d. 19. Oct. 1775 zu Stade. Er leistete in seinen letzten Lebensjahren als Provinzialgroßmeister den vereinigten Logen Berliner Konstitution in Niedersachsen wohlthätige Dienste.

839. D. 20. zu Berlin der Buchhändler Johann Gottfried Braun.

840. D. 20. zu Wien Johann Georg Heiß, Magistratsrath der k. k. Haupt- und Residenzstadt Wien — 46 J. a.

841. D. 20. zu Hannover der Lieutenant Victorin Rambke im kön. hann. Artillerieregim. zu Hannover.

842. D. 20. zu Nauheim der großherz. hess. Pfarrer und vormalige Inspektor der Diöcese Kelsterbach Georg Christoph Göbel in seinem 42. Amts- und 77. Lebensjahre.

843. D 21. zu Essen der allgemein verehrte evangelische Pfarrer Laar, Verf. einer geschätzten Sammlung von Festpredigten (1823) — 35 J. a.; geb. 1792.

844. D. 21. zu Altenmörbitz bei Frohburg der Pastor Hacker daselbst.

845. D. 22. zu Weinheim die Frau Gräfin Friederike von Lehrbach, geborne Freiin Ulner v. Dieburg — im 66. Lebensjahre.

846. D. 22. zu München der Veteran der königl. baier. Staatsdiener, der königl. Geheimerath Maximilian Edler von Dreern, Comthur des Civilverdienstordens der baier. Krone, nachdem er erst am 9. Juni d. J. seinen 98. Geburtstag gefeiert hatte, bei welcher Gelegenheit er seinen Freunden eine, noch in diesem hohen Alter verfaßte Sammlung lateinischer und deutscher Anagrammata voll Witz und Laune gedruckt übergab. Er war der Sohn des Archivars D. zu Amberg, geb. 1731, ward dort und zu Altdorf unterrichtet, 1754 Reg.-Sekretär zu Amberg, 1764 Landrichter zu Neunburg vorm Wald, 1772 unter der Regierung Max Josephs III. wirklicher und wichtiger Hofkammerrath mit 1200 fl., 1775 Fundations-Güter-Deputationsrath zugleich mit 300 fl. besondern Gehalts, d. 9. Febr. 1775 geadelt wegen seiner Verdienste, ohne sein Verlangen, 1781 Ober-Landes-Regierungsrath, als solcher öfters wegen wichtigen Landesgränze-Irrungen und anderer Civil- u. Criminalfälle als Specialkommissär abgeordnet, d. 23. April 1799 2r Direktor d. Gen. L. Dir. in Polizeisachen mit 3000 fl., d. 17. Mai 1804 als Jubiläus im Staatsdienste mit einer großen goldnen Ehrenmedaille von Sr. kurf. Durchl. beehrt und in Anwesenheit aller Räthe rc. unter größter Feierlichkeit im Kollegialraths-Zimmer sowohl als im königl. Regierungsblatte mittels allerh. Rescripts öffentlich belobt, d. 19. Mai 1808 Ritter des Civilverdienstordens u. d. 25. Aug. 1808 mit ausgezeichneten Be-

lohungen wirkl. geh. Rath, zugleich aber als bekanntlich ältester Staatsdiener im ganzen jetz. Königreiche Baiern in den wohlverdienten Ruhestand mit ganzem Gehaltsgenusse zur nothwendigen Abwartung seiner Gesundheit unter der ehrenvollen Bedingung gesetzt, daß Se. Maj. der König sich vorbehalte, seine Geschäftserfahrung und Rathschläge in besondern Fällen zu benutzen. Er wurde d. 8. Nov. 1812 sammt der von ihm mit landesherrlicher Genehmigung an Kindesstatt angenommenen Johanne Wisgerin bei der Klasse der Edlen bestätigt.

847. D. 22. zu Charlottenburg der Stadtgerichtsdirector Ludwig Göring — im 60. J.

848. D. 22. zu Kuhz in der Uckermark Heinrich Rubenthal, Prediger — im 54. J.

849. D. 23. zu Berlin der Landrath Friedr. Ludw. von Bernzobre.

850. D. 23. zu Nürnberg Ernst De Ahna, Oberlehrer an der höhern Töchterschule daselbst.

851. D. 24. zu Hamburg Jean Franz Dequen, Lector der franz. Sprache am Johanneum.

852. D. 24. zu Nürnberg Joh. Martin Frank, erster Assessor am dasigen kön. Merkantil- Friedens- und Schiedsgericht und ältester Vorsteher des dasigen Handelsstandes — im 75. J.

853. D. 25. zu Paderborn der Oberlandesgerichtsrath Poelmann — im 57. J.

854. D. 26. zu Lindenau bei Braunsberg der königl. Oberstlieutn. a. D. vormals, im 7. Husarenreg. ꝛc. von Mayer.

855. a. D. 26. zu Frankenhausen d. Dr. jur. Gottlob Renatus Wechsung — 30 J. a.

855. b. D. 26. Joh. Gottlieb Schulz, Dr. med., geb. zu Thorn d. 30. Nov. 1766. Er hat zur Beförderung des Studiums der Botanik dem Gymnasium seiner Vaterstadt seinen schönen Garten vermacht, über welchen der jedesmalige Professor der Mathematik u. Physik die Aufsicht führt.

856. D. 27. zu Steterburg d. Oberamtmann Becker — im 78. J.

857. D. 27. zu Wien der Magistratsrath Johann Nep. Janda — 49 J. a.

858. D. 27. zu Gießen der großh. hess. pens. Rechnungsrath Joh. Georg Carl Hoffmann.

859. D. 28. zu Oppeln der Bürger und Coffetier. Weisert. Sein Sinn für das allgemeine Beste entwickelte

692. D. 24. zu Brandenburg Friedr. Aug. Wilh. Koch, Justizsekretär u. Vorsteher der Stadtverordneten.

693. D. 24. zu Schipowitz (Regierungsbez. Oppeln) Franz Reichsgraf von Gaschin, edler Herr von und zu Rosenberg, der letzte Majoratsherr der gräfl. Gaschinschen Familien-Fideicom.-Güter — 64 J. a.

694. D. 24. zu Berlin der Banquier Salomon Veit. Er war seit Einführung der Städteverordneten-Versammlung 1809 und nach dieser Zeit, bis zu seinem Tode, als Bürgerdeputirter bei der städtischen Finanzdeputation beschäftigt. — In dieser langen Reihe von Jahren hat der Verstorbene durch Biedersinn, Redlichkeit und rastlose Thätigkeit für das allgemeine Beste das Vertrauen seiner Mitbürger, die ihn zu diesen Stadtämtern beriefen, in hohem Grade gerechtfertigt.

695. D. 25. zu Rödelheim der emerite Oberpfarrer und geistl. Inspector Huldreich Albert Bertuch.

696. D. 25. zu Genua die Herzogin Charlotte v. Sachsen-Gotha-Altenburg, Wittwe des verewigten Herzogs Ernst II. und Mutter der beiden letzten Herzöge der S.-Goth.-A. Linie, August u. Friedrich i. 76. J. ihres Alters; geb. d. 11. Septbr. 1751 und seit dem 20. April Wittwe. Seit etwa 20. J. lebte sie in Frankreich und Italien. Ein sehr bedeutendes Witthum, das seit 1804 baar ins Ausland ging, erlischt durch diesen Todesfall.

697. D. 25. zu Crailsheim d. Kommerzien-Kommissär Joh. Friedr. Schäffer.

698. D. 25. zu Oberlangendorf in Schlesien Ignatz Schmidt kgl. Oberamtmann und Gutsbesitzer im 76. J.

699. D. 26. zu Leipzig Friedrich Gottlob Wündsch, Jur. Pract. — 69. J. a.

700. D. 27. zu Schmatzin Gust. Joh. v. Wolfradt, Gutsbesitzer.

701. D. 27. zu Wien Joh. Ludwig v. Gillimann, kön. niederl. Titularlegationsrath — 62 J. a.

702. D. 28. zu Osnabrück Hermann v. Estorf ehemal. Rittmeister b. 2. Husarenregiment.

703. D. 28. zu Nürnberg Paul Sigmund Seyfried, erster Pfarrer bei St. Sebald im 77. J.

704. D. 28. zu Kreuzburg in Schlesien der ehemal. Kriminalrath zu Posen, Gottwald — 52 J. a.

705. D. 28. zu Potsdam Georg v. Fragstein, Major a. D. im 73. J.

gen 16. J. verwaltete, worauf er nach Domslau versetzt wurde und da d. 21. Septbr. 1825 sein 50jähriges Amtsjubiläum feierte — i. 71. Lbsj.

871. D. 2. zu Zabern d. das Stadtpfarrer u. Erzpriester Prevost in einem Alter von 70. J. 3000 Menschen aus der Stadt und der Umgegend folgten dem Sarge, Personen aller Konfessionen und ein protestantischer Prediger. Tiefer Schmerz malte sich auf allen Gesichtern und Thränen flossen dem Edlen. 30 Jahre lang hatte er sein Amt verwaltet mit einer Duldung, einer Milde und einer evangel. Nächstenliebe, die ihm die Ehrfurcht der ganzen Umgegend gewannen. Nie hat er den um Hülfe Bittenden gefragt: weß Glaubens bist du? Oft kam er mit einem Kleidungsstücke weniger heim, womit er irgend einen Dürftigen bedeckt hatte. Während der Seuche von 1805 und besonders der von 1813, als die verwundeten Krieger nach Frankreich zurückkehrten, sah man ihn wie einen zweiten Vinzenz von Paula Tag und Nacht, der Ansteckung trotzend, ihnen die Hülfe der Religion und der Menschenliebe spenden, indem er unter ihnen austheilte, was seine thätige und eifrige Liebe für sie gesammelt hatte. Ach, sagte sein alter Freund, der ehrwürdige Abbe Annus, wenn alle die Militärs, die hier im Schoße der Erde ruhen, sprechen könnten, was würden sie nicht von ihm Großes und Gutes erzählen!

872. D. 2. zu Mainz der Pfarrer Klemm zu St. Quentin. Die ganze Clerisei, alle öffentlichen Beamten, alle Männer, nicht aus seiner Pfarrei, sondern aus allen Theilen der Stadt, ohne Unterschied des Glaubens, folgten in einem unübersehbaren Zuge seiner Leiche u. ehrten den persönlichen Charakter und die Tugenden eines Seelsorgers, der es in der eigentlichen Bedeutung des Wortes war. Wo sie vorüberfuhr sah man Thränen in den Augen der Armen, denen er Vater gewesen und die rührendsten Aeußerungen des tiefsten Schmerzes.

873. D. 3. zu Dresden Carl Aug. Fehre, k. sächs. Justitiar zu Gorbitz und Rechtsconsulent zu Dresden — 45 J. a.

874. D. 3. zu Wien Ignaz Frhr. v. Legisfeld k. k. Generalmajor — 78 J. a.

875. D. 5. zu Udersleben bei Frankenhausen der fürstl. schwarzb.-rudolstädtische Landjägermeister v. Holleben in seinem 75. J. Seine amtliche Thätigkeit endete im 56., die Dauer seiner musterhaften Ehe im 51. J. Er hinterlies 8 Kinder und 49 Enkel und Urenkel.

876. D. 5. zu Schnakenburg, Gottfr. Leopold Wenz, Bürgermeister von Wustrow.

877. D. 6. zu Zörbig d. Acciskommissär und Justitiar Carl Aug. Biener — 78 J. a.

878. D. 6. zu Wien Peter Jordan, niederöstr. Regierungsrath u. Mitgl. d. Landwirthschafts-Gesellschaft — 76 J. a.

879. D. 6. zu Weilburg d. herzogl. nassausche Gartendirector Joseph Seidel.

880. D. 7. zu Breslau d. Stadtrath Knoblauch — 62 J. a.

881. D. 7. zu Ellingen Anton Rottinger, Gastgeber zum röm. Kaiser daselbst (genannt Billardwirth), auch Magistratsrath und Rittmeister der kgl. Landwehr.

882. D. 8. Fr. Theresia Gräfin v. Stiebar, des k. k. Oberst-Erblandküchenmeisters im Erzherzogthume Oestreich ob und unter der Ens, dann k. k. niederöstr. Regierungsraths Wittwe, geb. v. Keeß — 79 J. a.

883. D. 8. zu Berlin der geheime Kanzleidirector Friedrich.

884. D. 9. zu Dresden d. Rittm. Georg August Graf zu Solms-Tecklenburg, Adjutant Sr. königl. Hoheit des Prinzen Johann — i. 37. J. s. L.

885. D. 11. zu Berlin d. geh. Haupt-Bankoregistrator Bothe — im 33. Lbsj.

886. D. 11. zu Gedern (Oberhessen) der Hofkaplan Meyer.

887. D. 12. zu Jüterbogk d. königl. Obersteuerkontrolleur Krusemark — im 61. J. s. L.

888. D. 15. zu Berlin Sophie Fried. Elisab. Mayer, die unter dem Namen Sophie Haag mehrere Schriften*), vornehmlich Romane herausgegeben hat.

889. D. 15. zu Herrnstadt Friedr. Arent, königl. Rittmeister und Escadronchef des 2. Hus. Reg., Ritter d. eis. Kreuzes 2. Kl.

890. D. 16. zu Darmstadt der großherz. hess. Oberst H. Schenk zu Schweinsberg auf Hermannstein.

891. D. 16. zu Jacobsdorf bei Winzig v. Leßwitz, pens. Major — im 79. J. s. A.

892. D. 17. zu Wöhrd (Dep. Niederrhein) Johann Friedr. Häcker, Pfarrer das. — im 73. Lbsj.

---

*) Sie finden sich weder im gel. Berlin noch im gel. Deutschland verzeichnet.

893. D. 17. zu Neiße in Schlesien der Buchhändler Ernst Einert — in seinen besten Jahren; sein Geburtsort ist Keula bei Sondershausen.

894. D. 17. zu Wien Stephan Andreas Mukisch, Dr. med., Mitgl. der medizin. Fakultät, Director des 2. Kinder-Krankeninstituts, dann provis. k. k. Polizei-Bezirksarzt von St. Ulrich — 39 J. a.

895. D. 18. zu Wien Benedict Jameck, k. k. pens. Oberstwachtmeister — 59 J. a.

896. D. 18. zu Ustron bei Teschen im Bade Sebastian Rudczinsky, k. Postdirect. in Pleß — im 67. J.

897. D. 19. zu Urschkau bei Köben in Schlesien der Pastor Christ. Friedr. Sander, kön. Superintendent des Steinau-Raudtn. Bezirks., Ritter d. roth. Adlerordens 3. Kl. — im 71. J.

898. D. 19. zu Hamburg der Oberalte Joh. Conrad Sievert — im 81. J. seines thätigen Lebens.

899. D. 19. zu Erlangen Georg Christoph Blanck, gewes. Kammerkommissär — 85 J. a.

900. D. 19. zu München der quiesz. königl. baier. Oberpost- und ehemal. fürstl. Thurn- und Taxissche Hofrath Joseph v. Blanck — im 79. J.

901. D. 20. zu München (?) Friedrich Salomon Lutz, kön. Kirchenrath u. Pfarrer zu Unterschwaningen — im 83. J.

902. D. 21. zu Wien Johann Nepom. Freiherr v. Stibar, Canonicus bei dem das. Metropolitan-Domkapitel — 67 J. a.

903. D. 22. zu Brandenburg a. d. Havel der Lehrer u. Stiftsvicar Ernst Rudolph Grunow — im 75. J.

904. D. 23. zu Bern der Oberforstmeister Franz Albrecht Gruber, dem das rühmliche Zeugniß langjähriger guter Dienste für seinen Kanton als Forstmann ertheilt wird.

905. D. 23. zu Königsberg in Pr. der Oberpostkommissarius Ludwig Hering — im 61. J.

906. D. 23. zu Frankfurt a/M. der kön. baier. Oberrevisor und Bevollmächtigte bei der von Seiten der hohen Bundesversammlung angeordneten Commission zur Liquidation der Forderungen an die vormal. Reichsoperationskasse Jacob Joseph Reich — im 50. J.

907. D. 23. zu Baden Augustin Fellmoser, k. k. Armenvater, Gemeindebesorger u. Gerichtsbeisitzer zu Wien, gew. bürgerl. Steinschneider u. Spiegelmacher, dann Oberlieutenant des bürgerl. Artilleriekorps.

Sammlung zweifelh. Schwangerschaftsfälle. 1818. — Gesammelte obstetr. Schr. 1819. — Bemerk. u. Erfahr. üb. d. Zurückbeug. d. Gebärmutter d. Nichtschwangern. 1821. — Ueber die Zurücklassung des Mutterkuchens. 1822. — Ein fakulenter Scheidefluß von problemat. Abkunft; in Harleß rhein. Jahrb. für Mediz. u. Chir. Bd. 5, St. 1. (1822) Nr. 5. — Aufsätze in Hartenkeils medizin. chirurg. Zeitung.

800. D. 3. zu Johannisberg in Schlesien Corvisart von Montmarin, kön. preuß. pens. Oberforstmeister — im 70. J. s. L.

801. D. 4. zu Wien Stephan von Breuning, k. k. wirkl. Hofrath, Ritter der Ehrenlegion und Referent bei d. k. k. Hofkriegsrath — 53 J. a.

802. D. 4. zu Berlin (?) Carl Heinr. von Arnim, kön. Oberstlieutenant a. D., Ritter des Ord. pour le mérite — 65 J. a.

803. D. 5. zu Breslau Georg Aug. Michaelis, Oberamtmann zu Simbsen im königl. Amte Gramschütz bei Glogau — 40 J. a.

804. D. 5. zu Wien Ludwig Düpriez, pens. k. k. Hauptmann — 76 J. a.

805. D. 6. zu Schlesisch-Drehnow bei Crossen Misitschack von Wischkau, Major a. D. — im 59. J.

806. D. 6. zu Wien Joseph Vincent Degen, Ritter von Elsenau auf Trautenfels, Herr und Landstand in Steyermark, k. k. niederöstr. Regierungsrath, Director der k. k. Hof- und Staats-Aerarialdruckerei und der Fabrikation der Staats-Creditpapiere und Büchercensor — 66 J. a. — Um deutsche Typographie verdient.

807. D. 6. zu Frankfurt a. M. der durch seine Schriften*) auch im Ausland bekannte Prof. Andr. Franck, Kooperator an der dasigen Pfarrkirche im 58. J. seines frommen und thätigen Lebens.

808. D. 7. zu Darmstadt der großherzogl. hess. wirkl. geh. Staatsrath, Präsident des Cassationshofes für Rheinhessen, sowie Kommandeur des großh. hess. Haus- u. Verdienstordens, Wilhelm Wernher in einem Alter von 60 Jahren. Er war einer der ausgezeichnetsten Staatsdiener seines Vaterlandes und wegen seiner offenen Rechtlichkeit in allen seinen Handlungen von seinen Mitbürgern sehr hochgeschätzt. — Im Druck hat man von ihm:

---

*) In Meusels gel. Deutschld. finden sich dieselben nicht angegeben.

Einige Gedanken u. fromme Wünsche die jetzigen u. künftigen Verhältnisse der Stadt Mainz betreffend. 1816. — *Gedrängte Uebersicht des früheren und jetzigen Zustandes des Maß- u. Gewichtswesens in dem Großherzogthum Hessen. Als Manuscript zu officiellen Quellen gedruckt. 1820. — Entwurf eines Gesetzes über die Rekrutirung im Großherzogthum Hessen. Nebst der Rede des Herrn geh. Staatsraths Wernher darüber. 1820.

809. D. 7. zu Breslau Johann Carl Ludwig Sturm, ehemal. Reg.-Journalist.

810. D. 8. zu Frankfurt a. M. der Consistorialrath Dr. Passavant in seinem 76. J. Er war ältester Prediger der deutschen reformirten Gemeinde.

811. D. 8. zu Andreasberg der Bergschreiber Carl Heinrich August von Windheim — im 51. J.

812. D. 8. zu Berlin der emeritirte Prediger Krüger von Biesdorf.

813. D. 8. zu Berlin der kön. geh. Kanzleiinspektor Pflug.

814. D. 8. zu Wien Aegidius Freiherr von Fahnenberg, großherzogl. bad. Kammerherr, seit 1815 Legationsrath mit Sitz u. Stimme beim Ministerium der auswärt. Angelegenheiten, seit 1819 Oberpostdirektor im Großherzogth. Baden zu Karlsruhe; vorher kaiserl. Kammergerichtsassessor zu Wetzlar, dann seit 1795 erzherzogl. östr. Directorial- und Komitial-Gesandter am Reichstage zu Regensburg — geb. zu Mons im Hennegau den 9. Okt. 1749. — Seine Schriften sind: Entwurf e. Gesch. d. kaiserl. Reichskammerger. unt. d. hoh. Reichsvikarien. 1. Bd. 1790. 2. Bd. 1791. — Vortrag a. d. vollen Rath üb. d. Abkürzg. d. kammergerichtl. Relationen. 1792. — Literatur d. kaiserl. Reichskammergerichts u. Reichshofr. 1792. — Schicksale d. Reichskger. 1793. — Lebensgesch. d. erzherzogl. östr. Reichstagsgesandten Frhrn. v. Borié. 1795. — Privatgedanken üb. d. standhafte Benehmen d. Reichskammergerichts. 1796. — Ueb. d. völl. Exekution d. östr. Hauses v. d. Gerichtsbark. d. kaiserl. Reichskger. 1796. — Vorschläge, wie dem Nothstand d. Reichskger.-Kanzlei abzuhelfen. 1797. — Gespräch zweier Staatsrechtslehrer üb. d. russ. kais. Truppenmarsch, d. 7. März. 1799. — Ueb. d. Fortdauer d. Rchstgsstimmen. 1801. — Clara v. Bernkastell; histor. Schausp. 1807. (Blos für seine Familie gedruckt). — Briefe an s. Sohn Karl Friedr. üb. d. Verfert. d. gerichtl. u. gesandtschaftl. Relationen. 2. Aufl. 1804. — Gedanken üb. d. v. Kurf. v. Mainz dem

kais. R.-K.-Ger. überschickte kais. Wahlkapitulation; in d. allgem. lit. Anzeiger 1796. Nr. 5. — Vortrag üb. d. Verstandeskräfte d. Fürsten v. Neuwied; in Häberlins Staatsarchiv. — Relat. u. Aufsätze in Hoschers Sammlg. merkw. am kais. R.-K.-Ger. entschied. Rechtsfälle. 1790—94. — Aufsätze u. Nachr. im allgem. lit. Anzeiger 1796—1801. — S. Bildniß mit einer kurz. Selbstbiogr. in Bocks Sammlg. H. 22. (1799).

815. D. 9. zu Berlin Gustav v. Seidlitz, Lieutn. im 17. Infanterieregim. — im 23. J. s. L.

816. D. 9. zu Blazerwitz in Schlesien Friedr. v. Ohlen-Adlerskron auf Bl., Maj. v. d. Artillerie.

817. D. 9. zu Potsdam der kön. Steuerrath August von Madai — im 43. J. s. L.

818. D. 9. zu Wien Martin Hirt, gewes. Pfarrer zu Wienerherberg — 72 J. a.

819. D. 10. zu Nabburg im Regenkreise der k. b. Advokat und Auditeur der Landwehr Balthasar Höger.

820. D. 11. zu Jauer Ignaz Scheuner, Prälatus-Scholastikus und Kanonikus zu Ober-Glogau, Archidiakonats-Verweser, fürstbisch. Comm., Erzpriester, Kreisschulen-Inspektor und Stadtpfarrer — 79 J. 6 M. 1 T. alt.

821. D. 12. zu Wien Johann Fürst, herrschaftlicher Oberamtmann — 44 J. a.

822. D. 14. zu Dresden der kön. sächs. geheime Sekretär u. Ritter des Civilverdienstordens Joh. Friedr. Adolph Pitschel — 76 J. a.

823. D. 14. zu Breslau der kön. preuß. Kammermechanikus J. Heinr. Klingert — 42 J. a.

824. D. 14. zu Brandenburg a. d. H. d. Stadtrath Christfried Kleist.

825. D. 14. zu Breslau Vinzenz Groß, Kapellan zu St. Nikolai — 45 J. a.

826. D. 14. zu Wien Franz Graf v. Meraviglia Crivelly, k. k. Kämmerer und Rittmeister in der Armee — 44 J. a.

827. a. D. 14. zu Stendal der Apotheker Adolph Lieder.

827. b. Den 14. zu Trammendorf bei Crossen der Prediger Carl Sigismund Großmann — im 61. J.

828. D. 15. zu Wien Johann Tomatschek, pens. k. k. Hauptmann — 56 J. a.

829. D. 15. zu Colberg der Hafenprovisor Carl Friedrich Lenz — geb. d. 26. Okt. 1767.

830. D. 15. zu Oppeln der Justitiar d. kön. Dom.-Amtes Czarnowanz Storch — im 44 J. s. A.

831. D. 16. zu Zofingen Samuel Kornelius Suter, Forstinspektor, Mitgl. d. großen Raths des Kantons Aargau und des Stadtraths zu Zofingen, ein Mann, der durch Biedersinn, Festigkeit des Charakters und vielerlei Einsicht die Liebe seiner Mitbürger zu gewinnen wußte. Er hat sich auch als würdiger Eidgenosse dem Vaterland kund gethan, als er i. J. 1798 die Kompagnie der braven Zofinger Freiwilligen bei Neueneck gegen den Feind führte.

832 D. 16. zu Münden der Staabskapitän u. Quartiermeister des ersten kön. hann. Infanterieregim. Christian Göbel zu Münden, Inhaber d. engl. Waterloo-Medaille.

833. D. 16. zu Weißholz in Schlesien der Pastor Hirschfeld — 75 J. a.

834. D. 17. zu Plagwitz (Schlesien) im Irrenhause der vorm. Art.-Lieutn. Brade aus Beuthen a. O. — im 36. J. s. A. Er war vor seiner Geisteszerrüttung ein achtbarer Offizier und Rit. d. eis. Kr.

835. D. 18. zu Neisse der kön. Lieutnant im 6. Hus.-Reg., Ritter d. eis. Kr. 2. Kl., Friedrich Theodor Voepke — im 36. J. s. A.

836. D. 18. zu Bamberg der Rechtspraktikant Rüdel, der sich durch Zurückgezogenheit u. Wohlthätigkeitssinn auszeichnete. Er brachte sein Alter in die 70er Jahre. Von dem hohen Werthe der Jugendbildung überzeugt, bestimmte er durch letztwillige Verfügung sein Haus mit Hof und Garten zu einem Schulgebäude für die Pfarrei St. Gangolph daselbst, indem die vier bisherigen Lehrzimmer für die dortige zahlreiche Jugend nicht mehr hinreichten. Das dasige wieder zu errichtende Waisenhaus hat er zum Erben seines übrigen, in 65,000 Gulden bestehenden Vermögens eingesetzt. Auch sind im Testamente fast alle andern wohlthätigen Anstalten in Bamberg bedacht. Ferner verdient noch erwähnt zu werden, daß Rüdel im vorigen Jahre 1000 Gulden hergab, um ein schönes Kruzifix auf dem Gottesacker seiner Pfarrei zu errichten. Ihm ist auf dem Friedhofe daselbst ein Denkmal errichtet worden.

837. D. 19. zu Berlin der geheime Ober-Tribunalsrath Kähn — im 55. J. d. A.

838. D. 20. zu Barby der Kapit. v. d. A. Franz von Böfen.

839. D. 20. zu Berlin der Buchhändler J
Gottfried Braun.

840. D. 20. zu Wien Johann Georg Hei
gistratsrath der k. k. Haupt- und Residenzstadt
46 J. a.

841. D. 20. zu Hannover der Lieutenant W
Rambke im kön. hann. Artillerieregim. zu Han

842. D. 20. zu Nauheim der großherz. hess.
und vormalige Inspektor der Diöcese Kelsterbach
Christoph Göbel in seinem 42. Amts- und
bensjahre.

843. D 21. zu Essen der allgemein verehr
gelische Pfarrer Saar, Verf. einer geschätzten S
von Festpredigten (1823) — 35 J. a.; geb. 1792.

844. D. 21. zu Altenmörbitz bei Frohburg
stor Hacker daselbst.

845. D. 22. zu Weinheim die Frau Gräfin
rike von Lehrbach, geborne Freiin Ulner v.
— im 66. Lebensjahre.

846. D. 22. zu München der Veteran der köni
Staatsdiener, der königl. Geheimerath Maxi
Edler von Dreern, Comthur des Civilverdien
der baier. Krone, nachdem er erst am 9. Juni
nen 98. Geburtstag gefeiert hatte, bei welcher Ge
er seinen Freunden eine, noch in diesem hohen A
faßte Sammlung lateinischer und deutscher Anagr
voll Witz und Laune gedruckt übergab. Er war
des Archivars D. zu Amberg, geb. 1731, ward
zu Altdorf unterrichtet, 1754 Reg.-Sekretär zu
1764 Landrichter zu Neunburg vorm Wald, 17
der Regierung Max Josephs III. wirklicher und
Hofkammerrath mit 1200 fl., 1775 Fundations-De
putationsrath zugleich mit 300 fl. besondern Gehalt
Febr. 1775 geadelt wegen seiner Verdienste, ohne
langen, 1781 Ober-Landes-Regierungsrath, als so
ters wegen wichtigen Landesgränze-Irrungen und
Civil- u. Criminalfälle als Specialkommissär abg
d. 23. April 1799 2r Direktor d. Gen. L. Dir. in
sachen mit 3000 fl., d. 17. Mai 1804 als Jubiläus im
dienste mit einer großen goldnen Ehrenmedaille
kurf. Durchl. beehrt und in Anwesenheit aller R
unter größter Feierlichkeit im Kollegialraths-Zim
wohl als im königl. Regierungsblatte mittels alle
scripts öffentlich belobt, d. 19. Mai 1808 Ritter de
verdienstordens u. d. 25. Aug. 1808 mit ausgezeichne

lohungen wirkl. geh. Rath, zugleich aber als bekanntlich ältester Staatsdiener im ganzen jetz. Königreiche Baiern in den wohlverdienten Ruhestand mit ganzem Gehaltsgenusse zur nothwendigen Abwartung seiner Gesundheit unter der ehrenvollen Bedingung gesetzt, daß Se. Maj. der König sich vorbehalte, seine Geschäftserfahrung und Rathschläge in besondern Fällen zu benutzen. Er wurde d. 8. Nov. 1812 sammt der von ihm mit landesherrlicher Genehmigung an Kindesstatt angenommenen Johanne Wisgerin bei der Klasse der Edlen bestätigt.

847. D. 22. zu Charlottenburg der Stadtgerichtsdirector Ludwig Göring — im 60. J.

848. D. 22. zu Kuhz in der Uckermark Heinrich Aubenthal, Prediger — im 54. J.

849. D. 23. zu Berlin der Landrath Friedr. Ludw. von Bernzobre.

850. D. 23. zu Nürnberg Ernst De Ahna, Oberlehrer an der höhern Töchterschule daselbst.

851. D. 24. zu Hamburg Jean Franz Dequen, Lector der franz. Sprache am Johanneum.

852. D. 24. zu Nürnberg Joh. Martin Frank, erster Assessor am dasigen kön. Merkantil- Friedens- und Schiedsgericht und ältester Vorsteher des dasigen Handelsstandes — im 76. J.

853. D. 25. zu Paderborn der Oberlandesgerichtsrath Poelmann — im 57. J.

854. D. 26. zu Lindenau bei Braunsberg der königl. Oberstlieutn. a. D. vormals, im 7. Husarenreg. rc. von Mayer.

855. a. D. 26. zu Frankenhausen d. Dr. jur. Gottlob Renatus Wechsung — 50 J. a.

855. b. D. 26. Joh. Gottlieb Schulz, Dr. med., geb. zu Thorn d. 30. Nov. 1766. Er hat zur Beförderung des Studiums der Botanik dem Gymnasium seiner Vaterstadt seinen schönen Garten vermacht, über welchen der jedesmalige Professor der Mathematik u. Physik die Aufsicht führt.

856. D. 27. zu Steterburg d. Oberamtmann Becker — im 78. J.

857. D. 27. zu Wien der Magistratsrath Johann Nep. Janda — 49 J. a.

858. D. 27. zu Gießen der großh. hess. pens. Rechnungsrath Joh. Georg Carl Hoffmann.

859. D. 28. zu Oppeln der Bürger und Co[illegible] Beisert. Sein Sinn für das allgemeine Beste entw[illegible]

sich in dem J. 1809 und später, wo er bei der neuen Organisation der städtischen Behörden, zu mehrern Zweigen der städtischen Verwaltung gewählt, sich durch treue Ausübung seiner Pflichten mit eigener Aufopferung den Dank und die Liebe seiner Mitbürger zu verdienen suchte und auch erhielt.

860. D. 29. zu Chaam in d. Schweiz der dortige Pfarrer J. M. Spillmann v. Zug — im 80. J. Ihm vornehmlich verdankte die Gemeinde den Bau ihrer schönen Kirche, den er durch Beispiel und Wort förderte, so daß in 2 Tagen eine Beisteuer von 28,000 Fl. u. viele andere Gaben u. unentgeldliche Dienstleistungen es möglich machten; denselben zu beginnen und in Jahresfrist auszuführen, ein herrliches Beispiel, was guter Wille, frommer Sinn, vereinte Kraft vermag. Er wirkte in Chaam als Seelsorger 46 J. segensvoll in Liebe und Eintracht.

861. D. 30. zu Dresden Aug. Schmidt, Major u. expedirender Stabsofficier der kgl. geh. Kriegskanzlei.

Juli.

862. Den 1. starb zu Markt Heroldsberg der verwit. königl. preuß. Rittmeister Christian Friedrich Freih. v. Gender, genannt Rabensteiner, Erb- u. Gerichtsh. zu Markt Heroldsberg, Stein, Untersdorf 2c. 2c. im 79. Lebensj.

863. D. 1. zu Ahlden d. pensionirte Major Ludw. Strube.

864. D. 1. zu Gädebehn d. Rittm. v. d. Lancken auf Gädebehn.

865. D. 2. zu Berlin d. Apotheker J. Franz Angely — 42 J. a.

866. D. 2. zu München d. k. baier. Major Stierlein, Director im Topographbüreau.

867. D. 2. zu Schulzenhagen b. Kolberg Lorenz Erdmann v. Gutzmerow, früher Erb- u. Gerichtsherr auf Freist u. Kempen b. Stolpe — 72 J. a.

868. D. 2. zu Birstein (Preuß.) Victorie Franziska Charlotte Luise, Schwester des Fürsten Wolfgang Ernst III. v. Ysenburg-Birstein; geb. d. 10. Juni 1796.

869. D. 2. zu Berlin d. königl. Oberstlieutenant a. D. Joh. Georg v. Obstfelder.

870. D. 2. zu Domslau in Schles. Adam Bartnick, gewes. Organist u. Schullehrer daselbst. Im J. 1775 trat er d. Schulamt in Zweibrodt an, welches er ge-

gen 16. J. verwaltete, worauf er nach Domslau versetzt wurde und da d. 21. Septbr. 1825 sein 50jähriges Amtsjubiläum feierte — i. 71. Lbsj.

871. D. 2. zu Zabern d. das. Stadtpfarrer u. Erzpriester Prevost in einem Alter von 70. J. 3000 Menschen aus der Stadt und der Umgegend folgten dem Sarge; Personen aller Konfessionen und ein protestantischer Prediger. Tiefer Schmerz malte sich auf allen Gesichtern und Thränen flossen dem Edlen. 30 Jahre lang hatte er sein Amt verwaltet mit einer Duldung, einer Milde und einer evangel. Nächstenliebe, die ihm die Ehrfurcht der ganzen Umgegend gewannen. Nie hat er den um Hülfe Bittenden gefragt: weß Glaubens bist du? Oft kam er mit einem Kleidungsstücke weniger heim, womit er irgend einen Dürftigen bedeckt hatte. Während der Seuche von 1805 und besonders der von 1813, als die verwundeten Krieger nach Frankreich zurückkehrten, sah man ihn wie einen zweiten Vinzenz von Paula Tag und Nacht, der Ansteckung trotzend, ihnen die Hülfe der Religion und der Menschenliebe spenden, indem er unter ihnen austheilte, was seine thätige und eifrige Liebe für sie gesammelt hatte. Ach, sagte sein alter Freund, der ehrwürdige Abbé Annus, wenn alle die Militärs, die hier im Schoße der Erde ruhen, sprechen könnten, was würden sie nicht von ihm Großes und Gutes erzählen!

872. D. 2. zu Mainz der Pfarrer Klemm zu St. Quentin. Die ganze Clerisei, alle öffentlichen Beamten, alle Männer, nicht aus seiner Pfarrei, sondern aus allen Theilen der Stadt, ohne Unterschied des Glaubens, folgten in einem unübersehbaren Zuge seiner Leiche u. ehrten den persönlichen Charakter und die Tugenden eines Seelsorgers, der es in der eigentlichen Bedeutung des Wortes war. Wo sie vorüberfuhr sah man Thränen in den Augen der Armen, denen er Vater gewesen und die rührendsten Aeußerungen des tiefsten Schmerzes.

873. D. 3. zu Dresden Carl Aug. Fehre, k. sächs. Justitiar zu Gorbitz und Rechtsconsulent zu Dresden — 45 J. a.

874. D. 3. zu Wien Ignaz Frhr. v. Legisfeld, k. k. Generalmajor — 78 J. a.

875. D. 5. zu Udersleben bei Frankenhausen der fürstl. schwarzb.-rudolstädtische Landjägermeister v. Holleben in seinem 75. J. Seine amtliche Thätigkeit endete im 56., die Dauer seiner musterhaften Ehe im 51. J. Er hinterlies 8 Kinder und 49 Enkel und Urenkel.

876. D. 5. zu Schnakenburg Gottfr. Leopold Wentz, Bürgermeister von Wustrow.

877. D. 6. zu Zörbig d. Accisskommissär und Justitiar Carl Aug. Biener — 78 J. a.

878. D. 6. zu Wien Peter Jordan, niederöstr. Regierungsrath u. Mitgl. d. Landwirthschafts-Gesellschaft — 76 J. a.

879. D. 6. zu Weilburg d. herzogl. nassausche Gartendirector Joseph Seidel.

880. D. 7. zu Breslau d. Stadtrath Knoblauch — 52 J. a.

881. D. 7. zu Ellingen Anton Rottinger, Gastgeber zum röm. Kaiser daselbst (genannt Billardwirth), auch Magistratsrath und Rittmeister der kgl. Landwehr.

882. D. 8. Fr. Theresia Gräfin v. Stiebar, des k. k. Oberst-Erblandküchenmeisters im Erzherzogthume Oestreich ob und unter der Ens, dann k. k. niederöstr. Regierungsraths Wittwe, geb. v. Keeß — 79 J. a.

883. D. 8. zu Berlin der geheime Kanzleidirector Friedrich.

884. D. 9. zu Dresden d. Rittm. Georg August Graf zu Solms-Tecklenburg, Adjutant Sr. königl. Hoheit des Prinzen Johann — i. 37. J. s. L.

885. D. 11. zu Berlin d. geh. Haupt-Bankoregistrator Bothe — im 33. Lbsj.

886. D. 11. zu Gedern (Oberhessen) der Hofkaplan Meyer.

887. D. 12. zu Jüterbogk d. königl. Obersteuerkontrolleur Krusemark — im 61. J. s. L.

888. D. 15. zu Berlin Sophie Fried. Elisab. Mayer, die unter dem Namen Sophie Haag mehrere Schriften *), vornehmlich Romane herausgegeben hat.

889. D. 15. zu Herrnstadt Friedr. Arent, königl. Rittmeister und Escadronchef des 2. Hus. Reg., Ritter d. eis. Kreuzes 2. Kl.

890. D. 16. zu Darmstadt der großherz. hess. Oberst H. Schenk zu Schweinsberg auf Hermannstein.

891. D. 16. zu Jacobsdorf bei Winzig v. Leßwitz, pens. Major — im 79. J. s. A.

892. D. 17. zu Wöhrd (Dep. Niederrhein) Johann Friedr. Häcker, Pfarrer das. — im 73. Lbsj.

*) Sie finden sich weder im gel. Berlin noch im gel. Deutschland verzeichnet.

893. D. 17. zu Neiße in Schlesien der Buchhändler Ernst Einert — in seinen besten Jahren; sein Geburtsort ist Keula bei Sondershausen.

894. D. 17. zu Wien Stephan Andreas Mukisch, Dr. med., Mitgl. der medizin. Fakultät, Director des 2. Kinder-Krankeninstituts, dann provis. k. k. Polizei-Bezirksarzt von St. Ulrich — 39 J. a.

895. D. 18. zu Wien Benedict Jameck, k. k. pens. Oberstwachtmeister — 59 J. a.

896. D. 18. zu Ustron bei Teschen im Bade Sebastian Rudczinsky, k. Postdirect. in Pleß — im 67. J.

897. D. 19. zu Urschkau bei Köben in Schlesien der Pastor Christ. Friedr. Sander, kön. Superintendent des Steinau-Raudtn. Bezirks., Ritter d. roth. Adlerordens 3. Kl. — im 71. J.

898. D. 19. zu Hamburg der Oberalte Joh. Conrad Sievert — im 81. J. seines thätigen Lebens.

899. D. 19. zu Erlangen Georg Christoph Blanck, gewes. Kammerkommissär — 85 J. a.

900. D. 19. zu München der quiesz. königl. baier. Oberpost- und ehemal. fürstl. Thurn- und Taxissche Hofrath Joseph v. Blanck — im 79. J.

901. D. 20. zu München (?) Friedrich Salomon Lutz, kön. Kirchenrath u. Pfarrer zu Unterschwaningen — im 83. J.

902. D. 21. zu Wien Johann Nepom. Freiherr v. Stibar, Canonicus bei dem das. Metropolitan-Domkapitel — 67 J. a.

903. D. 22. zu Brandenburg a. d. Havel der Lehrer u. Stiftsvicar Ernst Rudolph Grunow — im 75. J.

904. D. 23. zu Bern der Oberforstmeister Franz Albrecht Gruber, dem das rühmliche Zeugniß langjähriger guter Dienste für seinen Kanton als Forstmann ertheilt wird.

905. D. 23. zu Königsberg in Pr. der Oberpostkommissarius Ludwig Hering — im 61. J.

906. D. 23. zu Frankfurt a/M. der kön. baier. Oberrevisor und Bevollmächtigte bei der von Seiten der hohen Bundesversammlung angeordneten Commission zur Liquidation der Forderungen an die vormal. Reichsoperationskasse Jacob Joseph Reich — im 50. J.

907. D. 23. zu Baden Augustin Fellmoser, k. k. Armenvater, Gemeindebesorger u. Gerichtsbeisitzer zu Wien, gew. bürgerl. Steinschneider u. Spiegelmacher, lieutenant des bürgerl. Artilleriekorps.

kais. R.-K.-Ger. überschickte kais. Wahlkapitulation; in d. allgem. lit. Anzeiger 1796. Nr. 5. — Vortrag üb. d. Verstandeskräfte d. Fürsten v. Neuwied; in Häberlins Staatsarchiv. — Relat. u. Aufsätze in Hoschers Sammlg. merkw. am kais. R.-K.-Ger. entschied. Rechtsfälle. 1790—94. — Aufsätze u. Nachr. im allgem. lit. Anzeiger 1796—1801. — S. Bildniß mit einer kurz. Selbstbiogr. in Bocks Sammlg. H. 22. (1799).

815. D. 9. zu Berlin Gustav v. Seidlitz, Lieutn. im 17. Infanterieregim. — im 23. J. s. L.

816. D. 9. zu Blazerwitz in Schlesien Friedr. v. Ohlen-Adlerskron auf Bl., Maj. v. d. Artillerie.

817. D. 9. zu Potsdam der kön. Steuerrath August von Madai — im 43. J. s. L.

818. D. 9. zu Wien Martin Hirt, gewes. Pfarrer zu Wienerherberg — 72 J. a.

819. D. 10. zu Nabburg im Regenkreise der k. b. Advokat und Auditeur der Landwehr Balthasar Höger.

820. D. 11. zu Jauer Ignaz Scheuner, Prälatus-Scholastikus und Kanonikus zu Ober-Glogau, Archidiakonats-Verweser, fürstbisch. Comm., Erzpriester, Kreisschulen-Inspektor und Stadtpfarrer — 79 J. 6 M. 1 T. alt.

821. D. 12. zu Wien Johann Fürst, herrschaftlicher Oberamtmann — 44 J. a.

822. D. 14. zu Dresden der kön. sächs. geheime Sekretär u. Ritter des Civilverdienstordens Joh. Friedr. Adolph Pitschel — 76 J. a.

823. D. 14. zu Breslau der kön. preuß. Kammermechanikus J. Heinr. Klingert — 42 J. a.

824. D. 14. zu Brandenburg a. d. H. d. Stadtrath Christfried Kleist.

825. D. 14. zu Breslau Vinzenz Groß, Kapellan zu St. Nikolai — 45 J. a.

826. D. 14. zu Wien Franz Graf v. Meraviglia Crivelly, k. k. Kämmerer und Rittmeister in der Armee — 44 J. a.

827. a. D. 14. zu Stendal der Apotheker Adolph Lieder.

827. b. Den 14. zu Trammendorf bei Crossen der Prediger Carl Sigismund Großmann — im 61. J.

828. D. 15. zu Wien Johann Tomatschek, pens. k. k. Hauptmann — 56 J. a.

829. D. 15. zu Colberg der Hafenprovisor Carl Friedrich Lenz — geb. d. 26. Okt. 1767.

830. D. 15. zu Oppeln der Justitiar d. kön. Dom.-Amtes Czarnowanz Storch — im 44 J. s. A.

831. D. 16. zu Zofingen Samuel Kornelius Suter, Forstinspektor, Mitgl. d. großen Raths des Kantons Aargau und des Stadtraths zu Zofingen, ein Mann, der durch Biedersinn, Festigkeit des Charakters und vielerlei Einsicht die Liebe seiner Mitbürger zu gewinnen wußte. Er hat sich auch als würdiger Eidgenosse dem Vaterland kund gethan, als er i. J. 1798 die Kompagnie der braven Zofinger Freiwilligen bei Neueneck gegen den Feind führte.

832. D. 16. zu Münden der Staabskapitän u. Quartiermeister des ersten kön. hann. Infanterieregim. Christian Göbel zu Münden, Inhaber d. engl. Waterloo-Medaille.

833. D. 16. zu Weißholz in Schlesien der Pastor Hirschfeld — 75 J. a.

834. D. 17. zu Plagwitz (Schlesien) im Irrenhause der vorm. Art.-Lieutn. Brade aus Beuthen a. O. — im 36. J. s. A. Er war vor seiner Geisteszerrüttung ein achtbarer Offizier und Rit. d. eis. Kr.

835. D. 18. zu Neisse der kön. Lieutnant im 6. Hus.-Reg., Ritter d. eis. Kr. 2. Kl., Friedrich Theodor Koepke — im 36. J. s. A.

836. D. 18. zu Bamberg der Rechtspraktikant Rüdel, der sich durch Zurückgezogenheit u. Wohlthätigkeitssinn auszeichnete. Er brachte sein Alter in die 70er Jahre. Von dem hohen Werthe der Jugendbildung überzeugt, bestimmte er durch letztwillige Verfügung sein Haus mit Hof und Garten zu einem Schulgebäude für die Pfarrei St. Gangolph daselbst, indem die vier bisherigen Lehrzimmer für die dortige zahlreiche Jugend nicht mehr hinreichten. Das dasige wieder zu errichtende Waisenhaus hat er zum Erben seines übrigen, in 66,000 Gulden bestehenden Vermögens eingesetzt. Auch sind im Testamente fast alle andern wohlthätigen Anstalten in Bamberg bedacht. Ferner verdient noch erwähnt zu werden, daß Rüdel im vorigen Jahre 1000 Gulden hergab, um ein schönes Kruzifix auf dem Gottesacker seiner Pfarrei zu errichten. Ihm ist auf dem Friedhofe daselbst ein Denkmal errichtet worden.

837. D. 19. zu Berlin der geheime Ober-Tribunalsrath Kahn — im 55. J. d. A.

838. D. 20. zu Barby der Kapit. v. d. A. Franz von Löfen.

839. D. 20. zu Berlin der Buchhändler Johann Gottfried Braun.

840. D. 20. zu Wien Johann Georg Heiß, Magistratsrath der k. k. Haupt- und Residenzstadt Wien — 45 J. a.

841. D. 20. zu Hannover der Lieutenant Wictorin Rambke im kön. hann. Artillerieregim. zu Hannover.

842. D. 20. zu Nauheim der großherz. hess. Pfarrer und vormalige Inspektor der Diöcese Kelsterbach Georg Christoph Göbel in seinem 42. Amts- und 77. Lebensjahre.

843. D 21. zu Essen der allgemein verehrte evangelische Pfarrer Laar, Verf. einer geschätzten Sammlung von Festpredigten (1823) — 35 J. a.; geb. 1792.

844. D. 21. zu Altenmörbitz bei Frohburg der Pastor Hacker daselbst.

845. D. 22. zu Weinheim die Frau Gräfin Friederike von Lehrbach, geborne Freiin Ulner v. Dieburg — im 66. Lebensjahre.

846. D. 22. zu München der Veteran der königl. baier. Staatsdiener, der königl. Geheimerath Maximilian Edler von Dreern, Comthur des Civilverdienstordens der baier. Krone, nachdem er erst am 9. Juni d. J. seinen 98. Geburtstag gefeiert hatte, bei welcher Gelegenheit er seinen Freunden eine, noch in diesem hohen Alter verfaßte Sammlung lateinischer und deutscher Anagrammata voll Witz und Laune gedruckt übergab. Er war der Sohn des Archivars D. zu Amberg, geb. 1731, ward dort und zu Altdorf unterrichtet, 1754 Reg.-Sekretär zu Amberg, 1764 Landrichter zu Neunburg vorm Wald, 1772 unter der Regierung Max Josephs III. wirklicher und wichtiger Hofkammerrath mit 1200 fl., 1775 Fundations-Güter-Deputationsrath zugleich mit 300 fl. besondern Gehalts, d. 9. Febr. 1775 geadelt wegen seiner Verdienste, ohne sein Verlangen, 1781 Ober-Landes-Regierungsrath, als solcher öfters wegen wichtigen Landesgränze-Irrungen und anderer Civil- u. Criminalfälle als Specialkommissär abgeordnet, d. 23. April 1799 2r Direktor d. Gen L. Dir. in Polizeisachen mit 3000 fl., d. 17. Mai 1804 als Jubiläus im Staatsdienste mit einer großen goldnen Ehrenmedaille von Sr. kurf. Durchl. beehrt und in Anwesenheit aller Räthe x. unter größter Feierlichkeit im Kollegialraths-Zimmer sowohl als im königl. Regierungsblatte mittels allerh. Rescripts öffentlich belobt, d. 19. Mai 1808 Ritter des Civilverdienstordens u. d. 25. Aug. 1808 mit ausgezeichneten Be-

lobungen wirkl. geh. Rath, zugleich aber als bekanntlich ältester Staatsdiener im ganzen jetz. Königreiche Baiern in den wohlverdienten Ruhestand mit ganzem Gehaltsgenusse zur nothwendigen Abwartung seiner Gesundheit unter der ehrenvollen Bedingung gesetzt, daß Se. Maj. der König sich vorbehalte, seine Geschäftserfahrung und Rathschläge in besondern Fällen zu benutzen. Er wurde d. 8. Nov. 1812 sammt der von ihm mit landesherrlicher Genehmigung an Kindesstatt angenommenen Johanne Wickgerin bei der Klasse der Edlen bestätigt.

847. D. 22. zu Charlottenburg der Stadtgerichtsdirector Ludwig Göring — im 60. J.

848. D. 22. zu Kuhz in der Uckermark Heinrich Tubenthal, Prediger — im 54. J.

849. D. 23. zu Berlin der Landrath Friedr. Ludw. von Bernzobre.

850. D. 23. zu Nürnberg Ernst De Ahna, Oberlehrer an der höhern Töchterschule daselbst.

851. D. 24. zu Hamburg Jean Franz Dequen, Lector der franz. Sprache am Johanneum.

852. D. 24. zu Nürnberg Joh. Martin Frank, erster Assessor am dasigen kön. Merkantil= Friedens= und Schiedsgericht und ältester Vorsteher des dasigen Handelsstandes — im 76. J.

853. D. 25. zu Paderborn der Oberlandesgerichtsrath Poelmann — im 57. J.

854. D. 26. zu Lindenau bei Braunsberg der königl. Oberstlieutn. a. D. vormals, im 7. Husarenreg. ꝛc. von Mayer.

855. a. D. 26. zu Frankenhausen d. Dr. jur. Gottlob Renatus Wechsung — 30 J. a.

855. b. D. 26. Joh. Gottlieb Schulz, Dr. med., geb. zu Thorn d. 30. Nov. 1766. Er hat zur Beförderung des Studiums der Botanik dem Gymnasium seiner Vaterstadt seinen schönen Garten vermacht, über welchen der jedesmalige Professor der Mathematik u. Physik die Aufsicht führt.

856. D. 27. zu Steterburg d. Oberamtmann Becker — im 78. J.

857. D. 27. zu Wien der Magistratsrath Johann Nep. Janda — 49 J. a.

858. D. 27. zu Gießen der großh. hess. pens. Rechnungsrath Joh. Georg Carl Hoffmann.

859. D. 28. zu Oppeln der Bürger und Coffetier Beisert. Sein Sinn für das allgemeine Beste entwickelte

sich in dem J. 1809 und später, wo er bei der neuen Organisation der städtischen Behörden, zu mehrern Zweigen der städtischen Verwaltung gewählt, sich durch treue Ausübung seiner Pflichten mit eigener Aufopferung den Dank und die Liebe seiner Mitbürger zu verdienen suchte und auch erhielt.

860. D. 29. zu Chaam in d. Schweiz der dortige Pfarrer J. M. Spillmann v. Zug — im 80. J. Ihm vornehmlich verdankte die Gemeinde den Bau ihrer schönen Kirche, den er durch Beispiel und Wort förderte, so daß in 2 Tagen eine Beisteuer von 28,000 Fl. u. viele andere Gaben u. unentgeldliche Dienstleistungen es möglich machten; denselben zu beginnen und in Jahresfrist auszuführen, ein herrliches Beispiel, was guter Wille, frommer Sinn, vereinte Kraft vermag. Er wirkte in Chaam als Seelsorger 46 J. segensvoll in Liebe und Eintracht.

861. D. 30. zu Dresden Aug. Schmidt, Major u. expedirender Stabsofficier der kgl. geh. Kriegskanzlei.

Juli.

862. Den 1. starb zu Markt Heroldsberg der vormal. königl. preuß. Rittmeister Christian Friedrich Freih. v. Geuder, genannt Rabensteiner, Erb- u. Gerichtsh. zu Markt Heroldsberg, Stein, Untersdorf rc. rc. im 79. Lebensj.

863. D. 1. zu Ahlden d. pensionirte Major Ludw. Strube.

864. D. 1. zu Gädebehn d. Rittm. v. d. Lancken auf Gädebehn.

865. D. 2. zu Berlin d. Apotheker J. Franz Angely — 42 J. a.

866. D. 2. zu München d. k. baier. Major Ellerlein, Director im Topographbüreau.

867. D. 2. zu Schulzenhagen b. Kolberg Lorenz Erdmann v. Güßmerow, früher Erb- u. Gerichtsherr auf Freist u. Kempen b. Stolpe — 72 J. a.

868. D. 2. zu Birstein (Preuß.) Victorie Franziska Charlotte Luise, Schwester des Fürsten Wolfgang Ernst III. v. Ysenburg-Birstein; geb. d. 10. Juni 1790.

869. D. 2. zu Berlin d. königl. Oberstlieuten. a. D. Joh. Georg v. Obstfelder.

870. D. 2. zu Domslau in Schles. Adam Bartnick, gewes. Organist u. Schullehrer daselbst. Im J. 1775 trat er d. Schulamt in Zweibrodt an, welches er ge-

gen 16. J. verwaltete, worauf er nach Domslau versetzt wurde und da d. 21. Septbr. 1825 sein 50jähriges Amtsjubiläum feierte — i. 71. Lbsj.

871. D. 2. zu Zabern d. das. Stadtpfarrer u. Erzpriester Prevost in einem Alter von 70. J. 3000 Menschen aus der Stadt und der Umgegend folgten dem Sarge; Personen aller Konfessionen und ein protestantischer Prediger. Tiefer Schmerz malte sich auf allen Gesichtern und Thränen flossen dem Edlen. 30 Jahre lang hatte er sein Amt verwaltet mit einer Duldung, einer Milde und einer evangel. Nächstenliebe, die ihm die Ehrfurcht der ganzen Umgegend gewannen. Nie hat er den um Hülfe Bittenden gefragt: weß Glaubens bist du? Oft kam er mit einem Kleidungsstücke weniger heim, womit er irgend einen Dürftigen bedeckt hatte. Während der Seuche von 1805 und besonders der von 1813, als die verwundeten Krieger nach Frankreich zurückkehrten, sah man ihn wie einen zweiten Vinzenz von Paula Tag und Nacht, der Ansteckung trotzend, ihnen die Hülfe der Religion und der Menschenliebe spenden, indem er unter ihnen austheilte, was seine thätige und eifrige Liebe für sie gesammelt hatte. Ach, sagte sein alter Freund, der ehrwürdige Abbé Aynus, wenn alle die Militärs, die hier im Schoße der Erde ruhen, sprechen könnten, was würden sie nicht von ihm Großes und Gutes erzählen!

872. D. 2. zu Mainz der Pfarrer Klemm zu St. Quentin. Die ganze Clerisei, alle öffentlichen Beamten, alle Männer, nicht aus seiner Pfarrei, sondern aus allen Theilen der Stadt, ohne Unterschied des Glaubens, folgten in einem unübersehbaren Zuge seiner Leiche u. ehrten den persönlichen Charakter und die Tugenden eines Seelsorgers, der es in der eigentlichen Bedeutung des Wortes war. Wo sie vorüberfuhr sah man Thränen in den Augen der Armen, denen er Vater gewesen und die rührendsten Aeußerungen des tiefsten Schmerzes.

873. D. 3. zu Dresden Carl Aug. Fehre, k. sächs. Justitiar zu Gorbitz und Rechtsconsulent zu Dresden — 45 J. a.

874. D. 3. zu Wien Ignaz Frhr. v. Legisfeld, k. k. Generalmajor — 78 J. a.

875. D. 5. zu Udersleben bei Frankenhausen der fürstl. schwarzb.-rudolstädtische Landjägermeister v. Holleben in seinem 75. J. Seine amtliche Thätigkeit endete im 56., die Dauer seiner musterhaften Ehe im 51. J. Er hinterlies 8 Kinder und 49 Enkel und Urenkel.

876. D. 5. zu Schnakenburg, Gottfr. Leopold Wentz, Bürgermeister von Wustrow.

877. D. 6. zu Zörbig d. Acciskommissär und Justitiar Carl Aug. Biener — 78 J. a.

878. D. 6. zu Wien Peter Jordan, niederöstr. Regierungsrath u. Mitgl. d. Landwirthschafts-Gesellschaft — 76 J. a.

879. D. 6. zu Weilburg d. herzogl. nassausche Gartendirector Joseph Seidel.

880. D. 7. zu Breslau d. Stadtrath Knoblauch — 52 J. a.

881. D. 7. zu Ellingen Anton Rottinger, Gastgeber zum röm. Kaiser daselbst (genannt Billardwirth), auch Magistratsrath und Rittmeister der kgl. Landwehr.

882. D. 8. Fr. Theresia Gräfin v. Stiebar, des k. k. Oberst-Erblandküchenmeisters im Erzherzogthume Oestreich ob und unter der Ens, dann k. k. niederöstr. Regierungsraths Wittwe, geb. v. Keeß — 79 J. a.

883. D. 8. zu Berlin der geheime Kanzleidirector Friedrich.

884. D. 9. zu Dresden d. Rittm. Georg August Graf zu Solms-Tecklenburg, Adjutant Sr. königl. Hoheit des Prinzen Johann — i. 37. J. s. L.

885. D. 11. zu Berlin d. geh. Haupt-Bankoregistrator Bothe — im 33. Lbsj.

886. D. 11. zu Gedern (Oberhessen) der Hofkaplan Meyer.

887. D. 12. zu Jüterbogk d. königl. Obersteuerkontrolleur Krusemark — im 61. J. s. L.

888. D. 15. zu Berlin Sophie Fried. Elisab. Mayer, die unter dem Namen Sophie Haag mehrere Schriften*), vornehmlich Romane herausgegeben hat.

889. D. 15. zu Herrnstadt Friedr. Arent, königl. Rittmeister und Escadronchef des 2. Hus. Reg., Ritter d. eis. Kreuzes 2. Kl.

890. D. 16. zu Darmstadt der großherz. hess. Oberst H. Schenk zu Schweinsberg auf Hermannstein.

891. D. 16. zu Jacobsdorf bei Winzig v. Letzwitz, pens. Major — im 79. J. s. A.

892. D. 17. zu Wöhrd (Dep. Niederrhein) Johann Friedr. Häcker, Pfarrer das. — im 73. Lbsj.

*) Sie finden sich bisher im gel. Berlin noch im gel. Deutschland verzeichnet.

893. D. 17. zu Neiße in Schlesien der Buchhändler Ernst Einert — in seinen besten Jahren; sein Geburtsort ist Keula bei Sondershausen.

894. D. 17. zu Wien Stephan Andreas Mukisch, Dr. med., Mitgl. der medizin. Fakultät, Director des 2. Kinder-Kraukeninstituts, dann provis. k. k. Polizei-Bezirksarzt von St. Ulrich — 39 J. a.

895. D. 18. zu Wien Benedict Jameck, k. k. pens. Oberstwachtmeister — 59 J. a.

896. D. 18. zu Ustron bei Teschen im Bade Sebastian Rudczinsky, k. Postdirect. in Pleß — im 67. J.

897. D. 19. zu Urschkau bei Köben in Schlesien der Pastor Christ. Friedr. Sander, kön. Superintendent des Steinau-Raudtn. Bezirks., Ritter d. roth. Adlerordens 3. Kl. — im 71. J.

898. D. 19. zu Hamburg der Oberalte Joh. Conrad Sievert — im 81. J. seines thätigen Lebens.

899. D. 19. zu Erlangen Georg Christoph Blanck, gewes. Kammerkommissär — 85 J. a.

900. D. 19. zu München der quiesz. königl. baier. Oberpost- und ehemal. fürstl. Thurn- und Taxissche Hofrath Joseph v. Blanck — im 79. J.

901. D. 20. zu München (?) Friedrich Salomon Lutz, kön. Kirchenrath u. Pfarrer zu Unterschwaningen — im 83. J.

902. D. 21. zu Wien Johann Nepom. Freiherr v. Stidar, Canonicus bei dem das. Metropolitan-Domkapitel — 67 J. a.

903. D. 22. zu Brandenburg a. d. Havel der Lehrer u. Stiftsvicar Ernst Rudolph Grunow — im 75. J.

904. D. 23. zu Bern der Oberforstmeister Franz Albrecht Gruber, dem das rühmliche Zeugniß langjähriger guter Dienste für seinen Kanton als Forstmann ertheilt wird.

905. D. 23. zu Königsberg in Pr. der Oberpostkommissarius Ludwig Hering — im 61. J.

906. D. 23. zu Frankfurt a/M. der kön. baier. Oberrevisor und Bevollmächtigte bei der von Seiten der hohen Bundesversammlung angeordneten Commission zur Liquidation der Forderungen an die vormal. Reichsoperationskasse Jacob Joseph Reich — im 50. J.

907. D. 23. zu Baden Augustin Fellmoser, k. k. Armenvater, Gemeindebesorger u. Gerichtsbeisitzer zu Wien, gew. bürgerl. Steinschneider u. Spiegelmacher, dann Oberlieutenant des bürgerl. Artilleriekorps.

908. D. 24. zu Nürnberg Joh. Friedr. Benz, pens. Ober-Zollkommissarius — im 66. J.

909. D. 24. zu Festenberg in Schles. Ernst Benj. Hahn, poln. Pastor — 35 J. a.

910. D. 25. zu Wien der berühmte Custos im k. k. Münz- und Antikenkabinet und der Ambraser Sammlung, Aloys Primisser — 32 J. a.; geb. zu Innsbruck den 4. März 1796. Von ihm erschien im Druck: Beschreibg. der k. k. Ambraser Sammlung zu Wien. 1820. — Gab heraus mit F. H. v. d. Hagen: Der Helden Buch in der Ursprache. 1. Th. 1820. (Auch unt. d. Titel: Deutsche Gedichte des Mittelalters.) — Der Stammbaum des Hauses Habsburg-Oestreich. 1820. — Verzeichniß der sämmtl. Ambraser Hdschr. altdeutsch. Gedichte; in Büschings Nachr. f. Freunde d. Gesch. ꝛc. des Mittelalters. 1. Bd. (1816). S. 385. ff.; in v. Hormayr's Archiv f. Geogr., Histor. ꝛc. 1817 Nr. 31. 32. 1821. Nr. 5. ff. und in v. Hormayr's u. Mednyansky's Taschenb. f. vaterl. Gesch. 1820—23. — Recensionen in den Wiener Jahrb. d. Lit.

911. D. 26. zu Caub am Rhein der Justizr. Sinn.

912. D 26. zu Wien Ignaz Dominik Schwarz Edler v. Schwarzwald, k. k. Rath — 64 J. a.

913. D. 26. zu Wien Joseph Rißl, akad. Maler — 65 J. a.

914. D. 26. zu Dresden der kön. sächs. Ober-Hofjägermeister v. Plötz, des Civilverdienstordens Comthur — 77 J. a.

915. D. 27. zu Tirschenreuth der kön. Gerichtsarzt daselbst Dr. Karl Weiß — 50 J. a.; am 8. Aug. darauf seine Gattin — im 44. J.

916. D. 27. zu Altbuckow im Brandenburgschen v. Schmidseck, Major a. D.

917. D. 27. zu Breslau Carl Gustav v. Henzel, pens. Oberst — 85 J. a.

918. D. 27. zu Lauban Friedr. Gottl. Scholze, Justizkommissär u. vormal. Rathskämmerer — im 76. J.

919. D. 30. zu Georgenthal der Landjägermeister v. Wangenheim.

920. D. 31. zu Burgdorf Carl Wilh. Möllenbeck, preuß. Lieutenant.

921. D. 31. zu Eimbeck C. Friedrichs, pens. Hauptmann u. Senior des Alexanderstifts.

922. D. 31. zu Wien Joseph Edler v. Manquet, Dr. der Rechte, Hof- und Gerichts-, auch Hofkriegsadvokat — 65 J. a.

August.

923. D. 1. Aug. starb zu Stolp Georg Aug. von Tilemann, genannt Schenk, Rittmeister u. Escadronchef im 5. Hus. Reg.

924. D. 1. zu Eilsen im Bade Johann Christian Lutteroth jun., Kaufmann u. Fabrikant aus Mühlhausen — im 43. J.

925. D. 3. zu Wien Peter Parcar, Ehren-Domherr zu Kremsier in Mähren, der Gottesgelahrtheit Doctor u. k. k. Hofkaplan — 83 J. a.

926. D. 3. zu Kremkau bei Calbe in der Altmark ein Veteran aus dem 7jährigen Kriege, der Altsitzer H. J. Schwieger — im 92. J. s. A. Er dachte mit Heiterkeit an seine frühern Kriegsjahre, sprach gern von dem General Ziethen und dem Treffen bei Roßbach und hatte noch die Freude, daß seine dürftige Lage in den letzten Jahren seines Lebens durch die Gnade Sr. Maj. des Königs, welcher ihm eine monatliche Pension von 3 Thlrn. verlieh, verbessert wurde.

927. D. 3. zu Breslau Joh. Christ. Schröder, pens. kön. Oberpostkommissär — im 79. J.

928. D. 3. zu Wien Lorenz Leopold Haschke, pens. Professor der Aesthetik in der k. k. Theresianischen Ritterakademie und Custos an der Universitätsbibliothek — 81 J. a., geb. 1746; als Dichter bekannt.

929. D. 3. zu Wien Engelbert Bees, akad. Maler — 69 J. a.

930. D. 3. zu Zeitz Dr. Christ. Gottlieb Ehregott Bamberg, practicirender Arzt und Stadtphysikus — im 67. J. s. L.

931. D. 3. zu Magdeburg der geheime Justizrath v. Alemann — im 71. J. s. L. und im 49. J. s. Amtsdienstes.

932. D. 3. zu Töplitz im Bade Johann Vollrath Ludwig Freiherr v. Salmuth, herzogl. Anhalt-Bernburgscher Geheimerath und Regierungspräsident — im 67. J. s. L.

933. D. 4. zu Wien Joseph Freiherr v. Natorp, niederöstr. Herr und Landstand, Landmann in Siebenbürgen u. k. k. Major a. D. — 50 J. a.

934. D. 4. zu Lang-Welmsdorf bei Stolpen d. kön. sächs. Generalmajor v. Liebenau.

935. D. 4. zu Wien Joh. van Rehaneck, k. k. Major vom Pettauer Invalidenhause — 63 J. a.

936. D. 4. zu Löwen der Prof. der Metaphysik und Gesch. der Philosophie daselbst Franz Joseph Seber, geb. i. J. 1776. — Er hatte seine Studien auf der Universität Würzburg und Landshut vollendet, die berühmten Philosophen u Theologen, wie Schelling, Zimer u. J. M. Sailer., jetz. Bischof zu Regensburg, waren seine Lehrer. Er war einer der innigsten Freunde dieses gelehrten Professors der kathol. Theologie, dessen moral. u. rel. Werke einen heils. Einfluß auf d. gesammten kathol. Theil der Bewohner Deutschlands und Hollands haben. S. hatte, nachdem er die heil. Weihe empfangen, 2 bis 3 J. als Kaplan der Seelsorge obgelegen, dann aber den Ruf zu einer Professur an dem Lyceum zu Aschaffenburg angenommen. Im J. 1816 berief ihn die preuß. Regierung als Director des Gymnasiums nach Köln und ernannte ihn im J. 1819 zum Professor der kathol. Theologie an d. Rheinuniversität Bonn, welche er 1825 wieder verließ, um einem Rufe nach Löwen zu folgen. Er schrieb: Sammlung v. Mustern deutscher Dichter u. Prosaiker f. Gymnas. 1. Abth. 1817. 2. 1819. — Ueb. Relig. u. Religionslehre überh. üb. d. christl. insbes. 1819. — Ueb. Relig. u. Theologie. 1823.

937. D. 4. zu Neusalza der Dr. med. Joh. Herm. Geller, im 39. J. s. A.

938. D. 4. zu Langenau im Bade Franz Helbig, Prof. und Lehrer am kathol. Gymnasium zu Breslau — 56 J. a.

939. D. 4. zu Wismar Voß, Mecklenb. = Schwerin. Hauptmann des 15. Musquetierbataillons.

940. D. 5. zu Calau Joh. Gottlob Wetterhayn, kön. sächs. Oberstlieutenant v. d. A., vormal. Besitzer von Kemmen. — im 81. J. s. A.

941. D. 5 zu Schweidnitz Schultes, Conrector am kön. Gymnas. — im 61. J. s. A.

942. D. 6. zu Breslau Christoph Wilh. v. Lessel, pens. Hauptmann — im 71. Lbsj.

943. D. 6. zu Dürrmenz der lutherische Dekan und Pfarrer M. Joh. Ludw. Lenz das., geb. zu Stuttgart den 17. Aug. 1757; war früher Diakonus in Tuttlingen bis 1800 u. Pfarrer in Oeschingen bis 1811.

944. D. 6. zu Emden der Oberpostmeister A. D. Hillingh — 72 J. a.

945. D. 6. zu Halberstadt Carl Anton v. Bülow, Comthur des St. Johanniterordens und Amtshauptmann, Erbherr auf Gr.= und Kl.= Brunsrode — im 81. J.

946. D. 7. zu Friedrichstown Maximilian von Rantzau, ehemal. Conventual der Prämonstratenser Abtei Klarholz — im 59. J. s. A. Früher hatte er 18 J. als Missionär in Amerika mit rastlosem Eifer gearbeitet.

947. D. 8. zu Breslau Anton Weißer, Curatus bei St. Vincenz — im 50. J.

948. D. 8. zu Friedrichsstadt b. Dresden der Pastor daselbst M. Lebrecht Samuel Benjamin Vogel — im 69. J. s. A.

949. D. 9. zu Brötz im Großherzogth. Posen der Pastor Kreuschner.

950. D. 10. zu Wien Joh. Wolfg. Hecht, Maler — 45 J. a.

951. D. 10. zu Amberg Philipp Freiherr v. Reisach auf Tiefenbach u. Altschneeberg, Kapitular u. Dekan des vormal. Hochstifts zu Kempten — im 64. J. s. A.

952. D. 10. zu Colberg v. Dorsch, preuß. Oberst a. D., Ritter des eis. Kreuzes 1. Kl.

953. D. 10. zu München Ferdinand Joseph Zeller, Ministerialrath des kön. Kriegsministeriums — im 49. J. s. A.

954. D. 10. zu Drebach bei Thum im Erzgeb. der Cantor und Organist daselbst M. Emanuel Gottlieb Naumann — 68 J. a.

955. D. 11. zu Cismar der Amtmann v. Kardorff.

956. D. 11. Ferdinand Gustav Ernst, Sohn des Grafen Ludwig v. Schönburg-Hinterglauchau, geb. d. 9. Mai 1802.

957. D. 11. zu Berlin Erdmuthe Caroline, verwittw. Gräfin v. Rödern, geb. v. Boyen — 71 J. a.

958. D. 12. zu Crampe b. Lauenburg der Lieutenant a. D. Ernst Otto Wurtsdorf — im 31. J. s. A.

959. D. 12. zu Breslau Carl Ziegert, pens. O. L. Ger.-Executor — 72 J. a.

960. D. 12. zu Lichterfelde der königl. pens. Ober-Steuerinspector Friedrich Heinrich Dambacher — im 57. J. s. L.

961. D. 12. zu Wilhelmsburg Georg Bernhard v. Plessen, Major im 1. Husarenreg. der kön. deutschen Legion.

962. D. 12. zu Breslau Christ. Friedr. Knöffel, Portrait- u. Geschichtsmaler — im 76. J. s. A.

963. D. 12. zu Beelitz der Postmeister Kähne.

964. D. 12. zu Berlin der Buchhändler Heinrich Martins — im 39. J. s. A.

965. D. 13. zu Soran in Ob. S. aus dem Bade kommend Ant. v. Raczeck, Bes. auf Mikuschütz (Beuthner Kr.), in Gleiwitz wohnhaft.

966. D. 14. zu Regensburg Philipp v. Schmitt auf Ammerthal, kön. baier. wirkl. Geheimerath u. vormal. Director d. kön. Regierung des Regenkreises (Kammer des Innern), Ritter des Civilverdienstord. d. baier. Krone — im 66. J. s. A.

967. D. 14. zu Stuttgart d. kön. würtemb. Rechnungsrath Karl Fischer.

968. D. 15. zu Wien Joseph Edler v. Melnitzky, k. k. Gubernialrath, quiescirender Staatsgüter-Administrator in Westgalizien, dann Mitgl. der niederöst. Landwirthschafts-Gesellschaft in Wien — 70 J. a.

969. D. 16. zu Berlin Carl Seliger, kgl. geh. Sekretär bei der General-Staatskasse in Berlin.

970. D. 18. zu Neuburg der aus Ansbach gebürt. pens. Hauptm. Friedr. Eberhard, im k. baier. 7. Lin. Infanterieregiment.

971. D. 18. zu Striegau Graf v. Nostitz, Rittm. v. d. A. — 61 J. a.

972. D. 19. zu Wien Franz Pösinger, k. k. Hof-Kammermusikus — 60 J. a.

973. D. 19. zu Elbing der kgl. preuß. Hauptm. u. Polizeiinspektor Wilh. Pudor — im 65. J. s. L.

974. D. 19. zu Strehlitz, (Schweidn. Kr.) d. k. Kommerzienrath Kaufmann Scheibe aus Pr. Lissa auf d. Rückreise aus d. Bade, wo er seine Familie abgeholt hatte.

975. D. 20. zu Wien Gregor Schürer v. Waldheim, k. k. niederöst. Landrathsauscultant — 23 J. a.

976. D. 20. zu Annaberg Johann Ehrenfried Finn, vormals Bürgermstr. u. Kfm. zu Buchholz — im 79. Lbsj.

977. D. 20. zu Lenzen d. k. Postdirektor u. Inhaber des allgem. Ehrenzeichens 1. Kl. Johann Philipp Aug. Frederking — im 74. J. s. L., nachdem er dem Staate 55 J. gedient.

978. D. 20. der Rittm. v. Bredow auf Markau.

979. D. 21. zu Wien Joh. Gottfried Bremser, Doctor d. Arzneikunde, Custos des k. k. Naturalienkabinetts, dann Mitgl. d das. mediz. Fakultät u. mehrerer gelehrt. Gesells. — 60 J. a.; geb. d. 19. Aug. 1767. Vorzüglich durch sein Werk über die Eingeweidewürmer bekannt. Er schrieb noch: Ueb. d. Kuhpocken 1801. — Medizin. Parömien od. Erkl. mediz. diät. Sprichwörter,

nebst Anwendg. 1806. — Die Kuhpocken, als Staatsangel. betr. 1806. — Kurze Anweisg., wie man sich bei schlechter Witterung gegen Krankh. verwahren kann. — Ueb. lebende Würmer im leb. Menschen. Nebst Anhang über Pseudo-Helmiathen. 1819. m. K.

980. D. 21. zu Zwingenberg an der Bergstraße der Landrichter Georg Christoph Kasimir Welker — 46 J. a.

981. D. 21. zu Ansbach d. kön. Administrationsrath Joh. Andreas Schomberger.

982. D. 22. zu Görlitz d. kgl. Justizaktuarius Kanow — in einem Alter von 52 J.

983. D. 22. zu Carlsbad M. Erdmann Friedr. Göbel, Pastor in Oberwisa — im 62. J.

984. D. 22. zu Ludwigslust Georg Ferd. Bolger, Hofapotheker das. — 69 J. a.

985. D. 23. zu Niederrosen in Schlesien Friedr. Aug. v. Seydlitz auf Niederr. — im 69. Lbsj.

986. D. 23. zu Breslau Joh. Benj. Rother, Elementarlehrer d. Armenschule Nr. 3. — 49 J. a.

987. D. 23. zu Nieder-Weichau Freih. v. Lüttwitz auf N.-Weichau.

988. D. 24. zu Berlin Aug. Heinr. Ferdin. Stenigke, Landesgerichtsr. in Lübben — in s. 41. Lbsj.

989. D. 24. zu Augustusberg d. kgl. sächs. Kreiskommissarius, adeliger Kreissteuer-Einnehmer u. ehemal. Major der Kavallerie, Joh. Wilh. Gr. v. Ronow u. Biberstein, Erb-, Lehn- u. Gerichtsherr auf Augustusberg.

990. D. 25. zu Wien Joseph v. Viala, pens. k. k. Platzoberst — 69 J. a.

991. D. 26. zu Wien Joseph Ritter von und zu Wertenau, niederöstr. Landstand u. Mitglied der k. k. Landwirthschafts-Gesellschaft — 67 J. a.

992. D. 26. zu Wolfshagen Ludwig Otto Alexander Gr. v. Schwerin, k. pr. Major der Kavallerie a. D., Erbherr des Sitzgutes Mildenitz und dazu gehöriger Begüterung — im 60. J. s. L.

993. D. 26. zu Neustettin der kön. pr. Postmeister Janike.

994. D. 27. zu Schloßheldrungen der prakt. Arzt Dr. Heinrich Adolf Lang-Heinrich — im 30. J. d. Alt.

995. D. 27. Christoph v. Ostler, quiesz. königl.

baier. Staatsschuldentilgungskassekontrolleur in Augsburg — im 69. Lbsj.

996. D. 27. zu Manow bei Köslin der könig. Rittmeister a. D. Aug. v. Glasenapp auf Manow — im 54. J. s. L.

997. D. 28. zu Neisse Ernst Hauke Ex-Dominikaner.

998. D. 28. zu Wien Joseph Thürmer, Jurist — 26 J. a.; wurde ertrunken gefunden.

999. D. 29. zu Ritzebüttel d. Senator u. Amtmann Dr. Andreas Christ. Wolters.

1000. D. 29. zu Ullersdorf am Grädizb. in Schles. d. Pastor Klein — 60 J. a. D. Gediegenheit seines Wissens, die Geradheit seines Charakt., d. Freimüthigk. seines Wortes, die immer heitere Anmuth seines Umgangs hatte ihm Allen, die ihn kannten, werth gemacht.

1001. D. 29. zu Obergruna der Pastor Heinr. Gottfr. Hamann — im 73. J. s. L.

1002. D. 31. zu Jüterbogk d. dasige Oberprediger an der St. Nikolaikirche M. Carl Gottfr. Weber — an seinem 68. Geburtstage.

1003. D. 31. zu Dziekowitz in Schles. der Pfarrer Vitus Mniszewsky.

1004. D. 31. zu Großneuhausen der Adjunkt u. Pastor Friedr. Wilh. Laun — im 72. Lbsj.

1005. Im Aug. zu Pyschz (Ratib. Kr.) der Pfarrer Kubetschko.

September.

1006. Den 1. starb zu Potsdam d. Justizr. Tiedtke, hab. d. Ehrenzeichens 1. Kl.

1007. D. 1. zu Güstrow Jasper v. Oertzen, Landdrost und erster Beamter.

1008. D. 1. zu Wien Franz Mathey, Privatlehrer daselbst — 67 J. a.

1009. D. 1. zu Breslau Freih. Georg Heinr. Rud. v. Reiswitz, Hauptm. d. 3. Art. Brig. R. d. eis. Kr. u. St. Joh. Ord.

1010. D. 2. zu Lauta bei Senftenberg der Pastor Joh. Nuglisch — im 35. J. s. A.

1011. D. 2. zu Stargard Aug. Heinr. Witte, Stadt- u. Kreiswundarzt — im 36. Lbsj.

1012. D. 3. zu Großzschepa M. Joh. Carl Schilling, Past das. — im 71. J. s. L.

1013. D. 3. zu Berlin der Rentier Peter Anton Jordan — im 64. J. s. A.

1014. D. 3. zu Dresden der Thierarzt u. Beschläge-Lehrer an der königl. Thierarzneischule, Joh. Gottlieb Salzmann.

1015. D. 3. zu Torgau der kgl. Postmeister Joh. Gottfr. Steude — im 73. J. s. L.

1016. D. 3. zu Wien Sebastian Faubel, emeritirter Pfarrer zu Solenau — 55 J. a.

1017. D. 4. zu Wilsen im Hannöv. der Pastor Conrad Friedr. Wilh. Krohne.

1018. D. 4. zu Wien d. Abbé Quilliemus Tilmon, approbirter Diöcesan-Priester — 71 J. a. im Kloster der barmherzigen Brüder.

1019. D. 4. zu Rittergut Hirschfeld bei Nossen der dasige Pastor M. Gottlob Heinrich Schulze — im 40. Lbsj.

1020. D. 5. zu Wien Joh. Heindl v. Auenfeld pens. k. k. Oberlieuten. — 53 J. a.

1021. D. 5. zu Stolberg der gräfl. Stolberg. Regierungs-, Konsistorial- u. Gemeinschaftsrath Joh. Ludwig Aug. Bürger — im 74. J. s. A.

1022. D. 5. zu Thorn Karl Gotthelf Prätorius, Dr. der Phil. u. vormal. Stadtrath zu Thorn; geb. das. am 10. Febr. 1763. Er hat einzelne kleine Schriften herausgegeben und sich, seitdem er in den Ruhestand versetzt worden, mit einer Chronik der Stadt Thorn beschäftigt, welche zum Druck vollendet ist. Diss. inaug. Dubia quaedam circa argumenti ex arithmetica politica contra polygamiam adhibiti fidem continens. 1790. Versuch eine Preisfrage über vortheilh. Bierbrauerei. 1791. — Versuch üb. d. Besteuerungswesen. 1802. — Beitrag zur Polizei der Vergnügen; in. d. preuß. Monatsschr. 1789. Juli. — Beitrag zu Minderung des Elends einer gewissen Klasse v. Menschen; ebd. Septbr.

1023. D. 6. zu Zehdenick Joh. Gottf. Ehrentz, Kantor u. Schullehrer der dasigen reformirten Gemeinde — im 54. Lbsj.

1024. D. 6. zu Neisse Jos. Lagel, Mitgl. d. ehemal. Kreuzstifts und Regens Chori — 61 J. a.

1025. D. 6. zu Brieg der Oberstlieut. Seb. Alex v. Pusch — im 67. J. s. A.

1026. D. 6. zu Wien Joseph Dannenburg, Ex-Jesuit — 84 J. a.

908. D. 24. zu Nürnberg Joh. Friedr. Benz, pens. Ober-Zollkommissarius — im 66. J.

909. D. 24. zu Festenberg in Schles. Ernst Benj. Hahn, poln. Pastor — 35 J. a.

910. D. 25. zu Wien der berühmte Custos im k. k. Münz- und Antikenkabinet und der Ambraser Sammlung, Aloys Primisser — 32 J. a.; geb. zu Innsbruck den 4. März 1796. Von ihm erschien im Druck: Beschreibg. der k. k. Ambraser Sammlung zu Wien. 1820. — Gab heraus mit F. H. v. d. Hagen: Der Helden Buch in der Ursprache. 1. Th. 1820. (Auch unt. d. Titel: Deutsche Gedichte des Mittelalters.) — Der Stammbaum des Hauses Habsburg-Oestreich. 1820. — Verzeichniß der sämmtl. Ambraser Hdschr. altdeutsch. Gedichte; in Büschings Nachr. f. Freunde d. Gesch. ꝛc. des Mittelalters. 1. Bd. (1816). S. 385. ff.; in v. Hormayr's Archiv f. Geogr., Histor. ꝛc. 1817 Nr. 31. 32. 1821. Nr. 5. ff. und in v. Hormayr's u. Mednyansky's Taschenb. f. vaterl. Gesch. 1820—23. — Recensionen in den Wiener Jahrb. d. Lit.

911. D. 26. zu Caub am Rhein der Justizr. Sinn.

912. D. 26. zu Wien Ignaz Dominik Schwarz Edler v. Schwarzwald, k. k. Rath — 64 J. a.

913. D. 26. zu Wien Joseph Rißl, akad. Maler — 65 J. a.

914. D. 26. zu Dresden der kön. sächs. Ober-Hofjägermeister v. Plötz, des Civilverdienstordens Comthur — 77 J. a.

915. D. 27. zu Tirschenreuth der kön. Gerichtsarzt daselbst Dr. Karl Weiß — 50 J. a.; am 8. Aug. darauf seine Gattin — im 44. J.

916. D. 27. zu Altbukow im Brandenburgschen v. Schmidseck, Major a. D.

917. D. 27. zu Breslau Carl Gustav v. Hengel, pens. Oberst — 85 J. a.

918. D. 27. zu Lauban Friedr. Gottl. Scholze, Justizkommissär u. vormal. Rathskämmerer — im 76. J.

919. D. 30. zu Georgenthal der Landjägermeister v. Wangenheim.

920. D. 31. zu Burgdorf Carl Wilh. Möllenbeck, preuß. Lieutenant.

921. D. 31. zu Eimbeck C. Friedrichs, pens. Hauptmann u. Senior des Alexanderstifts.

922. D. 31. zu Wien Joseph Edler v. Mangnet, Dr. der Rechte, Hof- und Gerichts-, auch Hofkriegsadvokat — 65 J. a.

August.

923. D. 1. Aug. starb zu Stolp Georg Aug. von Alemann, genannt Schenk, Rittmeister u. Escadronchef im 5. Hus. Reg.

924. D. 1. zu Eilsen im Bade Johann Christian Lutteroth jun., Kaufmann u. Fabrikant aus Mühlhausen — im 43. J.

925. D. 3. zu Wien Peter Parcar, Ehren-Domherr zu Kremsier in Mähren, der Gottesgelahrtheit Doctor u. k. k. Hofkaplan — 83 J. a.

926. D. 3. zu Kremkau bei Calbe in der Altmark ein Veteran aus dem 7jährigen Kriege, der Altsitzer H. J. Schwieger — im 92. J. s. A. Er dachte mit Heiterkeit an seine frühern Kriegsjahre, sprach gern von dem General Ziethen und dem Treffen bei Roßbach und hatte noch die Freude, daß seine dürftige Lage in den letzten Jahren seines Lebens durch die Gnade Sr. Maj. des Königs, welcher ihm eine monatliche Pension von 3 Thlrn. verlieh, verbessert wurde.

927. D. 3. zu Breslau Joh. Christ. Schröder, pens. kön. Oberpostkommissär — im 79. J.

928. D. 3. zu Wien Lorenz Leopold Haschke, pens. Professor der Aesthetik in der k. k. Theresianischen Ritterakademie und Custos an der Universitätsbibliothek — 81 J. a., geb. 1746; als Dichter bekannt.

929. D. 3. zu Wien Engelbert Bees, akad. Maler — 69 J. a.

930. D. 3. zu Zeitz Dr. Christ. Gottlieb Ehregott Bamberg, practicirender Arzt und Stadtphysikus — im 67. J. s. L.

931. D. 3. zu Magdeburg der geheime Justizrath v. Alemann — im 71. J. s. L. und im 49. J. s. Amtsdienstes.

932. D. 3. zu Töplitz im Bade Johann Vollrath Ludwig Freiherr v. Salmuth, herzogl. Anhalt-Bernburgscher Geheimerath und Regierungspräsident — im 67. J. s. L.

933. D. 4. zu Wien Joseph Freiherr v. Natorp, niederöstr. Herr und Landstand, Landmann in Siebenbürgen u. k. k. Major a. D. — 50 J. a.

934. D. 4. zu Lang-Welmsdorf bei Stolpen d. kön. sächs. Generalmajor v. Liebenau.

935. D. 4. zu Wien Joh. van Rehaneck, k. k. Major vom Pettauer Invalidenhause — 65 J. a.

936. D. 4. zu Löwen der Prof. der Metaphysik und Gesch. der Philosophie daselbst Franz Joseph Seber, geb. i. J. 1776. — Er hatte seine Studien auf der Universität Würzburg und Landshut vollendet, die berühmten Philosophen u Theologen, wie Schelling, Zimer u. J. M. Sailer., jetz. Bischof zu Regensburg, waren seine Lehrer. Er war einer der innigsten Freunde dieses gelehrten Professors der kathol. Theologie, dessen moral. u. rel. Werke einen heils. Einfluß auf d. gesammten kathol. Theil der Bewohner Deutschlands und Hollands haben. S. hatte, nachdem er die heil. Weihe empfangen, 2 bis 3 J. als Kaplan der Seelsorge obgelegen, dann aber den Ruf zu einer Professur an dem Lyceum zu Aschaffenburg angenommen. Im J. 1816 berief ihn die preuß. Regierung als Director des Gymnasiums nach Köln und ernannte ihn im J. 1819 zum Professor der kathol. Theologie an d. Rheinuniversität Bonn, welche er 1825 wieder verließ, um einem Rufe nach Löwen zu folgen. Er schrieb: Sammlung v. Mustern deutscher Dichter u. Prosaiker f. Gymnas. 1. Abth. 1817. 2. 1819. — Ueb. Relig. u. Religionslehre überh. üb. d. christl. insbes. 1819. — Ueb. Relig. u. Theologie. 1823.

937. D. 4. zu Neusalza der Dr. med. Joh. Herm. Geller, im 39. J. s. A.

938. D. 4. zu Langenau im Bade Franz Helbig, Prof. und Lehrer am kathol. Gymnasium zu Breslau — 56 J. a.

939. D. 4. zu Wismar Voß, Mecklenb. = Schwerin. Hauptmann des 15. Musquetierbataillons.

940. D. 5. zu Calau Joh. Gottlob Wetterhayn, kön. sächs. Oberstlieutenant v. d. A., vormal. Besitzer von Kemmen. — im 81. J. s. A.

941. D. 5 zu Schweidnitz Schultes, Conrector am kön. Gymnas. — im 61. J. s. A.

942. D. 6. zu Breslau Christoph Wilh. v. Lessel, pens. Hauptmann — im 71. Lbsj.

943. D. 6. zu Dürrmenz der lutherische Dekan und Pfarrer M. Joh. Ludw. Lenz das., geb. zu Stuttgart den 17. Aug. 1757; war früher Diakonus in Tuttlingen bis 1800 u. Pfarrer in Oeschingen bis 1811.

944. D. 6. zu Emden der Oberpostmeister A. D. Hillingh — 72 J. a.

945. D. 6. zu Halberstadt Carl Anton v. Bülow, Comthur des St. Johanniterordens und Amtshauptmann, Erbherr auf Gr. und Kl. Brunsrode — im 81. J.

946. D. 7. zu Friedrichstown Maximilian von Rantzau, ehemal. Conventual der Prämonstratenser Abtei Klarholz — im 59. J. s. A. Früher hatte er 18 J. als Missionär in Amerika mit rastlosem Eifer gearbeitet.

947. D. 8. zu Breslau Anton Weiser, Curatus bei St. Vincenz — im 50. J.

948. D. 8. zu Friedrichsstadt b. Dresden der Pastor daselbst M. Lebrecht Samuel Benjamin Vogel — im 69. J. s. A.

949. D. 9. zu Brötz im Großherzogth. Posen der Pastor Kreüschner.

950. D. 10. zu Wien Joh. Wolfg. Hecht, Maler — 45 J. a.

951. D. 10. zu Amberg Philipp Freiherr v. Reisach auf Tiefenbach u. Altschneeberg, Kapitular u. Dekan des vormal. Hochstifts zu Kempten — im 64. J s. A.

952. D. 10. zu Colberg v. Dorsch, preuß. Oberst a. D., Ritter des eis. Kreuzes 1. Kl.

953. D. 10. zu München Ferdinand Joseph Zeller, Ministerialrath des kön. Kriegsministeriums — im 49. J. s. A.

954. D. 10. zu Drebach bei Thum im Erzgeb. der Cantor und Organist daselbst M. Emanuel Gottlieb Naumann — 68 J. a.

955. D. 11. zu Cismar der Amtmann v. Kardorff.

956. D. 11. Ferdinand Gustav Ernst, Sohn des Grafen Ludwig v. Schönburg-Hinterglauchau, geb. d. 9. Mai 1802.

957. D. 11. zu Berlin Erdmuthe Caroline, verwittw. Gräfin v. Rödern, geb. v. Boyen — 71 J. a.

958. D. 12. zu Crampe b. Lauenburg der Lieutenant a. D. Ernst Otto Wuttsdorf — im 31. J. s. A.

959. D. 12. zu Breslau Carl Ziegert, pens. O. L. Ger.-Executor — 72 J. a.

960. D. 12. zu Lichterfelde der königl. pens. Ober-Steuerinspector Friedrich Heinrich Dambacher — im 57. J. s. L.

961. D. 12. zu Wilhelmsburg Georg Bernhard v. Plessen, Major im 1. Husarenreg. der kön. deutschen Legion.

962. D. 12. zu Breslau Christ. Friedr. Kuhfvel, Portrait- u. Geschichtsmaler — im 76. J. s. A.

963. D. 12. zu Beelitz der Postmeister Kühne.

964. D. 12. zu Berlin der Buchhändler Heinrich Martins — im 59. J. s. A.

936. D. 4. zu Löwen der Prof. der Metaphysik und Gesch. der Philosophie daselbst Franz Joseph Seber, geb. i. J. 1776. — Er hatte seine Studien auf der Universität Würzburg und Landshut vollendet, die berühmten Philosophen u Theologen, wie Schelling, Zimer u. J. M. Sailer, jetz. Bischof zu Regensburg, waren seine Lehrer. Er war einer der innigsten Freunde dieses gelehrten Professors der kathol. Theologie, dessen moral. u. rel. Werke einen heils. Einfluß auf d. gesammten kathol. Theil der Bewohner Deutschlands und Hollands haben. S. hatte, nachdem er die heil. Weihe empfangen, 2 bis 3 J. als Kaplan der Seelsorge obgelegen, dann aber den Ruf zu einer Professur an dem Lyceum zu Aschaffenburg angenommen. Im J. 1816 berief ihn die preuß. Regierung als Director des Gymnasiums nach Köln und ernannte ihn im J. 1819 zum Professor der kathol. Theologie an d. Rheinuniversität Bonn, welche er 1825 wieder verließ, um einem Rufe nach Löwen zu folgen. Er schrieb: Sammlung v. Mustern deutscher Dichter u. Prosaiker f. Gymnas. 1. Abth. 1817. 2. 1819. — Ueb. Relig. u. Religionslehre überh. üb. d. christl. insbes. 1819. — Ueb. Relig. u. Theologie. 1823.

937. D. 4. zu Neusalza der Dr. med. Joh. Herm. Geller, im 39. J. s. A.

938. D. 4. zu Langenau im Bade Franz Helbig, Prof. und Lehrer am kathol. Gymnasium zu Breslau — 56 J. a.

939. D. 4. zu Wismar Voß, Mecklenb.-Schwerin. Hauptmann des 15. Musquetierbataillons.

940. D. 5. zu Calau Joh. Gottlob Wetterhayn, kön. sächs. Oberstlieutenant v. d. A., vormal. Besitzer von Kemmen — im 81. J. s. A.

941. D. 5 zu Schweidnitz Schultes, Conrector am kön. Gymnas. — im 61. J. s. A.

942. D. 6. zu Breslau Christoph Wilh. v. Lessel, pens. Hauptmann — im 71. Lbsj.

943. D. 6. zu Dürrmenz der lutherische Dekan und Pfarrer M. Joh. Ludw. Lenz das., geb. zu Stuttgart den 17. Aug. 1757; war früher Diakonus in Tuttlingen bis 1800 u. Pfarrer in Oeschingen bis 1811.

944. D. 6. zu Emden der Oberpostmeister A. D. Hillingh — 72 J. a.

945. D. 6. zu Halberstadt Carl Anton v. Bülow, Comthur des St. Johanniterordens und Amtshauptmann, Erbherr auf Gr.- und Kl.- Brunsrode — im 81. J.

1791. 5. Bd. 1793. — Weltton u. Herzensgüte; Familiengemälde in 4 Acten. 1793. — Weiberlaunen und Männerschwäche; Lustsp. 1797. — Die Freunde; Schausp. 1797. — Der Hausdoctor; Lustsp. 1798. — Jolantha, Königin v. Jerusalem; Trauersp. 1798. — Scenen aus e. Trauersp. Mathilde von Gießbach; in Schillers Thalia, H. 9. S. 51—90. (1790). — Hamlets Charakter, nach psychol. u. physiol. Grundsätzen 2c. 1803. — Die Mohrin; Schausp. 1801. — Das Incognito od. d. König auf Reisen; Lustsp. 2, Aufl. 1818. — Maximen für junge Männer, die aus Erziehungshäusern 2c. in die Welt treten. 1814. — Die Großmama; Lustsp. 1818. — Die Macht d. Liebe; Trauerspiel. 1818. — Die Schirmherren von Lissabon; Schausp. 1818. — Ernst und Scherz; Lustsp. 1818. — Das verkaufte Kind; Lustsp. 1818. — Thekla d. Wienerin; Schausp. 1818. — Die vier Temperamente; Lustsp. 1821. — Systemat. Schauspielkunst in ihr. ganzen Umfange. 1821. — Der Brudermörder wider Willen; Trauersp. 1822. — Die Schöne u. die Häßliche; Lustsp. 1823. — Der innere u. äußere Mensch, in Beziehg. auf d. bild. Künste. 1825. 2 Thle. Vergl. Lemberts Taschenb. f. Schauspieler auf d. J. 1822, S. 455.

1072. D. 21. zu Gera der k. k. östreich. Rittmeister a. D. Joseph Adolph Freiherr v. Müffling, sonst Weiß genannt.

1073. D. 21. zu Nürnberg Christoph Jakob Sturm, gewes. Stadt- u. Pfleggerichtsschreiber zu Lauf — im 79. J. s. A.

1074. D. 21. zu Nürnberg Joh. Christoph Sigmund Freiherr Holzschuher v. Harrlach auf Bestenbergsgreuth, vormal Assessor am Stadt- und Ehegericht zu Nürnberg, auch Aeltester seines Geschlechts — im 70. J. s. A. Schrieb: Versuch e. vollständ. Polizeisyst. 1799.

1075. D. 22. zu Waldenburg d. Portraitmaler Carl Aug. Friedr. Hoffmann.

1076. D. 23. zu Ganzer b. Ruppin der Pfarrer das. Friedr. Gottfr. Buchholz — im 61. J.

1077. D. 23. zu Frödersdorf Heinrich Ferdinand v. Oppen auf F., königl. preuß. Hauptmann a. D., des St. Johanniterordens Ritter — im 80. J. s. L.

1078. D. 23. zu Plauentin im Regierungsbezirk Stettin der Invalide Schneider — 110 J. a. Er machte den 7jährigen Krieg mit, lebte in der Ehe 62 J. und noch im Wittwenstande 21 J.

1079. D. 23. zu Schneeberg Carl Christoph Härtel, emerit. Bürgermeister — im 74. J.

1080. D. 23. zu Geußnitz bei Zeitz Joh. Heinr. Keil, Pastor das. und zu Loitzsch — im 84. J., nachdem er am 31. Aug. 50 J. im Amt gewesen war; geb. 1746.

1081. D. 23. zu Jakobsdorf in Schlesien der Pastor Joh. Caspar Lauter; geb. 1711.

1082. D. 24. zu Neustadt a. d. Aisch der kön. baier. Appellationsgerichtsadvokat Weißmann — 70 J. a.

1083. D. 24. zu Breslau Joh. Christ. Klingberg, kön. Oekonom.-Commiss.-Rath u. Obercommissär b. kön. Generalcomm. — 67. J. a.

1084. D. 25. zu Friedberg der Rathsschöff Christian Eich.

1085. D. 25. zu Scharten bei Eferding in Oberöstreich J. C. Thielisch, kais. Konsistorialrath über Oberöstreich und Tyrol, Prediger der evangel. Gemeinde zu Sch. und Mitglied der naturforschenden Gesellschaft zu Halle — 78 J. a.

1086. D. 26. zu Wien Franz Graf v. Gourcy, Ritter des franz. Lazarusordens — 77 J. a.

1087. D. 26. Johann Friedrich Muscat, Pastor zu Geesthacht im Amte Bergedorf. Er war im J. 1756 zu Lübeck geboren und wurde im J. 1782 zum Nachmittagsprediger zu St. Annen daselbst und im J. 1785 den 20. April von Lübeck aus zum Pastor in Geesthacht erwählt. Gewissenhafte Treue bezeichnete seine lange Amtsführung.

1088. D. 26. zu Cambs in Mecklenburg der Pastor J. C. F. Hübener. Er hat Einiges zu dem freimüthigen Abendblatte beigetragen.

1089. D. 26. zu Breslau der Justizkommissär Joh. Weigert — 43 J. a.

1090. D. 27. zu Erfurt Ernst Aug. v. Einem — im 50. Lbsj.

1091. D. 27. zu Wien Theresia Gräfin v. Gleisbach, savoyische Stiftsdame — 48 J. a.

1092. D. 27. zu Trittelwitz bei Demmin der Kandidat der Theologie Carl Schmidt.

1093. D. 27. auf dem Eisenhüttenwerk Wildenthal bei Eibenstock der ehemal. Besitzer des Werkes Hennig 74 J. a.

1094. D. 28. zu Neu-Ruppin der Hauptmann v. d. Marwitz.

1095. D. 28. zu Portland-Street in London der barühmte Violinist Kiesewetter. Seine Leistungen erregten allgemein den größten Beifall und er war der Erste, der Mayseders Compositionen in England bekannt gemacht hat. Er hinterläßt in Deutschland eine Wittwe mit 8 Kindern, an denen er mit großer Zärtlichkeit hing. Er wurde zu London in der Savoy-Kapelle, unweit der Waterloobrücke beigesetzt. Fast alle ausgezeichneten Künstler waren, wie seine Landsleute, bei seinem Begräbnisse zugegen.

1096. D. 29. zu Großpöhla der königl. sächs. Major von der Armee Joh. August v. Elterlein —, im 51. J. s. A.

1097. D. 29. zu Fraustadt in Pommern Emil Carl Rudolph Cesar, Rittmeister a. D. u. Salzfactor.

1098. D. 29. zu Breslau Carl v. Radzeck, Lieut. a. D. — 30 J. a.

1099. D. 29. zu Wien Jos. Edler v. Peitl, k. k. wirkl. Hofkriegskommissär — 66 J. a.

1100 D. 29. zu Gr.-Bartensleben der Domkapitular v. Veltheim, Hr. auf Gr.-B., Aller-Ingersleben, Glentorf und Morsleben.

1101. D. 30. zu Berlin der Referendarius Carl Friedr. v. Daskow — im 24. Lbsj.

1102. D. 30. zu Breslau der Oberamtmann Joh. Gottlob Philipp — 69 J. a.

1103. D. 30. zu Breslau Carl v. Riwotzky, pens. Major — im 54. J. s. L.

1104. D. 30. zu Berlin der Administrator Schröder — 62 J. a.

1105. Im Sept. zu Langenau M. Adolph Schröder das. — im 51. J.

1106. Im Sept. zu Braunschweig Alex. Plüchart, Besitzer einer Buchhandlung in Petersburg und Braunschweig.

October.

1107. D. 1. Octbr. starb zu Breslau Karl Eman. Beda, pens. St.-Ger.-Crim.-Actuar — 65 J. a.

1108. D. 1. zu Krelkau in Schlesien der Pfarrer Hartmann.

1109. D. 1. zu Berlin Karl v. Krummensee, kön. Amtsrath und Kanonikus des Hochstifts zu Magdeburg, der als letzter Sprosse dieser alten Familie seinen Namen der Vergangenheit übergibt.

1110. D. 2. zu Sagan Joh. Preiß, ehemal. Kanon. reg. or.

—

1111. D. 3. zu Heidelberg der Ministerialrath v. Holzing.

1112. D. 3. zu Breslau der O. L. Ger.-Rath Friedr. Eman. Röhl — im 52. J.

1113. D. 4. zu Leipzig der Hülfslehrer an der Bürgerschule Friedr. Wilh. Fritzsche — im 31. J.

1114. D. 4. zu Heidelberg der bad. Oberforstrath u. ordentl. Prof. der Forstwissenschaft Graf v. Sponeck — 64 J. a., geboren zu Ludwigsburg den 19. Juli 1762. War früher Chef des herzogl. würtemberg. Leibjägerkorps, dann Hofoberforstmeister, hierauf Oberforstmeister in Blaubeuern und nachher in Altensteig und Neuenbürg. Seine Schriften: Anleitung zur Einsammlung, Aufbewahrung, Kenntniß in Rücksicht auf Güte u. Aussaat des Samens von den vorzügl. deutsch. Waldbäumen. 1804. — Ueb. d. Zustand u. d. forstl. Behandlung des Oberforstes eines Theils d. würtemberg. Schwarzwaldes. 1806. — Ueb. d. Beschaffenheit, Entstehung und Kultivirung der Sümpfe in Gebirgsforsten. 1806. — Forstwissenschaftl. u. botan. Abhandlgn. u. Bemerk. 1807. — Forstl. Aufsätze u. Bemerkgn. 2. Aufl. 1817. — Ueb. d. Anbau u. d. forstliche Behandl. d. weinblättr. u. d. spitzblättr. Ahorns, mit Rücksicht auf Zuckerbenutzung &c. 1811. — Anleitg., wie man in freien Wäldern Roth-, Dam- und Rehwild auf die sicherste Weise in großen Waldungen &c. erhalten kann. 2. Aufl. 1819. — Prakt. Bemerk. üb. uns. deutsch. reinen Nadelhölzer. 1816. — Ueb. d. Anleg., Einrichtung u. den Nutzen der Holzgärten u. Holzmagazine. 1816. — Der Schwarzwald; Handbuch für Forstmänner. 1819. — Ueb. d. Veräußerung v. Staatswaldflächen z. landwirthschaftl. Gebrauch. 1823. — Ueb. d. Holzdiebstahl. 1823. — Mehr. forstwissenschaftl. Abhandlungen im Stuttgarter ökonom. Wochenbl. 1791; in v. Wildungens Taschenb. für Forst- u. Jagdfreunde; in Hartmanns u. Laurops Ztschr. f. d. Forstwissensch. 1802.; in Gatterers Forstarchiv. Bd. 9. 10. u. 13. 1802. folg. u. in Hartigs Forst-, Jagd- u. Fischereijournal. Vergl. Lampadius.

1115. D. 4. zu Dresden d. Finanzsekretär Carl Wilh. May — im 40. J. s. A.

1116. D. 4. zu Heidelberg der Universitäts-Stallmeister Laminet.

1117. D. 6. zu Königsberg der geh. Commerzienrath Joh. Conrad Fischer.

1118. D. 7. zu Neisse in Schlesien Gottlob Müller, pens. Lieut. a. D. — 63 J. a.

1119. D. 7. zu Thorn der pens. Haupt-Zollamts-Controlleur Ferdinand v. Rozynski — im 61. J.

1120. D. 8. zu Pleß Frau Caroline, geb. v. Rawa, Aebtissin des aufgelösten Jungfrauenstifts zu Striegau — im 79. J. i. A.

1121. D. 8. zu Marienwerder der Regierungsrath Aug. Gottfr. Ferdin. Drawe.

1122. D. 9. zu Creuzburg in Schlesien der Lieutenant Wilh. Ulfert, kön. Salzfactor — im 48. J.

1123. D. 9. zu Küpper bei Sagan der Amtsrath Priever auf K. — 53 J. a.

1124. D. 9. zu Breslau d. kön. Justizsekret. Scholz — im 78. J.

1125. D. 9. zu Glatz Carl Friedrich Müller, Lieutenant und Garnisonverwalt.-Inspect., Ritter des eis. Kreuzes 1. und 2. Kl., der silbernen Verdienstmedaille, des St. Georgenordens und Dienstauszeichnungskreuzes 1. Kl. — im 48. Lbsj. Er diente über 30 J. in der preuß. Armee mit Ruhm und Ehre.

1126. D. 9. zu Pontwitz in Schlesien der Pastor M. Lücke — im 65. J.

1127. D. 10. zu Berlin Karl v. Kummer, Ingenieur-Hauptmann in Stettin — nach kaum vollendetem 31. Lbsj.

1128. D. 10. zu Ripkau (Königsb. Kr.) Joh. Wilh. Schach v. Wittenau, Erbherr der Ripkau-Jautschen Güter u. Ritter d. St. Johann.-Maltheserordens.

1129. D. 10. zu Breslau Heinrich Wähner, Dr. med. — im 86. J.

1130. D. 11. zu Löwen in Schlesien der Diakonus u. Rector J. C. Töpler — im 41. J.

1131. D. 11. zu Wien der pens. Ober-Bergamts-Canzleidirector Joh. Melchior Mihes 73 J. a.

1132. D. 12. zu Hohenstein im Schönburgschen Carl Friedr. Wagner, Pfarrer das. — im 58. J.

1133. D. 12. zu Pillnitz bei Dresden Adam Friedrich Trauwitz, kön. sächs. Hofbettmeister zu Pillnitz im 56. J. — 39 J. hatte er dem Militär- und Civildienste des Königs gewidmet.

1134. D. 12. zu Collochau bei Herzberg der Pastor M. Joh. Christ. Gottlieb Wilsch — im 69. J.

1135. D. 12. zu Neustadt in Schlesien der königl. Oekon.-Spec.-Commiss. Hoffrichter.

1136. D. 13. zu Lerchenborn in Schlesien v. Bohlen, Majoratsherr v. L. u. Lehnsherr. auf Kräptän in Neupommern — im 61. J. s. A.

1137. D. 13. zu Wietzendorf (Inspection Wiesen an der Aller) der Past. emerit. Krako — 87 J. a.

1138. D. 14. zu Leipzig Christ. Gottfr. Wolff, kön. sächs. Premierlieutenant v. d. A.

1139. D. 14. zu Goldberg Carl Balthas. Längner, Vorwerksbesitzer u. Kreislandsch. = Taxat. — im 62. J. s. A.

1140. D. 14. zu Beuthen a. d. O. der Bürgermeister Lossow — 72 J. a.

1141. D. 15. der königl. preuß. Major a. D. Carl Friedr. v. Oertzen aus dem Hause Haarsdorff — im 62. J. s. L.

1142. D. 15. zu Gotha der emerit. Pfarrer von Apfelstädt Christ. Waitz nach zurückgelegtem 76. Lebensjahre.

1143. D. 16. zu Wien Thomas Freihr. v. Brady, k. k. wirkl. geh. Rath und Kämmerer, Ritter des milit. Marien=Theresienordens, pens. Feldzeugmeister u. 2. Inh. des 1. Inf. Reg. Kaiser Franz — 69 J. a.

1144. D. 16. zu Lindow der Rektor Schulz.

1145. D. 17. zu Cunnersdorf bei Görlitz der Pastor Carl Ludwig Gössel — 39 J. a.

1146. D. 17. zu Schönheide b. Eibenstock der dasige Gerichtsschreiber u. Advokat Leopold Gotthilf Meyer — im 37. J. s. L.

1147. D. 19. zu Breslau Ernst Traugott Gerlach, Lieutenant a. D. u. königl. Magazinassistent — im 33. J. s. A.

1148. D. 19. zu Meißen d. Kreisamtmann Friedr. Benjamin Dreschke — im 53. J.

1149. D. 19. zu Köslin der Ober=Landesgerichtsreferendarius Höpner.

1150. D. 19. zu Wunsiedel der pens. kön. Kriegsrath und Polizeidirektor Johann Ruß — im 82. J.

1151. D. 20. zu Nürnberg der dasige Buchhändler Konrad Heinrich Zeh — im 36. J. d. A.

1152. D. 20. zu Brieg Dr. Friedr. Müller, kön. preuß. Arbeits= und Irrenhaus=Arzt.

1153. D. 21. zu Breslau Franz Schmidt, kön. Reg.=Sekret. u. Lieut. a. D. — 36 J. a.

1154. D. 22. zu Wien der Dr. med. Georg Ernst v. Kletten — 70 J. a. Seit 1794 ordentl. Prof. d. Medizin auf der Universität zu Greifswald (vorher Feldmedikus bei der schwedischen Armee in dem letzten finnischen

Feldzuge), seit 1806 zweiter ordentlicher Prof. der Medizin, besonders der Chirurgie und Entbindungskunst auf der Universität zu Wittenberg; kam mit mehrern andern dasigen Professoren nach Halle, nahm aber bald seine Entlassung, wurde 1816 pension. und lebte seitdem in Wien. Geboren war er zu Kitzingen im Würzburgschen den 13. April 1759. — Seine Schriften sind: Stephan Blancards arzneiwissenschaftl. Wörterbuch. 1788. — Wiener medizin. Monatsschrift, 4 Bde. 1789. — Versuch einer Gesch. des Verschönerungstriebes im weiblichen Geschlechte. 1792. — Oratio de ingenio Medici. 1797. — Krit. Ideen über den zweckmäßigsten Vortrag der ausüb. Heilkunde. 1798. — Beiträge zur Kritik über die neuesten Meinungen in der Medizin, 1801. 3. St. 1804. — De constitutione morborum atrabilaria, seri autumni propria; Comment. med.-pract. 1806. — Progr. de perversa in rebus medicis inquirendis et explic. philosophandi ratione. 1807. — Progr. de inepta remedior. debilit. denominatione. 1807. — Pr. de constitut. morbor. nervosa.; Comment. III. 1810 — 12. — De varia malignitatis ratione in febre scarlat. observ., illustr. 1811. — Diss. de moderando aquae frigidae usu externo in divers. morbis curandis. 1812.

1155. O. 23. zu Regensburg der Graf Alexander von und zu Westerholt, kurfürstl. Trierscher Kammerherr, Kommandeur des großherzogl. hessendarmstädt. Ludwigsordens, Maltheserritter und fürstl. Thurn und Taxischer geheimer Rath; geboren 1763, — im 64. Lbsj. Als Staatsmann und Gelehrter rühmlichst bekannt.

1156. O. 23. zu Wien Carl Winter, k. k. Appellationsrath — 56 J. a.

1157. O. 23. zu Wien Leopold Hammer, k. k. Ingenieur-Hauptmann — 41 J. a.

1158. O. 24. zu Berlin der königl. Kammermusikus Christ. Jäger.

1159. O. 24. zu Wien Joseph Frhr. von Ulm-Erbach, pens. k. k. Feldmarschall-Lieutenant, Kämmerer und Rit. des milit. Marien-Theresienordens.

1160. O. 25. zu Sagan Christ. Heinrich von Braun — im 71 Lebensj.

1161. O. 25. zu Lichtenwalde in Schlesien der Kantor und Schullehrer Joh. Gottfr. Vogt — 69 J. a.

1162. O. 25. zu Landeshut der Maler Carl Benj. Rasper — 52 J. a.

1163. O. 25. zu Leipzig Carl Gustav Ulbricht, Dr. jur. — im 27. J. s. A.

1164. D. 26. zu Bamberg der königl. baier. Oberst Eginhard Freiherr von Kreuberg — 47. J. a.

1165. D. 27. zu Wien Anton von Anwander, Rittmeister vom kaiserl. russ. Uhlanenregimente Nr. 3 — 40 J. a.

1166. D. 27. zu Berlin der kön. Kriegsrath Körner in einem Alter von 57 Jahren.

1167. D. 29. zu Celle Gottlieb Hundögger, Associe des Hauses Ferdinand Zimmermann in St. Petersburg. Er reiste in das mildere Klima nach Deutschland in der Hoffnung von seiner Krankheit hier zu genesen.

1168. D. 30. zu Berlin der pens. kön. Ober-Landesgerichts-Sekretär Christoph Ludwig Schütze.

1169. D. 30. zu Grube der Hauptpastor Carl Ludwig Tamsen — 55 J. a.

1170. D. 30. zu Stößen im Amt Weißenfels d. kön. sächs. Rittmeister a. D. Carl Aug. Horn — im 72. J.

1171. D. 30. zu Mainz der kön. preuß. Premierlieutenant in der 8. Artilleriebrigade Marcell Püttmann — 35 J. a.

1172. D. 30. auf dem Schlosse Bentlage bei Rheina (preuß. Regbezk. Münster) der Herzog Joseph Arnold v. Looz-Corswaaren, Fürst von Rheina-Wolbeck — in dem Alter von 58 J. Er war den 14. Sept. 1770 geb.

1173. D. 30. zu Königsberg Vinzenz Bogomilius von Czarnowski, pens. Hauptmann.

1174. D. 30. zu Namslau der Rittmeister von Mletzko.

1175. D. 31. zu Potsdam Georg v. Klaß, Lieuten. im Garde-Jägerbataillon daselbst — im 32. Lbsj.

1176. D. 31. zu Lüneburg der Salinmonitor, Zöllner Urban Friedrich Christian Maneke. Gab heraus: Kurze Beschreibung der Stadt Lüneburg.

1177. D. 31. zu Chrzumczütz bei Oppeln der katholische Pfarrer Scepannik.

1178. D. 31. zu Wien Ignaz v. Hackher zu Hart, der gesammten Erblande Ritter, niederöstr., mähr. und schles. Landmann, dann wirkl. k. k. niederöstr. Appellationsrath — 61 J. a.

November.

1179. D. 1. starb zu Reinstedt am Stecklenberge der königl. preuß. Major a. D. Friedr. v. Windheim — im 53. Lbsj.

1180. D. 2. zu Köslin der königl. Hauptmann von der Armee Ludew. v. Arnim.

1181. D. 2. zu Hamburg der Doctor d. Mediz. u. Chirurg. H. Chr. D. Sennewald — im 28. Lbsj.

1182. D. 3. zu Hildesheim d. fürstl. Hofmedikus Dr. J. K. P. Elwert — im 67. J. Seit 1787 Amtsphysikus d. Aemter Wohlenburg u. Bilderlahe wie auch Stadtphysikus zu Bokenem im Hildesheimschen — geb. zu Speyer d. 5. Novbr. 1760. — Er schrieb: Magazin für Apotheker, Materialisten u. Chemisten. 1785. 3. St. 1787. Diss. inaug. Fasciculus plantar. e Flora Marggraviatus Baruthini. 1786. — Repertorium für Chemie, Pharm. u. Arzneimittelkunde. 1790. — Nachlese zu d. Herrn Dr. Joh. Schäffer. Dissert. v. d. Wurmmitteln a. d. Pflanzenr. in Baldingers N. Magaz. Bd. 11. St. 2. 1789. — Recens. in Crells chem. Annal.; in Joh. Jak. Römers und Paul Usteri's Magaz. f. d. Botanik und in Usteri's Annal. d. Botanik. — Nachr. v. d. Leben u. d. Schr jetztleb. deutscher Aerzte, Wundärzte, Apotheker und Naturforsch. 1. Bd. 1799. — Nachr. v. einig. Aerzten, die d. Namen Elwert führen; in Baldingers N. Magaz. f. A. Bd. 17. St. 2. (1799.)

1183. D. 3. zu Grodtken b. Soldau d. Landschaftsrath Marggraf — 52 J. a.

1184. D. 3. zu München d. kgl. baier. wirkl. Geheimerath Franz Xaver Freih. v. Schneider — im 72. J. f. L.

1185. D. 3. zu Breslau Otto Hübner, kgl. O. L. Gerichtsrath.

1186. D. 4. zu Tiegenhof d. Prediger Nathan. Fr. Weide — im 67. Lbsj.

1187. D. 4. zu Neusulze b. Ekartsberge in Thüringen der königl. baier. pens. Staatsminister und Salinendirector, Leopold, Graf u. Herr v. Beust, Herr auf Berg- und Neusulze, Mitweide u. Skuhlen, Ritter des polnischen weißen Adlerordens, so wie des Johanniter- u. Maltheserordens — im 88. J f. A.

1188. D. 6. zu Neustrelitz der Concertmeister Bartholomäus Campagnoli — im 78. J. f. L.; geb. 1749.

1189. D. 6. zu Bevergern im preuß. Regierungsbezirk Münster Christ. Friedr. Stelzner, Doctor d. Medizin — 51 J. a.

1190. D. 6. zu Breslau der Weltpriester Carl Sterz; geb. zu Niesemenschel bei Glogau, Sakrist. u. Secund. d. Domkirche — im 54. Lbsj.

verfaßten Programmes bilden Questiunculae ad. Gesenii grammaticam hebraicam.

1219. D. 16. zu Breslau Joh. Claß, kgl. Regierungsrath, Hauptm. a. D. u. Ritter des eis. Kr. — im 51. J. s. L.

1220. D. 16. zu Raußlitz b. Nossen d. Pastor das. Christian David Bräunlich — im 73. Lbsj.

1221. D. 17. zu Hanau der kurhess. Konsistorialrath und Lotteriemitdirector Joh. Philipp Hörner — im 74. Lbsj.

1222. D. 17. zu Linsweiler (Dekanats Landau) Johann Adam Mayer, Pfarrer zu L. und Ilbesheim; geb. 1762. Ausgezeichnetes Talent, seltene Originalität des Geistes, umfassende Kenntnisse, ein edler Charakter, hohe Begeisterung für seinen Beruf und eine musterhafte Verwaltung desselben zeichneten ihn aus und machten ihn zu einem der würdigsten und geachtetsten Geistlichen der protestantischen Kirche Rheinbaierns. Er schrieb: Texte zur Kirchenmusik f. d. evangl. Gemeinde zu Speyer. 1785. — Beichtreden am Krankenbette 1785 u. 86. 3. Bd. 1795. Betracht. üb. d. göttl. Eigensch. 1791. — Betr. üb. d. Glbs. u. Sittenl. d. Christen. 1792. 2. Thl. 1795. — Unterhalt. üb. wicht. Gegenstde. aus d. christl. Sittenl. 1795. — Neue Beichtreden a. Kr. 1795. — Vollst. Andachtsb. f. Kranke u. Sterbende. 1796. — Zur heilsamen Belehrung u. Erbauung im Gewitter. 1796. — Aufsätze in d. pfalzbaier. Beitr. v. 1782. — Rezens. in Seilers gemeinnütz. Betracht. — Sein Bildniß nebst kurzer Selbstbiographie in Bocks u. Mosers Sammlg. v. Bildnissen.

1223. D. 17. zu München der durch viele Verdienste ausgezeichnete k. quiesz. Kreisbau- u. Regierungsrath Riedl — im 72. J., nachdem er noch wenige Wochen vor seinem Tode für 54jährige treue Dienste von Sr. k. Maj. den Ludwigsorden erhalten hatte.

1224. D. 18. auf dem Rittergute Mosbach b. Neustadt a. d. O. der königl. preuß. aggregirte Premierlieutn. Alexander Schiller v. Schillershausen.

1225. D. 18. zu Marienberg Friedr. Gotthold v. Schletter, kön. sächs. Rittmeister im 1. leichten Reiterregiment.

1226. D. 18. zu Grimma Karl Gottfried Riedel, Pfarrer u. Superintendent daselbst — im 74. Lbsj.

1227. D. 18. zu Plauen im Vogtlande d. Bürgermeister Carl Aug. Gellert das. — im 81. J. s. A.

1204. D. 9. zu Frauenstein im sächs. Erzgeb. d. emeritirte Justizamtmann Joh. Christ. Schulze — im 86. Lbsj. Er hatte 56. J. hindurch dem Vaterlande treu und anspruchslos gedient.

1205. D. 10. zu Dresden der königl. sächs. geh. Finanzsekretär, Joh. Ephr. Witschel — im 74. Lbsj. Er war zu Görlitz am 18. Mai 1753 geb., hatte das Gymnasium daselbst besucht und seit 1776 in Leipzig erst Theologie und dann die Rechte studirt. Nach Vollendung seiner Studien ward er (1781) Hauslehrer bei dem geh. Rath Freih. v. Spillnen in Dresden; 1788 Registrator bei dem geh. Finanzarchiv u. 1791 wirkl. Archivsekretär. S. Schr.: Sächs. Gesch. für Kinder. 4 Thl. 1784—86. Gesch. u. Geogr. v. Deutschland 3. Thl. 1789—91.

1206. D. 10. zu Zeitz d. Kandidat Karl August Melzer — im 46. Lbsj.; geb. das.

1207. D. 11. zu Bosdorf unweit Wittenberg der Pfarrer Georg Christian Heimbach — im 68. Lbsj.

1208. D. 12. zu Homburg v. d. H. der landgräfl. hess. dirigirende Geheimerath und Präsident Joh. Philipp v. Hert.

1209. D. 12. zu Halle der k. Oberbergrath Friedr. Ferdinand Meschker.

1210. D. 13. zu Wien Augustin Unger Edler v. Lövenberg, pens. k. k. Feldkriegskommissär — 71 J. a.

1211. D. 13. zu Häynichen Joh. Gottlieb Molter, Apotheker das. — im 87. Lbsj. Er gehörte zu den Nachkommen Dr. Martin Luthers.

1212. D. 13. zu Berlin der Rentier Heinr. Bock.

1213. D. 14. zu Linkuhnen bei Königsberg der Oberamtmann Schröder.

1214. D. 14. zu Langenteube-Oberhain b. Tharand der Pastor daselbst Christian Friedr. Dürr — im 65. J. s. L.

1215. D. 15. zu Münster Anton Reinhartz, Gerichtsdirektor zu Warendorf.

1216. D. 15. zu Marienwerder d. pens. Kriminalrath u. Oberlandesgerichtsarchivarius Fischer — im 65. J. s. A.

1217. D. 16. zu Wien Cornelius Jannoska, Priester aus dem Orden des heil. Franciskus — 25 J. a.

1218. D. 16. zu Hirschberg G. W. Körber, kgl. Gymn.-Direct. im 53. J. Den Inhalt eines von ihm

1079. D. 23. zu Schneeberg Carl Christoph Härtel, emerit. Bürgermeister — im 74. J.

1080. D. 23. zu Geußnitz bei Zeitz Joh. Heinr. Keil, Pastor das. und zu Loitzsch — im 84. J. Nachdem er am 31. Aug. 50 J. im Amt gewesen war; geb. 1746.

1081. D. 23. zu Jakobsdorf in Schlesien der Pastor Joh. Caspar Lauter; geb. 1711.

1082. D. 24. zu Neustadt a. d. Aisch der kön. baier. Appellationsgerichtsadvokat Weißmann — 70 J. a.

1083. D. 24. zu Breslau Joh. Christ. Klingberg, kön. Dekonom.-Commiss.-Rath u. Obercommissär b. kön. Generalcomm. — 67. J. a.

1084. D. 25. zu Friedberg der Rathsschöff Christian Eich.

1085. D. 25. zu Scharten bei Eferding in Oberöstreich J. C. Thielisch, kais. Konsistorialrath über Oberöstreich und Tyrol, Prediger der evangel. Gemeinde zu Sch. und Mitglied der naturforschenden Gesellschaft zu Halle — 78 J. a.

1086. D. 26. zu Wien Franz Graf v. Sourey, Ritter des franz. Lazarusordens — 77 J. a.

1087. D. 26. Johann Friedrich Muscat, Pastor zu Geesthacht im Amte Bergedorf. Er war im J. 1756 zu Lübeck geboren und wurde im J. 1782 zum Nachmittagsprediger zu St. Annen daselbst und im J. 1785 den 20. April von Lübeck aus zum Pastor in Geesthacht erwählt. Gewissenhafte Treue bezeichnete seine lange Amtsführung.

1088. D. 26. zu Cambs in Mecklenburg der Pastor J. C. F. Hübener. Er hat Einiges zu dem freimüthigen Abendblatte beigetragen.

1089. D. 26. zu Breslau der Justizkommissär Joh. Weigert — 43 J. a.

1090. D. 27. zu Erfurt Ernst Aug. v. Einem — im 50. Lbsj.

1091. D. 27. zu Wien Theresia Gräfin v. Gleisbach, savoyische Stiftsdame — 48 J. a.

1092. D. 27. zu Trittelwitz bei Demmin der Kandidat der Theologie Carl Schmidt.

1093. D. 27. auf dem Eisenhüttenwerk Wildenthal bei Eibenstock der ehemal. Besitzer des Werkes Hennig 74 J. a.

1094. D. 28. zu Neu-Ruppin der Hauptmann v. d. Marwitz.

1095. D. 28. zu Portland-Street in London der be-

1228. D. 19. zu Wien Franz v. Anaker k. k. Feldkriegskommissär — 33 J. a.

1229. D. 19 zu Wichtringhausen der ehemalige Hof- und Kanzleirath Friedrich Philipp August Ludw. Freiherr Langwerth von Simmern, Erbherr zu Wichtringhausen, Neustadt, Egestorf, Wunstorf — im 79. J. s. L.

1230. D. 19. zu Elsterwerda der kön. preuß. Amts-Steuereinnehmer Friedrich Gottlob Kneus daselbst — im 69. J.

1231. D. 20. zu Altenstein im Untermainkreis Joseph Brunner, geb. zu Trappstadt im J. 1706, in einem Alter von 122 Jahren weniger 4 Wochen. Vor wenigen Jahren ging er zu Fuß noch nach Hildburghausen und war in dem letzten Jahre auch noch in München.

1232. D. 20. zu Ansbach der kön. Kammerkommissär, Hospital-, Wittwen- und Waisen-, dann Erziehungs- und Versorgungshaus-Verwalter, Ferdin. Ludw. Liebe-rich nach 55 jährigem Dienstes- und 82jährigem Lbsalt.

1233. D. 20. zu Leipzig Carl Friedrich Peters, Besitzer des dasigen Bureau de Musique.

1234. D. 20. zu Leipzig Gustav Theodor Klett, Medicinae Studiosus und mehrerer gelehrten Gesellschaften Mitglied — im 23. J.

1235. D. 20. zu Idstein der herzogl. nass. Landrath Wernecke.

1236. D. 20. zu Militsch in Schles. der Präsident Bax, Ritter des eis. Kr. 2. Kl. — im 56. J.

1237. D. 20. zu Cotzenbüll der Premierlieutn. und Bataillonsadjutant beim Fühnschen Infanteriereg. Peter von Becker.

1238. D. 21. zu Berlin der pens. Oberstlieuten. Johann Ferdinand von Frankenberg, ehemaliger Kommandeur des Regiment Garde — im 81. Lebensjahre.

1239. D. 21. zu Wien Joseph Ritter v. Kißling — 25 J. a.

1240. D. 21. zu Köln Johann Wilh. Schmitz, Oberpfarrer zur heiligen Maria im Kapitel, Mitglied der städtischen Schulverwaltung.

1241. D. 21. zu Holzsußra im Amt Ebeleben der Consistorialassessor und Pastor Bernhard Rudolph Rath — im 58. Dienst- und 85. Lebensj.

1242. D. 21. zu Wien Emanuel Graf v. Scharfsenberg, k. k. Kämmerer und jubil. steyermärkscher Gubernialrath — 66 J. a.

1257. D. 25. zu Werben bei Cottbus Eugen Baron von Witzleben aus dem Hause Werben — im 34. J. s. L.

1258. D. 25. zu Nordwohlde (Inspektion Weihe) der Pastor emeritus Geise — 88 J. a.

1259. D. 25. zu Herford der königl. Stadtdirektor Carl Anton von Diederichs im 67. Lebsj; geb. d. 22. Oct. 1762 in Pyrmont, trat er als Kammerreferendar zu Minden in kön. preuß. Dienste und wurde am 1. Nov. 1785 Stadtdirektor in Herford.

1260. D. 26. zu Pleß Karl von Zander, Hauptmann und Komp.-Chef im 12. Infanterieregimente

1261. D. 26. zu Leipzig der Kauf- und Handelsherr Joh. Gottlob Horn — 43 J. a.

1262. D. 26. zu Großbodungen der kön. preuß. Commerzienrath Joh. Aug. Müller — im 62. Lbsj.

1263. D. 26. zu Bützow der Hauptmann v. Bülow auf Steinhagen.

1264. D. 26. zu Lissek (Schles.) der Pfarrer Bensch — 58 J. a.

1265. D. 26. zu Schleßwig Johann Wilhelm Pfingsten, Prof., Ritter von Dannebrog und ehemal. Director der Lehranstalt für Taubstumme zu Kiel. Seine Schriften sind: Vieljähr. Beobachtungen und Erfahrungen über die Gehörfehler der Taubstummen, als Winke beim Galvanisiren zu gebrauchen. 1802. — Gehörmesser zur Untersuchung der Gehörfähigkeit galvanis. Taubstummen. 1804. — Ueb. d. Wirkungen des Galvanismus auf Taubstumme, e. Brief; in d. Eunomia, Jahrg. 3. Sept., S. 215 — 224. — Bemerk. und Beob. üb. Gehör, Gefühl, Taubheit rc. und Heilmittel d. letzt. 1811. — Ueb. den Zustand d. Taubstummen d. ält. u neuern Zeit. 1817.

1266. D. 26. zu Schwarzenberg d. kön. sächs. Kreis-Steuerrevisor Carl Friedr. Große — im 24. J.

1267. D. 27. zu Winterthur Heinrich Steiner, ein um seine Mitbürger und um den ganzen Kanton verdienter, gemeinnütziger und allgemein geachteter Mann. Er war vor der Revolution Mitglied des Magistrats von Winterthur, einige Jahre später der Kommission zu Einführung der Mediation, trat dann in den kleinen Rath, bis er sich vorgerückten Alters wegen in den Stadtrath von Winterthur zurückzog — 80 J. a.

1268. D. 27. zu Graba bei Saalfeld der Oberpfarrer M. Christian Friedrich Heumann — im 70. Lebensjahre.

1269. D. 27. zu Oels bei Bautzen, Dorothea Friederike, Gräfin von Lippe-Weißenfeld, geb. Gräfin von Hohenthal; Vormünderin ihres Sohnes und Landesregentin; geb. d. 25. Juli 1790, vermählt d. 25. Juli 1809.

1270. D. 28. zu Berlin J. F. Mengel, Kriegsrath und exped. Sekretär im Kriegsministerium.

1271. D. 29. zu Wien Michael Spiehl, Curat, Beneficiat und Katechet an der Pfarre St. Peter — 45 J. a.

1272. D. 29. zu Volkmaritz (bei Halle?) der Prediger das. Friedr. Ehrenfried Neuber — im 84. J.

1273. D. 29. zu Stettin August Wilhelm List, erster Registrator beim königl. Stadtgericht — 41 J. a.

1274. D. 30. zu Berlin der Rentier Philipp Ferdinand Westphalen — im 72. Lebensj.

1275. D. 30. zu Glaz in Schlesien der kön. Maschinendirektor auf der kön. Eisengießerei b. Gleiwitz Holzhausen.

1276. D. 30. zu Mügeln Joh. Christ. Gottlob Brehmer, Kandidat des h. Pred. — 25 J. a.

1277. D. 30. zu Jerstedt, (Inspection Salzgitter) der Pastor emerit. Hasenbalg.

1278. Im Nov. zu Gröbnig in Schlesien der kathol. Pfarrer Werner.

1279. Im Nov. zu München der Kaufmann von Krempelhuber. Er hat der dasigen Taubstummen-Erziehungsanstalt 5000 fl. und einen gleichen Betrag der Blinden-Erziehungsanstalt zu Freysing vermacht.

December.

1280. Anfangs Dec. starb zu Zweibrücken d. k. baier. Kämmerer u. General-Procurator am Appellationsgericht im Rheinkreise Karl Alexander Franz Freiherr von Wölderndorff u. Waradein, Ritter d. Civilverdienstordens der baierschen Krone, geb. d. 22. Oct. 1753. Bekannt durch jurist. und schöngeist. Schr. *). Sein Bild u. Selbstbiogr. in Bocks Samml.

1281. D. 1. zu Zempelburg der Rabbiner Tobias Asche, dessen Schriften sein Sohn herausgeben wird.

1282. D. 1. zu Pomßen Carl Friedrich Syrbe, Advokat u. gewes. Gerichtsschösser das. u. zu Belgershayn.

1283. D. 1. zu Hamburg J. C. Heinrichs, Herr zu Kleekamp — im 64. Lbsj.

*) Diese finden sich in Meusels gel. Deutschld. nicht angegeben.

1284. D. 1. zu Prenzlau der Banquier Ascher Levin.

1285. D. 2. zu Dillenburg der königl. niederländische Geheimerath und Kommandeur des Löwenordens Johannes v. Arnoldi *) — im 77. Lbsj. Er hat sich durch seine Schriften, besonders durch seine „oranien-nassau'sche Geschichte" ein bleibendes Denkmal gestiftet. Er war ein biederer deutscher Mann, der seinem Fürsten auch in den Tagen, wo dieser seinem Lande den Rücken wenden mußte, unverbrüchlich treu blieb.

1286. D. 2. der lutherische Dekan und erster Stadtpfarrer zu Künzelsau Carl Leopold Friedr. Bauer, geb. zu Neuenstein den 30. Juni 1754, Pfarrer in Ohreberg 1789, zweiter Pfarrer zu Künzelsau 1790, erster Stadtpfarrer 1806, Dekan 1825.

1287. D. 2. zu Breslau der kön. O. L. Ger. Ref. Gustav Heinrich Fassong.

1288. D. 3. zu Wien der Graf Bathyani, k. k. Kämmerer, geh. Rath, Vicepräsident der k. k. allgemeinen Hofkammer u. Obergespan des Honther Comitats im Königreich Ungarn — im 56. J.

1289. D. 3. zu Peetzig der königl. Oberförster Wieprecht — im 57. Lbsj.

1290. D. 3. zu Münster die Conventualin des ehemal. Clarissenklosters Anna Elisabeth Schräder — 78 J. alt.

1291. D. 4. zu Coburg der herzogl. Geheimerath, Landesregierungspräsident u. Oberstallmeister Emil von Coburg, Ritter des kais. St. Leopoldordens, Kommandeur des königl. sächs. Verdienst- und großherzogl. sächs. weißen Falkenordens — nach kaum vollendetem 48. Lbsj. Die unerwartete Nachricht von dem Verluste dieses würdigen Staatsdieners, der nicht nur durch seine Einsicht, sondern auch durch seine hohe und unerschütterliche Rechtschaffenheit und seine wohlwollende Denkungsart sich die allgemeine Verehrung erworben hatte, hat Alle, die ihn kannten, in tiefe Betrübniß versetzt. Aber Niemand empfindet diesen großen Verlust schmerzlicher als sein durchlauchtigster Herzog, da derselbe dem Verewigten nicht blos die dem treuen Diener und Geschäftsmann geltende Anerkennung widmete, sondern ihm stets mit der aufrichtigsten Zuneigung und wahrer Freundschaft zugethan war.

---

*) Eine ausführl. Biographie dieses berühmten Staatsmannes und Schriftstellers wird im nächsten Jahrg. d. Nekr. folgen.

1292. D. 4. zu Wien Joseph v. Dedovich, pens. k. k. Feldmarschallieutenant — 75 J. a.

1293. D. 5. zu Frankenstein in Schlesien Joh. Jos. Frank, kön. Just.-Com.-Rath u. pens. Stadt- u. Justiz-Rector — im 57. J.

1294. D. 5. zu Rawicz in Schlesien Karl v. Randow, kön. Landrath des Krobener Kr. im Großherzogth. Posen und Ritter des rothen Adlerordens 3. Klasse — im 57. Lbsj.

1295. D. 6. zu Horgen der Landschreiber Conrad Häni — im 45. J., Mitglied des großen Rathes u. des Amtsgerichtes Wädenschweil. Ein um das Gemeinwohl verdienter treugesinnter Biedermann.

1296. D. 6. zu Wien Jacob Prima, pens. k. k. Major — 68 J. a.

1297. D. 6. zu Wien Christian Quitkschreiber, kön. preuß. akademischer Künstler und Medailleur — 44 J. alt.

1298. D. 6. zu Treptow an d. Rega. der Stadtsyndicus u. Justizkommissarius Julius Daniel Ludwig Voß — im 64. J.

1299. D. 7. zu Darmstadt der großherzogl. hess. Geheimerath Freihr. Friedr. v. Petersen, Kommandeur des Verdienstordens — im 75. J.

1300. D. 7. zu Gättelsdorf Dr. Weidinger, kön. Stadt- u. Kr.-Phys. des Landeshuter Kr. in Schlesien — im 65. J. s. A.

1301. D. 7. zu Knittlingen b. Bretten der luther. Dekan M. Gottl. Osiander, geb. zu Stuttgart d. 15. März 1786, war einige Jahre Hofmeister in Crefeld, 1811 wurde er Repetent am theologischen Seminar zu Tübingen, 1812 Diakonus in Balingen und 1823 Dekan in Knittlingen.

1302. D. 7. zu Berlin der Rentier Joh. Friedr. Kölz, — im 77. Lbsj.

1303. D. 8. zu Berlin der Buchhalter bei der kön. Staatsschulden-Tilgungskasse Carl Kühze — 48 J. a.

1304. D. 8. zu Wien Joh. Nepom. Küffel von Küffelstein, k. k. Oberst und Spitalskommandant — 69 J. alt.

1305. D. 8. zu Wien Joh. Jaßnüger, Doctor der Arzneikunde und Professor der Chemie an der k. k. Theresianschen Ritterakademie, Mitglied der k. k. Landwirthschaftsgesellschaft das. — 61 J. a.

1306. D. 8. zu Thorn der pens. Regimentsquartiermeister Querner.

1307. D. 9. zu Merseburg M. Carl Friedr. Dittmann, Privatlehrer das.

1308. D. 9. zu Schweidnitz Sam. Wilh. Wirbach, gewes. Pastor zu Neuburg bei Liegnitz — im 59. J.

1309. D. 9. zu Oppeln Jos. Kiesling, Prof. am königl. Gymnas. u. Weltpriester — 53 J. a.

1310. D. 9. zu Neu-Sorge bei Neisse der Oberamtmann Bernh. Ludw. Schmidt — im 38. J.

1311. D. 10. zu Weimar der großherzogl. Weimar. Hofrath Dr. Christian Johann Martin Kühne — im 69. J. s. A. Wenige Tage vorher starb sein jüngster Sohn, Heinr. Carl K., zu Jena — 33 J. a.

1312. D. 10. zu Gr.-Glogau C. C. Cramer, kön. pens. Hofrath — im 78. J.

1313. D. 10. zu Bütow der im ehemal. Füsilierbataillon von Ivernois gestandene pensionirte Hauptmann George Ernst v. Gliszczinski, Ritter des Verdienstordens — im 71. J. s. A.

1314. D. 10. zu Zehren bei Meißen Christ. Gotthelf Funcke, Pastor das. — 77 J. a.

1315. D. 11. zu Posen der kön. Oberkommissarius u. Landesökonomierath Krüger.

1316. D. 11. zu Leobschütz in Schlesien der Pastor Wilhelm Gottreu Nitschke, geb. zu Göritz in der Neumark den 9. Novbr. 1754. Nach 134 Jahren war er wieder der erste evangel. Prediger; dahin berufen den 18. Juli 1787 und emeritirt 1823, — im 74. Lbsj.

1317. D. 11. zu Münster d. Justizkommissär u. Notar Bernard Anton v. Hatzfeld — im 52. J.

1318. D. 11. zu Landringhausen (Inspection Ronneberg) der Pastor König — 77 J. a.

1319. D. 11. zu Königsberg der Kapitän und Ritter des Ordens pour le mérite, so wie des eis. Kreuzes 2. Kl. Carl Friedrich v. Rozynsky.

1321. D. 12. zu Berlin der k. Kammergerichtsrath v. Beyer.

1322. D. 12. zu Jena Joh. Alex. Baumbach, außerordentl. Prof. der Jurisprudenz, bekannt durch sein Naturrecht.

1323. D. 12. zu Bretten der Stadtpfarrer Carl Friedr. Turban — im 30. Lbsj.

1324. D. 13. zu Berlin der königl. hannöver. Landrath 2c. Freiherr von dem Busche Hünnefeld.

1325. D. 13. zu Schweinitz der ehemal. kön. sächs.

Justizamtmann, zuletzt kön. preuß. Gerichtsamtmann zu Schweinitz, Friedr. Gottlob Hänel — im 67. J.

1326. D. 14. zu Striegau in Schlesien der Pastor prim. Joh. Christoph Hautsche — im 65. J.

1327. D. 14. zu Wien Adam Friedr. Mikschе, Dr. jur. und Mitgl. der Juristenfacultät — 46 J. a.

1328. D. 14. zu Fürstenau Dorothea Luise Mariane, Wittwe des Grafen Christian Karl August Albrecht von Erbach-Fürstenau, geb. Gräfin v. Degenfeld-Schomburg und Mutter des regierenden Grafen — geb. den 12. März 1765, vermählt den 25. Juli 1786.

1329. D. 14. zu Gehlsdorf Heinrich Friedrich v. Flatow, preuß. Major a. D.

1330. D. 15. zu Stadtlohn der Pfarrer Herm. Th. Racke in d. A. v. 65 J. Früher in Glückstadt, dann über 30 J. in Bremen wirkte der Verewigte mit frommen Sinne im Weinberge des Herrn.

1331. D. 15. zu Klein-Helmsdorf in Schlesien der Pfarrer Florian Übert.

1332. D. 16. zu Bedendostel (Inspection Celle) der Pastor Schmidt — 38 J. a.

1333. D. 16. zu Ober-Olbendorf in Schlesien der Amtmann Gerlach. Er wurde mit noch 3 Andern: Hans Erdm. Pohl auf Lorenzberg — v. Altrock, Adjut. im kön. preuß. 23. Infanterieregiment u. dem Stellenbesitzer Mockwitz aus Ober-Ecke bei einer zu Grünheide in der Gegend von Neisse in Schlesien ausgebrochenen Feuersbrunst durch den Einsturz des Giebels eines brennenden Hauses getödtet.

1334. D. 16. zu Braunau in Schlesien bei Lüben d. Pastor Ulbrich — 65 J. a.

1335. D. 16. zu Peterwitz b. Frankenstein in Schlesien der Pfarrer Franz Rupprecht.

1336. D. 16. zu Wien Jos. v. Ellinger, pens. k. k. Hofrath vom General-Rechnungsdirectorium und Leopoldordensritter — 73 J. a.

1337. D. 16. zu Wien Joh. Poubissier, Prof. aus dem Orden der frommen Schulen — 42 J. a.

1338. D. 17. Hermann Heinrich Constantin v Altrock, Lieutenant und Adjutant im kön. preuß. 23. Infant. Reg. Ein Opfer seiner helfenden Liebe, theilte er bei der in Nr. 1333 genannten, zu Grünheide entstandenen Feuersbrunst das traurige Schicksal mit noch drei andern Menschenfreunden und fand dort im 29. J. seines Lebens ein zu frühes Grab.

1339. D. 17. zu Schleswig die verwittw. Frau Herzogin v. Holstein-Beck-Glücksburg, geb. Gräfin v. Schlieben, Mutter des Herzogs Wilhelm. Sie war d. 28. Febr. 1757 geboren, am 9. März 1780 vermählt und verlor ihren Gemahl, an dessen Seite ihre irdische Hülle zu Sonderburg beigesetzt worden ist, am 25. März 1816)

1340. D. 17. zu Wien Franz Herbeck, k. k. Rath und Leibwundarzt, dann Ritter des kön. baier. Civilverdienstordens — 77 J. a.

1341. D. 17. zu Rochlitz Carl Gottlob Kretzsche, Archidiakonus zu St. Cunigunden daselbst — im 86. Lebens- und 55. Amtsjahre.

1342. D. 17. zu Ludwigslust bei Potsdam der kön. preuß. Kammerherr Graf Georg Ludwig Werner v. Jagow auf Aulosen rc. — im 68. J.

1343. D. 18. zu Cottbus d. kön. Oekonomiekommissarius II. Klasse, Carl Heinr. Buschick — im 48. J. s. L. Seine vielfachen Verdienste um den Staat wurden mehrfach durch die huldvollsten Kabinetsschreiben u. belobende Ministerialrescripte anerkannt u. der Hingeschiedene dadurch zu Verdoppelung seines Diensteifers angefeuert.

1344. D. 18. zu Hamburg der Pastor zu St. Margarethen Wilh. Rudolf Christiani. Er war ein getaufter Jude und trieb auch ärztliche Geschäfte.

1345. D. 18. zu Halberstadt Heinr. Friedr. v. Strombeck, Auskultator bei d. das. k. Oberlandesgericht.

1346. D. 18. zu Pinneberg d. kgl. Postmeister Andr. Peter Alexander Grill — 63 J. a.

1347. D. 18. zu Großenhayn Anton Braun Schauspieldirector das. — im 43. Lbsj.

1348. D. 19. zu Breslau v. Triebel, Hptm. v. d. A. — im 82. J. s. A.

1349. D. 19. zu Weißenberg b. Budissin d. vormal. Gutsbesitzer Daniel Gottlob v. Schmorl — im 74. Lbsj.

1350. D. 21. zu Groß-Glogau G. C. G. Günther, Buchhändler u. Buchdrucker — 55 J. a.

1351. D. 21. zu Wien Caspar Wendl Edler v. Hochenstem, pens. k. k. Verpflegs-Oberverwalter — 77 J. a.

1352. D. 22. zu Schweidnitz d. Dr. med. Reigekind — im 77. J. s. A.

1353. D. 23. zu Minden d. Prof. u. Rector Reuter.

1354. D. 24. zu Wien der infulirte Probst u. Indigena des Königr. Ungarn, pens. Director der k. k. vereinigten Naturalienkabinette, Simon v. Eberle — im 71. J. s. L.

1355. D. 24. zu Niederstriegis M. Joh. Gottlieb Weyrich, emerit. Pastor zu Deutschenbora bei Meißen.

1356. D. 24. zu Kreuzberg in Schles. Franz v. Jost, Hauptm. v. d. A., zuletzt Rathm. u. Serviskontrolleur — 69 J. a.

1357. D. 25. zu Hersbruck Joh. Jac. Friedr. Kreiber, Dekan u. Stadtpfarrer — im 67. J. s. L.

1358. D. 25. zu Wien — im 74. J. s. A. — der kgl. großbritannisch-hannöversche geheime Staats- u. Kabinetsminister, Ernst Christian Georg August, Reichsgraf v. Hardenberg, des k. k. Leopold-, des kön. pr. rothen Adlerordens 1. Kl. und des königl. hannöverschen Guelphenordens, Großkreuz, Johanniter Maltheser-Ritter, Senior seines Geschlechts.

1359. D. 26. zu Altdorf Joh. Friedr. Frech, erster Pfarrer, Dekan u. Distrikts-Schulinspector daselbst — 79 J. a.

1360. D. 26. Helene, Tochter des Fürsten Ludwig, Gemahlin des Fürsten Wilh. v. Radziwill; geb. d. 10. Juli 1805.

1361. D. 27. zu Stade der kön. hannöv. Major Friedr. v. Sichart. — Bravheit im Felde u. Leutseligkeit des Charakters erwarben ihm Achtung u. Liebe bis an sein Ende.

1362. D. 27. zu Wien Georg Christoph Edler v. Mengershausen, pens. hannoverscher Staatsbeamter — 72 J. a.

1363. D. 27. zu Schreibendorf in Schlesien Hans Wolfg. Moritz v. Crauß, Landschaftsdirector auf S. und Reußendorf — im 75. Lbsj.

1364. D. 27. zu Karschau in Schlesien d. Pastor Prose — im 59. Lbsj.

1365. D. 28. zu Uschlag (Inspection Münden) der Pastor Schilling — 70 J. a.

1366. D. 28. zu Reichenbach in Schles. W. H. Hoffmann, kgl. Stempelfiskal u. Actuar — im 37. J. s. L.

1367. D. 28. zu Wevelsfleth im Holstein. d. Hauptpastor Friedr. Carl Stinde — im 85. Lbsj.

1368. D. 29. zu Hassel (Inspection Hoya), d. Pastor Suhrhof, wo er kaum 4 J. als Prediger stand — im 32. J. s. A.

1369. D. 29. zu Rendsburg Andr. Erich Kalm

Lightning Source UK Ltd.
Milton Keynes UK
UKHW020214091118
331957UK00012B/1580/P

9 780483 165137